suhrkamp taschenbuch
wissenschaft 1665

Stefan Gosepath entwickelt in diesem Buch systematisch die These eines konstitutiven Egalitarismus. Danach sind bei der Konzeption einer freien und gerechten Gesellschaft bestimmte Gleichheitspostulate zentral, weil erst sie Gerechtigkeit verwirklichen. Den Angelpunkt der Argumentation stellt die Begründung der Vorrangregel der Gleichheit dar, nach der alle Personen gleich zu behandeln sind, es sei denn, relevante Unterschiede rechtfertigen eine ungleiche Behandlung. Unter Anwendung dieser Regel entwikkelt Gosepath die Grundzüge einer umfassenden liberalen und egalitären Theorie gerechter Verteilung. Dazu untersucht er, welche Bedingungen und Umstände soziale Ungleichheiten rechtfertigen und welche nicht. So werden Art und Umfang der einer jeden Person zustehenden Grundrechte, -freiheiten und ökonomischen Güter sowie die einer jeden Person offenstehenden Chancen auf politische Teilhabe und soziale Positionen erörtert und bestimmt.

Stefan Gosepath

# Gleiche Gerechtigkeit

*Grundlagen eines liberalen Egalitarismus*

Suhrkamp

Bibliografische Information der Deutschen Nationalbibliothek
Die Deutsche Nationalbibliothek verzeichnet diese Publikation
in der Deutschen Nationalbibliografie;
detaillierte bibliografische Daten sind im Internet über
http://dnb.d-nb.de abrufbar.

2. Auflage 2017

Erste Auflage 2004
suhrkamp taschenbuch wissenschaft 1665

Satz: TypoForum GmbH, Seelbach
Printed in Germany
Umschlag nach Entwürfen von
Willy Fleckhaus und Rolf Staudt
ISBN 978-3-518-29265-5

# Inhalt

## Teil B
## Entwurf einer Theorie egalitärer Verteilungsgerechtigkeit

*für gg*

# Einleitung

## *Zum Inhalt*

Gleiche Gerechtigkeit – der Titel zeigt eine aufeinander aufbauende *zweiteilige* These dieses Buches an. Behauptet wird *erstens,* daß Gerechtigkeit *die* zentrale moralische Kategorie im politisch-sozialen Bereich ist. Eine Welt, in der Gerechtigkeit herrscht, ist ein Leitziel, das die Menschheit seit ihrer Frühzeit und in so gut wie allen Kulturen verfolgt. In der Philosophie spielt sie seit Platon und Aristoteles eine überragende Rolle, sowohl in der Theorie der Institutionen, namentlich von Recht und Staat, als auch von Personen, ihren Einstellungen, Entscheidungen und Handlungen. Auch wenn der Begriff einige Zeit in den Hintergrund trat, weil seit Hobbes, Locke, Rousseau, Kant, dem Deutschen Idealismus und Marx der Gedanke individueller Freiheit und nicht mehr Gerechtigkeit den Angelpunkt der Rechts- und Staatsphilosophie darstellte, wird die Gerechtigkeit von John Rawls in ihrer Bedeutsamkeit wieder ins Zentrum der praktischen Philosophie gerückt.[1] Seither wird Gerechtigkeit sowohl unter systematischen als auch historischen Aspekten in jeweils verschiedenen Disziplinen sowie interdisziplinär umfangreich erörtert. In diesem Buch wird dafür argumentiert, daß Gerechtigkeit Vorrang hat vor anderen moralischen und sozialen Werten im politisch-sozialen Bereich. Gerechtigkeit ist nicht ein moralischer Wert, der gleichrangig neben anderen Werten wie etwa Freiheit, Gemeinschaft und persönlichen Beziehungen steht. Vielmehr ist Gerechtigkeit der Maßstab, an dem andere Werte in diesem Bereich zu messen sind.

Zweitens wird in diesem Buch die These eines begrifflichen und normativen Zusammenhangs der Ideen von Gerechtigkeit und Gleichheit vertreten. Dies betrifft die von alters her diskutierte Frage nach dem normativen Stellenwert der Gleichheit in einer Theorie der Gerechtigkeit. Unter welchen Bedingungen sind Forderungen, Menschen gleich zu behandeln oder sie in gleicher Weise mit Gütern auszustatten, Forderungen der Gerechtigkeit? Gleichheit gilt seit

1 Durch John Rawls' 1971 erschienenes bahnbrechendes Werk *Eine Theorie der Gerechtigkeit.*

der Antike als ein konstitutives Merkmal der Gerechtigkeit.[2] Schon für Platon und Aristoteles gilt, daß eine gerechte Behandlung von Menschen eine gleiche Behandlung erforderlich macht. Seither stellen viele Sozialtheorien Gerechtigkeit und Gleichheit in einen unauflöslichen Zusammenhang. Gerechtigkeit wird dabei vielfach mit Gleichheit gleichgesetzt. Aber sofort kommen einem auch Zweifel, daß der Fall doch so einfach nicht liegen könne. Es fallen einem Fälle ein, in denen Gerechtigkeit eine Ungleichbehandlung von Menschen fordert. Alle anti- oder nonegalitären Theorien haben ihren Ursprung in der Überlegung, daß es keinen Anspruch auf Gleichheit allgemein unter allen Menschen, oder anders, daß es keinen gleichen Anspruch aller Menschen auf etwas geben könne. Deshalb hatte Aristoteles bereits Überlegungen zu einer ›proportionalen Gerechtigkeit‹ angestellt, nach der ungleiche Ansprüche verhältnismäßig oder verhältnisgerecht berücksichtigt werden sollen. In der modernen Gleichheitsdebatte – nach der Wiedergewinnung des Gerechtigkeitsparadigmas durch John Rawls – herrschte lange Zeit der Eindruck vor, daß Egalitaristen wie John Rawls, Ronald Dworkin, Amartya Sen und Thomas Nagel die Plattform der politischen Philosophie fast für sich allein hätten und sich allenfalls mit Libertären wie Robert Nozick stritten, der wegen seines unattraktiv engen Freiheitskonzepts bald in die Defensive geriet.[3] Viele moderne Theoretiker der Verteilungsgerechtigkeit gingen und gehen völlig unhinterfragt davon aus, daß es nur um die Frage gehen kann, in welcher Hinsicht gleich verteilt werden müsse, also um die Frage: Gleichheit wovon?[4]

Aber inzwischen läßt sich ein Umdenken beobachten. Seit einigen Jahren mehren sich die politischen und philosophischen Kritiken an Gleichheit.[5] Was sich in Politik und Philosophie ereignet, ist die (Wieder-) Eröffnung einer Gleichheitsdebatte, der es nicht mehr

2 Zur Geschichte des Begriffs der Gleichheit vgl. O. Dann, »Gleichheit«.

3 So schreibt als ein Beispiel unter vielen A. Sen in *Inequality Reexamined*, S. 12: »[...] every normative theory of social arrangement that has at all stood the test of time seems to demand equality of something.«

4 Einen guten Überblick über diese ›Gleichheit-wovon?‹-Debatte liefern G. A. Cohen in »On the Currency of Egalitarian Justice« und J. Roemer in *Theories of Distributive Justice*.

5 Vgl. J. Raz, *The Morality of Freedom*, Kap. 9; H. Frankfurt, »Equality as a Moral Ideal«; E. Anderson, »What Is the Point of Equality?«; A. Krebs (Hg.), *Gerechtigkeit oder Gleichheit. Texte der neuen Egalitarismuskritik*.

›intern‹ um die Bestimmung der Art der Gleichheit geht, sondern die allgemeiner und abstrakter fragt, warum Gleichheit überhaupt einen politisch-moralischen Wert darstellen und ob Gerechtigkeit überhaupt als Gleichheit verstanden werden sollte.[6]

Im Rahmen dieser Debatte möchte ich, die Herausforderung aufnehmend, in dieser Schrift darlegen, warum Gleichheit eine leitende Rolle in einer überzeugenden Theorie der Gerechtigkeit zukommt. Gleichheit ist der Inbegriff von Gerechtigkeit. Es gibt keine Explikation des moralischen Standpunktes, die ohne die Idee der Gleichheit auskäme. Entsprechend geht es darum, diejenige Konzeption von moralischer Gleichheit zu entwickeln, die die Idee der Gerechtigkeit angemessen rekonstruiert. Dazu werde ich die *philosophischen Grundlagen eines liberalen Egalitarismus* konstruieren, die allgemein akzeptabel sein und die *Rolle der Gleichheit in einer liberalen Theorie der Gerechtigkeit* erläutern können sollen.

In der Debatte um Gleichheit lassen sich in der gegenwärtigen politischen Philosophie fünf Ebenen der Auseinandersetzung entlang fünf systematisch zentralen Fragestellungen hinsichtlich des politischen Ideals der Gleichheit unterscheiden. Leitend ist die Hauptfrage, welchen Stellenwert Gleichheit in einer Theorie der Gerechtigkeit einnimmt. Im einzelnen ist in vier sich verengenden Kreisen zu fragen:

1. Ist Gerechtigkeit der oberste, leitende Gesichtspunkt bei der Einrichtung der Grundstruktur der Gesellschaft oder gibt es auch andere ebenso gewichtige Werte jenseits der Gerechtigkeit, wie Anerkennung, Fürsorge und Gemeinschaftsbezug?
2. Wenn Gerechtigkeit die oberste Leitidee ist, welches der konkurrierenden Ideale, vor allem Gleichheit oder Freiheit, hat dann Vorrang innerhalb einer gerechtigkeitsorientierten Politik? Welchen Status hat das Gleichheitsideal?
3. Wenn Gleichheit ein grundlegendes Ideal gerechter Politik ist, wie muß dieses abstrakte Ideal dann konkretisiert werden, welche Art von Gleichheit (etwa Chancengleichheit, Wohlfahrtsgleichheit oder Ressourcengleichheit) muß gefordert werden?
4. Welche Verteilung welcher Güter fordert diese Gleichheit? Welche Prinzipien der Verteilung lassen sich als gerecht rechtfertigen?

6 Zur Definition von und zur gegenwärtigen Debatte um Gleichheit vgl. S. Gosepath »Equality«.

und abschließend und zusammenfassend:

5. Was macht das Wesen einer egalitären im Unterschied zu einer nonegalitären Theorie der Gerechtigkeit aus?

Diese fünf leitenden Fragekomplexe strukturieren dabei den Gang der Argumentation in der vorliegenden Untersuchung. In Teil A werden die begrifflichen Grundlagen und moralischen Grundprinzipien der Gerechtigkeit und Gleichheit herausgearbeitet. Das *Kapitel I* dient der Etablierung von Gerechtigkeit als der zentralen, moralischen Kategorie im politisch-sozialen Bereich. Dazu werden hier zunächst die begrifflichen Grundlagen der Gerechtigkeit analysiert. Der Begriff der Gerechtigkeit wird durch die Bestimmungen der Präskriptivität, Gerechtfertigtheit und Unparteilichkeit sowie durch das jedem Zustehende bzw. moralisch Angemessene (suum cuique), die Berücksichtigung von rechtsförmigen Ansprüchen anderer und die Verantwortbarkeit von veränderbaren Zuständen (und schließlich in Kapitel II durch Gleichheit) näher expliziert. Die Anwendungsbedingungen der Gerechtigkeit werden abhängig von der Reichweite menschlicher Verantwortung weiter als in der gegenwärtig dominanten Sicht bestimmt. Gerechtigkeit bezieht sich auf alle veränderbaren Zustände, weshalb mit Gerechtigkeit die Forderung einhergeht, ungerechte Zustände in gerechte zu überführen. Daraus ergeben sich weitreichende Verpflichtungen zur Einrichtung gerechter gesellschaftlicher Ordnung(en). Ohne die klassischen Unterscheidungen der verschiedenen Arten der Gerechtigkeit zu reduzieren, wird dafür argumentiert, daß das distributive Paradigma der Gerechtigkeit von primärer Bedeutung ist. In einer Auseinandersetzung mit Gegenpositionen, die glauben, ohne einen Gesichtspunkt der Gerechtigkeit oder, enger, ohne einen Gesichtspunkt der distributiven Gerechtigkeit auskommen zu können, wird der Vorrang der Gerechtigkeit im politisch-sozialen Bereich begründet. Gerechtigkeit hat Vorrang vor anderen moralischen und sozialen Werten. Gerechtigkeit ist nicht einer von mehreren moralischen Werten wie Freiheit, Gemeinschaft oder persönlichen Beziehungen, sondern der *Maßstab*, an dem diese zu messen sind. Gerechtigkeit kommt ein Primat gegenüber allen anderen Tugenden zu, weil es in einem plausiblen Sinn keine Konkurrenz der Gerechtigkeit zu anderen Werten im moralischen Bereich gibt, wie Anerkennung, Fürsorge oder dem Eigenwert persönlicher Beziehungen. Damit ist am Ende von Kapitel I die erste der eingangs gestellten Fragen so beantwortet, daß

Gerechtigkeit den leitenden normativen Gesichtspunkt bei der Einrichtung und Beurteilung jeglicher gesellschaftlicher Ordnung darstellt.

Nachdem derart die zentrale moralische Stellung der Gerechtigkeit für die Grundstruktur der Gesellschaft erwiesen wurde, geht *Kapitel II* der korrespondierenden Frage nach dem Verständnis und der Stellung der Idee der Gleichheit nach. Um die Rolle der Idee der Gleichheit in einer Theorie der Gerechtigkeit klären zu können, wird im zweiten Kapitel die Idee der Gleichheit in vier verschiedene ›Gleichheiten‹, genauer, in vier verschiedene Gleichheitsprinzipien differenziert. Diese sind so angeordnet, daß mit der allgemeinsten und unkontroversesten begonnen und zu immer spezifischeren und strittigeren Prinzipien vorangeschritten wird. Der Stellenwert der Gleichheit für Gerechtigkeit ergibt sich aus zwei Zusammenhängen. Der erste Zusammenhang zwischen Gerechtigkeit und Gleichheit ist ein *begrifflicher*: Der Begriff der Gerechtigkeit läßt sich unter anderem überhaupt nur mittels der Prinzipien der *formalen und der proportionalen Gleichheit* explizieren. Gleichheit ist also in diesen Formen notwendige Bedingung für Gerechtigkeit. Der zweite Zusammenhang zwischen Gerechtigkeit und Gleichheit ist ein *normativer*. Soll ›unsere‹ Idee der Gerechtigkeit inhaltlich näher ausbuchstabiert werden, so hat dies unter anderem mittels drei weiterer normativer, substantieller Gleichheitsprinzipien zu geschehen, nämlich den Prinzipien der moralischen Gleichheit, der Präsumtion der Gleichheit und der Verantwortung (das erst in Kapitel V begründet wird). Den normativen Kern einer egalitaristischen Gerechtigkeitsauffassung stellen die beiden letztgenannten Prinzipien dar, die sich aus dem Prinzip moralischer Gleichheit heraus begründen lassen.

Moralische Gleichheit der Achtung allen Personen gegenüber ist die weitgehend geteilte allgemeine Grundlage der Moral. Die *Moral der gleichen Achtung* ist spezifisch egalitär, weil nach ihr eine Regel genau dann moralisch gerechtfertigt ist, wenn sie von allen Adressaten als allgemeine Richtlinie ihres Handelns aus allgemeinen und wechselseitigen Gründen *gleichermaßen* angenommen werden kann. Moralische Gleichheit beruht nicht auf einer Unterstellung der deskriptiven Gleichheit aller Personen, sondern entspringt aus der Anwendung des allgemeinen Prinzips gleicher Rechtfertigung unter nachmetaphysischen Begründungsstandards. Dieses Rechtfertigungsprinzip leistet in dieser Schrift fast alle Begründungsarbeit. So wird für den genuin *egalitären* Charakter unserer Moral mittels des Prinzips der reziproken und allgemeinen Rechtfertigung von Normen ein Argument geliefert. Diese Argumentation beansprucht jedoch, keine starke Moralbegründung geleistet zu haben. Es liefert gleichwohl nicht nur eine Begründung für die moralische Egalität, sondern auch den Leitfaden zur Klärung der anschließenden Frage, was das Prinzip moralischer gleicher Achtung genauer im Sinne von Achtung, Rechtfertigung, Würde und Diskriminierungsverbot beinhaltet.

Durch die drei Gleichheitsprinzipien der formalen, proportionalen und moralischen Gleichheit wird ein *Egalitarismus erster Stufe* charakterisiert, der beansprucht, daß jede Explikation des moralischen Standpunktes ohne Rückgriff auf die Idee der Gleichheit unvollständig ist. Nonegalitaristische Theorien erster Stufe halten dagegen diesen Bezug für fehlplaziert oder redundant. Ihr Argument von der eigentlich nichtrelationalen Natur der grundlegenden moralischen Ansprüche, durch das dem moralischen Gleichheitsprinzip die Grundlage entzogen werden soll, wird deshalb argumentativ zurückgewiesen.

Welche Art von Gleichheit oder Gleichbehandlung wird normativ gefordert, wenn wir uns wechselseitig als Personen betrachten? Strikte Gleichheit wäre zu unplausibel, wie die gängigen Einwände gegen (strikte) Gleichheit zeigen. Diese Einwände müssen von jeder egalitaristischen Position, die Plausibilität beansprucht, vermieden werden. Somit können diese Einwände auch als Problempunkte für die eigene, egalitaristische Agenda gelten.

Die Antwort auf diese Frage, welche Art von Gleichheit normativ erforderlich ist, wird – so beanspruche ich zu zeigen – durch das Verfahrensprinzip der *Präsumtion der Gleichheit* vorstrukturiert: Alle Betroffenen sind ungeachtet ihrer deskriptiven Unterschiede strikt gleich zu behandeln, es sei denn bestimmte (Typen von) Unterschiede(n) sind in der anstehenden Hinsicht relevant und rechtfertigen durch allgemein annehmbare Gründe erfolgreich eine ungleiche Behandlung oder ungleiche Verteilung. Die im Zentrum dieser Arbeit stehende Begründung der Präsumtion der Gleichheit hat erhebliche Relevanz. Denn wenn die Gültigkeit der Präsumtion mit Hilfe des Prinzips der allgemeinen Rechtfertigung begründet werden kann, ist somit der Vorrang der Gleichheit und das wesentliche

Argument für eine *egalitaristische* Gerechtigkeitstheorie etabliert. Gleichzeitig wird damit auch das Verfahren für die Konstruktion einer materialen Gerechtigkeitstheorie vorgegeben. Damit ist am Ende von Kapitel II die zweite der eingangs gestellten Fragen beantwortet: Gleichheit hat Vorrang vor anderen Idealen innerhalb einer gerechtigkeitsorientierten Politik. Die Präsumtion der Gleichheit etabliert diesen Vorrang und liefert zugleich den adäquaten Maßstab und Leitfaden für die Konstruktion einer materialen Theorie der Verteilungsgerechtigkeit.

Die bisher in Teil A benannten Gerechtigkeits- und Gleichheitsprinzipien bestimmen die Konstruktionsprinzipien einer Konzeption der Gerechtigkeit näher. Im Teil B geht es um die Konstruktion einer materialen Theorie der Verteilungsgerechtigkeit selbst. Unter Anwendung der Präsumtion werden auf der material-ethischen Ebene die Kriterien für eine gerechte Behandlung und Verteilung bestimmt. In *Kapitel III* werden die notwendigen Voraussetzungen einer Verteilungstheorie geklärt, die den Rahmen einer liberal-egalitären Distribution bestimmen. So muß festgelegt werden, in welcher Situation die Verteilung stattfindet, was die zu verteilenden und die nicht verteilbaren Güter sind, in welcher Hinsicht die präsumtive Gleichheit hergestellt werden soll und von wem, an wen und für welchen Zeitraum verteilt wird. Grundlage der Verteilung sind Ressourcen als Allzweckmittel. Die Güter sind in unterschiedliche Kategorien oder Sphären zu separieren, weil diejenigen Gründe, die für eine Ungleichbehandlung in einem Bereich sprechen mögen, keine Ungleichbehandlung in einem anderen Bereich rechtfertigen. Damit wird präsumtive Gleichheit notwendig komplex. Ich unterscheide rekonstruktiv vier Sphären der Gerechtigkeit: 1. die politische Sphäre, in der es um die Zuteilung von Rechten durch die Verteilung bürgerlicher Freiheiten geht; 2. die demokratische Sphäre, in der politische Macht und politische Partizipationsrechte geregelt werden; 3. die ökonomische Sphäre, in der Einkommen und Besitz verteilt werden; 4. die soziale Sphäre, die es mit der Distribution sozialer Positionen und Chancen zu tun hat. Durch das Abstecken dieses Rahmens distributiver Gerechtigkeit wird die dritte der Hauptfragen nach der Art der Gleichheit im Sinne einer *Gleichheit der Ressourcen* beantwortet.

In den Kapiteln IV und V werden sodann die egalitären Distributionskriterien der Güter für jede Sphäre gesondert ermittelt. Dabei zeigt sich, daß man die allgemein akzeptierten, klassischen, liberalen Grundrechte auch und besser mittels der präsumtiven Gleichverteilung der für die jeweilige Sphäre wesentlichen Ressourcen rekonstruieren kann. Die Prinzipien, die sich für die Sphären der Freiheit, der Partizipation, der Chancen und zum Teil auch für Einkommen und Besitz ergeben werden, sind keineswegs neu. Im Gegenteil, sie sollen den wohlerwogenen Gerechtigkeitsurteilen entsprechen. Ihre konsequente Begründung mittels der Präsumtion der Gleichverteilung ist jedoch eine andere als in klassisch liberalen Ansätzen üblich.

In *Kapitel IV* wird für die ersten zwei Sphären der Grundrechte und -freiheiten sowie der politischen Teilhaberechte dargestellt, daß es keine berechtigten Ausnahmen von der Gleichverteilung der in diesen Sphären relevanten Güter gibt. Hier wird gegen die Selbstmißverständnisse von Freiheits- oder Volkssouveränitätstheorien dafür argumentiert, daß man für den Wert von Freiheit und Selbstbestimmung als politische Grundlage der Autonomie am besten mittels eines Ansatzes präsumtiver Gleichverteilung aufkommen kann.

In den beiden übrigen Sphären, denjenigen der ökonomischen Güter und der sozialen Positionen, die in *Kapitel V* behandelt werden, sind Ausnahmen von der Gleichverteilung gerechtfertigt. Für die ökonomische Sphäre sprechen ein Hauptgrund und drei die Ungleichverteilung limitierende Einschränkungen und Ausgleiche für eine gewisse legitime Ungleichverteilung ökonomischer Ressourcen. Die wesentliche Ausnahme von der Gleichverteilung liegt in den ungleichen Folgen der Eigenverantwortung. Für eine angemessene egalitaristische Position ist das Verantwortungsprinzip dasjenige normative Prinzip, das den zentralen moralischen Gesichtspunkt für die Beantwortung der Frage liefert, welche Gründe für welche gerechtfertigte Ungleichheit im ökonomischen Bereich sprechen. Der Kerngedanke ist dabei: Ungleiche Anteile an sozialen Gütern sind dann fair, wenn sie sich aus den Entscheidungen und absichtlichen Handlungen der Betreffenden ergeben. Die Individuen müssen für die Kosten ihrer Entscheidungen aufkommen; dies gehört auch zu den Bedingungen der Autonomie. Unfair hingegen ist die Bevorzugung oder Benachteiligung aufgrund willkürlicher und unverdienter Unterschiede in den sozialen Umständen oder der natürlichen Ausstattung. Die ungleichen Folgen eigenverantwortlichen Entscheidens und Handelns müssen deshalb durch einen

Ausgleich erstens für Bevorzugungen und zweitens für Benachteiligungen und drittens durch eine Umverteilung zum Wohle der Schlechtergestellten *begrenzt* werden. Dem Ausgleich von Benachteiligungen in Notlagen kommt dabei wegen der Dringlichkeit der Not ein Vorrang vor allen anderen Ansprüchen zu. Soziale Ungleichheiten überschreiten die zulässige Grenze, wenn es möglich ist, durch eine Umverteilung von den Bessergestellten zu den Schlechtergestellten die soziale oder ökonomische Lage der schlechtergestellten Personen längerfristig zu verbessern. Diese Ausnahmen von der Gleichverteilung im ökonomischen Bereich führen zu einem komplexen System von freiem wirtschaftlichen Handeln im Rahmen eines Systems der kompensatorischen steuerlichen Umverteilung. In der sozialen Sphäre schließlich müssen soziale Positionen, Ämter und Chancen so verteilt werden, daß gleichbegabte und motivierte Bürgerinnen und Bürger ungefähr gleiche Chancen haben, die Ämter oder Positionen zu erlangen – unabhängig von ihrer ökonomischen oder sozialen Klasse. Dies ist ein aus freiheitsverbürgenden und prudentiellen Gründen zulässiger Kompromiß, der eine gewisse Abweichung von der Gleichheit akzeptabel macht. Damit ist die vierte der aufgeworfenen Fragen schließlich beantwortet. Jeweils fünf Gerechtigkeitsprinzipien für die Grundstruktur der Gesellschaft und fünf hierarchisch gestufte Rechtsprinzipien der speziellen Güterverteilung in den jeweiligen Sphären sorgen dafür, daß allen Personen gleiche Gerechtigkeit zukommt. (Eine Auflistung findet sich auf S. 460 f.)

Das letzte *Kapitel VI* kommt nochmals rekapitulierend auf die Ausgangsfrage nach dem Stellenwert der Gleichheit zurück. Die in dieser Schrift vertretene Konzeption gleicher Gerechtigkeit postuliert jeweils fünf Gleichheits- und Rechtsprinzipien, die konstitutiv egalitär sind, weil sie die soziale Gerechtigkeit stützen und befördern. Gleichheit kommt hier ein Wert zu, aber kein eigenständiger oder intrinsischer. Deshalb nenne ich die hier vertretene Version einen *konstitutiven* Egalitarismus, weil man mit der Verwirklichung von Gleichheit im Sinne der fünf Gleichheitspostulate und fünf distributiven Rechtsprinzipien *Gerechtigkeit realisiert*. Der von mir hier vertretene konstitutive Egalitarismus ist ein Egalitarismus auf zwei Stufen. *Egalitär auf der ersten Stufe* ist er, weil er beansprucht, daß Moral bzw. Gerechtigkeit mit Gleichheit begrifflich zusammenhängen. *Egalitär auf der zweiten Stufe* ist er, weil er bei der angemessenen

Auslegung des (auf der ersten Stufe gerechtfertigten) Gesichtspunktes der präsumtiven Gleichheit und bei der Konstruktion einer entsprechenden Konzeption distributiver Gerechtigkeit mittels Verteilungsprinzipien für die einzelnen Sphären der Gleichheit ein substantielles Gewicht zukommen läßt. Das substantielle Gewicht der Gleichheit zeigt sich in den jeweiligen Verteilungskriterien. Damit ist die letzte der leitenden Fragen nach dem Wesen einer egalitären Theorie im Unterschied zu nonegalitären beantwortet.

## *Zur Methode*

Die Arbeit stellt sich die Aufgabe, die philosophischen Grundlagen des egalitären Standpunktes begrifflich zu klären, zu begründen und so einen liberalen Egalitarismus zu verteidigen. Der Bereich der politischen Philosophie wird hier als Bereich angewandter Moralphilosophie verstanden. Diese Auffassung und die daraus resultierende Methode entsprechen im Prinzip einer Auffassung, die, trotz Unterschieden im Detail, von John Rawls für weite Teile der gegenwärtigen, eher angelsächsisch orientierten, politischen Philosophie exemplarisch vorgegeben wurde. Gegner dieser Auffassung streiten für die Autonomie des Politischen.[7] Die Motive und Gründe der Gegner der politischen Moral mögen unterschiedlich sein, ob es der Wunsch nach politischem Realismus ist oder die Vermeidung von Überforderung oder die Akzeptanz von Kulturrelativismus oder eine antiliberale Haltung. Letztlich müssen nach dieser gegenteiligen Auffassung andere Kriterien für politische Legitimität in Anschlag gebracht werden als für moralische, wenn das Politische autonom sein soll. Aber gerade dieser Trennungsversuch des Politischen vom Moralischen will nicht einleuchten, denn jede Frage nach politischer Legitimation muß – richtig verstanden – schon eine moralische Dimension enthalten, die dann in den unterschiedlichen Bereichen der Moral und des Politischen mit seinen verschiedenen Kontexten zu verschiedenen Normen führen kann. In der politischen Philosophie geht es um moralische Argumentation und um die Klärung normativer Grundlagen.

Dabei wird jedoch kein letzter Grund entdeckt, keine Letztbe-

7 Vgl. z. B. die Werke M. Webers und C. Schmitts sowie J. Shklar, »The Liberalism of Fear«, und B. Williams, »Realism and Moralism in Political Philosophy«.

gründung geliefert. So unbefriedigend das sein mag, so scheint hierin doch das Predikament der Moderne zu liegen.[8] Das Begründungsprogramm ist in dieser Schrift deshalb absichtlich anspruchslos. Man sollte nur von Überzeugungen ausgehen, die in der gemeinsamen politischen Kultur wenigstens implizit enthalten sind. Die eigentliche Aufgabe politischer Philosophie innerhalb der öffentlichen Kultur einer demokratischen Gesellschaft besteht darin, die tieferen Grundlagen einer möglichen Übereinstimmung, von denen man hofft, daß sie im Common sense eingebettet sind, aufzudecken, zu formulieren und mit einer Gerechtigkeitskonzeption sozusagen auf den Begriff zu bringen. Dafür wird Rawls' spezieller kohärentistischen Methode gefolgt: Es sollen die für das Thema Gerechtigkeit relevanten, konkreten intuitiven Überzeugungen, basalen Ideen, akzeptierten Verfahren und allgemeinen Prinzipien ausfindig gemacht werden, die eine Person nach reiflicher Überlegung für überzeugend hält. Sodann sollen diese in einem Reflexionsprozeß einander solange angepaßt werden, bis sich eine wohlerwogene und kohärente Gerechtigkeitskonzeption ergibt, die sich in einem »Überlegungsgleichgewicht« befindet.[9]

Auch wenn der Philosophie der Moral und der Politik nach heute weit geteilter Überzeugung keine anderen und sichereren Grundlagen zur Verfügung stehen als die aufgeklärten moralischen (geteilten) Urteile von uns allen, so liegen diese Wert- und Beurteilungsperspektiven jedoch nicht wohlgeordnet und klar vor uns, um in einem unmittelbaren Rückgriff auf sie Begründung und Kriterien sozialer Gerechtigkeit ableiten zu können. Inhaltliche Klarstellung, deutliche begriffliche Konturen und die Aufklärung moralischer Intuitionen sind vielmehr vonnöten und ein mühsames Geschäft. Dazu bedarf es der philosophischen Rekonstruktion unseres Selbstverständnisses genauso wie der davon ausgehenden Konstruktion moralischer Prinzipien. Die Prinzipien der Gerechtigkeit und Gleichheit können nirgends aus einer Konzeption praktischer Vernunft deduziert werden, die explizit oder implizit im Hintergrund steht. Statt dessen sollen die Ideen der Gerechtigkeit, der Gleichheit und auch der praktischen Vernunft inhaltlich gefüllt werden. Ideen wie diese haben Menschen wie Du und ich, und wir verwenden die ent-

8 Zu meiner Auseinandersetzung mit der Frage nach der Letztbegründung vgl. S. Gosepath, *Aufgeklärtes Eigeninteresse*, Kap. VI & VII.

9 Vgl. J. Rawls, *Eine Theorie der Gerechtigkeit*, § 9.

sprechenden Begriffe, ohne jedoch ohne weiteres in der Lage zu sein, sie zu explizieren. Deshalb müssen diese Ideen und Begriffe zunächst ge- und erklärt werden. Die Explikation versucht, die notwendigen und hinreichenden Kriterien dieser Ideen und Begriffe anzugeben. Meinungsverschiedenheiten sind in der Philosophie immer, so auch diesbezüglich, zu erwarten. Die Hoffnung scheint jedoch wenigstens nicht unberechtigt, daß diese Ideen, wenn sie denn hinreichend expliziert sind, eine breite Zustimmung finden können, auch wenn ihre konkrete Anwendung sicherlich kontrovers bleiben wird.

Von diesen so ›geklärten‹ begrifflichen und moralisch gehaltvollen Ausgangspunkten wird eine Theorie distributiver Gerechtigkeit aufgebaut, indem diese Ideen näher bestimmt und ausbuchstabiert werden. Das Ausbuchstabieren der Ideen ist kein deduktives Argument. Statt dessen wird die Idee näher interpretiert und mit anderen Ideen und normativen Gesichtspunkten in eine plausible kohärente Verbindung gebracht. Es gibt verschiedene Möglichkeiten, diese Ideen zu bestimmen. Einige Möglichkeiten können ausgeschlossen werden, und zwar nicht logisch, sondern weil sie zum Verständnis der historisch-sozialen Bedingungen und zu anderen öffentlich geteilten Idealen, die tief in unsere Kultur eingebettet sind, nicht passen. Die Gerechtigkeitsprinzipien werden so von vernünftigen Akteuren konstruiert (nicht entdeckt), die gemeinsam nach moralischen Grundsätzen ihres gesellschaftlichen Zusammenlebens suchen und sich dazu an ein begründetes Verfahren der Rechtfertigung halten. Gerechtigkeitsprinzipien werden weder durch metaphysische Prinzipien begründet noch in der Welt gefunden, sondern sind nur auf der Grundlage einleuchtender und abstrakter Annahmen konstruierbar, wenn alle nach Prinzipien suchen, die von allen als gerecht erachtet und gebilligt werden können.[10] Die Rechtfertigung richtet sich an andere Bürgerinnen und Bürger, die nicht immer der gleichen Meinung sind, die aber alle ihr Zusammenleben sozial und politisch mit den anderen friedlich und gerecht regeln wollen. Die Möglichkeit der Rechtfertigung hängt davon ab, wie gut sich die Konzeption und die Prinzipien der Gerechtigkeit mit unseren wohlerwogenen Überzeugungen im »Überlegungsgleichgewicht« vertragen.

Eine, wenn nicht die wesentliche Aufgabe der politischen Philosophie besteht entsprechend darin, zu versuchen, bei heftig umstrit-

10 Vgl. J. Rawls, »Kantischer Konstruktivismus in der Moraltheorie« und *Politischer Liberalismus* (3. Vorles.).

tenen Fragen herauszufinden, ob allem Anschein zum Trotz nicht eine gemeinsame moralische Überzeugung auszumachen ist. Wenn das nicht möglich scheint, besteht vielleicht die Möglichkeit, die Differenzen der zugrundeliegenden philosophischen und moralischen Überzeugungen so weit einzugrenzen, daß weiterhin soziale Kooperation friedlich und mit wechselseitiger Achtung der Bürgerinnen und Bürger möglich ist.[11]

Politische Philosophie kann und sollte als realistische Utopie verstanden werden, weil und wenn man die Hoffnung teilt, daß unsere soziale Welt in der Zukunft ein einigermaßen gerechtes, wenn auch nicht vollkommenes politisches Zusammenleben der Menschen miteinander zuläßt. »Daher fragen wir: Wie wäre eine gerechte demokratische Gesellschaft unter einigermaßen günstigen, aber immerhin möglichen historischen Bedingungen beschaffen – also unter Bedingungen, die von den Gesetzen und Tendenzen der sozialen Welt zugelassen werden? Welche Ideale und Prinzipien würde eine solche Gesellschaft unter Voraussetzungen der uns bekannten Gerechtigkeitsverhältnisse in einer demokratischen Kultur zu verwirklichen trachten?«[12]

Dabei werden Abstraktionen und Idealisierungen vorgenommen, die Grenzen der Untersuchung darstellen.[13] Abstrahiert wird vor allem von konkreten Variationen zwischen Menschen und Situationen, die für die in Frage stehenden Gerechtigkeitsprinzipien irrelevant zu sein scheinen. Die ermittelten Prinzipien sind als Grundsätze selbst abstrakt und bedürfen zu ihrer Anwendung einer situationsabhängigen Konkretisierung. Sie haben den Rang eines Prinzips, nicht eines entscheidungsdefiniten Kriteriums. Man darf von ihnen keine konkreten politischen Anweisungen erwarten.

Zugleich wird, um minimale und abstrakte Ausgangspunkte für die Konstruktion zu gewinnen, auch idealisiert. Die ideale Theorie legt die Folie frei, vor deren Hintergrund die normativen Defizienzen der wirklichen Welt deutlich werden. Ideal ist eine Theorie, die von der tatsächlichen Bereitschaft der Menschen zu gerechtem Handeln methodisch absieht. Die Gerechtigkeitsprinzipien gelten für

11 Vgl. J. Rawls, *Gerechtigkeit als Fairneß*, S. 20.

12 Ebd., S. 24.

13 Vgl. ebd., § 5. Vgl. zur Problematisierung von Idealisierungen O. O'Neill, *Tugend und Gerechtigkeit*, II.1. – Die Abstraktionen und Idealisierungen betreffen in diesem Buch vor allem Teil B.

eine idealisierte Welt, in der die Personen den moralischen Grundsätzen auch folgen werden, mit denen sie ihr Zusammenleben regeln wollen. Gesucht wird ein Generationen übergreifendes System sozialer und politischer Kooperation, das von Gerechtigkeitsgrundsätzen wirksam reguliert wird, die von allen im Verfahren allgemeiner und reziproker Rechtfertigung akzeptiert sind, und bei dem folgende Bedingungen idealiter als erfüllt unterstellt werden: 1. Die grundlegenden gesellschaftlichen Normen und Institutionen entsprechen den von allen Gesellschaftsmitgliedern aus allgemeinen und reziproken Gründen anerkannten Gerechtigkeitsgrundsätzen. 2. Alle Beteiligten handeln gesetzestreu und in Übereinstimmung mit den allgemein anerkannten und begründeten Gerechtigkeitsgrundsätzen. 3. Alle wissen, daß die Bedingungen 1 und 2 erfüllt sind. 4. Es besteht Einigkeit über die Begründung der obersten Gerechtigkeitsgrundsätze.[14] Faktische Neigungen, Befindlichkeiten, Ressentiments, Neid und Mißgunst werden in der idealen Theorie ausgeklammert. Ein solches Vorgehen ist gerechtigkeitstheoretisch zum einen geboten, weil man sonst keinen Maßstab für die Kritik eben dieser faktischen Einstellungen hätte. Eine ideale Theorie muß deshalb prüfen, wie die gerechte Welt aussähe, wenn alle Menschen sich nur von den Grundsätzen der Gerechtigkeit in ihrem Handeln leiten ließen.

Zum anderen entspricht dies ›unserem‹ Ideal von uns selbst. Denn die wichtigste Idealisierung betrifft die ideale Konzeption der Person, die als moralisch motiviert, autonom und rational vorgestellt wird. Nicht alle Menschen kommen dem wirklich gleich, und insofern sie diesem Begriff der Person nicht entsprechen, kann diese Theorie nicht ohne weiteres auf sie angewandt werden. Dieses Ideal darf als Baustein der Konstruktion der Gerechtigkeitsprinzipien gleichwohl benutzt werden, weil es ›unserem‹ Selbstverständnis als Personen entspricht. Es spiegelt wider, wer wir in der Realität zu sein beanspruchen, auch wenn wir dem Anspruch nicht immer gerecht werden (können). Kurz: Die Idealisierung entspricht unserem eigenen Ideal von uns selbst. Gleichwohl soll es sich um ein im Prinzip für uns jeweils erreichbares Ideal handeln, nicht um ein Trugbild, das wir uns in einem Akt von Selbsttäuschung von uns machen. Insofern sind empirische Vorkommnisse von Diskrepanzen von

14 J. Rawls, *Eine Theorie der Gerechtigkeit*, §§ 1, 69, *Politischer Liberalismus*, I. § 6, II. § 4.

Anspruch und Wirklichkeit auch immer als kritisches Warnsignal zu lesen, daß der Anspruch überhöht sein könnte. Das richtige Maß der Idealisierung läßt sich nur in einem solchermaßen kritisch getesteten, reflexiven Urteil über unsere erfüllbaren moralischen Ansprüche an uns selbst ermitteln.

Dabei sieht eine ideale Gerechtigkeitstheorie keineswegs von allen menschlichen Interessen ab. Eine ideale Gerechtigkeitstheorie will kein ›Wolkenkuckucksheim‹ bauen, sondern moralische Gebote, Rechte und Prinzipien für diese Welt begründen. Dieser Kontakt zwischen idealer Theorie und sozialer Wirklichkeit ist auch aus der Perspektive einer idealen Gerechtigkeitstheorie wichtig. Denn zum einen will sie ja die Welt, wie sie ist, reformieren. Zum anderen verlangt die Anwendung der Methode des Konstruktivismus als grundlegendem Rechtfertigungsverfahren für die Theorie die prinzipielle Zustimmung der Betroffenen. Während der erste Kontakt dem politischen Motiv der Verbesserung der realen politischen Verhältnisse geschuldet ist, verdankt sich der zweite dem Moralprinzip selbst. Eine ideale Theorie muß deshalb die Interessen der repräsentativen Personen berücksichtigen, deren Aussichten in einer typischen und verallgemeinerbaren Weise von der Verteilung der Rechte und Pflichten im Rahmen eines gemäß der idealen Theorie geregelten gesellschaftlichen Zusammenlebens abhängen. Die ideale Theorie des Kontrafaktischen hat durchaus einen mundanen Sinn. Die Entscheidungen rationaler Akteure in einer ideal gerechten Welt ermöglichen erst die Beurteilungen der Legitimität der Redistributionen in der wirklichen Welt. Der Sinn eines solchen idealen Modells liegt im Gewinn eines kritischen Maßstabes – allerdings um den Preis, keine sofort umsetzbare Empfehlung für die Veränderung der wirklichen Welt geben zu können. Dies ist die Aufgabe einer nicht-idealen Theorie.[15]

Trotz Idealisierung muß es dennoch möglich sein, auf Basis der Prinzipien der Gerechtigkeit ein unter realistischen Bedingungen arbeitsfähiges System gesellschaftlicher Institutionen einzurichten, das ebenfalls mit der rationalen Anerkennung aller Bürgerinnen und Bürger rechnen kann. Probleme bei der Anwendung schlagen wieder auf die Theorie zurück. Denn die Begründung besteht – wie

15 Zur Unterscheidung von idealer vs. nicht-idealer Gerechtigkeitstheorie vgl. J. Rawls, *Eine Theorie der Gerechtigkeit*, S. 25f., 277f., 387, B. Ackerman, *Social Justice in the Liberal State*, S. 21, 31ff.

gesagt – nicht in einem deduktiven Verfahren, sondern in einem Überlegungsgleichgewicht. Die konkreten Ergebnisse, die sich aus der Theorie ergeben, müssen deshalb wohlüberlegt beurteilt und im Rückschritt mit den Prinzipien in ein Überlegungsgleichgewicht gebracht werden.[16] Trotz der Idealisierung soll die Theorie also im Prinzip realisierbar sein.

Es ist klar, daß man unter diesen abstrakten und idealen Kriterien unmöglich zu definiten Aussagen darüber gelangen kann, ob bestimmte Gerechtigkeitsgrundsätze im Vergleich zu anderen die allgemeine Zustimmung und Unterstützung aller finden werden. Deshalb kann es hier nur darum gehen, tentative und komparative Urteile prima facie zu begründen. Eine Verifikation oder logische Begründung ist unmöglich.

Die wichtigen Fragen, ob und wie diese oder andere Gerechtigkeitsprinzipien in unserer ungerechten Welt angewandt werden können, sind Gegenstand einer nicht-idealen Theorie der Gerechtigkeit. In nicht-idealen Situationen, in denen womöglich die von der idealen Theorie geforderte gerechte Verteilung nicht vollständig erreicht werden kann (weil ein Teil der Bürgerinnen und Bürger die ideale Theorie faktisch nicht akzeptiert und sich gegen ihre Umsetzung wehrt), muß man bei der Umsetzung der idealen Theorie Abstriche machen, also eine nicht-ideale Theorie der zweitbesten Lösung entwickeln. Dadurch kommt es zu zusätzlichen Problemen bei der Implementierung, Umsetzung und Aufrechterhaltung der von der Theorie der Gerechtigkeit geforderten Grundstruktur. In einer solchen nicht-idealen Theorie bedarf es modifizierter Gerechtigkeitsprinzipien und einer moralischen Vorrangsregel, die angibt, welche Regelungen dringlicher und nötiger sind als andere.

Die Kosten dafür, ohne Idealisierungen auskommen zu müssen, wären für eine abstrakte und ganz generelle Gerechtigkeitstheorie lähmend. In dieser Untersuchung sollen Kriterien entwickelt werden, die als Folie zur normativen Beurteilung bestehender Verteilungsmuster dienen können. Eine Theorie der Gerechtigkeit benennt die moralischen Gerechtigkeitsprinzipien und -standards, anhand deren man soziale Arrangements aller Art beurteilen kann. Wie diese Kriterien unter realen Bedingungen am besten umsetzbar sind, wird hier nicht zu beantworten versucht. Eine philosophische

16 Diese Bedingung wird von W. Hinsch in »Politischer Konsens in einer streitbaren Welt« (S. 24) genannt.

Theorie der distributiven Gerechtigkeit sollte keine politische oder ökonomische Theorie entwerfen.

Die relevante Frage, welches der in den historisch-sozialen Umständen tatsächlich möglichen sozialen Arrangements das beste ist, geht über eine philosophische Theorie der Gerechtigkeit hinaus. Eine solche Theorie muß genug empirisch-soziales Wissen über diese Möglichkeiten enthalten, um das beurteilen zu können. Dieser Teil der Theorie ist eine Sozialtheorie, die herrschende Verhältnisse kritisch beurteilt, ihre Entwicklungsmöglichkeiten einschätzt und Alternativen sozialwissenschaftlich ermittelt und bewertet. Es sollte im Sinne sinnvoller Arbeitsteilung den Wissenschaften und der demokratischen Praxis überlassen bleiben, die gerechteste, effizienteste, nachhaltigste Möglichkeit der Umsetzung der Kriterien gerechter Verteilung in einem politischen, ökonomischen und sozialen System zu eruieren, bei Berücksichtigung der Folgen und Nebenfolgen der Implementierung des Systems. In diesem Sinn müßte die Theorie der Gerechtigkeit ergänzt werden durch eine ›kritische Theorie‹, also eine sozialwissenschaftliche und politologische Theorie über die möglichen Verbesserungen der Gesellschaft, wie sie von der Gerechtigkeitstheorie gefordert werden. So wünschenswert es wäre, eine solche Theorie zu haben, so ist mir doch keine bekannt. Diese Untersuchung wenigstens bewegt sich nur im normativen Rahmen der Gerechtigkeit.

Die Originalität der Philosophen gleicht der der Architekten. Die Steine hat man sich aus den Werken der großen Philosophen besorgt, sie behauen und geschliffen.[17] Die Statik und Grundregeln des Baus sind von alters her bekannt und gut studiert. Mit diesen Mitteln kann man unterschiedlich originelle und unterschiedlich gute (das ist bei weitem nicht dasselbe) Häuser bauen. So ist jedes wirklich selbst geplante Haus auch kaum wie ein anderes. In diesem Sinn glaube ich den Plan für ein Haus vorgelegt zu haben, dessen wesentliche Konstituentien eben nicht eigen sind, das aber meines Wissens *so* noch nicht entworfen wurde.

17 Manchen gelingt es sogar, neue Materialien herzustellen oder zu erfinden und die Statik und Grundregeln des Bauens zu verändern. Diese werden deshalb die ›großen Philosophen‹ genannt.

## *Zum Dank*

Zurückblickend auf die gesamte Entstehungszeit dieser Arbeit haben etliche Personen, Institutionen und Umstände auf ganz unterschiedliche Weise an diesem Buch mitgetan. Ich bin allen Institutionen und Personen zu Dank verpflichtet; ohne sie hätte das Buch so nicht entstehen können.

Bei der Konzeption des Buches verdanke ich die ersten entscheidenden Impulse John Rawls und Ernst Tugendhat. Das Berliner Kolloquium mit Beate Rössler, Marcus Otto, Walter Pfannkuche, Holmer Steinfath und Bernhard Thöle hat mich in der Konzeptionsphase dieser Arbeit stets freundschaftlich unterstützt und ermutigt. In verschiedenen Phasen der Arbeit haben mir zudem etliche Freundinnen und Freunde und Kolleginnen und Kollegen freundlicherweise auf unterschiedliche Weise kollegial geholfen: Ronald Dworkin, Rainer Forst, Axel Honneth, Rahel Jaeggi, Franz Koppe, Christoph Menke, Christia Mercer, Fred Neuhouser, Günther Patzig, Herlinde Pauer-Studer, Thomas Pogge, Martin Seel, Holm Tetens, Dieter Thomä, Jay Wallace und Lutz Wingert.

Auch in der geistigen Höhenluft der Philosophie kann man nicht überleben ohne reale Grundlagen. So bin ich bei der Abfassung dieses Buches dankenswerterweise von den folgenden Institutionen unterstützt worden: Universität der Künste Berlin, Alexander von Humboldt-Stiftung, Columbia University, Harvard University, Universität Leipzig, Universität St. Gallen, Kulturwissenschaftliches Institut Essen, Universität Gießen, Universität Wien und Universität Potsdam.

Die vorliegende Arbeit wurde im Jahre 2002 an der Freien Universität Berlin als Habilitation angenommen. Für den Druck wurde sie überarbeitet. Für die dazu nützliche kritische Lektüre des gesamten Typoskripts möchte ich besonders Peter Bieri, Rüdiger Bittner, Wilfried Hinsch, Otfried Höffe und Albrecht Wellmer danken.

Für redaktionelle Hilfe bei der Fertigstellung der Habilitationsschrift danke ich Anne Leist, Almut Mengel sowie bei der Druckfassung Robin Celikates, Björn Sydow und Eva Gilmer (als Lektorin des Suhrkamp Verlages).

Meinen privaten Dank leiste ich lieber in anderer Form.

Berlin, im Oktober 2003 S. G.

# Teil A
# Gerechtigkeit und Gleichheit

# Kapitel I
# Gerechtigkeit

*Die* zentrale Leitidee der politischen Philosophie ist die Gerechtigkeit.[1] Jede normative politische Theorie fragt nach der Gerechtigkeit der Arrangements des gemeinsamen gesellschaftlichen Zusammenlebens. Die klassische Ausgangsfrage der politischen Philosophie nach der Legitimität staatlichen Zwangs stellt hingegen nur einen Teilbereich der zentralen Frage nach Gerechtigkeit dar.

Gerechtigkeit ist seit den uns bekannten Anfängen eines der wünschenswerten Grundprinzipien der sozialen Organisation. Jedoch ist auffällig, daß Gerechtigkeit keines der großen visionären Postulate von Revolutionen und sozialen Bewegungen (wie der Französischen Revolution, der amerikanischen Unabhängigkeitserklärung oder der russischen Revolution) war. Der Grund dafür liegt wohl gerade in dem Charakter der Gerechtigkeit als fundamentalem Organisationsprinzip jeglicher Art von menschlicher Assoziation. Demgegenüber sind Freiheit, Gleichheit und Brüderlichkeit neuere und spezifischere Forderungen, die angeben sollen, was eine gerechte Gesellschaft ausmacht.

Keine Art der Regierung, egal wie despotisch oder tyrannisch, kann lange überleben, wenn sie offen zugibt, ungerecht zu sein. Es gibt keine Gesellschaft, die nicht irgendeine Art von Gerechtigkeit für sich beansprucht. Jedes politische System, das Stabilität anstrebt, muß sich als gerechtes darstellen, das heißt, es muß in der Lage sein, seine politischen Handlungsweisen zumindest so zu rechtfertigen, daß es im Bewußtsein einer qualitativen Mehrheit der regierten Bevölkerung als legitim, als gerecht erscheint.

Auch das Streben nach Gerechtigkeit im Sinne einer individuel-

1 Dies gilt mit den am Anfang der Einleitung genannten Einschränkungen. Vgl. H. Hofmann, *Bilder des Friedens oder Die vergessene Gerechtigkeit*, bes. S. 49. Gerechtigkeit als zentrale Leitidee wird heute nur von zwei Theorien bestritten: zum einen von der sogenannten Fürsorgeethik, wie sie vor allem im Umkreis des Feminismus vertreten wird (dazu Kap. I.6.1.); zum anderen von dem letztlich auf Hegel zurückgehende Anerkennungsansatz, wie er politisch vor allem von den sozialen Bewegungen in ihrem Kampf um kulturelle Anerkennung benutzt wird (dazu s. u. Kap. I.6.2.).

len Disposition und Motivation kann als universale, anthropologische Konstante aufgefaßt werden.[2] Dies gilt zumindest für die betroffenen Personen selbst, denn wie Rousseau bemerkt: Das erste Gefühl für die Gerechtigkeit erwächst uns nicht aus dem, was wir schulden, sondern aus dem, was uns geschuldet wird.[3]

Bevor die Frage nach der Gerechtigkeit gesellschaftlicher Arrangements beantwortet werden kann, bedarf es allerdings einer begrifflichen Vorverständigung darüber, was unter ›Gerechtigkeit‹ zu verstehen ist. Denn wie Leibniz zu Recht bemerkt: »Ich weiß nicht, ob die Begriffe von Recht und Gerechtigkeit als ausreichend klargelegt anzusehen sind, trotzdem sich so viele hervorragende Gelehrte mit ihnen beschäftigt haben.«[4]

Dazu wird in diesem Kapitel eine begriffliche Landkarte skizziert. Die Bestimmung des Gerechtigkeitsbegriffs wird dabei so vorgenommen, daß mit der allgemeinsten Bedeutung begonnen wird, um dann sukzessiv, durch Einschränkungen oder Konkretionen, spezifischere Bestimmungen herauszuarbeiten. Zunächst gilt es, eine allgemeine Definition aufzufinden, die auf sämtliche Verwendungsweisen des Gerechtigkeitsbegriffs zutrifft. Daraus werden sich die folgenden wesentlichen Kriterien für Gerechtigkeit ergeben: Präskriptivität, Gerechtfertigtheit, Unparteilichkeit und das jedem Zustehende bzw. moralisch Angemessene (suum cuique). Sodann werden die Bedingungen der Gerechtigkeit untersucht, also jene Situationen, in denen ›Gerechtigkeit‹ Anwendung findet, zu denen folgende Dimensionen gehören: die Anwendungsgegenstände, die Gerechtigkeit beurteilenden und herstellenden Subjekte und die Umstände der Gerechtigkeit. Deren Analyse wird folgende Elemente als weitere wesentliche Bestandteile des Gerechtigkeitsbegriffs freilegen: Berücksichtigung von rechtsförmigen Ansprüchen anderer, die Verantwortbarkeit von veränderbaren Zuständen unter Bedingungen gemäßigter Knappheit und Interessengegensätze. Zusammen mit den oben genannten Kriterien der Präskriptivität,

2 Das Gerechtigkeitsmotiv läßt sich als prinzipielle Intention empirisch nachweisen; vgl. M. Lerner, »The Just Motive: Some Hypotheses as to its Origins and Forms«; M. Lerner, S. Lerner, *The Justice Motive in Social Behavior. Adapting to Times of Scarcity and Change*. Hier gibt es natürlich eine große Überlappung mit der Moral.

3 Vgl. J.-J. Rousseau, *Emil oder Über die Erziehung*, S. 86.

4 G. W. Leibniz, »Dissertatio promae codicis gentium diplomatici parti praefixa«, § 9, S. 293, zitiert nach G. del Vecchio, *Die Gerechtigkeit*, Fn. 1.

der Gerechtfertigtheit, der Unparteilichkeit und des jedem Zustehenden bzw. moralisch Angemessenen (suum cuique) sowie dem im zweiten Kapitel analysierten Kriterium der Gleichheit bilden sie jeweils einzeln die notwendigen und zusammen die hinreichenden Bedeutungsmerkmale des Gerechtigkeitsbegriffs.[5] Das letzte definierende Merkmal wird jedoch aus Darstellungsgründen in diesem Kapitel ausgespart. Der (z. T. begriffliche und von daher eigentlich auch in diesem Kapitel einschlägige) Zusammenhang von Gerechtigkeit und Gleichheit wird gesondert im nächsten Kapitel behandelt. Nachdem die wesentlichen Kriterien des Gerechtigkeitsbegriffs ermittelt sind, werden in diesem ersten Kapitel verschiedene Arten der Gerechtigkeit vorgestellt. Sodann wird es darum gehen, den Vorrang der Gerechtigkeit sowohl im Bereich der Moral als auch gegenüber alternativen moralischen Theorien (wie der Fürsorgeethik und der Anerkennungstheorie) zu zeigen. Das sich so immer deutlicher herauskristallisierende distributive Paradigma der Gerechtigkeit wird zum Schluß explizit gemacht und gegen Einwände verteidigt.

## 1. Zur Semantik des Gerechtigkeitsbegriffs

Der Begriff der Gerechtigkeit hat eine lang zurückreichende Tradition.[6] Er ist, obwohl oder gerade weil er ein zentraler Begriff sowohl des alltäglichen Lebens als auch der Philosophie ist, schwer zu bestimmen.[7] Er erweist sich als sehr komplex und vielschichtig und ist darüber hinaus politisch umstritten.[8] Dennoch muß sich durch

5 Vgl. J. Finnis, der in *Natural Law and Natural Rights* (Kap. 7) Bezogenheit auf andere, Pflicht und Gleichheit als die drei notwendigen und hinreichenden Bedingungen für den Begriff der Gerechtigkeit nennt.

6 Zur Geschichte des Begriffs der Gerechtigkeit vgl. G. del Vecchio, *Die Gerechtigkeit*.

7 Zur Semantik des Gerechtigkeitsbegriffs vgl. E. Tugendhat, *Vorlesungen über Ethik*, 18. Vorlesung, S. 366-372, und ders., *Dialog in Leticia*, III, S. 58-68; G. Vlastos, »Justice and Equality«, S. 60; P. Koller, »Soziale Güter und soziale Gerechtigkeit«, S. 81-87; Aristoteles, *Nikomachische Ethik*, Buch V; J. St. Mill, *Utilitarismus*, Kap. V.

8 Gerechtigkeit gehört zu den wesentlich umstrittenen Begriffen, vgl. W. Gallie, »Essentially Contested Concepts«.

gründliche Analyse eine stabile, allgemein geteilte Kernbedeutung des abstrakten Begriffs ermitteln lassen, über die weitgehend Einigkeit herrscht, weil sich sonst gerade seine wichtige Rolle in moralischen und politischen Auseinandersetzungen nicht erklären ließe. Gesucht wird zunächst eine Bestimmung, die auf sämtliche Verwendungsweisen des Gerechtigkeitsbegriffs zutrifft. Es soll ermittelt werden, wie normale Menschen den Begriff der Gerechtigkeit in ihrer Alltagssprache verwenden. Die Begriffsbestimmung nimmt dabei also keine Idealisierung vor. In der abendländischen Denktradition hat es hinsichtlich der formalen Bestimmung der Gerechtigkeit eine bemerkenswerte Einheitlichkeit gegeben. Im Sinne dieser Tradition soll hier eine einheitliche Bedeutung herausgearbeitet werden, welche den vielfachen Gerechtigkeitsvorstellungen zugrunde liegt. Diese Bedeutung kann nur formalen und abstrakten Charakter haben, kann also nur zu einem entsprechenden Gerechtigkeitsbegriff führen, der von einer materialen und konkreten Gerechtigkeitsauffassung zu unterscheiden ist, die Thema späterer Kapitel sein wird. Von dem allgemeinen Gerechtigkeitsbegriff ausgehend muß sich zeigen lassen, wie man zu den spezifischeren, aber auch strittigen Gerechtigkeitsauffassungen gelangen kann. Eine angemessene Erklärung des Gerechtigkeitsbegriffs sollte angeben können, warum und worüber sich Personen mit inhaltlich unterschiedlichen Konzeptionen der Gerechtigkeit streiten. Gleichzeitig wird sich dabei auch zeigen, daß Variablen des Gerechtigkeitsbegriffs selbst unterschiedliche Weichenstellungen ermöglichen, so daß inhaltliche Festlegungen erfolgen müssen, deren Plausibilität nicht mehr rein begrifflicher Natur ist. Diese ergibt sich vielmehr aus den Zielsetzungen, Absichten und Gewichtungen der zu (re-) konstruierenden politischen Theorie. Der Gerechtigkeitsbegriff ist vor allem dann verworren, wenn man gleichzeitig mit oder statt einer allgemeinen, formalen Definition die Bestimmung einer konkreten, wertbeladenen und strittigen Gerechtigkeitskonzeption vornimmt. Eine solche Bestimmung führt zugleich zu einer inhaltlichen Füllung der Variablen, die man als wesentlich betrachtet. Diese beiden Aspekte, die formale und die inhaltliche Bestimmung der Gerechtigkeit, sollten um Klarheit und Verständigung willen getrennt werden.[9]

9 Vgl. C. Perelman, »Eine Studie über Gerechtigkeit«.

Es gibt eine allgemeine Definition von Gerechtigkeit, die verschiedene Arten von Gerechtigkeit sowie unterschiedlichste inhaltliche Vorstellungen darüber umfaßt, was als gerecht anzusehen ist. Diese Differenz nennt man mit Rawls den Unterschied zwischen einem allgemeinen Konzept und einer spezifischen Konzeption der Gerechtigkeit.[10] Der Begriff (oder das Konzept) der Gerechtigkeit hat eine ahistorische allgemeine Bedeutung. Diese Behauptung geht über die Feststellung hinaus, daß alle uns bekannten Menschen den Begriff ›gerecht‹ gleich verwendet haben, obwohl sie alle doch ganz offensichtlich etwas Unterschiedliches für gerecht hielten, also unterschiedliche Gerechtigkeitskonzeptionen hatten, indem sie beispielsweise die Sklaverei oder die Unterdrückung der Frau als gerecht ansahen. Gäbe es keinen neutralen ahistorischen Sinn von Gerechtigkeit, keinen allgemein geteilten Bedeutungsaspekt, wäre es nicht möglich, sinnvoll miteinander darüber zu streiten, was in einer Situation tatsächlich gerecht ist. Indem sie darüber debattieren, ob etwas gerecht ist oder nicht, müssen die Parteien von einem zumindest teilweise geteilten, allgemeinen Gerechtigkeitsbegriff ausgehen. Wenn jeder einzelne oder jede Kultur einen anderen Gerechtigkeitsbegriff hätte, wir also unterscheiden müßten zwischen ›gerecht für uns‹, ›gerecht für die‹ usw. könnten wir beispielsweise Sklavenhändlern nicht vorwerfen, ungerecht zu sein, wenn sie es nach ihrer eigenen Gerechtigkeitskonzeption nicht wären. Sie verstünden unsere Rede gar nicht als Vorwurf, weil wir dann nur die relativistische Platitüde von uns gäben, daß Sklaverei bei uns als ungerecht angesehen wird, nicht aber bei ihnen. Tatsächlich jedoch verstehen sie unseren Vorwurf, auch durchaus als moralischen Vorwurf, und wehren sich in der Regel deshalb dagegen, indem sie zu zeigen versuchen, daß Sklavenhandel – nicht relativ gesehen – gerecht sei, das heißt, daß auch wir, die wir den Vorwurf erhoben haben, einsehen müßten, daß er gerecht sei. Dies zeigt nicht, daß es eine kulturübergreifende Gerechtigkeitskonzeption gibt, sondern daß es eine allgemein geteilte Bedeutung des Begriffs der Gerechtigkeit geben muß, um unsere alltäglichen Debatten mit anderen über Gerechtigkeitskonzeptionen überhaupt verständlich machen zu können, sofern wir unterstellen können, daß sie verständlich zu machen sind. Um *sinnvoll* über Gerechtigkeit(skonzeptionen) strei-

10 Vgl. J. Rawls, *Eine Theorie der Gerechtigkeit*, S. 21 f.

ten zu können, ist eine gewisse gemeinsame Schnittmenge oder Bedeutungsüberlappung der gegebenenfalls kulturell unterschiedlichen Verwendungsweisen des Gerechtigkeitsbegriffs nötig.

## 2. Präskriptivität, Gerechtfertigtheit und Unparteilichkeit

### *2.1. Präskriptivität*

›Gerecht‹ ist ein Prädikat des moralischen Lobs, ›ungerecht‹ des Tadels. Von etwas zu sagen, es sei ungerecht, ist ein starkes moralisches Urteil. Eine bloß konstatierende Verwendungsweise des Prädikats ›ungerecht‹ ist unmöglich. Indem wir etwas als ungerecht beurteilen, stellen wir damit nicht nur etwas beschreibend fest, sondern bewerten es zum einen auch und fordern zum anderen zugleich eine positive Veränderung des Zustands. Gerechtigkeitsaussagen sind also nicht bloß deskriptiv, sondern evaluativ und präskriptiv. Da Gerechtigkeit von allen als wünschens- und erstrebenswert angesehen wird und sich keiner nachsagen lassen will, er oder sie sei ungerecht oder für ungerechte Zustände verantwortlich, spielt der Aspekt der *Präskriptivität* im Gerechtigkeitsbegriff eine besondere handlungsanleitende Rolle. (Die Feststellung von) Ungerechtigkeit impliziert die moralische Prima-facie-Verpflichtung zur Veränderung des Zustandes.[11] Wenn Zustände begründet als ungerecht beurteilt werden können, dann beschreibt das nicht nur das Verfehlen eines Standards der Gerechtigkeit, das wir gleichgültig zur Kenntnis nehmen könnten. Dieses Verfehlen bewerten wir notwendig negativ, denn ›ungerecht‹ ist semantisch ein negativ bewertender Ausdruck. Das Urteil über Ungerechtigkeit enthält zugleich das moralische Gebot, jene als ungerecht identifizierten Zustände in gerechte zu überführen. Deshalb ist ein Ungerechtigkeitsurteil auch ein Ausdruck des Tadels – des Tadels, daß nicht genügend unternommen wurde, um die Ungerechtigkeit zu verhindern, zu lindern oder abzuschaffen.

11 Die Verpflichtung gilt deshalb nur prima facie, weil sie nur unter der Voraussetzung gilt, daß es keine anderen moralischen Verpflichtungen auf gleicher Ebene gibt. Vgl. genauer S. 456f.

## 2.2. *Gerechtfertigtheit*

Keine Person oder Institution kann oder will es sich (auf Dauer) leisten, als ungerecht zu gelten. Wir haben eine generelle Tendenz, unser Handeln als ›gerecht‹ zu rechtfertigen. Dieser Anspruch jeder beteuerten Gerechtigkeit auf *Gerechtfertigtheit* oder Legitimität ist einer der zentralen Bestimmungsgründe der Gerechtigkeit.[12] Ein System der Verteilung von Rechten und Pflichten wird dann als gerecht angesehen, wenn es von einem bestimmten Prinzip der Gerechtigkeit gerechtfertigt wird, das auf bestimmten Gerechtigkeitskriterien (wie Verdienst, Gleichheit, Bedürfnissen oder Ansprüchen) basiert. Eine der wichtigsten Bedingungen für jegliche normative Gerechtigkeitstheorie ist die Tatsache, daß die Menschen, deren Leben von den in Frage stehenden Gerechtigkeitsprinzipien reguliert werden, auf lange Sicht bereit sein müssen, diese zu akzeptieren und mit deren Ergebnissen zufrieden zu sein. Jedes verwendete Prinzip bedarf einer minimalen Akzeptanz in der Bevölkerung, das heißt, diese muß zumindest die Existenz und Berechtigung bestimmter Kriterien anerkennen und berücksichtigen. Dieser Aspekt bildet die Grundlage einer psychologischen Definition der Gerechtigkeit, in der Gerechtigkeit – verkürzt rein subjektivistisch betrachtet – als Gerechtigkeitsglaube und dieser als soziale, psychologische Akzeptanz bestimmter Gerechtigkeitsprinzipien verstanden wird.[13] Die enormen Unterschiede in Konzeptionen der Gerechtigkeit basieren demnach auf den unterschiedlichen sozialen Repräsentationen, kulturell geteilten Wert- und Meinungssystemen, die die entsprechenden Prinzipien der Gerechtigkeit betreffen. Diese den Gerechtigkeitswahrnehmungen zugrunde liegenden sozialen Repräsentationen sind sehr variabel und durch sozialen Konformitätsdruck, Manipulation und andere Einflüsse veränderbar. Zwar lassen sich so psychologische und soziologische Unterschiede in Gerechtigkeitskonzeptionen erklären, aber solche Erklärungen werden dem in jedem Gerechtigkeitsurteil aus der Teilnehmerperspektive inhärenten Objektivitätsanspruch nicht gerecht.

Ein wichtiger Aspekt von Gerechtigkeitsurteilen besteht darin, daß diese (wie alle moralischen Urteile) kategorische Geltung beanspruchen, das heißt unabhängig von individuellen Zwecken des

12 Vgl. H. Kelsen, *Was ist Gerechtigkeit?*

13 Vgl. K. Scherer, »Issues in the Studies of Justice«, S. 2.

Handelnden normativ gültig sein sollen. Gerade wegen dieses Objektivitätsanspruchs besteht auch aus der Perspektive der Einzelnen die Notwendigkeit, ihr Gerechtigkeitsurteil begründen zu müssen, letztlich mit dem Ziel, die anderen von dem von ihnen verwendeten Prinzip zu überzeugen. Die geteilten Gerechtigkeitsstandards können also aus der Binnenperspektive nicht nur als bloß vorgefundene, zufällige oder aufgezwungene, indoktrinierte oder anerzogene angesehen werden. Sie stellen vielmehr einen normativen Anspruch auf Richtigkeit, der alle empirisch kontingenten Kontexte transzendiert.[14] So verständlich eine pluralistische und relativistisch motivierte Skepsis sein mag, so darf man doch nicht übersehen, auch wenn das von den Gerechtigkeitsskeptikern natürlich bestritten wird,[15] daß alle Menschen, indem sie Gerechtigkeitsurteile fällen, einen Vorgriff auf eine solche ideale oder wahre Gerechtigkeitstheorie machen. Anders ist die dem Begriff der Gerechtigkeit inhärente Normativität, das Verlangen und Geben von Rechtfertigungen gegenüber jedermann bezüglich Gerechtigkeitsansprüchen, nicht erklärlich. Wer überzeugter Gerechtigkeitsrelativist ist, darf anderen (außerhalb seiner Gemeinschaft geteilter Gerechtigkeitsstandards) nicht den Vorwurf machen, sie handelten ungerecht. Diese Selbstbeschränkung erlegen sich jedoch nur die wenigsten auf.

## *2.3. Unparteilichkeit*

Bei Aussagen über Gerechtigkeit handelt es sich stets um moralische Urteile, die beanspruchen müssen, vom Standpunkt der Unparteilichkeit aus, das heißt nach den Standards, Kriterien oder Regeln der Gerechtigkeit wohlbegründet zu sein:[16] Ein Gerechtigkeitsurteil gehört analytisch in einen Begründungszusammenhang. Wenn ich

14 Dieses Argument zeigt freilich nicht, daß es deshalb eine einzige Menge normativ richtiger Wertüberzeugungen und Gerechtigkeitsprinzipien geben muß, wie Max Weber betont, denn auch im umgekehrten Fall muß ein Polytheismus der Werte auf der Ebene der Metasprache nicht notwendig zur Relativität der Werte auf der Ebene der Objektsprache führen.

15 Vgl. dafür schon die sophistische Kritik des Kallikles in Platons *Gorgias* (bes. 482c-486d, 491e-492e) und des Thrasymachos in Platons *Der Staat* (bes. 338c-339b, 343c-344c) sowie Platons Verteidigung des intrinsischen Wertes der Gerechtigkeit in *Der Staat* (2. Buch).

16 Diese Ausdrücke verwende ich im folgenden gleichbedeutend.

sage »Ich will x« oder »Ich ziehe x vor«, brauche ich meinen Wunsch oder meine Präferenz nicht objektiv zu begründen, es reicht der Verweis auf meine wohlerwogenen subjektiven Präferenzen. Solche Gründe müssen nur für diejenigen einsichtig sein, die bereit sind, meine Position einzunehmen (aus welchen Gründen auch immer). Wenn ich jedoch sage »Es ist richtig, x zu tun«, »X ist gut«, »Ich sollte x tun« oder »X ist erreichenswert«, so muß ich dazu bereit sein, in einem bestimmten Sinn objektive *Gründe* für meine Urteile anzugeben. Besonders moralische Aussagen erheben einen gewissen Objektivitätsanspruch: Diese Gründe müssen auch anderen Parteien einleuchten können. Dieser allgemeine Punkt gilt im speziellen auch für Gerechtigkeitsaussagen. Rechte oder Pflichten erscheinen uns nur dann als gerecht, wenn sie in für uns überzeugender Weise beanspruchen können, auf einer objektiven, das heißt intersubjektiven Ebene begründet zu sein. Die erste und wichtigste Bedingung dieser objektiven Rechtfertigung ist Unparteilichkeit. Der für Gerechtigkeit wesentliche Gesichtspunkt der Unparteilichkeit kommt wiederum auf zwei Ebenen zum Tragen.[17]

Auf der *ersten Ebene* bedeutet Unparteilichkeit die unparteiische Anwendung einer vorgegebenen Norm. Ein typisches Beispiel ist ein Schiedsrichter in einem Fußballspiel, ein anderes wäre eine Richterin in einem Prozeß. Der Schiedsrichter ist nur dann unparteiisch, wenn er nicht eine Mannschaft der anderen auf irgendeine für das Spiel relevante Weise vorzieht. Seine Unparteilichkeit bezieht sich also nur auf die beiden gegeneinander spielenden Mannschaften für die Dauer des Spiels und nur im Hinblick auf alle für die Einhaltung der Spielregeln relevanten Gesichtspunkte. Eine Richterin ist unparteiisch, wenn sie einen Gerichtsfall nur unter Betrachtung der Tatbestandsmerkmale und der einschlägigen Gesetze entscheidet. Als Analyse des Begriffs der Unparteilichkeit kann deshalb festgehalten werden: A ist unparteiisch mit Bezug auf die Gruppe G genau dann, wenn A's Handlung im Hinblick auf Hinsicht H überhaupt nicht davon beeinflußt ist, ob und welche Mitglieder von G von A's Handlungen profitieren oder benachteiligt werden.[18] Dies verdeutlicht, daß man unparteiisch immer nur in bezug auf eine relevante Gruppe

17 Vgl. B. Barry, *Justice as Impartiality*, S. 11; B. Gert, *Morality: Its Nature and Justification*, Kap. 6.

18 So lautet die Definition von B. Gert in »Impartiality« und in *Morality: Its Nature and Justification* (S. 132).

und eine relevante Hinsicht ist. Wenn man gegenüber einer bestimmten Gruppe in einer bestimmten Hinsicht unparteiisch sein soll, so ist es durchaus erlaubt, in anderen Hinsichten und gegenüber anderen Personen parteiisch zu sein. Insofern ist Unparteilichkeit keine allgemeine Tugend. Man sollte Unparteilichkeit nicht mit Konsistenz oder dem Prinzip, daß gleiche Fälle gleich behandelt werden sollten, verwechseln bzw. gleichsetzen.[19] Konsistenz ist weder eine notwendige noch hinreichende Bedingung für Unparteilichkeit. Nicht notwendig ist Konsistenz, weil ein Schiedsrichter während des Spiels die Auslegung der Regeln ändern kann (also nicht konsistent sein kann), ohne damit eine der beiden Mannschaften zu bevorzugen. Für Unparteilichkeit ist Konsistenz, das heißt in diesem Zusammenhang, die gleichen Entscheidungen zu treffen, wenn die Umstände gleich sind, natürlich auch nicht hinreichend, weil man auch parteiische Urteile konsistent fällen kann. Ein Beispiel wäre der Arbeitgeber, der stets Männer Frauen vorzieht, obwohl er in Anwendung der Beförderungsregeln gegenüber dem Geschlecht seiner Angestellten neutral sein sollte. Eine Norm wird hingegen gerecht angewendet, wenn die ausführende Person die Regel auf alle diejenigen Personen und Fälle bezieht, die in der zugrundeliegenden Norm selbst (implizit oder explizit) als relevant angegeben werden. Kein persönliches Interesse oder Vorurteil darf die Handelnde daran hindern, die in der Norm geforderte Handlung den unter die Norm fallenden Personen gleichermaßen angedeihen zu lassen. Um diese Unparteilichkeit zu symbolisieren, tragen Statuen der Justitia, wie sie vor allem vor Gerichtsgebäuden stehen, oft eine Binde über den Augen.[20] Die Binde symbolisiert einen Schleier des Nichtwissens. Die gerechte Administratorin oder Richterin soll nur die für die Anwendung der Norm relevanten Fakten kennen, nicht jedoch solche Umstände, die ihr objektives Urteil oder die korrekte Anwendung möglicherweise beeinträchtigen, sei es der schöne Anblick, das

19 Vgl. dazu die parallelen Ausführungen in Kap. II.3.

20 Zu diesen und anderen Symbolen der Gerechtigkeit wie Waage, Schwert, Zahlen, Binde, Rutenbündel und entsprechenden Sprüchen vgl. G. del Vecchio, *Die Gerechtigkeit*, S. 83f.; H. Hofmann, *Bilder des Friedens oder Die vergessene Gerechtigkeit*; D. Curtis, J. Resnik, »Images of Justice«, zur Binde bes. S. 1755ff.; H. Münkler, *Politische Bilder, Politik der Metaphern;* O. Kissel, *Die Justitia. Reflexionen über ein Symbol und seine Darstellung in der bildenden Kunst*, zur Binde bes. S. 84-92, zur Waage S. 92-104.

unschuldige Aussehen, die möglichen Versprechungen und Drohungen, die Bedeutung, der Ruf, das Ansehen oder die persönlichen Bande, Beziehungen, Zu- oder Abneigungen zu einer der Parteien. Justitia richtet ohne Ansehen der Person. Fragen der Gerechtigkeit können nur im »Schweigen der Leidenschaften« (Diderot) entschieden werden. Justitias Augen sind verbunden – nicht blind. Das Streben nach Gerechtigkeit ist die Suche nach Wahrheit und verlangt in der Hinsicht offene Augen und vor allem offene Ohren.[21] Die Binde symbolisiert die willentliche Einnahme eines distanzierten, eben unparteiischen Standpunktes, um richtig urteilen zu können. Die Waage in der Hand der Justitia zeigt den unabhängigen Standard des Abwägens. Die Waage ist geeicht und im Gleichgewicht.[22] Sie wägt – und zwar für jeden öffentlich nachvollziehbar –, was jedem zukommt (suum cuique). Unparteilichkeit der ersten Stufe kann nach dem Richter-Modell konzipiert werden, das jedoch nur in einer wohldefinierten Situation mit vorgegebenen Normen greift. Unparteiisch meint hier (noch) keine Beurteilung der Regeln und Normen aus der Perspektive aller Betroffenen, sondern nur die von subjektiven Präferenzen und Zufall gänzlich unbeeinflußte, also willkürfreie Anwendung vorgegebener Regeln. Ob diese Regeln selbst gerecht, gleich und unparteiisch sind, muß auf der ersten Ebene der formalen Bestimmung offen bleiben. Unparteilichkeit auf der ersten Ebene besteht (lediglich) in einem Willkürverbot bei der Normanwendung, und es kann durchaus sein, daß diese Normanwendung unmoralisch ist. Deshalb kann Unparteilichkeit auf der ersten Ebene nicht mit Gerechtigkeit gleichgesetzt werden; sie ist eine notwendige, nicht aber hinreichende Bedingung.

Auf der *zweiten Ebene* hingegen wird für die Regeln selbst Unparteilichkeit verlangt, im Sinne eines Verbots von rein auf das Subjektive, Egoistische bezogenen Normen oder Regeln. Subjektive, egoistische Regeln sind nicht unparteiisch und deshalb ungerecht. Verlangt wird statt dessen eine unparteiische Rechtfertigbarkeit der

21 Justitia mit oder ohne Augenbinde – diese Alternative findet sich auch in den bildlichen Darstellungen. Erst etwa ab 1500 sind Darstellungen der Justitia mit verbundenen Augen zu finden, und seitdem kommen sie mit verbundenen wie mit offenen Augen vor. Manchmal wird versucht, beides in einer Darstellungen zu zeigen, entweder janusköpfig oder als Doppelfigur, einmal mit und einmal ohne Binde, oder Justitia trägt eine durchsichtige Binde.

22 Die Waage symbolisiert damit natürlich auch die Gleichheit.

in Frage stehenden Normen. Dies ist eine Unparteilichkeit zweiter Stufe.[23] Wir sind nur dann bereit zu akzeptieren, daß wir spezifische Pflichten haben, wenn diese Regelungen für uns überzeugend beanspruchen können, auf höherer Ebene unparteiisch verhandelt und begründet worden zu sein. Der der Gerechtigkeit inhärente Rechtfertigungsanspruch bezieht sich auf diese Unparteilichkeit zweiter Stufe. Dabei ist es für diesen die Gerechtigkeit explizierenden Sinn wichtig, daß die unparteiisch handelnde Person selbst Mitglied der Gruppe ist, der gegenüber sie unparteiisch handelt. So ist ein Arbeitgeber gegenüber seinen Arbeitnehmern unparteiisch, wenn er jeden nach seinem Verdienst entlohnt, sich selbst aber wesentlich mehr auszahlt. Gerechtigkeit verlangt jedoch eine Unparteilichkeit gegenüber allen Mitgliedern der moralischen Gemeinschaft. Gerechtigkeit bezieht sich demnach auf Urteile, die vom Standpunkt der Unparteilichkeit wohlbegründet sind.[24]

In der gegenwärtigen Philosophie werden im groben vier Substitute oder Tests für Unparteilichkeit vertreten.[25] Als erster Test gilt klassisch die Urteilsbildung eines beliebigen unbeteiligten Beobachters.[26] In dieser Konzeption droht jedoch unklar zu bleiben, was dies genau bedeutet: Entweder ist der Beobachter eine einzige beliebige Person, die dann aber zumindest immer noch ihre eigene Partei ist und ergreift, also doch nicht ganz unparteiisch ist; oder es handelt sich eigentlich um einen Blick von Nirgendwo, dann bleibt jedoch völlig im Unklaren, wie das zu verstehen sein soll; oder die Konzeption läuft auf den unten diskutierten vierten Test, den »Schleier des Nichtwissens« hinaus.[27]

23 Dies nennt B. Barry in *Justice as Impartiality* (S. 11) »Unparteilichkeit zweiter Ordnung«.

24 Unparteilichkeit ist in der Moralphilosophie nicht ganz unumstritten. Kritiker verweisen darauf, daß es zu Konflikten zwischen Unparteilichkeit und Parteilichkeit im Sinne einer speziellen, moralischen Bedeutung oder Wichtigkeit der eigenen Person oder einer nahestehenden Person (Familie, Freunde) kommen kann. So betonen B. Williams in »Personen, Charakter und Moralität« und T. Nagel in *Eine Abhandlung über Gleichheit und Parteilichkeit* mit unterschiedlichen Argumenten die moralische Bedeutung von Parteilichkeit und deren Unvermeidlichkeit für die persönliche Integrität.

25 Vgl. B. Gert, »Impartiality«, M. Singer, *Verallgemeinerung in der Ethik;* G. Lohmann, »Unparteilichkeit in der Moral«.

26 Diese sog. impartial-spectator-Konzeption findet sich klassisch bei A. Smith in *The Theory of Moral Sentiments.*

27 Eine utilitaristische Version dieser Möglichkeit besteht in der Idee eines ›idealen

Der zweite Test besteht in einem Rollentausch:[28] Man handelt unparteiisch genau dann, wenn man vertreten würde, genauso zu handeln, wenn die Rollen der betroffenen Parteien getauscht würden. Nehmen wir als Beispiel den sogenannten Mundraub, also die Frage, ob es gestattet ist, in extremen Notsituationen jemandem etwas zu stehlen, um die eigenen dringendsten Überlebensbedürfnisse damit zu befriedigen. Nach dem Rollentausch-Kriterium handelt der verhungernde Fritz, indem er Lotte Essen wegnimmt, unparteiisch, wenn Fritz eine solche Handlung auch im umgekehrten Fall akzeptieren würde, wenn nämlich ihm Essen genommen wird, damit Lotte nicht verhungert. Diese Bestimmung hängt eng mit der Goldenen Regel zusammen: »Was Du nicht willst, was man Dir tut, das füge auch keinem anderen zu.«

Der dritte Test besteht in der Universalisierbarkeit:[29] Man handelt unparteiisch genau dann, wenn man vertreten würde, daß jeder in denselben Umständen in der gleichen Weise handeln sollte. So handelt zum Beispiel Fritz in der beschriebenen Situation unparteiisch, wenn er der Meinung ist, jeder sollte sich in Not das Lebensnotwendige nehmen dürfen. Dies scheint Kants erster Formel des Kategorischen Imperativs nahe zu kommen: »Handele nach derjenigen Maxime, durch die du zugleich wollen kannst, daß sie ein allgemeines Gesetz werde.«[30]

Der vierte Test beinhaltet den »Schleier der Nichtwissens«:[31] Man handelt unparteiisch genau dann, wenn man so handelt, wie man handeln würde, wenn man keine Kenntnisse über sich oder seine Situation hätte, die einen von jedem anderen rationalen Wesen unterscheiden würden. So handelt zum Beispiel Fritz in der beschriebenen Situation unparteiisch, wenn er eine solche Handlungs-

Mitfühlenden‹, der das Wohl jedes Gesellschaftsmitglieds als Teil seines eigenen Wohls sieht, die Standpunkte der anderen als (nicht nur wie) seine eigenen behandelt und sich daraufhin für diejenige Handlung entscheidet, die für »ihn« die beste ist, wobei dies sämtliche Standpunkte aller Personen einschließt. Vgl. z. B. bei R. Hare, »Ethical Theory and Utilitarianism«, S. 25-27.

28 So z. B. bei K. Baier in *The Moral Point of View*.

29 So z. B. bei R. Hare in *Moral Thinking*.

30 I. Kant, *Grundlegung der Metaphysik der Sitten*, S. 421.

31 Der »Schleier der Nichtwissens« wurde von J. Rawls in *Eine Theorie der Gerechtigkeit* (§ 24) eingeführt. Rawls' »Schleier der Nichtwissens« soll nicht nur Unparteilichkeit darstellen, sondern auch alle moralisch kontingenten Faktoren ausblenden.

weise in Situationen des beschriebenen Typs akzeptieren würde, ohne zu wissen, welche Person er in dieser Situation wäre. Dieser Test ist den drei ersten vorzuziehen, weil nur er von allen die gleiche Handlungsweise verlangt. Nach den ersten beiden Tests können gleich informierte, unparteiische, rationale Personen in der Anwendung des Tests durchaus zu unterschiedlichen Handlungsweisen gelangen. So können Fritz und Lotte beide den Rollentausch-Test mit unterschiedlichen Maximen bestehen. Fritz mag zugestehen, daß ihm von Verhungernden Essen genommen werden dürfe, während Lotte dies ablehnen würde. Genauso können Fritz und Lotte beide den Universalisierungs-Test mit unterschiedlichen Maximen bestehen, wenn zum Beispiel Fritz Mundraub als allgemeines Gesetz (akzeptieren) will, Lotte dies jedoch ablehnt. In beiden Fällen könnte Fritz unparteiisch handeln, indem er raubt, während Lotte unparteiisch ihren Besitz verteidigt. Dies liegt daran, daß bei den ersten beiden Substitutsvorschlägen der Unparteilichkeitstest in der ersten Person singular particularis ausgeführt wird. Ob der Universalisierungs- oder Rollentauschtest bestanden wird, hängt wesentlich von den partikularen subjektiven Wünschen der jeweiligen Person ab, die den Test in Gedanken durchspielt. Es fehlt die Anforderung der Einstimmigkeit. Diesen inzwischen hinlänglich bekannten Mangel vermeiden lediglich die Konzeption des »Schleiers des Nichtwissens« und diskursethische Fassungen. Sie verlangt von allen gleich informierten, unparteiischen, rationalen Personen, stets auf die gleiche Weise zu handeln. Des weiteren müssen alle von einer Handlung Betroffenen in dem Testverfahren für Unparteilichkeit einbezogen sein, sonst handelt es sich eben nicht um vollständige Unparteilichkeit.[32]

Daß etwas ›gerecht‹ bzw. ›ungerecht‹ ist, drücken wir also in präskriptiven Urteilen aus, die beanspruchen, aus der Perspektive der Unparteilichkeit gerechtfertigt zu sein. Worauf aber beziehen sich diese Gerechtigkeitsurteile?

32 Vgl. A. Sen, »Open and Closed Impartiality«.

## 3. ›Jedem das Seine‹

Eine frühe, ganz allgemeine Bestimmung des Gerechtigkeitsbegriffs setzt Gerechtigkeit mit dem Richtigen gleich. Zumindest der Sache nach wäre es falsch, die frühe, umfassende Art der Gerechtigkeit auf rein legale oder staatliche Gerechtigkeit zu beziehen, auch wenn das Grundelement bei der Entstehung des Gerechtigkeitsbegriffs die Übereinstimmung mit dem Gesetz war.[33] Dies entspräche einem rein konventionalistischen Verständnis von Gerechtigkeit, wonach bestehende Institutionen, vor allem herrschendes Gesetz und Sitte, bestimmen, was als gerecht zu gelten hat.[34] Eine konventionalistische Auffassung ist jedoch verfehlt; denn eine Gerechtigkeitskonzeption mag zwar ›unsere‹ sein in dem Sinn, daß sie angibt, was gegebenenfalls nur nach unserer Moralauffassung, nach unserem Rechts- und Wertsystem als gerecht gilt. Aber daraus folgt nicht, daß wir auch glauben, die Gerechtigkeitskonzeption gelte *nur* für uns. Wenn Gerechtigkeit in der Tat *intern* von einem bestimmten sozial herrschenden Verständnis abhängig wäre, dann gäbe es keine Möglichkeit, etwas oder jemanden außerhalb dieses Verständnis- und Wertezusammenhanges als ungerecht zu beurteilen. Die scheinbare Attraktivität des Konventionalismus verschwindet sofort, wenn man

33 Aristoteles unterscheidet im zweiten und fünften Kapitel des fünften Buches der *Nikomachischen Ethik* zunächst eine sogenannte »allgemeine« bzw. »gesetzliche« Gerechtigkeit von partikularen Gerechtigkeiten. Erstere ist die ganze und vollkommene Tugend, umfaßt alle Einzeltugenden und besteht in der Befolgung der (geschriebenen wie ungeschriebenen) Gesetze. Sie heißt deshalb bei Aristoteles »legale Gerechtigkeit« (V, 1129b30ff., 1130a5ff.) und ein gut Teil der Tradition folgt ihm darin. Aristoteles kommt manchmal allerdings dem Ausdruck »allgemeine Gerechtigkeit« nahe, so z. B. in *Nikomachische Ethik*, 1130b15-16. Auch Thomas von Aquin tendiert in *Summa Theologiae* (IaIIae, q. 58, aa 5c, 6c; a. 7, tit. und obj. 3; IaIIae, q. 60, a.3 zu 2) gegen »allgemeine Gerechtigkeit«, obwohl es bei »legaler Gerechtigkeit« bleibt. G. W. F. Hegel, *Grundlinien der Philosophie des Rechts*, § 150, hält den Gedanken fest, daß der rundum sittliche Mensch ›rechtschaffen‹ und damit ›gerecht‹ genannt wird, bindet ihn aber, typisch für Hegel, nur an die bekannten, vorgegebenen, sittlichen Verhältnisse an.

34 Eine der frühesten Äußerungen einer konventionalistischen Gerechtigkeitsauffassung wird von Sokrates' Gesprächspartnern, Cephalus und Polemarchus, im 1. Buch von Platons *Der Staat* vertreten. Eine bekanntere, zeitgenössische und differenziertere Version des Gerechtigkeitskonventionalismus findet sich bei M. Walzer in *Sphären der Gerechtigkeit.*

fragt, warum gerade diese und keine anderen Konventionen regeln sollten, was als gerecht zu gelten hat. Ist die Frage einmal gestellt, läßt sie sich nicht einfach nur wiederum mit Verweis auf bloß relativ geltende Konventionen (einer Gemeinschaft) beantworten. Die allgemeine Gerechtigkeit steht also zunächst in einem sehr engen Zusammenhang mit gesetzlichem Recht und Konvention, auf der nächsten reflexiven Ebene jedoch mit Legitimität und dadurch mit Moral.

Sinnvollerweise kann mit der allgemeinen Gerechtigkeit nur ein genereller, grundlegender, normativer Gesichtspunkt gemeint sein, ein einheitlicher ahistorischer Begriff, den man am besten im Rückgriff auf die älteste bekannte Gerechtigkeitsdefinition bestimmen kann: Gerecht ist eine Handlung, wenn sie jedem das gibt, was ihm zukommt. Alle Gerechtigkeit scheint auf das jemandem *Zukommende* oder das *Angemessene* bezogen zu sein.[35] Diese älteste Gerechtigkeitsdefinition findet sich bei Platon[36] und geht nach Platons eigener Auskunft auf den Dichter Simonides zurück: Man müsse, sagt dieser, jedem das ihm Geschuldete geben.[37] Daraus entwickelt Platon die berühmte Idiopragieformel, der zufolge Gerechtigkeit bedeutet, daß jeder das Seine tut,[38] oder auch, daß jeder ›hat und tut‹, was ihm zukommt.[39] Von hier an hat diese Definition eine große theoriegeschichtliche Wirkung in den Bestimmungen des Aristoteles, der Stoiker, Ciceros, des Augustinus und des Thomas von Aquin entfaltet.[40] Der römische Rechtsgelehrte Ulpian hat da-

35 Eine Bemerkung zur Terminologie: Die Formel »suum cuique« wird oft mit »jedem nach seinem Verdienst« übersetzt. Verdienst *im weiten Sinne* ist gleichbedeutend mit »suum cuique« im Sinne von »was einem zusteht«. Verdienst *im engen Sinn* meint hingegen etwa einen Anspruch aufgrund einer Leistung, die man vollbracht hat. Wegen dieser Doppeldeutigkeit im deutschen Wort ›Verdienst‹ wird hier versucht, die Verwendung des Terminus entweder zu vermeiden oder zu erläutern. ›Verdienst‹ im engeren Sinne als Kriterium für gerechte Verteilung wird später im Kap. V.1.3. diskutiert.

36 Platon, *Der Staat*, 331e, vgl. 332b-c.

37 Ebd., 332a.

38 Ebd., 433a8, vgl. 586e.

39 Ebd., 433ef.

40 Der moderne Klassiker J. Rawls hingegen definiert den allgemeinen Begriff der Gerechtigkeit in *Eine Theorie der Gerechtigkeit* (S. 21f., 26f.) unter Rückgriff auf H. L. A. Hart in *Der Begriff des Rechts* (S. 219-225) spezifischer als das, worauf sich Menschen trotz unterschiedlicher Gerechtigkeitsvorstellungen noch verständigen können, nämlich daß Gerechtigkeit *willkürliche Unterschiede* ausschließt und

bei die Gerechtigkeitsdefinition traditionsbildend auf die Formel gebracht:[41] »Justitia est constans et perpetua voluntas ius suum cuique tribuendi« – »Gerechtigkeit ist der feste und dauerhafte Wille, jedem das Seine zuzuteilen«. Kurz bekannt als: Suum cuique (tribuere) – jedem das seine (zuteilen). Spätestens in der Neuzeit ausgelöst durch die Naturrechtstheorie gibt es eine Tendenz, das jemandem Zukommende als das zu verstehen, worauf man einen individuellen moralischen Anspruch oder ein Recht hat.

Letzteres unterstreicht damit die auch von alters her bekannte Bedingung der Alterität für alle Anwendungen des Gerechtigkeitsbegriffs: Justitia semper est ad alterum – Gerechtigkeit bezieht sich immer auf eine Relation zu anderen.[42] Sie ist intersubjektiv oder interpersonal. Die Forderung nach Gerechtigkeit bezieht sich stets auf das Handeln von Menschen, die die Fähigkeit haben, gerecht gegenüber anderen zu handeln, denen Gerechtigkeit geschuldet wird. Diese Zweiseitigkeit ist ein entscheidendes Charakteristikum der Gerechtigkeit. Dabei impliziert jedes Gerechtigkeitsurteil, auf welchen Anwendungsgegenstand es sich auch immer beziehen mag, die theoretische Anerkennung, daß jemand einen moralischen Anspruch einem anderen gegenüber hat und daß diesem anderen eine entsprechende Verpflichtung auferlegt ist. Gerechtigkeit hat es also primär mit der angemessenen Erfüllung der individuellen moralisch gerechtfertigten Ansprüche einzelner anderer zu tun.

Diese Definition ist ganz formal, denn offen ist natürlich noch die entscheidende Frage, wem was zukommt. Die Ulpianische Formel bzw. der allgemeine Gerechtigkeitsbegriff enthält verschiedene Variablen, die gefüllt werden müssen, um zu spezifischen Gerechtigkeitsauffassungen zu gelangen. Deshalb sagt Korsgaard zu Recht: »the concept names the problem, the conception proposes a solution«.[43] So verstanden kann der Einwand einiger, daß aus der Formel keine konkrete Bestimmung dessen gewonnen werden könne, was

einen *sinnvollen Ausgleich* zwischen konkurrierenden Ansprüchen zum Wohle des gesellschaftlichen Lebens herstellt. Beide Bestimmungen werden von mir aufgenommen, und zwar das Willkürverbot als Unparteilichkeit und der sinnvolle Ausgleich von konfligierenden Ansprüchen als distributives Paradigma.

41 Ulpian, *Digesten* (I 1,10 pr.) sowie *Institutionen* (I 1 pr.).

42 Vgl. Aristoteles, *Nikomachische Ethik*, V.3, 1129b25-1130a8, Thomas von Aquin, *Summa Theologiae*, q. 79.1, W. Hinsch, »Angemessene Gleichheit«.

43 C. Korsgaard, *The Sources of Normativity*, S. 114.

das irgendeinem zugehörende »suum« und die entsprechende Verletzung sei,[44] sowie der öfter erhobene Vorwurf der Tautologie hier nicht greifen.[45] Die durch die Variablen garantierte Offenheit der Definition bzw. der Formel ist nicht als irgendein Mangel zu verstehen, sondern stellt gerade die Bedingung für ihre *Allgemeingültigkeit* dar. Mit dieser Definition wird keine Lösung vorgestellt, sondern das Problem bestimmt, das noch zu lösen ist.[46] Der allgemeine Gerechtigkeitsbegriff der Formel des Ulpian formuliert das Problem, auf das die je verschiedenen Gerechtigkeitskonzeptionen durch unterschiedliches Ausfüllen der Variablen eine Antwort geben. Gerechtigkeitskonzeptionen unterscheiden sich vor allem durch ihren Gegenstandsbereich und durch die als gültig zugrunde gelegten moralischen Standards, also durch unterschiedliche Gerechtigkeitsprinzipien.

Diese Gerechtigkeitsdefinition, »Gerecht ist eine Handlung, wenn sie jedem das gibt, was ihm zukommt«, setzt *Gerechtigkeitsstandards* voraus, also Standards der Angemessenheit des Zuteilens, die in moralischen Regeln, Rechten oder Normen festgelegt sind. Dies ist der enge und entscheidende Zusammenhang von Gerechtigkeit und Moral. Alle Verwendungen der Prädikate ›gerecht‹ oder ›ungerecht‹ beziehen sich demnach auf Gerechtigkeitsstandards oder -prinzipien, und diese müssen moralisch gültig sein. Zur Bestimmung von Gerechtigkeit müssen also ihrerseits gerechtfertigte Gerechtigkeitsstandards oder -prinzipien angegeben werden.

Die Formel läßt sich dabei auf zwei Ebenen verstehen.[47] Die erste Ebene ist die, auf der das Maß des Zustehens schon vorausgesetzt ist,

44 Dieser Einwand ließe sich z. B. daran aufhängen, daß die Formel »Jedem das Seine« zynischerweise in der Innenseite des Tores des KZ Buchenwald eingelassen war. Dieser Umstand zeige, wird dann behauptet, daß diese Formel so allgemein und leer sei, daß jede politische Richtung sie sich passend und zu eigen machen könne.

45 Vgl. für den Einwand der Tautologie I. Kant, *Die Metaphysik der Sitten*, S. 237; A. Schopenhauer, *Preisschrift über die Grundlagen der Moral*, § 17; G. Simmel, *Einleitung in die Moralwissenschaft*, S. 56 ff; H. Sigdwick, *The Methods of Ethics*, S. 375 f.

46 Einige Theoretiker hingegen bestreiten die Möglichkeit einer rein formalen Gerechtigkeitsdefinition und meinen deshalb, die Definition der Gerechtigkeit schon mit inhaltlichen Prinzipien füllen zu müssen. Vgl. dazu z. B. P. Koller in »Soziale Gerechtigkeit«, meine Kritik an Koller in »Problem der Abgrenzung von Begriffsbestimmung und Begründung sozialer Gerechtigkeit« und seine Replik darauf in »Zum Diskurs über soziale Gerechtigkeit«.

47 Darauf weist E. Tugendhat in *Dialog in Leticia* (S. 65) hin.

die Gerechtigkeitsstandards also schon vorgegeben sind. Dies sind in der Regel die herrschenden Gesetze. Aber diese können selbst ungerecht sein.[48] Es ist nicht zu übersehen, daß zu verschiedenen Zeiten und an verschiedenen Orten unterschiedliche und unterschiedlich gute bzw. gerechte Gerechtigkeitskonzeptionen herrschen. Deshalb ist es erforderlich, von einer zweiten, reflexiv höheren Ebene aus nach der Gerechtigkeit dieser Standards zu fragen. Das Wort ›gerecht‹ muß einen Sinn haben, der insbesondere auf dieser zweiten Ebene liegt, sonst wären Gerechtigkeitsstandards bloß konventionell. Wenn Menschen sich darüber streiten, welche Gerechtigkeitsstandards oder Gerechtigkeitskonzeptionen ihrerseits gerecht sind, haben sie genau dies im Auge: Gerechtigkeitskonzeptionen beanspruchen für sich, stets universell gültig zu sein. Was jemandem kraft eines ungerechten Gesetzes angeblich zusteht, steht ihm in Wahrheit überhaupt nicht zu, allenfalls hat er einen Rechtstitel darauf. Wer sich und andere aus Überzeugung auf die in einer Gesellschaft geltende Gerechtigkeitskonzeption und ihre Regeln und Rechte festlegen will, beansprucht vielmehr normative denn soziale Gültigkeit für sie. Mit dem Typus der allgemeinen oder universalen Gerechtigkeit ist also keine legalistisch konventionalistische Auffassung gemeint, sondern ein kohärentes System von Prinzipien der Gerechtigkeit, also eine Gerechtigkeitskonzeption, die für sich normative Rechtfertigung und soziale Geltung beansprucht. Sie fordert soziale Geltung, weil Gerechtigkeitsurteile die implizite Verpflichtung enthalten, die Wirklichkeit dem Urteil anzupassen. Da Gerechtigkeit, wie noch zu zeigen sein wird, einforderbare Pflichten bedingt und Personen zu deren Erfüllung legitimerweise gezwungen werden können, erscheint uns dafür rechtlicher und damit staatlicher Zwang oft als das geeignete Mittel, wenngleich es nicht immer zuträglich zu sein scheint, jede Gerechtigkeitsforderung mit staatlichem Zwang durchzusetzen.

Wer gegen die *legitime* Gerechtigkeitskonzeption verstößt, handelt ungerecht. Dies scheint Vlastos mit seiner Reformulierung der Ulpianischen Formel im Sinn zu haben: »Gerecht ist, wer so handelt, daß die Rechte aller Betroffenen berücksichtigt werden«, wobei vorausgesetzt wird, daß die Rechte (Ansprüche) begründet sind und

48 Auch Aristoteles hat verschiedene Verfassungen dahingehend unterschieden, ob sie dem Nutzen aller mehr oder weniger dienen. Vgl. *Nikomachische Ethik*, V.3, 1129b24.

feststehen.[49] Das scheint auch Mill im Auge gehabt zu haben, wenn er sagt: »Ungerecht ist, wer die moralischen Rechte, die moralische Ordnung verletzt.«[50] Man kann das Gemeinte so ausdrücken: Es sollte in jeder Gesellschaft eine bestimmte Verteilung von moralischen Rechten und Pflichten geben, die vorschreibt, wer wem gegenüber welche Rechte und Pflichten hat; und wer diese Rechte und Pflichten verletzt, handelt ungerecht – sofern diese legitim, das heißt gerechtfertigt sind.

Nach der hier übernommenen Definition bedeutet ›gerecht‹ kurz zusammengefaßt und in erster Näherung soviel wie ›jedem das Seine‹ (suum cuique) bzw. ›moralisch angemessen‹. Die zentrale Idee der Definition der Gerechtigkeit lautet: Gerechtigkeit hat es mit der Herstellung oder Erhaltung von Zuständen zu tun, auf die es einen moralischen Anspruch gibt. Diese Definition umfaßt alle spezifischeren Bedeutungen und Arten der Gerechtigkeit. Moralische Ansprüche sind die gemeinsame Wurzel aller Unterarten der Gerechtigkeit. So verstanden ist Gerechtigkeit zunächst äquivalent mit einem Prinzip der moralischen Angemessenheit, das besagt, jede Person soll entsprechend den moralischen Normen ihrer Situation oder ihren Umständen nach angemessen behandelt werden, also so wie es ihr moralisch zusteht. Zur Explikation von *Gerechtigkeit als dem jedem Zustehenden bzw. moralisch Angemessenen* kann man auf der ersten Ebene auf Gerechtigkeitsstandards verweisen, die angeben, wem was in welchem Maße zusteht. Auf der zweiten, moralisch bedeutsameren Ebene geht es jedoch darum, was diese Standards selbst gerecht macht. Für diese Beurteilung bedarf es weiterer, im folgenden einzuführender Kriterien.

Die bisher gewonnene allgemeine und formale *Bestimmung der Gerechtigkeit – die aus der Perspektive der Unparteilichkeit gerechtfertigten moralischen Ansprüche auf das einer Person Zustehende bzw. das ihr moralisch Angemessene (suum cuique)* – bedarf der Ergänzung durch weitere Kriterien der Gerechtigkeit. Diese lassen sich durch die Analyse der Bedingungen der Gerechtigkeit gewinnen.

49 G. Vlastos, »Justice and Equality«, S. 60, vgl. E. Tugendhat, *Dialog in Leticia*, S. 60 f.

50 J. St. Mill, *Utilitarismus*, Kap. V, S. 77. Interessanterweise hat (ausgerechnet) der Utilitarist Mill eine der neben Aristoteles besten Analysen des Gerechtigkeitsbegriffs im fünften Kapitel von *Utilitarismus* gegeben.

## 4. Bedingungen der Gerechtigkeit

Zur weiteren Bestimmung des Gerechtigkeitsbegriffs müssen die Bedingungen der Gerechtigkeit untersucht werden, also jene Situationen, in denen ›Gerechtigkeit‹ Anwendung findet. Die Bedingungen werden durch die Objekte, den Bereich und Umfang, die Subjekte und die Umstände der Gerechtigkeit festgelegt. So werden in diesem Abschnitt diese vier charakteristischen Bedingungen näher bestimmt, die festlegen, in welchen Situationen überhaupt von Gerechtigkeit die Rede sein kann. Zum ersten wird nach dem Objekt der Gerechtigkeit gefragt: In bezug auf wen oder was kann man sagen, daß etwas gerecht ist? (4.1.) Zum zweiten werden Bereich und Umfang der Gerechtigkeit eruiert: Welche Bedingung muß bei den zuvor ermittelten Objekten (der Gerechtigkeit) erfüllt sein, damit von ihnen ausgesagt werden kann, daß sie gerecht oder ungerecht sind? (4.2.) Als Antwort wird als weiteres Kriterium für Gerechtigkeit die zentrale Bedingung der Verantwortbarkeit von veränderbaren Zuständen benannt. Zum dritten ist nach dem handelnden Subjekt zu fragen: Wer oder was kann Gerechtigkeit herstellen? (4.3.) Hier wird sich der Bezug auf Individuen als basal erweisen. Zuletzt müssen die sozialen Umstände, in denen wir es mit Fragen der Gerechtigkeit zu tun haben, bestimmt werden, und zwar als solche der Knappheit und der Interessengegensätze. (4.4.) [51]

### *4.1. Objekte der Gerechtigkeit*

Die Prädikate ›gerecht‹ und ›ungerecht‹ beziehen sich zunächst einmal auf verschiedene Anwendungsgegenstände bzw. -objekte der Gerechtigkeit, die, wie deutlich werden soll, jedoch auf systematische Weise miteinander verbunden sind.

51 Des weiteren wäre nach dem Adressatenkreis der Gerechtigkeit zu fragen: Wem gegenüber wird Gerechtigkeit geschuldet? Gegenüber der Natur oder gegenüber sich selbst kann man zwar möglicherweise richtig oder falsch, angemessen oder unangemessen, jedoch kaum gerecht oder ungerecht handeln. Diese Frage wird in Kap. II.5.1. bei der Thematisierung fundamentaler Gleichheit und der Bestimmung der fundamental Gleichen mitbehandelt. Denn wem wir Gerechtigkeit schulden, ist keine rein formale Frage mehr, sondern hängt von der Extension der zugrundeliegenden Moral bzw. Moralprinzipien ab.

Schon ein kursorischer Überblick über die verschiedenen umgangssprachlichen und philosophischen Gebrauchsvarianten offenbart eine Vielfalt von Gegenständen, auf die der Gerechtigkeitsbegriff angewendet werden kann.[52] Eine erste Systematisierung der verschiedenen Anwendungsgegenstände führt zu mindestens neun Bereichen, in denen die Ausdrücke ›gerecht‹ und ›ungerecht‹ verwendet werden.[53] Da sind zunächst die *personalen* Verwendungsformen: Als gerecht oder ungerecht bezeichnen wir (1) Personen, (2) deren Handlungen, Verhaltensweisen, Einstellungen und Charaktere, sowie (3) ihre Urteile, Einschätzungen und Wertungen. Als nächstes sind die *institutionellen* Verwendungsformen zu nennen: So können (4) Verfahren, Normen, Regeln, Gesetze und juridische Rechte gerecht oder ungerecht genannt werden sowie (5) soziale Institutionen, politische Zustände, Staaten, Wirtschaftssysteme, Gesellschaftsordnungen und internationale Beziehungen. Eine weitere, *theoretische* Verwendungsform bezieht sich (6) auf Aussagen, Theorien, Konzeptionen und Modelle. *Prozedural* gerecht werden (7) Vorgänge und Verfahren genannt. Schließlich wird der Ausdruck ›gerecht‹ auch *resultativ* gebraucht, nämlich mit Bezug (8) auf die Relation von Gabe und Gegengabe bei Tauschbeziehungen, auf Leistung und Gegenleistung bzw. Entlohnung und auf das Verhältnis von Verbrechen und Strafe. Ferner kann sich der Begriff (9) auf die Resultate von Sportwettkämpfen, Bewerbungsverfahren etc. beziehen oder längerfristiger auf die Ergebnisse des Verlaufs eines ganzen menschlichen Lebens oder einer natürlichen[54] oder historischen Entwicklung, wie der Verteilung von Erdölvorkommen auf der Welt oder bestehende politische Grenzen.

Was ist nun der primäre Gegenstand der Gerechtigkeit? In der Theoriegeschichte der Gerechtigkeit sind dazu unterschiedliche Auffassungen vertreten worden. Die antike Moralphilosophie hat – grob vereinfacht – angelehnt an Platon Gerechtigkeit eher auf individuelle Handlungen und die Tugend von Individuen bezogen.

52 Vgl. H. Bedau, »Social Justice and Social Institutions«; E. Simpson, »The Subjects of Justice«; R. Dreier, »Recht und Gerechtigkeit«, S. 98; P. Koller, »Soziale Güter und soziale Gerechtigkeit«, S. 81 f.

53 Die Aufteilung folgt weitestgehend C. Horn, N. Scarano, »Einführung«, S. 10 f.

54 Die Rede von ›gerecht‹ oder ›ungerecht‹ mit Bezug auf schicksalhafte und natürliche Entwicklungen oder Ergebnisse findet sich zwar umgangssprachlich, stellt aber, wie wenig später dargelegt wird, eine sachlich unangemessene Redeweise dar.

Neuzeitliche Liberale verstehen Gerechtigkeit oft im Sinne von gerechtfertigten persönlichen Ansprüchen[55] und als ›natürlichen‹ Besitz von Rechten. Die Hauptströmung der gegenwärtigen Politischen Philosophie scheint jedoch, angelehnt an Rawls,[56] Gerechtigkeit primär an Institutionen statt an Handlungen zu binden. Danach bezieht sich das Prädikat ›gerecht‹ primär auf soziale Institutionen, insbesondere auf die Grundstruktur der Gesellschaft. Mit Bezug auf den Hauptgegenstand einer Theorie der Gerechtigkeit werden also drei Alternativen vertreten: Handlungen (von Personen), subjektive moralische Rechte und Institutionen. Es ist die Aufgabe einer umfassenden Theorie der Gerechtigkeit zu zeigen, wie sich die Prinzipien, die sie für verschiedene Anwendungsgebiete vorschreibt, zueinander verhalten, welchem der drei Anwendungsgegenstände gegebenenfalls Priorität zukommt und wie sie sich kohärent in einem System zusammenbringen lassen.[57] – Das soll nun ansatzweise versucht werden.

Die genannten neun Bereiche stehen zunächst einmal nicht unvermittelt nebeneinander, sondern hängen auf systematische Weise zusammen: Eine Person (1) nennen wir gerecht, wenn sie die generelle Disposition (2) hat, gerecht zu handeln. Dies wäre die Aristotelische Tugend der Gerechtigkeit. Eine einzelne Handlung und allgemeine Handlungsdispositionen, Verhaltensweisen, Einstellungen und Charaktere (2) sowie die Urteile, Einschätzungen und Wertungen einer Person (3) werden gerecht genannt mit Bezug auf zugrundeliegende Normen, Regeln, Prinzipien oder Standards der Gerechtigkeit, die angeben, wie in Situationen eines bestimmten Typs gerecht zu handeln ist (4).[58] Diese können auf einer ersten Ebene in

55 Vgl. z.B. R. Nozick, *Anarchy, State, and Utopia*, S. IX, 204-9, J. Mackie, »Can there Be a Right-based Moral Theory?«.

56 Im ersten Satz von J. Rawls' *Eine Theorie der Gerechtigkeit* (I.1., S. 19) heißt es: »Gerechtigkeit ist die erste Tugend sozialer Institutionen [...].« Rawls schränkt den Gegenstandsbereich seiner *Theorie der Gerechtigkeit* auf die Grundstruktur einer Gesellschaft ein und läßt dabei die Gerechtigkeitsgrundsätze für andere Bereiche explizit offen (S. 74). Er unterscheidet strikt zwischen der Gerechtigkeit individueller Handlungen, der Grundstruktur einer Gesellschaft und der internationalen Ordnung, vgl. J. Rawls, *Das Recht der Völker*.

57 Oder man bezweifelt, daß sich die verschiedenen Prinzipien in unterschiedlichen Sphären unter ein Prinzip höherer Ordnung bringen lassen, und schlägt deshalb eine Sphärentrennung vor, wie M. Walzer in *Sphären der Gerechtigkeit*.

58 Zwar mag es in moralischen Rechtfertigungssituationen in der Regel um die

den herrschenden Regeln, Normen und Rechten einer Gruppe bestehen. Auf einer zweiten Ebene kann und muß dann wiederum nach der Gerechtigkeit dieser herrschenden Normen etc. gefragt werden. Diese können nur beurteilt werden mit Bezug auf Standards der Gerechtigkeit, also Standards der Angemessenheit des Zuteilens, die in moralischen Regeln, Rechten oder Normen festgelegt sind, die nur als gerecht angesehen werden können, wenn sie aus unparteiischer Sicht allgemein rechtfertigbar sind. Etwas Paralleles gilt für die institutionellen Verwendungsformen.[59] Diese können als Bündel sachlich zusammengehöriger Regeln sozialen Handelns verstanden werden (wie die Institution der progressiven Besteuerung).[60] Soziale Institutionen und soziale Verhältnisse (5) halten wir für ungerecht, wenn bei ihnen durch menschliche Korrekturen Verbesserungen möglich sind. Als gerecht beurteilt werden sie, wenn sie auf der ersten Ebene den bestehenden Normen oder Gesetzen und auf der zweiten Ebene den Gerechtigkeitsstandards entsprechen. Eine Gesellschaft oder ein Wirtschaftssystem kann als gerecht bezeichnet werden, wenn die institutionelle Ordnung, das heißt die Gesamtheit der das gesellschaftliche Zusammenleben bestimmenden Regeln, Institutionen und Verhältnisse, gerecht ist. Auch werden internationale Beziehungen als gerecht oder ungerecht beurteilt, je nachdem, ob Gesellschaften und ihre Staaten miteinander nach gerechten Prinzipien verkehren und diese Beziehungen durch eine gerechte transnationale institutionelle Ordnung geregelt und geschützt werden. Aussagen, Theorien, Konzeptionen und Modelle (6) gelten als gerecht oder ungerecht wiederum mit Blick darauf, ob das in ihnen jeweils Behauptete den Gerechtigkeitsstandards entspricht. Vorgänge und Verfahren (7) müssen bestimmten Verfahrensprinzipien entsprechen, um gerecht sein zu können. Die Resultate sowohl von Tauschbeziehungen, von Strafe, kompetitiven Ver-

Rechtfertigung von Handlungen bzw. die Vermeidung nicht-verallgemeinerbarer Handlungsweisen gehen, wie dies A. Wellmer in *Ethik und Dialog* (S. 129 ff.) betont, jedoch werden Handlungen selbst wiederum mit dem Verweis auf geltende Normen begründet, wie dies K. Günther in *Der Sinn für Angemessenheit* (S. 73 ff.) hervorhebt.

59 Unter Institutionen im weiten Sinn versteht man, einem allgemeinen Sprachgebrauch folgend, formal organisierte Muster menschlichen Verhaltens, also nicht nur Behörden, wie den Bundestag oder das Kraftfahrtbundesamt, sondern auch Versprechen, Freundschaft usw.

60 Vgl. J. Rawls, *Eine Theorie der Gerechtigkeit*, S. 75 f., 379 f.

fahren (8), des menschlichen Lebens und historischer Entwicklung (9) werden sowohl danach beurteilt, wie sie zustande gekommen sind als auch nach ihrem Ergebnis. Die Beurteilung beider Aspekte, des Verfahrens bzw. der Entwicklung sowie des Ergebnisses, geschieht wiederum mit Rekurs auf Gerechtigkeitsstandards.

Gerechtigkeit wird, wie deutlich wurde, umgangssprachlich zwar von verschiedenen Anwendungsgegenständen ausgesagt, darin haben allerdings zwei Objektgruppen eine ausgezeichnete Stellung. Erstens beziehen sich die meisten der genannten Objekte hauptsächlich auf menschliche Handlungen, ihre Folgen und ihre Bewertung. Damit steht Handlungen eine gewisse handlungstheoretisch ausgezeichnete Stellung vor den anderen Objekten der Gerechtigkeit zu. Ist der Bezug auf individuelle Handlungen primär, so sind die zur Schaffung der betreffenden Institutionen beitragenden Handlungen oder auch die von dieser Institution geforderten Handlungen ›gerecht‹ oder ›ungerecht‹ zu nennen, nicht eigentlich jedoch die Institutionen selbst; Institutionen sind nur in einem derivativen Sinn gerecht. Es ist nicht falsch oder unsinnig von der Gerechtigkeit oder Ungerechtigkeit von Institutionen zu sprechen. Jedoch sollte beachtet werden, daß es bei einem Gerechtigkeitsurteil nicht um die Einschätzung von Institutionen geht. Wenn wir etwas als gerecht oder ungerecht beurteilen, wollen wir vielmehr letztlich damit einschätzen, was vernünftigerweise von spezifischen Individuen (in ihrem Umgang mit anderen Personen) verlangt werden soll. Jegliche sachliche Beschränkung der Gerechtigkeitstheorie auf Institutionen oder staatliche Ordnungen widerspräche dem ethischen Individualismus.

Zweitens werden alle Objekte der Gerechtigkeit anhand von Gerechtigkeitsstandards als gerecht oder ungerecht beurteilt, außer den Gerechtigkeitsstandards selber. Diese sind also grundlegend und müssen als allen anderen Anwendungsgegenständen zugrundeliegende Beurteilungskriterien, um selbst als gerecht gelten zu können, aus unparteiischer Sicht allgemein rechtfertigbar sein. Sind sie derart gerechtfertigt, können sie zu Recht Standards der Gerechtigkeit genannt werden. Gerechtigkeitsstandards legen die subjektiven moralischen Rechte und die als gerecht erkannten subjektiven moralischen Ansprüche fest. Gerechtigkeitsstandards haben deshalb in einem begründungstheoretischen Sinn eine herausgehobene Stellung inne. Diese besondere begründungstheoretische Stellung zeigt sich auch daran, daß Gerechtigkeitsstandards (wie auch moralische Rechte und Ansprüche) nicht ein Anwendungsgegenstand der Gerechtigkeit wie alle anderen Objekte der Gerechtigkeit sein können. Von Gerechtigkeitsstandards wird Gerechtigkeit nicht ausgesagt, diese schreiben anderen Objekten Gerechtigkeit vielmehr zu.

Als die sachlich zentralen Anwendungen der Prädikate ›gerecht‹ bzw. ›ungerecht‹ erweisen sich somit Handlungen und Gerechtigkeitsstandards, mittels deren alle weiteren Handlungen, Personen, Einstellungen, Wertungen, Beurteilungen, sozialen Institutionen und Verhältnisse in beliebig großer Ausdehnung, von lokal bis global, Verfahren, Ereignisse oder Zustände zu beurteilen sind. Diese Gerechtigkeitsstandards können allerdings je nach Bereich, in dem sie Anwendung finden sollen, einen variierenden Inhalt haben. So lauten einige Regeln anders, je nachdem, ob sie sich auf den Bereich der Institutionen, der sozialen Verhältnisse und der Gesellschaften oder auf individuelles Handeln beziehen. Weitere Unterschiede ergeben sich daraus, um welche Arten der Gerechtigkeit es geht, also etwa um distributive Gerechtigkeit, korrektive Gerechtigkeit, Verfahrensgerechtigkeit oder Tauschgerechtigkeit. Auch lassen sich Gerechtigkeitsprinzipien für Institutionen nicht stets oder ohne weiteres auf Individuen und ihr Handeln übertragen. Die Objekte der Gerechtigkeit sind also auf systematische Weise miteinander verbunden, insofern man bei der Beurteilung eines der vielen Anwendungsgegenstände fast immer auf die zentrale Beurteilungsperspektive von Handlungen mittels Standards zurückgreifen muß. So lassen sich Handlungen als zentraler Anwendungsgegenstand von Gerechtigkeit ansehen, wobei die anderen Anwendungsfälle mittels der zentralen Anwendung der Gerechtigkeit in eine einheitliche Gerechtigkeitstheorie integriert werden können.

### *4.2. Bereich der Gerechtigkeit*

Welche Bedingung muß bei den zuvor ermittelten Objekten erfüllt sein, damit von ihnen überhaupt ›Gerechtigkeit‹ bzw. ›Ungerechtigkeit‹ ausgesagt werden kann? Was die ermittelten Objekte der Gerechtigkeit betrifft, so finden die Prädikate ›gerecht‹ oder ›ungerecht‹ nur da Anwendung, wo wir es mit freiwilligem und verantwortbarem Handeln zu tun haben. Von einigen Problemen mal abgesehen,[61] lassen sich normative Prädikate allgemein nur sinnvoll verwenden, wenn sie auf richtigen Verantwortungszuschreibungen basieren. Die Zuschreibung von Verantwortung setzt semantisch wiederum Freiheit voraus; und diese Voraussetzung impliziert ihrerseits die Fähigkeit, unter Alternativen mit Gründen wählen und daher auch für die Wahl Rechenschaft ablegen zu können. Die Bedingung der Verantwortbarkeit legt entsprechend den Bereich und Umfang der Gerechtigkeit fest.

Auch wenn gelegentlich Beschwerden, wie: »Es ist ungerecht, daß es bei meinem Gartenfest immer regnet, während bei den Grillparties der Nachbarn die Sonne scheint«, zu hören sind und auch wenn man versteht, was gemeint ist, wenn man sich über das Schicksal beklagt, etwa darüber, daß einige Menschen blind geboren werden, so ist dieser Sprachgebrauch doch verfehlt. Das Wetter, Naturkatastrophen, natürliche und unheilbare Krankheiten etwa können selbst nicht gerecht oder ungerecht sein. Der Begriff der natürlichen Ungerechtigkeit ist eine begriffliche Illusion. Solche Schicksalsrhetorik entlarvt uns als Moralromantiker und Gerechtigkeitsmetaphysiker.[62] Wir haben scheinbar latent immer noch die Vorstellung oder zumindest die Hoffnung, daß es in der Weltordnung gerecht zugeht, ob nun durch einen Gott oder durch das Schicksal bewirkt. Was immer uns widerfährt, wir sind geneigt, es moralisch zu bewerten, seien es Naturkatastrophen, Krankheiten, Geschicke des Alltags oder der (protestantische) meritokratische Gedanke, daß moralisch wertvolle Anstrengungen im Laufe der Zeit belohnt und moralisch schlechte Taten oder Personen bestraft werden.

Die der angemessenen Anwendung des Gerechtigkeitsbegriffs zugrundeliegende begriffliche Grundopposition ist nicht die zwischen dem Schicksal auf der einen und menschengemachtem Unrecht auf der anderen Seite; denn entscheidend ist nicht, ob der Mensch für ein Ereignis verantwortlich ist oder nicht. Verantwortlich sind Personen für alle Verhältnisse, bei denen menschliche Korrekturen und Eingriffe möglich sind; nicht verantwortlich hingegen

61 Wie dem des moralischen Zufalls bei T. Nagel in »Moralische Kontingenz« und B. Williams in »Moralischer Zufall«.

62 W. Kersting beschreibt in *Theorien der sozialen Gerechtigkeit* (S. 16-20), warum wir mittels metaphorischer Ausweitung geneigt sind, von natürlicher Ungerechtigkeit zu reden.

können sie für Unglück oder Schicksal gemacht werden.[63] So kann zwar eine Naturkatastrophe selbst nicht gerecht oder ungerecht sein, wohl aber deren Folgen – je nachdem, ob sie hätten verhindert oder gelindert werden können. Primär sind Personen für Schicksalsschläge nicht verantwortlich, sekundär eventuell schon, insofern das Eintreten oder die Effekte hätten verhindert oder gemildert werden können.[64]

Zu den Anwendungsbedingungen der Gerechtigkeit gehört also die *Verantwortbarkeit von veränderbaren Zuständen.* Die Bedingung für die adäquate Anwendung des Gerechtigkeitsbegriffs, die den Bereich der Gerechtigkeit festlegt, lautet somit, daß wir es mit Handelnden zu tun haben müssen, die effektiv und kompetent in der Lage sind, institutionelle Strukturen, Praktiken oder Handlungen entsprechend den Prinzipien der Gerechtigkeit zu ändern.[65]

Im Zusammenhang mit der Anwendungsbedingung, daß veränderbare Zustände gerechtigkeitsrelevant sind, ergeben sich zwei Arten von gerechtigkeitsbasierten Gründen zum Handeln: primäre und sekundäre Gründe der Gerechtigkeit. Primäre gerechtigkeitsbasierte Gründe sind solche, denen ein Individuum folgen muß, da es sich andernfalls ungerecht verhielte. So darf man beispielsweise niemandem sein rechtmäßiges Eigentum stehlen; das wäre ungerecht. Diese Gründe sind relativ auf den Handelnden bezogen. Oft wird ›gerecht handeln‹ so eng bestimmt, daß die Person nur dann gerecht handelt, wenn sie aus primären Gerechtigkeitsgründen so handelt bzw. nur dann ungerecht handelt, wenn sie entgegen den primären Gerechtigkeitsgründen handelt. Im Unterschied zu primären Gerechtigkeitsgründen sind sekundäre gerechtigkeitsbasierte Gründe solche, die jede Person dafür hat, dabei zu helfen, einen gerechteren

63 Vgl. J. Shklar, *Über Ungerechtigkeit;* B. Rössler, »Unglück und Unrecht«; L. Temkin, »Inequality«, Fn. 2.

64 Dies bezeichnet J. Shklar mit dem Terminus der »passiven Ungerechtigkeit« in *Über Ungerechtigkeit* (S. 14).

65 Dieser zentrale Gesichtspunkt wird von einigen Theoretikern übergangen, von anderen gar explizit bestritten. Am bekanntesten in dieser Hinsicht ist die These des Marktliberalen F. A. Hayek (*Recht, Gesetzgebung und Freiheit,* Bd. 2: *Die Illusion der sozialen Gerechtigkeit,* bes. S. 99 ff.), der behauptet, der Begriff der Gerechtigkeit sei auf die Resultate eines spontanen Prozesses (wie in der freien Marktwirtschaft) gar nicht anwendbar. Deshalb sei der Begriff der sozialen Gerechtigkeit im strengen Sinne leer und bedeutungslos. Es sei ein Kategorienfehler zu sagen, eine Gesellschaft sei gerecht/ungerecht. – Der Fehler liegt jedoch auf Hayeks Seite.

Zustand hervorzubringen. Diese Gründe sind nicht relativ auf den einzelnen Handelnden bezogen, sondern gelten gegenüber allen, die mithelfen könnten. Die Sprachintuitionen scheinen bei der Frage zu variieren, ob Handlungen aus bzw. entgegen sekundären Gerechtigkeitsgründen ›gerecht‹ bzw. ›ungerecht‹ genannt werden können. Unstrittig scheint mir jedoch, daß es sekundäre Gerechtigkeitsgründe gibt und daß sie Gründe der Gerechtigkeit sind. Es entspricht einer weit verbreiteten Intuition, daß wir moralisch zu kritisieren wären, daß man uns also moralische Vorwürfe machen könnte und würde, wenn wir in Situationen der Not nicht helfen würden. Die Not von Personen, die unverschuldet in eine Notlage gekommen sind, aus der sie sich nicht selbst ohne zu große Opfer befreien können, liefert jeder Person, die zur Hilfe in Not und zur (Wieder-)Herstellung eines gerechten Zustandes zumindest ohne eigene größere Kosten in der Lage ist, einen sekundären Gerechtigkeitsgrund zur Verbesserung der Situation. Die Formulierung dieser geteilten Intuition mittels ›Gründen der Gerechtigkeit‹ läßt offen, ob und, wenn ja, welche Rechte der Opfer und Pflichten der potentiellen Hilfeleistenden den primären und sekundären Gerechtigkeitsgründen entsprechen. Primäre und sekundäre Gerechtigkeitsgründe können zudem unterschiedliches Gewicht haben. So können einige primäre Gerechtigkeitsgründe, beispielsweise, keine Schokolade zu stehlen, weniger dringlich sein, als sekundäre, wie einen Verdurstenden zu retten.

Aus der Auffassung, daß veränderbare Zustände gerechtigkeitsrelevant sind, ergibt sich, daß Gerechtigkeitsüberlegungen sekundäre Gründe dafür liefern, ungerechte Zustände in gerechte zu überführen. Denn Gerechtigkeitsurteile sind präskriptiv, nicht bloß konstatierend. Damit hängt zusammen, daß alle veränderbaren Zustände rechtfertigungsbedürftig sind. Dies ist das zentrale Argument gegen eine häufig anzutreffende Form der ›Besitzstandswahrung‹, also gegen die Auffassung, es gebe zwar keine starken Gründe dafür, daß der Status quo (zum Beispiel eine bestimmte Verteilung von Rohstoffen) gerecht sei, aber der Zustand sei nun einmal so, wie er sei, und damit sei es auch gut so, weil ja kein Individuum diesen Zustand intentional hervorgebracht habe. So habe ja keiner ungerecht gehandelt, denn keiner habe andere ungerecht behandelt. Der Einwand dagegen lautet: Alle Zustände (so auch Besitzstände) sind rechtfertigungsbedürftig, weil und solange sie veränderbar sind.

Bestehende, jedoch veränderbare Zustände erfüllen die Kriterien der Anwendbarkeit von Gerechtigkeit. Deshalb muß die entsprechende Konsequenz daraus gezogen werden, ungerechte Zustände im Rahmen des Möglichen in gerechte zu transformieren. Es beim Bestehenden bloß zu belassen wäre ungerecht. Deshalb ist das Kriterium der Veränderbarkeit eine so weitreichende (und umstrittene) Gerechtigkeitsbedingung.

Auch wenn alle veränderbaren Zustände gerechtigkeitsrelevant sind, so ist dennoch für die Zuschreibung von Verantwortung, für die Beurteilung der Gerechtigkeit und für die Zuschreibung von Gerechtigkeitsgründen zum Handeln auch ganz entscheidend, wie das Unrecht zustande gekommen ist. Wir unterscheiden zwischen einer Ungerechtigkeit, die durch eine ungerechte individuelle oder kollektive Handlung gegenüber Personen entsteht, und einer Ungerechtigkeit, die im Nichtverbessern eines ungerechten Zustands besteht. Der persönlichen Verantwortung, Menschen moralisch angemessen und insbesondere unparteiisch zu behandeln, kommt eine Vorrangstellung vor der (individuellen und kollektiven) Pflicht zu, ungerechte soziale Zustände in gerechte zu überführen. Denn die Verantwortung ist bei eigenen Handlungen direkter, während sie bei Zuständen (in im nächsten Absatz beschriebenen Rängen) abgestuft ist.[66] Ein Richter soll beispielsweise in seiner Funktion als Richter nicht dafür sorgen, daß es allen Menschen auf der Welt gleich gut geht, sondern nur dafür, daß er alle, die er richtet, gerecht behandelt, auch wenn er damit die unabhängig davon bestehenden Ungerechtigkeiten zwischen ihnen bestehen läßt. In seiner Eigenschaft als Bürger soll er jedoch ungerechte Zustände in der Gesellschaft verhindern. Wenn die Grundordnung der Gesellschaft gerecht organisiert ist, kommen die beiden Gerechtigkeitspflichten nicht miteinander in Konflikt. Andernfalls können seine Gerichtsurteile, obwohl sie in sich gerecht sein mögen, insgesamt die gesellschaftliche Ungerechtigkeit stabilisieren oder vergrößern. Wenn beispielsweise Obdachlose wegen Diebstahls und Urinierens in öffentlichen Räumen bestraft werden, kann das insgesamt ungerecht sein. Es mag jedoch gerecht sein, nicht nur weil es bestehenden Gerechtigkeitsnormen (Gesetzen) entspre-

66 Dieser Unterschied wird besonders von T. Pogge immer wieder betont, etwa in *World Poverty and Human Rights* (1.4.), in »Three Problems with Contractarian-Consequentialist Ways of Assessing Social Institutions« und in »›Just Are the Social Institutions That Are Best for Their Participants‹: A Critical Examination«.

chen mag, sondern auch weil diese Regeln selbst rechtfertigbar sein können, aber nur insofern es entweder Regelungen gibt, die keinen zwingen, obdachlos zu sein, oder zumindest Obdachlosen kostenlos Zugang zu notwendiger Nahrung und zu Aborten gewähren.[67]

Personen müssen Verantwortung sowohl für ihre Handlungen als auch für Zustände in der Welt tragen. Der Zusammenhang zwischen diesen Anwendungsgegenständen der Gerechtigkeit, zwischen Handlungen und Zuständen, besteht zum einen darin, daß Personen Verantwortung für beides tragen (deshalb trifft der Gerechtigkeitsbegriff ja auch auf beides zu), und zum anderen und vor allem darin, daß sie der Verantwortung für die Zustände in der Welt letztlich nur mittels ihrer Handlungen nachkommen können. Bei der Beurteilung von Zuständen unter der Gerechtigkeitsperspektive ist zunächst, jedoch nicht ausschließlich, die Evaluation der herrschenden Verhältnisse zu betrachten. Es gibt mindestens zwei Dimensionen, die hier eine Rolle spielen. Wir bewerten, ob etwas ein gerechter bzw. moralisch guter Zustand ist; *und* wir bewerten, wie die (Un-) Gerechtigkeit des Zustandes hervorgebracht wird. Schauen wir uns zuerst Beispiele für individuelle Handlungen und deren Resultate an, dann für Resultate, die sich direkt oder indirekt aus sozialem, das heißt kollektivem Handeln ergeben. Wenn eine Ehefrau von ihrem Ehemann geschlagen wird, dann ist das schwerwiegend, allein schon weil ihr unzumutbarerweise Schmerzen zugefügt wurden; schwerwiegender wird es jedoch, wenn etwa Beistehende es nicht verhindert haben, obwohl sie es gekonnt hätten. Noch gravierender sind die Schläge, wenn sie nach den Standards der betreffenden Gesellschaft erlaubt sind; und noch einmal gravierender, wenn das Schlagen von Ehefrauen in der betreffenden Gesellschaft sogar geboten sein sollte. Man darf bei Handlungen nicht nur die moralische Qualität ihrer Ergebnisse beurteilen, sondern muß vielmehr auch immer berücksichtigen, wie sich die Ereignisse oder Zustände ergeben. Für eine moralische Beurteilung ist nicht (nur) die Qualität des Ergebnisses einer Handlung relevant (verantwortungsethischer Aspekt), sondern vornehmlich die Handlungsabsicht der handelnden Person (gesinnungsethischer Aspekt).[68] Die Art der Quelle und ihre moralische Qualität beein-

67 Vgl. J. Waldron, »Homelessness and the Issue of Freedom«.

68 Entweder explizit bestritten oder implizit übergangen wird diese intuitiv tief verwurzelte Ansicht allerdings von rein konsequentialistischen Ethiken, die Hand-

flussen die moralische Beurteilung des Resultats. Was für individuelle Handlungen (oder deren Unterlassungen) gilt, muß mutatis mutandis auch für soziale Institutionen und gesellschaftliche Zustände (wie Verteilungen) als Ergebnisse gesellschaftlichen Handelns (oder dessen Unterlassung) gelten. So dürfen soziale Institutionen nicht nur danach eingeschätzt werden, wie sie die Lebensqualität der von ihnen betroffenen Personen beeinflussen. Nehmen wir an, die Chance, durch einen Autounfall oder durch eine Gewalttat zu sterben, sei in einer Gesellschaft ungefähr gleich hoch, so könnte nur mit Blick auf diesen Ergebniszustand die moralische Qualität der Folgen von Autoverkehr und von Gewalt als gleich erscheinen, aber das wäre absurd.[69] Das hohe Risiko, durch *fremde* Gewalt zu sterben, wird allgemein als gravierenderes Gerechtigkeitsmanko angesehen, das dringender einer institutionellen Lösung bedarf als eine gleich hohe (oder sogar viel höhere) Wahrscheinlichkeit, durch einen Verkehrsunfall ums Leben zu kommen. Vielmehr spielen die verschiedenen Weisen, in denen soziale Institutionen die Lebensqualität von Menschen beeinflussen können, klarerweise eine wesentliche Rolle. Auch institutionell vermeidbare Lebensqualitätsdefizite müssen ganz unabhängig von ihrer Größe noch in der anderen Dimension der Art und Weise des institutionellen Einflusses moralisch gewichtet werden. Mit Pogge kann man eine Hierarchisierung dieser Dimension der Art und Weise des gesellschaftlichen Einflusses nach der Größe des Gerechtigkeitsdefizits vornehmen: Ein Defizit ersten Ranges ist es, wenn ein moralisch schlechter Zustand »offiziell, etwa durch Gesetz, angeordnet ist«. Ein Defizit zweiten Ranges ist eines, »das durch gesetzlich autorisierte Handlungen inoffizieller Akteure absichtlich herbeigeführt wird«. Ein Defizit dritten Ranges ist ein solches, »das unter der gegebenen Grundordnung durch die erlaubten Handlungen vieler Akteure unbeabsichtigt, aber mit statistischer Regelmäßigkeit zustande kommt (Arbeitslosigkeit, Armut)«. Ein Defizit vierten Ranges ist eines, »das durch Handlungen zustande kommt, die zwar gesetzlich verboten,

lungen nur an ihren Resultaten messen, und auch von rein vertragstheoretischen Moralauffassungen, die soziale Institutionen aus der Perspektive rationaler künftiger Gesellschaftsmitglieder betrachten, die sich ausschließlich für die Lebensqualität in dem zu beurteilenden Regime interessieren.

69 Das Beispiel findet sich bei T. Pogge in »Lebensstandards im Kontext der Gerechtigkeitslehre« (S. 10 f.).

aber infolge laxer Strafverfolgung oder Bestrafung nicht hinreichend abgeschreckt sind«. Ein Defizit fünften Ranges ist ein solches, »das auf natürliche Faktoren zurückzuführen ist, wie etwa kontingente genetische Defekte oder Krankheiten, zu deren Ausgleich soziale Institutionen vermeidbarerweise nichts beitragen«. Ein Defizit sechsten Ranges ist eines, »das auf selbstverschuldete Faktoren zurückgeht, zu deren Ausgleich soziale Institutionen vermeidbarerweise nichts beitragen«.[70] Ein moralisch plausibles Gerechtigkeitskriterium muß also auch die Art der Kausalverknüpfung zwischen sozialen Institutionen und den Folgen für die Einzelnen berücksichtigen.

Die Gerechtigkeit von Zuständen hängt also nicht nur von der Qualität des Zustandes selbst, sondern auch wesentlich von der Qualität der Art und Weise des Zustandekommens des Zustandes ab. Die Art der Verursachung als wesentlicher Gesichtspunkt in der Beurteilung von Zuständen bindet die Gerechtigkeit von Zuständen an die Gerechtigkeit des Handelns oder Unterlassens. Dies macht den internen Zusammenhang der beiden Anwendungsgegenstände der Gerechtigkeit, der Gerechtigkeit von Handlungen und der Gerechtigkeit von Zuständen, aus.

Diese Konzeption der Anwendungsbedingungen der Gerechtigkeit im Falle veränderbarer Zustände wirft allerdings ein Problem auf, das es im nächsten Abschnitt auszuräumen gilt.[71] Ist man zudem tatsächlich in jedem Fall mitverantwortlich an den Folgen, wenn man nicht eingegriffen hat, aber andere genauso gut hätten eingreifen können? Ist eine generelle Pflicht zur Verbesserung der Umstände zum Gerechteren nicht eine moralische Überforderung des Einzelnen?

70 Alle Zitate stammen von T. Pogge aus »Lebensstandards im Kontext der Gerechtigkeitslehre« (S. 11 f.).

71 Eine weitere Frage, die sich bei dieser Konzeption besonders stellen mag, betrifft die Reichweite der Verantwortung und den damit zusammenhängenden Umfang der Gerechtigkeit. Gibt es hier sachliche, zeitliche oder räumliche Einschränkungen? Darauf wird in Kap. III.4. eingegangen.

## *4.3. Subjekte der Gerechtigkeit*

Die vorhergenannten Bedingungen der Gerechtigkeit helfen auch zu klären, wer denn Gerechtigkeit beurteilen sowie herstellen kann und soll. Wer ist das systematische (im Unterschied zum rein grammatischen) Subjekt der Gerechtigkeit? Als weitere Bedingung der adäquaten Anwendung des Gerechtigkeitsbegriffs ist festzuhalten, daß sich die Prinzipien der Gerechtigkeit immer auf identifizierbare Träger beziehen, die jedes Gerechtigkeitsprinzip genauer spezifizieren muß.[72] Nach dem bisher Gesagten sollte klar sein: Individuen haben die Verantwortung und die Pflicht, für gerechte Zustände zu sorgen. Worauf es bei Gerechtigkeitsurteilen zentral ankommt, ist die menschliche Verantwortlichkeit. Gerechtigkeit bezieht sich deshalb primär auf individuelle, freie und damit verantwortbare Handlungen. Zwar sind Handlungen die handlungstheoretisch primären Objekte der Gerechtigkeit, verantwortungsethisch sind dies jedoch Personen, sofern sie für die Gerechtigkeit der Welt (das heißt für Zustände in der Welt) moralisch verantwortlich sind und moralisch verpflichtet sind, durch ihre Handlungen auf gerechte Zustände so gut sie können hinzuarbeiten. Es sind die Handlungen oder Unterlassungen von Personen, die wir beurteilen, kritisieren oder loben. Individuen sind primär die Träger von Verantwortung und zwar in erster Linie für ihre eigenen Handlungen oder deren Unterlassungen. Dies ist die Position des ethischen oder normativen Individualismus.

Wie ist im Rahmen des normativen Individualismus für die Probleme der Reichweite der Gerechtigkeit und der potentiellen moralischen Überforderung aufzukommen?

Die Adressaten von Gerechtigkeitsansprüchen sind zunächst einmal wir als Mitglieder der umfassenden Gemeinschaft aller Menschen in der ganzen Welt, und zwar jeweils einzeln und alle zusammen; und als solche sind wir primär aufgefordert, subjektive moralische Rechte anderer zu achten und uns entsprechend zu verhalten. Als individuelle Personen müssen wir die Verantwortung für unsere Einzelhandlungen und jene daraus resultierenden Umstände tragen, die wir durch unsere Handlungen oder deren Unterlassungen nach unserem besten Wissen ändern können. Dies ist die Grundlage des

72 Vgl. O. O'Neill, »Agents of Justice«.

moralischen Prinzips der Subsidiarität (vgl. Kapitel III.6.1.). Dem ethischen Individualismus entsprechend, dem zufolge die Gerechtigkeit beim Individuum beginnt, bleibt das Individuum auch primär zuständig für die Bewältigung seiner Verantwortung. Was der einzelne aus eigener Initiative und mit eigenen Kräften leisten kann, muß er auch leisten und darf dies nicht der Gemeinschaft überlassen. Das Individuum hat also die Pflicht wie auch das Recht zu Eigenverantwortung und Selbsthilfe.

Individuen sind jedoch als Einzelne damit moralisch überfordert, alleine die Gerechtigkeit von Zuständen (überall und gleichzeitig) herzustellen. Die individuelle moralische Verantwortung für die Beseitigung von ungerechten Mißständen und Übeln muß beschränkt sein.[73] Eine generelle individuelle Pflicht zur Verbesserung der Umstände könnte man schon rein praktisch nicht erfüllen – schließlich kann man die Mißstände alleine nicht beseitigen. Dies gilt insbesondere im Kontext jener spezifisch politischen Gerechtigkeitsbereiche, die die Grundordnung von Gesellschaften, das heißt deren wesentliche Institutionen, vor allem deren grundrechtliche Verfassung und die wichtigsten wirtschaftlichen und sozialen Verhältnisse betreffen.[74] In bezug auf eine solche Grundordnung verbleiben jedem als Individuum nur in geringerem Umfang persönliche Steuerungsmöglichkeiten. Eine individuelle Pflicht zur Verbesserung der Umstände stellte zudem eine moralische Überforderung für jeden Einzelnen dar, der sein eigenes Leben autonom nach seinen ›Grundprojekten‹ im Rahmen der gleichen Chancen und Freiheiten für alle gestalten können soll. Denn die autonome Lebensgestaltung des Handelnden stellt einen so wichtigen moralischen Wert dar, daß wir an entsprechenden (dafür notwendigen) Freiräumen ein legitimes Interesse haben. Entsprechend geringer muß die persönliche moralische Verantwortung zur Beseitigung von ungerechten Mißständen ausfallen.

Für die Behebung des Gesamtübels können Individuen allein zwar nicht voll verantwortlich sein – aber sie können etwas zu seiner Beseitigung beitragen. Denn zusammen mit (allen) anderen haben Individuen eine gemeinsame moralische Verantwortung. Da die Behebung ungerechter Zustände nur durch (koordinierte) Bemühungen vieler Individuen geleistet werden kann, stellt dies eine Ge-

73 Vgl. S. Schlothfeldt, »Verantwortung für kollektiv zu behebende Mißstände«.
74 Vgl. J. Rawls, *Eine Theorie der Gerechtigkeit*, § 2.

meinschaftsaufgabe dar. Ein Kollektiv von Individuen ist dementsprechend für die Beseitigung ungerechter Mißstände verantwortlich, allerdings unabhängig von den Individuen und ihrer Mit- bzw. Teilverantwortung. Im Unterschied zur rein individuellen Verantwortung müssen sich Personen unter dieser Perspektive geteilter gemeinsamer Verantwortung für die Beseitigung ungerechter Zustände nicht fragen, was sie als Individuen allein dafür zu tun haben, sondern vielmehr, welche Pflichten auf sie als ›Gruppenmitglieder‹ – also im Rahmen einer gemeinschaftlichen Behebung von Übeln – entfallen. Um der individuellen (Mit-)Verantwortung gerecht werden zu können, die eine Aussicht auf effektive Beseitigung der Mißstände ohne übermäßige Belastung der Individuen eröffnet, bedarf es der gerechten Einrichtung eines koordinierten Kollektivs. Dieses Kollektiv muß in der Lage sein, zu gemeinsamen Entscheidungen zu kommen und das Handeln der Mitglieder zu koordinieren, effektive Maßnahmen zur Beseitigung der Übel zu ergreifen und eine Allokation der individuellen Pflichten zu erreichen, die die Mitglieder nicht überlastet. Wenn das Kollektiv diese genannten Bedingungen erfüllt, braucht es sich dabei nicht nur um etablierte und institutionelle Einheiten zu handeln, sondern auch lose Aggregate von Personen kommen für die Übernahme der gemeinsamen Verantwortung in Frage. Das ist besonders bei vielen kollektiv zu behebenden Mißständen, wie der Weltarmut, relevant, für die es bisher keine fest etablierten und institutionellen verantwortlichen Kollektive gibt.

Dennoch lehrt die politische Erfahrung bisher, daß vor allem eine staatliche Ordnung in der Lage ist, die Koordinationsaufgabe gemeinsam geteilter Verantwortung zu lösen. Diese Einsicht führt zu einem moralischen oder gerechtigkeitstheoretischen Argument für die Etablierung von staatlich verfaßten Institutionen bzw. von staatlichen Grundstrukturen für politische Gesellschaften. Um der jeweiligen individuellen (Mit-)Verantwortung gerecht zu werden, bedarf es der gerechten Einrichtung eines Kollektivs, das relativ konstant und stabil zur effektiven Beseitigung der Mißstände ohne übermäßige Belastung der Individuen in der Lage ist. Diese Erfordernisse erfüllt nach bisherigen Erfahrungen am besten eine staatliche Ordnung, die deshalb aus Gerechtigkeitsgründen zu etablieren ist. Bezüglich der Größe, der Art der internen Verfaßtheit und der historischen, ethnischen, religiösen und kommunitären Situierung von staatlich verfaßten politischen Gesellschaften bleibt dieses Argument neutral. Als Grenzfall läßt es einen einzigen Weltstaat zu.

Rechtsstaatlich verfaßte politische Gesellschaften sind also sekundär die Subjekte der Gerechtigkeit. Gerechtigkeit bezieht sich nicht nur aus bloß historisch kontingenten Gründen auf Rechtsstaaten, sondern weil es moralischen Personen geboten ist, zentrale Garanten zu schaffen und zu bewahren, die Gerechtigkeit von abstrakten moralischen Forderungen zu konkreten, garantierten Rechtsansprüchen transformieren können. Pflichten der Gerechtigkeit sollen so unter Umständen zwangsbewehrt und Rechte so geschützt werden.[75] Dies vermögen Rechtsstaaten nach bisheriger Kenntnis am besten zu leisten.

Dabei müssen die staatliche Ordnung und ihr positives Recht freilich moralisch legitim sein, das heißt, die berechtigten Ansprüche der Personen dürfen nicht verletzt werden. Die (gerecht einzurichtenden) Institutionen werden in modernen ausdifferenzierten Staaten politisch durch das Medium des positiven Rechts gesteuert. In diesem Rahmen gibt es ein gerechtigkeitstheoretisches Argument für die Einführung des juridischen oder positiven Rechts. Weil bestimmte moralische Rechte und Pflichten aus der Perspektive der Gerechtigkeit als besonders basal und zentral gelten können, empfiehlt es sich, wiederum aus Gründen der Gerechtigkeit, diese moralisch ausgezeichneten Rechte und Pflichten unter den Schutz des legitimen Gesetzes im Rechtsstaat zu stellen. Indem moralische Rechte in legale staatliche Rechte umgesetzt werden, ergibt sich eine wichtige zusätzliche Komponente: Ein legales Recht zu haben bedeutet immer auch, einen effektiv durchsetzbaren Anspruch auf den Schutz dieses Rechts zu haben.[76] Erst auf dieser staatlichen Ebene sind subjektive Rechte einklagbar. Erst hier werden sie zu Grundrechten und als solche garantiert. Das soll nicht bedeuten, daß sie faktisch nie verletzt werden könnten, aber es sind Mechanismen in Kraft, die in einem vernünftigen Maße effektiv dafür sorgen, daß Personen ihr Recht bekommen.[77]

75 Siehe auch die Argumentation zum Schutz durch juridische Rechte in Kap. III.2.3.

76 Vgl. H. Shue, *Basic Rights*, S. 13.

77 Wodurch dieses vernünftige Maß an Sicherung jeweils in einem Rechtssystem etabliert ist, ist zum größten Teil eine empirische Frage. Wenn mit der Struktur eines Rechts begrifflich Garantien verbunden sind, dann nicht Garantien gegen alle möglichen Bedrohungen, sondern nur gegen Standardbedrohungen. Vgl. Shue, *Basic Rights*, S. 29-34.

Die Umsetzung von moralischen Rechten in positives Recht hilft, Gerechtigkeit effektiver herzustellen und zu garantieren als es außerhalb einer rechtsstaatlichen Ordnung möglich wäre. Positive Rechte bzw. die Verrechtlichung interpersonaler Beziehungen entstehen als Antwort auf den verlorenen Glauben an eine prästabilierte Harmonie der Interessen der Individuen. Rechtliche Normen bestimmen rationale und konsensfähige Beschränkungen der Handlungsoptionen, die unterschiedlichen Individuen auch ohne die Voraussetzung einer weitergehenden Interessenhomogenität ermöglicht sein sollen. Die Legitimität dieser in Rechtsform gebrachten Normierung beruht auf der Möglichkeit der rationalen Akzeptanz durch alle. Zusammengefaßt ergibt dies Gründe der Gerechtigkeit, kollektiv gerechte Institutionen zu schaffen und zu befördern, die so effektiv wie möglich die basalen Rechte durch einen Rechtsstaat schützen. Die Gründe der Gerechtigkeit geben uns eine natürliche Pflicht, die Gesetze und Institutionen einer gerechten staatlichen Ordnung zu schaffen und zu verbessern.[78] Dem entsprechend ist eine rechts-orientierte Gerechtigkeitsphilosophie[79], auch wenn sie beim Individuum ihren Ausgangspunkt nimmt, immer auch institutionalistisch orientiert und keine reine Individual- oder Tugendethik.

Ist ein effektives Kollektiv, vorzugsweise in Form einer staatlichen Ordnung, etabliert, wird voraussichtlich auf die eine oder andere Weise sowohl die individuelle Befolgung primärer Gründe der Gerechtigkeit mittels gesetzlicher Sanktionen im Regelfall garantiert als auch die gemeinsam geteilte Verantwortung aller Individuen für die Schaffung gerechter Zustände geregelt sein. Der gemeinsam geteilten Verantwortung kommen die Gruppenmitglieder nach mittels einer vernünftigen Allokation der Pflichten durch gesellschaftliche und moralische Arbeitsteilung, in deren Rahmen die Individuen entweder gleichmäßig belastet wären oder auch nur einige Personen Aufgaben zugeteilt bekämen und dafür von den anderen kompensiert würden. Bei einer geteilten Bereitschaft, sich an der Aufgabe zu beteiligen, entfallen so auf die Gruppenmitglieder relativ geringe Belastungen. Es besteht keine moralische Überforderung. Sollte die Bereitschaft zur Mitarbeit nicht freiwillig vorhanden sein, muß das koordinierte Kollektiv durch entsprechende Zwangsmaß-

78 Vgl. J. Rawls, *Eine Theorie der Gerechtigkeit*, §§ 19, 51.

79 Vgl. J. Mackie, »Can there Be a Right-based Moral Theory?«.

nahmen sicherstellen, daß alle ihrem fairen Anteil an der gemeinsam geteilten Verantwortung für gerechte Zustände nachkommen.

Welche Verantwortung und Gründe der Gerechtigkeit hat ein Individuum, wenn andere sich nicht hinreichend beteiligen? In diesen Fällen hat das Individuum Gründe der Gerechtigkeit, auf die Einrichtung eines effektiven Kollektives mit anderen hinzuwirken, sofern dieses noch nicht im ausreichenden Maß besteht, und sodann für die Etablierung einer effektiven arbeitsteiligen Verantwortungsübernahme durch jedermann durch das Kollektiv zu sorgen. Wenn beides nicht in ausreichendem Maße und in absehbarer Zeit erfolgreich ist, scheint es aus der Perspektive der gemeinsamen Verantwortung nicht gänzlich unplausibel zu sein, dem Individuum moralisch freizustellen, nur den Teil zu leisten, der bei einer gemeinsamen Aufgabenbewältigung auf es entfallen würde. Es ist allemal gerechter, einen Beitrag zu leisten, der einem im Rahmen einer (möglichen) gemeinschaftlichen Bewältigung der ungerechten Mißstände zukäme, als gar nichts zu tun, weil auch andere etwas tun könnten.

## *4.4. Umstände der Gerechtigkeit*

Wann, also unter welchen Umständen, treten überhaupt Fragen, Gründe, Forderungen und Prinzipien der Gerechtigkeit auf? Die Umstände der Gerechtigkeit legen fest, unter welchen sozialen Bedingungen wir Gerechtigkeit benötigen. Im Himmel, im Paradies oder in einer idealen Welt bedarf es keiner Gerechtigkeit. Nur wenn es konfligierende Ansprüche auf knappe Güter gibt, wird eine gerechte Lösung verlangt.[80] Den Menschen ist es nicht gleich, wie die zur Verfügung stehenden Güter (und Lasten) verteilt sind, denn zur Verfolgung ihrer Ziele bevorzugt jeder Mensch den größeren

80 Ich folge hier den Bestimmungen der Anwendungsverhältnisse, die Gerechtigkeit notwendig machen, wie sie D. Hume in *Ein Traktat über die menschliche Natur* (III.2.2.) und in *Untersuchung über die Prinzipien der Moral* (III.1.) sowie auf Humes Ausführungen basierend J. Rawls in *Eine Theorie der Gerechtigkeit* (§ 22) vorgenommen haben. Hume geht es in seiner Charakterisierung der »circumstances of justice« nicht nur um die Angabe der Anwendungsbedingungen, sondern auch um die Angabe der Gründe und Ursachen für die Entstehung und Existenz von Gerechtigkeit, mit der die Menschen künstlich die Nachteile ihrer Natur ausgleichen. – Verschiedene Interpretationen der vier Humeschen Bedingungen diskutiert D. Hubin in »The Scope of Justice«.

statt den kleineren Anteil an den Dingen, die ihm nützlich sind. Die reale Situation der Menschheit spielt sich zwischen zwei Extremen ab. Wir befinden uns weder im absoluten Überfluß, in dem jeder seine Wünsche nach Gutdünken befriedigen könnte, ohne andere daran zu hindern, ihre Wünsche ebenfalls zu befriedigen. In diesem Fall gäbe es keine Konflikte von Interessen, also auch keinen Anwendungsfall für Gerechtigkeit. Noch befinden wir uns in einem Zustand extremer Knappheit, in dem selbst die wohlüberlegteste Verteilung der zur Verfügung stehenden Ressourcen immer noch etliche oder sogar die meisten Menschen ohne das Nötigste zu leben ließe. Es ist oft bezweifelt worden, ob man in einer solchen Situation überhaupt eine gerechte Lösung finden könnte. Wären in einer solchen Situation Regeln der Gerechtigkeit formulierbar, die von allen akzeptiert werden können? Gerechtigkeit darf oder kann nichts Unerträgliches verlangen.[81] Und das müßte sie in solchen Situationen vielleicht. Nun leben wir, recht besehen, weder in absolutem Überfluß noch in absoluter Knappheit, sondern in moderater Güterknappheit. *Mäßige Knappheit* von Gütern ist die objektiv notwendige Bedingung für die prinzipielle Anwendbarkeit von Gerechtigkeitsüberlegungen.

Knappheit liegt vor, wenn eine große Gruppe von Menschen in allen Teilen der Gesellschaft ein Gut wünscht und nicht genügend von dem Gut zur Verfügung steht. Dies könnte der Fall sein, weil es sich entweder um ein prinzipiell rares Gut handelt, von dem nicht genug für alle vorhanden sein kann, oder es könnte sich um ein Gut handeln, von dem es im Prinzip ausreichende Mengen gäbe, das aber aus natürlich-kontingenten oder von Menschen zu verantwortenden Ursachen die Nachfrage nicht befriedigt.[82] Knappheit ergibt sich letztlich immer dadurch, daß Wünsche von Menschen konfligieren. Menschen haben Lebenspläne und Vorstellungen vom eigenen Wohl. Daraus ergeben sich konkurrierende Ansprüche auf die verfügbaren natürlichen und gesellschaftlichen Güter, die ihnen bei der Realisation ihrer jeweiligen Ziele behilflich sein könnten. Diese *Interessengegensätze* sind die subjektiv notwendige Bedingung dafür, daß Gerechtigkeit überhaupt Anwendung findet.[83] »Damit kann

81 Vgl. J. Rawls, *Eine Theorie der Gerechtigkeit*, S. 202.

82 Vgl. B. Williams, »Der Gleichheitsgedanke«.

83 H. L. A. Hart verallgemeinert in *Der Begriff des Rechts* (S. 266-275) diese Humesche Analyse folgendermaßen: Die Anwendungsverhältnisse aller Tugen-

man kurz sagen, die Anwendungsverhältnisse der Gerechtigkeit liegen vor, wenn Menschen konkurrierende Ansprüche an die Verteilung gesellschaftlicher Güter bei mäßiger Knappheit stellen.«[84] Diese Interessenkonflikte entstehen, weil die Durchsetzung oder Befriedigung eines Interesses der einen Person sehr oft die Interessen einer anderen Person verletzen kann. Es ist davon auszugehen, daß Menschen dabei in der Regel weder besonders altruistisch oder selbstlos sind und ihre Interessen stets hinter die anderer Menschen zurückstellen noch kurzfristig besonders egoistisch und jeglicher friedlichen, kooperativen und gerechten Lösung von vornherein ablehnend gegenüber stehen. Dabei brauchen die fraglichen Interessen keineswegs selbst schädlich, gemein oder unmoralisch zu sein. Interessengegensätze sind nicht nur auf ein Mehr-Haben-Wollen (wie Raffgier, Unersättlichkeit oder Geiz) zurückzuführen.[85] Rawls hat die Humesche Analyse noch um eine spezifisch moderne Bedingung erweitert: Umstände der Gerechtigkeit liegen schon deshalb vor, weil Personen unterschiedliche Konzeptionen des Guten haben und auf friedlichem Weg eine Einigung in Fragen des guten Lebens unter Bedingungen von Freiheit und Gleichheit nicht herzustellen ist. Das nennt Rawls das Faktum des Pluralismus. Wenn man diese Beschreibung akzeptiert, können die zum Konflikt führenden unterschiedlichen Interessen nicht schon, weil sie zum Konflikt führen, verurteilt werden. Vielmehr muß eine gerechte Lösung des Konflikts gefunden werden.

Die Umstände der Gerechtigkeit liegen im menschlichen Leben stets vor, sind also empirisch unvermeidbar und machen damit Gerechtigkeit notwendig. Das ist bestritten worden. So haben Sozialutopisten und Marxisten mit der Idee der Entwicklung einer ideal(er)en Welt argumentiert, die schließlich Recht, Gerechtigkeit und Moral überflüssig mache, weil die Menschen in Frieden, Eintracht und Brüderlichkeit (oder ›Geschwisterlichkeit‹) leben wür-

den, so auch der Gerechtigkeit, bestehen in der Verletzbarkeit durch andere und in dem Vermögen, selbst solche Verletzungen zuzufügen.

84 J. Rawls, *Eine Theorie der Gerechtigkeit*, S. 150.

85 Vgl. Aristoteles, *Nikomachische Ethik*, V, 1129a32: Die Pleonexie (das Mehr-Haben-Wollen) hat es mit jenen Gütern zu tun, die äußeres Glück oder Unglück bedingen. Die Gerechtigkeit bezieht sich auf Wesen, die an diesen Gütern schlechthin teilhaben wollen und davon ein Zuviel oder Zuwenig haben können. Es gibt Wesen, die nach Aristoteles kein Zuviel haben können, nämlich die Götter. Der Pleonektês ist darum für Aristoteles ein Freund der Ungleichheit.

den.[86] Für Marxisten ist Gerechtigkeit keineswegs die erste Tugend der Gesellschaft – die wirklich gute Gesellschaft braucht sie nicht. Der Kern der marxistischen Kritik richtet sich gegen den Grundgedanken einer vom Recht (und damit der Gerechtigkeit) beherrschten Gesellschaft. Zielkonflikte, die durch gegensätzliche Vorstellungen des Guten und durch Mittelknappheit entstehen würden, ließen sich beheben. Marx hielt Überfluß für unbedingt notwendig, denn Knappheit schien ihm Konflikte unvermeidlich zu machen. Deshalb sei die höchste Entwicklung der Produktivkräfte die notwendige Voraussetzung des Kommunismus, »weil ohne sie nur der *Mangel* verallgemeinert [würde], also mit der *Notdurft* auch der Streit um das Notwendige wieder beginnen und die ganze alte Scheiße sich herstellen müßte«.[87] Doch Knappheit zu beseitigen ist, wie oben konstatiert wurde, nicht möglich. Ein gewisser Mangel an Ressourcen kann von keiner Gesellschaft verhindert werden.

Daher zielt die marxistische Hoffnung auch eher auf die Aufhebung der Interessengegensätze. Diese Hoffnung teilt sie mit den Kommunitaristen.[88] Mit der (Weiter-)Entwicklung der natürlichen Gemeinschaftsgefühle wie Liebe, Freundschaft und Solidarität werde Gerechtigkeit überflüssig.[89] Dies ist aus mehreren Gründen nicht haltbar:

(i) Auch bei gemeinsamen Zielen und engen persönlichen Bindungen können Menschen noch gegensätzliche Interessen haben. Selbst bei gemeinsamen Interessen kann es Diskrepanzen über den richtigen Weg zum Ziel geben. Gemeinsame Ziele garantieren noch keine Übereinstimmung mit Bezug auf Mittel und Prioritäten. Eine vollkommene Interessenharmonie ist bei der Pluralität der menschlichen Wertvorstellungen ausgeschlossen.

(ii) Auch wenn es Interessengegensätze gibt, ist deshalb eine persönliche Beziehung jedoch nicht ausgeschlossen. Wir müssen nicht zwischen persönlichen Beziehungen (wie Liebe, Familie, Freund-

86 Vgl. K. Marx, *Kritik des Gothaer Programms*, und die Kritik daran von W. Kymlicka in *Politische Philosophie heute* (S. 136-142).

87 K. Marx, *Die Deutsche Ideologie*, S. 34f.

88 Vgl. C. Taylors »Sozialthese« von der notwendigen sozialen Einbindung in »Atomism« (S. 190f.).

89 Vgl. dagegen zum Vorrang der Gerechtigkeit vor der Moral persönlicher Beziehungen Kap. I.6.1. und zur Verträglichkeit persönlicher Beziehungen mit der Moral der gleichen Achtung S. 173ff.

schaft) und Gerechtigkeit wählen. Auch in Liebesbeziehungen läuft die Verteilung von Gütern und Lasten nicht automatisch immer richtig. Gerade eine Liebesbeziehung verlangt in Fällen, in denen sich einer beschwert, er oder sie sei ungerecht behandelt worden, die unparteiliche Klärung der Frage, wem was im Rahmen dieser Liebesbeziehung zukommt. Moral und Gerechtigkeit funktionieren als Hintergrundfilter für persönliche Beziehungen. Gerechtigkeit und ein Gerechtigkeitssinn sind Voraussetzungen und Bestandteile persönlicher Beziehungen. Ohne Gerechtigkeit können wahre, das heißt nicht verzerrte, verblendete, heteronome Formen von persönlichen, emotionalen Beziehungen nicht bestehen. Gerechtigkeit schließt Formen der Zuneigung und Liebe nicht aus, sondern ermöglicht sie erst. Sie schließt jedoch Ungerechtigkeiten, die ungerechtfertigte Zurückstellung des Wohls einiger gegenüber anderen, aus, also das Gegenteil wirklicher Liebe und Zuneigung.

(iii) Liebe und Freundschaft mögen Gerechtigkeit vielleicht als Motiv überflüssig machen, jedoch sind Gesichtspunkte der Gerechtigkeit als Maßstab nötig, um zu wissen, wie man auf die Bedürfnisse anderer reagieren soll. Wenn man allen oder mehreren gegenüber solidarisch sein will, muß man – unter Bedingungen moderater Knappheit – wissen, nach welchem Maßstab und in welcher Rangfolge in Konflikten Hilfeleistungen zugeteilt werden. Das ist aus den Prinzipien des Altruismus nicht zu erfahren.

Der Maßstab der Gerechtigkeit ist also in den Umständen der Gerechtigkeit unabdingbar. Übertragen auf Gemeinschaften heißt das: Eine wirkliche Gemeinschaft kann ohne Fairneß, Rechte und Pflichten nicht entstehen oder bestehen bleiben. Wir Menschen können weder privat noch gesellschaftlich den Umständen der Gerechtigkeit entkommen. Soziale Umstände, in denen die Anwendungsbedingungen für Gerechtigkeit nicht existierten, sind sozial unmöglich, außer die Welt und die Menschen würden sich wesentlich verändern.

Aus der Analyse der Anwendungsgegenstände der Gerechtigkeit lassen sich für eine Theorie der Gerechtigkeit folgende zentrale Punkte *zusammenfassend* feststellen: Handlungen sind der primäre Anwendungsgegenstand der Gerechtigkeit, denn Individuen als primäre Subjekte der Gerechtigkeit tragen für diese primär Verantwortung. Dies ist die Position des ethischen, normativen oder legitimatorischen Individualismus. Verantwortung ist die zentrale Kategorie einer jeden Zuschreibung von Gerechtigkeit, die im weiteren Gang dieser Untersuchung eine entsprechend prominente Rolle spielen wird. Alle veränderbaren Zustände sind dabei gerechtigkeitsrelevant. Gründe der Gerechtigkeit liegen in allen Fällen von gemäßigter Güterknappheit und Interessengegensätzen zwischen Individuen vor. Individuen haben in diesen Umständen der Gerechtigkeit primäre, personenrelative Gerechtigkeitsgründe und Verantwortlichkeiten für ihre Handlungen und deren Folgen, denen nicht nachzukommen die Handlung oder Unterlassung im engeren Sinn ungerecht machen würde. Sie haben zudem sekundäre, alle betreffende Gerechtigkeitsgründe, mit dazu beizutragen, veränderbare ungerechte Zustände in gerechte zu überführen.

## 5. Arten der Gerechtigkeit

Bislang wurde von Gerechtigkeit allgemein gehandelt. Nun werden aber seit den Anfängen politischen Denkens verschiedene Arten oder Typen der Gerechtigkeit unterschieden, die sich jeweils durch eine spezifische Differenz von der allgemeinen Definition der Gerechtigkeit als suum cuique unterscheiden. Diese Arten der Gerechtigkeit sollen in 5.1. zumindest kurz erwähnt werden, um vor diesem Hintergrund in 5.2. für einen Vorrang der Verteilungsgerechtigkeit zu argumentieren.

### *5.1. Maßgebliche Unterscheidungen*

Die Arten der Gerechtigkeit, wie sie seit Aristoteles klassisch unterschieden werden,[90] schließen die allgemeine sowie die spezielle Gerechtigkeit ein. Erstere ist der Sammel- oder Inbegriff für alle Formen richtigen Handelns; dies ist der Begriffsaspekt, dem zufolge Gerechtigkeit mit der gesamten Tugend, die alle Einzeltugenden einschließt, gleichzusetzen ist. Dieser Begriffsaspekt stellt Gerechtigkeit zunächst in einen engen Zusammenhang mit Recht und Konvention

90 Als locus classicus kann Buch V der *Nikomachischen Ethik* des Aristoteles gelten.

(der Befolgung der Gerechtigkeitsstandards), sodann auf der nächsten reflexiven Ebene mit der Moral (der unparteiischen Beurteilung der Gerechtigkeitsstandards).[91] Der allgemeine Gerechtigkeitsbegriff oder Gerechtigkeit *im weiten Sinn* bezieht sich auf die Gesamtheit der wechselseitigen Ansprüche und Verbindlichkeiten bzw. der moralischen Rechte und Pflichten, die die Menschen gegeneinander haben.[92] So verstanden, fallen Gerechtigkeit und der forderbare Teil der Moral zusammen. In diesem Bereich reagieren viele auf ein widersprechendes Verhalten mit moralischen Sanktionen wie Affekten der Empörung, Verachtung, Schuld und Scham und dazu passenden Sprechakten wie Tadel und Vorwurf. Auch nach diesem weiten Verständnis ist Gerechtigkeit nicht deckungsgleich mit Moral allgemein. Der Bereich des moralisch Geschuldeten, das heißt der kantischen Rechtspflichten, stellt nur einen, wenn auch den wichtigsten Teilbereich der Moral dar. Der moralische Bereich des Nicht-Geschuldeten, jedoch Verdienstvollen, der Bereich des Supererogatorischen also, der über das hinausgeht, was man von jemandem fordern kann, des dennoch moralisch Wertvollen und Lobenswerten, gehört nicht in den Bereich der Gerechtigkeit.

Diese ›abstrakte‹, allgemeine Gerechtigkeit mit universal gültigen Strukturmerkmalen unterscheidet Aristoteles von einer Gerechtigkeit in gewissen institutionellen Kontexten, und zwar in nicht-politischen (wie Ehe, Familie, Wirtschaft und Bildung) und politischen (Recht und Staat) Zusammenhängen. Die nur das politische Ordnungsgefüge betreffende Gerechtigkeit bezeichnet man als *politische Gerechtigkeit*. Sie bezieht sich heute inhaltlich auf die Selbstregierung freier Bürgerinnen und Bürger. Die die gesamten gesellschaftlichen Institutionen umfassende Gerechtigkeit heißt heute soziale Gerechtigkeit. Der Ausdruck der sozialen Gerechtigkeit taucht erst sehr spät auf, und man benutzt ihn in zwei Bedeutungen.[93] In der allgemeinen Bedeutung läßt sich *soziale Gerechtigkeit* in weitgehender Übereinstimmung mit dem üblichen Sprachgebrauch als die Gesamtheit all jener Forderungen der Gerechtigkeit bezeichnen, die auf die institutionelle Ordnung und die grundlegenden sozialen Verhältnisse ganzer Gesellschaften Anwendung findet.[94] Unter einer

91 Vgl. die Ausführungen zur allgemeinen Gerechtigkeit zu Beginn von Kap. I.3.
92 Vgl. P. Koller, »Soziale Güter und soziale Gerechtigkeit«, S. 79.
93 Vgl. O. Höffe, *Gerechtigkeit,* Kap. XI.
94 Vgl. P. Koller, »Soziale Güter und soziale Gerechtigkeit«, S. 85.

Gesellschaft ist dabei ein umfassendes und relativ selbständiges soziales Gemeinwesen zu verstehen, das aus einer Vielzahl kleinerer sozialer Einheiten besteht und diese mittels allgemein verbindlicher Normen und Institutionen, also einer institutionellen Ordnung, zu einem relativ selbständigen Gesamtsystem menschlicher Koexistenz zusammenfaßt.[95] Im Begriff der sozialen Gerechtigkeit kommen somit mehrere verschiedene Forderungen zusammen, nämlich all jene, die sich auf die institutionelle Ordnung einer ganzen Gesellschaft als eines relativ selbständigen Gemeinwesens beziehen. Im spezifischeren Sinn verstanden soll mit sozialer Gerechtigkeit auf Hunger, Verelendung und die finanziellen und sozialen Probleme der Arbeiter in Folge von Arbeitslosigkeit, Krankheit, Alter und mangelnder Bildung reagiert werden. Die ›soziale Frage‹, wie sie sich im 18. und 19. Jahrhundert neu und verschärft stellte, zeigte vielen, daß es nicht reicht, auf diese Probleme aus Gründen des sozialen Friedens, der freiwilligen christlichen Nächstenliebe oder Wohltätigkeit zu reagieren, sondern daß dies geschehen muß, weil den Betroffenen im Namen der Gerechtigkeit Unterstützung geschuldet wird.

Im sozialen wie politischen Verständnis wird institutionelle Gerechtigkeit wechselseitig gefordert und im Falle politischer Institutionen oft auch per Gesetz erzwungen. Im personalen Verständnis bedeutet Gerechtigkeit dagegen, die Forderungen der Gerechtigkeit nicht bloß gelegentlich und aus Gründen des institutionellen Zwangs, sondern freiwillig, beständig, am besten ›habituell‹ und aus Einsicht zu erfüllen. Hier ist Gerechtigkeit ein Charakter- oder Persönlichkeitsmerkmal, eine moralische Tugend (die nicht über das Geschuldete hinausgeht).[96] Gerechtigkeit bezeichnet also sowohl intersubjektive Forderungen oder Normen als auch eine persönliche Tugend.

Im *engeren Sinn* bezeichnet Gerechtigkeit die von Aristoteles so genannte spezielle oder partikulare Gerechtigkeit. Gerechtigkeit in diesem üblichen engeren Sinn unterscheidet sich begrifflich vom allgemeinen forderbaren Teil der Moral; der engere Gerechtigkeitsbegriff stellt nur eine Teilklasse des moralisch Geforderten dar. In diesem engeren Sinn bezieht sich Gerechtigkeit auf die Regelung zwischenmenschlicher Konflikte um Vorteile und Lasten des sozialen Zusammenlebens. Gebote der Gerechtigkeit sind demnach jene von Individuen und ihren institutionellen Vertretern moralisch for-

95 Vgl. J. Rawls, *Eine Theorie der Gerechtigkeit*, S. 23 ff.

96 Vgl. O. Höffe, *Gerechtigkeit*, Kap. II.

derbaren Pflichten sowie jene Individuen geschuldeten Rechte, die darauf gerichtet sind, die Konflikte der Menschen bezüglich der allgemeinen Verteilung von Vorteilen und Lasten auf allgemein annehmbare Weise zu regeln, so daß niemand übervorteilt wird. Gerechtigkeit ist dabei die (unparteiliche) Bestimmung dessen, was es heißt, niemanden zu übervorteilen. Es geht um den angemessenen Ausgleich zwischen konfligierenden Ansprüchen.[97] Gerechtigkeit hat es immer mit dem Anteil an etwas zu tun – oft in Relation zu anderen.[98] Sie verlangt Rechenschaft über das Verhältnis von Benachteiligung und Nicht-Benachteiligung. Gerechtigkeit ist jener Teil der Moral, der es mit der Verteilung von Vor- und Nachteilen zu tun hat.[99] Die Verhältnismäßigkeit dieser Verteilung hat drei Seiten: Die Vor- und Nachteile, die einem Individuum zukommen, bestehen dann zu Recht, wenn sie erstens in einem angemessenen Verhältnis untereinander stehen,[100] zweitens dem jeweiligen Individuum angemessen sind, ihm also zuteilen, was ihm zusteht (suum cuique), und wenn sie drittens in einem angemessenen Verhältnis zu den Vor- und Nachteilen der anderen stehen, sofern das relevant ist.[101] Der engere Gerechtigkeitsbegriff bezieht sich also wesensmäßig auf eine Verteilung, weil Gerechtigkeit im engeren Sinn es im Prinzip mit der ursprünglichen und richtigen Verteilung von Gütern und Lasten zu tun hat.

Den engeren Gerechtigkeitsbegriff untergliedert Aristoteles in verteilende (distributive) und ausgleichende (inklusive kommutativer und korrektiver) Gerechtigkeit.[102] Somit erhält man eine Voll-

97 Vgl. J. Rawls, *Eine Theorie der Gerechtigkeit,* S. 26.

98 Ob Gerechtigkeit in ihrem wesentlichen Anwendungsgebiet relational bzw. komparativ ist oder absolut, ist umstritten. Für die Definition der Gerechtigkeit im engeren Sinn soll dies deshalb offen bleiben. Vgl. die Unterscheidung dieser beiden Arten der Gerechtigkeit weiter unten in diesem Abschnitt und die Diskussion dieser Positionen in Kap. II.6.

99 Diese Definition schließt auch alle Unterarten der Gerechtigkeit mit ein, auf die gleich eingegangen wird. So paßt sie gut auf Tauschgerechtigkeit und Verteilungsgerechtigkeit; auch große Teile der korrektiven bzw. retributiven Gerechtigkeit können als Wiederherstellung der (ursprünglichen) richtigen Verteilung verstanden werden. Nur in bezug auf Strafe scheint es schwieriger, wenn korrektive Gerechtigkeit fälschlicherweise als Vergeltung statt als Ausgleich weit gefaßt wird.

100 Diese Bestimmung verweist schon auf die Proportionalität bzw. proportionale Gleichheit, auf die in Kap. II.4. eingegangen wird.

101 Vgl. Fn. 98.

102 Vgl. Aristoteles, *Nikomachische Ethik*, V, 1130b30ff.

ständigkeit beanspruchende Dreiteilung der engeren Gerechtigkeit, die sich durch die Antike und die thomistische Aristoteles-Rezeption im Mittelalter über die Naturrechtslehren der Neuzeit bis in die Moderne fast unbeschadet gehalten hat, auch wenn es im Laufe der Tradition viele kleine Veränderungen und Korrekturen gegeben hat: Gerechtigkeit verlangt erstens eine gerechte Verteilung von Rechten, Pflichten, Gütern und Lasten (distributive, verteilende oder austeilende Gerechtigkeit). Zweitens wird Gerechtigkeit durch das Prinzip des Ausgleichs verwirklicht (ausgleichende Gerechtigkeit). Drittens kommt die schon erwähnte, jeden einzelnen auf die Gerechtigkeitsprinzipien verpflichtende umfassende Gerechtigkeit hinzu. Diesen drei Bereichen entsprechen bei vielen Autoren die den drei römischen Quellen bei Ulpian entnommenen Moral- und Rechtsvorschriften: Für die distributive Gerechtigkeit gilt »suum cuique tribuere«, für die ausgleichende »neminem laedere«, für die universale »honeste vivere«.

Jenseits der umfassenden Tugend haben wir es also mit zwei partikularen Typen von Gerechtigkeit zu tun: der Gerechtigkeit des Verteilens und der des Ausgleichs.

Bei *distributiver* Gerechtigkeit für die Verteilung von Gütern inklusive attributiver Gerechtigkeit für die Frage, wer wieviel Beiträge zu zahlen hat, geht es um die gerechte Verteilung von Gütern und Lasten aller Art (etwa von Chancen, Gewinnen, Vorteilen, Positionen und Ämtern, Zuständigkeiten, Steuern und Auflagen) auf verschiedene Individuen. Man spricht hier entsprechend auch von ›austeilender Gerechtigkeit‹ oder ›Verteilungsgerechtigkeit‹. Sie hat soziale Beziehungen zum Gegenstand, deren Beteiligte einen gemeinsamen Anspruch auf bestimmte Güter besitzen oder gemeinsam verbunden sind, gewisse Lasten zu tragen, weil zwischen ihnen hinsichtlich der Güter und Lasten ein Gemeinschaftsverhältnis besteht, das unterschiedlich intensiv ausfallen kann.[103] So kann es sich je nach Grad der Intensität um unterschiedliche Gemeinschaften handeln: es kann einen gemeinsamen Besitz an Gütern geben, durch soziale Kooperation kann effektiver produziert werden, es kann über wirtschaftliche Zusammenarbeit hinaus einen wechselseitigen Vorteil (wie Sicherheit, Geborgenheit und Wohlstand) geben oder die Gemeinschaft kann durch ein moralisches Band (wie

103 Vgl. J. Finnis, *Natural Law and Natural Rights*, S. 166ff.

Solidarität, Mitleid, Menschlichkeit und die Idee eines Reichs der Zwecke) zusammengehalten werden. Während die ersten drei Arten von Gemeinschaften gemeinsam Güter und Leistungen realisieren, die allen Beteiligten deshalb gleichsam zukommen und daher, soweit sie verteilungsfähig sind, unter die Verteilungsgerechtigkeit fallen, ist bei der letzten Art umstritten, ob auch in keiner (außer der moralischen) Weise verbundene Individuen, die in keiner förderlichen sozialen Kooperation miteinander stehen, ihre einzeln produzierten Güter und Lasten fair teilen müssen. Ein Gedankenexperiment kann jedoch intuitiv zeigen, daß auch beim Fehlen von gesellschaftlichen Strukturen oder sozialer Kooperation massive und auszugleichende Ungerechtigkeiten, die nicht von den Individuen zu verantworten sind, auftreten.[104] Man stelle sich nur Menschen vor, die auf verschiedenen Inseln leben. Die Inseln offerieren ihren Bewohnern verschiedene Lebensmöglichkeiten und -qualitäten, und die Individuen haben unterschiedliche Fähigkeiten, wie Körperstärke, körperliche Begabungen oder Intelligenz. Zwischen den Inseln sind soziale Interaktionen und Kooperationen unmöglich, jedoch besitzen die Bewohner akkurates Wissen über die Lage der Einwohner der anderen Inseln. Zufällig ist es möglich, von bestimmten Inseln mit der Flut Boote zu anderen Inseln fahren zu lassen, die so allein von Wind und Wellen an die Ufer der anderen Inseln gebracht werden. Stellen in einem solchen Szenario tiefgreifende Ungleichheiten ein Gerechtigkeitsproblem dar? Nach unseren wohlüberlegten Urteilen müssen wir das wohl bejahen. Die Ungleichheiten an inneren und äußeren Ressourcen der Inselbewohner, die sie mit den Umständen einfach übernommen haben, ohne etwas dafür getan zu haben oder dagegen unternehmen zu können, stellen gravierende Ungleichheiten dar, die jedoch veränderbar sind. Deshalb müssen diese Ungleichheiten, sofern dies möglich ist, ausgeglichen werden. Wem das intuitiv zu weit gehen mag, sollte sich

104 Das Gedankenexperiment findet sich bei R. Arneson in »Egalitarianism and Responsibility« (S. 226). R. Nozick (*Anarchy, State, and Utopia*, S. 185) und D. Gauthier (*Morals by Agreement*) benutzen ähnliche Insel-Szenarien, um zu illustrieren, daß (i) keiner eine Verpflichtung hat, jemandem zu helfen, wenn jeder getrennt lebt, und (ii) daß, wenn es keine Verpflichtungen zur Hilfeleistung außerhalb der Gesellschaft gibt, die Einführung von freiwilligem Handel und anderen Formen sozialer Kooperation nicht Verpflichtungen zur Hilfe für Bedürftige generieren kann.

vorstellen, daß die Einwohner auf einer der Inseln zu verhungern drohen. Ist es nicht eine Pflicht der Gerechtigkeit, ihnen zu helfen, wenn Hilfe möglich ist? Dies ist der Fall, obwohl keine wechselseitig vorteilhafte soziale Kooperation und keine Gesellschaft mit gemeinsamen Institutionen und Praktiken vorhanden ist. Die häufig zu findende Einschränkung von Gerechtigkeitsüberlegungen auf die Grundstruktur einer kooperativen Gesellschaft ist also intuitiv unplausibel. Sie stellt nur einen speziellen Fall von Verteilungsgerechtigkeit dar, denn die gerechte Verteilung nicht produzierter Ressourcen muß genauso berücksichtigt werden.[105] Zudem gibt es Ansprüche auf Güter, die nicht aufgrund der Kooperationsleistung, sondern aufgrund von Bedürfnissen legitimiert erscheinen. Selbst in einer Kooperationsgemeinschaft macht Kooperationsgerechtigkeit nicht das Ganze der Gerechtigkeit aus. Neben der Gerechtigkeit innerhalb einer Kooperationsgemeinschaft gibt es auch noch die Gerechtigkeit der Solidarität.[106] – So weit zu den spezifischen Anwendungsbedingungen distributiver Gerechtigkeit.

Im Fall der *ausgleichenden* Gerechtigkeit soll (zum Beispiel von einem Richter in einem Zivilrechts- oder Strafrechtsprozeß) entschieden werden, welcher Partei ein Ausgleich zusteht. Ausgleichende Gerechtigkeit hat es also zu tun mit dem Umgang der Bürgerinnen und Bürger untereinander in Tausch- oder in Vertragsbeziehungen oder allgemeiner in sozialen Beziehungen überhaupt, für die die Gerechtigkeit die Norm für das Verhalten der Parteien abgibt. Dieses Verständnis der ausgleichenden Gerechtigkeit wird im Anschluß an Aristoteles nochmals ausdifferenziert.[107]

Die Verhaltensweisen können nach Aristoteles einerseits freiwillig sein (wie bei Tausch, Kauf, Anmietung, Einstellung und anderen wirtschaftlichen Tätigkeiten); sie heißen freiwillig, weil sie sich aus

105 Dennoch ergibt sich eine mögliche Abschwächung der Ansprüche auf Umverteilung durch die Berücksichtigung des Gesichtspunktes, daß Menschen in der Regel nicht allein, sondern in Kooperation mit anderen arbeiten. Denn die Gewinne aus gemeinsamer Kooperation stünden nur den Kooperationspartnern zu, wenn zwei Bedingungen erfüllt sind: erstens, wenn alle weltweiten Ansprüche aus objektiver, physischer und evtl. sozialer Bedürftigkeit durch Absicherung ökonomischer Mindestansprüche befriedigt sind, und zweitens, wenn man von dem strittigen Prinzip ausgeht, daß Besserstellungen aufgrund besonderer Aufwendungen mindestens teilweise verdient und damit gerechtfertigt sind.

106 Vgl. W. Kersting, *Theorien der sozialen Gerechtigkeit*, S. 22-26.

107 Vgl. D. Ritchie, »Aristotle's Subdivision of Particular Justice«.

der freiwilligen Zustimmung oder Handlung eines jeden (Vertrags- oder Geschäfts-)Partners ergeben. Dieser Typ der Gerechtigkeit wird *Tauschgerechtigkeit* genannt. Er betrifft das Zivilrecht und setzt Austauschbeziehungen voraus, das heißt das wechselseitige Geben und Nehmen von Gütern oder Leistungen. Tauschgerechtigkeit gleicht die unterschiedlichen Bedürfnisse aus. Nach alter Vorstellung soll zwischen den getauschten Gütern und Dienstleistungen eine Gleichwertigkeit oder Äquivalenz bestehen, die durch ein allgemein anerkanntes Maß des Werts der Güter und Dienste bestimmt wird, auch wenn die getauschten Güter ungleich sind. An die Stelle des Äquivalenzprinzips ist mit dem Schwinden des Glaubens an objektive Wertmaßstäbe nach und nach eine prozedurale Vorstellung der Tauschgerechtigkeit getreten. Entsprechend dieser prozeduralen Auffassung, die sich an fairen Marktbeziehungen festmacht, sind Tauschbeziehungen dann gerecht, wenn sie von freien und gleichberechtigten Tauschpartnern, die alle über eine gewisse Anfangsausstattung von Eigentumsrechten verfügen, freiwillig in ihrem beiderseitigen Interesse eingegangen werden, unter Bedingungen, die die wechselseitige Vorteilhaftigkeit der Tauschakte sicherstellen.[108] Die ausgleichende Gerechtigkeit sorgt also zum ersten im freiwilligen Gütertausch für Fairneß, zum Beispiel in einem Verkaufsakt (Tauschgerechtigkeit). Zum zweiten stellt ausgleichende Gerechtigkeit Fairneß im Gütertausch auch wieder her (restitutive Gerechtigkeit). In diesem Fall handelt es sich um das Prinzip der gerechten Wiederherstellung eines Zustandes zwischen zwei Parteien, den die eine Partei durch ihr Verhalten gegenüber der anderen geändert hat. Ein Beispiel: Die Gerechtigkeit fordert prima facie, daß A, der einen Gegenstand des B fahrlässig beschädigt hat, B den entstandenen Schaden ersetzt. Sollte eine Ungerechtigkeit vorliegen, muß zwischen den streitenden Parteien von einem unparteiischen Dritten (in der Regel einem Gericht) Gerechtigkeit wiederhergestellt werden. In Zivilprozessen, wenn der Kläger beweisen kann, daß er durch eine Handlung oder Unterlassung des Beklagten einen Schaden unrechtmäßig erlitten hat, ist der Gerechtigkeit Genüge getan, wenn der erlittene Schaden des Klägers durch den Beklagten ausgeglichen wird. Im einfacheren Fall kann materieller Schaden durch Geldzahlungen ausgeglichen werden. In Fällen, wo das unmöglich

108 Vgl. P. Koller, »Soziale Güter und soziale Gerechtigkeit«, S. 83.

ist (zum Beispiel bei einer körperlichen Schädigung), werden Kompensationen zugesprochen, die das Schicksal des Opfers verbessern sollen, wenn sie schon nicht wirklich den Verlust und das Leid zu kompensieren vermögen.

Die Verhaltensweisen können andererseits in solchen Fällen unfreiwillig sein, in denen einer den anderen auf eine bestimmte Weise ›behandelt‹, indem er ihn beispielsweise bestiehlt, beleidigt oder ermordet. Die diesen Typ regelnde Form der Gerechtigkeit wird korrektive Gerechtigkeit genannt und betrifft das Strafrecht. Ausgleichende Gerechtigkeit ist also zum dritten auch für den Ausgleich von Diebstahl, Körperverletzung oder Mord durch Strafe zuständig (korrektive Gerechtigkeit).[109] Dies ist die Gerechtigkeit, die Ungerechtigkeit im Verhalten der Menschen zueinander korrigiert. Dieser Gerechtigkeitstyp gleicht Ungerechtigkeiten in heimlichen oder gewaltsamen Beziehungen aus, stellt Gerechtigkeit wieder her, korrigiert Unrecht. Dabei darf ›korrektiv‹ nicht als gleichbedeutend mit ›strafend‹ verstanden werden, sondern vielmehr als Richtigstellung. In Strafverfahren könnte man verführt sein, den von der ausgleichenden Gerechtigkeit geforderten Ausgleich als Vergeltung zu verstehen, indem durch die Strafe der Vorteil, den sich der Ungerechte durch sein Verbrechen verschafft hat, getilgt wird.[110] Ausgleich und Vergeltung sollten jedoch begrifflich strikt getrennt werden. Die ausgleichende Gerechtigkeit bezieht sich in Strafverfahren auf drei Bereiche: die Opfer, die Täter und die Verletzung der allgemeinen Rechtsordnung, und versucht durch Strafe eine faire Balance zwischen dem begangenen Übel und der dafür verhängten Strafe zu erreichen. Bei der Anwendung ausgleichender Gerechtigkeit werden mehrere Gesichtspunkte berücksichtigt: Kompensation (der Opfer), Abschreckung (zur Sicherung einer zukünftigen Beachtung der Rechtsordnung zum Wohle und Schutze aller), Wiedergutmachung (zum Ausgleich des Schadens, soweit möglich, und zur Annullierung jedes ungerechterweise erworbenen Vorteils des Täters) und Strafe (zur Vergeltung, Individual- oder Generalprävention). Die klassifikatorische Einteilung der Gerechtigkeit sollte keine spezifische Theorie der Verteilung oder der Strafe präjudizieren.

109 Vgl. P. Koller, »Soziale Güter und soziale Gerechtigkeit« für eine Verfeinerung der Aristotelischen Grundunterscheidung.

110 Vgl. die Lex talionis des »Auge um Auge, Zahn um Zahn« im *Alten Testament* (Exodus 21,24).

Dieser Forderung entspricht die hier dargestellte allgemeine Rekonstruktion des klassischen Aristotelischen Schemas der Gerechtigkeitstypen. Denn sie kann die Art bzw. die Begründung der Straftheorie offen lassen. Auch wenn es bezüglich des Grundes für die Strafe unterschiedliche Auffassungen gibt, so herrscht doch weitgehend Einigkeit über die Kriterien gerechter Strafe: Eine gerechte Strafe kann nur durch ein ordentliches Verfahren an einem überführten Straftäter verhängt werden. Das Strafmaß muß die Schwere des Vergehens widerspiegeln, das heißt Personen, die für ein Verbrechen bestraft werden, das ähnlich schwerwiegend ist, müssen eine vergleichbar harte Strafe erhalten (ordinale Proportionalität), und Verbrechen sowie die dafür verhängten Strafen müssen nach Schwere kardinal geordnet sein (kardinale Proportionalität). Nach welchen Maßstäben Schwere und Schuld einzuschätzen sind, ist jedoch wiederum strittig.

Bei austeilender wie ausgleichender Gerechtigkeit kann es sowohl auf die Inhalte oder Ergebnisse der gerechten Entscheidung oder Regel ankommen (*substantielle Gerechtigkeit*) als auch darauf, wie, das heißt nach welchen Verfahren, die Entscheidung oder Regel zustande gekommen ist (*Verfahrensgerechtigkeit*). Auf verfahrensgerechte Lösungsstrategien für Gerechtigkeitsfragen wird besonders in zwei Fällen zurückgegriffen. Zum einen werden Verfahren angewandt, wenn das gewählte Verfahren allein aufgrund des Verfahrens ein substantiell gerechtes Ergebnis garantiert. Von den drei Arten der Verfahrensgerechtigkeit, der reinen, der vollkommenen und der unvollkommenen Form, liegt nur bei der ersten Art, der *reinen Verfahrensgerechtigkeit*, die Gerechtigkeit im Verfahren selbst, während ein verfahrensunabhängiger Maßstab für gerechte Ergebnisse fehlt.[111] So wendet man das Ziehen eines Loses zum Ermitteln der Gewinner und Verlierer an, und das Ergebnis ist gerecht, wenn das Verfahren fair, alle Betroffenen gleich behandelnd angewandt wird.

Im Unterschied zur Gerechtigkeit *im* Verfahren geht es bei den beiden anderen Arten um Gerechtigkeit *durch* Verfahren. In diesen Fällen hilft das Verfahren zum zweiten ein gerechtes Ergebnis zu realisieren. Bei der *vollkommenen Verfahrensgerechtigkeit* gibt es einen unabhängigen Maßstab für das gerechte Ergebnis und ein Verfahren, das dieses Ergebnis mit annähernder Sicherheit herbeiführt.

111 Vgl. O. Höffe, *Gerechtigkeit*, Kap. V.

So läßt sich in einem immer wieder angeführten Beispiel ein Kuchen am besten in gleich große Stücke teilen, wenn diejenige Person, die für das Teilen zuständig ist, das letzte Stück bekommt. Auch bei der dritten Art, der *unvollkommenen Verfahrensgerechtigkeit*, gibt es einen unabhängigen Maßstab substantieller Gerechtigkeit. Das beste denkbare Verfahren in diesen Fällen kann aber nicht garantieren, daß es mit Sicherheit zu einem substantiell gerechten Ergebnis führen wird. So sind Strafprozesse als Verfahren zur Ermittlung der Schuld und der Strafe sicherlich fehlbar. Auch wenn sich ein gerechtes Ergebnis nicht garantieren läßt, so sind solche Verfahren dennoch oft der gerechteste Weg, Meinungsverschiedenheiten über das, was die substantielle Gerechtigkeit im fraglichen Fall ausmacht, zu überwinden, indem man sich auf ein möglichst gerechtes, wenn auch unvollkommen gerechtes Verfahren einigt. In den meisten gegenwärtigen Gerechtigkeitstheorien werden Fragen der Gerechtigkeit durch Verfahren zu lösen versucht. (So auch in Kapitel II.8. mit der Präsumtion der Gleichheit.)

Neben diesen klassischen Einteilungen wird in jüngerer Zeit eine weitere Unterscheidung zwischen zwei Arten bzw. Prinzipien der Gerechtigkeit vorgenommen, die in potentiellem Konflikt miteinander stehen: Es handelt sich um den Unterschied zwischen komparativer und nonkomparativer bzw. relationaler und nichtrelationaler Gerechtigkeit.[112] Gerechtigkeit verlangt ihrer allgemeinen Definition als suum cuique zufolge, jedem das Seine zu geben. In einigen Fällen wird das den Jeweiligen Zukommende, das der Person Angemessene, unabhängig von dem, was anderen Personen zusteht, bestimmt. Es ist dann ungerecht, daß es einem besser oder schlechter geht als einem zusteht, wobei dieses Zustehende absolut nur nach den Rechten und Verdiensten der betreffenden Person ausgemacht wird. Dann handelt es sich um *nonkomparative, nichtrelationale oder absolute Gerechtigkeit*. Beispiele für non-komparative oder absolute Gerechtigkeit stellen die Vergabe von Noten und Belohnungen, die sich an einem vorgegebenen Maßstab orientieren, dar. Ansprüche der Gerechtigkeit werden in diesen Fällen nicht in Relation zu und nicht im Vergleich mit anderen festgelegt. Wenn die richtige Lösung aller Aufgaben in der Mathematikklausur ein ›sehr gut‹ bedeutet, dann hat die Kandidatin einen Anspruch auf diese Note, wenn sie

112 Vgl. J. Feinberg, »Non-Comparative Justice«, S. 297-358, ders., *Social Philosophy*, S. 98-119, und ders., *Rights, Justice, and the Bounds of Liberty*, S. 265-306.

alle Aufgaben richtig gelöst hat, ganz unabhängig davon, was die anderen gemacht und als Note bekommen haben. Hingegen werden die Ansprüche *komparativer oder relationaler Gerechtigkeit* ausschließlich mit Bezug auf das Verhältnis zu anderen bestimmt. Wenn jemand etwas ›Wertvolleres‹ ist oder getan hat als jemand anderes, was auch immer das bedeuten mag, dann steht ihm auch etwas ›Wertvolleres‹ zu als dem anderen, aber Gerechtigkeit legt hier nur die relative Positionierung der beiden zueinander fest, nicht deren absolute Position. Als einfache Beispiele für komparative Gerechtigkeit gelten die Vergabe von Preisen für die beste oder schlechteste Leistung. Die Goldmedaille im Hundertmeterlauf erhält eben die Sprinterin, die als erste vor den anderen durchs Ziel läuft. Diese Unterscheidung wird in Kapitel II.6. noch eine wichtige Rolle spielen, weil die entscheidende Frage in diesem Zusammenhang lautet: Sind die grundlegenden Standards der Gerechtigkeit für das Zusammenleben der Menschen von absoluter, nonkomparativer oder von komparativer Art? Nonegalitaristen vertreten in der Regel die erstere Auffassung, während Egalitaristen für eine Version komparativer Gerechtigkeit eintreten. Ein komparatives Verständnis von Gerechtigkeit bietet sich besonders dafür an, egalitaristisch gefüllt zu werden; ihm zufolge kann Gerechtigkeit immer relativ zu den Ansprüchen anderer bestimmt werden – Gleichheit wäre dann eine mögliche Erfüllung dieses Vergleichsmaßstabs.

Es sei noch der Vollständigkeit halber darauf verwiesen, daß Gerechtigkeitsbegriffe auch hinsichtlich ihrer Extension unterschieden werden, und zwar räumlich in lokale, nationale, internationale und globale Gerechtigkeit und zeitlich in Gerechtigkeit gegenüber jetzigen, zukünftigen und vergangenen Generationen. Wem wir Gerechtigkeit schulden, ist dabei keine rein formale Frage, sondern hängt von der Extension der zugrundeliegenden Moral bzw. Moralprinzipien ab.[113]

113 Auf die Frage nach der Reichweite der Gerechtigkeit wird in Kap. II.5.1. und III.4. mit eingegangen, vgl. auch S. Gosepath, »The Global Scope of Justice«. Die zeitliche Dimension der Gerechtigkeit wird in Kap. III.4. & 5. mit thematisiert.

Entgegen der bis heute allgemein gebräuchlichen Aristotelischen Unterscheidung von verteilender und ausgleichender Gerechtigkeit hängt der Begriff der ausgleichenden Gerechtigkeit eng mit den umfassenderen Zielen der distributiven Gerechtigkeit zusammen. Ohne damit die beiden Formen der Gerechtigkeit auf eine zu reduzieren, läßt sich dafür argumentieren, daß das Prinzip der ausgleichenden Gerechtigkeit von sekundärer Bedeutung ist, weil es letztlich nur der Aufrechterhaltung beziehungsweise Wiederherstellung eines Zustandes dient, dessen anfängliche Herstellung ein Gebot des Prinzips der Verteilungsgerechtigkeit war. Tauschgerechtigkeit ist wiederum nur möglich, wenn jeder Beteiligte schon vorweg etwas ihm Zustehendes, mithin einen gerechten Anteil an Gütern und Lasten, besitzt, die er mit anderen gegen deren Güter und Lasten tauschen kann.[114] Ein Tausch kann keine gerechten Verhältnisse schaffen, wenn einer der Beteiligten keine legitimen Ansprüche auf den Besitz des Gutes hatte, welches Objekt des Tausches war oder ist. Tauschgerechtigkeit setzt also das Bestehen einer gerechten Verteilung voraus. Diese gerechte Verteilung mag wiederum durch einen Tausch zustande gekommen sein, doch muß jede Abfolge von Tauschvorgängen auf einer gerechten Anfangsverteilung beruhen, die ihrerseits nicht durch Tauschgerechtigkeit gerechtfertigt werden kann, sondern nur durch Verteilungsgerechtigkeit. Daher kommt der distributiven Gerechtigkeit vor der Tauschgerechtigkeit ein logischer wie zeitlicher Vorrang zu. Gerechtigkeit hat es danach immer mit Verteilung zu tun, weil es auch in Fällen ausgleichender Gerechtigkeit um die Herstellung oder Wiederherstellung von gerechter Verteilung geht. Tauschgerechtigkeit und korrektive Gerechtigkeit stellen distributive Gerechtigkeit her oder wieder her. Dieser Sichtweise liegt ein allgemeines Verständnis von Mitgliedschaft in einer Gesellschaft zugrunde, bei dem diese Mitgliedschaft als ein Paket von Rechten und Pflichten, von Vorteilen und Nachteilen aufgefaßt wird, die sich die Bürgerinnen und Bürger in freier Übereinkunft

114 O. Höffe plädiert hingegen für einen Paradigmenwechsel, der von der Wechselseitigkeit oder, pars pro toto, von der Tauschgerechtigkeit ausgeht und als notwendige Ergänzung die korrektive Gerechtigkeit anerkennt. Vgl. ders., *Politische Gerechtigkeit*, S. 382 ff.; *Den Staat braucht selbst ein Volk von Teufeln*, S. 56; *Demokratie im Zeitalter der Globalisierung*, Teil I.; *Gerechtigkeit*, VIII.4.

selbst wechselseitig zugestehen.[115] Vorausgesetzt wird dabei die wechselseitige Achtung als Freie und Gleiche, die sich Bürgerinnen und Bürger wechselseitig schulden und zuzugestehen bereit sind. Diese in Kapitel II.5. eingeholte Voraussetzung stellt selbst einen Fall, wenn auch einen Grenzfall des distributiven Paradigmas dar. Die Einrichtung einer gerechten Gesellschaft durch Freie und Gleiche ist eine Sache der distributiven Gerechtigkeit. Mit der normativen Überlegung, wie die Grundstruktur einer Gesellschaft einzurichten sei, handeln die Bürgerinnen und Bürger ihre Rechte und Pflichten aus und verteilen sie auf diese Weise. Gemeint ist damit nicht, daß Rechte und Pflichten als zu verteilende Güter schon vorliegen, vielmehr werden die Rechte und Pflichten, die die Autonomie der Personen regeln, erst im Prozeß ihrer Zuteilung geschaffen. Dabei können Rechte jedoch nach dem distributiven Paradigma verstanden werden.

Das distributive Paradigma ist verschiedenen kritischen Einwänden ausgesetzt, die im folgenden zurückgewiesen werden. Damit wird zugleich die Rolle der distributiven Gerechtigkeit näher geklärt. Der Umfang von Gerechtigkeit sei weiter als der der Verteilungsgerechtigkeit.[116] Insbesondere wird auf zwei Probleme, die sich aus dem distributiven Paradigma ergeben, hingewiesen: (i) Die Ausweitung des distributiven Paradigmas führe zu einer Verdinglichung von sozialen Beziehungen und institutionellen Regeln. Worauf es in der Gerechtigkeit wirklich ankomme, seien nicht die zu verteilenden Güter. (ii) Das distributive Paradigma müsse alle Fragen der Gerechtigkeit in Form von Verteilungsmustern begreifen, statt die zugrundeliegenden sozialen Prozesse ernst zu nehmen. Dazu nun im einzelnen:

(i) Distributive Gerechtigkeit – so der oft zu hörende Einwand – tendiere dazu, soziale Gerechtigkeit auf die Allokation von materiellen Gütern, wie Ressourcen, Einkommen und Reichtum, oder auf die Verteilung von sozialen Positionen, besonders von Arbeit, zu konzentrieren. Distributive Gerechtigkeit – so der Einwand – habe

115 Rawls' *Eine Theorie der Gerechtigkeit* ist *das* Beispiel für ein solches Modell.

116 Das wird dem distributiven Paradigma vor allem von Iris Young in *Justice and the Politics of Difference* (Kap. 1) entgegengehalten. Vgl. die Entgegensetzung von (distributiver) Gerechtigkeit und Anerkennung in N. Fraser, »Von Umverteilung zur Anerkennung? Dilemmata der Gerechtigkeit in ›postsozialistischer‹ Zeit«, und N. Fraser, A. Honneth, *Umverteilung oder Anerkennung?*

es ausschließlich mit Gütern zu tun, wohingegen (Bürger-)Rechte und Chancen keine Güter seien, die verteilt werden könnten.[117] Rechte regulierten vielmehr die Beziehung zwischen Handelnden; sie würden angeben, was Menschen in Beziehungen zu anderen tun dürfen und was nicht. Mit diesem Argument soll der Möglichkeit der Boden entzogen werden, die Frage nach der gerechten Gesellschaft als eine Frage nach der gerechten Verteilung von (Grund-) Gütern wie Freiheit, Rechten, Macht, Chancen und Einkommen zu verstehen, wie es am prominentesten in Rawls' Theorie der Gerechtigkeit vertreten wird.

Diese Argumentation schließt allerdings ein distributives Verständnis von Rechten aus zwei Gründen keineswegs aus. Rechte und Chancen sind Gütern in dem weiten Sinn ähnlich, daß wir sie schätzen und begehren. Rechte und Chancen liegen jedoch nicht einfach als natürliche Güter vor. Sie werden erst durch die Organisation des sozialen Zusammenlebens geschaffen. Sie werden erschaffen, indem die Verteilung anderer Güter (in bezug auf Rechte sind dies vor allem Freiheiten, Chancen auf soziale Positionen und Aufstiegsmöglichkeiten) gesellschaftlich geregelt wird. Wird die Verteilung dieser Güter jedoch bewußt unter Gerechtigkeitsgesichtspunkten geregelt und nicht bloß scheinbar naturwüchsigen gesellschaftlichen Prozessen überlassen, so besteht der gerechtigkeitstheoretische Orientierungspunkt in der gerechten Verteilung von Rechten und Chancen. Man besitzt Rechte und Chancen zwar nicht in genau dem gleichen Sinne, wie man materielle Güter zum Eigentum haben kann, Eigentum bzw. Besitz ist jedoch (auch) als ein Bündel von moralischen Rechten zu verstehen. In diesem Sinn werden sowohl bezüglich materieller Güter als auch bezüglich der Rechte und Chancen moralische Ansprüche geregelt, also Ansprüche darauf, welche Güter, Rechte und Chancen einem legitimerweise zukommen und wie man sie nutzen darf. Die Frage, wem welche Rechte und Pflichten zukommen,

117 So z. B. von J. Habermas, »Versöhnung durch öffentlichen Vernunftgebrauch«, und *Faktizität und Geltung*, S. 505 f. I. Young versucht dies in *Justice and the Politics of Difference* an drei Beispielen zu zeigen: (a) Rechte, insbesondere die, die sich nicht auf Güter beziehen, sind keine Güter, die verteilt werden könnten, kein Besitz (so z. B. Redefreiheit) (S. 25); (b) Chancen sind Bedingungen der Ermöglichung von Handlungen und nicht Besitz; es macht keinen Sinn, vom Besitz von Chancen zu sprechen (so z. B. Bildungschancen) (S. 25 f.); (c) Selbstwert (self-respect) ist keine Entität oder ein meßbares Aggregat, das von den Personen getrennt werden könnte. Vgl. zum Folgenden auch Kap. III, S. 230-232.

wird außerdem auf dieselbe Weise begründet und entschieden wie die Verteilung von Gütern. Die Prinzipien der distributiven Gerechtigkeit, die angeben, wem was wann nach welchem Prinzip zusteht, bestimmen die Ansprüche, die die Bürgerinnen und Bürger sich wechselseitig moralisch zugestehen müssen. Auf diese Weise begründen sie moralische Rechte und die korrespondierenden Pflichten. Positive Rechte sind dann eine spezifische, nämlich legale bzw. juridische Form von wechselseitig zugestandenen Ansprüchen zwischen Personen. Eine Rechtfertigung für (bestimmte) Rechte zu geben ist nichts anderes, als eine Verteilung von bestimmten (Sorten von) Gütern intersubjektiv zu rechtfertigen als etwas, was man sich wechselseitig zugestehen muß, wenn man sich als Gleiche anerkennt.[118]

(ii) Die Proponenten der Verteilungsgerechtigkeit können damit zugeben, daß Verteilungsgerechtigkeit nicht nur auf materielle Güter beschränkt sein kann, sondern auch nichtmaterielle Güter wie Macht, Chancen und Selbstwert in die Verteilung mit einzubeziehen sind. Aber das führt nach Young zu einem zweiten, gewichtigeren Problem:[119] Wenn distributive Gerechtigkeit metaphorisch auf nichtmaterielle Dinge ausgeweitet werde, würden diese als quasi statische Dinge behandelt statt als Funktionen sozialer Beziehungen und Prozesse. Das führe dazu, daß soziale Strukturen und institutionelle Kontexte, die oft die Muster der Verteilung bestimmen, übersehen würden. Diese ließen sich schlecht mit dem distributiven Paradigma verknüpfen, weil es sich bei den zu verteilenden Gütern (wie etwa kulturelle und symbolische Anerkennung, soziale Regeln, Prozeduren, Einflüsse, Klassen, Produktionsbedingungen und Institutionen, wie Staat, Familie und Zivilgesellschaft) nicht um materielle Güter handele. Die institutionellen Kontexte, in denen die Verteilung stattfindet, würden ignoriert, obwohl sie oft die Muster der Verteilung mit verursachen. Die Logik der Verteilung repräsentiere diese Dimensionen falsch, da sie eine falsche Konzeption der jeweiligen Gerechtigkeitsprobleme produziere. Sie verdingliche Aspekte des Soziallebens, die besser als Funktionen sozialer Regeln und Beziehungen verstanden werden sollten. Soziale Gerechtigkeit werde außerdem hauptsächlich als Struktur eines Endzustands konzeptualisiert, statt sie auf soziale Prozesse zu beziehen.[120]

118 Zum Rechtfertigungsprinzip vgl. Kap. II.5.3.

119 I. Young, *Justice and the Politics of Difference*, S. 24ff.

120 Eine ähnliche Kritik findet sich bei R. Nozick in *Anarchy, State, and Utopia* (Kap. 7).

Diese Kritik kann lediglich solche Gesellschafts- und Gerechtigkeitstheorien treffen, die in der Tat nur die Ergebnisse einer Verteilung berücksichtigen. Wie schon in Kapitel I.4.2. ausgeführt wurde, ist dies aus moralischen Gründen abzulehnen, weil bei Einzelhandlungen nicht nur das Ergebnis für sich genommen moralisch beurteilt werden sollte, sondern außerdem zu berücksichtigen ist, wie die Ergebnisse zustande gekommen sind. Die Art und Weise des Zustandekommens und deren moralische Qualität beeinflussen das moralische Urteil über das Resultat. Was für individuelle Handlungen gilt, ist mutatis mutandis auch für gesellschaftliche Verteilungen zutreffend. Ein Gerechtigkeitsurteil muß also den Zusammenhang von sozialen Institutionen und bestimmten gesellschaftlichen Zuständen (wie Verteilungen) mit einbeziehen. Für viele Gerechtigkeitsprobleme sind nicht Muster oder Endzustände einer Verteilung zu einem bestimmten Zeitpunkt wichtig, sondern die (Re-)Produktion eines üblichen Verteilungsmusters über die Zeit hinweg.

Nun reicht es sicher nicht aus, den gesellschaftlichen Entstehungszusammenhang mit in die Beurteilung eines Zustandes aufzunehmen. Vielmehr ist im wesentlichen auch nach der Gerechtigkeit der gesellschaftlichen Prozesse selbst zu fragen, wie dies von den Vertretern des distributiven Paradigmas in der Tradition des Gesellschaftsvertrags (allen voran von Rawls) auch berücksichtigt worden ist. Die Frage nach der Gerechtigkeit wird zu diesem Zweck ausgehend von einer Situation »ursprünglicher Verteilung« in einem »Urzustand« gestellt. Gemeint ist eine hypothetische vorstaatliche Situation, in der es noch keine geregelten politischen Rechte und Pflichten gibt, gleichwohl aber moralische Grundsätze. Die Frage lautet nun, wie man in dieser (in verschiedenen Theorien unterschiedlich gestalteten) Situation zusammen mit allen anderen eine Gesellschaft so einrichten kann, daß deren Struktur gerecht geregelt ist.[121] Gefragt wird nach der gerechten ursprünglichen Verteilung von Rechten und Pflichten, wenn diese noch nicht festgelegt sind. Es wird geklärt, welche Ansprüche als legitim zu gelten haben, und dementsprechend werden Güter und Lasten verteilt. Damit einhergehend müssen Regeln des Zusammenlebens und soziale Institutionen als zulässig oder geboten ausgezeichnet werden. Mit den Regeln des Zusammenlebens und mit sozialen Institutionen kommt wesentlich mehr

121 Die Situation »ursprünglicher Verteilung« wird eingehender in Kap. V.1.1. charakterisiert.

als nur die Güterverteilung in den Fokus der Gerechtigkeitstheorie. Die Gerechtigkeitstheorie behält dabei ihren distributiven Charakter, wenn und insofern sie die Regeln des Zusammenlebens und die sozialen Institutionen derart konzipiert, daß deren Gerechtigkeit sich aus der gerechten Verteilung von Gütern und Lasten und den daraus resultierenden Freiheiten, Ansprüchen, Pflichten und Chancen ergibt. Jedes Ergebnis ist, soweit es im Zusammenhang mit dieser sozialen Verteilung und den Regeln entsteht, legitim. Oder anders ausgedrückt: Wenn etwas Ungerechtes daraus resultieren könnte, müßten die Regeln entsprechend geändert werden. Dieses Modell der ursprünglichen Verteilung und Einrichtung einer Gesellschaft ist heute relevant, weil jeder Vor- oder Nachteil in einer Gesellschaft sich gegenüber allen rechtfertigen lassen muß. Jede Person muß alle Vorteile, vor allem Güter, die sich in ihrem Besitz befinden, als gerecht für sich reklamieren können. Gerechtigkeit erlegt uns einen *Rechtfertigungszwang* für alle im Prinzip veränderbaren Situationen auf, das heißt deren Gerechtigkeit oder Ungerechtigkeit muß mittels des Rechtfertigungsprinzips festgestellt und sodann gegebenenfalls korrigiert werden. Gefragt wird also nach der Legitimität der gesellschaftlichen Zustände. Beantwortet werden kann diese Frage nicht dadurch, daß rein historische Gründe akzeptiert werden, die jetzigen Zustände müssen statt dessen als Resultat einer anfänglich gerechten Verteilung und fairer Gesellschaftsregeln überzeugend dargelegt werden können. Die Konstruktion ist also nicht primär endzustandsorientiert, sondern richtet sich nach einer ursprünglichen gerechten Verteilung und zusätzlich nach den Verfahrensregeln für soziale Institutionen. Endzustände spielen eine Rolle in der Beurteilung dieser Verfahrensregeln. Von daher kann der Vorwurf zurückgewiesen werden, Verteilungstheorien als solche berücksichtigten Prozeduren, Einflüsse, Bedingungen des wirtschaftlichen Systems und Institutionen, wie Staat, Familie und Zivilgesellschaft, nicht.

Ein solches Gesellschaftsvertragsmodell, das auf dem distributiven Paradigma basiert, kann des weiteren zwei wesentliche Gesichtspunkte integrieren, die zu einem normativ angemessenen Modell gehören: zum einen demokratische Partizipation in öffentlichen Überlegungen und Entscheidungen und zum anderen soziale und politische Macht. Diese beiden Gesichtspunkte – so die Kritik[122] –

122 Vgl. I. Young, *Justice and the Politics of Difference*, S. 30-33.

werden in distributiven Modellen vernachlässigt und falsch konzipiert. Distributive Gerechtigkeitstheoretiker können darauf antworten, indem sie zugeben, daß in der Tat nicht nur oder nicht hauptsächlich materielle Güter zur Verteilung stehen, sondern auch immaterielle wie Freiheiten, Rechte, Chancen, soziale Macht und Mitbestimmung. Für diese kann das distributive Paradigma jedoch aufkommen, indem es die Verteilung dieser Güter(-klassen) ernst nimmt.[123] Man kann diese immateriellen Güter nach der Logik der Verteilung konzipieren und dennoch ihrer Bedeutung und ihrem Prozeßcharakter in realen Gesellschaften gerecht werden. Macht ist dann weniger als Besitz oder Attribut von Individuen zu verstehen, sondern vielmehr als eine Beziehung zwischen Personen. Eine Person hat nur soziale Macht, weil viele andere ihr Macht verleihen. Insofern ist die Relation dieser Personen untereinander ausschlaggebend. Um Macht beurteilen zu können, müssen also die strukturellen Beziehungen zwischen Personen beurteilt werden. Dies kann nur vor dem Hintergrund eines Verständnisses der gerechten Regeln des Zusammenlebens und der sozialen Institutionen geschehen. Solche Regeln haben distributive Gerechtigkeitstheorien durchaus entwickelt. Ähnliches gilt für den zweiten Gesichtspunkt, wie nämlich die demokratische Selbstbestimmung des Volkes zu konzipieren sei. Die Antwort darauf lautet grob: Sie ist nach gerechten Regeln als legitime Macht- bzw. Herrschaftsausübung für soziale Institutionen, hier die der Regierung, zu entwickeln. Macht und Herrschaft weisen eine strukturelle Basis auf, sie sind das Resultat der intendierten und nicht-intendierten Folgen der Handlungen vieler Menschen. Für eine Kritik bestehender Verhältnisse müssen diese offengelegt und kritisiert werden. Dies wäre die Rolle einer kritischen Theorie, die sich insbesondere gegen jene falschen und ideologischen Rechtfertigungen richtet, die zur Festigung und Verschleierung von nicht zu rechtfertigenden Machtverhältnissen führen. Dazu bedarf es einerseits einer stimmigen Gesellschaftsanalyse zur Klärung der Frage, wer wen beherrscht, andererseits einer kritischen Diagnostik von Rechtfertigungsdiskursen. Aus der Perspektive einer idealen Gerechtigkeitstheorie ist es sogar eine ganz wesentliche Frage der Gerechtigkeit, wie, wann und wo Machtausübung, und zwar nicht nur politische, sondern auch ökonomische, legitim ist. Eine

123 Das versuche ich in meinem Verteilungsmodell in den Kapiteln IV und V.

Theorie der Distribution allein von materiellen Gütern greift hier zu kurz. Die Beantwortung der Frage nach legitimer Macht orientiert sich wiederum an den Verteilungen und den Regeln für das gesellschaftliche Zusammenleben und die sozialen Institutionen, wie sie in einem Urzustand gerechtfertigt werden können.

Die Idee der gerechten Verteilung ist von ihrer Logik her, also von den entscheidenden Inferenzen her gesehen, mit allem verträglich, was wir intuitiv mit dem Gedanken der Gerechtigkeit in Verbindung bringen. Der Gedanke der Verteilung schränkt Gerechtigkeit nicht auf materielle Güter ein, sondern ist auch auf so wichtige Dinge wie Rechte, Pflichten, Einfluß und Chancen anwendbar. Diese Dinge können auch nach der Logik der Verteilung verstanden werden. Nichts von dem, worum es in der Gerechtigkeit geht, sperrt sich, kategorial betrachtet, gegen den Grundgedanken, daß es bei dem Ideal der Gerechtigkeit immer darum geht, niemanden zu übervorteilen. Gerechtigkeit betrifft somit jenen *Teil* der Moral, der es mit der Verteilung von Gütern und Lasten zu tun hat. Es geht darum, eine Idee von Gerechtigkeit zu entwickeln, die einen zentralen Grundgedanken hat, der in verschiedenen Anwendungssituationen unterschiedlicher Verfahren, Überlegungen und Gesichtspunkte bedarf. Die Kriterien der Gerechtigkeit werden entsprechend variieren. Dabei sollen die Pluralität und Diversität der Phänomene, die unter den Gerechtigkeitsbegriff fallen, ernst genommen werden. Es soll jedoch auch gezeigt werden, daß diese verschiedenen Aspekte eben Aspekte ein und derselben Idee sind, nämlich niemanden zu übervorteilen.

## 6. Der Vorrang der Gerechtigkeit

Gerechtigkeit hat im Prinzip Vorrang vor anderen moralischen und sozialen Werten. Gerechtigkeit ist nicht einer von mehreren moralischen Werten wie Freiheit, Gemeinschaft oder persönliche Beziehungen, sondern der *Maßstab*, an dem diese zu messen sind.[124] Ist etwas ungerecht, so gibt es keine Werte, die das ausgleichen können,

124 So behauptet J. Rawls in *Eine Theorie der Gerechtigkeit* (S. 19): »Die Gerechtigkeit ist die *erste Tugend* sozialer Institutionen.« (Hervorhebung von mir.)

denn diese erhalten ihren richtigen Ort nur innerhalb der Gerechtigkeitstheorie.[125] Umgekehrt besteht eines der Kriterien einer Gerechtigkeitstheorie darin, daß sie diesen anderen Werten ihr angemessenes Gewicht zuweist. Der Gerechtigkeit kommt ein Primat gegenüber allen anderen Tugenden zu. Eine Gegenposition vertreten unter anderem Marxisten, Kommunitaristen und Feministinnen, die darauf verweisen, daß bestimmte soziale Beziehungen (wie Freundschaft, Liebe und Familie) zerstört würden, wenn die Partner nur in der Begrifflichkeit von Rechten und Pflichten miteinander verkehrten, statt Platz für spontane Liebe und Zuneigung zuzulassen. Zudem verfügten Menschen über eine andere, wertvollere und angemessenere Einstellung als Gerechtigkeit, nämlich über Fürsorge und Solidarität, bei der die Sorge um den anderen das Leitmotiv ist. Die These vom Primat der Gerechtigkeit läßt sich dagegen verteidigen, indem man zeigt, daß eine Konkurrenz der Gerechtigkeit zu anderen Werten im moralischen Bereich nicht sinnvoll angenommen werden kann, handelt es sich dabei nun um Anerkennung, Fürsorge oder den Eigenwert und die Eigenlogik persönlicher Beziehungen.[126] Diese scheinbaren Konkurrenten (das ›Andere der Gerechtigkeit‹) stellen keine echten Alternativen zur Gerechtigkeit dar, weil eine adäquate Konzeption der Gerechtigkeit so angepaßt werden kann und sollte, daß sich die angeblich konkurrierenden Werte integrieren lassen. Dies soll hier exemplarisch an Fürsorge und Anerkennung gezeigt werden, zumal beide beanspruchen, den Wert persönlicher Beziehungen besser zu umfassen als andere moralische Theorien.

125 Dagegen steht das Hobbessche Primat stabiler friedlicher Koexistenz.

126 Als außermoralische konkurrierende Werte werden von Libertariern zudem die Freiheit und die Effizienz des Marktes genannt, die angeblich mit (sozialer) Gerechtigkeit unvereinbar seien, was in dieser Schrift u. a. widerlegt werden soll.

## *6.1. Fürsorgeethik*

Der Unterschied und die Bedeutung der Fürsorge im Verhältnis zur Gerechtigkeit wird unter drei Gesichtspunkten behauptet,[127] die alle bestritten werden können.[128] Die nun folgende Auseinandersetzung hilft, den Begriff der Gerechtigkeit und die damit einhergehenden Einstellungen und Fähigkeiten weiter zu spezifizieren.

Ein erster Unterschied bestehe in den moralischen Fähigkeiten: Gerechtigkeit verlange das Lernen moralischer Grundsätze, während Fürsorge die Entwicklung moralischer Dispositionen fordere. Zur Gerechtigkeit gehört aber neben dem Erlernen moralischer Grundsätze auch das Ausbilden von angemessenen und geeigneten Dispositionen, im konkreten Einzelfall richtig zu urteilen und entsprechend zu handeln. Dies verlangt eine Einübung in und die Beherrschung von Urteilskraft, bestimmte Charaktereigenschaften und Sensibilität. Letztere sind moralisch relevante Fähigkeiten, die über die intellektuelle Befähigung zum Verstehen und Aufstellen von abstrakten (Rechts-)Grundsätzen hinausgehen. Auch wenn zur Gerechtigkeit die Anwendung abstrakter Grundsätze gehört, so ist es für einen wirksamen Gerechtigkeitssinn der Menschen darüber hinaus nötig, daß diese durch einfühlende, kreative und imaginative Wahrnehmung die Anforderung einer bestimmten Situation richtig erkennen und somit beurteilen können, welche Gerechtigkeitsgrundsätze in der Situation relevant sind und was sie konkret in dieser Situation verlangen.

Ein zweiter Unterschied soll sich an der Form des moralischen Denkens festmachen: In der Perspektive der Gerechtigkeit seien

127 Eine Fürsorgeethik wird vor allem im Umkreis des Feminismus vertreten und wurde durch die von empirischen Untersuchungen C. Gilligans in *Die andere Stimme* angestoßene Debatte um das richtige Moralprinzip bekannt. Vgl. dazu als Überblick H. Nagl-Docekal, H. Pauer-Studer (Hg.), *Jenseits der Geschlechtermoral. Beiträge zur feministischen Ethik*. Ich folge hier weitgehend W. Kymlicka, *Politische Philosophie heute*, S. 228-250. Die Unterscheidung der drei Gesichtspunkte stammt von J. Tronto, »Beyond Gender Difference to a Theory of Care«, S. 648.

128 Die obigen Erläuterungen machen deutlich, daß der Unterschied zwischen Gerechtigkeit und Fürsorge nicht notwendig etwas mit einem Unterschied zwischen männlicher und weiblicher Moral zu tun hat, wie Carol Gilligan dies in *Die andere Stimme* empirisch festgestellt zu haben beansprucht und damit eine langanhaltende Kontroverse um feministische Ethik ausgelöst hat. Vgl. dazu G. Nunner-Winkler (Hg.), *Weibliche Moral*.

Probleme mit Hilfe allgemeingültiger Grundsätze zu lösen. Fürsorge suche hingegen stets nach einer im Einzelfall angemessenen Reaktion. Eine Ersetzung moralischer Grundsätze durch ethische Fürsorge, durch einen gerechten und liebenden Blick auf die individuelle Wirklichkeit, kann jedoch nicht zu moralischem Handeln führen. Man muß, gerade auch um der konkreten Situation gerecht werden zu können, wissen, welche Eigenschaften der Situation von moralischer Bedeutung sind. Dies scheint eher eine Frage der Grundsätze als der Sensibilität zu sein. Die Situationsanforderungen müssen erkannt werden. Und oft sind die Kriterien nicht offensichtlich, so daß neben einfühlsamer Zuwendung intellektuelle Anstrengung nötig ist: Wir müssen eine umfassendere soziale Perspektive einnehmen, abstrahieren, vergleichen und konfligierende Ansprüche durch höhere Prinzipien in Einklang zu bringen versuchen. Wir brauchen moralische Richtlinien, um unsere Prioritäten angemessen zu ordnen.

Ein dritter Unterschied betrifft die moralisch leitenden Orientierungen: Gerechtigkeit orientiere sich an Rechten und Fairneß, Fürsorge hingegen an Verantwortlichkeiten und persönlichen Beziehungen. Nachdem auch der zweite Unterschied zurückgewiesen wurde, lautet die Frage jetzt also nicht, ob wir überhaupt Grundsätze brauchen, sondern vielmehr, ob diese sich auf ›Rechte und Fairneß‹ oder auf ›Verantwortung und Beziehung‹ stützen. Hier besteht jedoch kein moralisch ernstzunehmender Gegensatz. Die moralisch wichtigen Dimensionen persönlicher Perspektiven sind in der Gerechtigkeit schon eingeschlossen. So kontrastiert die Universalität der Gerechtigkeit nicht auf derselben Ebene mit der Beachtung spezieller Beziehungen in der Fürsorge.[129] Liebe und Freundschaft mögen Gerechtigkeit vielleicht als Motiv überflüssig machen, trotzdem sind Gesichtspunkte der Gerechtigkeit auch und gerade in persönlichen Beziehungen nötig.[130] Gerechtigkeit ist somit Hintergrund und Komponente aller wahren persönlichen Beziehungen. – Wenn die persönlichen Beziehungen nur partikular sind, dann läuft die Fürsorgeethik allerdings Gefahr, gerade die Bedürftigsten auszuschließen, die ja am wenigsten in das bestehende Gewebe von Beziehungen eingebunden sind.[131] – Gerechte Prinzipien, die

129 Vgl. C. Gilligan, »Moralische Orientierung und moralische Entwicklung«, S. 84.

130 Vgl. S. 70 und S. 173 ff.

131 Oder die Beziehungen werden wie bei C. Gilligan in *Die andere Stimme* (S. 76) als

auf der zweiten Ebene unparteiisch begründet sind, verlangen keineswegs auf der ersten Ebene der Handlungen Unparteilichkeit. So läßt sich auf der zweiten Ebene durchaus unparteiisch rechtfertigen, daß zum Beispiel Eltern nicht nur spezielle Verpflichtungen ihren Kindern gegenüber haben, sondern sie auch in bestimmten Kontexten bevorzugen dürfen. Gerechtigkeit als Unparteilichkeit verlangt keinen ›Blick von Nirgendwo‹. Die Gerechtigkeit handelt sowohl vom »verallgemeinerten Anderen« als auch vom »konkreten Anderen«.[132] Die Idee der Unparteilichkeit verlangt, sich auch in die Situation der konkreten Anderen in ihrer Verschiedenheit und Individualität kontextbezogen und einfühlend hineinzuversetzen. Insofern verlangen auch universalistische Gerechtigkeitstheorien die Berücksichtigung des konkreten Anderen. In der Perspektive der Unparteilichkeit muß man von seiner eigenen Perspektive absehen. Der »Schleier des Nichtwissens« ist ein gutes Modell dafür. Aber das bedeutet nicht, daß nicht gerade die persönlichen Eigenschaften der tatsächlichen Anderen zentral für die Ermittlung der Grundsätze sind.[133] Der Schleier des Nichtwissens zwingt jeden Überlegenden so vorzugehen, als ob er jede beliebige andere Person (in deren Konkretheit und Andersheit) sein könnte. Nur solche Modelle der Unparteilichkeit sind angemessen, in denen man konkrete Andere in Betracht ziehen muß. Die moralische Forderung der Unparteilichkeit darf nicht mit der erkenntnistheoretischen Forderung der Unpersönlichkeit oder Objektivität verwechselt werden.

Die Verantwortlichkeit für die eigenen Ziele stellt den Grundunterschied zwischen Fürsorge und Gerechtigkeit dar. Dies ist der eigentliche Kern des dritten Kontrasts zwischen Gerechtigkeit und Fürsorge und betrifft die Konzeption von Verantwortlichkeiten. Auch wenn die Bedeutung der Verantwortung für Gerechtigkeit schon betont wurde, so wird ein Prinzip der Verantwortlichkeit erst

latent alle Menschen qua Menschsein umfassend gedacht. Dann scheint auch die Fürsorgeethik auf einem Universalitätsgrundsatz aufzubauen. Der Gegensatz bricht also in sich zusammen.

132 Vgl. S. Benhabib, »Der verallgemeinerte und der konkrete Andere. Die Kohlberg/Gilligan-Kontroverse aus der Sicht der Moraltheorie«.

133 Dies zeigt J. Hampton mit Bezug auf Rawls' Theorie in »Contracts and Choices: Does Rawls have a Social Contract Theory?«. Vgl. dagegen M. Sandel, *Liberalism and the Limits of Justice*, und S. Benhabib, »Der verallgemeinerte und der konkrete Andere. Die Kohlberg/Gilligan-Kontroverse aus der Sicht der Moraltheorie«, S. 177f., sowie I. Young, »Impartiality and the Civic Republic«.

in Kapitel V.1.2. formuliert, so daß hier der Punkt der Vollständigkeit halber eher auf der intuitiven Ebene angedeutet sei.[134] Die Fürsorgeethiken betonen eher subjektives Leid denn objektive Unfairneß als Grundlage moralischer Ansprüche, während Gerechtigkeitstheorien moralische Ansprüche an objektiver Unfairneß festmachen. Rücksicht auf das Leid anderer bedeutet in erster Linie, auf bereits bestehende Interessen und Bedürfnisse einzugehen. Für einige Interessen sollte jedoch jeder selbst die volle Verantwortung übernehmen. Wenn die Menschen vor allem subjektiven Leid bewahrt werden sollen, dann müssen diejenigen, die sich verantwortlich um ihre Angelegenheiten gekümmert haben, stets für jene eintreten, die unverantwortlich, leichtsinnig und unmäßig waren, und das wäre unfair. Dies könnte auch Unterdrückung verschleiern, denn subjektives Leid hängt mit Erwartungen zusammen, und ungerechte Gesellschaften können ungerechte Erwartungen nähren. Moralisch relevante Formen der Fürsorge setzen gerechte Verhältnisse voraus. Die Unterdrücker beklagen jeden Verlust an Vorrechten, während die Unterdrückten durch Sozialisation und Gewöhnung ihre Unterdrückung subjektiv gar nicht als Verletzung empfinden. Gerechte Ansprüche beruhen auf den berechtigten und nicht den tatsächlichen Erwartungen der Menschen.

Ein weiteres Problem besteht darin, daß zuviel verlangt wird: Das eigene Wohl bekommt zu wenig, dasjenige anderer zu viel Gewicht; die Verantwortlichkeit gegenüber den anderen scheint keine Grenzen zu haben. Wenn subjektives Leid Anlaß zu moralischen Ansprüchen geben würde, wären sowohl Fairneß wie Autonomie bedroht, da der Gesichtspunkt der Gegenseitigkeit fehlt. Durch Abstraktion und Rollentausch müssen absehbare Grenzen für unsere moralischen Verpflichtungen ermittelt werden – und zwar allgemein und im voraus, nicht ad hoc und kontextabhängig durch eine Beurteilung der Bedürfnisse der konkret Betroffenen, damit man planen und seine Autonomie und Freiheit wirklich genießen kann. Das bedeutet jedoch keine Verschlossenheit gegenüber speziellen Bedürfnissen. Vielmehr wird nur so der vollständige Schutz der Individualität gewährleistet. Die Gerechtigkeit betont das Lernen und Anwenden von Regeln, weil es um der Fairneß und Autonomie willen nötig ist. Wenn wirklich Autonomie gegeben sein soll, muß man

134 Vgl. W. Kymlicka, *Politische Philosophie heute*, S. 241.

im voraus seine Verantwortlichkeiten kennen, und die müssen in gewissem Maße von der kontextabhängigen Feststellung spezieller Wünsche unabhängig sein. Bestimmte Wünsche und subjektives Leid müssen dann aus gerechtigkeitstheoretischen Erwägungen heraus unberücksichtigt bleiben. Die Menschen müssen aber im vorhinein wissen können, welche das sind bzw. sein werden. Die Maßstäbe der Gerechtigkeit müssen öffentlich sein und universale Gültigkeit haben, also für alle unter sie fallenden Einzelfälle gelten.

Für unsere Ziele und Wünsche sind wir jedoch nur verantwortlich, insofern wir rationale, selbständige sowie körperlich und geistig gesunde Wesen sind. Das aber sind wir höchstens einen Teil unseres Lebens. Für Abhängige (Kranke, Hilflose, Kinder und Jugendliche sowie ernsthaft körperlich oder geistig Behinderte) gilt diese moralische Forderung nicht, weil sie keine (oder zumindest keine vollständige) Kontrolle über ihre Neigungen und Wünsche haben. Abhängigen gegenüber haben wir eine besondere Fürsorgepflicht.[135] Bei Kleinkindern ist das intuitiv am einleuchtesten. Ein Kleinkind hat keinerlei Verantwortung für seine Bedürfnisse, und man kann von ihm nicht erwarten, Rücksicht auf das Wohl der Eltern zu nehmen. Die Eltern sind nach herrschender Meinung deshalb zu besonderer Zuwendung und Fürsorge verpflichtet.[136] Folgt daraus, daß Fürsorge für Abhängige gilt, Gerechtigkeit für Selbständige? Diese Frage ist zu verneinen, denn die Verteilung der Fürsorgepflichten ist eine Frage der gerechten Verteilung. Man kann sie sicherlich nicht der freiwilligen Wohltätigkeit, also denen, die eine Neigung dazu haben, überlassen. Das würde die Erfüllung der Fürsorgepflichten nicht sicherstellen und könnte die Wohltätigen ausbeuten. Zudem werden Selbständige, in dem Maße, in dem sie sich um Abhängige kümmern (müssen), indirekt selbst ›abhängig‹ von den Wünschen der ihnen Anvertrauten, die diese und die Betreuer nicht kontrollieren und planen und somit auch nicht verantworten können.

So kann man zusammenfassend feststellen, daß viele vermeintliche Unterschiede sich als nicht existent herausstellen, weil die Perspektive der Gerechtigkeit, richtig verstanden, die Alternativen mit

135 Diese wird in den liberalen Gerechtigkeitstheorien (z. B. bei Rawls und Dworkin) nicht diskutiert.

136 Warum es gerade die Eltern sind, bedarf dabei noch eines zusätzlichen Argumentes, beispielsweise desjenigen der freiwillig eingegangenen Verpflichtung, der gesellschaftlich-moralischen Arbeitsteilung oder der Effektivität.

einschließt. Der einzige bestehende Gegensatz, die Konzeption der Verantwortlichkeit, läßt Fürsorge als *allgemeine* moralische Einstellung oder *gleichwertige* Alternative zu Gerechtigkeit ungeeignet erscheinen.

### *6.2. Anerkennungstheorie*

Anerkennungstheorien vertreten einen radikal anderen Ansatz als Gerechtigkeitstheorien. Eine Theorie der Anerkennung hat als Leitbild die normative Vorstellung, daß die Individuen oder die sozialen Gruppen in ihrer ›Differenz‹ Anerkennung oder Respekt finden müßten, wie das politisch hauptsächlich vom Feminismus und Multikulturalismus eingefordert wird. Das führt zu der verallgemeinerten These, daß sich die moralische Qualität sozialer Verhältnisse nicht nur an der fairen und gerechten Verteilung materieller Güter bemessen könne; vielmehr müsse die Auffassung von Gerechtigkeit ganz wesentlich auch mit Auffassungen darüber zusammenhängen, wie und als was sich die Subjekte wechselseitig anerkennen. Der Anspruch der Anerkennungstheorien ist es, moralisch-politische Forderungen oder Prinzipien anders zu fundieren und zu begründen als deontologische, universalistische Moraltheorien der Achtung. Letztere gehen von einem Prinzip allgemeiner, gleicher und wechselseitiger Achtung aus (vgl. Kapitel II.5.3.). Anerkennungstheorien beginnen hingegen beim Konkreten und wollen sich zum Allgemeinen fortbewegen. Sie nutzen als Ausgangspunkt asymmetrische Beziehungen, die sich im Kampf um Anerkennung zu symmetrischen entwickeln sollen. Dann erst gilt das Gleichheitsprinzip. Als Vorteile beanspruchen Anerkennungstheorien, (i) fundamentaler zu sein, weil das allgemeine Moralprinzip in etwas intuitiv Basalerem und Einleuchtenderem begründet wird (Anerkennungstheorien wollen demnach [noch] die Moral begründen); (ii) phänomenologisch reicher zu sein, weil sie verschiedene Unrechtserfahrungen berücksichtigen können; und damit zusammenhängend (iii) Differenzen zwischen Menschen gerecht werden zu können, die bei allgemeinen Gerechtigkeitsprinzipien durchfallen.

In der Anerkennungstheorie, wie sie vor allem von Axel Honneth vertreten wird, soll in einem ersten, gewissermaßen negativen Schritt der Zusammenhang von Moral und Anerkennung dadurch vorgeführt werden, daß als Kern moralischer Verletzungen die Erfahrung analysiert wird, in bestimmten typologisch untergliederten Aspekten der eigenen Selbstbeziehung nicht anerkannt oder respektiert zu werden.[137] Die Phänomenologie von Formen der Mißachtung bzw. moralischen Verletzung gibt dabei den Schlüssel ab zu einer Theorie der Moral, verstanden als Inbegriff der Einstellungen, die wir wechselseitig einzunehmen verpflichtet sind, um gemeinsam die Bedingungen unserer persönlichen Identität zu sichern. Der ›moral point of view‹ wird als die Frage nach dem guten Leben aufgefaßt. Man kann danach die Idee der Gerechtigkeit nicht von der Konzeption des guten Lebens trennen. Das Streben nach Gerechtigkeit ist das Streben nach Anerkennung und Selbstverwirklichung als formaler, intersubjektiver Bedingung der Identitätsbildung. Die Identifizierung und Beschreibung von Unrecht muß dabei, so die Anerkennungstheorie, aus der Perspektive des leidenden Individuums vorgenommen werden, denn nur die Betroffenen haben die Autorität zu beurteilen, was als Unrecht zählt, nicht die Philosophen oder Sozialtheoretiker. Statt eines universalistischen Ansatzes wird ein stark hermeneutisches Verfahren bevorzugt, das von einer Phänomenologie von Formen der Mißachtung ausgehen muß.[138] Erst das begleitende Bewußtsein vorenthaltener oder verweigerter Anerkennung macht danach die Bedingung moralischer Verletzung aus.[139] Jede Erfahrung moralischen Unrechts stellt nach Honneth psychologisch eine psychische Erschütterung und persönliche Beschädigung dessen dar, auf das wir wesentlich angewiesen sind. Anerkennungstheorien vertreten also die These, daß moralische Verletzungen in ihrem Kern immer Verweigerungen der Anerkennung sind.

Eine moralische Verpflichtung zur Anerkennung soll sich durch die Erkenntnis der wechselseitigen Abhängigkeit bei der Ausbildung von Identitäten ergeben, da Aufbau und Bewahrung einer positiven Selbstbeziehung nur mit Hilfe der zustimmenden und bejahenden Reaktion anderer Subjekte möglich ist. Deshalb besitzen alle Subjekte wechselseitig die Pflicht, sich als Personen zu respektieren und zu behandeln, denen dieselbe moralische Zurechnungsfähigkeit

137 Vgl. A. Honneth, *Kampf um Anerkennung*, und ders., »Anerkennung und moralische Verpflichtung«, an dessen Darstellung ich mich hier orientiere.

138 Vgl. zum Begriff ›Respekt‹: L. Wingert, *Gemeinsinn und Moral*, II.1.; E. Tugendhat, *Vorlesungen über Ethik*, S. 304 f.; A. Margalit, *Politik der Würde*.

139 Vgl. A. Honneth, »Anerkennung und moralische Verpflichtung«, S. 31.

zukommt. So soll es gelingen, einen positiven Begriff der Moral verstanden als Schutz vor den genannten Gefährdungen zu entwickeln: Moral ist danach der Inbegriff der Einstellungen, die wir wechselseitig einzunehmen verpflichtet sind, um gemeinsam die Bedingungen unserer persönlichen Identität zu sichern.

Dabei werden drei Formen des Unrechts – je nach Schwere der moralischen Verletzung – parallel zu drei Arten der Selbstbeziehung, die beeinträchtigt oder zerstört werden können, unterschieden:[140] (i) Verletzung der physischen Integrität durch Mißhandlung und Vergewaltigung,[141] (ii) Mißachtung der moralischen Zurechnungsfähigkeit, Entrechtung und Ausschließung, (iii) Demütigung, also die Vermittlung des Gefühls, innerhalb einer spezifischen Gemeinschaft nicht von sozialer Bedeutung zu sein. Den drei Mißachtungsformen entsprechen drei Anerkennungsformen: (i) Fürsorge, Liebe und Freundschaft für Einzelne in Primärbeziehungen, (ii) Gerechtigkeit,[142] (iii) Solidarität und Loyalität in (partikularen) Wertegemeinschaften. Fürsorge, Gerechtigkeit und Solidarität sind danach die (miteinander konfligierenden) Anerkennungsformen, mit denen wir zusammengenommen unsere persönliche Integrität als menschliche Wesen schützen. Der entscheidende Punkt ist dabei die

140 Vgl. die Tabellen in A. Honneth, »Anerkennung und moralische Verpflichtung«, und in *Kampf um Anerkennung*, S. 211.

141 Dieser erste Bereich scheint nicht ganz stimmig beschrieben. Scheint es doch um die eigenen Bedürfnisse und Wünsche der Person zu gehen, die für andere Personen von einzigartigem Wert sind (Persönlichkeitsdimension). Dazu paßt aber nicht die Beschreibung der Mißachtungsformen als Verletzung physischer Integrität. Eigentlich müßte der erste Punkt noch einmal getrennt werden in a) moralische Verletzung und b) körperliche Verletzung. Letztere muß keine intentionale Verletzung des Selbstverhältnisses darstellen (z. B. Folter zur Erlangung wichtiger Information und Krieg); sie ist deshalb nicht automatisch auch eine emotionale Beschädigung, wie Liebesentzug. Diesen letzten Bereich nimmt man klassisch mit in den Bereich gleicher Rechte auf, in diesem Fall gleicher Rechte auf physische Integrität. Es ist nicht klar, warum er für Honneth in einen anderen Bereich gehört.

142 Statt – wie Honneth es zu tun scheint – den zweiten Bereich mit Kants Rechtsphilosophie gleichzusetzen, sollte man hier doch besser Kants Moralphilosophie und seinen Maximenuniversalisierungstest einsetzen. Damit wäre zu prüfen, ob nicht eine Fülle von Punkten, die bei Honneth dem ersten und dritten Bereich der Fürsorge und Solidarität zugeordnet werden, auch von einer kantianischen Moralphilosophie eingefangen werden können. Der Rest scheint dann auch nicht moralisch (notwendig) zu sein.

These, daß es zwei Bereiche jenseits der Gerechtigkeit gibt, die dennoch ethische ›Verpflichtungen‹ beinhalten. Das ›Ganze der Moral‹ umfaßt neben Gerechtigkeit also auch ein ›Anderes der Gerechtigkeit‹. Der Bereich der Moral umfaßt mehr als den forderbaren, erzwingbaren Bereich der unbedingten Verpflichtung. Gerechtigkeit kommt jedoch – und das ist die These, die ich gegen die Ethik der Fürsorge oben und im folgenden gegen die der Anerkennung anführen möchte – gegenüber ihren moralischen Nebenbuhlern ein Primat zu. Der Anerkennungsansatz wirft etliche Fragen und Probleme auf, von denen hier einige genannt seien, und zwar hauptsächlich diejenigen, die zeigen, daß Gerechtigkeit doch Vorrang vor Anerkennung zukommen muß.

*Zum negativistischen Ansatz*: Es hat meines Erachtens eine anfängliche Plausibilität, eine Moral- oder Gerechtigkeitstheorie damit zu beginnen, diejenigen Phänomene zu benennen und zu kategorisieren, von denen wir meinen, es handele sich um moralische Verletzungen. Dieser Ansatz geht von der Alltagserfahrung aus, daß es uns oft leichter fällt, Fälle zu benennen, die unserer Meinung nach klar unmoralisch oder ungerecht sind, als positive Kriterien dafür anzugeben, was nun moralisch oder gerecht ist. Der Anerkennungsansatz will aus den wohlüberlegten, konkreten Gerechtigkeitsintuitionen eine positive Moraltheorie konstruieren. Bei der Theoriekonstruktion ergeben sich jedoch Probleme:

(i) Moralische Gefühle der Mißachtung reichen nicht aus, um zu zeigen, was *zu Recht* als *moralische* Verletzung bzw. Mißachtung gelten kann. Nicht jede subjektiv empfundene Verletzung kann und darf zählen, da zumindest die subjektive Stärke des Gefühls der Mißachtung oft nicht der Stärke des Unrechts entspricht – eventuell liegt sogar kein Unrecht vor. Nach unserer Alltagsintuition sind einige Personen eben hypersensibel, und wir kritisieren etwa ihre beleidigten Reaktionen als übertrieben oder unangemessen. Ich vertrete eine Gegenhypothese: Ein Mißachtungsgefühl ist oft relativ zur Anerkennung, die andere Personen genießen. Anerkennungstheorien kommen meines Erachtens ohne diese normative Einsicht nicht aus. Negativ mit Mißachtung zu beginnen und diese nichtrelativ bestimmen zu können bedeutet eine Gerechtigkeitsperspektive schon für die Bestimmung richtiger Selbstverhältnisse und legitimer Anerkennungsformen und -ansprüche zu benötigen.

Wir benutzen also schon einen moralischen Maßstab für die Angemessenheit des Gefühls der psychischen Verletzung. Hier stellt sich die Frage, wie der Maßstab theoretisch mittels des negativen Ansatzes rekonstruiert werden kann. Liegt der Maßstab jedoch in einer Moralkonzeption, ist der negativistische Ansatz als negativistischer zusammengebrochen. Was sind die Kriterien für berechtigte Forderungen nach Anerkennung (bzw. berechtigte Klagen über Mißachtung)? Entweder bedarf es dafür (schon) einer Gerechtigkeitstheorie, dann wären Anerkennungstheorien keine vollständige Alternative dazu, oder einer Theorie des Guten. Letzteres ist wohl die favorisierte Option, und zwar in Form objektiver Standards psychischer Erschütterung. Der Anerkennungsansatz konzentriert sich auf solche Verletzungen, die als Erfahrungen analysiert werden können, in bestimmten Aspekten der eigenen Selbstbeziehung nicht anerkannt oder respektiert zu werden. Damit erscheinen Selbstbeziehung, Selbstbewußtsein und Selbstverwirklichung als die leitenden positiven normativen Gesichtspunkte. Womit sich der Verdacht ergibt, daß der negative Ansatz doch schon eine substantielle Theorie der Entwicklung von Selbstverhältnissen voraussetzt. Das gesteht Honneth auch zu. Aber für jemanden, der an einem negativistischen Ansatz interessiert ist, bleibt das unbefriedigend. Es ist dann unklar, ob der Anerkennungsansatz eine echte Alternative zur Gerechtigkeitstheorie darstellt; denn dann bliebe die normative Tiefendimension in der unartikulierten Auszeichnung der richtigen Formen von Selbstbeziehungen versteckt.

(ii) Zentral für den Anerkennungsansatz ist dessen Betonung des Zusammenhangs von politischer Moral und gutem Leben. Der Zusammenhang wird in einer liberalen Gerechtigkeitsperspektive normalerweise als Bereitstellen gleicher Ressourcen für eine autonom zu wählende Konzeption des guten Lebens verstanden oder als Erhaltung und gegebenenfalls Bereitstellung neuer erweiterter Handlungsoptionen oder -freiheiten, um die eigene Konzeption des Guten zu verwirklichen, sofern das mit den gleichen Freiheiten für alle anderen Mitbürger vereinbar ist. Dieser Bereich muß der autonomen Entscheidung der Individuen überlassen bleiben. Anerkennungstheorien glauben, über diesen deontologischen Aspekt hinausgehen zu müssen.[143] Die zusätzliche Dimension, die sich aus der

143 Eine andere, dritte Möglichkeit, das Verhältnis von politischer Moral und gutem Leben zu konzipieren, wäre die, auf die m. E. Hegel hingewiesen hat und die heutzutage nicht systematisch behandelt wird (s. S. 273).

Logik oder Grammatik – wie Honneth das nennt – des Kampfes um Anerkennung ergibt, liegt in der Berücksichtigung der angeblich normativ geforderten sozialen Wertschätzung, die verhindern soll, daß sich jemand ausgeschlossen und dadurch gedemütigt fühlt, weil er den Eindruck vermittelt bekommt, innerhalb einer spezifischen Gemeinschaft nicht von sozialer Bedeutung zu sein. Dieser Bereich wird in deontologischen Moralansätzen gar nicht als Bereich des moralisch strikt Geschuldeten akzeptiert.[144] Denn es stellt nicht unbedingt eine ungerechtfertigte Verletzung dar, wenn die besonderen Eigenschaften oder Fähigkeiten bestimmter Personen, etwa von Sportlern, Sängern oder das Sozialprestige von Ärzten, nicht geschätzt werden. Es gibt Fälle, in denen Menschen sich tatsächlich in ihrem Selbstvertrauen oder Selbstwertgefühl mißachtet fühlen, wir aber dennoch die Handlung nicht notwendig als unmoralisch empfinden. Man könnte beispielsweise an die einseitige Aufkündigung einer Freundschaft oder Liebesbeziehung denken. Oder daran, daß man die besonderen – sonst von allen geschätzten – Eigenschaften von Claudia Schiffer oder die Fähigkeiten von Michael Schumacher nicht wertschätze und das auf einer Party in ihrer Gegenwart auch ausdrücken würde. Obwohl die Fälle unterschiedliche Mißachtungsformen repräsentieren, so ist ihnen gemeinsam, daß sie nach Kantischer Lesart gar keine moralischen Pflichtverletzungen darstellen. Dagegen betonen die Anerkennungstheoretiker, rechtliche Gleichstellung reiche nicht zur Aufrechterhaltung von Selbstrespekt aus. Es müsse sichergestellt werden, daß es für jeden Einzelnen Möglichkeiten gibt, zumindest in bestimmten persönlichen Eigenschaften oder Fähigkeiten überhaupt wertgeschätzt zu werden. (Dabei ist nicht klar, ob hier an staatliche, gemeinschaftliche oder individuelle Pflichten gedacht wird.) Die persönliche Integrität, verstanden im Rahmen einer ›dünnen‹ Theorie des Guten, sei der zu schützende zentrale moralische Gesichtspunkt. Grundlage des Ansatzes ist die anthropologische These, daß die Anerkennung des Besonderen ein universelles menschliches Bedürfnis in modernen Gesellschaften sei.[145] Diese These und ihre Fundierung stellen starke Ansprüche

144 Dieser Punkt löst eine Kontroverse zwischen Liberalismus und Kommunitarismus aus. Damit die besondere Wertschätzung von Fähigkeiten und Eigenschaften gefordert werden kann, muß es werteintegrierende Gemeinschaften geben, die Liberale ablehnen.

145 Vgl. C. Taylor, *Quellen des Selbst*; A. Honneth, *Kampf um Anerkennung.*

dar. Aber selbst wenn man diese for the sake of argument zugibt, bedarf es einer vorgängigen Klärung aus der Perspektive der Moral, welche Ansprüche man berechtigterweise stellen darf und welche nicht, und das heißt in welchen Fällen überhaupt eine berechtigterweise als Demütigung erfahrene Mißachtung vorliegt und wann nicht.

(iii) Wie ergibt sich nun aus der funktionalen und konstitutiven Rolle der Anerkennungsbeziehungen für die Ausbildung und Beibehaltung der eigenen Selbstbeziehung bzw. Identität eine normative Beziehung? Angenommen, Liebe ist für Kleinkinder notwendig zur Entwicklung einer Persönlichkeit, dann ist sie auch moralisch erforderlich. Die Identität gesunder Erwachsener ist jedoch nicht durch jede Mißachtung gefährdet. Da kein notwendiger Zusammenhang zwischen einer Haltung oder Handlung und dem Selbstwertgefühl einer Person besteht, trägt die Begründung allein nicht. Sicher, wenn ich oft oder von allen mißachtet werde, leidet meine Selbstachtung und schließlich ist auch meine Integrität gefährdet. Aber daraus folgt nicht strikt, daß die einzelne Mißachtung verboten werden muß. Was eine wesentliche Verletzung ist, kann also nicht nur im Rekurs auf die Zerstörung oder Beschädigung von Identität begriffen werden. Es bleibt der berechtigte Punkt, daß Personen in die Lage versetzt werden müssen, ihre eigene Identität ausbilden zu können – dies jedoch nur im Rahmen der gleichen Freiheiten für jeden. Damit ist die Gerechtigkeitsperspektive wieder zentral.[146]

Für den negativen Ansatz läßt sich also nicht zeigen, wie er mittels der angeblich ›tiefen‹ Anerkennungsdimension eine Alternative zur Gerechtigkeit darstellt oder diese fundieren kann. Gerechtigkeit ist vielmehr als moralischer Maßstab für die Beurteilung der Berechtigung von Anerkennungsforderungen oder Klagen über Demütigung schon gleichursprünglich vorausgesetzt.

(iv) *Zum positiven Ansatz bzw. zur Begründung:* Lassen sich alle gewünschten Pflichten aus einer Moral der Anerkennung ableiten? Hier drängt sich der Verdacht auf, daß die Anerkennungstheorie

146 Der darüber hinausgehenden Intuition, daß besondere partikulare Identitäten über den Schutz gleicher Rechte für alle geschützt werden müssen, kann man mittels Gruppenrechten, Quotierung etc. entgegenzukommen versuchen. Vgl. W. Kymlicka, *Liberalism, Community, and Culture*; C. Emcke, *Kollektive Identitäten;* S. Boshammer, *Gruppen, Rechte, Gerechtigkeit. Die moralische Begründung der Rechte von Minderheiten.*

nicht ausreicht, da Anerkennung Gerechtigkeit mindestens als ein zweites neben sich braucht. Nicht jede unmoralische Handlung führt zu Mißachtung. Wenn mir etwa mein Auto gestohlen wird, dann fühle ich mich nicht persönlich mißachtet. Abstrakter gefragt: Kann der Anerkennungsansatz, der den Schutz vor psychischen Verletzungen der Mißachtung als einzige moralische Grundlage setzt, für alle Standardfälle der Moral und Gerechtigkeit aufkommen?

(v) Das Ergebnis könnte auch in einer anderen Hinsicht unbefriedigend sein, denn es bleibt unklar, wie genau konkrete Rechte und Pflichten abgeleitet oder konstruiert werden sollen. Die positive Theorie kann nicht so zu verstehen sein, daß jeder unter wechselnden empirischen Bedingungen alles tun muß, um seinen Mitmenschen den Aufbau und die Beibehaltung ihrer Integrität bzw. Selbstbeziehung zu ermöglichen. Damit wäre zuviel gefordert.

(vi) Wie werden Wertkonflikte entschieden? Wie werden klassische Gerechtigkeitsfragen entschieden? Wir können die Berechtigung der Forderungen von spezifischen Gruppen in bestimmten historischen Situationen der Unterdrückung oder Stigmatisierung nicht mittels dieses zu allgemeinen Bedürfnisses nach Anerkennung prüfen.[147] Da mit dem Ansatz ein kultureller Monismus vertreten wird, ist es unmöglich, verschiedene Arten von Unrecht zu unterscheiden, zum Beispiel ökonomisches von kulturellem. Diesem Ansatz zufolge hängen Muster ökonomischer Verteilung von den kulturellen Begebenheiten ab. Dagegen ist geltend zu machen, daß die Veränderung der kulturellen Ordnung nicht alle Verteilungsprobleme löst, denn letztere sind nicht in jedem Fall ein Effekt der ersteren. Ökonomische Ungerechtigkeit läßt sich nicht unter kulturelle subsumieren. Zudem scheint die psychische Verletzung durch Mißachtung in vielen Fällen sekundär zur materiellen oder physischen Verletzung zu sein. Hier wird die Gewichtung umgekehrt.

(vii) Der Anerkennungsansatz nimmt keine Differenzierung zwischen dem Bezug auf soziale Institutionen und auf Personen vor (wahrscheinlich bezieht er sich auf beide). Dem Ansatz fehlt eine spezifische politisch-moralische Theorie. Um zu einer solchen Theorie zu gelangen, die konkrete normative Regeln für den Umgang mit Menschen entwickeln kann, muß er erst noch eine eigene Gerech-

147 Vgl. das erste Kapitel in N. Fraser, A. Honneth, *Umverteilung oder Anerkennung?*, und L. Nicholson, »To Be or not to Be: Charles Taylor and the Politics of Recognition«.

tigkeitstheorie entwickeln. Eine politisch-moralische Gerechtigkeitstheorie hingegen kann die Theorie der Anerkennung teilweise, und zwar als eine reichere Beschreibung der Person, aufnehmen.

Die beiden Ansätze – so lautet meine Gegenthese – konkurrieren nicht eigentlich miteinander, sondern liegen auf verschiedenen Ebenen. Der Anerkennungsansatz gibt eine gute *Erklärung* für die Verletzungen, die Personen bei ungerechter Behandlung erleiden und beklagen, und damit dafür, was es heißt, jemanden mit gleicher Achtung und gleicher Rücksicht zu behandeln. Der Ansatz der (Verteilungs-)Gerechtigkeit hingegen bildet die beste Grundlage für die *Rechtfertigung* und *Bestimmung* derjenigen Maßnahmen, die notwendig sind, um jeden mit einer solchen gleichen Achtung und Rücksicht zu behandeln (etwa die Gewährung von Rechten oder die Verteilung von Gütern).[148] Vertreter einer Gerechtigkeitstheorie möchten zweierlei zeigen: erstens, daß sich Anerkennungsprobleme und -phänomene unter die Gerechtigkeitsperspektive und unter Umverteilungstheorien subsumieren lassen, und zweitens, daß man damit zugleich für diese Anerkennungsprobleme, -phänomene und -kämpfe von sozialen Bewegungen in der kulturellen Dimension plausibel aufkommen kann. Ich möchte eine Konzeption von Gerechtigkeit vertreten, die weder Verteilung als einen Ausdruck von Anerkennung ansieht, noch sozio-ökonomische und kulturelle Dimensionen der Gerechtigkeit als gleichursprünglich zusammenhängend versteht.[149] Statt dessen gilt es, Anerkennung als einen der wichtigen Gesichtspunkte der Gerechtigkeitsperspektive ernst zu nehmen. Sicher ist Anerkennung kein zu verteilendes Gut: Nicht jedem kann ein gleiches Recht auf soziale Achtung zukommen. Diese Ansicht ist unhaltbar, denn wenn es dieses Recht gäbe (wie es bei Honneth der Fall zu sein scheint), hätte soziale Achtung keinen Wert mehr. Statt dessen sollte jeder bei fairen Bedingungen von Chancengleichheit ein gleiches Recht zugestanden bekommen, sich um soziale Achtung bemühen zu können.

Weder Fürsorge noch Anerkennung stellen echte Alternativen zur Perspektive der Gerechtigkeit dar. Vielmehr – so habe ich zu zeigen

148 Vgl. R. Forst, *Kontexte der Gerechtigkeit*, S. 419 f.

149 Dies ist die Position von N. Fraser in »Von Umverteilung zur Anerkennung? Dilemmata der Gerechtigkeit in ›postsozialistischer‹ Zeit« und in N. Fraser, A. Honneth, *Umverteilung oder Anerkennung?*

versucht – müssen sie diese immer schon voraussetzen, wenn sie umfassend und plausibel sein wollen. Gleichzeitig kann eine adäquate und umfassende Gerechtigkeitstheorie die berechtigten Aspekte von Fürsorge und Anerkennung als zu berücksichtigende Momente bei der Beurteilung und Herstellung von Gerechtigkeit in sich integrieren. Gerechtigkeit ist also sowohl Voraussetzung, weil Maßstab jeder berechtigten Forderung nach Fürsorge und Anerkennung, als auch umfassender Rahmen, der anderen moralisch relevanten Werten oder Aspekten wie Fürsorge, Anerkennung und persönlichen Beziehungen ihren moralischen Stellenwert zuordnet.

# Kapitel II
# Gleichheit

Bis hierher wurde (beinahe mit einer gewissen Künstlichkeit) ein wenn nicht der wichtigste Bestimmungsgrund der Gerechtigkeit in den Hintergrund gerückt, obwohl er sich schon bei den ersten uns bekannten Bestimmungen der Gerechtigkeit durch Platon und Aristoteles an prominenter Stelle findet. Beide betonen zu Recht: Gerechtigkeit läßt sich ohne den Begriff der Gleichheit nicht erläutern. Gleichheit gilt von der Antike an als ein konstitutives Merkmal der Gerechtigkeit.[1] Zu allen Zeiten haben zudem diejenigen Menschen und emanzipatorischen Bewegungen, die Fälle von Ungleichbehandlung an den Pranger stellten, nicht anders gekonnt, als zum Ungerechtigkeitsvorwurf zu greifen. Für eine Kritik von Ungleichbehandlungen (ge)brauchen wir die Sprache der Gleichheit.

Die Beziehung zwischen Gerechtigkeit und Gleichheit stellt sich dennoch aus philosophischer Sicht als kompliziert und klärungsbedürftig dar. Außerdem ist diese Beziehung politisch höchst umstritten.

Gerechtigkeit hat es immer mit den Vor- und Nachteilen, insbesondere dem Anteil des einzelnen an Gütern und Lasten des sozialen Zusammenlebens oft in Relation zu anderen zu tun.[2] Jedem das Seine: Jeder soll die Behandlung und den Anteil, die Menge an Gütern und Lasten bekommen, die ihm zusteht. Individuen haben einen Anspruch auf eine faire Behandlung und einen fairen Anteil oft in Relation zu jedem anderen Mitglied (der relevanten Gruppe). Deshalb wird Gerechtigkeit in der Tradition stets als das (Wieder-) Herstellen und Aufrechterhalten einer Balance oder Proportion verstanden. Schon für Platon und Aristoteles gilt, daß die gerechte Behandlung von Menschen eine gleiche Behandlung erforderlich

1 Ein sehr umfänglicher, informierter und hilfreicher Überblick über die Geschichte des Begriffs der Gleichheit findet sich bei O. Dann, »Gleichheit«; zur Geschichte des Begriffs vgl. auch G. Albernethy (Hg.), *The Idea of Equality*; S. Lakoff, *Equality in Political Philosophy*; D. Thomson, *Equality*.

2 Vgl. Kap. I.5.1., S. 75 und II.6.

macht.[3] Der Grundgehalt aller partikularen Gerechtigkeit liegt in der verhältnismäßigen Gleichheit. Damit ist der zentrale Gesichtspunkt der Gerechtigkeit benannt. Viele Sozialtheorien stellen daher Gerechtigkeit und Gleichheit in einen unauflöslichen Zusammenhang. Gerechtigkeit wird dabei vielfach mit Gleichheit gleichgesetzt. Hier stellen sich jedoch sogleich Zweifel ein: Man denke an Fälle, in denen Gerechtigkeit eine Ungleichbehandlung von Menschen fordert. Wir haben zwei auf den ersten Blick nicht zusammenpassende Intuitionen: erstens, daß Gerechtigkeit begrifflich mit Gleichheit zu tun hat, und zweitens, daß wir materialiter viele ungleiche Behandlungen gerecht finden. Wie ist das zu erklären? Gibt es eventuell so etwas wie eine ungleiche Gleichheit?[4] Alle antiegalitären Theorien haben ihren Ursprung in der Überlegung, daß es keinen Anspruch auf Gleichheit allgemein unter allen Menschen, oder anders, daß es keinen gleichen Anspruch aller Menschen auf etwas geben könne. Deshalb hatte bereits Aristoteles Überlegungen zu einer »proportionalen Gerechtigkeit« angestellt, nach der ungleiche Ansprüche verhältnismäßig oder verhältnisgerecht berücksichtigt werden. Die Gleichheitsdebatte beginnt somit bereits in der Antike.

Die heutige Kontroverse läßt sich an folgendem Beispiel verdeutlichen: Angenommen wir treffen auf ein kleines Kind, das elend, ausgemergelt, verhungert und krank auf dem Trottoir liegt. Das Kind leidet offensichtlich und braucht Hilfe. Wir sehen es und wissen, wir müssen ihm helfen. Es ist sein Elend, sein Leid, das uns anspricht, gar anspringt, das uns erschüttert und zur Tat aufruft. Hilfe in Not zur Linderung von Elend und Leid – das ist das humanitäre Ideal. Was, wenn nicht dieses Ideal, sollte im Zentrum von Moral und Gerechtigkeit stehen? Wenn das so ist, dann scheint Gleichheit dabei keine Rolle zu spielen. Oder doch?

So intuitiv einleuchtend Fälle wie dieser scheinen, so müssen die individuellen moralischen Ansprüche jedoch näher bestimmt werden, um angemessen auf sie reagieren zu können. Um diese nähere Bestimmung des moralisch Zustehenden entfaltet sich die Debatte

3 Vgl. Aristoteles, *Nikomachische Ethik*, V.3, 1131a10-b15; vgl. auch ders., *Politik*, III.9, 1280 a8-15, III.12, 1282b18-23; Platon, *Gesetze*, VI., 757, *Staat*, VIII., 558c. Platon und Aristoteles verstehen bekanntlich gleiche Behandlung im Sinne der Ulpianischen Formel.

4 Vgl. für diesen Terminus E. Tugendhat, *Dialog in Leticia*, S. 67.

zwischen egalitären und nonegalitären Gerechtigkeitstheorien.[5] Diese ist auf zwei Stufen angesiedelt.[6] Auf der ersten Stufe geht es um die metaethische Frage nach der ontologischen und epistemologischen Konstitution moralischer Normen, auf der zweiten um die moralische Frage nach dem richtigen Inhalt dieser Normen.

Auf der ersten Stufe dreht sich die Auseinandersetzung um die Bestimmung der allgemeinen Form und des allgemeinen Inhalts unserer Moral. Hier scheint das obige Beispiel nahezulegen, daß nur mit Blick auf die einzelnen Ansprüche eines jeden Individuums festgestellt werden kann, was in diesen Fällen eine moralisch angemessene Handlung sein würde. Dies ist die Auffassung, die alle nichtrelationalen Moral- oder Gerechtigkeitstheorien teilen. In Folge dieser Auffassung vertreten Nonegalitaristen der ersten Stufe die Position, daß Gleichheit keine wesentliche, fundierende Rolle bei der Begründung von Gerechtigkeitsansprüchen spielt. Sie bezweifeln daher den Wert der Gleichheit per se. Deshalb hält ein Nonegalitarismus erster Stufe Vokabeln wie ›gleich‹, ›gleichermaßen‹ oder ›in gleicher Weise‹ bei der Explikation fundamentaler Moral- oder Gerechtigkeitsprinzipien für fehlplaziert oder redundant. Für fehlplaziert, sofern er der Ansicht ist, daß Moral mit Gleichheit begrifflich nicht zusammenhängt; für redundant, sofern er glaubt, das mit Gleichheit Gemeinte werde von einem anderen Begriff vollständig abgedeckt, und dieser andere Begriff sei der im Kontext der Moralbestimmung fundamentale. Nach Meinung dieses Nonegalitarismus erster Stufe kann der Kern der Moral, statt durch relative Regeln, die wiederum immer Gleichheit implizieren, nur durch nicht-relative, also absolute Standards der angemessenen Behandlung von Personen oder durch korrespondierende Rechte der Personen beschrieben werden. Dagegen geht ein Egalitarist erster Stufe davon aus, daß jede Explikation des

5 Viele moderne Theoretiker der Verteilungsgerechtigkeit gehen unkritisch davon aus, daß es nur um die Frage gehen kann, in welcher Hinsicht gleich verteilt werden müsse. Die Frage kann dann konsequenterweise nur noch lauten: Gleichheit in welcher Hinsicht? Wie ist welche Art von Gleichheit anzustreben? Diese sogenannte Equality-of-What?-Debatte (vgl. Kap. III.3.) läßt sich als ›interne‹ Gleichheitsdebatte unterscheiden von einer ›externen‹ Gleichheitsdebatte, die fragt, warum Gerechtigkeit überhaupt als Gleichheit verstanden werden soll. Im Rahmen dieser Why-Equality?-Debatte dient dieses Kapitel der Verteidigung des zentralen Stellenwertes der Gleichheit. Die direkte Auseinandersetzung mit der neueren Egalitarismuskritik führe ich in Kap. II.5.4.

6 Vgl. für die Unterscheidung B. Ladwig, »Gerechtigkeit und Gleichheit«, S. 591f.

moralischen Standpunktes ohne Vokabeln wie ›gleich‹, ›gleichermaßen‹ oder ›in gleicher Weise‹ unvollständig ist. Egalitaristen sind auf der ersten Stufe davon überzeugt, daß die Berechtigung von Ansprüchen nicht ohne Vergleiche moralisch geprüft und beurteilt werden kann. Für sie nimmt Gleichheit insofern einen zentralen (Stellen-) Wert in einer Theorie der Gerechtigkeit ein.[7]

Unabhängig davon, ob Gleichheit als konstitutives Element jeder plausiblen Moral- und Gerechtigkeitskonzeption gerechtfertigt werden kann oder ob es sich als überflüssig erweist, bleibt zwischen Egalitaristen und Nonegalitaristen auf einer zweiten, distributiven Stufe noch die Auslegung und Konkretisierung der auf der ersten Stufe ermittelten zentralen Gesichtspunkte der Gerechtigkeit (Gleichheit oder nichtrelationale Angemessenheit) offen und strittig. Für den Egalitarismus ist es natürlich charakteristisch, daß er Gleichheit auch auf der zweiten Stufe ein substantielles Gewicht beimißt. Dabei können, je nach Kriterium, an dem gerechte Gleichheit gemessen und beurteilt wird, Gerechtigkeitstheorien als mehr oder weniger egalitär klassifiziert werden. Nonegalitaristen hingegen vertreten auf der zweiten Stufe eine Theorie, nach der Personen nicht in irgendeiner Hinsicht gleich viel, sondern hinreichend viel zur Befriedigung ihrer Bedürfnisse zusteht.

Im Rahmen dieser ›Warum-Gleichheit?‹-Debatte möchte ich die Herausforderung von nonegalitaristischer Seite aufnehmend im folgenden den Egalitarismus gegen eine Version des Nonegalitarismus verteidigen, indem ich darlege, warum Gleichheit eine wesentliche Rolle in einer Theorie der Gerechtigkeit zukommt und worin diese besteht. Dazu soll im folgenden zunächst einmal der begriffliche Zusammenhang zwischen Gerechtigkeit und Gleichheit geklärt werden. Welchen Stellenwert hat die Gleichheit in der Frage nach der Gerechtigkeit? Simonides' Formel der Gerechtigkeit bietet auf den ersten Blick keine Antwort darauf. Der Begriff der Gleichheit ist offenbar selbst in hohem Maße klärungsbedürftig. So beginne ich zunächst mit einer begrifflichen Bestimmung des Gleichheitsbegriffs. Um die Rolle der Idee der Gleichheit in einer Theorie der Gerechtigkeit klären zu können, werde ich sodann die Idee der

7 Egalitaristen müssen dabei keineswegs, wie ihre KritikerInnen ihnen vorwerfen, Gleichheit als obersten Wert an sich, wenn auch in Verbindung mit anderen, ansehen, sondern sollten, wie in Kap. VI argumentiert wird, Gleichheit sinnvollerweise als ein konstitutives Ziel verstehen, das hilft, Gerechtigkeit zu realisieren.

Gleichheit in vier Gleichheitsprinzipien differenzieren. Diese sind so angeordnet, daß ich mit dem allgemeinsten und unkontroversesten Prinzip beginne und zu immer spezifischeren und kontroverseren Prinzipien voranschreite.

Das Ergebnis schon vorwegnehmend, möchte ich den Stellenwert der Gleichheit für Gerechtigkeit mittels zweier Thesen erläutern:

Es gibt erstens einen *begrifflichen* Zusammenhang zwischen Gerechtigkeit und Gleichheit, weil zu einer vollständigen Explikation des Gerechtigkeitsbegriffs die Prinzipien der formalen und der proportionalen Gleichheit nötig sind. Diese beiden Prinzipien stellen als genuine Prinzipien der Gleichheit einen unauflöslichen Zusammenhang von Gerechtigkeit und Gleichheit her. Gerechtigkeit läßt sich überhaupt nur – so meine erste These – mittels dieser und gegebenenfalls weiterer (normativer) Gleichheitsprinzipien explizieren. Der Zusammenhang zwischen Gerechtigkeit und den Gleichheitsprinzipien ist derart zu verstehen, daß die Analysen des Gleichheitsbegriffs und die Argumente für Gleichheit der näheren Erläuterung der Gerechtigkeit dienen. Der Begriff der Gerechtigkeit soll über den Begriff der Gleichheit weiter erläutert werden. Das begriffliche Verhältnis zwischen Gerechtigkeit und Gleichheit ist aber auch so zu verstehen, daß vom Begriff der formalen Gleichheit her das Moment des Gerechten in der Gleichheit erkannt werden kann und nicht nur umgekehrt das Moment der Gleichheit im Gerechten. Gleichheit ist also in diesen Formen notwendige Bedingung für Gerechtigkeit.

Es gibt zweitens einen *normativen* Zusammenhang zwischen Gerechtigkeit und Gleichheit, der durch drei normative, *substantielle* Gleichheitsprinzipien anzugeben ist: moralische Gleichheit, die Präsumtion der Gleichheit und das Verantwortungsprinzip liberal-egalitärer Verteilungsgerechtigkeit. Den normativen Kern einer spezifisch egalitaristischen Gerechtigkeitsauffassung stellen die beiden letztgenannten Prinzipien dar, die sich – so meine zweite These – aus dem Prinzip moralischer Gleichheit begründen lassen.

Der normativ *fundamentale* Zusammenhang von Gerechtigkeit und Gleichheit liegt in unserer modernen Moralauffassung, nach der allen Menschen die gleiche Achtung und Rücksicht gebührt. Daraus folgt, daß die *einzige* Aufgabe einer modernen Konzeption distributiver Gerechtigkeit die *angemessene* Interpretation moralischer Gleichheit ist. Damit ist keine bestimmte Güterverteilung vorgezeichnet, aber eine bestimmte Art der Rechtfertigung, nämlich die Präsumtion der Gleichheit, deren argumentative Rechtfertigung in diesem Kapitel meine Hauptaufgabe sein soll. Wenn die Präsumtion Gültigkeit besitzt, ist der Vorrang der Gleichheit und das wesentliche Argument für eine egalitäre Verteilungstheorie etabliert. Gleichzeitig wird damit auch ein Verfahren für die Konstruktion einer materialen Gerechtigkeitstheorie vorgegeben. Damit ziele ich auf eine direkt-moralische Verteidigung des deshalb von mir so genannten *konstitutiven* Egalitarismus, der weder einen Umweg über andere Werte wie Wohlergehen oder Freiheit beschreitet noch Gleichheit einen teleologisch verstandenen Eigenwert zuschreiben muß. Die dem Egalitarismus oft unterstellten Kriterien strikter Ergebnisgleichheit bei der Verteilung materieller Güter oder strikter Gleichheit des Wohlergehens werden sinnvollerweise kaum von einem Egalitaristen vertreten. Zu offensichtlich sind deren moralische Unzulänglichkeiten, die in Kapitel II.7. dargestellt werden. Eine zutreffendere Unterscheidung zwischen egalitären und nichtegalitären Gerechtigkeitskonzeptionen auf der zweiten Ebene ergibt sich, wie gezeigt werden soll, vielmehr daraus, ob bloßes Glück oder Pech als verteilungsrelevant angesehen wird oder nicht. Egalitaristen lehnen in der Regel den Bezug auf das Schicksal als Begründung gerechtigkeitsrelevanter Ansprüche ab. Entsprechend wird in Kapitel V.1.2. als fünftes egalitäres Gerechtigkeitsprinzip das Verantwortungsprinzip der Übernahme der selbst zu verantwortenden und der Ablehnung der nicht selbst zu verantwortenden Zustände formuliert. Gleichheit – so lautet die allgemeine Leitthese – ist der Inbegriff der Gerechtigkeit.[8]

Zum besseren Verständnis und weil der Begriff der Gleichheit im Laufe dieser Arbeit eine so große Rolle spielt, beginne ich mit einer Definition des Begriffs, bevor ich auf die vier Gleichheitsprinzipien im einzelnen eingehen werde.

8 Dagegen behaupten viele Kritiker der Gleichheit, diese habe keinen Wert. Das Ideal der Gleichheit in unserer Gesellschaft ergebe sich aus einer Konfusion von Gerechtigkeit und Gleichheit. Sobald diese beseitigt sei, breche das Ideal der Gleichheit zusammen. Scharfe Angriffe in diese Richtung finden sich in A. Flew, *The Politics of Procrustes* und W. Letwin (Hg.), *Against Equality*.

## 1. Definition der Gleichheit

›Gleichheit‹ ist in der präskriptiven Verwendungsweise ein aufgeladener Terminus. Wegen seiner normalerweise positiven Konnotation hat er eine rhetorische Kraft,[9] die den Begriff zum politischen Schlagwort geeignet sein läßt. Gleichheit gilt spätestens seit der Französischen Revolution als eines der leitenden Ideale des politischen Gemeinwesens. Dabei stellt sie nach wie vor das wohl kontroverseste unter den großen sozialen Idealen dar. Schon der Begriff der Gleichheit ist umstritten; Gleichheit ist ein »essentially contested concept«:[10] »People who praise it or disparage it disagree about what they are praising or disparaging.«[11] Mißverständnisse hinsichtlich der Bedeutung von Gleichheit als politischer Idee sind so verbreitet, daß eine Begriffsklärung unumgänglich ist.[12]

›Gleichheit‹ sowie ›gleich‹ bedeuten *qualitative Übereinstimmung*. ›Gleichheit‹ und ›gleich‹ bedeuten die Übereinstimmung einer Mehrzahl von verschiedenen Gegenständen, Personen, Prozessen oder Sachverhalten in einem bestimmten Merkmal bei Verschiedenheit in anderen Merkmalen. Die betreffenden Objekte, von denen Gleichheit ausgesagt wird, müssen in mindestens einer, aber nicht in allen Hinsichten gleiche Eigenschaften haben. ›Gleichheit‹ ist damit sowohl von ›Identität‹ – dem Begriff für ein und denselben mit sich selbst in allen Merkmalen übereinstimmenden Gegenstand, Prozeß oder Sachverhalt – als auch von ›Ähnlichkeit‹ – dem Begriff für nur annähernde Übereinstimmung – zu unterscheiden.[13]

Im Unterschied zu numerischer Identität setzt ein Gleichheitsurteil die Verschiedenheit des Verglichenen voraus. Wenn zum Beispiel gesagt wird: »Menschen sind gleich«, so wird damit nicht behauptet, daß sie identisch seien. ›Völlige‹ oder ›absolute‹ Gleichheit sind nach dieser Definition in sich widersprüchliche Begriffsbildungen. Zwei nicht-identische Objekte gleichen sich nie vollständig, sie unterscheiden sich zumindest in ihrer Raum-Zeit-Stelle. Wenn

9 Vgl. P. Westen, *Speaking of Equality*.

10 W. Gallie, »Essentially Contested Concepts«.

11 R. Dworkin, *Sovereign Virtue*, S. 2.

12 Vgl. S. Gosepath, »Gleichheit/Ungleichheit« und »Equality«.

13 Vgl. O. Dann, »Gleichheit«, S. 997; A. Menne, »Identität, Gleichheit, Ähnlichkeit«, S. 44ff.; P. Westen, *Speaking of Equality*, S. 39, 120.

Objekte nicht mindestens in einer Eigenschaft, zumindest in ihrer Raum-Zeit-Stelle, differieren, sollten sie ›identisch‹ und nicht ›gleich‹ genannt werden. Hier mag der Sprachgebrauch jedoch variieren. Einige Autoren ziehen es vor, absolute qualitative Gleichheit nicht definitorisch auszuschließen, sondern als Grenzbegriff zuzulassen.[14]

›Gleichheit‹ kann sowohl deskriptiv als auch präskriptiv gebraucht werden. Wie beispielsweise ›dünn‹: »Du bist dünn« und »Du bist zu dünn«. Von zentraler Bedeutung ist es, wie der Maßstab des Vergleichs bei deskriptiven wie präskriptiven Verwendungen des Begriffs ›Gleichheit‹ bestimmt wird.[15] Beim *deskriptiven* Gebrauch von ›gleich‹ ist der gemeinsame Maßstab selbst ein deskriptiver: Zwei Menschen wiegen zum Beispiel gleich viel. Eine *präskriptive* Verwendungsweise von ›gleich‹ liegt vor, wenn ein präskriptiver Maßstab, also eine Norm oder Regel, verwendet wird – zum Beispiel bei Gleichheit vor dem Gesetz. Die Maßstäbe, die präskriptiven Gleichheitsbehauptungen zugrunde liegen, enthalten zumindest zwei Komponenten. Einerseits eine deskriptive Komponente, da sie deskriptive Kriterien enthalten müssen, um diejenigen Personen zu identifizieren, auf die sich die Regel bezieht. Diese deskriptiven Kriterien unterscheiden also diejenigen, die unter die Norm fallen, von denen, die außerhalb des Geltungsbereichs der Norm stehen. Außerdem enthalten die Vergleichsstandards eine normative Dimension, eine moralische oder rechtliche Regel, die angibt, wie diejenigen, die als unter die Norm fallend identifiziert wurden, behandelt werden sollen. Diese Norm macht die Präskription aus.[16] Soziologische und ökonomische Analysen von (Un-)Gleichheit untersuchen, wie Ungleichheiten bestimmt und gemessen werden können, sowie was ihre Ursachen und Wirkungen im gesellschaftlichen und wirtschaftlichen Gefüge sind. Die Moral-, Sozial- und Politische Philosophie beschäftigt sich hingegen mit (Un-)Gleichheit hauptsächlich in ihrer präskriptiven Verwendung – so auch diese Arbeit.

›Gleichheit‹ bzw. ›gleich‹ ist ein unvollständiges Prädikat, das die Frage nach sich zieht: Gleich in welcher Hinsicht? Gleichheit besteht im wesentlichen in einer dreistelligen Relation zwischen zwei (oder mehreren) Gegenständen oder Personen und einer (oder mehreren) Eigenschaft(en). Zwei Gegenstände a und b sind in einer

14 Vgl. E. Tugendhat, U. Wolf, *Logisch-semantische Propädeutik*, S. 170.

15 Vgl. F. Oppenheim, »Egalitarianism as a Descriptive Concept«.

16 Vgl. P. Westen, *Speaking of Equality*, Kap. 3.

bestimmten Hinsicht gleich, wenn sie, was diese Hinsicht betrifft, unter denselben generellen Terminus fallen.[17] So sind beispielsweise Peter und Paul beide Väter, und das heißt, sie sind in dieser Hinsicht gleich. ›Gleichheit‹ bezeichnet das Verhältnis zwischen den verglichenen Objekten. Jeder Vergleich setzt ein Tertium comparationis voraus, ein konkretes Merkmal, in dem die Gleichheit gelten soll. Gleichheit bezieht sich also auf den gemeinsamen Anteil an dem vergleichsentscheidenden Merkmal. Dieser relevante Vergleichsstandard stellt eine jeweils zu spezifizierende ›Variable‹ (oder einen ›Index‹ und ›Bewertungsspielraum‹) des Gleichheitsbegriffs dar,[18] die zu verschiedenen Konzeptionen der Gleichheit führt, wenn es sich bei den Standards um unterschiedliche deskriptive oder moralische Standards handelt.

Im Zusammenhang mit Fragen der Gerechtigkeit geht es vor allem um Gleichheit in ihrer präskriptiven Bedeutung, und diese präskriptive Gleichheit steht nicht nur mit Normen, Rechten oder Pflichten in Verbindung, sondern besteht selbst aus solchen Normen. Das erweckt den Verdacht, den verschiedene Kommentatoren auf unterschiedliche Weise geäußert haben, daß der Gleichheit oder den Gleichheitspostulaten keine besondere gerechtigkeitsrelevante Bedeutung über die der Gleichheit zugrundeliegenden Normen hinaus zukomme.[19] Der Unterschied zwischen einem allgemeinen Begriff und spezifischen Konzeptionen[20] der Gleichheit mag erklären, warum ›Gleichheit‹ manchen Autoren zufolge keine einheitliche oder sogar eine leere Bedeutung zu haben scheint.[21] Aus diesem Grund sollte Gleichheit, verstanden als Konkretisierung sozialer Gerechtigkeit, nicht als ein einziges Prinzip, sondern als ein komplexes Set von Prinzipien verstanden werden, die den Kern des (heutigen) Egalitarismus ausmachen.[22] Je nachdem, welche Prinzipien

17 Vgl. E. Tugendhat, U. Wolf, *Logisch-semantische Propädeutik*, S. 169: »Zwei Gegenstände a und b sind gleich hinsichtlich des Prädikationsspielraums P, wenn sie, was diesen Spielraum betrifft, unter denselben generellen Terminus fallen.«

18 Vgl. P. Westen, *Speaking of Equality*, S. 10.

19 Vgl. vor allem P. Westen, *Speaking of Equality*; T. Scanlon, *The Diversity of Objections to Inequality*; J. Raz, »Strenger und rhetorischer Egalitarismus«; A. Krebs, »Einleitung: Die neue Egalitarismuskritik im Überblick«.

20 Vgl. J. Rawls, *Eine Theorie der Gerechtigkeit*, S. 38 f.

21 Vgl. D. Rae et al., *Equalities*, S. 127 f., 132 f.

22 Genau dasselbe gilt für die Ungleichheit, wie L. Temkin in »Inequality« zu Recht betont.

man verwendet, werden sich unterschiedliche, z. T. widersprüchliche Theorien ergeben. Gleichheit und Ungleichheit sind komplexe und vielschichtige Begriffe.[23] In keinem realen historischen Kontext hat oder wird sich je eine einzige Bedeutung durchsetzen.[24] Zwar gestehen viele Egalitaristen zu, daß der Begriff vage und theoretisch ist, sie glauben jedoch, daß den normativen Begriffen der Gleichheit ein gemeinsamer Zug von wichtiger moralischer Bedeutung zugrunde liegt,[25] der insbesondere in unserem gemeinsamen Mensch- und Menschlichsein trotz mannigfacher und verschiedenartiger Differenzen zum Tragen komme. In diesem Sinn tendieren Egalitaristen dazu, den Egalitarismus als eine einzige kohärente Auffassung anzusehen, die jedoch verschiedene normative (Gleichheits- und Gerechtigkeits-)Prinzipien umfaßt. Die Definition und Theorie des Egalitarismus läßt sich folglich inhaltlich erst am Ende in Kapitel VI beschreiben, wenn die relevanten Gleichheits- und Gerechtigkeitsprinzipien benannt sind.

## 2. Gleichheitsprinzipien

Der Begriff der Gleichheit in seiner präskriptiven Verwendungsweise steht natürlich in einem engen Zusammenhang mit Moral im allgemeinen und (distributiver) Gerechtigkeit im besonderen. Gleichheit gilt von der Antike an als ein konstitutives Merkmal der Gerechtigkeit. Aber worin genau besteht die Verbindung der beiden? Gerechtigkeit verlangt keine beliebige Gleichheit: Die für eine moderne Theorie der Gerechtigkeit notwendigen Formen der Gleichheit lassen sich meines Erachtens am besten mit Hilfe von fünf Postulaten der Gleichheit explizieren, von denen ich in diesem Kapitel vier im einzelnen durchgehen möchte. Dabei ist es wesentlich, formale von substantiellen Gleichheitspostulaten zu unterscheiden. Für die begriffliche Analyse der Gerechtigkeit und ihrer Beziehung zur Idee der Gleichheit reichen die beiden formalen Gleichheitspositionen (GL-$P_1$ und GL-$P_2$) aus.[26] Die substantiellen

23 Vgl. L. Temkin, *Inequality*, Kap. 2.

24 Vgl. D. Rae et al., *Equalities*, S. 132.

25 Vgl. B. Williams, »Der Gleichheitsgedanke«.

26 Vgl. F. Oppenheim, »Egalitarianism as a Descriptive Concept«.

Gleichheitspostulate (GL-P3 und GL-P4) spezifizieren eine bestimmte Konzeption von Gerechtigkeit in normativer Hinsicht. Ein fünftes Prinzip (GL-P5) wird im fünften Kapitel erläutert.

Durch die enge Verbindung zur Gerechtigkeit, die es noch zu spezifizieren gilt, hat Gleichheit ebenso wie Gerechtigkeit unterschiedliche Anwendungsweisen und -gegenstände, an die hier noch einmal kurz erinnert wird (vgl. Kapitel I.4.1.). Gerechtigkeit hat es hauptsächlich mit Handlungen von Personen als Behandlungen anderer Personen und mit Zuständen, in denen Personen sich befinden, zu tun. Bei Gleichheit geht es entsprechend um die gleiche Behandlung von Personen und die Gleichheit von Zuständen (vor allem von Verteilungen). Wie schon für Gerechtigkeit expliziert, gibt es eine enge Verbindung und Rangordnung von beiden Anwendungsweisen und -gegenständen der Gerechtigkeit. Personen haben eine primäre, weil direktere Verantwortung für ihre eigenen Handlungen (und Unterlassungen) und deren absehbare und durch sie veränderbare Folgen. Personen kommt sekundär auch eine Verantwortung für die Verhinderung oder Verbesserung ungerechter Zustände in der Welt zu, wie immer diese zustande gekommen sein mögen, solange sie diese – individuell oder kollektiv – ändern können. Die Verpflichtung der Gerechtigkeit, andere Personen angemessen und unparteiisch zu behandeln, nimmt einen Vorrang vor der Gerechtigkeitspflicht ein, die Zustände der Welt durch Ausgleich gerechter zu machen. Jedoch sollten Zustände nie nur hinsichtlich ihrer Qualität, sondern immer auch nach der Art und Weise ihres Zustandekommens bzw. Aufrechterhaltens beurteilt werden. Insofern sind sie an die Gerechtigkeit von (Be-)Handlungen (oder deren Unterlassung), durch die sie zustande kommen bzw. aufrechterhalten werden, zurückgebunden.

In den folgenden Abschnitten variieren die Objekte der Gleichheit (auf der Ebene der Prinzipien) von Thema zu Thema. Sie stehen jedoch im gerade beschriebenen Zusammenhang. Die ersten drei Gleichheitsprinzipien beziehen sich allgemein primär auf gerechte Handlungen und gleiche bzw. ungleiche Behandlungen sowie sekundär auf die sich daraus ergebenden Zustände zwischen Personen. Das vierte Prinzip, die Präsumtion der Gleichheit, zielt direkt auf gleiche Verteilung als Herstellung eines gerechten Zustandes (als beste Form gerechter Behandlung).

## 3. Formale Gleichheit

Wenn zwei Personen in mindestens einer normativ relevanten Hinsicht als gleich gelten, so müssen diese Personen dort, wo diese Hinsicht entscheidend ist, in genau dieser Hinsicht gleich behandelt werden. Ansonsten würde eine der Personen ungerecht behandelt. Dies ist das allgemein akzeptierte *formale* Gleichheitsprinzip:

GL-P1: Gleiches gleich behandeln: (i) Es ist gerecht, Personen, die gleich sind, gleich zu behandeln. (ii) Es ist (auch) gerecht, Personen, die ungleich sind, ungleich zu behandeln.

Dieses Prinzip wird oft auch einfach ›Aristoteles' Prinzip‹ genannt; denn Aristoteles hat mit Rückgriff auf Platon behauptet: Ungerechtigkeit entstehe, wenn Gleiche ungleich und Ungleiche gleich behandelt würden.[27] Hier haben wir also einen ersten Zusammenhang von Gerechtigkeit und Gleichheit. Natürlich stellt sich sofort die entscheidende Frage, welche Hinsichten normativ relevant sind und wie das festzustellen ist.

Prima vista könnte es einem so scheinen, als sei dieses formale Prinzip der Gleichheit auf das Konsistenzprinzip zurückzuführen. Es sei irrational, weil inkonsistent, ohne hinreichenden Grund gleiche Fälle ungleich zu behandeln.[28] Das Postulat der formalen Gleichheit ist jedoch ein anderes Prinzip als das der Konsistenz. Zwar verlangt das Konsistenzprinzip von uns, eine spezifische Behandlung auch in allen anderen gleich gelagerten Fällen anzuwenden. Es ist jedoch nicht subjektiv irrational, objektiv gleiche Fälle aus jeweils unterschiedlichen subjektiven Motiven, Gefühlen, Einstellungen, Stimmungen und Launen ungleich zu behandeln. Die Regeln der Logik verbieten keineswegs, numerisch verschiedene, aber qualitativ gleiche Situationen subjektiv unterschiedlich zu beurteilen. Das Postulat der formalen Gleichheit verlangt aber etwas anderes als subjektive Konsistenz. Der Maßstab für die Rechtfertigung eines bestimmten Verhaltens gegenüber anderen ist nicht das subjektive Empfinden, sondern allein abhängig von den objektiven Merkmalen der Situation. Verlangt wird, daß numerisch unterschie-

27 Vgl. Aristoteles, *Nikomachische Ethik*, V.3, 1131a10-b15; *Politik*, III.9, 1280 a8-15, III.12, 1282b18-23.

28 Vgl. I. Berlin, »Equality as an Ideal«.

dene Fälle, die dieselben relevanten objektiven Merkmale besitzen, gleich behandelt werden – unabhängig davon, wie der Handelnde dabei subjektiv empfindet. Der Unterschied zwischen subjektiver Konsistenz und objektiver Angemessenheit zeigt an, daß es sich bei dem Prinzip ›Gleiches gleich behandeln‹ nicht um ein Prinzip maximaler Befriedigung aufgeklärter Eigeninteressen[29] handelt, sondern um ein *moralisches* Prinzip der Gerechtigkeit, das zumindest die *formale Unparteilichkeit* und die *formale Universalisierbarkeit* moralischer Urteile umfaßt. Zugrunde liegen muß dem Gleichheitspostulat danach zunächst mindestens eine allgemeine Norm, die als solche alle ihre Anwendungsfälle definiert und somit das *Universalisierungs-* oder Generalisierungsprinzip bereits enthält, das verlangt, daß die Norm auf alle von ihr spezifizierten Fälle angewandt wird.[30]

Der Grundsatz ›Gleiches gleich behandeln‹ enthält über die Ausnahmslosigkeit der Regelanwendung hinaus als weitere Bedingung das Prinzip der *Unparteilichkeit*, da, wie ausgeführt, nur objektive Merkmale als Beurteilungskriterien gelten. Formale Gleichheit verlangt demnach die objektive Angemessenheit gerechten Handelns. Eine Norm wird gerecht angewendet, wenn die ausführende Person die Regel auf alle und nur die Personen und Fälle bezieht, die in der Regel selbst implizit oder explizit als relevant angegeben werden. Kein persönliches Interesse oder Vorurteil darf die Administratorin daran hindern, die in der relevanten Hinsicht gleichen Fälle gleich zu behandeln. Um diese Unparteilichkeit zu symbolisieren, tragen Statuen der Justitia oft eine Binde über den Augen.[31] Unparteilichkeit meint auch hier (noch) keine Beurteilung der Regeln und Normen aus der Perspektive aller gleichermaßen, sondern lediglich die konsistente, das heißt von subjektiven Präferenzen und Zufällen gänzlich unbeeinflußte, also willkürfreie Anwendung vorgegebener Regeln. Ob diese Regeln selbst gerecht, gleich und

29 Zur Bestimmung von Rationalität und ihrer Prinzipien vgl. S. Gosepath, *Aufgeklärtes Eigeninteresse*.

30 Vgl. P. Westen, *Speaking of Equality*, S. 65-69, Kap. 9. Dieser Aspekt, d.h. diese Bedingung, läuft auf die in jeder sozialen Norm impliziten Anwendungsregeln hinaus. Dies ist keine Extra- oder Meta-Norm (höchstens im analytischen Sinn), sondern etwas in jeder Norm qua Norm Enthaltenes, das explizit gemacht wird – deshalb besteht keine Doppelung und kein Regel-Regreß.

31 Zu diesen und anderen Symbolen der Gerechtigkeit vgl. S. 38, Fn. 20.

unparteiisch sind, muß an dieser Stelle der formalen Bestimmung offenbleiben.[32]

Formale Gleichheit erschöpft sich nicht im Unparteilichkeitsprinzip.[33] So kann ein Schiedsrichter unparteiisch handeln, wenn er nach einer Halbzeit seine Anwendung bzw. Auslegung der Spielregeln ändert. Hat er in der ersten Hälfte versucht, das Spiel laufen zu lassen, oft Vorteil anerkannt, nur bei wirklich groben Verstößen gepfiffen, so ist er in der zweiten Halbzeit (etwa aus Frustration oder Verstimmung) kleinlich und pingelig und pfeift wegen der kleinsten Rempelei ab. Von dieser Veränderung sind beide Parteien betroffen, solange für den Schiedsrichter nicht ausschlaggebend ist, ob die eine oder die andere Mannschaft davon profitieren könnte. In diesem Sinn ist er beiden Mannschaften gegenüber unparteiisch, weil er keinen ungerechtfertigten Unterschied macht. Er behandelt jedoch in einer relevanten Hinsicht gleiche Fälle nicht gleich: Für die Dauer eines Fußballspiels sind die beiden Halbzeiten gleiche Fälle. Die konstitutiven Spielregeln sehen keinen Unterschied vor. ›Gleiches gleich behandeln‹ verlangt nicht nur eine unparteiische Behandlung, bei der kein ungerechtfertigter Unterschied gemacht werden darf, sondern auch die generelle, das heißt ausnahmslose Anwendung der unparteiischen Regeln auf alle unter sie subsumierbaren Fälle gleichermaßen.

Hier setzen jedoch die Kritiker ein und weisen darauf hin, daß das formale Gleichheitsprinzip so verstanden gar keinen spezifischen Gleichheitsgesichtspunkt enthalte.[34] Der Grundsatz ›Alle sollen gleich behandelt werden‹ ist danach ein analytischer Satz, weil er dasselbe meint wie ›Alle Menschen, die eine bestimmte Behandlung erhalten sollen, sollen auch so behandelt werden‹ oder ›Die relevante Norm soll auf all diejenigen angewandt werden, die unter die Norm fallen‹. So gedeutet ist der Satz allerdings nicht nur notwendig wahr, sondern auch uninformativ, weil er unserem Wissen über Gerech-

32 Mit der Bestimmung moralischer Gleichheit werden auch Unparteilichkeit und Universalisierung anspruchsvollere, substantielle Bestimmungen erhalten.

33 Vgl. B. Gert, der in »Impartiality« dem Schiedsrichter allerdings auch fälschlicherweise vorwirft, inkonsistent zu sein. Vgl. auch die parallelen Ausführungen zu Unparteilichkeit in Kap. I.2.3.

34 Vgl. J. Raz, »Strenger und rhetorischer Egalitarismus«, bes. S. 51-54, 62-64; A. Krebs, »Einleitung: Die neue Egalitarismuskritik im Überblick«, S. 17-21; P. Westen, *Speaking of Equality*, S. 71-74; C. Perelman, »Eine Studie über die Gerechtigkeit«, S. 55.

tigkeit nichts hinzufügt. ›Gleiches gleich behandeln‹ steht deshalb im Verdacht, leer und redundant zu sein und (deshalb) kein genuines Gerechtigkeits- und Gleichheitsprinzip darzustellen. Diese Kritik ist zurückzuweisen: Formale Gleichheit ist ein Gerechtigkeitsprinzip – und zwar aus vier Gründen: (i) Die generelle ausnahmslose Regelanwendung stellt nur einen Aspekt des Prinzips dar; der weitere, auch schon genannte Aspekt der Unparteilichkeit betont einen substantiellen Gesichtspunkt der Gerechtigkeit. (ii) Jede (begründete) Norm stellt als solche einen ›Zugewinn‹ an Gerechtigkeit gegenüber spontanen Einzelfallentscheidungen dar, die eben den ständigen Verdacht nicht entkräften können, Gleiches nicht gleich zu behandeln, und deshalb nicht unparteiisch, sondern willkürlich zu sein. Wenn ich beispielsweise sage: »Man sollte mich meiner Pflichten entheben; ich bin zu krank, um weiterzumachen«, so muß ich nicht nur glauben, daß ich tatsächlich krank bin; ich bin auch auf die Ansicht festgelegt, daß unter vergleichbaren Umständen jeder meiner Kollegen und jeder, der sich in einer ähnlichen Situation befindet, im Krankheitsfall seiner Pflichten enthoben werden sollte. In moralischen Sätzen liegt eine gewisse *Allgemeinheit,* und ein Mensch argumentiert nicht moralisch oder ist nicht ›vernünftig‹, wenn er solche Schlüsse auf das Allgemeine nicht zuläßt. (iii) Formale Gleichheit ist zum dritten offensichtlich ein Gleichheitsgesichtspunkt. Daß dieser schon in der Form allgemeiner Normen enthalten ist, tut der Gleichheit keinen Abbruch. Von Einzelfallurteilen zu Normen überzugehen ist eben ein Zugewinn an Gleichheit und deshalb an Gerechtigkeit. (iv) Schließlich ist fraglich, ob das formale Prinzip, ›Gleiches gleich zu behandeln‹, keinen ›eigenen‹ Gleichheitsgesichtspunkt über den der Universalisierbarkeit hinaus enthält. Zwei Überlegungen mögen das verdeutlichen: Man kann eine Norm, die qua Allgemeingültigkeit formale Gleichheit für alle ihre Anwendungsfälle verlangt, auch dahingehend hinterfragen, ob sie die relevanten Fälle wirklich alle umfaßt. Bei einer Norm wie »Man soll Menschen nicht quälen« läßt sich fragen: »Warum nur Menschen? Darf man Tiere denn quälen? Haben Tiere nicht auch Leidensfähigkeit und Schmerzempfinden? Sind sie damit nicht in der relevanten Hinsicht gleich?« Wenn man dem Einspruch recht gibt, muß die Norm erweitert werden und lauten: »Empfindungsfähige Wesen dürfen nicht gequält werden.« Hier wird das Postulat formaler Gleichheit als ein von der Allgemeinheit der Norm unabhängiger Maßstab zur Beurteilung und Kritik des Grades der Universalität der fraglichen Norm benutzt. Die selbständige Bedeutung formaler Gleichheit wird auch in Fällen deutlich, in denen das formale Gleichheitsprinzip und ein Prinzip der Angemessenheit, das dem jeweiligen Einzelfall ohne allgemeine Prinzipien(-anwendung) gerecht werden will, divergieren.[35] Folgendes Beispiel mag dies verdeutlichen: Ein Elternpaar verfährt nach der Regel, daß seine Zwillinge um 20 Uhr ins Bett müssen. Durch eine Nachgiebigkeit hat der Vater einem der beiden eine Verlängerung um eine halbe Stunde gewährt. Die Regel würde verlangen, daß das zweite Kind um 20 Uhr ins Bett muß, das formale Gleichheitsprinzip hingegen legt es nahe, auch dem zweiten die gleiche Ausnahme zu gewähren. Zumindest entsteht ein zusätzliches Gerechtigkeitsproblem. Formale Gleichheit ist also ein unabhängiger, selbständiger Gesichtspunkt. Dieses oder ähnliche Beispiele zeigen allerdings nicht, daß dem formalen Gleichheitsprinzip in solchen Fällen immer ein unabhängiges Gewicht zukommt. Es kann vielmehr nur dann Gewicht haben, wenn es, wie in dem Beispiel, um Vorteile geht. In Fällen jedoch, in denen fälschlicherweise ein Nachteil, sagen wir eine unfair hohe Strafe, verhängt wurde, ist es nicht nur nicht moralisch geboten, die zweite Person wie die erste zu behandeln, es scheint sogar falsch, so zu verfahren. Das hängt mit folgendem generellen Punkt zusammen:

Formale Gleichheit kann in Einzelfällen durchaus ungerecht sein, und zwar deshalb, weil Gleichheit nur gleiche Behandlung zum Ziel hat, dabei jedoch deren Rechtfertigung bzw. Gerechtigkeit außer acht läßt.[36] Wenn ein Herrscher alle seine Untertanen in Öl brät und sich selbst auch in das Öl begibt, so ist das *unmoralisch*, aber *keine Ungleichheit* in der Behandlung.[37] Das Postulat formaler Gleichheit

35 Vgl. K. Greenawalt, »Treating Equals Equally« und »How Empty Is the Idea of Equality?«, sowie T. Pogge, »Commentary to Greenawalt's Paper ›Treating Equals Equally‹«.

36 Vgl. W. Frankena, »The Concept of Social Justice«; D. Rae et al., *Equalities*; G. Vlastos, »Justice and Equality«.

37 Vgl. W. Frankena, »The Concept of Social Justice«, S. 1, 17. Auch hier kommt es natürlich darauf an, die Hinsicht der Gleichheit bzw. Ungleichheit mit zu spezifizieren. Ein Unterschied liegt darin, daß nur der Herrscher entscheidet, die Untertanen nicht. Die Handlung ist unmoralisch, weil er das gleiche Recht aller auf Rechtfertigung (Kap. II.5.3.) verletzt und – so darf man wohl annehmen – sie gegen ihren Willen so behandelt.

stellt, so zeigt das Beispiel, nur eine notwendige, keine hinreichende Bedingung für Gerechtigkeit dar: notwendig, weil sonst die Norm nicht für *alle* von ihr Betroffenen gilt, nicht hinreichend, weil die zugrundeliegende Norm substantiell ungerecht sein kann.

Das Prinzip ›Gleiche Fälle gleich behandeln‹ ist also ein zentrales Element der Gerechtigkeit, aber für sich genommen unvollständig. Nur wenn es vervollständigt wird, kann es eine Handlungsanweisung enthalten. Dies ist wieder ein Fall der Doppelstruktur der Gerechtigkeit, wie wir sie schon an anderen Bestimmungsgründen der Gerechtigkeit gesehen haben. Es gibt einen formalen, konstanten Teil, der sich in dem Gleichheitspostulat ›Gleiches gleich behandeln‹ ausdrückt; und es gibt außerdem eine Variable, ein inhaltlich variierendes Kriterium, das in diesem Fall angeben muß, wann und für welchen Zweck welche Fälle als gleich zu gelten haben. Auch hier wird wieder deutlich, wie bei der Formel des Ulpian, daß implizit auf einen Standard verwiesen wird, der variieren kann. Welche Fälle als gleiche in dem relevanten Sinn zu gelten haben, wird durch eine Norm oder Regel angegeben, auf die das Gleichheitspostulat Bezug nimmt.

Das formale Postulat bleibt also solange unvollständig, wie unklar ist, wer mit ›Gleiche‹ bezeichnet wird. Es ist weder klar, was hier ›gleiche Fälle‹ und ›gleich behandeln‹ meint und wer das wie zu entscheiden hat. Noch wird gesagt, wie ungleiche Fälle gerecht zu behandeln sind.

## 4. Proportionale Gleichheit

Das formale Postulat ergänzt ein weiteres Gleichheitsprinzip, das auch schon von Platon und Aristoteles vertreten wurde und durch sie den Titel ›*proportionale* Gleichheit‹ verliehen bekommen hat.[38] Zugrunde liegt weiterhin der Grundsatz formaler Gleichheit: ›Gleiches gleich, Ungleiches ungleich behandeln.‹ Proportionale Gleichheit spezifiziert formale Gleichheit; sie ist – so möchte ich behaupten – die genauere, detailliertere Formulierung dessen, was man

38 Vgl. Platon, *Gesetze*, VI, 757b-c; Aristoteles, *Nikomachische Ethik*, V, 1130b-1132b.

unter formaler Gleichheit im Auge hat. Sie ist damit das umfassendere Prinzip, das formale Gleichheit ersetzen kann. Sie gibt an, was die Angemessenheit der Gleichheit ausmacht.

Nach Aristoteles gibt es zwei Arten von Gleichheit: numerische und proportionale Gleichheit. Eine Behandlung (oder als Folge davon eine Verteilung) ist *numerisch* gleich, wenn sie alle Personen als ununterscheidbar ansieht und sie deshalb gleich behandelt oder ihnen pro Kopf das gleiche gibt. Das ist nicht immer gerecht. Eine Behandlung oder Verteilung ist hingegen *proportional* oder *verhältnismäßig* gleich, wenn sie alle relevanten Personen im Verhältnis zu dem, was ihnen zukommt, behandelt oder ihnen entsprechend zuteilt. Sie umfaßt alle *gerechten* numerischen Gleichheiten. Numerische Gleichheit ist nur dann gerecht, wenn sie als ein Spezialfall proportionaler Gleichheit auftritt, wenn also spezielle Umstände vorliegen, das heißt die Personen in den relevanten Hinsichten gleich sind, so daß die relevanten Proportionen gleich sind.

Zum Teil wird bestritten, daß es sich bei Aristoteles' Begriff proportionaler Gleichheit überhaupt um Gleichheit handelt. Sie ist jedoch eine Gleichheit der Verhältnisse. Gleichheit in der Verteilung von Gütern an Personen enthält mindestens folgende Begriffe bzw. Variablen: zwei oder mehr Personen ($P_1$, $P_2$), zwei oder mehr Zuteilungen von Gütern (G) an die Personen, sowie X und Y als die Maße, in denen die Individuen die normativ relevante Eigenschaft E haben. Man kann dies als eine Gleichung mit Brüchen oder als Verhältnis darstellen:[39]

GL-$P_2$: Wenn $P_1$ E im Maße X hat und wenn $P_2$ E im Maße Y hat, dann gilt, daß $P_1$ G im Maße X' zusteht und $P_2$ G im Maße Y' zusteht, so daß das Verhältnis $X \div Y = X' \div Y'$ gilt.

E kann dabei beispielsweise für Bedürfnisse, bestimmte Ressourcen, gute Gene, Intelligenz, Bemühen, einen Beitrag zur Gesellschaft, die menschliche Natur oder Humor stehen; G kann auch alles mögliche sein: Strafe, Lob, Tadel, Lohn, Geld, materielle Güter etc. Es muß also sowohl angegeben werden, welches die relevante Hinsicht des Vergleichs ist und in welchem Maße die betreffenden Personen diese

39 Um diese Formel anwenden zu können, müssen allerdings die möglicherweise zahlreichen unterschiedlichen Hinsichten im Prinzip quantifizierbar und kommensurabel sein, also in einen Gesamtwert eingebunden werden können. Die Frage nach dem Maßstab kann an dieser Stelle zum Zweck der Argumentation offen bleiben.

Eigenschaft haben, als auch, welches Gut ihnen deshalb in welchem Maße proportional zukommen soll. ›Gleicher Lohn für gleiche Arbeit‹ ist ein bekanntes Beispiel für proportionale Gleichheit.

Wenn Faktoren für eine Ungleichbehandlung bzw. -verteilung sprechen, weil die Personen *in relevanten Hinsichten* ungleich sind, ist diejenige Behandlung bzw. Verteilung gerecht, die proportional zu diesen Faktoren ist. Proportionale Gleichheit ergibt sich daraus, daß ein gerechtfertigter Unterschied bei einer unparteiischen, interpersonalen (Verteilungs-)Regelung ein verhältnismäßiger Unterschied ist. Das ist der Zusammenhang von proportionaler Gleichheit mit der allgemeinen Definition von distributiver Gerechtigkeit im Sinne der Formel ›suum cuique‹: Wenn die Proportion einer Verteilung von Gütern übereinstimmt mit dem Verhältnis einer Person zu einer anderen Person, dann sind die Zuteilungen moralisch verhältnismäßig, moralisch gleich und gerecht.

Dieses Prinzip kann auch noch von hierarchischen, inegalitären Theorien akzeptiert werden. Es besagt, daß bei gleichem Input gleicher Output verlangt wird. Aristokraten, Perfektionisten und Meritokraten glauben alle, daß Personen nach ihrem unterschiedlichen Verdienst, von ihnen im weiten Sinn als Erfüllen irgendeines relevanten Kriteriums verstanden, bewertet werden sollten und dementsprechend den Lohn oder die Strafe, das Gut oder die Last proportional zu diesem Verdienst bekommen sollten. Da diese Definition noch offen läßt, wem was zukommt, können die zugrundeliegenden, vorausgesetzten Rechte, das Verdienst oder die Würdigkeit dabei durchaus ungleich sein – und sind es für Platon und Aristoteles auch.[40]

Aber damit wird dieses Prinzip noch nicht notwendig zu einem Grundsatz nur für antiegalitäre Auffassungen; vielmehr sollten auch egalitäre Auffassungen diesen Grundsatz vereinnahmen. Aristoteles' Auffassung der Gerechtigkeit als proportionaler Gleichheit enthält eine grundlegende Einsicht: Proportionale Gleichheit gibt einen Argumentationsrahmen vor, innerhalb dessen eine rationale Auseinandersetzung zwischen egalitären und nonegalitären Gerechtigkeitskonzeptionen darüber möglich ist, was die Angemessenheit der

40 Platon und Aristoteles verstehen *gleiche Berücksichtigung* in einem bestimmten Sinn der Formel des Ulpian: ›Suum cuique tribuere‹. Ungleiche Berücksichtigung der Rechte verschiedener Personen würde bedeuten, daß nicht jedem zugeteilt würde, was ihm zusteht.

Gleichheit ausmacht.[41] Beide Seiten akzeptieren Gerechtigkeit als proportionale Gleichheit. Die Auseinandersetzung zwischen den beiden Lagern muß, dies macht Aristoteles' Analyse deutlich, eine darüber sein, anhand welcher Merkmale wir entscheiden, ob zwei Personen in für Verteilungsfragen relevanter Weise als gleich oder ungleich zu betrachten sind.

Halten wir fest: Die bisherigen Erläuterungen haben gezeigt, daß eine adäquate begriffliche Analyse des Gerechtigkeitsbegriffs nicht umhinkommt, auf Gleichheit, zumindest im Sinn der beiden formalen Gleichheitsprinzipien, zurückzugreifen. Gerechtigkeit hat also als notwendige Bedingung proportionale Gleichheit zu erfüllen, die ja den Grundsatz ›Gleiches gleich behandeln‹ in sich enthält. Gerechtigkeit verlangt, Gleiches gleich und Ungleiches proportional zu behandeln. Insofern sind Gerechtigkeit und Gleichheit schon auf der formalen Ebene der reinen Begriffsexplikation verknüpft. Gerechtigkeit läßt sich nicht ohne diese Gleichheitsprinzipien erklären; die Gleichheitsprinzipien erhalten ihre normative Bedeutung nur in ihrer Rolle als Gerechtigkeitsprinzipien. Gleichheit ist hier kein eigenes Ziel oder ein Wert für sich, sondern in Form der zwei Prinzipien schlicht notwendiger Bestandteil des Gerechtigkeitsbegriffs. Der Aristotelische Grundsatz setzt damit nicht auf umstrittene Weise Gleichheit als Ziel oder intrinsischen Wert voraus.

Proportionale Gleichheit ist eine begriffliche Explikation. Sie muß präzisiert und ihre noch offenen Variablen müssen gefüllt werden. Das formale Postulat bleibt so lange leer, wie unklar ist, wann oder worin zwei oder mehr Fälle bzw. Personen als gleich anzusehen sind. Alle Debatten über die richtige Auffassung von Gerechtigkeit, das heißt darüber, wem was zukommt, können als Kontroversen über die Frage aufgefaßt werden, welche Fälle gleich und welche ungleich und welches die relevanten Fälle sind.[42] Dazu bedarf es

41 Auf diese Bedeutung weist auch W. Hinsch in »Angemessene Gleichheit« (§ 2) hin. – Aristoteles scheint proportionale Gleichheit als eine notwendige und hinreichende Bedingung für Gerechtigkeit anzusehen, hinreichend, weil er nur ein relevantes Maß für die Ungleichheit anerkennt, nämlich moralischen Wert. Das Kriterium, das Aristoteles damit primär betrachtet, erkennen wir heute nicht mehr an (s. den folgenden Abschnitt II.5.). Statt dessen sollten wir andere Kriterien für eine Ungleichverteilung berücksichtigen. Vgl. W. von Leyden, »On Justifying Inequality«, S. 63 f.

42 Das stellt schon Aristoteles in der *Politik* (III. 12, 1282b22) fest. Deshalb ist es einerseits ganz richtig, wenn Gleichheitstheoretiker wie A. Sen (*Inequality Re-*

inhaltlicher, substantieller Gleichheitsprinzipien, auf die nun einzugehen ist. Genauer werden im folgenden expliziert und etabliert: ein substantielles Prinzip der Gleichheit, und zwar die moralische Gleichheit, und statt weiterer substantieller Prinzipien zwei egalitäre Metaprinzipien, nämlich eines, das mit Bezug auf die Methode, und eines, das mit Bezug auf materiale Kriterien inakzeptable Gründe für Ungleichheit aussondert.

## 5. Moralische Gleichheit

Wenden wir uns nun den substantiellen Gleichheitspostulaten zu. Die wichtigste Form substantieller Gleichheit ist die Behauptung der fundamentalen moralischen Gleichwertigkeit aller Personen, nach der zugrundeliegende Rechte und Würdigkeit nicht ungleich sind bzw. sein dürfen.[43] Gegen Platon und Aristoteles hat die Ulpianische Formel ›suum cuique‹ im Laufe der Geschichte den inhaltlich egalitären Sinn angenommen, daß jedem gleiche Würde und jedem gleiche Achtung gebührt. Dies ist die heute weitgehend geteilte Auffassung substantieller, fundamentaler, universalistischer moralischer Gleichheit, die da lautet:

GL-P3: Jede Person hat einen moralischen Anspruch, mit der gleichen Achtung und Rücksicht behandelt zu werden wie jede andere.

Alle Personen sollen trotz deskriptiver Unterschiede in bestimmten relevanten Hinsichten als moralisch gleich betrachtet und als Gleiche behandelt werden, so daß ihnen im wesentlichen gleiche morali-

*examined*, S. 12) betonen, daß es eigentlich nie um die Frage gehe, ob Gleichheit überhaupt relevant sei, sondern immer (nur) darum, *welche Art von Gleichheit*. Andererseits darf nicht übersehen werden, daß es sich zunächst nur um formale Gleichheit im Sinne von Unparteilichkeit und Universalität handelt, die von allen modernen Moralkonzeptionen geteilt wird. Egalitaristen müssen also, um ihre Position zu skizzieren, eine spezifischere, substantielle Konzeption von Gleichheit vorbringen.

43 Bei J.-J. Rousseau findet sich in *Über den Ursprung der Ungleichheit unter den Menschen* der Ausdruck »égalité morale«, den er gegen den der »égalité naturelle/physique« absetzt und der bei ihm die Gleichheit aller als Konstituanten und Teilhaber der volonté générale meint.

sche Rechte und Pflichten zustehen und sie auf dieselbe Weise mit gleicher Achtung und Rücksicht behandelt werden wie jede andere. Das Prinzip, Personen als Gleiche zu behandeln (treating persons as equals), bedeutet nicht dasselbe wie Personen gleich zu behandeln (treating persons equally), führt also zu keinem Anspruch auf einen gleichen Anteil, sondern zum Anspruch, auf dieselbe Weise mit gleicher Achtung und Rücksicht (equal concern and respect) behandelt zu werden wie jeder andere.[44] Dieses ist das moralisch und politisch fundamentale Prinzip moralischer Gleichheit. Es beruht auf einem Grundsatz der gleichen Würde aller Personen, denen damit sowohl gleiche Autonomie als auch ein gleiches basales Interesse an Selbstachtung unterstellt wird. Danach ist jede Person von einem unparteiischen Standpunkt aus als gleiche und autonome Person anzuerkennen.[45]

Diese Vorstellung von der gleichen Achtung gegenüber Personen oder der gleichen Würde aller Personen wird von allen Hauptströmungen der modernen westlichen Kultur als Minimalstandard akzeptiert. Jede konstitutive politische Moral, die wenigstens eine anfängliche Plausibilität beansprucht, muß mit dieser Gleichheits-

44 Zu dieser bekannten Unterscheidung und Formulierung vgl. R. Dworkin, *Bürgerrechte ernstgenommen*, S. 297-302, 370; vgl. J. Rawls, *Gerechtigkeit als Fairneß*, § 7, der lieber von der »Idee der freien und gleichen Personen« spricht – Dworkin will die Auffassung, daß Menschen als Gleiche behandelt werden müssen, allerdings so verstanden wissen, daß sie keine allgemeine Forderung der Moral, sondern eine an den *Staat* darstellt. Vgl. R. Dworkin, »The Roots of Justice«, bes. S. 50; ders., »Justice for Hedgehogs«. Dagegen siehe die Argumentation in Kap. II.5.3.: »Der Bereich der gleichen Achtung« auf S. 171f.

45 ›Behandlung als Gleiche‹ oder ›gleiche Rücksicht und Achtung‹ sind Hilfskonstruktionen, die interpretationsbedürftig sind. Die Rede von der ›Behandlung als Gleiche‹ für sich genommen erklärt wenig, da sich mehrere Möglichkeiten der Konkretisierung und Prozeduralisierung denken lassen; vgl. J. Feinberg, *Social Philosophy*, S. 93. So ist ›Behandlung als Gleiche‹ ein elliptischer Ausdruck, in dem die zweite Stelle der Relation einfach weggelassen wird. Ausgeschrieben müßte es heißen: Alle deskriptiv verschiedenen Personen, die unter diese Norm fallen, sind als Gleiche *in bestimmter Hinsicht* zu behandeln. Diese bestimmten Hinsichten können nun Menschenwürde, Bedürfnisse etc. sein. Auch der Ausdruck ›gleiche Berücksichtigung‹ ist seinerseits zweideutig, wie Tugendhat im *Dialog in Leticia* (S. 79f.) betont: Jemand, der sich in seinen besonderen Ansprüchen übergangen fühlt, sieht sich als ungleich berücksichtigt an. Dies trifft jedoch auch auf eine Person zu, die entsprechend der traditionellen Moral unterstellt, daß ihr ungleiche Würde gebührt, sich bei gleicher Verteilung ungleich berücksichtigt fühlt. Es bedarf also eines Maßstabes für gleiche Berücksichtigung.

vorstellung beginnen. Im postmetaphysischen Zeitalter, nachdem metaphysische, religiöse und traditionelle Auffassungen ihre allgemeine Plausibilität verloren haben, scheint es unmöglich, friedlich eine allgemeine Einigung über gemeinsame politische Anliegen zu erzielen, ohne die Forderung anzuerkennen, daß Personen in diesem fundamentalen Sinn als Gleiche zu behandeln sind. Moralische Gleichheit stellt somit das »egalitäre Plateau« dar, auf dem sich alle gegenwärtigen Theorien bewegen.[46]

Man kann diesen Konsens politisch nicht hoch genug veranschlagen. Auch wenn er eher eine intellektuelle Einigung als gelebte Realität darstellt, so wird sich doch heutzutage keiner mehr trauen, herrschendes Unrecht mit Rückgriff auf eine moralische Ungleichheit unter den Menschen zu rechtfertigen zu versuchen. Auch wenn das Lippenbekenntnisse sein mögen, so setzen sich diejenigen dem Vorwurf eines internen Widerspruchs aus, die Personen augenscheinlich als moralisch ungleich ansehen und behandeln. Um diesem Selbstwiderspruch zu entgehen, können die Beschuldigten nur noch versuchen zu ›beweisen‹, daß die ihnen vorgeworfene Praxis mit moralischer Gleichheit doch vereinbar ist oder sogar von ihr gefordert wird. Die Beweislast liegt dann bei ihnen. Eine zweite logische Möglichkeit, die darin bestünde, die moralische Gleichheit explizit zu bestreiten, ergreift heute keiner mehr, da dies den Ausschluß aus der moralischen Gemeinschaft bedeuten würde. Insofern hat die Idee moralischer Gleichheit wirkmächtige politisch-moralische Kraft entwickelt.

Über die Feststellung des faktischen Konsens hinaus wäre es wünschenswert, auch etwas zur philosophischen Begründung moralischer Gleichheit und deren Extension sagen zu können.[47] Diese Fragen fallen mit denen nach Begründung und Ausdehnung der Moral der gleichen Achtung zusammen. Das muß einen, was die Antwortmöglichkeiten betrifft, skeptisch stimmen: Bezüglich der Grundlagen unserer Moral herrscht trotz langanhaltender Debatten wenig Einigkeit. Moralische Gleichheit ist so basal für unsere Moral, wie

46 Vgl. W. Kymlicka, *Politische Philosophie heute*, S. 5. Die Letztbegründungsfrage bleibt mit dieser Feststellung einer weitgehenden Übereinstimmung erklärtermaßen offen.

47 Das bestreitet K. Nielsen in »On Not Needing to Justify Equality«, wo er eine Verteidigung moralischer Gleichheit allein mit Hilfe der Methode des weiten Überlegungsgleichgewichts durchführen zu können glaubt.

ihre Bedeutung unscharf ist. Insbesondere vier Aspekte sollen hier näher analysiert werden: Mit Bezug auf welche Eigenschaften wird für wen moralische Gleichheit behauptet? (5.1) Wie läßt sich moralische Gleichheit begründen? (5.2.) Was beinhaltet moralische Gleichheit genauer bzw. was läßt sich aus ihr ableiten? (5.3.) Für welchen Bereich gilt das Prinzip moralischer Gleichheit? (5.4.)

## *5.1. Der Bezug moralischer Gleichheit*

Moralische Gleichheit fordert gleiche Achtung und Rücksicht – jedoch mit Bezug worauf und für wen? Um Mißverständnisse zu vermeiden und die Frage nach der Extension hier ein Stück weit offen lassen zu können, folge ich dem philosophischen Usus und gebrauche den Terminus ›Person‹ für die Mitglieder der moralischen Gemeinschaft.[48] So lautet die Frage nun: Worauf beruht die moralische Gleichheit von Personen?

Zunächst einmal könnte man naiv annehmen, moralische Gleichheit beruhe auf einer *deskriptiven Gleichheit* von Personen. Von Kritikern der Gleichheit wird gelegentlich auch unterstellt, moralische Gleichheit solle auf deskriptiver Gleichheit beruhen, was dann den Grund der Kritik abgibt. Deshalb ist es wichtig zu betonen, daß moralische Gleichheit nicht *ohne weiteres alleine* auf empirisch-deskriptiven Tatsachenbehauptungen beruhen kann. Auf welchen deskriptiven Tatsachen könnte moralische Gleichheit beruhen? Zur Beantwortung dieser Frage, muß man zunächst zwei Unterscheidungen berücksichtigen:[49] (a) diejenige zwischen der (Un-)Gleichheit der ›natürlichen‹ Eigenschaften der Individuen und der (Un-)Gleichheit ihrer sozialen Lage; (b) die Unterscheidung zwischen den (Un-)Gleichheiten, welche nicht sozial bewertet werden, und solchen, bei denen eine soziale Bewertung stattfindet. Die These moralischer Gleichheit könnte man allenfalls auf der sozial bewerteten

48 Umgangssprachlich werden die beiden Termini ›Mensch‹ und ›Person‹ oft gleich gebraucht, obschon es sich bei ›Person‹ um einen terminus technicus handelt, der allerdings Ähnlichkeit zum umgangssprachlichen Gebrauch des Wortes behält. Vgl. J. Feinberg, »The Problem of Personhood«; M. Goodman (Hg.), *What is a Person?*

49 Vgl. R. Dahrendorf, *Über den Ursprung der Ungleichheit unter den Menschen*, S. 8; V. Bader, A. Benschop, *Ungleichheiten*, S. 39f.

Gleichheit ›natürlicher‹ Eigenschaften der Individuen zu fundieren suchen. Soziale (Un-)Gleichheiten sind eindeutig das Produkt menschlichen Einflusses, also menschengemacht und veränderbar; sie können deshalb keine ursprüngliche (Un-)Gleichheit aller Personen begründen. Zu diesem Zweck könnten höchstens ›natürliche‹ Eigenschaften in Frage kommen, die alle physiologisch-biologischen Gemeinsamkeiten zwischen Personen umfassen, wie (i) erbliche, das heißt genetisch bestimmte Merkmale wie Geschlecht (sex im Unterschied zu gender) und Hautfarbe, (ii) angeborene nichterbliche Merkmale, wie das Vorhandensein oder Fehlen von körperlichen oder geistigen Behinderungen, (iii) individuell erworbene körperliche, seelische und geistige Kompetenzen oder Behinderungen. Versuche, Gleichheit(en) zwischen Menschen unter Hinweis auf ›natürliche‹ Gemeinsamkeiten bzw. Unterschiede zu fundieren, schlagen in dem Maße fehl, in dem sich diese ›natürlichen‹ Gemeinsamkeiten bzw. Unterschiede als Ergebnis sozialer Gleichheit bzw. Ungleichheit aufweisen lassen. Als jene rein ›natürlichen‹ Merkmale, hinsichtlich deren Personen einander gleichen, werden gewöhnlich vor allem genannt, daß sie zur Gattung Homo sapiens gehören, Bewußtsein besitzen sowie die Fähigkeit zu Sprache, zu Selbstbewußtsein, zu Vernunft und Verständnis, zum rationalen auf Zukunft bezogenen Planen, zur Befolgung von eigenen Plänen, zum Werkzeuggebrauch, zum gesellschaftlichen Leben sowie zu Schmerzen, Zuneigung und Enttäuschung.[50]

Ein Verdacht gegen eine solche empirisch-deskriptive Behauptung ›natürlicher‹ Gleichheit drängt sich unmittelbar auf: Die Behauptung ist allem Anschein nach empirisch falsch. Es lassen sich rein empirisch so gut wie keine entsprechenden relevanten Eigenschaften ausmachen, die allen in genau dem gleichen Maße zukommen. Menschen unterscheiden sich voneinander zumindest graduell in fast jeder Hinsicht. Wenn man diese Unterschiede ›Ungleichheiten‹ nennen kann, dann ist kein Individuum dem anderen gleich. Die genannten ›natürlichen‹ Merkmale sind Fähigkeiten. Man kann sie in unterschiedlichem Ausmaß besitzen; meist hängt das von den eigenen Bemühungen durch Ausbildung und Training ab. Das da-

50 So vertritt B. Williams in »Der Gleichheitsgedanke« (S. 369) die These, daß die Behauptung, daß Menschen einander im Hinblick auf diese Merkmale gleichen, unbestreitbar und (vielleicht) sogar eine notwendige Wahrheit, aber keineswegs trivial sei.

mit beschriebene Problem der Graduierbarkeit bedroht die Gleichheit.

Abgesehen davon spielt bei solchen Fundierungsversuchen eine größere Rolle als das bloße Faktum der ›natürlichen‹ Gleichheit dessen Relevanz und Bewertung. Deskriptive (Un-)Gleichheiten können für das Argument nur dann bedeutsam sein, wenn sie als relevant und wichtig bewertet werden. Demgemäß werden die genannten Gemeinsamkeiten nicht nur als allgemein, sondern auch als moralisch fundierend angesehen. Mit dem Bezug auf Bewertungskriterien bewegt man sich allerdings im normativen Raum. Ansonsten läge bei einer empirischen Begründungsstrategie ein naturalistischer Fehlschluß vor, wenn das Argument nur lautete: Weil Menschen alle dasselbe natürliche Kriterium erfüllen, müssen sie gleich behandelt werden. Wegen der logischen Kluft zwischen ›Sein‹ und ›Sollen‹ kann aus einer faktischen Charakterisierung von Menschen keine Begründung für eine moralische Forderung nach Gleichbehandlung abgeleitet werden.[51] Die Argumentationslast kann in diesem Zusammenhang nur von der Behauptung getragen werden, daß die empirisch ausgemachte(n) natürliche(n) Eigenschaft(en), die alle Menschen haben sollen, *moralisch relevant* ist bzw. sind. Das ist ein moralisches, ein normatives, kein empirisches Argument. Damit ist man unweigerlich von der deskriptiven auf die normative Ebene übergegangen.

Moralische Gleichheit ist also *präskriptiv* zu verstehen, das heißt als normative Forderung. Damit wird einer bestimmten Art von Wesen ein moralischer Status *zugeschrieben*, das heißt, sie werden für wert erachtet, mit Achtung und gleicher Rücksicht behandelt zu werden. Alle Charakteristika außer denen, die den moralischen Status konstituieren, sind demgegenüber höchstens von zweitrangiger Bedeutung, also nicht hinreichend bedeutend genug, um die Art unseres grundlegenden moralischen Umgangs festzulegen. Deshalb besagt das Prinzip moralischer Gleichheit auch, daß alle Personen trotz aller Differenzen in ihrer natürlichen Ausstattung gleich zu berücksichtigen sind.

Auch dieses präskriptive Verständnis des moralischen Gleichheitsprinzips muß allerdings eine festgelegte Extension haben und

51 Vgl. K. Popper, *Die offene Gesellschaft und ihre Feinde*, Bd. 1, S. 96f., und nuancierter K. Nielsen, *Equality and Liberty: A Defence of Radical Egalitarianism*, S. 24-38, 67.

gewinnt diese durch die Unterscheidung zwischen Personen und anderen Lebewesen oder Objekten. Die Forderung nach Behandlung aller Personen als Gleiche kann nicht erhoben werden, ohne allen Personen wenigstens im Prinzip eine fundamental deskriptive Gleichheit ihrer natürlichen Konstitution zuzuschreiben.[52] Selbst wenn Gleichheit präskriptiv verstanden wird, so muß sich diese normative Forderung doch wiederum auf Wesen beziehen, die durch gleiche Eigenschaften zu Mitgliedern der Gruppe der Personen werden, auf die sich das Prinzip moralischer Gleichheit bezieht. Wenn es also heißt, »Alle Personen sind gleich«, so meint man damit nicht nur präskriptiv, daß alle Personen gleich behandelt werden sollen, sondern auch deskriptiv, daß unterstellt werden kann, daß sie trotz vielfältiger Unterschiede im relevant gleichen Maße mit bestimmten basalen Eigenschaften oder Fähigkeiten oder Bedürfnissen ausgestattet sind, die sie als Personen von anderen Wesen ohne Rechte unterscheiden.[53]

Wie ist die Extension moralischer Gleichheit näher zu bestimmen? Oft wird moralische Gleichheit auf alle Menschen bezogen, also auf Personen, die Mitglieder der Gattung Homo sapiens sind. Versteht man dies rein biologistisch, so daß alle Angehörigen der Gattung Homo sapiens moralisch gleich zu behandeln sind, setzt man sich dem Vorwurf des Speziezismus aus.[54] Moralische Gleichheit von der biologischen Gattung abhängig zu machen, führt zwangsläufig zu einem naturalistischen Fehlschluß. Es muß vielmehr mindestens ein moralisch *relevantes* Merkmal angegeben werden können, das die Wesen, die diese Eigenschaft haben und deren Gruppe gegebenenfalls extensionsgleich mit der biologischen Gattung Mensch ist, zu Trägern moralischer Gleichheit werden lassen. Und warum sollte die Gattungszugehörigkeit allein ein moralisch relevantes Kriterium sein? Zumal wir intuitiv bei einigen Mitglie-

52 Vgl. L. Hobhouse, *The Elements of Social Justice*, S. 105; A. Gutmann, *Liberal Equality*, S. 46f.

53 Vgl. D. Raphael, *Problems of Political Philosophy*, S. 185f. Eine Alternative wäre G. Vlastos' bekannter Versuch in »Justice and Equality«, die Gleichheit der Menschen mittels der nicht graduierbaren Eigenschaft der Würde zu begründen. Dies muß scheitern, weil Würde keine Eigenschaft der Personen ist, sondern ein Sammelbegriff für unsere Einstellungen ihnen gegenüber. Deswegen kann so auch weder die Extension von moralischer Gleichheit noch von menschlicher Würde bestimmt werden. Vgl. den Abschnitt »Würde« in Kap. II.5.3.

54 Vgl. P. Singer, *Praktische Ethik*, Kap. 3.: »Gleichheit für Tiere?«.

dern der Gattung Homo sapiens Zweifel haben mögen, ob wir ihnen gegenüber schon oder noch alle moralischen Pflichten im vollen Umfang haben, wie zum Beispiel bei Zygoten oder dauerhaft Komatösen. Es ist durchaus möglich und wird auch als Position vertreten, daß einige Mitglieder der Gattung Homo sapiens keine vollwertigen Mitglieder der moralischen Gemeinschaft sind. Gattungszugehörigkeit kann also kein hinreichendes Kriterium sein – auch kein notwendiges, weil es denkbar ist, daß es andere intelligente Wesen gibt (außerirdische Lebensformen, höhere Tiere oder Engel), die moralische Personen sein können, ohne zur biologischen Gattung Homo sapiens zu gehören. Um den Vorwurf des Speziezismus zu vermeiden, muß es möglich sein, daß andere Wesen außer Menschen Personen sind. Welche das sind, ist dann eine empirische Frage, sobald man mindestens ein klares Kriterium für Personalität hat.

Moralische Gleichheit von Personen muß sich statt biologistisch über einen Katalog von Merkmalen bestimmen lassen. Die relevanten Merkmale, über die moralische Gleichheit superveniert, sind zum Teil natürliche, zum Teil ›metaphysische‹. Sie werden von uns als moralisch bedeutsam ausgemacht, weil wir schon eine spezielle Perspektive auf sie einnehmen.[55] Unsere Überzeugung von moralischer Gleichheit gibt einem Cluster von menschlichen Charakteristika, die für sich genommen zufällig und bedeutungslos scheinen mögen, einen ›Sinn‹. Als relevante Eigenschaft kann es gelten, bestimmte Fähigkeiten zu besitzen, wie Selbstbewußtsein, Autonomie, Rationalität und Emotionalität. Diese Merkmale sind relevant, weil sie die notwendigen Grundlagen dafür liefern, daß die Besitzer dieser Fähigkeiten sich selbst als Personen verstehen und andere als solche achten können. Gerade diese Merkmale als wesentlich anzusehen entspricht unseren wohlüberlegten Urteilen und unserer allgemeinen Auffassung über das Personsein: wie wir einander begegnen – eine Art der Begegnung, die aufs engste verknüpft ist mit der Art, wie wir uns verstehen –, macht aus, daß wir Personen sind. Ohne einen Personenbegriff, der unser Selbstverständnis artikuliert und den wir uns wechselseitig zuzugestehen bereit sind, wird man wohl nicht auskommen. Die Idee der moralischen Gleichheit ist eingebettet in ein Netz von Meinungen darüber, was Personen von

55 Diesen Punkt, allerdings nicht in bezug auf moralische Gleichheit, macht J. McDowell, »Non-Cognitivism and Rule-Following«, S. 144.

anderen Lebewesen und unbelebten Objekten unterscheidet und warum diese Unterschiede so großes moralisches Gewicht haben. Die genannten Merkmale sind geeignet, weit geteilte wohlüberlegte Urteile über Rechte und Pflichten verständlich zu machen, denn sie sind das, was wir achten und worauf wir Rücksicht nehmen, wenn wir Personen als Gleiche moralisch behandeln.

Man kann die charakteristischen Merkmale ermitteln, wenn man sich klar macht, welche Fähigkeiten ein Wesen als Bedingung besitzen muß, damit wir ihm diejenigen Rechte und Pflichten, die zum allseits geteilten Kern unserer Moral gehören, zuschreiben können. Der Zusammenhang von Moral und bestimmten personalen Fähigkeiten läßt sich an folgendem Stufenmodell erläutern:

Zum ersten: Wesen, die keine Gefühle haben, keinen Schmerz, keine Angst und Verzweifelung spüren, sind nicht leidensfähig. Es kann ihnen daher kein Leid zugefügt werden. *Schmerzempfinden* und *Leidensfähigkeit* sind also die Bedingungen der ersten Stufe, die Wesen erfüllen müssen, um moralisch behandelt zu werden, nämlich so, daß ihnen nicht ohne besonderen Grund Schmerz und Leid zugefügt wird. Dies entspricht unserer moralischen Intuition. Andererseits kann einer Klasse von Wesen, die lediglich diese Fähigkeiten haben, kaum genau der gleiche moralische Status zugesprochen werden wie Personen, deren Fähigkeiten höherstufig sind.

Zum zweiten: Nur Wesen, die einen Begriff und eine Vorstellung von ihrer eigenen Zukunft haben, die fähig sind, eine Konzeption des guten Lebens für sich zu entwickeln und ihr zu folgen, was beinhaltet, daß sie in der Lage sind, in gewisser Weise zu planen und diese Pläne normalerweise auch ausführen zu können, haben ein eigenständiges Recht zu Leben. Wesen, die keinen Zukunftsbezug kennen, nimmt man nichts, wenn man sie schmerzlos tötet. Etwas kann nur einen (moralischen) Wert haben, wenn es für jemanden einen (persönlichen) Wert hat. Für Wesen ohne Zukunftsvorstellung kann das eigene Leben keinen persönlichen Wert bilden.[56] Sofern sie kein entwickeltes Bewußtsein haben, haben sie keine in die Zukunft gerichteten Wünsche und die dafür notwendigen Vorstellungen von zukünftigen Zuständen. Dieser Zukunftsbezug stellt aber die moralisch relevante Grundlage für das Tötungsverbot dar. (Selbst schmerzloses) Töten ist moralisch verboten, wenn und weil

56 Vgl. E. Tugendhat et al., *Wie sollen wir handeln?*, Kap. 1.

es die gewichtigen Interessen der Betreffenden verletzt. Ein *bewußter Zukunftsbezug* ist die Fähigkeit der zweiten Stufe für Wesen, die so moralisch zu behandeln sind, daß ihr Recht auf Leben und weitere damit zusammenhängende Rechte respektiert werden.

Zum dritten: Freiheit und Selbstbestimmung haben nur einen Sinn für Wesen, die über Selbstbewußtsein und einen Sinn für und ein Streben nach Autonomie verfügen.[57] Die Fähigkeit zu und das Bedürfnis nach Autonomie fungieren dabei auch als Basis des Selbstwertgefühls. Sie bilden zudem die Grundlage der für Gerechtigkeit zentralen Verantwortlichkeit. *Autonomie* (die Selbstbewußtsein einschließt) stellt aus diesen Gründen die Fähigkeit der dritten Stufe für Wesen dar, die deshalb moralisch so zu behandeln sind, daß ihre Interessen bei der Ermittlung des moralisch Erlaubten berücksichtigt werden müssen. Personen müssen diese Fähigkeit entwickeln und ausüben, um wirklich unabhängig und frei zu sein. Autonomie im vollen Sinne ist deshalb keine reine Naturanlage, sondern auch eine Aufgabe (ein Gebot der Vernunft).[58]

Zum vierten: Nur Wesen, die sich selbst als volle Mitglieder in der moralischen Gemeinschaft begreifen, die also nicht nur selbst gut behandelt werden möchten, sondern mit anderen friedlich, kooperativ und moralisch zusammenleben wollen, und deshalb moralische Normen, die das Zusammenleben moralisch und gerecht gestalten, mit allen anderen zusammen zu ermitteln suchen – nur bei solchen Wesen macht die Vorstellung von Reziprozität Sinn, die Vorstellung also, daß man ihnen etwas schuldet, so wie sie einem etwas schulden. Nicht nur Interessen zu haben, sondern auch von ihnen absehen zu können, ist das, was Personen kennzeichnet. Dies entspricht Kants bekannter Auffassung, daß die Würde des Menschen in seiner *moralischen Autonomie* begründet liegt: »Und so war der Mensch in eine Gleichheit mit allen vernünftigen Wesen, von welchem Range sie auch sein mögen, getreten: nämlich, in Anse-

57 Unter Autonomie verstehe ich nicht einen engen Begriff, wie er im Anschluß an Kant (z. B. von Habermas) gebraucht wird, sondern einen weiten Begriff personaler Autonomie im Sinne einer generellen personalen Selbstbestimmung darüber, wie man sein Leben leben will.

58 H. Frankfurts Charakterisierung von Personen in »Willensfreiheit und der Begriff der Person« als Wesen, die Wünsche zweiter Ordnung haben, hilft anzugeben, was die Kriterien dafür sind, eine Person autonom und vernünftig zu nennen. Für eine solche Beschreibung vgl. S. Gosepath, *Aufgeklärtes Eigeninteresse*, Kap. VII.2., S. 346ff.

hung des Anspruchs, selbst Zweck zu sein, von jedem anderen auch als ein solcher geschätzt und von keinem als bloßes Mittel zu anderen Zwecken gebraucht zu werden. Hierin [...] steckt der Grund der so unbeschränkten Gleichheit des Menschen.«[59] Diese umfaßt nicht nur die Fähigkeit, sich selbst nach seiner eigenen Konzeption des Guten Zwecke zu setzen, sondern auch die Fähigkeit, die Wahl der eigenen Ziele und die darauf gerichteten Handlungen durch das, was die Moral verlangt, steuern zu können, sich also selbst ein Gesetz zu geben. Nur mit diesem Kriterium der vierten Stufe erreicht man jene nicht unübliche Vorstellung von der Moral als desjenigen, was wir uns wechselseitig mit Gründen zuzugestehen bereit und schuldig sind. Nur Wesen, die diesen Sinn für Moral haben, können auch selbst aus Einsicht Verpflichtungen übernehmen. Das können nur Wesen, die die Fähigkeit besitzen, ihre Behandlung als angemessen oder unangemessen, als gerecht oder ungerecht zu beurteilen.[60] Nur dann können unsere moralischen Sanktionen, wie Schuld, Empörung oder Tadel, greifen, andernfalls machten sie keinen Sinn. Eine moralische Einstellung ist die vierte und höchste Fähigkeit, die Wesen erfüllen müssen, um Vollmitglieder in einer Gemeinschaft von sich wechselseitig als moralisch achtenden und behandelnden Personen zu sein. Personen haben also – und das ist gerade für die Gerechtigkeitsperspektive wesentlich – einen Sinn für Moral und Gerechtigkeit; sie haben deshalb selbst nicht nur moralische Rechte, sondern auch entsprechende Pflichten anderen gegenüber. Das moralische Verhältnis unter Personen ist also symmetrisch; die Mitglieder dieser Klasse schreiben sich wechselseitig Rechte und Pflichten zu; nur Personen sind moralisch Handelnde und Adressaten der Moral zugleich.

Diese Abstufung entspricht meiner Meinung nach am besten unseren wohlüberlegten Urteilen, warum wir gegenüber anderen moralische Pflichten haben. Diesem vierstufigen Merkmalskatalog scheinen jedoch einige Nachteile zu eignen, die es zu diskutieren gilt. Weil es bestimmte mentale und kognitive Leistungen als konstitutiv für das Personsein ansetzt, hat das Vierstufenmodell den offensichtlichen Nachteil, mit unseren weitverbreiteten Intuitionen bezüglich Föten, Kleinstkindern und schwerstbehinderten Menschen nicht übereinzustimmen. Diese Wesen erfüllen höchstens die Be-

59 I. Kant, *Mutmaßlicher Anfang der Menschengeschichte*, S. 114.
60 G. Cupit, *Justice as Fittingness*, S. 16-18.

dingungen der ersten Stufe, ob sie die Fähigkeiten der zweiten Stufe besitzen, ist schon fraglich; klarerweise besitzen sie nicht die für die dritte und vierte Stufe notwendigen Fähigkeiten. Es kann allerdings auch als ein Vorteil des Stufenmodells angesehen werden, Abstufungen des moralischen Status zuzulassen und erklären zu können. Diese Wesen sind somit zwar Mitglieder in der moralischen Gemeinschaft, weil Personen ihnen gegenüber Verpflichtungen haben. Aber sie besitzen keine eigenen Rechte, und die Verpflichtungen ihnen gegenüber haben nicht den gleichen Umfang, denn sie sind keine Vollmitglieder. Dies erscheint vielen kontraintuitiv, weil sie Föten und dauerhaft Komatösen zumindest das Lebensrecht zusprechen.

Der übliche Versuch der Verteidigung dieser verbreiteten Intuition verweist darauf, daß auch diese Wesen die geforderten Fähigkeiten besitzen, sie nur nicht aktualisieren (können).[61] Zwar gebe es – so müßte das Argument lauten – einen Unterschied von realisierten und nicht-realisierten Fähigkeiten, der sich auch in einer moralischen Abstufung widerspiegele, aber der moralische Status einer Person hänge im wesentlichen an dem Vorhandensein der Fähigkeiten als solcher, unabhängig davon, ob diese realisiert werden oder nicht. Man unterscheidet entsprechend zwischen *aktualen Personen* und *potentiellen Personen*, wobei erstere Vollmitglieder in der moralischen Gemeinschaft sind und letztere einen Zwischenstatus zwischen bloßen Dingen und Vollmitgliedern einnehmen, der je nach dem Grad der Realisation der nötigen Fähigkeiten variieren kann. Dieses Argument greift natürlich nur bei Föten und Kleinstkindern, nicht etwa bei stark Geisteskranken und dauerhaft Komatösen, kann also nicht für die verbreiteten Intuitionen bezüglich dieser Menschen aufkommen. Die Schwierigkeiten dieser Argumentationsstrategie liegen offen zu Tage: Wer zählt als potentielle Person, wenn dies ein gradueller Begriff ist? Es ist schwierig bis willkürlich, eine Grenze zu ziehen – zum Beispiel zwischen einem Sperma, aus dem bei entsprechendem Lauf der Dinge ein Fötus und später dann ein erwachsener Mensch und eine Person werden könnte, und einer befruchteten eingenisteten Eizelle. Warum gilt fast allen das Sperma nicht als potentielle Person, die befruchtete Eizelle hingegen schon? Eine andere Frage ist, warum wir die bloßen Möglichkeiten als solche schätzen sollten. Schon im für die Argumentation günstigsten

61 Alternativ wird an dieser Stelle oft auch mit dem schon zurückgewiesenen speziezistischen Argument operiert, so z. B. von R. Spaemann in *Personen*.

Fall, daß ein Wesen die Fähigkeit in seiner ganzen Potentialität schon besitzt, aber erst noch durch biologisches Wachstum und Sozialisation entwickeln muß, wie ein Fötus zum Beispiel Selbstbewußtsein, Autonomie und einen Sinn für Moral entwickeln muß, ist es unklar, warum diese Potentialität allein dem Wesen schon die gleichen Rechte (ganz zu schweigen von den gleichen Pflichten) wie aktualen Personen zuweisen soll. Der zukünftige König von England, der Prinz, hat ja auch nicht die gleichen Rechte wie der heutige König bzw. die heutige Königin, auch wenn wir wissen, daß er – bei normalem zu erwartendem Verlauf der Dinge – einmal der König sein wird. Aus gutem Grund gewähren wir potentiellen Xen nicht heute schon die Rechte von Xen. Denn wir sprechen Xen besondere Rechte und Pflichten im Unterschied zu allen anderen Wesen zu, gerade weil sie Xe sind – für X = Person muß dasselbe gelten. Potentielle Personen haben nicht dieselben Rechte wie aktuale Personen, nur weil sie einmal Personen werden (könnten). Gerade wenn die Möglichkeit noch offen ist, ob sich eine Person daraus entwickeln wird, verliert das Potentialitätsargument alle Plausibilität.

Haben nicht realisierte Möglichkeiten unabhängig von ihrer Potentialität als ›schlummernde‹ Möglichkeiten moralisches Gewicht? Man könnte an einen schlafenden Erwachsenen denken, der im wachen Zustand die Fähigkeiten aller vier Stufen besitzt. Warum besitzt diese Person unserer Meinung nach auch im Schlaf den vollen moralischen Status und Schutz? Dieser Person kommt der volle Status nicht wegen ihrer im Moment des Schlafes unrealisierten Möglichkeiten zu, wie es das Argument suggeriert, sondern wegen der im Wachen realisierten vier Fähigkeitsstufen. Diese Fähigkeiten gehen während des Schlafes nicht verloren. Denn dadurch, daß die Person in einem ihr im Moment des Schlafes zwar selbst nicht bewußten, ihr jedoch real zuschreibbaren Bewußtseinszustand Interessen für die Zukunft ausgebildet hat, diese autonom abgewogen hat, deren Umsetzung mit den Interessen anderer moralisch vereinbar geplant hat und diese Interessen tatsächlich durch die Zeit hindurch beibehält, ist sie im Vollbesitz moralischer Autonomie und damit moralischer Rechte und Pflichten. Wir können Schlafenden Wünsche zuschreiben, weil Wunschzuschreibungen zu einem gewissen Grad auf einer Reihe teils konkreter, teils abstrakter Annahmen beruhen. Dies gilt insbesondere für die Annahme, daß Wünsche sich über die Zeit erstrecken, auch wenn die Person sie nicht permanent ›fühlt‹. Solche zeitlichen Invarianzannahmen müssen bei jeder Form der intentionalen Interpretation menschlichen Handelns vorgenommen werden; denn wir können eine Handlung nur als Erfüllung vorausgehender Überlegungen und Intentionen verstehen. Rationale Überlegungen, Wünsche und Intentionen sind auf komplexe Art zeitlich strukturiert. Um zu bestimmen, was eine Person wünscht, muß daher auf einen ganzen Komplex von Absichten, Überlegungen, Gründen und Wünschen über die Zeit hinweg, unabhängig von ihrem manifesten Bewußtseinsstatus, zugegriffen werden. Wir berücksichtigen demnach nicht nur manifeste Wünsche von Personen, sondern den ganzen Komplex von Wünschen und Überzeugungen sowie die rationale Abwägung, die die Person vorgenommen hat, wenn wir ihre Handlungen als autonome interpretieren. In diesem Sinn haben auch Schlafende Interessen und Wünsche, die wir berücksichtigen müssen.

Der Unterschied zwischen realisierten und unrealisierten Fähigkeiten ist also wichtig: Nur erstere sind für die Bestimmung des Umfangs moralischer Gleichheit relevant. Es bedarf daneben eines eigenen zusätzlichen und weitgehend unabhängigen Teilbereichs unserer Moral, der die berechtigten Ansprüche potentieller Personen klärt. In diesem Bereich muß der Intuition Rechnung getragen werden, daß und warum aktuale Personen gegenüber potentiellen Personen bestimmte Pflichten haben. Dazu bieten sich drei Möglichkeiten an. Mit einer instrumentellen Argumentation würde aufgezeigt, was eine bestimmte Behandlung von potentiellen Personen für aktuale Personen bedeutet bzw. bedeuten könnte. Wenn man deontologische Gründe und nicht bloß instrumentelle anführen will, müssen diese im wesentlichen die Ansprüche von potentiellen Personen mit Rekurs auf deren aktuelle Fähigkeiten zu begründen suchen, so zum Beispiel mit deren Leidensfähigkeit, weshalb ihnen nicht ohne besonderen Grund Leid angetan werden darf. Eine dritte Möglichkeit besteht darin, die Kategorie *sozialer Personen* einzuführen. Zu dieser Gruppe gehören potentielle Personen, wie zum Beispiel Kleinstkinder, die von aktualen Personen wie ›Personen im vollen Sinn‹ behandelt werden, auch wenn sie den Kriterienkatalog dafür (noch) nicht erfüllen. Die Zuschreibung des Personenstatus zum Beispiel an Kinder und stark geistig Behinderte beruht in diesen Fällen auf einer rein sozialen Konvention, die den gesellschaftlichen Intuitionen entspricht.

Das Vierstufenmodell hat einen weiteren Nachteil: Es löst das *Graduierungsproblem* selbst bei aktualen Fähigkeiten nicht. Es bleiben mangels besserer Alternativen zwei Lösungsmöglichkeiten bzw. eine Kombination beider. Zum einen kann ein *Schwellenkriterium* eingeführt werden, so daß Autonomie und Gerechtigkeitssinn den Status von Bereichseigenschaften annehmen. Eine Bereichseigenschaft haben Gegenstände per definitionem, wenn ein genereller Terminus auf sie zutrifft (so zum Beispiel Punkte, die in einem Kreis liegen: Wenn sie in dem Kreis liegen, erfüllen sie alle die Eigenschaft ›im Inneren des Einheitskreises zu liegen‹ in gleichem Maße, auch wenn sie unterschiedliche Koordinaten haben).[62] Die Idee einer Schwelle, oberhalb derer alle Personen in ihrem moralischen Status gleich sind, wirft die Frage ihrer Identifikation und Rechtfertigung auf. Es darf nicht ignoriert werden, daß Autonomie und Gerechtigkeitssinn zwischen den Menschen und diachron sogar bei ein und derselben Person variieren können, und daß das Ausmaß, in dem Individuen Autonomie und einen Sinn für Moral besitzen, im Alltag eine moralisch nicht unbedeutende Rolle spielt. Es scheint prima facie moralisch kontraintuitiv, daß es für unseren Umgang mit anderen irrelevant sein soll, in welchem Maße Personen die konstante Fähigkeit und Disposition haben, vernünftig und gerecht zu sein und sein zu wollen. Generell besehen besteht die Schwierigkeit also immer darin, Gründe angeben zu können, warum eine Schwelle so und nicht anders definiert wird, das heißt, warum sowohl Eigenschaften unterhalb der Schwelle als auch Unterschiede oberhalb der Schwelle irrelevant für den moralischen Status sein sollen. Diese Schwierigkeit muß nicht unüberwindbar sein. Schließlich unterminiert bekanntlich nicht jede Variation Ähnlichkeit bzw. Gleichheit. Wie präzise wir sein sollten, hängt von dem Zweck des Vergleichs ab. Hier ist der Zweck des Vergleichs, Eigenschaften zu finden, derentwegen wir Personen als Gleiche behandeln sollten. Dazu müssen Personen diese Eigenschaften nicht notwendig in gleichem Maße besitzen. Moralische Gleichheit behauptet hier nur, daß alle Personen in gleicher Weise, aber nicht in gleichem Maße über die relevanten Eigenschaften verfügen. Für die Eigenschaft der Schmerzempfindung ist das beispielsweise plausibel: Ein Mensch kann Schmerz empfinden, genauso wie jeder andere – nicht genauso viel, genauso

62 Vgl. J. Rawls, *Eine Theorie der Gerechtigkeit*, § 77, bes. S. 551.

sensibel wie jeder andere, aber diese Differenzen sind irrelevant für den Zweck.[63] Das gilt jedoch nicht in gleichem Maße für alle anderen Eigenschaften.

Als zweite Lösungsstrategie bietet sich eine Deflationierung durch Prozeduralisierung an. Man sollte die Suche nach einer irgendwie gearteten natürlichen Basis der moralischen Gleichheit nicht überbewerten. Statt dessen bietet es sich an, für moralische Gleichheit ein *Rechtfertigungsprinzip* einzusetzen. Die Frage, wem gegenüber Rechtfertigung geschuldet wird, ist selbst eine Frage, die mittels des Rechtfertigungsprinzips zu klären ist. Unterschiede in der Behandlung von Wesen müssen auf moralisch relevanten und hinreichenden Gründen basieren, die entweder auf Unterschieden zwischen den Wesen gründen oder auf anderen Überlegungen. Das Rechtfertigungsprinzip enthebt einen nicht davon, eine Bereichseigenschaft anzugeben, um festzulegen, wem gegenüber aktualiter Rechenschaft geschuldet wird und wem gegenüber nur im Modus der Vertretung durch andere Vollmitglieder der moralischen Gemeinschaft, weil diese Wesen nicht für sich selbst argumentieren können. Diese und andere Schwellen sind selbst mittels des Rechtfertigungsprinzips zu begründen. Durch diese Prozeduralisierung kann die Angabe der genauen Schwellenwerte als eine wichtige, aber auf der Ebene der Prinzipiendiskussion nicht zu lösende Aufgabe offen bleiben. Zu dieser Rechtfertigungsprozedur kommt dann zusätzlich als weitere Komponente eine substantielle Präsumtion der Gleichbehandlung, solange keine hinreichend guten Gründe für eine Ungleichbehandlung vorliegen. Selbst wenn Personen in vielen ihrer Fähigkeiten, Bedürfnisse und Interessen differieren, also deskriptiv ungleich sind, so unterstellen wir ihnen nichtsdestotrotz, bestimmte zentrale Fähigkeiten und Bedürfnisse alle gleichermaßen zu besitzen, um präskriptiv als moralisch Gleiche eingestuft werden zu können.

Meine Suche nach einer natürlichen Grundlage für die moralische Gleichheit in diesem Abschnitt hat zu einem eher enttäuschenden Ergebnis geführt, was vielleicht nicht allzu überraschend ist. Es ist zu bezweifeln, daß der Begriff der ›Person‹ eine Klasse von Wesen herausgreift, allein aufgrund geteilter deskriptiver Charakteristika, die man auch ohne unsere normative Überzeugung hinsichtlich

63 Vgl. J. Wilson, *Equality*, S. 81 ff.

moralischer Gleichheit verstehen kann. Ein Bezug auf gewisse Eigenschaften scheint für die Bestimmung der Extension der moralischen Gleichheit jedoch unvermeidlich. Diese in einem Vierstufenmodell dargestellten, für moralische Gleichheit relevanten Fähigkeiten und Bedürfnisse, nämlich Leidensfähigkeit, bewußter Zukunftsbezug, Autonomie und Sinn für Moral, werden durch unser Selbstverständnis als Personen präskriptiv ausgezeichnet. Entsprechend wurde in diesem Abschnitt versucht, unsere wohlüberlegten Überzeugungen hinsichtlich moralischer Gleichheit mit den Kriterien für einen moralischen Personenbegriff in Übereinstimmung zu bringen. Diese Eigenschaften treten aber graduiert auf und variieren in ihrem Ausmaß zwischen den Individuen, und zwar auf eine Weise, die moralisch relevant sein könnte. Auf der Ebene der Prinzipiendiskussion sind diese substantiellen moralischen Fragen nicht ohne weiteres beantwortbar, aber was den Gang dieser Untersuchung angeht, läßt sich das vielleicht vernachlässigen. Auf der Ebene der Prinzipiendiskussion ist vielmehr entscheidend, daß die präskriptive Interpretation moralischer Gleichheit ergänzt werden kann und muß durch zwei weitere Prinzipien. Es ist diese Doppelstrategie, der ich im weiteren folgen werde. Das universalistische Moralprinzip der moralischen Gleichheit muß durch zwei egalitäre Metaprinzipien, das Rechtfertigungsprinzip und die Präsumtion der Gleichheit, ergänzt bzw. operationalisiert werden. Als nächstes wird das Rechtfertigungsprinzip eingeführt und begründet, sowie negativ – über den Mangel an akzeptablen Begründungen für eine Ungleichberücksichtigung – die moralische Gleichheit. Diese wird sodann als Moral der gleichen Achtung näher spezifiziert. Durch eine Anwendung des Rechtfertigungsprinzips müßten sich die substantiellen Fragen der Moral im Prinzip beantworten lassen. Mit Hilfe des Rechtfertigungsprinzips soll anschließend die Präsumtion der Gleichheit begründet werden.

## *5.2. Argument für eine egalitäre Moral*

Warum sind alle Personen als Gleiche anzusehen? Der Sache nach geht es nun um den Versuch einer ›schwachen‹ Begründung einer egalitären Moralauffassung.

Es handelt sich um eine ›schwache‹ Begründung, weil sie keine strikte Letztbegründung ist und das auch nicht vorgibt. Es werden also angreifbare Voraussetzungen gemacht, die jedoch einigermaßen plausibel sein sollen. Über eine gängige Begrifflichkeit, eine Übereinstimmung mit wohlüberlegten Urteilen im Bezug hauptsächlich auf Einzelfälle, aber auch mittels zusammenhängender und übereinstimmender Prinzipien und einer angemessenen, realistischen Problemdiagnose wird dies zu erreichen versucht.

Mit dem letzten Punkt beziehe ich mich auf die Frage, warum wir uns eigentlich mit Moralbegründung beschäftigen. Die primäre alltäglich-praktische und deshalb auch philosophische Aufgabe liegt in der Klärung des moralischen Standpunktes und mit deren Hilfe in der Gewichtung von Argumenten für oder wider konkrete Handlungen, Regeln und Institutionen. Die Situation scheint mir der in der Erkenntnistheorie zu ähneln, wo zwei Problemebenen zu unterscheiden sind. Die eine betrifft die Frage: Hat der radikale Skeptizismus recht, oder wie kann man ihn widerlegen? Die andere betrifft die Frage: Wie können wir unsere Meinungen rechtfertigen? Diese zweite Frage wird gewöhnlich so verstanden, daß wir annehmen, irgendwie in Kontakt mit der Welt zu stehen, der skeptische Generalzweifel also ausgeschlossen oder zumindest ausgeklammert ist, und von daher gefragt wird, wie man zwischen wahren und falschen, gerechtfertigten und ungerechtfertigten Meinungen, zwischen besseren und schlechteren Rechtfertigungs- und Untersuchungsverfahren unterscheiden kann. In der Moralphilosophie ist meines Erachtens eine ähnliche Ebenenunterscheidung entstanden. Beide Ebenen bzw. beide Fragen sind legitim. Aber der Frage, wie dem epistemischen oder dem moralischen Skeptiker zu begegnen ist, der unseren Kontakt mit der Welt oder die Existenz moralischer Gründe ganz leugnet, ist erstens schwerer zu begegnen, zumindest gibt es hinsichtlich möglicher Antworten kaum Übereinstimmung, und zweitens ist sie lebensweltlich nicht so dringlich. Auch wenn philosophisch weiter nach einer Begründung für die Moral der gleichen Achtung zu fragen ist, so scheint es äußerst bemerkenswert, daß sie als moralische Einstellung heute zumindest als Lippenbekenntnis weitgehend geteilt wird, auch wenn Art und Umfang der Moral strittig sind.

Mit der folgenden im erläuterten Sinn ›schwachen‹ Begründung soll gezeigt werden: Für unseren Begriff von Moral ist das freie, also *zwanglose* wechselseitige Überzeugenkönnen in moralischen Angelegenheiten zentral. Aus diesem Aspekt ergibt sich der Egalitarismus zwingend.[64]

Man sollte zunächst zwei Begriffe von Moral unterscheiden:

A. Zum einen einen formalen Vorbegriff von Moral, wie ihn ein Ethnologe verwenden müßte, wollte er untersuchen, ob eine fremde Kultur überhaupt so etwas wie eine Moral hat. Der formale Vorbegriff kann bestimmt werden mittels:[65]

(a) einer besonderen Wichtigkeit der Prinzipien, die man oft gegen Emotionen oder sozialen Druck verteidigt und deren Befolgung von allen geteilte lebenswichtige Interessen sichert;
(b) Immunität gegenüber einem absichtlichen Wechsel der Prinzipien durch bloße (kollektive) Entscheidungen oder Wollensakte;
(c) Absichtlichkeit und Verantwortbarkeit derjenigen Handlungen, die Gegenstand von moralischer Verurteilung sein können;
(d) einer besondere Form des moralischen Drucks: Bei Moral handelt es sich um ein System wechselseitiger Forderungen. Der besondere Druck besteht nie nur in äußeren Sanktionen, sondern vielmehr immer auch in den für Moral spezifischen inneren Sanktionen durch moralische Gefühle von Schuld und Scham.[66]

Eine vollständige Moralbegründung müßte zeigen, daß es sinnvoll ist, diesen Standpunkt einzunehmen, um Probleme und Konflikte zu lösen, die daraus entstehen, daß Menschen als verletzliche, soziale Lebewesen und Personen koexistieren müssen. In dieser condition

64 Damit nehme ich im folgenden Ernst Tugendhats Argumentation in modifizierter Form auf, vgl. *Dialog in Leticia*; »Gibt es eine moderne Moral?«; »Gleichheit und Universalität in der Moral«; »Wie sollen wir Moral verstehen?«. Bei der Konstruktion des Arguments war mir auch L. Wingert, »Gott naturalisieren? Anscombes Problem und Tugendhats Lösung«, bes. S. 519, hilfreich.

65 Vgl. H. L. A. Hart, *The Concept of Law*, S. 167-184; vgl. dazu ähnlich E. Tugendhat, *Vorlesungen über Ethik*, 2. und 3. Vorlesung.

66 Zwar könnte sich ein Normensystem ungezwungen naturwüchsig einstellen, wenn alle ohne Zwang faktisch die gleichen Regeln befolgten. Diese faktische Übereinstimmung ist aber instabil. Jederzeit kann sich einem oder mehreren die Frage aufdrängen: Warum tue ich das eigentlich, warum sollte ich das tun? Es scheint nun charakteristisch für ein Moralsystem, daß es auf diese Frage einer überzeugenden Antwort bedarf, im Gegensatz zu bloßen Konventionen etwa. Die Normbefolgung durch ein Mitglied der Gemeinschaft ist in einer Moral weder aus der Perspektive eines einzelnen Teilnehmers noch aus der Perspektive der anderen Teilnehmer freigestellt.

humaine ist Moral eine notwendige Schutzvorrichtung, um versehrbare Lebewesen und anerkennungsbedürftige Personen zu schützen, die einerseits als unvertretbare Einzelne ihr Leben zu leben haben und die andererseits in diesem Lebensvollzug eine Lebensform mit anderen teilen und deshalb auf das responsive Verhalten anderer angewiesen sind.[67]

An dieser Stelle ist eine nonegalitäre, zum Beispiel hierarchische Moral nicht schon begrifflich ausgeschlossen, weil ›wechselseitig‹ hier nur heißt: A stellt Forderungen an B, so wie B auch Forderungen an A stellt. Diese (wechselseitigen) Forderungen müssen begründet sein, was aber an dieser Stelle nur bedeuten kann: jeweils für A bzw. für B begründet, also für diejenigen, die sich der Norm unterwerfen sollen. Eine Kastenmoral ist auch eine Moral, aber eben eine mit ungleichen Normen.

B. Neben diesem formalen Moralbegriff verwenden wir heutzutage auch einen spezifischeren Moralbegriff, der schon voraussetzt, daß wir uns über Fragen der Moral nur frei, das heißt zwanglos, wechselseitig überzeugen können. Moral, in diesem engeren Sinn verstanden, verwenden ›wir‹, weil wir uns wechselseitig als Freie und Gleiche ansehen wollen. Nicht erst der Begriff zwingt uns dazu. Man kann allerdings argumentativ zeigen, warum es plausibel und sinnvoll ist, diesen Begriff zu verwenden und warum wir ihn nicht nur einfach vorauszusetzen brauchen. Für diesen Moralbegriff spricht folgende Argumentationskette:

(1) Moralische Urteile sind keine Befehle, in denen sich ein faktischer privater oder kollektiver Wille ausdrückt.[68] Mit moralischen Urteilen wird beansprucht, daß sie eine Einsicht in das ausdrücken, was zu tun richtig ist. Es bedarf also guter Gründe. Moralische Urteile bedürfen der Rechtfertigung.

(2) Zwang ist kein guter Grund in dem Sinn, daß er zu einem Überzeugtsein von der erzwungenen Meinung oder Handlungsweise führt. Die geforderte Argumentation muß also zwanglos sein.

(3) Moral ist begrifflich ein System wechselseitiger Forderungen; sie bezieht sich also immer auf andere. Um eine einheitliche moralische Gemeinschaft mit diesen anderen zu haben, müssen wir dem

67 Vgl. L. Wingert, »Türöffner zu geschlossenen Gesellschaften. Bemerkungen zum Begriff der Menschenrechte«, S. 11.

68 Vgl. eine ähnliche Argumentation bei L. Wingert, »Gott naturalisieren? Anscombes Problem und Tugendhats Lösung«, bes. S. 519.

System der Normen gemeinsam zustimmen können, sonst wäre es ein reines Zwangssystem. Zustimmen kann eine Person zu etwas nur – sofern Zwang ausgeschlossen ist –, wenn die Person selbst durch gute Gründe überzeugt ist, daß sie einer Regelung zustimmen kann. Die Wahrheit ist etwas Unpersönliches, das von niemandem exklusiv besessen wird. Wenn die Wahrheit von Aussagen erkennbar ist, dann kann sie im Prinzip von allen erkannt werden – von all denjenigen nämlich, die den Sinn der Aussage verstehen, vernünftig sind und über die für die Erkenntnis empirischer Sachverhalte nötigen Sinne in ausreichendem Maß verfügen. Die Gründe sind also öffentlich, das heißt intersubjektiv zugänglich. Deshalb kann jede Person nach Gründen fragen und braucht bzw. kann nur glauben, wovon sie selbst durch Gründe überzeugt ist. Die Begründung muß sich an alle richten, für die die Moral gelten soll. Von denen, an die sich die Moral richtet, darf keiner bei der Begründung unberücksichtigt bleiben. Denn für diejenigen, denen gegenüber die Moral nicht begründet ist, stellt sie ein äußeres Zwangssystem oder etwas subjektiv Beliebiges dar. Jeder einzelne von einer Regelung Betroffene hat also ein moralisches Grund-Recht, das alle weiteren Rechte begründende »Recht auf Rechtfertigung«,[69] wenn er Dinge aus moralischen Gründen tun oder unterlassen soll. – Damit ist das Rechtfertigungsprinzip eingeführt.

(4) Aus der Bestimmung der Moral ergibt sich begrifflich, daß eine moralische Regelung unparteiisch sein muß.[70] Als willkürfrei gerechtfertigt dürfen damit genau solche Normen gelten, die allgemein akzeptabel sind, das heißt, die zurückzuweisen kein Betroffener Grund hat.

(5) Wenn es keinen Zwang gibt, dann sind die vorgebrachten Gründe für Normen, auf die man sich einigen kann, intersubjektiv geteilte Gründe, soweit sie diese gemeinsame Begründung betreffen.[71] Nichtsdestotrotz kann jede Person darüber hinaus zusätzlich noch andere Gründe haben, die sie guten Gewissens zu dieser Einigung veranlaßt haben, zum Beispiel religiöse Überzeugungen, die sie

69 Die Wortprägung stammt von R. Forst, z. B. in »Das grundlegende Recht auf Rechtfertigung«.

70 Das ist in Kap. I.2.3. für Gerechtigkeit als Teilbereich der Moral dargelegt worden.

71 Daß moralische Gründe intersubjektiv geteilte sein müssen, ist ein Punkt, der vor allem von Habermasianern betont wird. In dieser Argumentation ergibt sich dieser Umstand aus dem Ausschluß jeden Zwangs.

nicht vorbringen kann, weil sie weiß, daß sie nicht allgemein geteilt werden. Personen können und sollten sich auf Normen einigen, die alle akzeptieren können, auch wenn jeder gegebenenfalls andere metaphysische Hintergrundsüberzeugungen hat.[72] Mittels dieser Idee der größtmöglichen weltanschaulichen Neutralität gibt es einen Platz für die erste weitere Definition des Moralbegriffs, auch wenn wir plausiblerweise gemeinsam nur den engeren verwenden sollten.[73]

Nun kann die Argumentation für eine spezifisch *egalitäre* Moralauffassung beginnen, die die Begründungsanforderung so qualifiziert, daß am Ende ›wechselseitig begründen‹ den Sinn von ›für alle gleichermaßen begründet‹ bekommt.

(6) Autoritäre Begründungen sind unzureichend, weil stets noch eine Begründungsfrage offen bleiben muß: Warum soll ich akzeptieren, was er oder sie gesagt hat? Es gibt keine unumstrittene Instanz, deren Urteile definiert sind als Einsichten. Ein moralisches Urteil ist *nicht* deshalb schon richtig, weil es von Gott, den Schriftgelehrten, dem Papst oder von Platon stammt. Im Übergang zur Moderne haben metaphysische, religiöse und traditionelle Auffassungen ihre allgemeine Plausibilität verloren. So sind alle Quellen einer unparteiischen Rechtfertigung hierarchischer, diskriminierender, elitärer und ausgrenzender Moralauffassungen versiegt.[74] Sie lassen sich nicht (mehr) allgemein und willkürfrei rechtfertigen. Ein Herr kann einem Sklaven gegenüber sehr wohl Gründe liefern. Bei ungleichen Machtverhältnissen mag ein Sklave de facto auch Grund haben, sie zu akzeptieren – es könnte für ihn günstiger sein. Aber er kann fra-

72 Dies ist Rawls' Idee des überlappenden Konsenses. Vgl. J. Rawls, »Der Bereich des Politischen und der Gedanke eines übergreifenden Konsenses«, S. 336 ff.

73 Mit Hilfe des formalen Begriffs einer Moral kann man deutlich machen, in welcher Hinsicht es nicht unsinnig ist, wenn Traditionalisten, Autoritätsfixierte oder Religiöse von sich behaupten, moralisch zu sein. Bei Mutter Theresa wäre es beispielsweise ziemlich merkwürdig, wenn man behaupten wolle, sie sei nicht moralisch gewesen, nur weil sie den Geboten Christi gehorchte und Nicht-Christen das nicht akzeptieren können. In diese Gruppe gehören auch solche Phänomene, die ich individuelle moralische Überzeugungen nennen möchte, weil hier jemand von etwas durchaus moralisch überzeugt ist und dennoch weiß, daß er andere davon nicht überzeugen kann.

74 Vgl. zum Ausschluß ›primärer‹ Diskriminierung den Abschnitt »Diskriminierungsverbot« auf S. 168 ff. ›Sekundäre‹ Diskriminierungen nach Leistung etc. sind gleichwohl möglich.

gen, warum der Herr eine höhere Stelle beanspruchen darf. Damit fragt er nach positionsunabhängigen Gründen für die Institution der Sklaverei. Der Herr hat hier drei Möglichkeiten. Er kann und wird wahrscheinlich die Frage als Unverschämtheit zurückweisen. Warum solle er, der Herr, ihm, dem Sklaven, eine positionsunabhängige Rechtfertigung geben? Die könne der Sklave nicht verlangen, er, der Herr, schulde sie ihm nicht, weil er eben kein Gleicher sei, denn nur denen schulde man eine Rechtfertigung. Das aber kann der Sklave mit Berufung auf (3) und (4) als falsch zurückweisen. Moral verlangt allgemeine willkürfreie Rechtfertigung. Hierauf kann der Herr entweder mit Verweis auf die bloße Macht reagieren, das aber ist reiner Zwang, kein Grund. Der Sklave würde es nicht freiwillig akzeptieren, sondern nur gezwungenermaßen. Oder er läßt sich auf die Notwendigkeit zur Rechtfertigung ein. Als Gründe könnte er religiöse oder traditionalistische Auffassungen über den unterschiedlichen Wert von Menschen je nach Abstammung, Geschlecht oder ähnlichem nennen. Für den Übergang zur modernen Moral ist nun charakteristisch, daß wir diese und ähnliche Gründe nicht mehr akzeptieren. Wir bezweifeln, daß sich eine apriorische Wertunterscheidung zwischen (Kategorien von) Personen unparteiisch begründen läßt.[75] Alle Auffassungen, die glauben, solche primären Wertunterscheidungen begründen zu können, sind an Voraussetzungen gebunden, die man vernünftigerweise bestreiten kann. Im postmetaphysischen Zeitalter ist die Art der zulässigen Gründe eine andere.[76]

(7) Das bedeutet in der Konsequenz: Weil autoritäre Begründungen unzureichend sind, können nur die Betroffenen selbst entscheiden. Eigentlich können – im Prinzip, also unter idealen Bedingungen, nicht jedoch immer faktisch unter realen Bedingungen – nur die Betroffenen selbst urteilen und ihre (wahren) Interessen formulieren und vertreten. Damit ein moralisches Urteil legitim, das heißt begründet ist, müssen alle seine Adressaten ihm in einer zwangsfreien Situation hypothetisch, nicht jedoch faktisch in Zuständen

75 Vgl. B. Ladwig, »Gerechtigkeit und Gleichheit«, S. 589f.

76 Der Gedanke, daß nur eine postmetaphysische Begründung moralischer Urteile in der modernen Welt möglich und nötig ist, wurde besonders von Jürgen Habermas betont. Vgl. *Theorie des kommunikativen Handelns*, Bd. II, S. 136-141; »Diskursethik – Notizen zu einem Begründungsprogramm«, S. 53; *Faktizität und Geltung*, S. 39-44; *Die Einbeziehung des Anderen*, S.16-23, 50-52, 99-101.

von Zwang, Abhängigkeit, Hierarchie, körperlicher oder geistiger Gebrechlichkeit, zustimmen können.

(8) Der Verdacht, daß moralische Urteile doch lediglich Befehle oder bloße Willensbekundungen sind, kann gegenüber den jeweiligen Individuen nur ausgeräumt werden, indem gezeigt wird: Die Gründe, die angeführt werden, erklären nicht nur, warum jeder Adressat so urteilt, sondern rechtfertigen auch für alle Adressaten das Urteil. Es bedarf also rechtfertigender und erklärender Gründe. Diese Gründe müssen, um motivierend zu sein, relativ zu der subjektiven motivationalen Verfassung der jeweiligen Personen bestehen. Um rechtfertigend zu sein, müssen sie aus der Perspektive der jeweiligen Personen selbst gute, das heißt sie überzeugende Gründe sein, also relativ zu der subjektiven kognitiven Verfassung der Personen.[77] Bei diesem kontraktualistischen Begriff von Vernünftigkeit soll es sich nicht um objektive, externe Gründe handeln, weil Zustimmung nicht mit externen Standards zusammenhängt. Solange man sich nicht auf einen gemeinsamen Standard geeinigt hat, erfüllt jeder angeblich objektive Grund die kontraktualistische Bedingung nicht, welche besagt, daß etwas nur dann politisch legitim ist, wenn die Betroffenen zustimmen können. Praktische Gründe, wie sie im öffentlichen Diskurs verwendet werden müssen, wenn man zu einer Einigung bezüglich der grundlegenden Struktur der Gesellschaft kommen will, müssen Gründe sein, die die Adressaten überzeugen können.

Die Rechtfertigung muß unparteiisch sein. Der Gesichtspunkt der *Unparteilichkeit* bestimmt den moralischen Standpunkt; Rollentausch oder der Schleier des Nichtwissens modellieren ihn. Für die unparteiische Rechtfertigung von Normen bedarf es der Reziprozität und Allgemeinheit der Gründe. Allgemeine durch Sanktionen bewehrte Normen und Rechte sind nur dann moralisch begründet, wenn sie zum einen reziprok zu rechtfertigen sind, das heißt, wenn die eine Person nicht mehr von der anderen verlangt, als sie selbst zuzugestehen bereit ist. Dies ist die Bedingung der Gegenseitigkeit. Die Gründe, die man für die moralischen Urteile vorbringt, sind solche Gründe, die jeden (Adressaten) an die Stelle des Urteilenden treten lassen können. Das bedeutet, die Gründe lassen den aktuell Urteilenden ersetzbar sein durch jeden anderen Adressaten. Zum

77 Zu dieser zweifachen internalistischen Konzeption von Gründen vgl. S. Gosepath, *Aufgeklärtes Eigeninteresse*, etwa S. 228-36, und ders., »Praktische Rationalität«.

anderen müssen diese Gründe hinsichtlich der Interessen aller Betroffenen rechtfertigenden Charakter besitzen. Die fraglichen Normen müssen von allen mit guten Gründen akzeptiert werden können bzw. dürfen von keinem Betroffenen mit gutem Grund zurückgewiesen werden können.[78] Dies ist die Bedingung der Allgemeinheit.

Die Normen, die die Mitglieder der moralischen Gemeinschaft voneinander wechselseitig fordern, sind deshalb für alle dieselben, so wie auch die Gründe, die ein moralisches Urteil rechtfertigen können, für alle Normadressaten dieselben sind.

(9) In diesem prozeduralen Ansatz moralischer Legitimität bildet die Autonomie der Individuen die letztendliche und einzige Legitimationsinstanz, die es unbedingt zu respektieren gilt. Wirklich autonome, das heißt freie, aufgeklärte und rationale Individuen werden niemals freiwillig ihrer eigenen Erniedrigung (egal, in welcher Form) zustimmen. Denn »sich selbst kann niemand Unrecht tun«.[79]

(10) Daraus folgt als Konklusion: Es bleibt nur die *autonome Moralbegründung*, die zeigen können muß, daß das vorgeschlagene Normensystem für jedes einzelne Individuum, das von den Normen betroffen ist, akzeptabel ist, das heißt, daß keiner einen reziprok-allgemeinen Grund hat, den Normen zu widersprechen. Sobald Begründung autonom (statt autoritär) verstanden wird, kommt allen das gleiche Gewicht bei der Begründung zu. Das bedeutet, daß, da Individuen aufgeklärt niemals freiwillig einer Erniedrigung zustimmen würden, nur das gut ist, was für alle *gleichermaßen* akzeptabel ist. Die Idee einer gemeinsamen autonomen Begründung fordert also, daß gezeigt werden können muß, daß das System der Normen von allen Adressaten als allgemeine Richtlinie ihres wechselseitigen Handelns gleichermaßen angenommen werden kann. Das System von Normen, das dieser Begründungsanforderung standhält, kann entsprechend der inhaltlichen Formulierung des Prinzips moralischer Gleichheit im kantischen Sinne die *Moral der gleichen Achtung* genannt werden. Ihr Moralprinzip lautet:[80]

78 Vgl. R. Forst, *Kontexte der Gerechtigkeit*, S. 68. Für andere Versionen vgl. Fn. 86.

79 Vgl. I. Kant, *Über den Gemeinspruch: Das mag in der Theorie richtig sein, taugt aber nicht für die Praxis*, S. 294.

80 Das Moralprinzip ähnelt dem Diskursprinzip von J. Habermas in »Diskursethik – Notizen zu einem Begründungsprogramm«, und in *Faktizität und Geltung* (S. 138); für die Formulierung vgl. T. Scanlon, »Contractualism and Utilitarianism«, S. 110; P. Koller, »Soziale Güter und soziale Gerechtigkeit«, S. 80.

MP: Eine Regel ist moralisch gerechtfertigt genau dann, wenn sie als Teil eines Systems von Normen von allen Adressaten als allgemeine Richtlinie ihres Handelns aus allgemeinen und wechselseitigen Gründen gleichermaßen als Basis für eine aufgeklärte, ungezwungene und generelle Übereinkunft angenommen werden kann.

Damit ist eine *egalitäre* Moralkonzeption begründet. Es handelt sich um einen weiteren inhaltlich bereits bestimmten, aber prozeduralen Bezug von Gerechtigkeit auf Gleichheit. Auf dem Weg der konsequenten Anwendung des Rechtfertigungsgedankens erweist sich moralische Gleichheit als das alternativlose Resultat des Scheiterns aller Versuche, primäre Wertunterschiede zwischen Personen zu begründen. Das moderne Moralverständnis bezieht sich daher auf moralische Gleichheit. Wenn keine moralisch relevanten Unterschiede zwischen Personen allen gegenüber gleichermaßen begründet werden können, sind sie alle als Gleiche zu behandeln. Denn sonst würden gleiche Fälle nicht gleich behandelt, formale Gleichheit (GL-$P_1$) wäre also verletzt. Damit kann das Prinzip moralischer Gleichheit

GL-$P_3$: Jede Person hat einen moralischen Anspruch, mit gleicher Achtung und Rücksicht behandelt zu werden wie jede andere.

als begründet gelten.[81] Moralische Gleichheit beruht nicht auf einer Unterstellung deskriptiver Gleichheit aller Personen, sondern entspringt aus der Anwendung des allgemeinen Prinzips gleicher Rechtfertigung unter nachmetaphysischen Begründungsstandards.

Es wurde keine starke Moralbegründung geliefert; begründet wird nicht, daß und warum man moralisch sein soll. Alle Theorien, die eine Moralkonzeption vor dem Hintergrund eines (schon) fairen Verfahrens und fairer Hintergrundbedingungen zu entwickeln suchen, sind nicht in der Lage und beanspruchen auch nicht, den Handelnden zwingende Gründe anzugeben, warum sie sich im Falle eines Konfliktes für Gerechtigkeit statt für Eigennutz oder ihre Konzeption des Guten entscheiden müssen. Daß eine solche Konzeption keine Letztbegründung für Moral geben kann, darf ihr nicht als Defekt angerechnet werden. Nur wenige Philosophen sind heute der Meinung, daß eine moralische Letztbegründung möglich ist. Es

81 Vgl. für eine ähnliche Strategie H. Steiner, *An Essay on Rights*, S. 216, 235.

scheint vielmehr ein unvermeidlicher Aspekt unseres moralischen Überlegens zu sein, ohne Letztbegründung auskommen zu müssen, nachdem alle Appelle zum einen an höhere, göttliche oder traditionelle Werte, zum anderen an umfassende Konzeptionen des Guten keine Allgemeingültigkeit (mehr) beanspruchen können. Vielmehr kann (nur) gezeigt werden, warum man sich – wenn man sich mit seinen Mitmenschen vernünftig, das heißt begründet verständigen will – unter das Gebot rein argumentativer Rede stellen muß, das nur das Geben und Nehmen von Gründen zuläßt, die für alle gleichermaßen akzeptabel sein müssen. Dies ist ein Argument für die moralische Gleichheit aller Personen im Sinne eines egalitären Rechtfertigungsprinzips.

## *5.3. Moral der gleichen Achtung*

Das soeben besprochene Argument liefert nicht nur eine Begründung für die moralische Egalität, sondern gibt auch den Leitfaden zur Klärung der Frage ab, was das Prinzip moralischer gleicher Achtung – auch im Rahmen einer Theorie der Gerechtigkeit, um die es hier spezifischer geht –, genauer beinhaltet bzw. was aus ihm folgt. Entsprechend wird in diesem Abschnitt moralische Gleichheit weiter expliziert und differenziert. So wird zunächst das Rechtfertigungsprinzip näher expliziert, sodann als Gegenstand der gleichen moralischen Achtung die individuelle Autonomie näher bestimmt, die Moral der gleichen Achtung zu Respekt der Menschenwürde in ein Verhältnis gesetzt, das Diskriminierungsverbot als wesentliches Verbot der moralischen Gleichheit beschrieben und schließlich der Bereich der gleichen Achtung bestimmt. Die eigentliche Argumentation für einen Egalitarismus wird in Kapitel II.6. über die Auseinandersetzung mit dem humanitären Nonegalitarismus und in der Folge über die Argumentation für eine Präsumtion der Gleichheit in Kapitel II.7. weitergeführt.

### *Rechtfertigung*

Der eigentliche Sinn moralischer Gleichheit ist durch das *Prinzip der gegenseitigen Rechtfertigung* expliziert. Eine Person zeigt einer anderen nicht die geforderte Achtung, wenn sie auf die Aufforderung zu einer Rechtfertigung auf eine Art und Weise antwortet, von der sie weiß oder begründet vermuten kann, daß die andere Person diese nicht akzeptieren kann.

Unabhängig davon, welche spezifische Konzeption von Gerechtigkeit man vertritt, spezifiziert die Bedingung moralischer Gleichheit das generelle Kriterium des Begriffs der Moral und der Gerechtigkeit, daß alle intersubjektiven Regelungen mit Prinzipien gerechtfertigt werden müssen, die von allen freien, autonomen und gleichen Personen als begründet akzeptiert werden können. Grundlegend für das Konzept der Gerechtigkeit ist somit keine bestimmte Auffassung von unabhängigen, intrinsischen Werten wie Freiheit und Gleichheit, sondern ein Prinzip der egalitären Rechtfertigung, das moralische Gleichheit konstituiert.[82]

Das fundamentale egalitäre Prinzip verstärkt die Idee der Unparteilichkeit um einen inhaltlichen Gesichtspunkt, so daß sie schließlich besagt, daß die Personen bzw. ihre essentiellen Interessen gleiches Gewicht und gleiche Berücksichtigung in öffentlichen Angelegenheiten bei unparteiischen, interpersonalen Regelungen oder Verteilungsregelungen finden müssen. Zur moralischen Gleichheit gehört der Anspruch, daß niemand dem Willen anderer unterworfen ist, daß niemand als Eigentum oder Untertan eines anderen auf die Welt kommt. Wir müssen daher eine universelle und unparteiische Haltung einnehmen und uns die Frage stellen, wie unsere gemeinsame kooperative politische Gesellschaft strukturiert sein sollte, damit sie aus der Perspektive eines jeden den Interessen aller dient. Opfer oder Handlungsbeschränkungen können nur aus Gründen auferlegt werden, die die betroffenen Bürgerinnen und Bürger akzeptieren können, ohne ihr Gleichwertigkeitsgefühl zu verlieren.

Da es moralisch falsch ist, jemanden zu etwas zu zwingen, von dem er oder sie nicht *im Prinzip* (also nicht notwendigerweise faktisch) überzeugt ist und deshalb dem zustimmen kann, verleihen nur Gründe, die der oder die andere prinzipiell akzeptieren kann, das moralische Recht, die Person diesen Gründen gemäß zu behandeln. Die Qualifikation ›im Prinzip‹ soll deutlich machen, daß das Kriterium für moralische Richtigkeit letztlich an ein hypothetisches Einverständnis gebunden ist. Die faktischen Überzeu-

82 Mehr zum Status dieser Gleichheit findet sich in Kap. II.6. und nochmals abschließend in Kap. VI.

gungen und Reaktionen in realen Situationen reichen als Bedingung moralischer Legitimation nicht aus, denn diese könnten unter Druck, mittels falscher Informationen, unüberlegt oder aus irrationalen Überlegungen und unaufgeklärten Interessen zustande gekommen sein. Verlangt wird die Zustimmung zu Regelungen, die die Betroffenen unter den idealisierten Bedingungen der Freiheit vom Druck anderer und der Autonomie, das heißt der rationalen Überlegung und Entscheidung auf Grundlage freier, aufgeklärter und rationaler Meinungen und Wünsche, geben würden – unabhängig davon, ob sie ihnen realiter tatsächlich bewußt zustimmen oder nicht. Leider läßt sich nur hypothetisch prüfen, ob alle einer Regelung mit reziproken und allgemeinen Gründen zustimmen könnten. Aktualiter sind wir fast nie in der Lage, daß alle Betroffenen tatsächlich unter Bedingungen von Freiheit, Gleichheit und Autonomie gefragt werden könnten. Meistens können einige Betroffene überhaupt nicht gefragt werden, andere sind wiederum nicht frei und autonom genug. In der Moralphilosophie wird also mit einer unvermeidlichen Idealisierung gearbeitet, insofern die prinzipielle Zustimmung als Kriterium für moralische Legitimität fungiert. Andererseits können mittels dieses Rechtfertigungsprinzips Gerechtigkeitsprinzipien aus einer Situation heraus entwickelt werden, in der die Beteiligten sowohl ihre Identität bewahren und kennen als auch moralisch motiviert sind, ein Einvernehmen zu suchen, und deshalb gleichzeitig einsehen, daß sie von bestimmten, nicht allgemein akzeptablen Ansichten und Interessen im Prozeß der öffentlichen Rechtfertigung absehen müssen. Diese prinzipielle Einsicht führt zu den notwendigen Idealisierungen im Verfahren.

Gesellschaftsvertragstheorien oder kontraktualistische Theorien modellieren ausgehend von der moralischen Behauptung, daß es keine natürlichen Unterordnungsverhältnisse zwischen Menschen gibt, einen Zustand zwangsfreier Diskussion unter Personen, die sich wechselseitig als freie und gleiche anerkennen. Der Sinn der Diskussion und der anschließenden Vereinbarung (dem ›Vertrag‹) ist die Festlegung von Gerechtigkeitsgrundsätzen aus einem Zustand der moralischen Gleichheit heraus (in solchen Theorien als ›Natur-‹ oder besser ›Urzustand‹ bezeichnet). Die Implikationen bestimmter moralischer Voraussetzungen, die die moralische Gleichheit widerspiegeln sollen, werden herausgearbeitet. Allgemeine, durch Sanktionen bewehrte Normen und Rechte müssen dazu zum einen reziprok gerechtfertigt werden, so daß eine Person nicht mehr von der anderen verlangt, als sie selbst zuzugestehen bereit ist (Gegenseitigkeit); und zum anderen müssen sie mit dem Hinweis auf die Interessen aller Betroffenen gerechtfertigt werden (Allgemeinheit).[83] Insofern Personen miteinander auf der Grundlage von moralischen Normen zusammenleben wollen, suchen sie nach Regelungen, denen alle wechselseitig und allgemein zustimmen können. Um begründeten Konsens über Gerechtigkeitsgrundsätze erzielen zu können, wenn eine Einigkeit über Konzeptionen des Guten nicht herstellbar ist, müssen die Mitglieder auch solche Interessen zulassen und entsprechend angemessen berücksichtigen, die für sie nicht die gleiche subjektive Bedeutung haben, denen sie aber zustimmen können, sofern auch ihnen die Verfolgung bestimmter Interessen zugebilligt wird. Das Rechtfertigungskriterium setzt auf eine Einigung höherer Stufe, nicht auf Interessenharmonie oder Interessengleichheit. Normen können nur dann als gerechtfertigt gelten, wenn sich Freie und Gleiche, die ihr Zusammenleben mittels Normen regulieren wollen und die vernünftig nach solchen Regelungen suchen, auf diese Normen einigen können.[84] Das kontraktualistische Rechtfertigungsprinzip (oder der ›hypothetische Vertrag‹) ist eine Art der Verkörperung der moralischen Gleichheit, mittels deren Konsequenzen für die gerechte Gestaltung gesellschaftlichen Zusammenlebens entwickelt werden sollen. Die Moral bzw. die moralische Einstellung der Beteiligten selbst wird nicht aus dem Rechtfertigungsprinzip bzw. dem Vertragszustand hergeleitet – dann nämlich setzte sich die Konstruktion einer berechtigten Kritik aus.[85] Die Voraussetzung des Rechtfertigungsprinzips ist die hier nicht weiter begründete moralische Einstellung, nicht jedoch irgendein Urzustand oder Vertrag. Verschiedene Theorien verwenden unterschiedliche Kunstgriffe zur Modellierung von Unparteilichkeit und moralischer Gleichheit. Der entscheidende Schritt besteht bei allen darin zu zeigen, wie sich Personen wechselseitig vorschreiben, die jeweils anderen als

83 Vgl. für diese spezifische Version des Rechtfertigungsprinzips R. Forst, *Kontexte der Gerechtigkeit*, S. 68, und ders., »Das grundlegende Recht auf Rechtfertigung«.

84 Vgl. T. Scanlon, »Contractualism and Utilitarianism«.

85 Vgl. die Kritik der Vertragstheorie in S. Gosepath, *Aufgeklärtes Eigeninteresse*, Kap. VI.2., S. 325-342.

Gleiche zu behandeln, obwohl sie ihre eigenen Interessen kennen und fördern können.[86]

Es ist diese Idee der Rechtfertigung, die den Zusammenhang von Gerechtigkeit und Gleichheit deutlich macht. Diese Bestimmung moralischer Gleichheit als einer egalitären Rechtfertigung mittels der Kriterien von Reziprozität und Allgemeinheit ist rein prozedural. Aus ihr lassen sich jedoch mittels rekursiver Reflexion die wesentlichen Komponenten moralischer Ansprüche und substantieller Gerechtigkeit herauskristallisieren. Moralische Gleichheit beinhaltet vor allem: erstens einen Anspruch auf gleiche Anerkennung und Sicherung der individuellen Autonomie; zweitens einen Anspruch auf gleiche Würde, auch wenn das substantiell kein neuer oder konkreter Gesichtspunkt ist; und drittens ein Verbot primärer Diskriminierung. Die Präsumtion der Gleichheit wird dann das Verfahren darstellen, mit dem sich alle weiteren Kriterien der Gerechtigkeit entwickeln lassen. Auf diesem Weg, der im folgenden dargelegt und beschritten wird, gelangt man von moralischer Gleichheit zu konkreten, substantiellen Kriterien und Urteilen der Gerechtigkeit.

### *Achtung vor der Autonomie*

Das fundamentale egalitäre Prinzip der Behandlung aller als Gleiche bedeutet, daß Individuen sich wechselseitige Achtung schulden – dies insbesondere vor ihren jeweiligen autonomen Entscheidungen. Diese Moralkonzeption betont das existentielle Primat des Individuums und den übergeordneten Wert der rationalen Fähigkeit eines jeden zur *Autonomie*. In der negativen Dimension umfaßt Achtung das Verbot, andere zu instrumentalisieren. Dies entspricht der Bedingung, die in Kants zweiter Formel des Kategorischen Imperativs formuliert wird: »jederzeit andere zugleich als Zweck, niemals bloß als Mittel« zu behandeln.[87] Man gebraucht andere als Mittel, wenn

86 Die genaueren Bedingungen des Moralkriteriums der Verallgemeinerbarkeit werden bekanntlich von verschiedenen Vertretern einer deontologisch-liberalen Moralkonzeption unterschiedlich charakterisiert, wobei ein wesentlicher Unterschied zwischen den verschiedenen philosophischen Theorien die Art der Idealisierung betrifft. Vgl. I. Kant, *Grundlegung zur Metaphysik der Sitten*, J. Rawls, *Eine Theorie der Gerechtigkeit*, T. Scanlon, *What We Owe to Each Other*, bes. Kap. 5, J. Habermas, »Diskursethik – Notizen zu einem Begründungsprogramm«, B. Ackerman, *Social Justice in the Liberal State*, bes. Kap. I.

87 I. Kant, *Grundlegung zur Metaphysik der Sitten*, S. 429.

– so präzisiert Kant – die anderen ihrer Behandlung nicht zustimmen können.[88] Damit ist Achtung in positiver Dimension an die Fähigkeit gebunden, sich selbst Ziele und Zwecke zu setzen und diese kritisch zu überdenken, also eigene gute Gründe zu haben, einer Regelung zuzustimmen oder sie abzulehnen. Das Objekt des gleichen wechselseitigen Respekts ist die Autonomie der einzelnen Personen, die wegen ihrer unterstellten Autonomie als »selbstbeglaubigende Quellen gültiger Ansprüche [self-authenticating sources of valid claims]«[89] verstanden werden. Das, worauf sich die gleiche Achtung und Rücksicht beziehen muß, können daher nur die reflektierten Interessen eines jeden autonomen Individuums sein. Letztlich können nur die Betroffenen selbst ihre (wahren) Interessen formulieren und vertreten.[90] Nur die Individuen selbst können und dürfen entscheiden, was in ihrem eigenen ›besten‹, ›aufgeklärten‹, ›vernünftigen‹ und ›wahren‹ Interesse ist.[91] Es liegt allein an den Individuen zu entscheiden, welche Interessen sie geltend machen wollen. Dabei werden zunächst alle Interessen von Personen in den Rechtfertigungsprozeß einbezogen, der dann die moralisch unzulässigen Präferenzen einer Person (wie ›egoistische‹ oder ›fremdbezogene‹ Wünsche[92], daß zum Beispiel die Interessen des Nachbarn nicht berücksichtigt werden sollen) als erstes herausfiltert, weil sie den Gleichheitsbedingungen des Rechtfertigungsverfahrens widersprechen. Alle anderen ›persönlichen‹ Interessen sind prima facie moralisch zulässig, solange sie im Rechtfertigungsprozeß nicht von jemandem vernünftigerweise zurückgewiesen werden können. Es gibt also keine anderen, vorgängigen, absoluten, nicht-prozeduralen moralischen Kriterien für (un-)zulässige Interessen. Kontraktualistisch sind alle Rechte und Pflichten mit Rekurs auf die Interessen der Betroffenen zu- und auszuweisen; alle Interessen, sofern sie die anderer berühren, sind ausweispflichtig, besonders jeder Anspruch auf ein Mehr oder Weniger – das verlangt das Rechtfertigungsprin-

88 Ebd.

89 J. Rawls, *Politischer Liberalismus*, S. 102.

90 Vgl. L. Wingert, *Gemeinsinn und Moral*, u.a. S. 90-96.

91 Vgl. zu den Begriffen, Unterschieden und sinnvollen Interpretationen von ›besten‹, ›aufgeklärten‹, ›vernünftigen‹ und ›wahren‹ Interessen S. Gosepath, *Aufgeklärtes Eigeninteresse*, Kap. VII.4 u. 5.

92 Vgl. zur Unterscheidung von ›persönlichen‹ und ›fremdbezogenen‹ Präferenzen R. Dworkin, *Bürgerrechte ernstgenommen*, S. 382-387, 443-447.

zip. Alle Rechte und Pflichten sind damit begründungsbedürftig vis-à-vis der angenommenen Autonomie der Individuen, die präsumtiv vorausgesetzt wird.

Autonomie nimmt damit einen besonderen Status in der Moral der gleichen Achtung ein. Denn letztendlich ist sie es, die wir achten. Autonomie gibt die Bedingung der Möglichkeit von Rechtfertigung überhaupt an. Individuelle Autonomie ist der zentrale (obgleich nicht notwendig der einzige) Wert der Moral der gleichen Achtung. Aus der Perspektive der Moral der gleichen Achtung hat Autonomie bzw. ein autonom gelebtes Leben einen Wert, und zwar gleichgewichtig für das Leben einer jeden Person.

Daraus folgt eine deontologisch-liberale Moralkonzeption gleicher *Rechte* (im Gegensatz zu einer teleologischen), weil sie jedes Streben nach sozialen und kollektiven Zielen durch die zu berücksichtigenden Interessen von Individuen in bestimmte Schranken weist. Denn nur so kann jedem einzelnen zu berücksichtigenden Individuum, das einen moralischen Anspruch auf gleiche Rücksicht und Achtung hat, Gerechtigkeit widerfahren. Jede Person hat ein Vetorecht, ein Recht auf Rechtfertigung derjenigen Maßnahmen, die ihre Interessen berühren. Eine liberale Konzeption von Moral und Gerechtigkeit wird daraus den Schluß ziehen, daß bestimmte basale Interessen und Freiheiten durch individuelle Rechte geschützt werden müssen. Im Kern ist die Moral der gleichen Achtung eine Moral *individueller Rechte*. Individuelle Rechte sind dabei als – nicht notwendig juristisch verbriefte – einforderbare moralische Ansprüche von Individuen an andere Individuen oder Institutionen zu verstehen, mit denen notwendig Pflichten korrespondieren. Diese Rechte dienen den Individuen dazu, sich gegen kollektive oder aggregative Entscheidungen zugunsten anderer schützen zu können, wenn sie essentiell davon betroffen sind. Diese Rechte sind nicht vorgängig in dem Sinn, daß Personen sie vor aller Rechtfertigung immer schon haben, sondern in dem Sinn, daß sie als erstes reziprok und allgemein gerechtfertigt werden (können). Individuelle Rechte können als Einrichtungen zum Schutz vor massiveren Schädigungen und zur Sicherung der Automomie der einzelnen begriffen werden.

Gleiche Achtung für individuelle Autonomie erfordert – soviel soll schon hier angedeutet werden –, daß gleiche Rechte nicht nur für den Schutz, sondern auch für die Verwirklichung der Autonomie etabliert werden müssen. Rechte können dieser Auffassung zufolge nicht unter die Rechte auf Freiheit subsumiert werden. (Gleiche) Freiheit stellt erstens kein Recht in einem Naturzustand vor jeder wechselseitigen Rechtfertigung dar, wie es so oft beansprucht wird. Rechte sind gemacht: Personen gestehen sie sich wechselseitig zu. Freiheit ist zweitens eine zu enge Konzeption. Autonomie ist der umfassendere Wert, der die notwendigen Komponenten von Freiheit umfaßt, wie sie für das Rechtfertigungsverfahren vorausgesetzt werden. Es gilt primär, ein Maximum an Autonomie im weiteren Sinn zu sichern. Von daher sind auch andere als Freiheitsrechte gleichursprünglich. Negative Rechte können unter den Begriff der Autonomie subsumiert werden, da Autonomie gleichermaßen durch einen Mangel an Freiheit wie durch einen Mangel an guten Lebensbedingungen gefährdet wird.[93] Um Autonomie im weiteren Sinn zu schützen, müssen das Leben und die körperliche Unversehrtheit der Individuen geschützt werden, und verfügbare Güter, die die Mittel für das Verwirklichen autonom gewählter Pläne darstellen, müssen fair verteilt werden. Außerdem muß ein Maximum an Freiheiten gesichert werden, die mit den gleichen Freiheiten für alle vereinbar sind. Um den substantiellen Gehalt sowohl positiver als auch negativer Rechte zu explizieren, muß auf den Begriff der Verteilungsgleichheit, wie er in der Präsumtion der Gleichheit etabliert wird, zurückgegriffen werden.

Ein Charakteristikum einer liberalen Auffassung von Gerechtigkeit ist also der Schutz durch Rechte, die durch das Rechtfertigungsprinzip bestimmt und mit denen Autonomie und Gleichheit gesichert werden. Damit hängt als ein weiteres spezifisch liberales Merkmal die Forderung nach der *Neutralität* des Staates zusammen. Mit der Gewährung individueller Rechte soll für möglichst viele Menschen ein hinlänglicher Spielraum zur Verwirklichung ihrer Vorstellungen von einem guten, das heißt glücklichen und sinnvollen Leben eröffnet werden. Die aufgeklärt-liberale Moral geht dabei von einer *Pluralität verschiedener Konzeptionen des guten Lebens* aus, die nur durch die Grenzen der Moral selbst eingeschränkt werden soll. Die *Ethiken* des guten Lebens werden Individuen überlassen, während die *Moral* allgemeinverbindlich zu regeln

93 Vgl. E. Tugendhat, »Liberalism, Liberty, and the Issue of Human Rights«, bes. S. 366. Vgl. dazu ausführlicher Kap. IV.1.3.

ist.[94] Solange andere dabei nicht zu Schaden kommen, soll jeder Mensch auf seine Weise glücklich zu werden versuchen. Die Idee der Neutralität ist dabei zu verstehen als eine Reaktion auf eine Vielzahl von Möglichkeiten, ein gelungenes Leben zu leben, die sich in modernen Gesellschaften herausgebildet haben. Mit dem ›Verlust‹ metaphysischer und traditioneller Begründungen in der Moderne stehen keine allseits überzeugenden Gründe mehr zur Verfügung, eine bestimmte Konzeption des guten Lebens einer anderen vorzuziehen. Wir sind daher nicht nur gezwungen, die Existenz einer Vielzahl divergierender Konzeptionen des guten Lebens anzuerkennen, sondern, was viel bedeutender ist, auch die Unmöglichkeit einer vernünftigen, für alle annehmbaren Übereinkunft hinsichtlich der Fragen des guten Lebens. Damit fallen zwei Dinge auseinander, die früher verbunden waren: auf der einen Seite die Moral im engeren Sinn von Gerechtigkeitsproblemen und auf der anderen Seite Konzeptionen des guten Lebens, die jetzt nur noch als subjektive Projekte verstanden werden können. Ist dies (an)erkannt, ergibt sich für eine moderne liberale Staats- und Rechtsordnung die Forderung nach Neutralität bezüglich aller Konzeptionen des guten Lebens. Unter Neutralität ist also prima facie das Prinzip zu verstehen, das dem Staat untersagt, eine bestimmte Konzeption des guten Lebens nur zu fördern, weil diese intrinsisch höherwertig sei, das heißt, weil sie angeblich eine wahrere oder bessere Konzeption des guten Lebens darstelle. Der Staat darf hingegen die Verfolgung bestimmter Konzeptionen des guten Lebens aus Gerechtigkeitsgründen einschränken, wenn diese beispielsweise die Rechte anderer verletzen. Dieser Gedanke vom sogenannten Vorrang des Rechten vor dem Guten bedeutet, daß die zulässigen Konzeptionen des guten Lebens die Grenzen der politischen Gerechtigkeit beachten müssen.

Neutralität bezieht sich wiederum prozedural auf das *Begründungsverfahren*.[95] Neutral ist nur eine solche Legitimation von grundlegenden Institutionen und öffentlichen politischen Maßnahmen, bei der sich die Rechtfertigung auf neutrale Gründe stüt-

94 Diese terminologische Unterscheidung von Ethik vs. Moral, der ich in dieser Arbeit weitgehend folge, findet sich bei Rawls und Habermas, ist jedoch nicht allgemein akzeptiert.

95 Zur Bestimmung der richtigen Art der Neutralität des Staates vgl. C. Larmore, *Strukturen moralischer Komplexität*, S. 45-51, und J. Rawls, *Die Idee des politischen Liberalismus*, S. 376-380.

zen kann.[96] Unter einem neutralen Grund versteht man dabei einen, der unabhängig von rein subjektiven und damit umstrittenen Wertschätzungen ist. Die Grundlage des moralischen Prinzips der Neutralität gegenüber Konzeptionen des Guten muß selbst moralisch und darf nicht skeptisch sein.[97] Grundlage ist das allgemeine Prinzip der Rechtfertigung. Dieses verlangt, die Prinzipien des politischen Zusammenlebens mögen Gegenstand einer vernünftigen Zustimmung all derer sein, für die sie verbindlich sind. – Das Prinzip der Rechtfertigung ist selbst ›freistehend‹, nicht abhängig von umfassenden Theorien des Guten, und so auch die daraus resultierende Moral der gleichen Achtung.

Daß der Autonomie in der Moral der gleichen Achtung ein grundlegender Status zukommt, drückt sich einerseits darin aus, daß sie samt ihren Voraussetzungen durch Rechte geschützt wird, die andererseits damit einen adäquaten, das heißt mit den gleichen Rechten aller anderen kompatiblen Freiraum zur Verwirklichung der je individuellen Konzeptionen des Guten zur Verfügung stellt. Dies macht auch deutlich, daß und warum die Berücksichtigung der *Interessen* einer jeden Person, aber nicht einer jeden *Wohl* der leitende moralische Gesichtspunkt ist. Autonomie enthält somit als einen damit unabdingbar gekoppelten Aspekt – sozusagen als andere Seite derselben Medaille – eine spezielle Verantwortung der Individuen. Sie sind selbst dafür verantwortlich, ihre Interessen zu ermitteln. Autonomie ist nicht (nur) eine Fähigkeit, sondern auch eine persönliche Aufgabe, die einem letztlich keiner abnehmen kann, auch wenn Hilfestellungen in mancher Form möglich sind, wie durch Erziehung, Bildung, Kritik, gemeinsame Deliberation oder Therapie. Diese Aufgaben bzw. ihre Erfüllung sind ein Gebot der Vernunft, denn sie verhelfen dazu, die eigene Autonomie zu realisieren. Außerdem sind die Individuen dafür verantwortlich, die Folgen ihrer autonom gewählten Handlungen zu tragen. Dies ist die

96 Zur Begründung des Neutralitätsprinzips als desjenigen methodischen Mittels, mit dessen Hilfe allein ein überlappender Konsens zur Sicherung von Gerechtigkeit und sozialer Integration möglich sein könnte, vgl. J. Rawls, *Die Idee des politischen Liberalismus*, S. 255, C. Larmore (z. T. mit Bezug auf Habermas), *Strukturen moralischer Komplexität*, S. 56f.; ders., »Politischer Liberalismus«, S. 141f.; B. Ackerman, *Social Justice in the Liberal State*, bes. Kap. I, und T. Nagel, »Moral Conflict and Political Legitimacy«.

97 Wie bei R. Rorty, »Der Vorrang der Demokratie vor der Philosophie«.

Grundlage des schon für Gerechtigkeit zentralen *Prinzips der Verantwortung.*[98] Später wird genau zu ermitteln sein, unter welchen Umständen und wofür Individuen Verantwortung zu übernehmen haben. Hier kann es ausreichen, darauf hinzuweisen, daß Individuen unter ansonsten fairen Bedingungen für ihr Wohl persönliche Verantwortung übernehmen müssen, das heißt sofern sie gleich geachtet werden, so daß ihnen gleiche Rechte und Freiheiten zur Verwirklichung ihrer Konzeption des Guten zustehen, sie also nicht benachteiligt werden. Aus der Perspektive der Moral der gleichen Achtung hat ein autonom gelebtes Leben einen Wert. Offen, weil den Individuen überlassen, bleibt jedoch, wie gut dieses Leben gelebt wird. Allein schon wegen der gebotenen Neutralität muß unbestimmt bleiben, in welchem Sinn von ›gut‹ und mit welchem Maßstab es beurteilt werden sollte. Wenn mittels des Rechtfertigungsprinzips faire Bedingungen ermittelt und realisiert sind, ist es den Individuen selbst überlassen, für ihr Wohl zu sorgen. Gerade weil wir die Wichtigkeit der Autonomie anerkennen müssen, hat jede Person eine spezifische und letztliche Verantwortung für den Erfolg ihres je eigenen Lebens.[99]

### *Würde*

Gleiche moralische Achtung verweist auf das, was geachtet wird: die individuelle Autonomie. Statt die aufgeklärt-liberale Moral als eine Moral der universellen gleichen moralischen *Achtung* zu bestimmen, kann man sie auch als eine Moral der Respektierung der individuellen *Menschenwürde* konzipieren.[100] Damit verweist man auf den gleichen basalen Status, den Personen sich gegenseitig zuerkennen müssen, wenn sie sich wechselseitig als Gleiche ansehen müssen, weil sich ein ungleicher Status nicht (mehr) begründen läßt. Unter der objektivierenden und vagen Rede von *gleicher (Menschen-)Würde* soll verstanden werden, daß jedem gleiche Achtung gebührt, daß

98 Vgl. Kap. I.4.2. und das in Kap. V.1.2. behandelte Verantwortungsprinzip (GL-P5).

99 Vgl. R. Dworkins Prinzip der besonderen Verantwortung in *Sovereign Virtue,* S. 5f.

100 Vgl. zum Begriff der Würde B. Haferkamp, »The Concept of Human Dignity«; R. Spaemann, »Über den Begriff der Menschenwürde«; D. Jaber, *Über den mehrfachen Sinn von Menschenwürde-Garantien*; R. Stoecker (Hg.), *Menschenwürde.*

Autonomie respektiert werden muß und jeder bei allen ihn betreffenden Regelungen berücksichtigt wird, indem die Regelungen für alle im Prinzip einsichtig begründet werden. Menschenwürde ist dabei eine Funktion anderer moralischer Überzeugungen. Ihre Verletzung bedeutet, daß etwas aus einem unabhängigen Grund als gravierend moralisch falsch anzusehen ist, insofern es moralisch besonders gewichtige Interessen von Personen verletzt. Diese unabhängigen Gründe bestehen in der Verletzung der moralischen Gleichheit oder des Rechtfertigungsprinzips.

Die gleiche (Menschen-)Würde bezieht sich auf die Einstellung der gleichen Achtung, die wir Menschen schulden, und bedeutet, daß alle in ihren moralischen Grundrechten gleich berücksichtigt werden müssen. Das schließt nicht aus, daß unter Umständen Menschen verschiedene spezifische Würden, im Sinne von Ehren und Anerkennungen, in unterschiedlichem Maße zugesprochen bekommen können, ohne daß dies den Grundsatz der gleichen Achtung aller Menschen verletzt – dann nämlich, wenn diese Ungleichbehandlungen im Rekurs auf die moralische Gleichwertigkeit gerechtfertigt werden können. Die fundamentale gleiche Würde ist nichtgraduierbar. Verschiedene andere Ehrungen oder Würden hingegen sind graduierbar, weil sie Ausdruck für Verdienste aufgrund von graduierbaren Eigenschaften (wie Talenten, Fähigkeiten, dem Charakter oder der Persönlichkeit) oder Status (Rang) sind.[101] Entsprechend spricht man von individueller *Wertschätzung* als etwas, das sich auf Verdienste bezieht und deshalb graduierbar ist. *Moralische Achtung* hingegen ist als kategorischer Begriff definiert, der keine Abstufung des Grades zuläßt. Moralische Achtung bezieht sich auf keinen Verdienst, auch keinen moralischen. In dieser und nur in dieser Hinsicht ähnelt ›menschliche Würde‹ der Liebe, die auch nicht von Verdiensten oder Fähigkeiten abhängt, sondern sich auf das Individuum, als eigentlichen Träger all seiner positiven und negativen Eigenschaften, bezieht. Liebe ist jedoch partikularistisch; sie bezieht sich auf wenige, die eine besondere Bedeutung für den Liebenden besitzen. Jemanden zu achten hingegen ist universalistisch und bedeutet, ihn wie jeden anderen gleichermaßen zu achten. Würde ist jedoch keine wertvolle, nicht graduierbare Eigenschaft, die alle Menschen gleichermaßen besitzen, sondern eine Einstel-

101 Diesen Unterschied versucht G. Vlastos in seinem einflußreichen Artikel »Justice and Equality« zur Begründung gleicher Würde zu nutzen.

lung, nämlich die des Respekts, die wir Personen entgegenbringen, die sich durch bestimmte Eigenschaften als Klasse auszeichnen (vgl. Kapitel II.5.1). Die Eigenschaften begründen nicht ihrerseits eine gleiche menschliche Würde.[102]

Den beiden Achtungsformen entsprechen zwei Formen der Selbstachtung und der Mißachtung. Im Unterschied zu sozialen Ehren ist Achtung jene Ehre, die Personen sich wechselseitig aufgrund ihres Personseins und als Träger von Rechten moralisch schulden. Dem entspricht eine Selbstachtung der Person als Gefühl des eigenen Wertes und des Glaubens daran, daß das eigene Leben und die eigenen Ziele wertvoll und verfolgenswert sind und daß man eine moralisch gleichberechtigte Person unter anderen ist. Verhältnisse oder Handlungen, die Personen die Möglichkeit zur Aufrechterhaltung ihrer Selbstachtung entziehen, sind demütigend. Unter Demütigung versteht man alle Verhaltensformen und Verhältnisse, die einer Person einen rationalen Grund geben, sich in ihrer Selbstachtung verletzt zu sehen.[103] Demütigungen erleiden wir, wenn wir uns nicht als Personen behandelt sehen, wenn wir uns entweder als aus der Gemeinschaft der Menschen ausgeschlossen empfinden oder aber so behandelt werden, als seien wir Menschen zweiter Klasse. Es ist ein Übel, ein sicheres Gefühl der Selbstachtung zu entbehren. Dies stellt eine Mißachtung der Würde dar, und wir reagieren gerade darauf affektiv mit Empörung. Davon zu unterscheiden sind Erfahrungen, in denen besondere, individuelle Leistungen und Eigenschaften herabgewürdigt werden. Eine Mißachtung der eigenen Leistungen wird als kränkend empfunden, als Angriff auf die soziale Ehre des Betroffenen. Sie beschädigt das Selbstwertgefühl. Demütigung hingegen ist zwar ein besonders gravierender Fall von Kränkung, aber andererseits von anderen Formen der Mißachtung kategorial verschieden. Denn sie richtet sich nicht gegen einen äußerlichen Aspekt wie Ehre bzw. Status, der Personen bzw. Menschen in unterschiedlichem Maße zugeschrieben oder vorenthalten werden kann, sondern erschüttert die Grundfeste der persönlichen Identität. Demütigung ist keine rein gefühlsmäßige Angelegenheit, dann wäre sie subjektiv, man muß vielmehr Gründe für die entsprechenden Gefühle der Demütigung haben. Ob und welche Gründe gute oder schlechte sind, läßt sich wiederum nur im Rechtferti-

102 Vgl. J. Feinberg, *Social Philosophy*, S. 93f.

103 Vgl. A. Margalit, *Politik der Würde*, S. 23.

gungsverfahren klären. Versuche einer negativen Begründung der Menschenwürde mit Hilfe der intuitiv plausiblen These, daß, da Grausamkeiten als schlimmste Übel zu vermeiden seien, auch die Vermeidung von Demütigung als seelischer Grausamkeit moralisch oberstes Gebot sein müsse,[104] scheitern daran, positive Kriterien für Demütigung angeben zu müssen.[105] Wenn das Gefühl des Gedemütigtseins zu eng als psychische Repräsentanz eines hohen, angeblich schon durch Natur, Gott oder die ›Vernunft‹ vorgegebenen Werts der Menschenwürde verstanden wird, kann es zudem zu einem Paradox kommen. Wenn es stimmt, daß jedem Menschen die gleiche Würde zukommt, warum fühlen Menschen sich dann gedemütigt, wenn sie doch wissen können, daß kein Mensch seine Würde, sei es durch eigenes Verschulden oder demütigende Behandlungen durch andere, verlieren kann. Demütigung wäre dann objektiv unmöglich. Demütigung kann deshalb nicht als festes, moralisch-objektives, gefühlsmäßiges Korrelat zu einer vorgegeben objektiven Menschenwürde zu verstehen sein, sondern nur als eine besondere, kategorial von anderen unterschiedene Form der Mißachtung, die die Betroffenen klagen läßt, daß ihnen faktisch, also im intersubjektiven Umgang miteinander, der volle Status einer Person oder eines Trägers von Rechten mit ihnen nicht einsehbaren Gründen abgesprochen wird. Moralische Gleichheit – und so man diese ›Würde‹ nennen möchte, auch gleiche Würde – sollte den Klagenden moralisch zukommen, weil sie ein Recht auf Rechtfertigung haben. In Fällen der Demütigung wird moralische Gleichheit aber so stark verletzt, daß in der intersubjektiven Praxis keine moralische Gleichheit mehr realisiert ist. Sofern ihnen keine allgemein und wechselseitig akzeptable Begründung für die Schlechterbehandlung gegeben werden kann, ist diese Behandlung unmoralisch und für ihre Selbstachtung verletzend und entwürdigend.

Versuche, moralische Gleichheit über den Begriff der gleichen Würde des Menschen zu gewinnen und zu explizieren,[106] sind nicht aussichtsreich, weil der Begriff selbst leer ist und der Füllung durch eine Moralkonzeption bedarf.[107] Die Begriffe ›Würde‹, ›moralische

104 Vgl. ebd., S. 109.

105 Vgl. die parallele Kritik an Anerkennungstheorien in Kap. I.6.2.

106 Vgl. D. Miller, »Arguments for Equality«, S. 78-83; T. Scanlon, *The Diversity of Objections to Inequality*, III.

107 So bemängelte A. Schopenhauer in der *Preisschrift über die Grundlagen der Moral*

Achtung‹, ›Demütigung‹ und ›Entwürdigung‹ verweisen wechselseitig aufeinander. Wir würden uns also im Kreise drehen, wenn man die Moral der gleichen Achtung nur aus der Explikation eines dieser Begriffe gewönne. Die Respektierung der individuellen Menschenwürde zeigt sich gerade in der Respektierung individueller Rechte, auf die *jeder* Mensch einen *gleichen* Anspruch hat. Der moralische Gehalt dieser Rechte kann nur durch die Anwendung des Rechtfertigungsverfahrens gegenüber allen gleichermaßen ermittelt werden. Gegenüber allen gleichermaßen – weil kein allgemein und wechselseitig teilbarer Grund für eine Ungleichbehandlung im Rechtfertigungsprozeß selbst akzeptabel ist.

## *Diskriminierungsverbot*

Aus moralischer Gleichheit läßt sich ein Verbot willkürlicher Ungleichbehandlung, also ein *Diskriminierungsverbot* ableiten. Die Bestimmung des Gerechtigkeitsbegriffs hat bereits ergeben, daß Gerechtigkeit bedeutet, niemanden willkürlich zu benachteiligen. Offen ließ die Begriffsexplikation noch, welche Unterschiede zwischen Personen moralisch irrelevant sind und deshalb nicht berücksichtigt werden sollen und welches zu berücksichtigende Unterschiede sind. Moralische Gleichheit füllt diese Variable nicht vollständig, schränkt sie aber in einer wichtigen Hinsicht ein. Unterschiedliche Behandlungen der Betroffenen aufgrund von Rasse, Geschlecht, Herkunft, sozialem Status etc. sind moralisch willkürlich. Denn die Unterschiede in der natürlichen Ausstattung sind Unterschiede, für die die jeweiligen Menschen selbst nicht verantwortlich sind, und können deshalb keine unterschiedliche Behandlung rechtfertigen.[108] Ansonsten würde das Prinzip moralischer Gleichheit verletzt. Ausgeschlossen wird somit eine primäre Diskriminierung, worunter eine Ungleichbehandlung unter der Annahme gegebener Wertunterschiede zwischen Menschen zu verstehen ist, die angeblich unterschiedliche (oft proportionale) Ansprüche recht-

(S. 522), daß dieser Ausdruck zum »Schiboleth aller rath- und gedankenlosen Moralisten [geworden sei], die ihren Mangel an einer wirklichen, oder wenigstens doch irgendetwas sagenden Grundlage der Moral hinter jenem imponierenden Ausdruck ›*Würde des Menschen*‹ verstecken«.

108 Vgl. dazu das diesen Gedanken explizierende Prinzip der Verantwortung (GL-P5) in Kap. V.1.2.

fertigen.[109] Die reinste Form dieses Prinzips der primären Diskriminierung (bzw. wie deren Vertreter sagen würden: Differenzierung) ist die Norm, daß zugeschriebene Charakterunterschiede den Wert einer Person bestimmen und die Behandlung bzw. Verteilung sich nach diesem unterschiedlichen Wert zu richten hat.[110] In diesem Sinne stellt das Prinzip der primären Diskriminierung das Gegenteil des Prinzips der moralischen Gleichheit dar. Primäre Diskriminierung umfaßt jedoch auch alle Formen der Unterdrückung, wenn Menschen also Ausbeutung, Marginalisierung, Machtlosigkeit, Kulturimperialismus oder Gewalt unterworfen werden.[111] Für das moderne Verständnis der Moral ist charakteristisch, daß man an die Möglichkeit einer willkürfreien, unparteiischen Rechtfertigung von primärer Diskriminierung nicht mehr glauben kann. Diese konnte sich nur auf metaphysische Wahrheiten berufen, die man ohne unvernünftig zu sein, bestreiten kann. Moralische Gleichheit folgt negatorisch aus der vernünftigen Einsicht in das Scheitern aller Versuche, primäre Diskriminierung willkürfrei zu rechtfertigen.

Was für mögliche Abstufungen im moralischen Status gilt, gilt mutatis mutandis auch für den vollkommenen Ausschluß aus der moralischen Gemeinschaft, also für die Frage, wer (Voll-)Mitglied in der moralischen Gemeinschaft ist. Nachdem das Rechtfertigungsprinzip eingeführt ist, muß gelten: Gegenüber Wesen, die zur Wechselseitigkeit fähig sind, müssen alle Regelungen gerechtfertigt werden. Einschränkungen des Kreises der Mitglieder der Moral und Abstufungen müssen willkürfrei begründet sein. Das bedeutet, denjenigen, die für eine Einschränkung und/oder Abstufung plädieren, kommt die Beweislast zu. Die Gründe, die für eine Einschränkung und/oder Abstufung im Laufe der Geschichte vorgetragen wurden, sind heterogener Art (und beziehen sich etwa auf die Natur oder Gott). Wir sollten bestimmte Lernprozesse unterschiedlicher Art durchlaufen haben, die diese Argumente nicht mehr plausibel erscheinen lassen. Deshalb sollten heute alle einen moralischen Universalismus und Egalitarismus (erster Stufe) akzeptieren, der jeder Person ein gleiches Recht auf Rechtfertigung zugesteht.

Auch wenn sich in der Philosophie diese Einsicht durchgesetzt zu haben scheint, so ist das in der alltäglichen Praxis keineswegs der

109 Vgl. E. Tugendhat, *Vorlesungen über Ethik*, S. 375-378.
110 Vgl. J. Hochschild, *What's Fair?*, Kap. 3, bes. S. 47-51.
111 Vgl. I. Young, *Justice and the Politics of Difference*, Kap. 2.

Fall. Der Kampf gegen primäre Diskriminierungen aller Art ist und bleibt daher ein klassisch egalitäres Anliegen. Es stellt das Herzstück des Egalitarismus dar, das trotz allgemeiner philosophischer Akzeptanz nach wie vor nichts von seiner politischen Bedeutung verloren hat.[112] Denn weder werden alle Menschen tatsächlich weltweit gleich berücksichtigt, noch mangelt es an immer wiederkehrenden, meist ideologischen Versuchen einer Verteidigung inegalitaristischen Gedankenguts, denen es von egalitaristischer Seite entgegenzutreten gilt. Primäre Diskriminierungen und ihre Folgen sind von fundamentaler Ungerechtigkeit und oft schlimmer zu ertragen als andere, zum Beispiel ökonomische Ungleichheiten, die nicht auf primären Diskriminierungen beruhen. Die Realisierung des egalitaristisch-universalistischen Grundprinzips ist deshalb oberstes moralisch-politisches Gebot, wenn es vor allem um die weltweite Durchsetzung und Sicherung gleicher Menschenrechte und den Kampf gegen (primäre) Diskriminierungen aller Art geht. Im Laufe der Zeit ist – meist durch politische Bewegungen und Kämpfe (erinnert sei nur an die jüngeren Bewegungen der Frauen, der Schwulen und Lesben sowie der Körperbehinderten) – unsere Sensibilität dafür mühsam geschärft worden, was über das bis dahin schon Anerkannte hinaus als primäre Diskriminierung anzusehen ist. Es bedarf deshalb auch heute der stets erneuten Aufmerksamkeit, ob nicht unter dem Deckmantel einer vermeintlichen (kulturellen) Normalität weitere, letztlich sich als unbegründbar herausstellende Ausschlüsse und Normierungen – sei es wegen Unterschieden im Geschlecht, in der Rasse, der sozialen Herkunft, der Ethnie, der Sprache, der Kultur, der Religion oder aufgrund von sozialen Hierarchien – vonstatten gehen, so daß Menschen das Recht, als Gleiche behandelt zu werden, versagt wird.

Offen ist an dieser Stelle noch, ob und welche sekundären Diskriminierungen[113] gegebenenfalls allgemein und reziprok gerechtfertigt werden können, auch wenn auf der primären Ebene keine Ungleichheit zulässig ist, also alle als Gleiche zu behandeln sind. Die Frage nach den Kriterien für gerechtfertigte Ungleichbehandlung kann

112 Dies betonen auch jene KritikerInnen, die die weitreichenderen distributiven Prinzipien des modernen Egalitarismus kritisieren, weil der Egalitarismus so seinem zentralen Anliegen nicht mehr entspreche, wie z. B. I. Young in *Justice and the Politics of Difference* und E. Anderson in »What is the Point of Equality?«.

113 Vgl. E. Tugendhat, *Vorlesungen über Ethik*, S. 378.

und muß unter der Maßgabe der Präsumtion der Gleichheit ($GL-P_4$ in Kapitel II.8.) mittels der Anwendung und Ausdeutung des Verantwortungsprinzips ($GL-P_5$ in Kapitel V.1.2.) geklärt werden. Es bedarf einer universalistisch egalitären Gerechtigkeitskonzeption, die jegliche Form primärer Diskriminierung aufdeckt, ächtet und zu verhindern sucht, gleichzeitig aber sensibel genug ist, alle nicht willkürlichen, also gerechtfertigten Differenzen auch tatsächlich zuzulassen.

### *Der Bereich der gleichen Achtung*

Das Prinzip der unparteiischen gleichen Rücksicht und Achtung gilt nicht – wie oft behauptet – nur für staatliche Regelungen, sondern in allen öffentlichen Angelegenheiten, das heißt in solchen, in denen es nicht um rein freiwillige, spezifisch persönliche Beziehungen (wie zu Familie, Freunden und Bekannten) geht. Die Grenze zwischen öffentlichen und privaten Angelegenheiten ist politisch oft strittig und muß moralisch nach den Kriterien reziprok allgemeiner Rechtfertigung bestimmt werden. Das Prinzip unparteiisch gleicher Berücksichtigung gilt also für alle Fälle, in denen nicht bestimmte Bereiche unter Anwendung genau des Rechtfertigungsprinzips vom Grundsatz der unparteiischen gleichen Rücksicht und Achtung ausgenommen worden sind.

Dieses Prinzip wird von vielen Interpreten auf den politischen Bereich eingeschränkt, genauer auf staatliche Akte, die mit Zwangsgewalt den eigenen Staatsbürgern gegenüber durchgesetzt werden.[114] Die Anwendung auf den politischen Bereich, das heißt auf die Gesamtheit aller Forderungen, die sich auf die institutionelle Ordnung einer ganzen Gesellschaft, auf deren Regeln, Institutionen und Verhältnisse beziehen, ist zentral, aber nicht die einzige. Die institutionelle Ordnung ist mit Zwangscharakter ausgestattet und muß deshalb begründbar sein. Auch moralische Normen sind auf eine spezifische Weise mit internen Sanktionen bewehrt, teilweise durchaus auch mit äußeren Sanktionen. Das Prinzip der gleichen Achtung zugrunde legend, bedeutet dies, daß sowohl die mit inneren Sanktionen bewehrte moralische als auch die mit äußeren Sanktionen bewehrte politische Ordnung im Prinzip die Zustimmung aller ihrer

114 So bei R. Dworkin, »The Roots of Justice«, S. 89 f.

Mitglieder haben muß. Für beide Bereiche muß gezeigt werden (können), daß jede einzelne Person, die der in Rede stehenden Gewalt unterworfen ist, gute Gründe hat (unabhängig davon, ob sie ihr zur Zeit tatsächlich bewußt sind oder nicht), den Normen, seien es nun moralische oder politische, zuzustimmen. Jede etablierte moralische und politische Ordnung enthält ein irreduzibles Element des Zwangs gegenüber freien und gleichen Individuen, auch wenn sie sich diesen selbst auferlegt und ihn gegebenenfalls internalisiert haben. Normautor und Normadressat sind ein und dieselbe Person, jedoch in verschiedenen Rollen. Die Differenz zu leugnen wäre gleichbedeutend mit der Behauptung, daß man allen im Prinzip selbstauferlegten moralischen Normen so folge, als kämen sie Wünschen gleich. Moralbefolgung ist aber nicht identisch mit der Befolgung manifester Wünsche. Vielmehr stellt Moral eine rationale Selbstbindung dar (Odysseus ähnlich, der sich an den Schiffsmast binden ließ, um zu verhindern, daß er gegen seine bessere Einsicht handelt).[115] Diese moralische Bindung ist nötig, da man nicht immer einem Gesetz oder einer moralischen Regel freiwillig folgt, beispielsweise wenn egoistische kurzfristige Interessen überwiegen. Unter aufgeklärten Bedingungen, mit Abstand zu der jeweiligen konkreten Situation, würde man dieser Regelung jedoch zustimmen, weil sie die beste Alternative darstellt, wenn nach allgemeinverbindlichen Regelungen gesucht wird. Zustimmung bedeutet, daß es sich bei der Norm oder dem Gesetz nicht um fremden Zwang handelt, sondern um eine selbstauferlegte Regelung, eine Selbstbindung. Dieser (gewissermaßen innere) Zwang ist freiwillig, sofern jeder der dem Regime von Moral (und Politik) Unterworfenen eigene gute Gründe hat, diesen Bedingungen zuzustimmen. Der Grundsatz der gleichen Würde und Achtung gilt demnach für die gesamte Domäne der Moral, nicht nur für deren politischen Bereich.

Der Bereich persönlicher Beziehungen ist zunächst nicht vom Zwang zur Rechtfertigung befreit. Hier können jedoch mittels universalistischer Rechtfertigung begründete Freiräume für Individuen gewährt werden, in denen sie ihr partikulares Verhältnis zu bestimmten Personen gestalten können, ohne andere in gleicher Weise berücksichtigen zu müssen. So kann der Bereich der gleichen Ach-

115 Zum Modell der Selbstbindung vgl. J. Elster, *Ulysses and the Sirens* und S. Gosepath, *Aufgeklärtes Eigeninteresse*, S. 269, 294 ff.

tung in Übereinstimmung mit den Prinzipien der Rechtfertigung und gleichen Achtung eingeschränkt werden, weil bestimmte persönliche Werte (wie Freundschaft und Liebe) oder persönliche Bereiche (wie die Privatsphäre)[116] besonders wertvoll und schützenswert sind.

Der Grundsatz der gleichen Achtung und das egalitäre Rechtfertigungsprinzip sind vereinbar mit dem Wert persönlicher Beziehungen.[117] Diese These mag auf den ersten Blick wenig plausibel erscheinen. Scheint doch die Kantische Moral der gleichen Achtung die Signifikanz des Persönlichen und die Rolle der Integrität der Person in Handlung und Charakter zu übergehen. B. Williams bringt drei Kritikpunkte gegen eine Kantische Moralauffassung vor: 1. Die Kantische Moral verlange oft, daß wir uns um die falschen Dinge sorgen, nämlich um die Moral und nicht um die Objekte unserer Handlungen und unserer natürlichen Interessen. 2. Sie führe zu einer Reduzierung und Entfremdung von unseren Emotionen, besonders in der Zurückweisung von Emotionen als moralisch geschätzten Motiven. 3. Sie insistiere außerdem auf der Beherrschung selbst unserer elementarsten Grundprojekte und persönlichen Bindungen; es sei eine Bindung an die Moral verlangt, die uns von uns selbst und dem, was wir schätzen, entfremde.[118] Dieser Eindruck beruht jedoch auf einem Irrtum, wie die folgenden Punkte zeigen sollen:

(i) Kritiker wie B. Williams behaupten, eine solche abstrakte, universalistische und deontologische Moralauffassung vernachlässige die natürliche Sorge für andere, die man liebt, weil man nach einem allgemeinen unparteiischen Prinzip handeln müsse. Dieser Einwand mißversteht, was es heißt, aufgrund eines Prinzips zu handeln. Wichtig ist an dieser Stelle die Unterscheidung von Zielen und Motiven.[119] Ein Motiv ist das, was den Handelnden zur Handlung bewegt. Hat der Handelnde zum Beispiel das Ziel, eine Person zu retten, kann er dafür verschiedene Motive haben, beispielsweise die Meinung, daß es moralisch richtig sei, oder reine Sympathie. Die

116 Vgl. z.B. die entsprechende moralische Argumentation von B. Rössler in *Der Wert der Privatheit.*

117 Zum Verhältnis von Gerechtigkeit und persönlichen Beziehungen vgl. Kap. I.4.4. und zum Vorrang der Gerechtigkeit vor der Moral persönlicher Beziehungen Kap. I.6.1.

118 Vgl. B. Williams, »Personen, Charakter und Moralität«.

119 Vgl. B. Herman, »Integrity and Impartiality«, S. 25ff.

moralische Regel muß nicht oder sollte nicht selbst Ziel der Handlung sein. Das Rechtfertigungsprinzip und die dadurch ermittelten Normen stellen außerdem nur ›einschränkende Bedingungen‹ dar,[120] bilden also einen Rahmen, innerhalb dessen verschiedene Handlungsmöglichkeiten moralisch erlaubt sind. Dieser Rahmen wird normalerweise internalisiert, so daß die moralischen Regeln im Anwendungsfall weder als Ziel der Handlung angesehen werden, noch versucht wird, ihnen bewußt zu entsprechen.

(ii) Emotionen sind durchaus als moralische Motive zulässig (und so auch persönliche Beziehungen und Handlungen anderen gegenüber), da es nicht nur möglich ist, entweder aus Pflicht oder aus Sympathie zu handeln. Wie oben dargelegt, kann es für ein Ziel verschiedene Motive geben, und das Vorhandensein des einen (Pflicht) schließt das andere (Sympathie) nicht aus (Fälle von Überdeterminiertheit). Man hätte dann – kantisch gesprochen – einen guten Willen, der nicht dadurch besser würde, daß man ohne Sympathie handelte.[121] Das Motiv, aus moralischer Pflicht zu handeln, bildet als einschränkende Bedingung (internalisiert) immer den Hintergrund, ohne jedoch dadurch zum primären Motiv zu werden.

(iii) Die Moral der gleichen Achtung, als einschränkende Bedingung verstanden, bedroht nicht die persönliche Integrität von Individuen. Kritiker wie B. Williams behaupten, daß Unparteilichkeit mit unseren Grundprojekten konfligieren könne. Die Integrität von Personen sei essentiell verbunden mit dem Vorhandensein von (und Handeln nach) einer Menge solcher »ground projects«, weil sie zum Teil unseren Charakter konstituierten. Sie gäben uns die »categorical desires«, also Gründe, überhaupt weiterzuleben. Für den Fall, daß die Moral der unparteiischen gleichen Achtung mit den Grundprojekten einer Person konfligiert, beschreibt Williams die Möglichkeit, daß ein Handelnder keine Gründe hat, so zu handeln, wie die Moral es verlangt, weil die einzigen Gründe, die er überhaupt hat, die für die unmoralische Verfolgung seines Grundprojekts sind. Eine definierende Eigenschaft der Kantischen Moralauffassung ist es hingegen, daß Moral selbst den Status eines Grundprojekts haben muß, so daß ein moralisches Leben zu leben konstitutiv für jeden (moralischen) Charakter sei.[122] Moral als Grundprojekt sei unbe-

120 Ebd., S. 31ff.
121 Ebd., S. 34-35.
122 Ebd., S. 38.

dingt, andere Grundprojekte hingegen nur bedingt. Nur unbedingte unmoralische Projekte seien unakzeptabel. In einem Konflikt klärt sich die Frage, ob man überhaupt moralisch sein will. Wenn man unterstellen darf, diese Frage sei im allgemeinen positiv zu beantworten, so weist ein möglicher Konflikt auf die fehlende Integration verschiedener, nie völlig disparater und unabhängig voneinander existierender Werte hin.[123] Der beste Weg, uns selbst und unsere moralische Einstellung zu verstehen, besteht jedoch darin, die verschiedenen persönlichen und moralischen Werte in ein Überlegungsgleichgewicht (im Rawlsschen Sinne) zu bringen, sie also in eine interaktive Ordnung zu bringen. Eine Moralkonzeption, die so hohe Forderungen stellt, daß dadurch das eigene Leben ein schlechtes und nicht erfolgreiches wird, wäre aus diesem Grund eine schlechte Moraltheorie. Eine angemessene Moraltheorie dagegen muß alle Werte, auch die des persönlichen Lebens, durch deren Analyse und bestmögliche Interpretation im Lichte ihrer Vereinbarkeit in ein angemessenes Verhältnis bringen. Vorausgesetzt wird dabei die Möglichkeit zu einer partiellen Selbstrelativierung, die moralisch mithin verlangt werden kann.

## 6. Zur Kritik des humanitären Nonegalitarismus

Durch die drei bisher behandelten Gleichheitsprinzipien der formalen, proportionalen und moralischen Gleichheit wird ein Egalitarismus erster Stufe charakterisiert.[124] *Nonegalitaristen der ersten Stufe* hingegen bestreiten, daß die genannten Prinzipien gültig sind oder etwas Substantielles mit Gleichheit zu tun hätten.[125] Im folgenden

123 Das widerspricht sowohl einer populären Auffassung des Wertepluralismus als auch der des unvermeidlichen Wertekonflikts. Vgl. B. Williams, »Konflikte von Werten«; R. Chang (Hg.), *Incommensurability, Incomparability, and Practical Reason.*

124 Siehe dazu die Erläuterungen zu Beginn von Kap. II.

125 Ein ähnliche Kritik wird auch schon gegen formale und proportionale Gleichheit erhoben, denen auch gelegentlich der Gleichheitsaspekt abgesprochen wird. Tatsächlich werden oft alle Punkte zusammen vorgebracht, um die moralische Bedeutungslosigkeit von Gleichheit(sprinzipien) zu demonstrieren. Deshalb werden sie auch an dieser Stelle zusammen behandelt.

diskutiere ich das metaethische, nonegalitäre Argument von der angeblich nichtrelationalen Natur der grundlegenden moralischen Ansprüche, durch das dem moralischen Gleichheitsprinzip die Grundlage entzogen werden soll. Gegen die nonegalitäre Kritik möchte ich – das bisherige Ergebnis absichernd – einen Egalitarismus erster Stufe verteidigen und zeigen, daß und warum den drei von mir so genannten Gleichheitsprinzipien der formalen, proportionalen und vor allem der moralischen Gleichheit in der Tat ein irreduzibler und unverzichtbarer Gleichheitsaspekt zukommt. Dabei konzentriere ich mich an dieser Stelle auf eine Auseinandersetzung mit dem sogenannten humanitären Nonegalitarismus erster Stufe. Dazu werde ich zuerst eine kurze Charakterisierung der Position des humanitären Nonegalitarismus geben, um dann zu zeigen, warum nichtrelationale Gerechtigkeitstheorien keinesfalls ausreichend sind, eine unseren reflektierten moralischen Urteilen entsprechende Moral- und Gerechtigkeitstheorie zu begründen. Statt dessen bedarf es komparativer, relationaler Gerechtigkeitsprinzipien. Warum und inwiefern diese Gerechtigkeitsprinzipien egalitär sind, sollen die vorangegangenen wie der nächste Abschnitt dieses Kapitels aufweisen. Die Verteidigung eines darauf aufbauenden Egalitarismus zweiter Stufe ist dann den weiteren Kapiteln vorbehalten.

### *Humanitärer Nonegalitarismus*

Die Position des humanitären Nonegalitarismus[126] analysiert Beispielsfälle wie Hunger und Armut so, daß der gute Grund und das rechte Maß des moralisch geforderten Handelns im Leid der be-

126 Diese Theorie wird mit unterschiedlichen Bezeichnungen hauptsächlich vertreten von J. Raz, »Strenger und rhetorischer Egalitarismus«; H. Frankfurt, »Gleichheit und Achtung«; ders., »Equality as a Moral Ideal«; E. Anderson, »Warum eigentlich Gleichheit?«; A. Krebs, »Einleitung: Die neue Egalitarismuskritik im Überblick«; dies., »Gleichheit oder Gerechtigkeit. Die Kritik am Egalitarismus«; dies., *Arbeit und Liebe*, Kap. III.; dies., »Warum Gerechtigkeit nicht als Gleichheit zu begreifen ist«; T. Schramme, »Die Anmaßung der Gleichheitsvoraussetzung«; ders., »Verteilungsgerechtigkeit ohne Verteilungsgleichheit«. Vgl. auch P. Westen, *Speaking of Equality*, S. 71-74; J. R. Lucas, »Against Equality«; ders., »Against Equality Again«; W. Letwin, »The Case against Equality«; W. Kersting, *Theorien der sozialen Gerechtigkeit*, S. 376, 386-390. Allgemeine Kritik am Egalitarismus findet sich auch bei W. Kersting in *Kritik der Gleichheit*. Eine Kritik der Gleichheit am Maßstab der Individualität liefert C. Menke, *Spiegelungen der Gleichheit*.

treffenden Person liegen. Gemäß der humanitaristischen Position kommt Gleichheit an keiner Stelle der Analyse moralischer Verpflichtungen und Handlungen eine wesentliche Rolle zu. Moral bzw. Gerechtigkeit brauche überhaupt nicht als Gleichheit verstanden zu werden. Gerechtigkeit hat es nach der bekannten Formel ›suum cuique‹ mit dem Zukommenden oder *Angemessenen* zu tun. Denn die Formel ›suum cuique tribuere‹ besagt: Gerecht ist eine Handlung, wenn sie jedem das gibt, was ihm zukommt. Gerechtigkeit verlangt immer, jedem das Seine zu geben, aber in einigen Fällen wird das Seinige, das Angemessene unabhängig von dem anderer Personen bestimmt, während es in anderen Fällen ausschließlich mit Bezug auf das Verhältnis zu anderen ermittelt wird. Die Kontexte, Kriterien und Prinzipien der ersten Art gehören zur nonkomparativen, die der zweiten Art zur komparativen Gerechtigkeit.[127] Nur komparative präskriptive Standards zielen auf Gleichheit. Ein Prinzip komparativer Gerechtigkeit verlangt die gleiche Behandlung in relevanten Hinsichten gleicher Fälle und die ungleiche Behandlung in relevanten Hinsichten ungleicher Fälle. Dies ist das Prinzip formaler Gleichheit. Davon zu unterscheiden ist ein Prinzip nonkomparativer Gerechtigkeit, wonach Individuen nach ihren Rechten und Verdiensten zu behandeln sind. Nonkomparative präskriptive Standards zielen überhaupt nicht auf Gleichheit. Mit Rückgriff auf diese Unterscheidung von komparativer und nonkomparativer Gerechtigkeit verstehen nun humanitäre Nonegalitaristen das fundamentale Moralprinzip und viele daraus abgeleitete Gerechtigkeitsforderungen so, daß es sich dabei *nicht* um *komparative* (also vergleichende) Prinzipien und a fortiori auch um keine Gleichheitsprinzipien handele. Nonegalitaristen der ersten Stufe behaupten, zumindest die zentralen, wenn nicht alle Standards des menschenwürdigen Lebens seien nicht relational, sondern ›absolut‹.[128] Statt mit komparativer oder relationaler Verteilungsgerechtigkeit hätten wir es hier mit einem nonkomparativen Bereich der Moral zu tun. In der Moral der

127 Vgl. J. Feinberg, »Non-Comparative Justice«; ders., *Social Philosophy*, S. 98-119; vgl. ders., *Rights, Justice, and the Bounds of Liberty*, S. 265-306.

128 Vgl. J. Feinberg, »Non-Comparative Justice«; J. Raz, »Strenger und rhetorischer Egalitarismus«, S. 51-54, 62-64; A. Krebs, »Einleitung: Die neue Egalitarismuskritik im Überblick«, S. 17-21. Allgemein gegen strukturelle Gerechtigkeitsprinzipien (patterned principles of justice) argumentiert bekanntlich besonders prominent R. Nozick, *Anarchy, State, and Utopia*, bes. S. 156-157.

Achtung schuldeten wir der einzelnen Person in ihrer jeweiligen Besonderheit etwas ohne Ansehung der anderen. Ein Bemühen um Gleichheit per se sei deshalb fetischistisch. Es kommt darauf an, so drückt es Harry Frankfurt aus, ob Menschen ein gutes Leben führen, und nicht, wie deren Leben relativ zu dem Leben anderer steht.[129] »The fundamental error of egalitarianism lies in supposing that it is morally important whether one person has less than another regardless of how much either of them has.«[130]

Statt Gleichheit favorisieren diese KritikerInnen auf der zweiten Stufe deshalb (verschiedene Versionen von) *bedürfnisbasierte(n) Moraltheorien*. Als moralische Basis sozialer Pflichten und gegebenenfalls korrespondierender Rechte gilt ihnen die *Vermeidung von moralisch relevantem Leid.* Worauf es ankomme, so die grundlegende Annahme der Nonegalitaristen, seien *humanitäre Sorgen*: Insbesondere das Lindern von Leid bringe uns dazu, Schlechtgestellten zu helfen, ihre Lage zu verbessern. Die bekanntesten dieser Theorien in der gegenwärtigen Diskussion sind zum einen Nozicks Libertarismus,[131] zum anderen Frankfurts Prinzip der Hinlänglichkeit und Parfits Vorrangprinzip. Nach Frankfurts Prinzip der *Hinlänglichkeit* (doctrine of sufficiency) ist ein hinreichend gutes Auskommen für jeden zu sichern.[132] »What is important from the moral point of view is not that everyone should have *the same* but that each should have *enough*. If everyone had enough, it would be of no moral consequence whether some had more than others.«[133] Parfits *Vorrangprinzip* (priority view) fordert die vorrangige Verbesserung der Situation der Schlechtergestellten.[134] Gemäß dem Vorrangprinzip ist es nicht schlecht oder ungerecht, daß einige schlechter gestellt sind als andere. Statt dessen gelte es nur, den Schlechtergestellten zu helfen, und zwar um so mehr, je schlechter sie gestellt sind. Auch in Mangelsituationen, in denen nicht allen ein menschenwürdiges Leben ermöglicht werden kann, geben die absoluten Gerechtigkeitsstandards selbst eine Verteilung vor: Je weiter ein Mensch von dem

129 H. Frankfurt, »Gleichheit und Achtung«.

130 H. Frankfurt, »Equality as a Moral Ideal«, S. 34.

131 Vgl. R. Nozick, *Anarchy, State, and Utopia.*

132 Vgl. H. Frankfurt, »Equality as a Moral Ideal«, S. 22; A. Rosenberg, »Equality, Sufficiency, and Opportunity in the Just Society«.

133 H. Frankfurt, »Equality as a Moral Ideal«, S. 21.

134 Vgl. D. Parfit, »Gleichheit und Vorrangigkeit«.

eigentlich gebotenen Niveau entfernt ist, desto dringlicher ist (in der Regel) sein Anspruch auf Hilfe.

Dies führt zu dem Vorwurf einer *Verwechslung* von ›*Allgemeinheit*‹ mit ›*Gleichheit*‹.[135] Die elementaren Gerechtigkeitsforderungen verlangen die Garantie gewisser Lebensbedingungen für alle. Wenn ein Mensch unter Hunger oder Krankheit leidet, ist ihm zu helfen, weil Hunger und Krankheit schreckliche Zustände sind, und nicht deswegen, weil es anderen schließlich besser geht als ihm. Die Garantie solcher grundlegenden Lebensbedingungen für alle führt zwar zu einer Gleichheit aller hinsichtlich dieser Lebensbedingungen. Diese Gleichheit ist jedoch nicht das Ziel, sondern nur das Nebenprodukt elementarer Gerechtigkeitsforderungen. Die humanitären Sorgen sind nicht egalitär. Die Sorge gilt nicht dem Unterschied zwischen Besser- und Schlechtergestellten, sondern der Verbesserung der Lage der Schlechtestgestellten: Ihre Not stellt den moralischen Grund dar. Gleichheiten oder Ungleichheiten, die bei so verstandenem moralisch korrektem Handeln im Ergebnis sich einstellten, seien moralisch neutral, also weder gut noch schlecht; ein zufälliges Ergebnis eben, ein moralisch irrelevantes Nebenprodukt der Erfüllung eines absoluten oder nonkomparativen Standards für alle (zum Beispiel, daß niemand hungern soll).

Dabei wird sich vermutlich sogar öfter Gleichheit als Ungleichheit einstellen, weil Einkommen und Vermögen der Bessergestellten oft die einzigen oder besten Mittel abgeben, die zum Zwecke der Linderung der Not der Schlechtergestellten transferiert werden müssen, solange dadurch nicht andere moralisch negative Folgen auftreten. In solchen nichtkomparativen Fällen sei das Hinzufügen der Gleichheitsterminologie redundant. Gleichheit sei nur ein Nebenprodukt der allgemeinen Erfüllung von Gerechtigkeitsstandards, die eigentlich nonkomparativ sind, was durch die unnötige Hinzusetzung eines Ausdrucks der Gleichheit verschleiert werde.[136] Es gehe nichts verloren, wenn man statt »Alle Menschen sollen glei-

135 Vgl. A. Krebs, »Warum Gerechtigkeit nicht als Gleichheit zu begreifen ist«, I.4.; J. Raz, »Strenger und rhetorischer Egalitarismus«; P. Westen, *Speaking of Equality*, S. 71-74.

136 J. Raz (»Strenger und rhetorischer Egalitarismus«) ist der wohl bekannteste und schärfste Kritiker von Gleichheit als redundant; vgl. auch H. Frankfurt, »Gleichheit und Achtung«; ders., »Equality as a Moral Ideal«; P. Westen, *Speaking of Equality*, S. 71-74.

chermaßen genug zu essen haben« nur sagt: »Alle Menschen sollen genug zu essen haben.« – Dagegen hält ein Egalitarismus erster Stufe jede Explikation des moralischen Standpunktes ohne Vokabeln wie ›gleich‹, ›gleichermaßen‹ oder ›in gleicher Weise‹ für unvollständig.

Philosophische *Non*egalitaristen brauchen dabei keine politischen *Anti*egalitaristen zu sein. Sie sind es dann nicht, wenn ihre nonegalitären Prinzipien dennoch zu einem Zustand führen, in dem es um die Rechte, Freiheiten und materiellen Ressourcen der Einzelnen besser bestellt ist als unter Bedingungen der Ungleichheit.

## *Kritik des humanitären Nonegalitarismus*

Gerechtigkeit bezieht sich – unserer aller Intuition nach – immer auf andere, genauer auf deren moralische Ansprüche. Gerechtigkeit hat es mit der angemessenen Erfüllung individueller moralischer Ansprüche zu tun. Einem Verhungernden muß geholfen werden: Sein Hunger, allgemeiner seine Not oder seine Bedürftigkeit, sind der moralische Grund, der andere verpflichtet, zu helfen. Bei einigen wesentlichen Normen der Moral und Gerechtigkeit geht es ihrer Natur nach primär um die angemessene Erfüllung von Ansprüchen einzelner zum Schutz vor moralischen Verletzungen, die zunächst einmal absolut, also nur mit Blick auf den einzelnen, nicht aber auf andere bestehen. Ließe sich ein philosophischer Ansatz entwickeln, der aus den konkreten Gerechtigkeitsintuitionen eine positive Moraltheorie konstruiert, die uns absolute, das heißt nichtrelationale Maßstäbe für moralische Rechte liefert? Man könnte der Meinung sein, daß nicht nur jedes Individuum für sich Ansprüche stellt, sondern auch nur mit Blick auf diese einzelnen Ansprüche festgestellt werden kann, was in diesen Fällen eine angemessene Erfüllung bedeuten würde. Dies ist die Auffassung, die alle nichtrelationalen Moral- oder Gerechtigkeitstheorien teilen. Der humanitäre Nonegalitarismus ist jedoch eine unzureichende Moral- bzw. Gerechtigkeitskonzeption, da er lediglich den Sinn der Gerechtigkeitsansprüche von Notleidenden als die Vermeidung von humanitärem Leid erklären, aber die sich daraus ergebenden Gerechtigkeitspflichten für andere nicht ausreichend bestimmen kann. Auch wenn Bedürftigkeit – oder allgemeiner: Interessenberücksichtigung – den moralischen Grund abgibt, und nicht eine Relation zu anderen, so werden moralische Rechte und Pflichten jedoch nur durch das

Rechtfertigungsprinzip konstituiert. Es bedarf daher der Berücksichtigung relationaler Gerechtigkeit, die dann eben auch egalitär sein muß. Humanitäre Gesichtspunkte sind zwar von vorrangiger Bedeutung, aber Gerechtigkeit ist schon auf der Ebene der minimalen Standards des menschenwürdigen Lebens notwendig mit Gleichheit verknüpft. Auch wenn es bei Moral und Gerechtigkeit ihrer Natur nach primär um die angemessene Erfüllung der individuellen Ansprüche einzelner geht, da jede Person prima facie ein (gleiches) moralisches Anrecht auf die Bedingungen eines autonomen guten Lebens hat, so bleibt doch unklar, wie sich ein philosophischer Ansatz im Sinne des humanitären Nonegalitarismus entwickeln ließe, der aus den konkreten Gerechtigkeitsintuitionen eine positive Moraltheorie konstruiert, die uns absolute, das heißt nichtrelationale Maßstäbe für moralische Rechte liefert. Dies ist nur, so die hier vertretene Position, über das Rechtfertigungsverfahren möglich. Folgende drei Punkte sollen entsprechend zeigen, daß der humanitäre Bedürfnisansatz zur Bestimmung der Gerechtigkeitspflichten *allein* nicht ausreicht.

1. Moralische Gefühle der Mißachtung, Benachteiligung, Verletzung, Demütigung und allgemein des Leids reichen *nicht* aus, um zu zeigen, was *zu Recht* als *moralische* Verletzung bzw. Mißachtung gelten kann. Nicht jede subjektive Verletzung kann und darf als Grund gelten. Nach unserer Alltagsintuition sind einige Personen hypersensibel, und wir kritisieren etwa ihre beleidigten Reaktionen als übertrieben oder unangemessen. Zumindest entspricht die subjektive Stärke des Gefühls der Mißachtung nicht der Stärke des Unrechts. Eventuell liegt gar kein Unrecht vor. Wir brauchen einen moralischen Maßstab der Angemessenheit des Gefühls der psychischen Verletzung.

Auch ist in den seltensten Fällen ein Leid für alle evident. Zwar mögen gerade die subjektiven Empfindungen von Not aus der Sicht der Betroffenen ihre Notlage ausmachen. Dennoch kann die subjektive Wahrnehmung einer Situation als Notlage keine hinreichende Bedingung für die anderen darstellen, die Situation als Benachteiligung anzuerkennen. Die subjektive Wahrnehmung hängt nämlich wesentlich von persönlichen Bedürfnissen, Präferenzen und Erwartungen ab. Die bloße Unerfülltheit subjektiver Wünsche mag zwar eine subjektive Mangelsituation darstellen, sie stellt aber nicht als solche einen moralischen Grund für andere dar, den subjektiven

Mangel der Person zu beseitigen. Denn jeder ist für seine Wünsche weitgehend verantwortlich, wenn und weil er sie ändern kann. Wünsche, die man selbst steuern kann, müssen nicht von der Gesellschaft befriedigt werden. Auch keinen moralischen Anspruch auf ›Hilfe‹ haben Personen bei Benachteiligungen aufgrund ihrer eigenen Überzeugungen oder Präferenzen, selbst wenn diese sich so mit ihren Überzeugungen oder Präferenzen identifizieren, daß sie meinen, sie nicht aufgeben zu können.

Da Not, Leid, Mangel und Mißachtung selten (selbst)evident sind, entsteht die Frage nach der Berechtigung und Rechtfertigung von Ansprüchen. Der Maßstab der Angemessenheit kann nicht allein mittels subjektiver Verletzungsgefühle rekonstruiert werden. Statt dessen muß entweder auf eine komparative Moral- oder Gerechtigkeitstheorie zurückgegriffen werden, die mittels eines Rechtfertigungsverfahrens in der Lage ist, Ansprüche als angemessen oder nicht angemessen zu beurteilen. Ein solcher Rückgriff läßt jedoch den Ansatz, der das moralisch Geforderte über subjektive Verletzungsgefühle zu ermitteln sucht, in sich zusammenbrechen. Oder die Standards der Rechtfertigung subjektiver Ansprüche werden vorgängig durch eine objektive Theorie des Guten geklärt.

2. Als vermeintliche Alternative zu einer relationalen Gerechtigkeitstheorie mag eine Konzeption des Guten erscheinen, die mittels objektiver Bedingungen für ein jedes gutes Leben absolute moralische Ansprüche bzw. Rechte zu begründen beansprucht. Eine solche Konzeption des guten Lebens ist wohl die von den meisten Nonegalitaristen favorisierte Option. Doch eine Konzeption des Guten oder eine Liste objektiver Grundbedürfnisse kann schwerlich *allein* objektive Maßstäbe für die richtige Behandlung von Personen begründen.[137]

Die wesentlichen Pflichten und die diesen gegebenenfalls korrespondierenden Rechte lassen sich gemäß der Auffassung des humanitären Nonegalitarismus rekonstruieren als Maßnahmen zum Schutz vor Verletzungen, deren Bedeutung durch basale Bedürfnisse oder essentielle Interessen (kriteriell) bestimmt wird. Als moralische

137 Auch die (meisten) Egalitaristen erkennen – meist um faire Chancengleichheit herzustellen – eine besondere Dringlichkeit von Notlagen an, die eine vorrangige Hilfeleistung für die in Not Geratenen erforderlich macht. Allerdings müssen die Notlagen und der sich daraus begründende Anspruch auf Hilfeleistung nach egalitärer Gerechtigkeitsauffassung relational bestimmt werden. Vgl. Kap. V.1.5.

Basis der wesentlichen moralischen Pflichten und Rechte fungiert die Vermeidung von moralisch relevantem Leid. Als moralisch relevant kann die Vermeidung von Leid nur gelten, wenn eine Person objektiv daran gehindert wird, Aktivitäten und Ziele zu realisieren, die alle als wesentlich betrachten. Das zu vermeidende Leid bzw. die zu befriedigenden Bedürfnisse müssen, um einen Anspruch auf Unterstützung begründen zu können, sich auf grundlegende Funktionsweisen oder Fähigkeiten beziehen, die allgemein wertgeschätzt werden.[138]

Alles hängt natürlich davon ab, was als die wesentlichen oder essentiellen oder basalen Bedürfnisse und was als wichtige Funktionsweisen oder Fähigkeiten anerkannt wird. Die höchstrangigen Bedürfnisse, Funktionsweisen und Fähigkeiten, mit Bezug auf die der Anspruch eines Rechts auf Hilfe und einer Pflicht zur Hilfeleistung begründet werden soll, müssen dazu – soviel sollte klar sein – vom unparteiischen Gesichtspunkt aus moralisch gerechtfertigte Interessen sein. Einen positiven Wert haben Funktionsweisen oder Fähigkeiten aus der Perspektive aller, wenn alle Personen rationalerweise bereit sind anzuerkennen, daß diese Funktionsweisen oder Fähigkeiten für andere wichtig sind, auch wenn nicht notwendig für sie selbst, und sie den Wert nicht vernünftigerweise im Rollentausch ablehnen können.

Das bedeutet jedoch, daß die Bedürfnisauffassung (auch) auf dem Rechtfertigungsprinzip beruht, denn sie muß beanspruchen, mit guten, das heißt mit von allen akzeptierbaren Gründen, zeigen zu können, welche Notlagen Pflichten zur Unterstützung rechtfertigen. Welche Pflichten und welche Ansprüche als angemessen gelten können, welche Zustände oder Lebensumstände als schlecht, welche als gut gelten, kann nur konsistent und nicht partikularistisch, also unparteilich ermittelt werden, indem man fragt, ob dem in Frage stehenden Anspruch alle Betroffenen unter den hypothetischen Bedingungen von Freiheit und Gleichheit zustimmen könnten. Dieses Rechtfertigungsverfahrens bedarf es um so mehr, je weniger evident, je unklarer oder strittiger es ist, ob es sich tatsächlich um ein Leid, eine Not oder ein objektives Bedürfnis handelt oder nicht. Die Bestimmung von moralischen Rechten und Pflichten kann nur mittels einer allgemeinen und reziproken Rechtfertigung erfolgen. Das

138 Vgl. M. Nussbaum, A. Sen (Hg.), *The Quality of Life.*

Prinzip der Rechtfertigung ist also konstitutiv für die Moral. Es muß für die moderne Moral so spezifiziert werden, daß jede betroffene Person gleiches Gewicht bekommt (vgl. Kapitel II.5.2.). Die Grundkonstellation ist eine egalitäre: Eine jede Person (die zu dem relevanten Verteilungskontext gehört) hat das gleiche Recht auf Rechtfertigung. Damit aber wird schon deutlich, daß moralische Ansprüche nur auf der Basis fundamentaler moralischer Gleichheit gerechtfertigt werden können, dieses Prinzip also mitnichten entbehrlich ist.

Diese Bestimmung moralischer Gleichheit aus einer egalitären Rechtfertigung mittels der Kriterien von Reziprozität und Allgemeinheit ist rein prozedural. Aus ihr lassen sich jedoch – wie in Kapitel II.5.3. dargelegt – mittels rekursiver Reflexion die wesentlichen Komponenten von moralischen Ansprüchen und substantieller Gerechtigkeit herauskristallisieren. Moralische Gleichheit beinhaltet vor allem: einen Anspruch auf gleiche Anerkennung und Sicherung der individuellen Autonomie; einen Anspruch auf gleiche Würde, auch wenn das substantiell kein neuer oder konkreter Gesichtspunkt ist; und ein Verbot primärer Diskriminierung, worunter eine Ungleichbehandlung unter der Annahme gegebener Wertunterschiede zwischen Menschen zu verstehen ist, die angeblich unterschiedliche (oft proportionale) Ansprüche rechtfertigen. Das Verbot umfaßt alle Formen der Unterdrückung, wenn Menschen also Ausbeutung, Marginalisierung, Machtlosigkeit, Kulturimperialismus oder Gewalt unterworfen werden. Moralische Gleichheit ist eine substantielle Einschränkung proportionaler Gleichheit. Die moralische Gleichheit schränkt proportionale Gleichheit in einer entscheidenden Variablen ein, nämlich der, daß die verteilungsrelevanten Eigenschaften keine der fundamentalen Würdigkeit oder Wertigkeit der Person sein dürfen. Diese substantielle moralische Einschränkung des Variablenraumes hat evidentermaßen einen irreduziblen Gleichheitsaspekt.

Mit diesen Spezifikationen moralischer Gleichheit sollte deutlich geworden sein, daß ›gleich‹ bzw. ›gleichermaßen‹ im Kontext moralischer Gleichheit keineswegs ›rein formal‹, ›leer‹ oder ›redundant‹ ist – wie von den KritikerInnen behauptet.[139] Hier wird vielmehr auf

139 Dies wird in der Diskussion von Dworkins bekannter und häufig verwendeter Formulierung des Prinzips behauptet; u. a. von H. L. A. Hart, »Between Utility and Rights«, S. 332, Fn. 42; R. Goodin, *Political Theory and Public Policy*, S. 89 f.; D. Mapel, *Social Justice Reconsidered*, S. 54; C. Larmore, *Strukturen moralischer*

die Unabhängigkeit moralischer Rechtfertigung von allen Kräfteverhältnissen und primären Diskriminierungen verwiesen. Dieses Prinzip schließt bestimmte Unterscheidungen, etwa in Bürger erster und zweiter Klasse, als moralisch ungerechtfertigt aus.[140] Es läßt nur solche zu, die mittels des Rechtfertigungsverfahrens als im Prinzip von allen akzeptierbar ermittelt werden. ›Gleich‹ und ›gleichermaßen‹ kommt in diesem Prinzip also eine wesentliche Funktion zu.

Der erste gravierende egalitaristische Einwand gegen einen Nonegalitarismus erster Stufe lautet also: Jede *Bestimmung* moralischer Pflichten und Ansprüche muß relational sein. Denn bei (distributiver) Gerechtigkeit geht es darum, *welche Ansprüche auf welche Güter gegenüber wem mit welchen Gründen zu rechtfertigen sind.* Gebote der Gerechtigkeit haben es stets mit dem fairen Anteil zu tun, der nur im Rechtfertigungsverfahren ermittelt werden kann. Dieses Rechtfertigungsverfahren muß für jedes zu verteilende Gut in der zu berücksichtigenden Situation separat angewandt werden, so daß bei manchen Dingen (zum Beispiel bei Hunger) weniger komparative, bei anderen (zum Beispiel bei Ansehen)[141] stärker sozial-relative Gründe zum Tragen kommen. Gerechtigkeit ist in einem ersten Sinn insofern relational, als es keine ›absoluten‹ Bestimmungen von moralischen Pflichten und Rechten gibt, sondern nur solche, denen Freie und Gleiche im Prinzip zustimmen könnten. Im notwendigen Rekurs auf das Rechtfertigungsprinzip zeigt sich der notwendige Bezug auf die anderen als Gleichberechtigte.

3. Selbst wenn sich eine akzeptable Liste der durch Pflichten und gegebenenfalls durch Leistungsrechte zu befriedigenden Grundbedürfnisse ermitteln läßt, bleibt des weiteren noch ein unvermeidbares Bestimmungsproblem: Wie sollen die knappen Ressourcen zwi-

*Komplexität*, S. 65f.; J. Raz, »Strenger und rhetorischer Egalitarismus«; J. R. Lucas, »Against Equality«, S. 106; H. Pauer-Studer, *Autonom leben*, S. 28.

140 Schon deshalb ist moralische Gleichheit entgegen der Ansicht von J. Raz in »Strenger und rhetorischer Egalitarismus« (S. 53) nicht leer.

141 Teile unserer Alltagsmoral lassen sich nur als Schutz vor relationaler Verletzung adäquat rekonstruieren. Das gilt vor allem für den wesentlichen Bereich der Mißachtungen. Von einem Bekannten z. B. nicht gegrüßt zu werden, ist in unserer Gesellschaft eine Mißachtung, die aber nur vor dem Hintergrund, daß andere zum Zeichen der Höflichkeit gegrüßt werden, verständlich und berechtigt ist. Ein Mißachtungsgefühl ist immer relativ zu den Anerkennungen, die andere Personen genießen.

schen verschiedenen Personen und verschiedenen Bedürfnissen verteilt werden?

Das Recht auf angemessene Berücksichtigung ihrer Bedürfnisse und essentiellen Interessen steht jeder Person zu. Damit haben bestimmte Personen die moralische Pflicht zur Unterstützung von Bedürftigen (wie Kranken) mittels bestimmter Güter (Medizin) zur Verwirklichung bestimmter Zielzustände (Gesundheit) und die Bedürftigen gegebenenfalls Anspruch auf diese Güter. Einige wesentliche dieser Ziele dürften dabei nichtrelational bestimmbar sein, wie der berechtigte Anspruch eines jeden auf Nahrung und Selbstachtung. Wie diese nichtrelationalen Pflichten und Ansprüche zu erfüllen sind, hängt aber *auch* von relationalen Erwägungen ab. Selbst wenn der Anspruch nichtrelational ist, hat das, was man zur Befriedigung dieses Anspruches braucht, wesentlich relationale Komponenten. Das ist der zweite Einwand. Der Grund für das moralische Engagement, einer Person ein gutes Leben zu ermöglichen, ist die Auffassung, daß das Leben *jeder* Person *gleiche* Achtung und Berücksichtigung verdient. Deshalb muß bei jeder Prüfung eines Anspruches immer berücksichtigt werden, daß jede Person, die sich in der gleichen Situation befindet bzw. einmal befinden wird, den gleichen Anspruch mit dem gleichen Recht stellen kann. Denn schließlich sollen gleiche Fälle gleich behandelt werden. Sie ohne unparteiischen Grund unterschiedlich zu behandeln ist willkürlich und ungerecht. Um zu wissen, was dem jeweils individuellen Anderen geschuldet wird, muß also eine in dem Sinn komparative Gerechtigkeitsperspektive eingenommen werden, daß erstens die Handlung oder der Anspruch aus der unparteiischen Perspektive aller beurteilt wird. Zweitens muß sichergestellt werden, daß gleiche Fälle gleich behandelt werden.

Moralische Ansprüche auf Hilfe in Notlagen müssen darüber hinaus drittens relational zu den sonstigen gesellschaftlichen Verpflichtungen und zur Verfügung gestellten Ressourcen beurteilt werden können. Was wir einer einzelnen Person schulden, hängt wesentlich davon ab, was wir anderen Personen in vergleichbaren oder schlimmeren Lagen schulden und wie wir angesichts dieser Verpflichtungen unsere knappen Ressourcen (wie Geld, Güter, Zeit und Anstrengungen) moralisch einsetzen müssen. Offensichtlich hängt das Maß der gerechterweise möglichen Bedürfnisbefriedigung nicht nur davon ab, wie groß, dringend oder fundamental die

Not der betroffenen Person ist, sondern auch davon, wie groß die zur Verfügung stehende Masse an Ressourcen ist und wie viele andere Personen berechtigte Ansprüche auf diese Ressourcen geltend machen können. Einzelne Benachteiligte haben nur einen maximal so großen Anspruch auf soziale Unterstützung, wie zur Verfügung stünde, wenn ebenso auch die aus Notlagen resultierenden Ansprüche aller anderen im Verhältnis zu ihrem jeweiligen Gewicht berücksichtigt würden.

Art und Umfang sozialer Unterstützung sind durch die Knappheit der Ressourcen begrenzt. Wegen konfligierender Ansprüche auf knappe Güter herrschen ›Umstände der Gerechtigkeit‹, da geklärt werden muß, wem was wann von einem verteilbaren, knappen Gut zusteht (vgl. Kapitel I.4.4.). Und für diese Bestimmung sind, wie dargelegt, Vergleiche nötig. Ressourcenknappheit herrscht in der menschlichen Realität immer. Die mißliche Lage kann nicht – wie Nonegalitaristen das versuchen – durch Schwellenwerte beseitigt werden, die festlegen sollen, wann ein Anspruch hinlänglich erfüllt sei.[142] Die Schwellen müßten so bestimmt werden, daß sich alle berechtigten Ansprüche vollständig erfüllen lassen. Jede Schwelle der Hinlänglichkeit wird dann sehr hoch zu veranschlagen sein und gar erst erreicht, wenn die Personen zufrieden sind und nicht aktiv nach mehr streben.[143] Da wir uns in der Realität meist weit unterhalb solch hoher Schwellen befinden, sind die ›Umstände der Gerechtigkeit‹ der (moderaten) Knappheit erfüllt. Damit greift wieder das oben genannte Argument, daß die Bestimmung von Art und Umfang der Unterstützung unter Umständen der Knappheit immer relational sein muß, weil die Ansprüche anderer und die zur Verfügung stehenden Ressourcen mitberücksichtigt werden müssen. Wird hingegen die Schwelle der Hinlänglichkeit sehr niedrig angesetzt, wird etwa nur ein bloßes soziales Minimum angegeben, um die Ansprüche aller im Prinzip erfüllbar zu machen, stellt sich sofort zum einen die Frage, warum Personen mit diesem Minimum zufrieden sein sollten, und zum anderen, ob und warum es über die Standards des menschenwürdigen Lebens hinaus, in einem Surplus-Bereich, keine Kriterien der gerechten Zuteilung gibt bzw. geben sollte. Vielmehr scheint es doch so, daß in einem vermeintlichen Bereich des ›Luxus‹ gängigerweise durch-

142 Vgl. J. Raz, »Strenger und rhetorischer Egalitarismus«, S. 70.
143 Vgl. H. Frankfurt, »Equality as a Moral Ideal«, S. 22.

aus materiale Verteilungsprinzipien Anwendung finden und diese relationale Gerechtigkeitsprinzipien darstellen, wie zum Beispiel die Kompensation besonderer Härten oder die Anerkennung von Verdienst.[144]

Es ist also – so läßt sich die Kritik am humanitären Nonegalitarismus kurz zusammenfassen – zur Bestimmung der moralisch angemessenen Handlungsweise zur Unterstützung in Notlagen ein Rückgriff auf relationale Prinzipien distributiver Gerechtigkeit nötig.[145] Auch wenn die angemessene Erfüllung der Ansprüche einzelner zum Schutz vor moralischen Verletzungen zunächst einmal ein Prinzip absoluter Gerechtigkeit darstellt, ist jedoch die notwendige Bestimmung der Rechtspflichten erstens in dem Sinn relational, daß stets eine allgemeine und reziproke Rechtfertigung der Ansprüche vonnöten ist. Sie ist in einem zweiten Sinn relational, weil es stets um die Ermittlung oder Anwendung genereller Regeln geht, da sichergestellt werden muß, daß gleiche Fälle gleich behandelt werden. Und Gerechtigkeit ist in einem dritten Sinn relational, weil zu ihrer Bestimmung Vergleiche zu anderen Personen und deren Ansprüchen und den verfügbaren Ressourcen herangezogen werden müssen. Menschen haben moralische Pflichten zur und Ansprüche auf Unterstützung *nur in dem Maße*, wie es nach allgemein gerechtfertigter Überzeugung den Umständen entsprechend angemessen ist, also relativ zur Menge der zur Verfügung

144 Freilich besteht Gerechtigkeit nicht nur im Bereich ›oberhalb‹ der Standards des menschenwürdigen Lebens aus relationalen Prinzipien. Das liefe auf einen ›Surplus-Egalitarismus‹ bzw. ›Schrumpfegalitarismus‹ hinaus; man würde sich nur noch um die Verteilung des ›Sahnehäubchens‹ streiten. Damit ginge dem Egalitarismus sein intuitives Grundanliegen verloren, nämlich denjenigen, die ohne eigenes Verschulden in eine schlechte Lage gekommen sind, mittels Ausgleich so zu helfen, daß sie mit den anderen im Prinzip wieder gleichgestellt sind. Gerechtigkeit ist notwendig mit Gleichheit verknüpft, und zwar auch schon auf der Ebene der minimalen Standards des menschenwürdigen Lebens.

145 A. Krebs räumt in »Warum Gerechtigkeit nicht als Gleichheit zu begreifen ist« (IV.3.) und in *Arbeit und Liebe* (S. 138 f.) immerhin ein, daß in den humanitären Nonegalitarismus bestimmte »relationale Vorbedingungen« eingelassen sind und Gleichheit somit immerhin ein instrumenteller Wert zukommt. Doch wenn dem so ist, verliert das nonegalitäre Credo, Gerechtigkeit sei nichtrelational, seine Prägnanz, denn die abgelehnte Gleichheit hat dann auch nach Meinung der Nonegalitaristen doch einen wichtigen, wenn auch abgeleiteten Stellenwert im humanitären Nonegalitarismus inne.

stehenden Ressourcen und zu den möglichen Ansprüchen anderer darauf.[146]

Durch die drei bisher behandelten Gleichheitsprinzipien der formalen, proportionalen und moralischen Gleichheit wird ein *Egalitarismus erster Stufe* charakterisiert. Die Idee moralischer Gleichheit ist abstrakt, aber nicht formal. Sie ist ein inhaltlicher Grundsatz, der bestimmte Theorien, etwa rassistische, ausschließt und für andere Theorien ein zu verwirklichendes Ideal darstellt. Dieses Ideal ist abstrakt und muß deshalb konkretisiert werden. Man darf jedoch die wichtige Rolle, die abstrakte Begriffe in der politischen Theorie und Diskussion spielen, nicht mißverstehen. Daß ein abstrakter Begriff ausgedeutet werden muß und daß dies auf verschiedene Weise vorgenommen werden kann, erweist ihn nicht als leer oder beliebig.[147] Der Egalitarismus erster Stufe, dem zufolge allen Personen gleiche Rücksicht und Achtung zukommt, kann also, so schließe ich diese Überlegungen ab, als begründet gelten. Natürlich ist ein Egalitarismus erster Stufe nicht in einem materialen, distributiven Sinn egalitär. Aber es kann gezeigt werden, daß aus den Prinzipien formaler, proportionaler und moralischer Gleichheit distributiv-egalitäre Gleichheitsprinzipien folgen, also ein *Egalitarismus zweiter Stufe*. Wie, das soll im folgenden deutlich werden.

## 7. Die Kritik an (strikter) Gleichheit

Welche Art von Gleichheit oder Gleichbehandlung wird normativ gefordert, wenn wir uns wechselseitig als Personen betrachten? Unabhängig von der moralischen Begründung der Gleichheit ist bislang – trotz des darin enthaltenen Verbots primärer Diskriminierung – noch weitgehend unklar, was hier mit Gleichheit bzw. gleicher Berücksichtigung gemeint ist. Zu welcher Art von Gleichbehandlung sind wir moralisch verpflichtet? Welche Art von Behand-

146 Außerdem ist Effizienz zu berücksichtigen. Denn Ineffizienz bedeutet Verschwendung, und damit wird Anspruchsberechtigten etwas willkürlich vorenthalten, was hätte vorhanden sein und verteilt werden können.

147 Vgl. R. Dworkin, *Bürgerrechte ernstgenommen,* S. 587 f.; W. Kymlicka, *Politische Philosophie heute*, S. 253, Fn. 10.

lung der Personen folgt aus ihrer moralischen Gleichheit? Ganz offensichtlich gibt es einen Unterschied zwischen dem substantiellen fundamentalen Prinzip moralischer Gleichheit und substantiellen konkreteren Prinzipien, die eine bestimmte Art der (Gleich-)Behandlung daraus ableiten. Wenn die Moral der gleichen Achtung akzeptiert wird, dann stellt sich die Frage nach der Gerechtigkeit folgendermaßen: Was bedeutet es, in bestimmten Situationen jedem das Seine zukommen zu lassen und dabei gleichzeitig alle als Gleiche zu behandeln?

Ich schlage vor, zwei Ebenen zu unterscheiden: Auf der ersten, formal-argumentativen Ebene geht es um die Frage, mit welchem argumentativen Konstruktionsprinzip eine materiale Konzeption der Gerechtigkeit konzipiert wird. Davon unterschieden ist eine material-ethische Ebene, auf der es um die Kriterien für die Verteilung geht.[148]

Als echte Alternativen auf der formal-argumentativen Ebene betrachte ich Utilitarismus, Marktliberalismus, Humanitarismus, eine Konzeption strikter Gleichheit und die Präsumtion der Gleichheit. Alle konkurrierenden Ansätze lassen sich unter vier allgemeine Gegensätze subsumieren. Der erste Gegensatz wurde bereits vorgestellt: Moralische Gleichheit stützt sich auf eine Auffassung von Gerechtigkeit als relational. Ihr stehen nichtrelationale Gerechtigkeitstheorien gegenüber. Die beiden wesentlichen Argumente sind in Kapitel II.6. angeführt worden: Ohne Rechtfertigungsverfahren lassen sich moralische Normen nicht bestimmen. Zur Ermittlung des legitimen Bedarfs der einen Person muß zudem auf den Bedarf der anderen Rücksicht genommen werden. Ein zweiter Gegensatz ist der zwischen aggregativen und nonaggregativen Gerechtigkeitsauffassungen. Aggregative Gerechtigkeitstheorien verfolgen das Ziel, ein Gut zu maximieren, meistens die Wohlfahrt, so daß gilt: Bei der Wahl zwischen Verteilungen soll diejenige Alternative gewählt werden, bei der das Ganze des relevanten Wertes (etwa des Wohls) maximiert ist. Gerade die Aggregation jedoch – so die bekannte Kritik – läßt diese Ansätze, pars pro toto als bekannteste Position den Utilitarismus, zu einer unangemessenen Interpretation moralischer Gleichheit werden, solange kein Begriff der Gerechtigkeit und des fairen Anteils eingebaut wird und die Individualität und Selbstän-

148 Auf die materialen Kriterien für eine Ungleichverteilung gehe ich in Kap. V ein.

digkeit von Personen so (an)erkannt wird, daß Menschen als Gleiche behandelt werden, indem ihnen bestimmte Rechte und Freiheiten garantiert werden.[149] Der dritte Gegensatz wird durch die Opposition von strikter und komplexer Gleichheit gebildet. *Strikte Gleichheit* fordert ausnahmslose Gleichheit und wird deswegen generell abgelehnt. Die in Kapitel II.8. vertretene Präsumtion der Gleichheit erlaubt hingegen bestimmte begründete Ungleichheiten. Der vierte und letzte Gegensatz betrifft schließlich die Art der Begründung des Egalitarismus. Bei Theorien, die zu einer Gleichheit des Ergebnisses führen, kann Gleichheit (bzw. der Egalitarismus) durch die Theorie eine instrumentelle oder eine nichtinstrumentelle direkt-moralische Verteidigung erhalten. Moralische Gleichheit und die Präsumtion geben einen bestimmten Pfad der Rechtfertigung vor. Bei dieser Rechtfertigung spielen instrumentelle Gründe für eine Gleichverteilung keine Rolle, so wichtig sie in anderen Hinsichten auch sein mögen. Als instrumentell bezeichnet man Gründe, die Gleichheit im Hinblick auf einen anderen Zweck, etwa Wohlergehen oder Freiheit, begründen. So begründet zum Beispiel der Utilitarismus die Gleichverteilung von Gütern mit dem Theorem des abnehmenden Grenznutzens, dem zufolge Reichere weniger Wohlergehen durch zusätzliche Güter erzielen als Ärmere. Genuin egalitaristische Auffassungen, wie die hier vertretene, verbinden die Parteinahme für größere Gleichheit nicht mit kontingenten Bedingungen, sondern leiten das Argument für Gleichheit direkt aus der zugrundeliegenden Gerechtigkeits- und Moralauffassung ab, ohne einen Umweg über andere Werte zu beschreiten oder Gleichheit einen teleologischen Eigenwert zuzuschreiben.

Bevor im nächsten Abschnitt für die Präsumtion der Gleichheit argumentiert wird, sollen an dieser Stelle die gängigen Einwände gegen strikte Gleichheit formuliert werden, weil diese Einwände von jeder egalitaristischen Position, die Plausibilität beansprucht, vermieden werden müssen. Somit können die folgenden Einwände auch als Problempunkte für die eigene, egalitaristische Agenda gelten.

Vertreter einer Theorie der *strikten Gleichheit* streben an, allen

149 Auf den Utilitarismus und seine Kritik kann hier nicht eingegangen werden. Vgl. dazu J. Rawls, *Eine Theorie der Gerechtigkeit*, S. 45, 50, 411, 611; R. Dworkin, *Bürgerrechte ernstgenommen*, S. 382-387, 443-447; B. Williams, »A Critique of Utilitarianism«, S. 108-18; ders., »Personen, Charakter und Moralität«.

einen gleichen materiellen Level an Gütern und Leistungen zu gewähren und keine Gründe für Ungleichheit anzuerkennen. Strikte Gleichheit wird allgemein als unplausibel verworfen. So haben auch weder ein Autor noch eine Bewegung je strikte Gleichheit gefordert, mit Ausnahme vielleicht von Babeuf.[150] Da der Egalitarismus oft mit der Forderung nach Ergebnisgleichheit von Einkommen und Besitz assoziiert wird, und diese wiederum mit den Ideen des *Kommunismus* oder *Sozialismus*, ist klärend darauf hinzuweisen, daß keine dieser Bewegungen, auch wenn sie aus dem Protest gegen Armut und Ausbeutung hervorgegangen sind und soziale Sicherheit für alle Bürgerinnen und Bürger gefordert haben, jemals strikte ökonomische (Ergebnis-)Gleichheit gefordert haben.[151]

Die übliche *Kritik an strikter Gleichheit* formuliert Hume stellvertretend für viele so:[152]

Doch die Historiker und sogar der gesunde Menschenverstand können uns belehren, daß diese Ideen von einer *vollkommenen Gleichheit*, so bestechend sie auch zu sein scheinen, im Grunde tatsächlich undurchführbar sind; und daß sie, selbst wenn sie es nicht wären, doch äußerst *schädlich* für die menschliche Gesellschaft sein würden. Wie gleichmäßig Eigentum auch verteilt sein mag, der unterschiedliche Grad an Geschicklichkeit, Sorge und Fleiß wird diese Gleichheit sofort durchbrechen. Hindert man aber die Entwicklung dieser Tugenden, drückt man die Gesellschaft auf das Niveau äußerster Armut herab; und anstatt Not und Bettelei bei einigen wenigen zu verhindern, macht man sie für die ganze Gesellschaft unabwendbar. Auch wäre die genaueste Überwachung notwendig, um jede Ungleichheit bei ihrem ersten Auftreten zu bemerken; und die strengste Gerichtsbarkeit, um sie zu bestrafen und zu beseitigen. Aber abgesehen davon, daß so große Machtkonzentration bald in Tyrannei ausarten und mit großer Parteilichkeit ausgeübt werden müßte; wer könnte sie in einer solchen Situation, wie sie hier angenommen wird, überhaupt innehaben? Vollkommene Gleichheit an Besitz führt, indem sie jede Unterordnung zerstört, zu weitestgehender Schwächung der Regierungsautorität und muß alle Macht, ebenso wie das Eigentum, nahezu restlos nivellieren.

150 Vgl. G. Babeuf, »Manifeste des Égaux«.

151 Die orthodox marxistische Kritik der ökonomischen Gleichheit wird in Marx' *Kritik des Gothaer Programms* (1875) dargelegt. Vgl. zur Darstellung und Kritik W. Kymlicka, *Politische Philosophie heute*, Kap. 5. Vgl. auch die Kritik an der marxistischen Utopie einer gerechtigkeitslosen Gesellschaft in Kap. I.4.4.

152 D. Hume, *Eine Untersuchung über die Prinzipien der Moral*, III.2., S. 114f. (Hervorhebungen im Original).

Es lohnt, die Kritikpunkte an strikter Gleichheit genauer zu betrachten, weil sie die Desiderata einer jeden Gleichheitstheorie, will sie Plausibilität für sich beanspruchen, formulieren. Deshalb werden diese *Kritikpunkte an Gleichheit* nun im einzelnen aufgeführt, auch als Problempunkte für die eigene, egalitaristische Agenda:

(i) Es müssen angemessene Indizes für die Messung der Gleichheit der zu verteilenden Güter angegeben werden. In Begriffen *wovon* soll Gleichheit bzw. Ungleichheit hier verstanden werden?[153] Als üblicher, wenn auch bekanntermaßen unzulänglicher Index wird das Geld benutzt, wobei offensichtlich mindestens Gleichheit der Chancen anders erfaßt werden muß.

(ii) Es muß angegeben werden, in welchem Zeitraum das angestrebte gleiche Verteilungsmuster realisiert sein soll.[154] Sollen die in Frage stehenden Güter über die komplette Lebenszeit der Menschen gleich verteilt werden oder soll eher sichergestellt werden, daß die verschiedenen Lebensabschnitte der Menschen möglichst gleich gut gestellt sind? Strikte Gleichheit fordert Gleichheit innerhalb kürzerer Zeitabstände. Das scheint jedoch die Verfügungsgewalt von Personen über ihren Anteil unzulässig einzuschränken.

(iii) Gleichheit verzerrt ökonomische Leistungsanreize und führt zu einem Mangel an Effizienz, weil bei der Umverteilung Schwund an Gütern durch administrative Kosten auftritt.[155] Gleichheit und Effizienz müssen in ein ausgewogenes Verhältnis gesetzt werden. Oft wird hauptsächlich von Ökonomen diesbezüglich Pareto-Optimalität verlangt. Ein Zustand ist pareto-optimal oder pareto-effizient, wenn es nicht möglich ist, in einen anderen sozialen Zustand überzugehen, der mindestens von einer Person als besser und von keiner als schlechter beurteilt wird.[156] Für die ökonomische Analyse sind solche theoretischen Modelle optimaler Effizienz durchaus sinnvoll.

153 A. Sen hat einige subtile und wichtige Unterschiede zwischen verschiedenen (Un-)Gleichheitsmaßen herausgestellt. Vgl. A. Sen, *On Economic Inequality.*

154 Vgl. L. Temkin, *Inequality,* Kap. 8; D. McKerlie, »Equality and Time«, dagegen Sikora, »Six Viewpoints for Assessing Egalitarian Distribution Schemes«.

155 Vgl. A. Okun, *Equality and Efficiency: The Big Tradeoff.*

156 Für eine genaue Formulierung des Pareto-Prinzips vgl. A. Sen, *Collective Choice and Social Welfare,* Kap. 2, 2*. – Eine weithin diskutierte Alternative zum Pareto-Prinzip stellt das Kaldor-Hicks-Kriterium als Wohlfahrtskriterium dar. Demnach liegt eine Wohlfahrtssteigerung immer dann vor, wenn der bei einer Veränderung der Zuteilung von Werten in einer Gesellschaft entstehende Nutzen die entsprechenden Kosten übersteigt. Eine Veränderung ist dann wünschenswert, wenn die

Diese Beurteilung ist jedoch immer relativ zu einem gegebenen Ausgangszustand, der ungleich und ungerecht sein kann. Eine Situation kann also durchaus pareto-optimal sein – das heißt, niemand kann seinen Nutzen oder seine Freiheit vermehren, ohne den Nutzen oder die Freiheit eines anderen zu beschneiden – und trotzdem in der Verteilung von Freiheiten oder materiellen Gütern enorme Ungleichheiten aufweisen. Deshalb mag es zur Herstellung von Gerechtigkeit manchmal nötig sein, Pareto-Optimalität zu verletzen, auch wenn es vorzuziehen wäre, von einer ungleichen pareto-optimalen Verteilung zu einer anderen, egalitäreren pareto-optimalen Verteilung zu wechseln. Zumindest darf Gleichheit in den Augen der Kritiker nicht dazu führen, daß einige auf Güter verzichten müssen, obwohl dadurch kein Schlechtergestellter besser gestellt würde.[157]

(iv) Der mögliche Gedanke, materieller Gleichstellung um ihrer selbst willen einen sehr hohen intrinsischen Wert zuzusprechen, verletzt mehrere unserer Intuitionen. Gleichheit müßte dann pro tanto etwas Anstrebenswertes sein, auch wenn die Gleichstellung keiner der betroffenen Personen nutzen würde. Dies widerspricht der Vorstellung, daß etwas nur dann gut (oder schlecht) sein kann, wenn es für irgend jemanden gut (oder schlecht) ist. Ungleichheit kann in einigen Fällen nur beseitigt werden, indem den Bessergestellten deren Extra-Ressourcen abgenommen werden, so daß sie dann gleich (schlecht) gestellt sind wie alle anderen auch. Dieses ›Herunternivellieren‹ zum alleinigen Zwecke der Gleichheit ist stark kontraintuitiv. Der intrinsische Egalitarismus scheint also nicht auf Anhieb attraktiv, weshalb ich ihn hier nicht weiter berücksichtige, auch wenn er zugegebenermaßen attraktiver gemacht werden könnte, als ich ihn hier skizziert habe.

(v) Moralische Einwände: Strikte und mechanische Gleichbehandlung aller Beteiligten nimmt die Unterschiede zwischen den

Gewinner einer solchen Veränderung die Verlierer für ihre Verluste entschädigen können und trotzdem ein Nettogewinn erhalten bleibt. Das Kaldor-Hicks-Kriterium beinhaltet also im Gegensatz zum Pareto-Kriterium eine Kompensationsregel. Vgl. N. Kaldor, »Welfare Propositions of Economics and Inter-Personal Comparison of Utility«.

157 Gegen den Slogan: »Eine Situation kann nicht schlechter oder besser sein als eine andere, wenn es keinen gibt, für den sie schlechter oder besser ist.«, argumentiert L. Temkin, *Inequality*, S. 245 ff.

Individuen und ihren Situationen nicht hinreichend ernst. Zunächst einmal wollen Individuen Unterschiedliches. Warum sollen dann alle das Gleiche bekommen? Eine Kranke zum Beispiel hat doch intuitiv andere Ansprüche als ein Gesunder. Ihr das Gleiche zuzuteilen wäre falsch. Bei einfacher Gleichheit wird die Freiheit der Individuen unzulässig beschränkt und die je individuelle Besonderheit der Person nicht hinreichend berücksichtigt; insofern wird sie eben nicht gleich berücksichtigt. Moralisch besteht nicht nur ein Recht auf die Berücksichtigung besonderer Bedürfnisse, sondern auch ein Recht und eine Pflicht, die Verantwortung für die eigenen Entscheidungen und deren Konsequenzen zu übernehmen.

Das wesentliche Postulat fast aller heutigen Egalitaristen, das gegen die Identifizierung von distributiver Gerechtigkeit mit strikter Gleichheit spricht, lautet: Menschen sind für gewisse Ungleichheiten, die sich aus ihren freiwilligen Entscheidungen ergeben, selbst verantwortlich und verdienen – abgesehen von einer Mindestversorgung im Notfall – keine Entschädigung. Für Ungleichheiten, die nicht Resultat selbstgewählter Optionen sind, steht Menschen jedoch eine Kompensation zu. Für Egalitaristen ist eine Welt moralisch besser, wenn in ihr *Gleichheit der Lebensbedingungen* herrscht.[158] Dies ist ein amorphes Ideal, das weiterer Klärung bedarf. Warum ist Gleichheit der Lebensbedingungen ein Ideal und worin besteht sie genau?

Die meisten Egalitaristen vertreten heute deswegen auch keine Gleichheit des Ergebnisses, sondern verschiedene Arten der Gleichheit der Chancen. So soll zum einen dem moralisch zentralen Gesichtspunkt der eigenen Verantwortung entsprochen werden und zum anderen nur das als Objekt der Gleichheit angesetzt werden, was die Individuen auch wirklich wollen. Die Chancen, die für Personen gleich sein sollen, können sich entweder auf Wohlergehen (objektive Wohlfahrt), auf die Erfüllung der eigenen Interessen (subjektive Wohlfahrt) oder auf Ressourcen beziehen. Was gleich sein soll, sind jedoch nicht objektive oder subjektive Wohlfahrt oder die Ressourcen selbst, sondern die Chancen und Möglichkeiten, ein Gut zu erreichen oder zu erhalten, sofern dieses angestrebt wird. Damit in bezug auf Wohlfahrt oder Ressourcen Chancengleichheit herrscht, muß es einen Bereich an Optionen geben, der mit dem

158 Vgl. G. A. Cohen, »On the Currency of Egalitarian Justice«; R. Arneson, »Equality«.

aller anderen Personen im Sinne gleicher Aussichten auf Präferenzerfüllung oder Besitz an Ressourcen übereinstimmt. Die Chancen müssen real wahrnehmbare Möglichkeiten sein. Chancengleichheit herrscht, wenn die Menschen effektiv die gleichen Möglichkeitsbereiche haben.

(vi) Nicht nur die moralische Qualität der Resultate sollte Beachtung finden[159] – so wichtig das auch sein mag –, vielmehr muß auch die Art und Weise mitberücksichtigt werden, durch die sich Ereignisse oder Zustände ergeben. Bei moralischen Beurteilungen darf nach Kantischer Sicht nicht (nur) das Ergebnis einer Handlung beurteilt werden (verantwortungsethischer Aspekt), sondern vornehmlich die Handlungsabsicht der handelnden Person (gesinnungsethischer Aspekt). Die Art der Quelle und ihre moralische Qualität beeinflussen die moralische Beurteilung des Resultats. Wenn ich beispielsweise von jemandem geschlagen werde, wird mir der Schlag weh tun, der Schmerz, den ich dadurch erleide, kann als schlecht an sich angesehen werden, aber der moralische Status des Schlages hängt auch davon ab, ob es der Person moralisch erlaubt war, mich zu schlagen, oder ob sie sogar dazu verpflichtet war, mich zu schlagen (zum Beispiel als Polizist, um Schaden, den ich anderen sonst zugefügt hätte, zu verhindern), oder ob es verboten war, aber dennoch ausgeführt und von niemandem verhindert wurde. Was für individuelle Handlungen (oder deren Unterlassungen) gilt, muß mutatis mutandis auch übertragen für soziale Institutionen und gesellschaftliche Zustände (wie etwa Verteilungen) als Ergebnisse von gesellschaftlichem Handeln (oder dessen Unterlassung) gelten. So dürfen soziale Institutionen nicht nur allein danach beurteilt werden, wie sie die Lebensqualität der von ihr betroffenen Personen beeinflussen. Eine Gesellschaft zum Beispiel, in der Menschen auf der Straße verhungern, ist sicherlich ›ungleich‹, nichtsdestotrotz hängt ihre moralische Qualität, also ob diese Gesellschaft in dieser Hinsicht gerecht oder ungerecht ist, auch von den Ursachen des Verhungerns ab. Nimmt die Gesellschaft Verhungern als unintendierten, aber unvermeidbaren, hinzunehmenden Nebeneffekt eines in ihren Augen gerechten Wirtschafts- und Verteilungssystems an?

159 Dieser anti-konsequentialistische Punkt wurde in Kap. I. auf Seite 59 schon einmal mit Bezug auf Gerechtigkeit allgemein gemacht. Er wird vor allem von T. Pogge vorgebracht, etwa in »Lebensstandards im Kontext der Gerechtigkeitslehre«.

Oder verteidigt sie Verhungern sogar als notwendiges Mittel, zum Beispiel zur sozialdarwinistischen Auslese? Oder aber hat die betreffende Gesellschaft Maßnahmen gegen Hunger ergriffen, die sich jedoch als nicht hinreichend herausstellen? In letzterem Fall macht es noch einmal einen Unterschied, ob die Gesellschaft diese Schritte gegen Verhungern nur aus Gründen der Effizienz oder aber aus Gründen der Moral ergriffen hat. Auch für Egalitaristen ist deshalb Gleichheit des Ergebnisses ein zu enger und zu einseitiger Gesichtspunkt.

(vii) Zu guter Letzt besteht die Gefahr, daß (strikte) Gleichheit zu ›Gleichmacherei‹, Uniformität und Herunternivellierung[160] führt, statt Differenz und Pluralität zu respektieren.[161]

Es ist ein zentrales Anliegen der feministischen Theorie, daß das Geschlecht (gender) eine historische Variable und eine intern differenzierte Herrschaftsbeziehung war und bleibt. Das gleiche gilt für sogenannte rassische und ethnische Unterschiede. Diese Unterschiede in Geschlecht, Rasse und Herkunft werden nach wie vor oft so wahrgenommen, als markierten sie verschiedene Werte. Diese Gruppen protestieren zu Recht gegen ihre Diskriminierung, Marginalisierung und Beherrschung. Daher scheint die Berufung auf Behandlung als Gleiche und Gleichheit des Status, die es zu verwirklichen gilt, die Lösung zu sein.[162] Jedoch haben FeministInnen, Multikulturalisten und DifferenztheoretikerInnen darauf hingewiesen, daß Gleichheit, wie sie normalerweise verstanden und praktiziert wird, zum Teil durch eine Leugnung und Hierarchisierung von Unterschieden konstituiert wird. Daher ist es wenig nützlich, sie als ›Gegengift‹ zu Herrschaftsbeziehungen zu nutzen. ›Gleichheit‹ kann auch die Anpassung an eine vorherrschende und eigentlich problematische ›männliche‹, ›weiße‹ oder ›bürgerliche‹ Norm bedeuten. Herrschaft und a fortiori Ungleichheit entstehen oft eher aus der Unfähigkeit, Unterschiede zu erkennen, anzuerkennen und zu pflegen, als aus dem Fehler, nicht alle als Gleiche zu sehen. Die Anerkennung dieser Unterschiede darf jedoch nicht zu einem Essentialismus beispielsweise typisch weiblicher oder kultureller Eigenschaften füh-

160 Als literarisches Beispiel s. K. Vonnegut, »Harrison Bergeron«.

161 Vgl. M. Walzer, *Sphären der Gerechtigkeit*; I. Young, *Justice and the Politics of Difference.*

162 So hatte die Zeitschrift der deutschen Frauenrechtsbewegung, die Clara Zetkin seit 1891 herausgab, den Titel »Gleichheit«.

ren. Gegen die Ausschlüsse und Ungerechtigkeiten, die über mehr oder weniger bewußt herrschende Normen hervorgerufen werden, gibt es zwei mögliche politische Reaktionen. Im gegenwärtigen Multikulturalismus und Feminismus gibt es eine wichtige Debatte zwischen denen, die darauf drängen, daß geschlechtliche, rassische und ethnische Unterschiede irrelevant werden sollen, und denen, die glauben, daß diese Unterschiede zwar kulturell relevant seien, aber keine Basis für Ungleichheit abgeben sollen.[163] Man kann entweder abstreiten, daß jene, die anders eingestuft werden, in einer Hinsicht verschieden sind, die den Ausschluß und die Diskriminierung legitimiert; oder man kann bekräftigen, daß sich einige Menschen im Hinblick auf die herrschenden kulturellen Normen ausdrücklich unterscheiden und daß besondere Maßnahmen ergriffen werden sollten, um die Gleichheit bei Unterschiedlichkeit zu sichern. Die Herstellung von Gerechtigkeit bedeutet die Verfolgung beider politischer Strategien. Keine der beiden Strategien beinhaltet eine Zurückweisung von Gleichheit. Im Gegenteil, der Disput handelt vielmehr davon, wie Gleichheit am besten herzustellen sei.

Dabei schließen sich ›Gleichheit‹ und ›Vielfalt‹ als Strategien nicht aus. Der Prozeß zur Inklusion und Behandlung aller als Gleiche muß in demokratischen Gesellschaften beide Strategien gleichzeitig verfolgen.[164] Ausgangspunkt sollte die erste Strategie sein, nach der jeder als eine individuelle Person anerkannt werden soll, die dieselben Rechte besitzt wie jede andere auch, nämlich die Menschenrechte. Darin drückt sich ein simpler Universalismus und Individualismus aus. Die Idee, daß wir alle die gleichen Menschenrechte haben, ist nach wie vor ein uneingelöstes Versprechen. Dieser Anspruch und die daraus hervorgehenden politischen Grundsätze unterliegen außerdem mehreren Einschränkungen, die der Differenzstrategie entsprechen. Die gerechte und angemessene Anwendung des allgemeinen Anspruchs auf gleiche Rechte bringt erstens oft gruppenbezogene Unterscheidungen bei der Verteilung von Mit-

163 Zur feministischen Kritik vgl. C. MacKinnon, *Towards a Feminist Theory of the State*; dies., »Reflections on Sex Equality Under Law«. Für einen guten Überblick über die feministische Debatte vgl. B. Rössler, »Feministische Theorien der Politik«. Zur Differenzproblematik in multikulturellen Gesellschaften vgl. W. Kymlicka, *Liberalism, Community, and Culture*; S. Benhabib (Hg.), *Democracy and Difference*; C. Emcke, *Kollektive Identitäten*.

164 Vgl. I. Young, »Weder Gleichheit noch Vielfalt sind Patentrezepte«.

teln und Dienstleistungen mit sich. Die Bedürfnisse sind verschieden, und daher bedarf es ungleicher Verteilung und besonderer Maßnahmen zur Sicherung politischer und kultureller Freiheiten für Minderheiten. Zweitens trifft es nicht zu, daß wir alle gleich sind und nur als Individuen behandelt werden sollten. Wir sind ›hybrid‹, weil unsere Identität durch eine Vielzahl von Gruppenzugehörigkeiten Gestalt gewinnt. Maßstäbe und Regeln sind drittens selten neutral, gewöhnlich privilegieren sie einige Verhaltensweisen und Eigenschaften. Es muß versucht werden, die Unterschiede in den Blickpunkt zu rücken und spezielle Regeln und Maßstäbe für diejenigen zu schaffen, die den herrschenden Normen nicht entsprechen. Es herrscht die Gefahr, daß sie durch diese Maßnahmen erneut stigmatisiert werden (Differenz-Dilemma). Deshalb ist eine ständige Überprüfung vonnöten, ob Vorgehensweisen, die soziale Unterschiede ausgleichen sollen, tatsächlich mehr Freiheit, Gleichheit und Chancen bieten. Viertens halten einige Menschen an ihren Unterschieden zur Norm fest und bestreiten, daß wir alle gleich sind. Niemand sollte gezwungen sein, ihre oder seine Identität im Sinne einer sich gesondert herausbildenden Gruppe zu bestimmen. Diejenigen, die das tun möchten, sollten dies tun können, ohne finanzielle Chancen oder politische Gleichheit opfern zu müssen, solange sie andere nicht unterdrücken oder ausbeuten.

Als Alternative zu strikter Gleichheit und ihren Nachteilen sollte man »komplexe Gleichheit« anstreben.[165] Gründe können nur für die Verteilung eines bestimmten Typs von Gütern in einer bestimmten Sphäre sprechen, nicht aber in mehreren oder gar allen Sphären. Entgegen einer Theorie einfacher Gleichheit, die die Gleichverteilung dominanter Güter anstrebt und damit die Komplexität der in den jeweiligen Sphären relevanten Gründe unterschätzt, muß die Dominanz einzelner Güter gebrochen werden. So soll zum Beispiel verhindert werden, daß man sich mit Mitteln aus der ökonomischen Sphäre (also mit Geld) in der politischen Sphäre Ämter kaufen kann. Jede Gleichheitstheorie sollte Walzers Rat folgen, nicht monistisch zu sein, sondern die Komplexität des menschlichen Lebens und die Pluralität der Gerechtigkeitskriterien zu berücksichtigen.

165 Vgl. M. Walzer, *Sphären der Gerechtigkeit*; D. Miller, M. Walzer (Hg.), *Pluralism, Justice, and Equality.* Walzers Theorie komplexer Gleichheit strebt eigentlich keine Gleichheit an, sondern nur eine Sphärentrennung, weshalb die Bezeichnung für seinen Ansatz irreführend ist.

Als Desideratum kann insofern festgehalten werden: Statt einfacher Gleichheit bedarf es einer Konzeption komplexerer Gleichheit, der es durch Unterscheidung von verschiedenen Güterklassen, getrennten Sphären und differenzierteren Kriterien gelingt, diese Probleme zu lösen.

## 8. Präsumtion der Gleichheit

Da heutzutage ›Behandlung als Gleiche‹ der moralisch allgemein akzeptierte Standard ist, kann die Frage konsequenterweise nur noch lauten: Welche Art von Gleichbehandlung ist normativ gefordert, wenn wir uns wechselseitig als Personen mit gleicher Würde achten?

Warum folgt aus moralischer Gleichheit überhaupt Verteilungsgleichheit? Ein gewisser Nachteil des egalitären Plateaus könnte darin gesehen werden, daß suggeriert wird, es ginge um Gleichheit und fraglich sei lediglich die Art von Gleichheit bei konkreteren Prinzipien der Verteilung. Das jedoch ist eine Täuschung oder petitio principii, und die Nonegalitaristen hätten Recht damit, den Egalitaristen diesen Fehler vorzuhalten.[166] Für Egalitaristen ist es deshalb wichtig, zuerst vom Standpunkt moralischer Gleichheit aus zu erklären, warum überhaupt Gleichheit in der Verteilung (nach einem noch offenen Maßstab) folgt, bevor sodann geklärt werden kann, welche Art von Gleichheit das ist. Denn es gibt ernstzunehmende Alternativen zu distributiven Prinzipien der Gleichheit bzw. Ungleichheit. In diesem Abschnitt wird daher eine Argumentation für ein prozedurales Verteilungsprinzip, die Präsumtion der Gleichheit, präsentiert.

Zwei Ebenen sind zu unterscheiden: Auf der ersten, formal-argumentativen Ebene geht es um die Frage, mit welchem argumentativen Konstruktionsprinzip eine materiale Konzeption der Gerechtigkeit konzipiert wird. Davon unterschieden ist eine material-ethische Ebene, auf der es um die Kriterien für die Verteilung geht.[167]

Für die Frage nach der formal-argumentativen Ebene, welche Art von Behandlung also normativ gefordert ist, scheint nach dem bis-

166 Wie z. B. J. Raz, »Strenger und rhetorischer Egalitarismus«.

167 Auf die materialen Kriterien für eine Ungleichverteilung gehe ich in Kap. V ein.

her Gesagten die Antwort zunächst klar. Sofern sich Unterschiede jenseits des gleichen Wertes aller Menschen als behandlungs- oder verteilungsrelevant allgemein und reziprok rechtfertigen lassen, müssen die Beteiligten *proportional* gleich behandelt werden. Nur Unterschiede in der Würde oder dem basalen Wert sind nach dem Prinzip moralischer Gleichheit ausgeschlossen. Proportionale Gleichheit gilt somit weiterhin als *das* Prinzip formaler Gerechtigkeit.

So sollten zum Beispiel Erwachsene und Kinder üblicherweise unterschiedliche Kalorienmengen bekommen, um ihren gleichen Anspruch auf Ernährung oder Sättigung zu befriedigen. Die angemessene Zuteilung von Kalorien ist ein Fall proportionaler Gleichheit. Erwachsene und Kinder werden hier Ergebnis-ungleich behandelt (im Ergebnis erhalten sie ungleich viele Kalorien), bezüglich ihres Anspruchs auf Ernährung jedoch gleich berücksichtigt. Gründe für eine ungleiche Verteilung müssen proportional berücksichtigt werden; das ist die Voraussetzung dafür, daß Personen gleich berücksichtigt werden. Gleiche Berücksichtigung – oder in der bekannten Formulierung: als Gleiche behandelt zu werden – erfordert demnach nicht Ergebnis-gleiche, sondern proportional gleiche Behandlung.

Angenommen, es gäbe keine plausible Alternative zu proportionaler Gleichheit, weil die bekannten Alternativen wie marktliberale Eigentumstheorien oder bedürfnisbasierte Theorien, aggregative und nur instrumentell egalitäre Theorien (wie vor allem der Utilitarismus) oder vollständige, strikte, numerische Gleichbehandlung aus mehreren Gründen unplausibel und ungerecht scheinen, so wäre zu klären, welche Merkmale die Gleichheit oder Ungleichheit von Personen in für die Behandlung und Verteilung relevanter Weise begründen. Bevor später auf diese Punkte eingegangen wird,[168] ist jedoch zu diskutieren, wie in jenen Fällen zu verfahren ist, in denen keine Relevanzkriterien vorliegen oder keine relevanten Unterschiede festzustellen sind.

Hier greift – so möchte ich behaupten – als Verfahrensprinzip die *Präsumtion der Gleichheit*.[169] Diese stellt ein prima facie

168 S. u. GL-P5 in Kap. V.

169 Dieser Ansatz ist nicht unüblich. Die wichtigsten Proponenten seien hier genannt: H. Sidgwick spricht in *The Methods of Ethics* (S. 380) von onus probandi (Beweislast). Hugo Bedau bezeichnet in »Egalitarianism and the Idea of Equality«

Gleichverteilungsprinzip für alle zur Verteilung anstehenden Güter dar:

GL-P4: Alle Betroffenen sind ungeachtet ihrer deskriptiven Unterschiede numerisch oder strikt gleich zu behandeln, es sei denn bestimmte (Typen von) Unterschiede(n) sind in der anstehenden Hinsicht relevant und rechtfertigen durch allgemein annehmbare Gründe erfolgreich eine ungleiche Behandlung oder ungleiche Verteilung.

Wie naheliegend dies ist, zeigt das häufig in diesem Zusammenhang vorgebrachte Tortenbeispiel.[170] Eine Mutter will einen Kuchen unter Kindern verteilen – angenommen alle Kinder wollen ein möglichst großes Stück, wie soll die Mutter den Kuchen verteilen? Wenn keines der Kinder einen überzeugenden Grund dafür nennen kann, warum es ein größeres Stück bekommen soll als andere, dann muß der Kuchen in gleich große Stücke geteilt werden. Oder – um ein in Diskussionen um Verteilungsgerechtigkeit ebenfalls oft zitiertes Beispiel aufzunehmen[171] – wie soll die Besatzung eines Schiffes, die auf einer unbewohnten Insel landet, die dortigen Ressourcen verteilen? Relevante Gründe für eine Ungleichverteilung wären zum Beispiel: Bedürfnis, erworbene Rechte, Verdienst und größerer Nutzen.

Die Präsumtion gesteht der Gleichverteilung nur einen argumentativ-formalen Vorrang zu. Ungleichverteilungen sind rechtfertigungsbedürftig, Gleichverteilung dagegen nicht. Im Prinzip ist das mit jeder Form von Ungleichheit vereinbar, sofern sie sich nur begründen läßt. Gleichwohl bewirkt die formale Auszeichnung einen Vorrang der Gleichverteilung durch eine Beweislastverschiebung,

dieses Gleichheitspostulat als Präsumtion für Gleichheit. S. Benn und R. Peters sprechen in ihrer einflußreichen Argumentation in *Social Principles and the Democratic State* (S. 111) von einer Präsumtion gegen Ungleichheit. Bernard Williams nennt es in »Der Gleichheitsgedanke« den »relevant reasons approach«. R. Hare bezeichnet es in *Freedom and Reason* (S. 118) als »corollary of the requirement of universality«. Ernst Tugendhat nennt es im *Dialog in Leticia* (Kap. III) den Symmetriesatz. Wilfried Hinsch bezeichnet es in *Gerechtfertigte Ungleichheiten* als die »default option«. Vgl. außerdem D. Browne, »The Presumption of Equality«, P. Westen, *Speaking of Equality*, S. 230ff.

170 Vgl. I. Berlin, »Equality«, S. 305; E. Tugendhat, *Vorlesungen über Ethik*, S. 373f.; ders., *Dialog in Leticia*, S. 69; ders., »Gleichheit und Universalität in der Moral«, S. 11.

171 Vgl. R. Dworkin, »What is Equality? Part 2: Equality of Resources«.

die es erfahrungsgemäß schwerer macht, Ungleichheiten zu rechtfertigen.[172]

Wie erklärt es sich, daß Gleichverteilung einen Vorrang hat, und warum kommt den Proponenten der Ungleichverteilung das onus probandi zu? Zunächst einmal ist den Kritikern darin recht zu geben, daß für die Präsumtion der Gleichheit, wo sie denn Erwähnung findet, oft nicht argumentiert wird.[173]

Manche Autoren sind der Meinung, daß sich diese Präsumtion aus dem formalen Gleichheitspostulat ›Gleiches gleich zu behandeln‹ ableiten lasse.[174] Aus ›Gleiche sollen gleich behandelt werden‹ ergebe sich, daß Menschen gleich behandelt werden sollten, solange sich keine Gründe für Ungleichverteilung angeben lassen. Aus dem formalen Gleichheitspostulat allein kann die Präsumtion allerdings nicht gefolgert werden. Denn das formale Gleichheitspostulat spielt nur dann eine Rolle, wenn die betreffenden Personen schon als präskriptiv gleich identifiziert sind. Aus der bloßen Abwesenheit besonderer Gründe für Ungleichverteilung ergibt sich jedoch keine Universalisierungsanforderung. Was sollte denn gleich behandelt werden? In dem Fall wüßten wir nicht, welche Fälle als gleich gelten können. Die Präsumtion soll jedoch schon Anwendung finden, wenn noch nicht festgelegt ist, ob alle für die Verteilung in Frage kommenden Personen präskriptiv gleich sind. Deshalb kann das formale Gleichheitspostulat die Präsumtion nicht enthalten. Ebenso kann sie nicht aus der proportionalen Gleichheit abgeleitet werden. Denn diese formuliert eine Anweisung für Fälle, die ungleich sind.

172 Das meistdiskutierte Beispiel für eine Präsumtion ist das strafprozeßliche Prinzip des Beweisrechts: Wenn noch Zweifel an den einschlägigen Tatsachen bestehen, diese also nicht zur Überzeugung des Strafrichters bewiesen sind, soll keine strafrechtliche Verurteilung erfolgen (in dubio pro reo). Dieses Prinzip läßt sich auch als eines der Beweislastverschiebung formulieren: Nicht der Angeklagte muß seine Unschuld, sondern der Staat dessen Schuld beweisen. Der ›in dubio‹-Grundsatz wird als Präsumtion in Deutschland überwiegend als beweisrechtliche Konkretisierung der Unschuldsvermutung betrachtet, die ihrerseits auf unterschiedliche Weise aus verfassungsrechtlichen Normen, wie dem Rechtsstaatsprinzip, den Grundrechten und der Menschenwürde, abgeleitet wird und insofern über diese begründet.

173 Ausnahmen sind E. Tugendhat in *Dialog in Leticia* (III), dem das Verdienst zukommt, als einer der wenigen ein normatives Argument für die Präsumtion der Gleichheit entwickelt zu haben, und W. Hinsch, »Angemessene Gleichheit«.

174 Vgl. Literaturüberblick und Kritik bei P. Westen, *Speaking of Equality*, S. 233, bes. Fn. 8.

Die Präsumtion hingegen bezieht sich auf Fälle, in denen keine Gründe für Gleichheit oder Ungleichheit in relevanten Hinsichten vorliegen. Außerdem sind beide Postulate formale Prinzipien, die klarerweise der Ergänzung durch relevante Kriterien bedürfen. Die Präsumtion der Gleichheit hingegen ist kein formales Prinzip; sie ist eine Regel, die für sich zu konkreten substantiellen Ergebnissen führen kann. Sie ist – so möchte ich behaupten – selbst ein normatives Prinzip, bzw. ihr liegt, wie allen Gleichheitspostulaten, ein normatives Prinzip zugrunde.

Noch häufiger finden sich Verweise auf die intuitive Gewißheit der Präsumtion. Die Interpretation des eben gegebenen Kuchenbeispiels dient dabei meist als Indiz. Die Gleichverteilung soll evidentermaßen allein deshalb geboten sein, weil kein inhaltlicher Grund für eine Ungleichverteilung spricht. Wer sich solchermaßen auf Intuitionen beruft, um damit normative Prinzipien zu bestätigen, muß sich allerdings zu Recht fragen lassen, ob die Intuition nur so und nicht anders zu erklären sei. Oft lassen sich nämlich durchaus Alternativen denken. So kann in dem Beispiel der Vorrang der Gleichverteilung nicht nur aus der Abwesenheit von Gründen für eine Ungleichverteilung erklärt werden, sondern auch aus dem positiven inhaltlichen Anspruch auf gleiche Achtung und Fürsorge, den hier die Kinder an ihre Mutter haben.

Die Berufung auf die intuitive Plausibilität der Präsumtion scheint außerdem oft mittels eines Ausschlußverfahrens zu operieren. Wenn es (ex hypothesis) keine Gründe gibt, die positiv für die eine oder andere Art der Ungleichverteilung sprechen, was bliebe dann anderes als Gleichverteilung übrig. Also gelte, außer in begründeten Ausnahmen, immer das Gebot der Gleichverteilung. In dieser Schlußfolgerung werden jedoch Alternativen übersehen. Jene, die eine ungleiche Verteilung favorisieren, sind dazu in der Regel nicht deshalb motiviert, weil sie Ungleichheit per se für intrinsisch wertvoll halten.[175] Wer für eine Ungleichverteilung eintritt, rekurriert auf eine inhaltliche Regel, meistens ›Jedem nach seinem Verdienst‹. Das widerspricht der Präsumtion insofern nicht, als es auch gemäß dieser inhaltliche Gründe für eine Ungleichverteilung geben kann. Ob Verdienst einen gerechtfertigten Grund für eine

175 Eine solche Position, die meines Wissens nach nie vertreten wurde, scheitert aus denselben Gründen wie die Position, die einer Gleichverteilung einen intrinsischen Wert zuspricht.

Ungleichverteilung darstellt, wird dabei zwischen unterschiedlichen Positionen strittig sein und kann an dieser Stelle der Argumentation offen bleiben, da diese material-ethische Frage nichts zur Entscheidung der Debatte zwischen der Präsumtion und ihren möglichen Alternativen beiträgt.[176] Um die Argumente für oder wider die Präsumtion prüfen zu können, muß eine Situation unterstellt werden, in der alle Kriterien gerechtfertigter Ungleichheit entweder keine Anwendung finden oder, falls sie Anwendung gefunden haben, eine Menge zu verteilender Güter übrig gelassen haben. In dieser unterstellten Situation muß es also Güter geben, für deren Gleich- oder Ungleichverteilung es *keine* inhaltlich überzeugenden Gründe gibt. Nur in einer solchen Situation steht die Präsumtion auf dem Prüfstand. Warum – so ist nun zu fragen – sollte eine materielle Gleichstellung sich allein daraus ergeben, daß keine Rechtfertigungsgründe für Ungleichverteilung vorliegen, auch wenn sich ebensowenig welche für eine Gleichverteilung anführen lassen?

Es lassen sich drei prima vista nicht unplausible Alternativen denken. In Abwesenheit positiver Gründe für Gleichheit und Ungleichheit könnten alle Verteilungsmöglichkeiten (einschließlich der Gleichverteilung) gleichrangig – oder indifferent – sein, somit wären alle zulässig. Eine weitere Möglichkeit bestünde darin, im Falle einer solchen moralischen Indifferenz in der Tat das Zufallsprinzip entscheiden zu lassen; so wären letztlich nicht alle Verteilungsmöglichkeiten zulässig, sondern bei indifferenter Ausgangslage diejenige Verteilung, die durch Zufall zustande gekommen ist. Eine Variante dieser Option stellt die Besitzstandswahrung dar.[177] Besitz

176 Sollten alle zur Verteilung anstehenden Güter anhand von Kriterien, wie vor allem solchen des Verdienstes und der Bedürfnisse, stets vollständig verteilt werden und nimmt man weiter an, Verdienst sei als Rechtfertigung für Ungleichverteilung akzeptabel, so tritt nie ein Fall auf, in dem die Präsumtion zum Einsatz kommen könnte. In vielen modernen Gerechtigkeitstheorien wird jedoch das Verdienst als moralisch willkürliches Kriterium der Verteilung abgelehnt (s. Kap. V.1.3.; vgl. Rawls, *Eine Theorie der Gerechtigkeit*, S. 95, 122f.). Weil außerdem nicht alle zur Verteilung anstehenden Güter durch die übrigen, gerechtfertigten Kriterien der Ungleichverteilung wie beispielsweise Bedürftigkeit vollständig verteilt werden, kommt somit die Präsumtion ins Spiel.

177 Besitzstandswahrung ist empirisch eines der am häufigsten verwendeten ›Verteilungskriterien‹. Zur juristischen Frage, ob den Regelungen des deutschen Rechts ein allgemeines Prinzip der Besitzstandswahrung zugrunde liegt, vgl. F. Mocny, *Besitzstandswahrung – ein Rechtsprinzip?*.

wird oft verteidigt, weil er historisch oder natürlich in dieser Verteilung so vorgefunden wurde, weil ein Land zum Beispiel bestimmte Bodenschätze besitzt oder weil der freie Markt allein durch seine Steuerungsmechanismen von Angebot und Nachfrage eine bestimmte Allokation von Gütern hervorbringt, die die Besitzer für sich reklamieren.[178] Eine dritte Alternative wäre es, mangels positiver Gründe für Gleichheit wie Ungleichheit auf eine Verteilung so lange zu verzichten, bis gute Gründe für eine Umverteilung ausgemacht werden können. Auch diese Variante kommt in einer Welt, in der fast alle Güter bereits verteilt sind, zu dem Ergebnis der Besitzstandswahrung. Die Güter blieben dann im Besitz der alten Eigentümer. Können die bestehenden, faktischen Besitzverhältnisse nicht mit eigenen Argumenten gerechtfertigt werden, womit entgegen der Voraussetzung doch positive Gründe für eine Verteilung vorlägen, läuft dies wieder auf die historisch zufällige Allokation hinaus. Das Zufallsprinzip in verschiedenen Varianten scheint also eine ernstzunehmende Gegenposition zur Präsumtion darzustellen. Sollten jedoch historische Verteilungsprozesse oder der Zufall als inhaltlich gute Gründe für eine ungleiche Verteilung angesehen werden, stellen sie keine Alternativen zur Präsumtion dar, sondern müssen als Kandidaten für gerechtfertigte Ungleichheiten im Rahmen der Präsumtion geprüft werden.[179] Das Argument, das ich nun für die Präsumtion vorstelle, muß also das Zufallsprinzip als Alternative zur Präsumtion ausschließen, mehr ist jedoch nicht notwendig.

178 Diese Ungleichheit kann ex hypothesis nicht mittels persönlicher Merkmale (wie Verdienst oder Bedürfnis) verteidigt werden, sondern ließe sich – wenn überhaupt – nur dadurch begründen, daß die natürlichen oder gesellschaftlichen Prozesse, die die in Frage stehende Verteilung des Besitzes im Ergebnis hervorgebracht haben, aus anzugebenden Gründen als gerechtfertigt gelten können. Vgl. mit Berufung auf Locke R. Nozick, *Anarchy, State, and Utopia.* Wäre die Argumentation erfolgreich, so stellten die so gerechtfertigten, historisch zustande gekommenen Verteilungen begründete Ausnahmen von der präsumtiven Gleichverteilung dar. Ich schließe mich allerdings den vielen Kritiken an Nozick an, vgl. W. Kymlicka, *Politische Philosophie heute*, Kap. 4.

179 In manchen Situationen können Verfahren der historischen Priorität (wie »Wer zuerst kommt, mahlt zuerst« oder Schlangestehen) und faire Losverfahren (wie das Werfen einer Münze) durchaus die beste Verteilungsprozedur sein, vor allem wenn die zu verteilenden Güter nicht so teilbar sind, daß alle Interessierten ein Teil des Gutes bekommen können und alle Beteiligten durch die gewählte Prozedur gleiche Chancen haben, das gewünschte Gut zu erhalten.

Das Argument für die Präsumtion der Gleichheit läßt sich aus zwei Prämissen gewinnen, die beide im Vorangegangenen schon thematisiert wurden. Die erste Prämisse ergibt sich aus der Explikation des Gerechtigkeitsbegriffs und dem Prinzip formaler Gleichheit (GL-$P_1$): Gerechtigkeit verlangt die angemessene, unparteiische, formal gleiche Berücksichtigung der moralischen Rechtsansprüche anderer. Jede Situation ist unter dem Gerechtigkeitsgesichtspunkt nur mit Blick auf die objektiven Merkmale der Situation zu beurteilen, die für die angemessene Berücksichtigung der moralischen Rechte der Individuen relevant sind. Was sich nicht als gerecht begründen läßt, ist normativ betrachtet zu ändern. Die zweite Prämisse ist die Forderung der Rechtfertigung und entstammt der Explikation des Prinzips der moralischen Gleichheit (GL-$P_3$). Moralische Normen sind nicht nur Zwangsnormen, sondern solche, die jede Person jeder anderen gegenüber mit allgemeinen und reziproken Gründen rechtfertigen können muß. Das Rechtfertigungsprinzip *spezifiziert* die Kriterien dafür, was als gute Begründung der Angemessenheit einer Situation oder Handlung zählt, nämlich nur solche Begründungen, die die Interessen aller Betroffenen gleichermaßen berücksichtigen. Das Rechtfertigungsprinzip bestimmt somit die Hinsicht der Angemessenheit.

Aus diesen beiden Prämissen – so behaupte ich – folgt nun die Präsumtion. Denn jede Person muß alle Vorteile, vor allem alle Güter, die sich in ihrem Besitz befinden, aus reziproken und allgemeinen Gründen für sich reklamieren können. Die gleiche Berücksichtigung aller subjektiven Rechtsansprüche erlegt uns zusammen mit dem Rechtfertigungsprinzip einen *Rechtfertigungszwang* für alle im Prinzip veränderbaren Situationen auf. Situationen, die wir verändern können, stehen unter dem Anspruch der Gerechtigkeit, das heißt deren Gerechtigkeit oder Ungerechtigkeit muß mittels des Rechtfertigungsprinzips festgestellt und sodann gegebenenfalls korrigiert werden. Die gleiche, angemessene Berücksichtigung aller subjektiven Rechtsansprüche verlangt ›suum cuique‹ – jedem das, was ihm zusteht. Eine unterschiedliche Güterzuteilung kann nur mit Bezug auf verteilungsrelevante Unterschiede der Personen gerechtfertigt werden. Lediglich verteilungsrelevante Unterschiede können eine Ungleichbehandlung als jeder Person angemessen rechtfertigen. Eine Ungleichverteilung ohne solche rechtfertigenden Gründe wäre willkürlich. Gerechtigkeit verlangt hingegen den Ausschluß jeglicher moralischer Willkür.[180] Wenn also keine verteilungsrelevanten Unterschiede bestehen (entweder weil von vornherein niemand berechtigte Ansprüche auf bestimmte Güter stellen kann oder weil alle Ansprüche bereits erfüllt wurden), müssen alle dieselben Güterzuweisungen erhalten.[181]

Sicherlich lassen sich hiergegen Einwände anführen.[182] Folgt die Präsumtion tatsächlich aus den beiden Prämissen? Das Argument kann soweit akzeptiert werden, daß zugestanden wird, daß wir oft im Besitz von etwas sind oder allgemeine Vorteile haben, die wir nicht allgemein und reziprok rechtfertigen können. Aber – so könnte der kritische Einwand lauten – warum sollte daraus folgen, daß dieser Besitz abzugeben ist. Ein Problem stellt also der Umgang mit moralisch indifferentem Besitz dar, für den es keine Rechtfertigung gibt. Hier kehren der Zufall oder das Bewahren der historisch zufälligen Verteilung als mögliche Alternativen zur Präsumtion wieder.

Nachdem nun die Begründung für die Präsumtion dargelegt ist, kann aufgezeigt werden, warum die scheinbaren Alternativen keine Lösung darstellen. Die Präsumtion ergibt sich aus dem Rechtfertigungsgebot. Das Rechtfertigungsgebot betrifft moralisch *alle* Verteilungsmöglichkeiten. Wenn man wiederum ex hypothesis unterstellt, daß es keine guten Gründe für eine Ungleichverteilung gibt, dann ist eine zufällige Verteilung keine *rechtfertigbare* Alternative zur Präsumtion. Sie verletzt das Prinzip der Angemessenheit. Wenn per Zufallsverfahren verteilt wird, wird es Unterschiede in der Güterverteilung geben, die sich nicht im Rekurs auf individuelle Unterschiede der Personen rechtfertigen lassen. Diese Verteilung wird den

180 Dieses Argument des Ausschlusses moralischer Willkür wird in GL-P5 in Kap. V.1.2. substantialisiert.

181 Die Präsumtion wird mittels dieser Begründung *nicht* pragmatisch gerechtfertigt. Eine pragmatische Rechtfertigung hingegen vertritt E. Ullmann-Margalit in »On Presumption« (bes. S. 155) als Mittel zur Befreiung von einem Stillstand in einer praktischen Deliberation. L. Katzner hält in »Presumptions of Reason and Presumptions of Justice« und »Presumptivist and Nonpresumptivist Principles of Formal Justice« die Präsumtion nur durch Werte wie die möglichst geringe Schädigung aller für begründbar.

182 Zur Argumentation gegen die Präsumtion vgl. T. Schramme, »Die Anmaßung der Gleichheitsvoraussetzung«; ders., »Verteilungsgerechtigkeit ohne Verteilungsgleichheit«; H. Frankfurt, »Equality as a Moral Ideal«, P. Westen, *Speaking of Equality*, Kap. 10.

Personen nicht gerecht, auch wenn die Ungleichbehandlung kein Ausdruck einer – unbegründeten – Ablehnung der Gleichheitsprinzipien ist. Jede Person kann Rechenschaft darüber verlangen, aus welchem Grund sie durch das Los weniger als andere bekommen hat und warum sie das akzeptieren sollte. Diese Frage kann mit Rekurs auf das Zufallsprinzip nicht befriedigend beantwortet werden. Das Zulassen des Zufalls als Verfahren der Verteilung ist somit nicht gerechtfertigt.[183] Aus der ersten Prämisse läßt sich eine Zusatzprämisse herauskristallisieren: Gerechte Zustände liegen nur vor, wenn alles, was verteilt werden kann, als nach den Prinzipien der Gerechtigkeit verteilt gedacht werden kann. Bestehende Verteilungen müssen mittels der bekannten Überlegung gerechtfertigt werden können, daß sie in einem hypothetischen Zustand in eben dieser Weise gerecht zustande gekommen wären, also durch die angemessene Berücksichtigung der moralischen Rechte der Individuen. Jede andere (zufällige oder schon bestehende) Verteilung berücksichtigt als solche die moralischen Ansprüche der Individuen nicht. Der Zufall erfüllt demnach die Bedingung der Angemessenheit nicht. Nicht rechtfertigbare, unangemessene und deshalb ungerechte Zustände bedürfen – wie dem genannten präskriptiven Charakter des Gerechtigkeitsbegriffs zu entnehmen ist – moralisch der Korrektur. Deshalb ist der erwähnte Einwand: »Ich mag ja keinen berechtigten Anspruch auf meinen Besitz haben, aber warum haben alle anderen einen?«, verfehlt. Es liegt ein ungerechtfertigter und damit ungerechter Zustand vor, der in einen gerechten überführt werden kann und muß. Zustände, die nicht mittels des Rechtfertigungsprinzip rechtfertigbar sind, sind aus diesem Grund ungerecht. Denn Gerechtigkeit wird durch Gerechtigkeits- und Gleichheitsprinzipien, also auch durch das Rechtfertigungsprinzip bestimmt. Wird das Prinzip der Rechtfertigung nicht erfüllt, wird auch das Gebot der Gerechtigkeit verletzt, da nicht alle als Gleiche berücksichtigt werden. Damit sind Zufälle aller Art, sofern sie nicht im Rahmen der Präsumtion als Kandidaten für gerechtfertigte Ungleichheiten auftreten, ausgeschlossen.

Einzig die Präsumtion der Gleichheit entspricht in solchen Situationen der Angemessenheitsbedingung, denn sie behandelt gleiche Fälle gleich. Wenn keiner der Betroffenen einen relevanten Unter-

183 Es sei denn, man hat sich in gewissen Fällen intersubjektiv auf Zufallsverfahren geeinigt und diese so begründet.

schied für sich reklamieren kann, dann sind die Fälle insofern prima facie gleich und müssen, um angemessen und gerecht behandelt zu werden, gleich behandelt werden. Die Gesellschaft darf deshalb Personen ihren nicht gerechtfertigten Vorteil oder Besitz nehmen und ihn gleich verteilen. Das ist das Argument für die Präsumtion.[184]

Die Präsumtion ist – so hat das Argument gezeigt – nicht unabhängig von einer substantiellen Moralvorstellung. Sie klärt zum einen den Stellenwert der Gleichheit näher als ›default option‹ und kann zum anderen dazu beitragen, die Bedeutung des Begriffs der Gleichheit zu verdeutlichen. Der Begriff der Gleichheit sollte einen Verwendungssinn erhalten, der es ermöglicht, mit Hilfe des Begriffs spezifische Konzeptionen, Verständnisse und Auslegungen zu kritisieren, weil sie den Sinn der Gleichheit verfehlen oder zumindest nicht ausreichend treffen. Die Präsumtion kann als eine solche »egalitaristische Wünschelrute« (Wingert) fungieren. Mit ihrer Hilfe lassen sich Fälle scheinbar zufälliger Ungleichbehandlung, in denen sich eine Mißachtung der Gleichheit ausdrückt, aufspüren und kritisieren.

So läßt sich am Ende dieses Kapitel zusammenfassend feststellen: Distributive Gerechtigkeit enthält immer auch wesentlich komparative Elemente. Deshalb muß distributive Gleichheit eine fundamentale Rolle in einer adäquaten Theorie der Gerechtigkeit spielen. Gleichheit ist wahrlich der Prüfstein der Gerechtigkeit. Die Präsumtion der Gleichheit liefert eine angemessene prozedurale Interpretation moralischer Gleichheit. Damit ist am Ende von Kapitel II die

184 Ein vergleichbares Argument findet sich meines Wissens nach nur bei W. Hinsch, »Angemessene Gleichheit«. – Einen weiterreichenden Vorschlag hat Ernst Tugendhat in *Vorlesungen über Ethik*, S. 373f., und *Dialog in Leticia* (Kap. III, bes. S. 68) unterbreitet: Moral begründen heißt seiner Meinung nach ganz allgemein, sie allen gegenüber gleichermaßen zu begründen. Der Rechtfertigungsbegriff sei demnach elementarer als die Moralprinzipien und enthalte schon einen Bezug auf Gleichheit. Diese Strategie scheint mir jedoch question-begging. Es wird schon eine spezifisch *egalitäre* Moral im Rechtfertigungsgrundsatz vorausgesetzt, die von Inegalitaristen wie Partikularisten bestritten wird. Der egalitäre Rechtfertigungsansatz bedarf deshalb einer Begründung wie in Kap. II.5.2. Außerdem folgt die Präsumtion der Gleichheit auch dann nicht unmittelbar aus der egalitären Moralkonzeption, sondern nur mittels weiterer, allerdings mit dem Rechtfertigungsprinzip eng zusammenhängender Argumente, wie sie hier dargelegt werden.

zweite der Hauptfragen beantwortet: Gleichheit hat Vorrang vor anderen Idealen innerhalb einer gerechtigkeitsorientierten Politik. Die Präsumtion der Gleichheit drückt diesen Vorrang aus und liefert zugleich den adäquaten Maßstab und Leitfaden für die Konstruktion einer materialen Theorie der Verteilungsgerechtigkeit. So können nun in Teil B in Kapitel III die Grundlagen der Verteilung gelegt und in Kapitel IV und V die Kriterien für ungerechtfertigte und gerechtfertigte Gleichheit mittels der Präsumtion begründet werden.

# Teil B
# Entwurf einer Theorie egalitärer Verteilungsgerechtigkeit

# Kapitel III
# Der Rahmen für Verteilungsgerechtigkeit

Bisher bewegte sich die Untersuchung auf einer formal-argumentativen Ebene, weil die benannten Prinzipien der Gerechtigkeit noch so allgemein sind, daß verschiedene Interpretationen und Anwendungen denkbar sind. Die bisher benannten Gerechtigkeits- und Gleichheitsprinzipien bestimmen zwar die *Konstruktionsprinzipien* einer Konzeption der Gerechtigkeit näher, die materiale Gerechtigkeitskonzeption selbst jedoch noch nicht. Dabei stellt die Präsumtion der Gleichheit das entscheidende Konstruktionsprinzip einer materialen Gerechtigkeitstheorie dar. In diesem Teil will ich meine Konzeption egalitärer Verteilungsgerechtigkeit vorstellen. Unter Anwendung der Präsumtion sollen nun auf der material-ethischen Ebene die Kriterien für eine gerechte Behandlung und Verteilung bestimmt werden. So soll deutlich werden, wie man von der formalen Bestimmung von Gerechtigkeit und Gleichheit ausgehend zu bestimmten substantiellen Ergebnissen kommen kann. Die nun vorgestellte Konzeption hat insofern Entwurfscharakter, als viele der Neben- oder Anwendungsprobleme, die einer ausführlichen Erörterung und Abwägung bedürften, hier nur gestreift werden können. Hier kommt es mir vielmehr darauf an, das normative Argument komplett vor- und durchzuführen, um seine Plausibilität, von der ich überzeugt bin, prüfen zu können. Der nun vorgestellte Entwurf ist somit eher abstrakt als detailliert ausgeführt.

In Kapitel III werden die notwendigen Voraussetzungen einer Verteilungstheorie geklärt, die den Rahmen einer liberal-egalitären Distribution bestimmen. So muß festgelegt werden, in welcher Situation die Verteilung stattfindet, was die zu verteilenden und nicht verteilbaren Güter sind, in welcher Hinsicht die präsumtive Gleichheit hergestellt werden soll, sowie von wem an wen und für welche Zeiträume verteilt wird. In den Kapiteln IV und V werden sodann die Distributionskriterien für die zuvor bestimmten und eingeteilten Güter je nach ihren Sphären ermittelt.

## 1. Die gerechte ursprüngliche Verteilung

Fragt man allgemein und abstrakt nach der distributiven Gerechtigkeit von Zuständen, so fragt man nach den gerechten Kriterien für eine *ursprüngliche Verteilung* von gemeinschaftlichen Gütern und Lasten, die noch nicht verteilt worden sind, so daß alle einen grundsätzlich gleichberechtigten Anspruch darauf haben. Hier macht man von einer philosophischen Kunstfigur Gebrauch. Wie auch in der Idee des Gesellschaftsvertrages wird hypothetisch angenommen, diese Verteilung finde in einem Rahmen statt, in dem noch keine Rechte und materiellen Güter verteilt sind. Die prinzipielle Diskussion darüber, was wem zusteht, wird folglich so geführt, als seien die Güter de facto noch nicht verteilt worden und als gebe es noch keine zugewiesenen Rechte, insbesondere noch kein Eigentum.

Man denke sich das Szenario nach dem Beispiel eines Raumschiffes, das auf einer unbewohnten Insel notlanden muß.[1] Die Passagiere können sich auf die Insel retten, ihr Schiff wird beim Landemanöver allerdings zerstört. Dem Schiff und dem Schrecken entkommen, realisieren sie einerseits, daß die Insel glücklicherweise bewohnbar ist, also Ressourcen für ein Überleben bereithält, und andererseits, daß dies ihre einzigen Ressourcen sind, da ihr Raumschiff und damit ihr altes Hab und Gut zerstört und zudem jede Möglichkeit, die Insel zu verlassen, für immer genommen ist. Die Personen erkennen, daß sie auf der Insel ein neues Leben beginnen müssen. Weil die Insel räumlich sehr beengt, die Zahl der Passagiere hingegen sehr groß ist, scheidet die Möglichkeit des Einsiedlerlebens für alle praktisch aus. Jedoch können sich einige Personen auf kleine vorgelagerte Inseln absetzen, wo sie allein oder in Kleingruppen leben können. Nicht alle Personen müssen ein neues *gemeinsames gesellschaftliches* Leben beginnen. Die Auswanderungsoption besteht jedoch nicht für alle. Wenn viele auf eine vorgelagerte Insel auswandern, müssen sie dort wie auf der großen Insel ein *gemeinsames gesellschaftliches* Leben aufbauen. Die Frage, wer wohin zieht, ist zudem nicht ganz beliebig, weil auf einigen vorgelagerten Inseln im Vergleich zur Hauptinsel einige Ressourcen in größeren Mengen vorhanden sind, andere dagegen fehlen. So stellen sich für alle glei-

1 Solche Szenarien werden z. B. von R. Dworkin in »What is Equality? Part 2: Equality of Resources« und von B. Ackerman in *Social Justice in the Liberal State* benutzt.

chermaßen die *ursprünglichen Gerechtigkeitsfragen*: Wie soll das gemeinsame Zusammenleben fair geregelt werden? Wie werden die Startchancen und -ressourcen verteilt? Wie sollen die Vor- und Nachteile des individuellen und gemeinsamen wirtschaftlichen Lebens verteilt werden?

Daher halten die neuen Bewohner der Inseln eine Vollversammlung ab, in der sie sich gemeinsam darüber einigen, wie sie das Leben auf den Inseln gerecht einrichten. Jede Person ist daran interessiert, ihr neues Zusammenleben mit den anderen friedlich und gerecht zu regeln. Sie müssen in der Vollversammlung darüber debattieren, was dies bedeutet: Welche Regelungen sind allgemein und wechselseitig gerechtfertigt, so daß sie von keinem der autonomen Individuen zurückgewiesen werden können?

In der Situation ursprünglicher Verteilung sind einige Grundfragen der Theorien distributiver Gerechtigkeit zu klären. Die Grundfragen, die sich für jede Theorie der Gerechtigkeit stellen, seien hier als allgemeiner Fragenkatalog detailliert aufgelistet:

- Was soll (gerecht) verteilt werden?
- Warum und, wenn ja, wie müssen die zu verteilenden Güter in Sphären der Gerechtigkeit unterteilt werden?
- An wen soll verteilt werden? Wer hat prima facie einen Anspruch auf einen fairen Anteil?
- Wer soll verteilen?
- Für welchen Zeitraum soll verteilt werden?
- Nach welchen Kriterien der Gerechtigkeit soll verteilt werden?
- Gleichheit wovon? Was ist die ›Währung‹, was sind die Parameter der (Gleich-)Verteilung? Mit welchem Maßstab können die zu verteilenden Güter gemessen werden, um feststellen zu können, ob die Verteilung gerecht (oder gleich) ist?
- Wie verhalten sich die Prinzipien begründeter Ungleichverteilung zueinander? Wie sind sie lexikalisch geordnet?
- Welcher Ansatz, welche Konzeption oder Theorie der egalitären distributiven Gerechtigkeit bzw. des Egalitarismus ist deshalb die beste?
- Welche Rolle spielt Gleichheit in dieser Theorie der Gerechtigkeit?

Kurz, es gilt allgemein zu klären:

*Wer verteilt was an wen auf der Grundlage welcher Kriterien mittels welcher Verfahren und mit welchem (Verteilungs-) Ergebnis?*

Konkurrierende Theorien der Gerechtigkeit ergeben sich aus unterschiedlichen Antworten auf diesen Fragenkatalog.

Es ist leicht zu ersehen, daß die Präsumtion der Gleichheit ein elegantes Verfahren für die Konstruktion einer Theorie der Verteilungsgerechtigkeit darstellt.[2] Um zu einem inhaltlich konkretisierten Gerechtigkeitsprinzip zu gelangen, muß vorweg geklärt werden, welche Güter und Lasten zur Verteilung stehen sollen. Dabei müssen die Güter in unterschiedliche Bereiche oder Sphären eingeteilt werden, denn für unterschiedliche Sphären gelten unterschiedliche Verteilungskriterien. Auch der Kreis derjenigen, an die verteilt werden soll, muß bestimmt werden. Sodann stellt sich die entscheidende Frage nach den ungerechtfertigten und gerechtfertigten Ausnahmen von der Gleichverteilung. Da in Kapitel II.8. die Präsumtion der Gleichheit begründet wurde, sind einige der Fragen des allgemeinen Kataloges bereits durch die Präsumtion vorentschieden. Statt allgemein nach Kriterien der Verteilung zu fragen, geht es gemäß der Präsumtion darum, die illegitimen und legitimen Ausnahmen von der Gleichverteilung auszumachen. Unter dem Vorrang der Gleichverteilung ist also statt dessen zu fragen:

– Was sind jene oft angeführten, dennoch ungerechtfertigten Ausnahmen von der Gleichverteilung?
– Welche Ausnahmen von der Gleichverteilung sind gerechtfertigt?

Die Antworten auf diese Fragen werden konkrete Verteilungskriterien begründen.

Die Verteilungskriterien legen die Regeln eines fairen Wirtschaftslebens fest. Erst mit der Ermittlung dieser Kriterien ist das Gedankenexperiment vollständig abgeschlossen. Damit läßt es sich (zumindest in abstracto) zur Überprüfung der Verteilungsschemata von Gütern und Lasten anwenden. Ein vollständiges Prinzip der Verteilungsgerechtigkeit besagt, daß eine Verteilung genau dann gerecht ist, wenn jede Person einen gerechtfertigten Anspruch auf die sich in ihrem Besitz befindlichen Güter hat. Der tatsächliche Besitz einer Person ist dann gerechtfertigt, wenn gezeigt werden kann, daß die entsprechenden Güter mit den in einer ursprünglich gerechten Verteilung zugestandenen Ressourcen nach den Regeln eines gerechten Wirtschaftslebens erworben worden sind. In diesem Fall können sie als legitimes Eigentum beansprucht werden. Alle aktuellen Eigen-

2 Vgl. W. Hinsch, »Angemessene Gleichheit«.

tumsverhältnisse, sollen sie als legitim gelten, müssen sich als Weitergabe nach fairen Prinzipien vom ersten bis zum aktuellen Besitzer rekonstruieren lassen. Für gerecht erworbene Besitztümer gilt sodann, daß jeder damit im Rahmen der allgemeinen Rechte tun und lassen kann, was er will.

Bevor die materialen Gerechtigkeitskriterien ermittelt werden können, müssen zunächst die übrigen Fragen der Gerechtigkeitstheorie einer Antwort zugeführt werden, da sie den Rahmen für die Verteilungskriterien vorgeben.

Es sei noch einmal daran erinnert, daß sich Gerechtigkeit und Gleichheit hauptsächlich auf zwei Arten von Anwendungsweisen und -gegenständen der Gerechtigkeit beziehen: nämlich auf Handlungen und Zustände. Diese sind derart verbunden, daß Individuen primär für ihre jeweiligen Handlungen verantwortlich sind und damit auch für die Zustände, die als Folge eintreten. So verlangt Gerechtigkeit die formale, proportionale und moralische Gleichbehandlung der Personen untereinander. Die Behandlung kann dabei die Form einer Verteilung annehmen. Für die Gerechtigkeit der Zustände, auch wenn diese nicht das Resultat individuellen Handelns sind und sofern diese veränderbar sind, stehen Personen in einer individuellen und kollektiven Verantwortung. Nur im Rahmen gemeinsam eingerichteter und aufrechterhaltener, gerechter gesellschaftlicher und politischer Institutionen kann diese Verantwortung wahrgenommen werden. Die Gerechtigkeit der Zustände wird durch die grundlegenden gesellschaftlichen Gerechtigkeitsprinzipien geregelt. Diese Prinzipien betreffen die Regeln der Behandlung von Personen und der Verteilung von Gütern an Personen (so zum Beispiel die Präsumtion der Gleichheit). Auch hier ist Verteilung eine Form der Behandlung, auch wenn sich beide jetzt auf Prinzipien statt auf individuelle Handlungen beziehen. ›Behandlung‹ und ›Verteilung‹ können sprachlich auch nur Zustände bezeichnen. Da die Gerechtigkeit von Zuständen jedoch, wie in den Kapiteln I.4.2. und II.7. (vi) dargelegt wurde, nie ohne Berücksichtigung ihrer Entstehungsursachen und -gründe beurteilt werden kann, soll ›Verteilung‹ im folgenden auch dort, wo sie auf Zustände bezogen ist, stets so verstanden werden, daß diese sich aus denjenigen Prinzipien der Verteilung ergeben (haben), deren Gerechtigkeit in Frage steht.

## 2. Das zu Verteilende

Die Idee der ursprünglichen Verteilung trägt zur Klärung der Frage bei, was die zur Verteilung stehenden Dinge in einer Theorie der Verteilungsgerechtigkeit sind. Als zu verteilende Güter werden hier Ressourcen und Rechte ausgemacht, wobei bestimmte Güter ausgenommen sind.

### *2.1. Verteilung vor Eigentum*

Das Szenario nimmt in einigen Hinsichten Idealisierungen vor, die dazu beitragen sollen, Fragen der Verteilungsgerechtigkeit zu klären. Abgesehen von den üblichen Idealisierungen (der Berücksichtigung aller Betroffenen, der Unterstellung von Rationalität, Aufgeklärtheit, der Fähigkeit, sich in die Rolle anderer zu versetzen, sowie dem Willen zur Übereinkunft) wird hier auch von schon bestehenden Rechten, insbesondere von Eigentumsregelungen, abgesehen. Dies mag als eine unzulässige Leugnung von legitimen Besitzansprüchen erscheinen. Der Konstruktion des fiktiven Beispielszenarios könnte daher vorgeworfen werden, sie sei voreingenommen, und zwar in Richtung eines egalitären und umverteilenden Distributionsschemas. Warum solle man sich zur Beurteilung real existierender Situationen an einem derart fiktiven und voreingenommenen Szenario orientieren? Vorgänge in einem solchen Szenario seien schon deshalb bedeutungslos, da wir uns tatsächlich in einer Situation befinden, in der (fast) jedes Gut verteilt ist. Aus diesem Grund scheint die Konstruktion für die Frage nach der Gültigkeit moralischer Forderungen belanglos. Dieser Einwand ist allerdings verfehlt:

Für alle Theorien, die strukturelle Gerechtigkeitsprinzipien vertreten, kann als Faustregel gelten: Erst kommt die distributive Gerechtigkeitstheorie, dann die Eigentumstheorie. Die Angaben, wer welche Güter besitzt und welche Arten von Dingen durch Eigentumsrechte geschützt werden, sowie das Ausmaß der Rechte und Freiheiten, die im Recht auf Eigentum enthalten sind, müssen alle allgemeiner durch Prinzipien der Gerechtigkeit festgelegt werden. Eigentumsrechte gehen nicht einer Theorie der Gerechtigkeit (welcher auch immer) voraus, sondern werden durch diese erst bestimmt. Dies zeigt das nun folgende Argument. Grundsätzlich gilt: Der faktische Besitz aller Güter muß gerechtfertigt werden können, um als moralisch rechtmäßiges Eigentum zu gelten. Als rationale Wesen eignen wir uns Gegenstände nicht nur an und nehmen sie in unsere Gewalt (das heißt verteidigen sie gegebenenfalls mit Gewalt gegen andere), sondern beanspruchen auch, sie gerechterweise unser Eigentum nennen zu dürfen und deshalb auch darin gerechtfertigt zu sein, sie anderen vorzuenthalten. Wir stellen also generell Besitz – unseren eigenen wie den der anderen – unter einen normativen Geltungsanspruch. Jeder Anspruch auf Besitz setzt eine normative Rechtfertigung allen anderen gegenüber voraus, genauer: die entsprechend allgemein gerechtfertigter Normen etablierten und staatlich mittels Gesetzen und Sanktionen zu garantierenden Eigentumsregelungen. Diese Normen, die Eigentum als moralisch und rechtlich anerkannten Besitz ausweisen, sind ihrerseits Normen der distributiven Gerechtigkeit. Sie verteilen Güter gemäß bestimmter Gerechtigkeitsprinzipien. Wenn man zu Besitz ausschließlich entsprechend den jeweiligen Gerechtigkeitsprinzipien gelangt ist, handelt es sich um gerechtes Eigentum. Die wesentlichen Regeln der Verteilungsgerechtigkeit werden in legalem Recht kodifiziert; wenn Besitz nach diesen Gesetzen erworben wurde, handelt es sich um rechtmäßiges Eigentum.

Man mache sich klar, daß Gerechtigkeit alle veränderbaren Zustände betrifft. Bestehende Rechts- und Eigentumsregelungen sind veränderbar, unterliegen also den Regelungen der Gerechtigkeit und müssen allgemein und reziprok rechtfertigbar sein, um bestehen zu dürfen. Andernfalls sind die Zustände und ihre Regelungen ungerecht und deshalb in gerechte zu überführen. Bestehende Rechtsansprüche auf die zur Verteilung anstehenden Güter und Lasten müssen sich immer auf ihre moralische Legitimität hin hinterfragen lassen. Herrschende Regelungen lassen sich prüfen, indem untersucht wird, ob diese Regelungen allgemein und reziprok rechtfertigbar sind; und das kann nur heißen, daß sie in Situationen rechtfertigbar sind, in denen man sich nicht auf eine faktische Gültigkeit berufen kann. Andernfalls drehte man sich im Kreis. Faktische Gültigkeit kann kein Grund für moralische Gültigkeit sein. Deshalb muß die Untersuchung moralischer Legitimität von real existierenden, positivierten Rechts- und Eigentumsverhältnissen absehen. Natürlich kann eine solche Prüfung ergeben, daß die faktisch herrschenden Rechts- und Eigentumsverhältnisse gerecht sind. Dies darf jedoch nicht schon vorausgesetzt werden. Aus diesem Grund ist es notwendig, von den faktischen Verhältnissen abzusehen – wie in dem geschilderten Szenario geschehen. In genau demselben Sinn muß auch von allen bestehenden Wirtschaftsmechanismen abgesehen werden, sofern bestehende Rechts- und Besitzansprüche dadurch gerechtfertigt werden. Die Wahl des Wirtschaftssystems einer Gesellschaft wird in ihrer Konsequenz zu einem bestimmten Verteilungsschema führen. Die Ergebnisse solcher Verteilungen durch wirtschaftliche Prozesse können nur dann gerecht sein, wenn die Prozeduren, die sie hervorbringen, als gerechtfertigt gelten können.

Was als ein rechtmäßiges Eigentum gelten kann, hängt vom ökonomischen und legalen System ab. »›Unser Eigentum‹, dies besagt nichts anderes als: die Güter, deren Besitz uns durch die Gesetze der Gesellschaft gesichert ist.«[3] So verstanden ist Eigentum eine soziale Konstruktion. Es gibt kein vorsoziales Naturrecht auf Eigentum. Nur durch moralische Rechtfertigung, deren Ergebnisse sodann in Gesetzen kodifiziert werden, entsteht Eigentum. Die Normen der Gerechtigkeit sind es, die Eigentum schaffen. Indem Güter gerechtfertigt verteilt werden, werden damit bestimmte Bündel von Eigentumsrechten übertragen. Eigentum kann also nicht der Gerechtigkeit vorausgehen. Die Gegenposition dazu wäre eine strikte Naturrechtstheorie, die die Freiheitsrechte und die daraus gegebenenfalls folgenden Eigentumsrechte als vor jeder menschlichen Verteilung für legitimerweise gegeben ansieht. Das ist letztlich eine starke Form des moralischen Realismus. Bürgerfreiheiten und Eigentumsrechte entstehen jedoch erst – so die hier vertretene Position –, indem wir sie uns wechselseitig zugestehen, sie also auf eine bestimmte Art ›verteilen‹.

Eigentum gibt es deshalb nur in dem Maße und in der Zeitspanne, wie es die Regeln der Gerechtigkeit festlegen. Dieser Punkt wird häufig übersehen oder bestritten. Er folgt jedoch direkt aus der Abhängigkeit der Eigentumsrechte von den Prinzipien der Gerechtigkeit. Deshalb kann einer Gerechtigkeitsnorm nicht entgegengehalten werden, sie verletze das Recht auf Eigentum. Wenn, um das wichtigste Beispiel zu nennen, Steuern in einem legalen System einen essentiellen Bestandteil bilden, ist erst das Einkommen nach Abzug

3 D. Hume, *Ein Traktat über die menschliche Natur*, III.2.2, Bd. 2, S. 234.

der Steuern Besitz.[4] Die weit verbreitete Idee des prima facie vorgesetzlichen Eigentums ist sinnlos. Das Steuersystem stellt keinen (legitimen oder illegitimen) staatlichen Eingriff in eine schon bestehende Verteilung von Eigentum dar, die eine Präsumtion der Legitimität für sich beanspruchen könnte. Im Gegenteil gehören Steuern zu dem Bedingungsgefüge, das Eigentumsrechte erst kreiert, deren Legitimität von der Gerechtigkeit des ganzen Systems abhängt. Nur vor dem Hintergrund eines solchen Systems haben Menschen legitime Ansprüche und Erwartungen auf ein Einkommen mittels der üblichen Methoden wie Arbeit, Investitionen, Geschenken und ökonomischen Transaktionen. Das Steuersystem als integraler Bestandteil jenes Hintergrunds der gerechten Grundstruktur des Staates nimmt den Menschen nicht im nachhinein etwas, was ihnen bereits gehört, sondern ist Teil der Bedingungen gerechten Erwerbs von Eigentum überhaupt. Leider besteht das Problem, daß viele der gegenteiligen Illusion so hartnäckig erliegen. Die Idee, daß es ein prima facie legitimes Einkommen vor Steuern gibt, das den Status vor dem Eingriff des Staates darstellt, ist kaum zu beseitigen.

Halten wir also fest: Ein distributiver Zustand ist gerecht, wenn es eine rechtfertigbare Lösung des Problems der Verteilung (Allokation) von Gütern und Lasten gibt, die sich theoretisch in einem ursprünglichen (eigentumsfreien) Zustand befinden und den Individuen zugeteilt werden müssen.

Um Gegenstände der Verteilung zu sein, müssen die Dinge auf eine von mindestens zwei Weisen Gemeineigentum, also niemandes persönliches Eigentum sein. In der Situation der ursprünglichen Verteilung sind Güter und Lasten dann im für Gerechtigkeit relevanten Sinn Gemeineigentum, wenn sie weder ein Teil eines Individuums sind noch von jemandem geschaffen wurden. Außerdem müssen sie von jedem als Gut begehrt oder als Last gemieden werden. Diese Güter und Lasten werden sodann an die Individuen verteilt, die damit ihr Leben gestalten können. Da die Güter nicht ausreichen werden, um die Wünsche aller Personen bis zu ihrem Lebensende zu befriedigen – sonst läge keine Knappheit vor und damit keine Anwendungsbedingung von Gerechtigkeit –, müssen sich die Personen nolens volens um eine Gütervermehrung bemühen. Dazu sollten sie rationalerweise in irgendeine Form von Wirtschaftssy-

4 Vgl. L. Murphy, T. Nagel, *The Myth of Ownership. Taxes and Justice.*

stem eintreten. Durch die (rationale) Bereitschaft der Individuen, zum allseitigen Nutzen zusammenzuarbeiten, entsteht eine zweite Art des Gemeineigentums. Kooperation und Kollaboration dienen in der Regel dem allgemeinen bzw. allseitigen Nutzen. So können sich mehrere Personen zusammen besser gegen Angriffe verteidigen, gegen Naturgewalten schützen und gemeinsam in einer Volkswirtschaft einen höheren Wohlstand erwirtschaften, der dem einzelnen nicht nur größere Gewinnmöglichkeiten, sondern auch Freiheiten (etwa durch Arbeitsteilung) bietet. Kollaborationen dieser Art verlangen zum einen eine Entscheidung darüber, wer wann was tun soll, wer woran teilnehmen soll und wer welche Ressourcen wann wo beisteuern soll. So ergeben sich zu verteilende Aufgaben, Lasten, Zuständigkeiten und Abgaben, was Koordinationsprobleme mit sich bringt. Zum anderen schaffen solche Kollaborationen gemeinsame Güter wie Schutz, Verteidigung, Transportsysteme, Krankenhäuser, Kanalisation, Nutzungen der Boden- und Naturschätze, also letztlich alle durch gemeinsames Erwirtschaften produzierten Güter. Diese Güter sind wesentlich Gemeingut und erfüllen erst dann eine positive Funktion, wenn sie letztlich Individuen (bedingt oder unbedingt) zur Verfügung gestellt werden. So lautet das spezifische Problem der Verteilungsgerechtigkeit in Kooperationsgemeinschaften: Wem steht welcher Anteil der gemeinsam erwirtschafteten Güter zu, und welche Lasten hat wer zu tragen bzw. welche Aufgabe wer zu erfüllen? Verteilt werden sollen die gemeinsamen Früchte der Kooperation, auf die jeder einen prima facie gleichen Anspruch hat, da alle an der Herstellung der Güter beteiligt waren. Hier sind die Forderungen der Gerechtigkeit bereichsspezifische moralische Gebote, die die Allokation von Gütern und Lasten im Rahmen besonderer Arten sozialer Beziehungen regeln.

Die Verteilungsgerechtigkeit bezieht sich jedoch nicht nur auf solche Güter, die gemeinsam, das heißt durch gesellschaftlich und wirtschaftlich faire Kooperation hergestellt worden sind, sondern prima facie ebenso auf alle anderen Güter, wie zum Beispiel natürliche Ressourcen. Es ist nicht plausibel zu unterstellen, das Gerechtigkeits- oder Verteilungsproblem ergebe sich nur im Rahmen institutionalisierter, wechselseitig förderlicher, sozialer Kooperation.[5] Diese stellt lediglich einen spezifischen Fall von Verteilungsgerech-

5 Vgl. die entsprechende Argumentation in Kap. I.5.1. auf S. 77f.

tigkeit dar, der Teil der allgemeinen Frage nach der ursprünglich gerechten Verteilung aller Güter und Lasten ist. Auch die gerechte Verteilung nicht produzierter Ressourcen muß folglich diskutiert werden. Außerdem gibt es Ansprüche auf Güter, die nicht aufgrund von Kooperationsleistungen, sondern aufgrund von Bedürfnissen legitimiert erscheinen – das heißt selbst in einer Kooperationsgemeinschaft stellt Kooperationsgerechtigkeit nicht das Ganze der Gerechtigkeit dar. Zusätzlich zur Kooperationsgerechtigkeit innerhalb einer Kooperationsgemeinschaft gibt es die allgemeine Verteilungsgerechtigkeit, die sich prima facie auf alle Personen bezieht.[6] Hier betrachten sich alle Personen qua ihres Personseins als Mitglieder einer umfassenden Gemeinschaft aller Personen, so daß sie sich wechselseitig gleiche Achtung schulden. Beide Formen sind in einer umfassenden Theorie der Gerechtigkeit von Bedeutung.

## 2.2. *Domäne der Allokation*

### *Ressourcen und Rechte*

Was sind nun die zur Verteilung stehenden Dinge in einer Theorie der Verteilungsgerechtigkeit, wenn von vorgängigen (Besitz-)Rechten abgesehen wird? Meine Antwort darauf lautet: Prima facie sind alle erwünschten Güter und unerwünschten Lasten sowie alle Vorteile und Nachteile des menschlichen Zusammenlebens, über die wir gemeinsam die Kontrolle haben und die wir verteilen können, als zu verteilende Güter anzusehen. Sollen bestimmte Güter ausgeschlossen werden, ist dies in der Situation der ursprünglichen Verteilung von denjenigen, die dies verlangen, allgemein zu begründen. Die zu verteilenden Güter erster Ordnung sind Ressourcen. Diese Güterverteilung impliziert eine Zuteilung von Rechtsansprüchen auf die verteilten Güter. Somit werden indirekt Rechte als Güter zweiter Ordnung verteilt. Entsprechend darf die Verteilung von

6 Das nennt W. Kersting in *Theorien der sozialen Gerechtigkeit* (S. 22-26) »Gerechtigkeit der Solidarität«. P. Koller spricht in »Soziale Güter und Gerechtigkeit« (S. 84) im Rückgriff auf J. Finnis (*Natural Law and Natural Rights*, S. 166 ff.) von »Solidaritätsgemeinschaften«. Mir ist der Ausdruck Solidarität in diesem Zusammenhang zu schwach, weil er zwischen geschuldeter und verdienstlicher Moral angesiedelt ist. Hier jedoch geht es um moralisch geschuldete Verhältnisse.

Lasten nicht unberücksichtigt bleiben, diese führt zu einer Zuweisung von Pflichten. – Dazu nun im einzelnen:

Die Mitglieder der Gesellschaft werden angesichts ihres Wissens um die Lage, in der sie sich befinden, der Kenntnis ihrer Konzeption des Guten und ihrer rationalen Erwartungen über ihr gemeinsames zukünftiges Zusammenleben *Interessen* formulieren, die sie in den öffentlichen Rechtfertigungsprozeß zur Prüfung geben. Insofern Personen miteinander auf der Grundlage von moralischen Normen zusammenleben wollen, suchen sie nach Regelungen, denen alle wechselseitig und allgemein zustimmen können. Im Rechtfertigungsprozeß wird man sich nicht nur auf Interessen einigen können, deren Verfolgung für jede Person notwendig ist. Neben den Gütern, die allen Personen gleichermaßen für ein gutes Leben notwendig erscheinen, haben einzelne Personen außerdem Interessen, ohne die es ihnen unmöglich wäre, ihre Vorstellung von einem guten Leben auch nur ansatzweise zu realisieren. Auch diese müssen in der Verteilung berücksichtigt werden. Um begründeten Konsens über distributive Grundsätze erzielen zu können, auch für den Fall, daß eine Einigung über Konzeptionen des Guten nicht herstellbar sein wird, müssen die Mitglieder auch solche Interessenverfolgungen zulassen und entsprechend angemessen berücksichtigen, die für sie selbst nicht die gleiche subjektive Bedeutung haben, denen sie aber zustimmen können, sofern auch ihnen die Verfolgung bestimmter Interessen und ein bestimmtes Maß dafür notwendiger Güter zugebilligt werden. Bei allen Unterschieden zwischen Personen und ihren Lebensplänen ist ihnen eines gemeinsam – daß sie ihr Leben leben wollen. Es gibt so etwas wie die *Verfolgung einer Konzeption des guten Lebens*, die man allen zuschreiben kann, auch wenn sie noch so unterschiedliche Ziele haben. Es haben nicht alle Menschen die gleichen Ideale, doch sie können zumindest aufgrund ihrer Erfahrung abstrakt verstehen, *was es bedeutet, ein Ideal des guten Lebens zu haben.*[7] Um dieses Ideal des guten Lebens verfolgen zu können, sind in jedem Fall Güter (Ressourcen) als Allzweckmittel zur Verfolgung individuell unterschiedlicher Interessen notwendig, unabhängig davon, wie die Konzeption des guten Lebens bei den einzelnen aussieht.[8] Prä-

7 Vgl J. Waldron, »Theoretical Foundations of Liberalism«, S. 145; J. Rawls, *Eine Theorie der Gerechtigkeit*, S. 113-115, 445-454.

8 Ich verwende die Ausdrücke ›Güter‹ und ›Ressourcen‹ gleichbedeutend, weil es in funktionaler Hinsicht keinen Unterschied zwischen ihnen gibt. Während bei

ferentielle Ressourcen sollen deshalb ebenfalls als Objekte der ursprünglichen Verteilung gelten.

Güter werden zunächst allgemein als Dinge und Zustände definiert, die Menschen wertschätzen, nach denen sie streben, die sie begehren. Inhaltlich kann ein Gut sowohl eine strikt materielle Bedeutung annehmen (Rohstoffe, Produktionsmittel, Einkommen, Wohlfahrtsleistungen) als auch auf immaterielle Güter wie Sicherheit, Kultur, Bildung bezogen sein oder ideelle Werte wie Frieden, Freiheit, Gerechtigkeit meinen. Hier zeigt sich ein erweitertes Distributionsverständnis, das sich nicht nur auf quantifizierbare und unmittelbar verteilungsfähige Gegenstände erstreckt, sondern auch auf qualitative Güter und Hintergrundbedingungen. Die Nutzung jeglicher Art von Gütern ist im Rahmen der Gerechtigkeit allgemein und reziprok zu rechtfertigen. Bestimmte Güter sind so grundlegend, daß deren Verfolgung nicht nur allgemein und reziprok gerechtfertigt werden kann, sondern außerdem einen Anspruch in Form gleicher Grundrechte zu deren Schutz konstituiert. Diese Güter heißen *Grund-* bzw. *Universalgüter.* Sie geben die Bedingung der Möglichkeit der autonomen Verfolgung aller anderen Interessen an und sind deshalb primär zu schützen bzw. sicherzustellen.[9] Aus der Perspektive der Individuen erweisen sie sich als grundlegende Lebensvoraussetzungen. Weil sie so im gleichmäßigen Interesse jedes einzelnen liegen, können sie einen höheren Grad an Allgemeinverbindlichkeit beanspruchen. Wegen des rechtfertigungstheoretischen Individualismus muß Autonomie die Richtschnur für die inhaltliche Festlegung von Grundgütern und entsprechenden Grundrechten in einer liberalen politischen Theorie der Gerechtigkeit sein. Statt eine Liste objektiv notwendiger Güter festzulegen, bietet es sich bei der zu berücksichtigenden Pluralität der Interessen unter

›Gütern‹ eher ein möglicher Eigenwert mitschwingt, weshalb die Güter selbst erstrebenswert erscheinen, betont ›Ressourcen‹ die Um-zu-Relation allgemein dienlicher Mittel.

9 Die Bestimmung der Güter der Verteilungsgerechtigkeit als konditionale Universalgüter findet sich bei J. Rawls im Konzept der »Grundgüter« (»primary goods«) in: *Eine Theorie der Gerechtigkeit*, bes. § 15; ders., »Social Unity and Primary Goods«. Für ähnliche Versionen vgl. die Konzeptionen von *Hypergütern* bei C. Taylor in *Quellen des Selbst* und von Gütern des transzendentalen Tausches bei O. Höffe in *Politische Gerechtigkeit.* Zur Sicherstellung *transzendentaler Güter* scheint W. Kersting in *Theorien der sozialen Gerechtigkeit* (Kap. I.8.) ein Vertragsargument für Verteilungsgerechtigkeit vorzusehen.

den beteiligten Gesellschaftsmitgliedern an, den Umfang und die Art der zur Verteilung stehenden Güter so zu konzipieren, daß die Autonomie der verschiedenen betroffenen Personen weitestgehend berücksichtigt wird. Ressourcen als Allzweckmittel erfüllen diese Bedingung am besten. Diese Güter besitzen einen Ermöglichungscharakter – sie müssen vorausgesetzt werden, damit Individuen ihre Lebensprojekte überhaupt mit Aussicht auf Minimalerfolg verfolgen können. Welche Ressourcen Individuen für ein Leben entsprechend ihrer Konzeption des guten Lebens benötigen, muß von diesen in der Situation der ursprünglichen Verteilung selbst entschieden werden.[10]

Alle Individuen haben ein berechtigtes Interesse an Ressourcen. Ressourcen werden zwar bei relativem Wohlstand kaum beachtet, bei ihrem Fehlen jedoch wird ihre Beschaffung schnell zur einzigen Sorge. »Von diesen Gütern gilt allgemein, daß sie nicht alles sind, aber alles ohne sie nichts.«[11] Wegen ihres Allzweckmittel-Charakters ist das Interesse an diesen Ressourcen indirekt, also abgeleitet von dem Interesse an den Zielen, die mit Hilfe der Ressourcen erreichbar sind. Deshalb ist jedoch eine Gerechtigkeitstheorie, die sich auf eine bestimmte Verteilung von Ressourcen konzentriert, nicht verkürzt oder fetischistisch.[12] Durch die Abhängigkeit von Zielen wird das Interesse an instrumentellen Ressourcen nicht weniger berechtigt als das Interesse an den Zielen selbst. Zur Realisierung von Zielen werden fast immer Mittel benötigt, und das Ergreifen der notwendigen Mittel ist ein wesentlicher Bestandteil rationalen Verhaltens. Ressourcen sind per definitionem notwendige Mittel. Allgemeine Ressourcen sind Mittel-Zweck-Güter, die für die jeweiligen Individuen einen funktionalen Stellenwert für die Erlangung einer Vielzahl anderer, spezifischerer Güter haben. Ein Interesse an der absoluten

10 Das ist der Unterschied zwischen R. Dworkins Ressourcenansatz, dem ich mich hier anschließe, und J. Rawls' Grundgüteransatz, auch wenn beide im Unterschied zu Wohlfahrtstheorien oder zu M. Nussbaums objektiver Güterliste und A. Sens Capability-Ansatz in dasselbe Lager des Güteransatzes gehören. Die autonome Wahl der Ressourcen wird in der ursprünglichen Verteilung durch eine walrasianische Auktion ermöglicht. Siehe dazu Kap. V.1.1.

11 W. Kersting, *Theorien der sozialen Gerechtigkeit*, S. 27.

12 Den Einwand der Verkürzung erhebt A. Sen in »Equality of What?« gegen J. Rawls, den des Fetischismus H. Frankfurt in »Equality as a Moral Ideal«, wobei Geld den gewählten Fokus darstellt. Zu der nun folgenden Zurückweisung dieser Vorwürfe vgl. R. Goodin, »Egalitarianism, Fetishistic or Otherwise«.

Größe der einem zur Verfügung stehenden Ressourcen ist abhängig von den Zielen, zu deren Erreichung sie eingesetzt werden können. Das Interesse an Zielen und Ressourcen ist deshalb gleichermaßen legitim.

Neben dem berechtigten Interesse an der absoluten Größe der zur Verfügung stehenden Ressourcenmenge ist außerdem ein Interesse an der relativen Größe des eigenen Ressourcenbesitzes legitim, zumindest insoweit Ressourcen Macht bedeuten. Wie groß der Wert der Ressourcen für eine Person ist, das heißt, in welchem Maß sie damit ihre in ihrem Lebensplan begründeten Ziele erreichen kann, hängt bei Allzweckmitteln (wie beispielsweise Geld) allein davon ab, wie viele dieser Ressourcen den anderen zur Verfügung stehen. Zumindest in einer potentiellen Konkurrenzsituation ist es für jede Person relevant zu wissen, wie viele Ressourcen andere besitzen, mit denen sie um die Erreichung der Ziele steigern könnte. Die Größe der Ressourcenmenge der anderen, zum Beispiel die Menge ihres Geldes, bestimmt, wie viele ihrer Ziele sich eine Person (finanziell) leisten kann, jener Ziele, die notwendiger Bestandteil dessen sind, was für die Person moralisch wichtig ist. Deshalb ist ein Interesse an der relativen Größe der Ressourcenmenge anderer nicht etwa ›neidbedingt‹, sondern legitim, zumindest wenn absolute Ressourcen von relativen Ressourcen bestimmt werden. »Relative Ressourcen sind in diesen Fällen notwendige Mittel für notwendige Mittel zu unseren letzten Zielen.«[13] Man benötigt beispielsweise Geld (eine relative Ressource), um Bildung (eine absolute Ressource) zu erwerben, mit der man den Beruf eines guten Arztes ergreifen will. Letzteres – so wollen wir einmal unterstellen – sei für den Betreffenden ein im Rahmen der individuellen Konzeption des guten Lebens gerechtfertigtes letztes Ziel (unter anderen), das moralisch erlaubt und wohl auch prima facie lobenswert ist.

## *Freiheiten und Rechte*

Gegenstand der Verteilungsgerechtigkeit sind Ressourcen als Allzweckgüter. Güter als Voraussetzungen menschlichen Handelns lassen sich in zwei Klassen unterteilen: strukturelle Gegebenheiten und individuelle Ressourcen.[14] Erstere umfassen die institutionellen

13 R. Goodin, »Egalitarianism, Fetishistic or Otherwise«, S. 47.

14 Vgl. W. Kersting, *Theorien der sozialen Gerechtigkeit*, S. 31.

Lebensvoraussetzungen, die konstitutionellen Rahmenbedingungen der individuellen Lebensplanung, wie juridische Rechte (insbesondere auf Freiheiten, körperliche Unversehrtheit und Sicherheit), die politische Verfassung und das Wirtschaftssystem. Dies sind staatlich zu garantierende Hintergrundbedingungen, die es erst erlauben, eine faire Versorgung mit individuellen Ressourcen auf Dauer sicherstellen zu können. Letztere umfassen wiederum natürlich-innere Ressourcen, wie Talente, Begabungen, Fähigkeiten, Gesundheit, gesellschaftlich-äußere materielle Ressourcen, wie Lebensmittel, Kleidung, Wohnung, und die materiellen Bedingungen der Handlungsfähigkeit und Autonomie. Diese Unterscheidung gibt gelegentlich Anlaß zu Zweifeln daran, ob strukturelle Gegebenheiten, obwohl menschengemacht, angemessenerweise als Gegenstand der distributiven Gerechtigkeit gelten können. Freiheiten und Rechte sind – so der hier zu diskutierende Einwand – keine distributiven Güter. Dem halte ich entgegen: die neuzeitlich zentrale Idee gleicher Rechte, inklusive der gleichen Rechte auf gleiche Freiheiten, kann nicht erklärt werden, ohne sie als auf einer Form der Gleichverteilung von Gütern basierend zu verstehen.

Habermas setzt dieser Behauptung zwei Argumente entgegen, die mir jedoch nicht überzeugend erscheinen. Er besteht erstens darauf, daß Grundrechte nicht als Grundgüter verstanden werden können, sondern vielmehr als Grundrechte gesehen werden müssen, die die Autonomie der Bürgerinnen und Bürger konstituieren.[15] Rechte sollten nicht mit zu verteilenden Gütern gleichgesetzt werden. Zweitens regeln Rechte Habermas zufolge die Beziehungen zwischen Akteuren. Sie spezifizierten, was Menschen in ihren Beziehungen zueinander tun können, und könnten daher nicht wie Güter besessen oder verteilt werden. Mit diesem Argument möchte Habermas die meines Erachtens naheliegende und hier vertretene Alternative ausschließen, die Frage nach einer gerechten Gesellschaft als die Frage nach einer gerechten Verteilung von Grundgütern wie Freiheiten, Rechten, Macht und Einkommen zu verstehen.[16] Beide Argumente lassen sich vertreten, aber keines der Argumente schließt ein distributives Ver-

15 Vgl. J. Habermas, »Versöhnung durch öffentlichen Vernunftgebrauch«, S. 175; vgl. auch ders., *Faktizität und Geltung*, S. 505ff. Habermas bezieht sich dabei auf I. Young, *Justice and the Politics of Difference*, S. 25. Vgl. zum Folgenden auch Kap. I.5.2.

16 Diese Position vertritt auch H. L. A. Hart, *Der Begriff des Rechts*, VIII.1.

ständnis von gleichen Rechten aus. Hinsichtlich des ersten Arguments läßt sich einwenden, daß Rechte Güter in einem weit verstandenen Sinn sind, die wir wertschätzen und die wir besitzen wollen. Sie sind natürlich eine besondere Art von Gütern und unterscheiden sich von solchen, die wir konsumieren können; das aber gilt auch für Freiheiten, Chancen, Selbstachtung und menschliche Würde. Zum zweiten Argument läßt sich sagen: Gerade das Prinzip der Verteilungsgerechtigkeit, das spezifiziert, welche Güter anhand welchen Maßstabs verteilt werden sollten, bestimmt auch die Ansprüche, die Menschen sich wechselseitig im Rechtfertigungsprozeß zugestehen müssen. Rechte sind eine spezifisch moralische und/oder juridische Formulierung derjenigen Ansprüche, die Personen sich wechselseitig zugestehen. Eine Rechtfertigung für gleiche Rechte zu geben bedeutet, die Verteilung eines bestimmten Gutes, das Menschen sich gegenseitig zugestehen müssen, um einander als Gleiche zu behandeln, intersubjektiv zu rechtfertigen. Rechte sind allerdings kein selbst zu verteilendes Gut, weil Rechte eben die sanktionsbewehrten Regeln sind, mit denen wir die Verteilung von Gütern absichern.[17] Wenn die Mutter den Kuchen verteilt und Kalle, Fritzchen und Luise je ein Stück gibt, so impliziert das ein Recht der drei, ihr Stück allein zu essen. Fritz muß sein Stück nicht Kalle geben, wenn der es verlangt. Indem man Güter zuteilt, teilt man zugleich Rechte bzw. ein Bündel von zusammengehörenden Rechten auf die Güter zu. Eigentumsrechte sind per definitionem Rechte, Freiheiten, Verfügungsgewalten und Verpflichtungen, die einer Person oder einem Kollektiv bestimmte Macht über einige materielle oder immaterielle Vermögenswerte geben.[18] Eigentum wird als ein Bündel von Rechten verstanden, wobei diese Rechte aus einem Komplex legaler Modalitäten bestehen. Sie umfassen nach der Klassifikation von Hohfeld und Honoré Anspruchsrechte (claim-rights), wie das Recht auf den Besitz, das Recht auf den Gebrauch und das Recht auf das sich daraus ergebende Einkommen, des weiteren die Macht (power) zu Transfer, Verzicht und Ausschluß sowie die Rechtsunfähigkeit (dis-

17 Einen Unterschied zwischen Ressourcen und Rechten bzw. Freiheiten behaupten auch R. Dworkin in »What is Equality? Part 3: The Place of Liberty« und B. Ladwig in *Gerechtigkeit und Verantwortung*, Kap. 4.3.

18 Vgl. zur Definition J. Christman, »Property Rights«, S. 683-685; ders., *The Myth of Property*, Kap. 1; S. Munzer, »Property«, S. 758. Zu Eigentumstheorien generell vgl. auch J. Waldron, *The Right to Private Property*.

ability) anderer, einen Verkauf oder eine Herausgabe zu erzwingen, das Freiheitsrecht (liberty right) zum Konsum oder zur Zerstörung und den Schutz (immunity) vor Enteignung durch den Staat.[19] Mit diesem System von Rechten müssen verschiedene gesetzliche Regelungen zusammenhängen, die die Beendung des Besitzanspruchs, die Verfahren und Rechte der Übertragung nach dem Tod des Eigentümers und die Durchsetzung und Klärung von Streitfragen in Fällen umstrittener Eigentumsansprüche regeln. Im Fall der ursprünglichen Verteilung werden durch die getroffenen Regelungen begründete Rechte an die Bürgerinnen und Bürger verliehen.[20] Es ist daher kein Kategorienfehler, die Spezifikation dieser Rechte als Verteilung zu konzipieren. Rechte als Verfügungsrechte an Gütern selbst ergeben sich aus der Verteilung der Güter und beziehen sich auf Güter, weil sie den legitimen Anspruch auf diese festschreiben. Deshalb wird Art und Umfang von Rechten und Pflichten durch die gerechte Verteilung von Gütern und Lasten bestimmt. Indem Güter verteilt werden, werden Personen moralische Rechte auf sie zugestanden. Indem die so moralisch legitimierte Ordnung institutionalisiert wird, werden Personen auch legale Rechte, die sich durch ihre Durchsetzbarkeit auszeichnen, zugesprochen. Rechte sind also Güter zweiter Ordnung. Ihre Herstellung und Verteilung ist bedingt durch die Verteilung von Gütern (und Lasten). Sie können nicht direkt verteilt werden; aber indem Güter erster Ordnung gerecht verteilt werden, werden auch moralische Rechte als Güter zweiter Ordnung zugeteilt. Dasselbe gilt für Pflichten, die sich aus der Verteilung von Lasten ergeben.

## *Einschränkungen*

›Ressourcen‹ (oder ›Güter‹) ist der allgemeine Terminus, der materielle Güter (wie Geld, Jobs, Eigentum), soziale Güter (wie Chancen, Privilegien, Prestige) und politische Güter (wie Rechte, Autorität,

19 Die bekannteste Klassifikation von Rechten findet sich bei W. Hohfeld, *Fundamental Legal Conceptions*; bei J. Feinberg findet sich in *Social Philosophy* (S. 56-9) eine kurze und verständliche Zusammenfassung. Vgl. A. Honoré, »Ownership«; vgl. den ähnlichen Ansatz von G. Calabresi, D. Melamed, »Property Rules, Liability Rules, and Inalienability: One View of the Cathedral«.

20 Einige dieser Rechte an Gütern können sodann transferiert werden. Andere Rechte, wie die auf Grundfreiheiten, werden als so fundamental für die Autonomie der Personen angesehen, daß sie nicht auf- oder abgegeben werden können.

Freiheit(en)) umfaßt. Der Ausdruck ist absichtlich so weit gefaßt, damit alles unter ihn fallen kann, was eine Gesellschaft als wertvoll, zuordenbar und als einen potentiellen Gegenstand gerechter Verteilung ansieht. Gerade weil zunächst alle Ressourcen zur Verteilung zu stehen scheinen, ist zu fragen, ob nicht doch einiges der Verteilung entzogen ist. In diesem Fall stellt sich die Frage, was von der ursprünglichen Verteilung ausgenommen ist.

Güter müssen vergleichbar und distributionsfähig sein, um Gegenstand der Verteilungsgerechtigkeit zu werden. Sie müssen jedoch nicht selbst teilbar sein, da sich bei unteilbaren oder nicht hinreichend teilbaren Gütern Anteilsscheine am Gut in beliebiger Unterteilung distribuieren lassen.

Nicht alle Dinge, deren Erlangung konfliktträchtig ist, sind Güter und Lasten, deren Allokation der Gerechtigkeit unterworfen ist. Es gibt Stop- oder Ausnahme-Regeln der Verteilung, Regeln also, die die Norm, daß alles unter die ursprüngliche Gleichverteilung fällt, unterbrechen. Welches sind solche Ausnahmen? Güter werden in dieser Diskussion in drei verschiedenen Hinsichten unterschieden: 1. gesellschaftliche vs. natürliche Güter, 2. private vs. öffentliche oder kollektive Güter, 3. Güter vs. Lasten. Anhand dieser Unterscheidungen soll im folgenden untersucht werden, ob und inwiefern die zur Verteilung anstehenden Güter auf bestimmte Arten von Gütern eingeschränkt werden müssen.

Eine erste solche Ausnahmeregelung betrifft jene ›Dinge‹, die wir nicht verteilen können. Es gibt viele ›Dinge‹, die weithin begehrt werden und dennoch nicht der Gerechtigkeit unterliegen: Körperliche Attraktivität, Gesundheit, Charaktereigenschaften, Intelligenz, Zufriedenheit, Glück und Liebe. So steht es zum Beispiel nicht in unserer Macht, romantische Liebe zu verbürgen. Auch wenn es eine wesentliche, vielleicht unverzichtbare Voraussetzung für ein gelungenes Leben sein sollte, geliebt zu werden, so hat doch keiner Anspruch darauf, geliebt zu werden; denn Liebe läßt sich im Gegensatz zu weniger anspruchsvollen Formen der Zuwendung und Fürsorge nicht intentional herstellen oder auf jemanden im besonderen richten. Deshalb kann diese wichtige ›Ressource‹ wesensmäßig weder eingefordert noch willentlich gewährt, schon gar nicht verteilt werden. Romantische Liebe ist somit nicht vollständig verantwortbar und veränderbar und deshalb nicht Gegenstand von (gerechter oder ungerechter) Verteilung. So ungerecht es einer Person vorkommen mag, nicht attraktiv, geliebt oder begehrt zu sein, so handelt es sich hier doch nicht um Ungerechtigkeiten, weil die entsprechenden Handlungen oder Einstellungen, die zu den angestrebten und ›ungleichverteilten‹ Zuständen führen würden, deshalb nicht verpflichtend gemacht werden können, weil sie nicht oder nur sehr bedingt intentional veränderbar sind. (Vgl. Kapitel I.4.2.) Güter wie Schönheit, Intelligenz, körperliche Ausstattung und Charaktereigenschaften können nach dem heutigen Stand des Wissens und Könnens nur in beschränktem Maße verändert werden. Sie sind nicht planmäßig zuteilbar, weil ihre natürlichen Ursachen nicht beliebig veränderbar sind. Sofern sie beeinflußbar sind – und das Ausmaß der menschlichen Einflußmöglichkeiten kann mit dem Fortschritt der Naturwissenschaften erheblich zunehmen – fallen sie allerdings unter die Gebote der Gerechtigkeit. Charaktereigenschaften, Zufriedenheit und Glücklichsein wiederum sind – soweit sie nicht natürlich determiniert sind – im wesentlichen durch die betreffende Person selbst beeinflußbar. Die Verantwortung liegt also primär beim betreffenden Subjekt selbst. Jedoch hängt die Entwicklung von Charaktereigenschaften und Gefühlen der Zufriedenheit und des Glücklichseins auch von Erziehungs- und gesellschaftlichen Sozialisationsprozessen sowie zum Teil von äußeren materiellen Mittelausstattungen ab, die ihrerseits der Gerechtigkeit unterliegen. Obwohl diese Arten von Gütern zu einem nicht unerheblichen Teil das Wohlergehen der Personen ausmachen können, liegen sie nicht im Anwendungsbereich der Gerechtigkeit, weil sie Einzelpersonen nicht in einer regelgeleiteten, vorschreibbaren Weise zugeteilt werden können. Die Forderungen der Verteilungsgerechtigkeit finden nur für solche Güter und Lasten Anwendung, die distributionsfähig sind.[21]

### *Gesellschaftliche und natürliche Güter*

Allgemein kann man diese Differenzierung als den Unterschied von gesellschaftlichen oder sozialen Gütern und natürlichen Grundgütern formulieren. *Gesellschaftliche* oder *soziale* Güter können von sozialen Institutionen verteilt werden – so etwa Einkommen und Vermögen, Chancen und Machtbefugnisse, Rechte und Freiheiten. *Natürliche* Grundgüter, wie Gesundheit, Intelligenz, Vitalität,

21 Siehe P. Koller, »Soziale Güter und soziale Gerechtigkeit«, S. 79.

Phantasie und natürliche Begabungen, werden von sozialen Institutionen beeinflußt, können aber nicht direkt verteilt werden. Begabungen, Talente und Fähigkeiten sind selbst nicht Gegenstand der ursprünglichen Verteilung, da sie nicht verteilungsfähig sind. Über ihren Einsatz, die Art der Ausübung, ihre Entwicklung, Fortbildung, Perfektionierung oder deren Gegenteile kann und darf das jeweilige Individuum im Rahmen der üblichen Einschränkungen frei entscheiden. Die Früchte der Talente hingegen, also das, was man mit seinen Begabungen und Fähigkeiten erworben hat, sind durchaus verteilbar und müssen nach liberal-egalitärer Auffassung deshalb auch Gegenstände prinzipieller Verteilung sein.

Eine zweite Ausnahmeregelung betrifft bestimmte natürliche Güter, nämlich *menschliche Körper und ihre Teile*. Sie unterliegen auch dort, wo sie distributionsfähig sind, einer weiteren moralischen Einschränkung der Verteilungsgerechtigkeit. Unserem wohlüberlegten Urteil entsprechend wäre es falsch, menschliche Organe als verteilbare Güter in einer ursprünglichen Verteilung anzusehen. Diese weitverbreitete Grundintuition läßt sich meines Erachtens am besten dadurch erklären, daß die Personen beim jetzigen Stand der Wissenschaft und Technik ohne diese Organe keine Personen wären. Mit anderen Organen, insbesondere mit einem anderen Gehirn, wären sie zumindest nicht genau dieselben Personen, die sie jetzt sind. Eine bestimmte körperliche Verfaßtheit ist die materielle Grundlage personaler Identität.[22] Eine darüber hinausreichende bestimmte körperliche Ausstattung stellt die Bedingung der Möglichkeit von Autonomie dar. Sie und ihre körperlichen Voraussetzungen müssen geschützt und aufrechterhalten werden. Man braucht den eigenen Körper, um überhaupt leben zu können. Die körperliche Integrität definiert die Personen in der ursprünglichen Verteilungssituation. Die wesentlichen Teile meines Körpers sind gar nicht ›mein‹, sondern ›ich‹. Sie sind nicht Sache, sondern Person.[23]

22 Ob personale Identität körperliche Identität voraussetzt, ist in der Diskussion strittig. Vgl. J. Perry (Hg.), *Personal Identity*, und M. Quante (Hg.), *Personale Identität.* Zu moralischen Schlußfolgerungen aus Bedingungen personaler Identität vgl. M. Quante, »Meine Organe und Ich«.

23 Die in den Rechtswissenschaften verbreitete Person-Sache-Unterscheidung geht auf Kant zurück (*Eine Vorlesung Kants über Ethik*, S. 185f.). Kant sah den ganzen Körper als Person an. Der Einfluß dieser Unterscheidung auf das wissenschaftliche sowie auf das alltäglich intuitive moralische Verständnis ist enorm.

Personen dürfen sich deshalb nicht selbst (und in wesentlichen Teilen auch nicht ihren Körper) zu Gegenständen der Verteilung deklarieren. Andernfalls betrachteten sie die Person als Mittel statt als Zweck.

Dieses Argument schließt Angriffe auf und Eingriffe in den menschlichen Körper ohne die freiwillige Zustimmung der Betroffenen weitestgehend aus. In Erweiterung gilt dasselbe Argument der Selbstbestimmung auch für den *Gebrauch von Körperteilen und körperlichen Handlungen*. Menschen dürfen nicht gezwungen werden, ihren Körper oder Teile davon ohne ihre konkrete Einwilligung anderen zur Verfügung zu stellen, sei es für Sex, Schwangerschaft, Dialyse o. ä. Dieses Argument spricht nicht dagegen, daß diese Gebrauchsweisen des Körpers verkäuflich sein dürfen. Im Gegenteil spricht Verteilungsgleichheit sogar für eine faire Chancengleichheit einer jeden Person auf diese Dinge, die somit zur Verfügung gestellt werden sollten, soweit dies möglich und mit der körperlichen Integrität und persönlichen Freiheit eines jeden vereinbar ist. Jede Person sollte die Möglichkeit zu körperlicher Gesundheit, die Möglichkeit, Kinder zu zeugen und zu bekommen und zu einem gesunden Sexualleben haben. Aber diese Chancengleichheit erreicht dort ihre Grenze, wo sie zwangsweise die Körper anderer gegen deren Willen zu diesen Zwecken mißbrauchen müßte. Unter Zwang fällt hier nicht nur direkte Gewalt, sondern auch Erzwingen bzw. Erschleichen von Zustimmung der Betroffenen unter nicht fairen Bedingungen. Wenn ›Angebote‹ von den Betroffenen nur um den Preis des Verhungerns, der Unterdrückung und Ausbeutung ausgeschlagen werden können, kann diese Zustimmung (beispielsweise zu käuflichem Sex, Leihmutterschaft oder Ammentätigkeit) nicht als freiwillig gelten. Erst wenn eine gerechte gesellschaftliche Ordnung etabliert ist, die zumindest einigermaßen faire Bedingungen sichert, so daß Personen wirklich frei entscheiden können, ob sie ihren Körper zur Verfügung stellen wollen, dürfen diese Dinge ›gehandelt‹ werden. Gegenstand einer ursprünglichen Verteilungsregelung sind sie nicht.

Diese Argumentation ist ihrem Impetus nach ganz kantianisch. Sie geht jedoch nicht soweit, wie Kant selbst das beansprucht. Die gegebene Begründung vermeidet, daß jeder einzelne noch so unwichtige Teil des menschlichen Körpers unter den Schutz der körperlichen Integrität gestellt wird. Nicht jeder Körperteil ist gleich wichtig oder zentral für persönliche Identität und Autonomie. Zumindest in Notfällen erscheint es doch keineswegs als ein unzumutbarer Eingriff in die körperliche Integrität, wenn von gesunden Menschen zum Beispiel Blutspenden (oder vielleicht sogar stärker: Organspenden) für Unfallopfer verlangt oder erzwungen würden.

Das Ergebnis der Argumentation über Selbstbestimmung könnte jedoch als zu eng erscheinen, weil sie jeden nicht notwendigen Körperteil zum Objekt der Verteilung machen würde. Sollte zum Beispiel die zweite Niere von Personen zur allgemeinen Verteilung an jene zur Verfügung stehen, die sie wegen Niereninsuffizienz dringlich benötigen? Immerhin kann im Prinzip jeder Mensch mit einer Niere gut leben und könnte von daher seine zweite abgeben. Während Nierenspenden als supererogatorisch und moralisch lobenswert angesehen werden, erscheint eine Verpflichtung oder gar ein Zwang dazu kontraintuitiv.

Diese Intuition beruft sich klassischerweise entweder auf Gott als Schöpfer und deshalb Eigentümer menschlicher Körper oder auf die Idee des Selbsteigentums. Da die erste Strategie wegen ihrer religiösen Annahmen keine allgemeine Akzeptanz beanspruchen kann, findet die Idee des Eigentums am eigenen Köper implizit oder explizit große Verbreitung. Menschen müssen als selbständige Individuen mit einem eigenen Leben angesehen werden. Aus dieser zunächst ganz plausiblen Idee werden sodann Eigentumsrechte an der eigenen Person abgeleitet. Den Grundgedanken des Selbsteigentums kann man sich folgendermaßen intuitiv verständlich machen: In der Sklaverei beansprucht der Sklavenhalter den Sklaven als sein Eigentum. Dieses Ansinnen lehnen wir heute allgemein als unbegründbar, unmoralisch und erniedrigend ab. Das Eigentumsrecht – so wird gefolgert –, das der Sklavenhalter am Sklaven beansprucht, wird von der Person selbst ausgeübt. Niemand ist eines anderen Besitz. Doch diese scheinbar intuitiv einleuchtende Ausgangsprämisse ist weder klar noch unproblematisch. Strittig ist nämlich, was das Eigentum an der eigenen Person umfaßt.[24] Der einleuchtendste

24 Vgl. als z. T. historischen Überblick D. Gracia, »Ownership of the Human Body: Some Historical Remarks« und A. Ryan, »Self-Ownership, Autonomy and Property Rights«. Zu begrifflichen Unschärfen dieser Idee vgl. R. Arneson, »Lockean Self-Ownership: Toward a Demolition« und G. A. Cohen, »Self-ownership: Delineating the Concept«. Zur Bedeutung dieser Idee im Egalitarismus vgl. G. A. Cohen, »Self-ownership: Assessing the Thesis«; J. Christman, *The Myth of Property*, Kap. 8.; E. Rakowski, *Equal Justice*, S. 167-196.

Punkt an der Auffassung vom Eigentum an der eigenen Person ist, daß die Person Kontrolle über sich und was mit ihr geschieht hat, ansonsten würden ihre Freiheit und Autonomie ungebührlich eingeschränkt. Ohne ein weiteres Argument folgen hieraus keine Eigentumsansprüche an Dingen der materiellen Welt. So ist – auch in vielen Eigentumstheorien – zunächst unklar, ob Eigentum an der eigenen Person das Eigentum am eigenen Körper umfaßt. Es entspricht sicherlich der allgemeinen moralischen Intuition, daß Menschen nicht gezwungen werden dürfen, ein Organ, zum Beispiel eine der beiden Nieren, einer anderen Person mit Niereninsuffizienz zur Verfügung zu stellen. Hier hat das Recht auf Eigentum am eigenen Körper seine stärkste intuitive Kraft. Spenden Menschen Organe freiwillig, halten wir das für moralisch lobenswert. Nutzen sie jedoch die Knappheit von Organen und Organspendern, um ihre Organe meistbietend zu versteigern, so werden zumindest viele einen solchen gewerblichen Handel mit Organen (oder auch Embryonen, Föten und Körperteilen) als unmoralisch ablehnen. Hier verblaßt die Intuition hinsichtlich des Eigentums am eigenen Körper. Was also besitzt man dann eigentlich? Gemeint ist doch eher, daß man die vollständige Kontrolle über seinen Körper und seine Handlungen haben soll. Dahinter steht die starke Motivation, daß man selbst bestimmen will, wie das eigene Leben gestaltet ist. Wenn der Staat oder andere einen starken Einfluß darauf ausüben dürfen, wie man seinen Körper, seine Fähigkeiten und Handlungen einzusetzen hat, wird etwas sehr wichtiges, nämlich die persönliche Autonomie, geopfert. Ist aber dies der Kerngedanke, werden damit hauptsächlich Kontrollrechte und Selbstbestimmung über den eigenen Körper und seine Fähigkeiten umfaßt. Dann aber spricht gegen die Konzeption eines Eigentums an der eigenen Person, daß aus Kontrollrechten noch keineswegs direkt das gesamte Bündel an Eigentumsrechten folgt. Insgesamt bestätigt dies den Zweifel daran, daß es Eigentumsrechte vor einer jeden Gerechtigkeitstheorie geben könnte. Die Idee des Selbsteigentums erfaßt – allerdings, wie ich meine, auf falsche Weise – die richtige Einsicht, daß zumindest wesentliche Teile des menschlichen Körpers nicht Objekte der ursprünglichen Verteilung sein dürfen. Diese Intuition ist besser erklärt mit den Argumenten der Grundlagen personaler Identität und den Bedingungen der Möglichkeit der Ausübung von Autonomie. Wenn wir versuchen, uns darüber zu verständigen, welche

Rechte Personen am eigenen Körper haben sollten, spielt die Rede von Eigentum am eigenen Körper keine Rolle, weil sie ja gerade erst durch die Festlegung der Art und des Umfangs der Rechte am Körper bestimmt wird.

Lehnt man die These vom Eigentum am eigenen Körper ab und will statt dessen die Bedingungen von personaler Autonomie und persönlicher Identität garantiert wissen, so muß sich ein etwas differenzierteres Recht auf körperliche Integrität ergeben, welches auf die vitale Funktion des Körpers für die Aufrechterhaltung der Person und ihrer Autonomie rekurriert. Damit ist nicht begründet, warum auch solche Eingriffe im Prinzip ausgeschlossen sein sollten, die den Menschen nicht vital in seinem Personsein einschränken.

Dieses Ergebnis läßt sich durch zwei Zusatzüberlegungen unterstützen. Erstens, da die Personen in der Verteilungssituation – wie wir noch sehen werden[25] – Freiheit für ein zentrales Gut erachten und Regelungen suchen, die den Individuen größtmögliche Freiheiten zugestehen (sofern diese mit der gleichen Freiheit für einen jeden anderen kompatibel sind), ergibt sich daraus ein weitreichenderer Schutz der körperlichen Integrität. Der Körper wird nun primär geschützt, weil und sofern er die Bedingung der Möglichkeit von Autonomie darstellt, und sekundär, weil die Individuen ihren eigenen Körper als Grundlage ihrer Freiheitsverwirklichung ansehen. Art und Umfang des Schutzes der körperlichen Integrität bleiben damit teilweise zur genaueren Bestimmung in unterschiedlichen Zeiten und Gesellschaften offen. Zweitens, unsere Zweifel gegenüber einer erzwungenen Verteilung von Organen und anderen Teilen lebender Personen rühren auch daher, daß solche Eingriffe oder Zwangsverpflichtungen den Gebrauch der Person als Sache *symbolisieren*, auch wenn es im strengen Sinn nicht so ist. Solche symbolischen Verdinglichungen können die Gefahr in sich bergen, daß immer weitergehende Zugriffe auf menschliche Körper erfolgen, die Unterscheidung von Person und Sache mithin erodieren könnte. Aus diesem Grund können striktere Schutzregeln für den menschlichen Körper beschlossen werden, als sie von dem Argument der Selbstbestimmung verlangt werden.

25 Siehe S. 289 ff.

## *Private und öffentliche/kollektive Güter*

In der politischen Ökonomie wird zwischen *privaten* und *öffentlichen* (kollektiven) Gütern unterschieden. Zumeist werden die Begriffe ›kollektive Güter‹ und ›öffentliche Güter‹ (›public goods‹) synonym verwendet. Die Güter lassen sich jedoch hinsichtlich ihrer Herkunft bzw. Erstellung unterscheiden. Kollektive Güter sind solche Güter, die durch das Zusammenwirken von Individuen oder Organisationen (gegebenenfalls aufgrund eines Kooperationsvertrages) kollektiv erstellt werden und von deren Nutzung andere, die an der Erstellung nicht beteiligt waren, ausgeschlossen werden können. Kollektive Güter sind also rivalisierend. Ein Gut heißt rivalisierend, wenn die Verbesserung der Versorgungssituation des einen eine Verbesserung der Versorgungssituation des anderen ausschließt. Öffentliche Güter sind solche Güter, die entweder jeder Person frei zur Verfügung stehen (wie Luft) oder durch öffentliche, politische Entscheidungen hergestellt werden (wie innere und äußere Sicherheit). So kommt etwa der Nutzen sauberer Luft jedem zugute, unabhängig davon, ob jeder einzelne dazu beigetragen hat oder nicht. Diejenigen, die an der Erstellung öffentlicher Güter beteiligt sind, schaffen einen sogenannten externen Nutzen für jene, die davon profitieren, ohne selbst einen eigenen Beitrag zu leisten. Öffentliche Güter sind also nicht rivalisierend.

Im Gegensatz zu privaten sind öffentliche Güter vom Staat im Rahmen eines politischen Prozesses bereitzustellen (das heißt nicht, daß sie auch öffentlich produziert werden müssen). Denn obwohl ein individuell empfundener Bedarf vorhanden ist, garantiert der Marktmechanismus keine optimale Versorgung, weil (a) der Konsum der öffentlichen Güter nicht rivalisiert, das heißt ihr Wert durch weitere Konsumenten nicht geschmälert wird, und (b) ein Nutzenausschluß ineffizient bzw. unmöglich ist. Da öffentliche Güter solche Güter (und Dienstleistungen) sind, die unteilbar sind, also nicht privat in Besitz genommen und von denen Dritte nicht ausgeschlossen werden können, lassen sie sich einerseits nicht marktwirtschaftlich handeln, andererseits besteht die Gefahr, daß nicht bzw. nicht ausreichend zu ihrer Produktion und Bereitstellung beigetragen wird. Wenn öffentliche Güter nicht rivalisieren, besteht zunächst einmal kein Verteilungsproblem. Ein zusätzlicher Nutzer schränkt die anderen Nutzer nicht ein. Aber bei öffentlichen Gütern, deren Bereitstellung mit Kosten verbunden ist, wird möglicherweise das Problem des ›Trittbrettfahrens‹ aufgeworfen. Mögliche Nutzer könnten sich der fairen Beteiligung an der Bereitstellung des öffentlichen Gutes entziehen. Daraus ergibt sich, daß über öffentliche Güter nicht jedes Individuum für sich entscheiden kann bzw. darf. Eine Gesellschaft kommt nicht umhin, über jene öffentlichen Güter allgemeine Entscheidungen zu fällen, bezüglich deren jede Person ein eigenes gewichtiges Interesse hat. Bei kollektiven Gütern ergeben sich die zu regelnden Gerechtigkeitsprobleme aus den potentiellen Interessengegensätzen bezüglich rivalisierender Güter.

Dennoch beschränkt sich das Verteilungsproblem nicht auf kollektive und öffentliche Güter. Wer in seinem Garten ein Stück Gold findet, weil er beim Graben einer Grube auf eine Goldader gestoßen ist, hat kein ›natürliches‹ Recht auf den Besitz dieses Stückes oder gar der ganzen Goldader. (Unter bestimmten Umständen jedoch mag das Prinzip »Wer es findet, darf es behalten« allgemein rechtfertigbar sein.) Das Problem gerechter Verteilung erstreckt sich auch auf private Güter.

Gegenstände des Privatlebens, wie das persönliche Tagebuch oder Fotos der Verflossenen, scheinen oft wegen ihres stark persönlichen bis sentimentalen Wertes für die betreffende Person von einer Verteilung ausgeschlossen. Aber diese Vorstellung ist theoretisch betrachtet inadäquat. Güter sind nur dann Gegenstand der Verteilungsgerechtigkeit, wenn sie knapp sind bzw. von mehreren begehrt werden. Bei vielen sehr persönlichen Dingen muß das gar nicht der Fall sein, und aus diesem Grund sind sie auch keine zu verteilenden Güter. Wenn es aber Ansprüche mehrerer Personen auf ein Objekt gibt, dann ist es ein zu verteilendes Gut, ob es nun für einige persönlichen Wert hat oder nicht. Da gegenwärtiger privater Besitz unter Rückgriff auf das Gedankenexperiment einer ursprünglichen Verteilung gerechtfertigt werden muß, kann Privateigentum mit oder ohne persönlichen Wert nur gerechtfertigt werden, wenn es in einer Situation ursprünglicher Verteilung gerecht zugeteilt oder in der Folge gerecht erworben wurde. Ist der persönliche Wert für jemanden groß, so darf man vermuten, daß diese Person auch bereit ist, in der ursprünglichen Verteilung oder danach viel zu bieten, um in den Besitz des geliebten Objektes zu kommen. Nur weil es geliebt, begehrt oder mit vielen lieben Erinnerungen besetzt ist, gehört es der betreffenden Person nicht. Während dies beim Poesiealbum noch nicht der Diskussion wert erscheint, verflüchtigt sich dieser Eindruck spätestens bei dem hübschen Haus am See, mit dem Erinnerungen seit der Kindheit verbunden sind.

### *Güter und Lasten*

Einer Theorie der distributiven Gerechtigkeit geht es nicht nur um die Verteilung von Gütern, die Personen direkt oder indirekt wünschen, sondern auch um die Verteilung von Lasten, also all jener Nachteile, die Personen vermeiden wollen, die aber auch übernommen werden müssen. Warum die Verteilung von Lasten in einer Theorie der Gerechtigkeit nicht ausgeklammert werden kann, zeigt das *Prinzip der fairen Lastenübernahme*:

> Wenn wir Güter oder Vorteile eines im wesentlichen gerechten Systems akzeptieren, übernehmen wir damit gleichzeitig die Verpflichtung, dieses System aufrechtzuerhalten.[26]

Es ist ungerecht, Vorteile bestimmter Vereinbarungen zu akzeptieren und sich gleichzeitig zu weigern, seinen Teil zur weiteren Produktion dieser Vorteile beizutragen – ein solches Verhalten ist parasitär. Das würde bedeuten, sich selbst als ›etwas Besseres‹ anzusehen und zu denken, man habe es nicht nötig, etwas beizutragen. Man kann also argumentieren, daß die Verletzung des Prinzips der Fairneß auf eine Verletzung des Prinzips der moralischen (Status-) Gleichheit von Personen hinausläuft. Das Argument der Fairneß zeigt auch, daß die Verteilung von Lasten nicht nur innerhalb von wirtschaftlichen Kooperationsgemeinschaften gilt, sondern innerhalb jeder Gemeinschaft von Personen, die sich zusammengetan haben, um ihr Zusammenleben mittels Prinzipien der Moral, der Gerechtigkeit und gegebenenfalls des Rechts zu regeln.

Lasten sind noch aus einem anderen Grund ein wichtiges zu verteilendes, negatives Gut: Eine distributive Gerechtigkeitstheorie wäre falsch konzipiert, würde sie nur die Verteilung vorhandener Güter regeln, ohne zu berücksichtigen, woher, warum und wie Güter geschaffen werden.[27] Bei der hier zu behandelnden Frage, was es zu verteilen gibt, lassen sich zwei Arten von Gütern unterscheiden:

26 Vgl. J. Rawls, *Eine Theorie der Gerechtigkeit*, S. 378 f.

27 Diesen Vorwurf erhebt R. Nozick in *Anarchy, State, and Utopia* gegen viele Verteilungstheorien.

vermehrbare (wie Einkommen und Arbeitsplätze) und nicht-vermehrbare (wie Land und Bodenschätze). Bei der letzteren Klasse stehen lediglich die Güter selbst zur Verteilung. Bei vermehrbaren rivalisierenden Gütern stellt sich das Verteilungsproblem etwas anders dar. Hier werden Knappheit und Verteilungskampf durch Vermehrung des Gutes entschärft. Wenn es das übergeordnete Ziel von Verteilungsgerechtigkeit ist, mit für alle akzeptablen Prinzipien den Verteilungskampf zu beenden, dann ist Vermehrung gerechtigkeitstheoretisch zumindest in Maßen erforderlich. Verteilungsgerechtigkeit muß deshalb auf Wachstum und Wohlstandsmehrung abzielen. Dies legt ein wichtiges internes Verhältnis von Verteilungsgerechtigkeit und Wohlstandsmehrung (bzw. Effizienz) frei.[28] Wohlstandsmehrung entschärft zunächst einmal aller Wahrscheinlichkeit nach den Verteilungskonflikt und ist deshalb wünschenswert. Ein zweiter Grund für das gerechtigkeitstheoretische Erfordernis der Wohlstandsmehrung (unter der Bedingung des fairen Sparens) findet sich in der Einsicht, daß Verteilungsgerechtigkeit eine Verteilung auf möglichst hohem Niveau fordert.[29] Die sprichwörtlich gewordene Teilung eines Kuchens mag der Ausgangspunkt gerechtigkeitstheoretischer Überlegungen sein, aber einige der Schlüsselfragen kommen erst in den Blick, wenn die Größe des Kuchens variabel ist. Dies wird augenscheinlich, wenn es einen trade-off zwischen der Größe des Kuchens und der Fairneß der Verteilung gibt. Die Art der Verteilung mag einen negativen oder positiven Effekt auf die Größe des Kuchens haben. Die Veränderbarkeit der Größe des Kuchens macht ein weiteres Problem der Verteilungsgerechtigkeit deutlich, nämlich die Relation zwischen individuellen Beiträgen und ökonomischer Produktivität. Menschen unterscheiden sich hinsichtlich ihrer produktiven Fähigkeiten und ihrer Anstrengungen. Wird eine gerechte

28 Hier sind Einschränkungen nötig, die sich aus der genaueren Bestimmung des Verhältnisses von Verteilungsgerechtigkeit und Wohlstandsmehrung ergeben. (Siehe dazu S. 358 ff.) Die Verteilung wird nicht schon deshalb größere Aussichten darauf haben, gerecht zu sein, weil es mehr zu verteilen gibt, wie W. Kersting in *Theorien sozialer Gerechtigkeit* (S. 30) irrtümlich annimmt. Was sich verändert bei verminderter Knappheit, ist der Widerstand gegen Umverteilung: Bürgerinnen und Bürger sind dann eher bereit, den Bedürftigeren zumindest die zusätzlich erwirtschafteten Güter zukommen zu lassen. Damit würde sich die Dringlichkeit, mit der berechtigte Ansprüche befriedigt werden müssen, reduzieren, wenn unterstellt wird, daß damit für alle mindestens ein Mindestauskommen gesichert ist.

29 Vgl. Kap. V, S. 358 ff.

Lösung des Verteilungskonfliktes, also eine gegenüber jeder Person rechtfertigbare Verteilung, angestrebt, muß nicht nur der Kuchen fair verteilt werden, sondern zusätzlich dafür gesorgt werden, daß zeitlich und quantitativ mehr Kuchen produziert wird. Nur so kann das gerechtigkeitstheoretische Ziel, die berechtigten Ansprüche der Individuen im Rahmen ihrer Eigenverantwortung so optimal wie möglich zu befriedigen, erfüllt werden. Nimmt man diese sogar gerechtigkeitstheoretisch geforderte Produktion von Gütern mit in den Blick, so sind auch die Verpflichtungen zur Produktion fair zu regeln. Mit diesem Gesichtspunkt will die hier vertretene Konzeption zweierlei berücksichtigen: erstens, daß es uns nicht um Gleichheit allein, sondern um Gleichheit auf einem möglichst hohen Niveau geht, und zweitens, daß nicht nur die Verteilung der Güter geregelt werden muß, sondern auch deren Produktion. Es geht nicht nur um das Recht auf den gleichen Anteil an Gütern, sondern auch um das Recht und gegebenenfalls die Pflicht, die elementaren, geschätzten Güter verfügbar zu machen. Wie bei Gütern mit Bezug auf Rechte, so gilt auch bei Lasten: Indem Lasten verteilt werden, werden indirekt damit Pflichten zugeteilt.

### *Rechte, Freiheiten und Eigentum*

Eine weitere Ausnahme von einer kollektiven Verteilung stellen schon zugewiesene Rechte, Freiheiten und Eigentum dar. Mittels der Zuteilung von bürgerlichen Freiheiten und Eigentumsrechten stellen wir bestimmte Güter in die Verfügung der Individuen. Deshalb sind diese Güter nicht weiter verteilungsfähig; das bedeutet jedoch nicht, daß sie nicht verteilt wurden im Sinne der ursprünglichen Verteilung.

Wie wir noch sehen werden, kommt Freiheiten eine moralische Priorität gegenüber der Verteilung materieller Ressourcen zu. Eine materielle Verteilung darf die übergeordneten moralischen Ansprüche auf bestimmte Freiheiten nicht beschränken.

Ist gerechtes und rechtmäßiges Eigentum erst einmal gerechtigkeitstheoretisch eingeführt, stellt Eigentum natürlich eine wesentliche Einschränkung weiterer Umverteilungen dar. Denn darin besteht ja gerade der ›Clou‹ der gerechtigkeitstheoretischen Einführung von Eigentumsrechten. Der Sinn von Eigentum ist es, den jeweiligen Besitzern das Recht zu geben (im Rahmen des Bündels von Rechten, die Eigentum definieren), mit ihrem Besitz tun und lassen zu können, was sie wollen, wobei sie sich darauf verlassen können müssen, daß es ihnen auch noch morgen und in Zukunft gehören wird. Eigentumsregelungen sind gerechtigkeitstheoretisch notwendig, weil Autonomie Voraussehbarkeit verlangt. Für Autonomie – so lautet das konstitutive Argument – ist die Kontrolle des Individuums über seine materielle Umwelt, insbesondere über Güter, die das eigene persönliche Leben und die eigene private Existenz ausmachen, notwendig. Privateigentum bietet Individuen die umfassendste Möglichkeit solcher Kontrolle und Unabhängigkeit. Deshalb soll Privateigentum rechtlich geschützt werden. Zudem braucht man, um Gerechtigkeit zu erreichen, nicht alle faktischen Interessen aller Beteiligten in einer aggregativen utilitaristischen Kalkulation zu berücksichtigen, sondern kann verlangen, daß diese ihre Wünsche und Erwartungen dem ihnen gerechterweise Zustehenden anpassen.[30] Gleichbehandlung verlangt nach allgemein geteilter Überzeugung vielmehr einen Sockel an gleichen Rechten und Ressourcen, die einem unter keinen Umständen genommen werden dürfen, was immer die Wünsche der anderen sein mögen.[31] Die Individuen müssen nach liberaler Gerechtigkeitsauffassung die Verantwortung für ihre Wünsche und die Folgen ihrer Entscheidungen übernehmen. Von dieser Verantwortung ausgehend wird von jeder Person verlangt, ihre eigenen Vorhaben dem zu erwartenden Einkommen und dem ihr schon zustehenden Eigentum, über das sie im rechtlichen Rahmen frei verfügen kann, anzupassen. Eigentumsrechte dienen nun dazu, den Personen verläßliche Informationen und Verfügungsmöglichkeiten für die verantwortliche Planung ihrer Vorhaben zu geben. Art, Verteilung und Umfang von Eigentumsrechten läßt diese allgemeine, konstitutive Begründung noch offen.

In gerechtigkeitstheoretischen Überlegungen muß also dieser berechtigte Aspekt der verhältnismäßigen Stabilität von Eigentumsrechten stets mitberücksichtigt werden. In der ursprünglichen Verteilung werden den Individuen nicht nur Güter, sondern Rechte auf Güterbündel zugeteilt und somit Eigentum etabliert. Sobald Eigentumsrechte legitimiert und zugewiesen sind, schränken diese den weiteren Verteilungsspielraum der Gerechtigkeit ein – dies jedoch nicht vollständig. Sollte es stärkere Gründe der Gerechtigkeit

30 Vgl. W. Kymlicka, *Politische Philosophie heute*, 2.3. a und 7.3.c.

31 Vgl. J. Mackie, »Rights, Utility and Universalisation«.

für eine weitere Einschränkung oder gar eine Veränderung bestehender Eigentumsrechte geben, so werden die Gerechtigkeitsgründe ihrer Natur entsprechend die Gründe der Eigentumswahrung ›übertrumpfen‹.[32] Ergibt die Überprüfung faktischer Eigentumsverhältnisse, daß bestehende Besitzverhältnisse ungerecht sind, so sind sie gemäß den Forderungen der Gerechtigkeit zu verändern. Faktische, positivierte Rechts- und Eigentumsverhältnisse brechen als solche keine Gerechtigkeitsforderungen.

### *2.3. Schutz durch juridische Rechte*

In Forderungen der Gerechtigkeit geht es – so wurde im vorherigen Abschnitt argumentiert – um die gerechte wechselseitige Zuteilung von Rechten qua Ressourcenzuteilung. Rechte sind gerechtfertigte bzw. rechtfertigbare Ansprüche der Träger des Rechts gegenüber den Adressaten des Rechts auf der Basis moralischer Rechtsgründe. Als solche sind sie zunächst moralische Rechte, das heißt moralisch begründete Ansprüche, ihr Rechtsgrund ist ausschließlich ein moralischer. Auch wenn alle Personen im Prinzip aufgeklärt und frei diesen Regelungen zustimmen und sich auf diese Weise selbst ein Gesetz geben, so wissen sie doch, daß sie im alltäglichen Leben durchaus ›schwach werden‹ können. Es ist nicht gewährleistet, daß alle Personen tatsächlich bei konkreten Handlungen den von ihnen im Prinzip akzeptierten Regelungen folgen werden. Deshalb ist es für alle von Vorteil, die moralisch gerechtfertigten Regelungen mittels des legalen, juridischen und gesetzten Rechts abzusichern. Die Personen haben – so nehmen wir an – den Anspruch an sich, moralisch zu handeln; nichtsdestotrotz verhalten sie sich nicht immer dementsprechend und wissen das auch voneinander. Aus diesem Grund wählen sie rationalerweise eine kollektive Selbstbindungsstrategie, indem sie wesentlichen Teilen der moralischen Normen zusätzlich eine juridischen Rechtsform geben. Formaliter gehört zum juridischen Recht seine Autorisierung und Sanktionierung: Rechte werden in Gesetzen festgelegt, die nach den Regeln der politischen Legitimität der Gesetzgebungskompetenz zustande gekommen sein müssen. Entscheidend ist für das juridische Recht jedoch

32 Diese Argument für Eigentum ähnelt demjenigen Hegels.

die Androhung von Sanktionen im Fall seiner Verletzung. Zur moralischen Einsicht tritt somit zusätzlich die Furcht vor Strafe. Damit wird eine möglichst umfassende Befolgung der allgemein gerechtfertigten Regeln gesichert. Inhaltlich muß das juridische Recht den formalen und materialen Bedingungen der Gerechtigkeit unterliegen, das heißt allgemein und wechselseitig rechtfertigbar sein. Die Personen treten sowohl als Autoren wie als Adressaten des Rechts auf, wobei jede dieser Rollen spezifische Aspekte beinhaltet: Als Autoren sind sie rationale, freie, gleiche und moralische Personen, die gemeinsame Regeln der Gerechtigkeit für sich begründen. Als Adressaten der Rechte und Pflichten sind sie alltägliche Bürgerinnen und Bürger einer Rechtsgemeinschaft, die sich mit den Mitteln des juridischen Rechts selbst beherrschen. Diese Selbstbindung hat den Zweck, sie in aktuellen (eventuell unbeherrschten) Momenten effektiv zu Handlungen (oder Unterlassungen) zu zwingen, die sie ihrer eigenen besseren Einsicht nach für moralisch halten. Da eine solche Garantie der Einhaltung moralischer sozialer Regeln für alle rational ist, sind moralische Rechte in juridische zu überführen. Es gilt deshalb das *Prinzip gleicher Rechtssicherheit*:

Die Einhaltung allgemein und wechselseitig gerechtfertigter Regelungen des gesellschaftlichen Zusammenlebens ist durch positivierte und sanktionierte juridische Rechte zu sichern, das heißt durch allgemeine Gesetze, die für alle gelten.

Natürlich ist nicht jede moralisch begründete Norm als Gesetz zu institutionalisieren. Normen und Rechte, mittels deren Personen auf der Basis wechselseitiger und allgemeiner Gründe ihr Zusammenleben regeln, haben einen moralischen Gehalt, der abstrakt und unbestimmt ist, solange er nicht in gerechten Verfahren der Rechtssetzung und Rechtsanwendung konkretisiert, institutionalisiert und interpretiert wird. Die allgemein und reziprok gerechtfertigten Rechte bilden den abstrakten Kern basaler Rechtsprinzipien. Zur rechtlich-politischen Bestimmung und Institutionalisierung dieser Rechte bedarf es gerechter Verfahren demokratischer Rechtssetzung, juridischer Rechtsauslegung und exekutiver Rechtsanwendung. Dabei besteht ein gewisser Interpretationsspielraum: Zum einen ist zu klären, was die konkrete Anwendung der moralischen Norm auf das politische Gemeinwesen im einzelnen genau bedeutet, und zum anderen stellt sich die Frage, ob es sinnvoll ist, die betreffende moralische Norm in einem juridischen Recht zu verankern. Gegen letzteres können ›Kosten‹ der Verrechtlichung sprechen, die zum Beispiel die Freiheit der Individuen betreffen.

Mit der Einführung juridischen Rechts muß ein *Gewaltmonopol* zur allseitigen Garantie der Rechte etabliert werden. Recht ist der Inbegriff regelförmiger Zwangsbefugnis. Mit seinen teils prozeduralen, teils substantiellen Regeln leistet es dreierlei: Es koordiniert die Personen, ihre gemeinschaftlichen Zusammenschlüsse aller Art und ihre Institutionen. Außerdem trägt es dazu bei, Konflikte zu vermeiden oder aber ohne private Gewalt zu lösen. Das Recht sichert so Gewaltfreiheit unter den Bürgern und Bürgerinnen. Nicht zuletzt autorisiert es entsprechende Rechtsinstanzen. In allen drei Aspekten zeichnet sich das juridische Recht durch das Merkmal der Zwangsbefugnis aus.[33] Damit ist der gerechtigkeitstheoretische Grund für die Gründung und Aufrechterhaltung eines Staates, wie ihn die Gesellschaftsvertragstheorien von Hobbes bis zur Gegenwart mit der Metapher des Vertrages etabliert haben, umschrieben.[34] Das in diesem Abschnitt Ausgeführte läßt sich in Form von drei Stufen eines hypothetischen Gesellschaftsvertrags darstellen: Im Gesellschafts- oder Vereinigungsvertrag schließen sich Personen zusammen, um ihr Zusammenleben gemeinsam als Freie und Gleiche friedlich zu regeln. Dies impliziert die Einsicht und Übereinkunft, daß nur allgemein und wechselseitig begründbare Regelungen des Zusammenlebens legitim sind und daher nur solche Geltung besitzen sollen. Im Rechtsvertrag beschließen die Personen, die moralisch legitimen sozialen Normen mit den Mitteln des juridischen Rechts zu sichern. Dazu benötigen sie einen Staat, weil nur ein solches künstliches politisches Gebilde die Aufgabe, das juridische Recht zu setzen und durchzusetzen, bewältigen kann, indem es eine jeweils näher zu regelnde allgemeine Gesetzgebungskompetenz sowie eine unparteiische Rechtssprechungskompetenz gewährleistet und außerdem ein Gewaltmonopol darstellt, das eine Gesetzdurchsetzungskompetenz sichert. Der Staat (bzw. staatliche Herrschaft) wird durch einen Übertragungsvertrag begründet, der die Rechtfertigung der für das Recht zuständigen öffentlichen Gewalten liefert. Dem so begründeten Staat liegt keine hypostasierte Gemeinschaft oder Gesellschaft

33 Die Bedeutung der Zwangsbefugnis würdigt besonders O. Höffe in *Demokratie im Zeitalter der Globalisierung* (§ 2.1., im Zusammenhang mit Recht, § 3.1.).

34 Vgl. W. Kersting, *Die politische Philosophie des Gesellschaftsvertrags*.

zugrunde, keine Wesenheit, die unabhängig von den einzelnen Vertragschließenden und zugleich ihnen vorgeordnet existiert. Der Rechtsstaat ist ausschließlich gerechtigkeitsfunktional begründet. Umfang und darüber hinausgehende Aufgaben des Staates können hier offen bleiben.

Prinzipien der Gerechtigkeit als moralische Ansprüche im Rahmen der zwangsbefugten Moral haben folglich zwei sachlich komplementäre, methodisch jedoch verschiedene Existenzweisen: Innerhalb der Moral stellen Gerechtigkeitsprinzipien als begründete moralische Rechte überpositive Ansprüche dar und werden als solche hier auch überwiegend behandelt. Der Zwangscharakter der moralischen Normen legt gleichwohl ihre Positivierung in Form juridischer Rechte nahe. Sobald sie – wie von der Gerechtigkeit gefordert – positivrechtlich anerkannt sind, werden sie zu Grundrechten von Bürgern und Bürgerinnen eines staatlichen Gemeinwesens. Juridische Rechte im Unterschied zu moralischen Rechten sind innerhalb eines Staates verliehene, einklagbare Ansprüche, deren Verletzung mit staatlichen Zwangsmitteln sanktioniert wird. Juridisches Recht als staatlich erzwingbares positives Recht verlangt die Befolgung von allen Rechtsgenossen als Mitgliedern einer bestimmten Rechtsgemeinschaft. Es bezieht sich ausnahmslos auf das äußere Verhalten von Rechtspersonen und sieht von ihrer Handlungsmotivation ab. Moralische Rechte dagegen beanspruchen universale Gültigkeit und verlangen eine entsprechende moralische Gesinnung als Handlungsmotivation. – Diese Untersuchung der Gerechtigkeitsprinzipien behandelt beide Modi, ohne jedoch die konkrete rechtsstaatliche Umsetzung zu berücksichtigen. Positive Rechte werden nur insofern zu einem Thema dieser Untersuchung, als sie gerechtigkeitstheoretisch geboten sind. Dabei stellt ihr normativ geforderter und gegebenenfalls positivierter Zwangscharakter eine besondere Legitimationsaufgabe dar.

## 3. Die Hinsicht der präsumtiven Gleichheit

Ressourcen sind – so das Ergebnis der vorangegangenen Überlegungen – das zu Verteilende, worauf den Betreffenden moralische Rechte eingeräumt werden, die mittels juridischer Rechte abgesichert werden. Ressourcen sind jedoch auch noch in einer anderen Hinsicht zentral. Da die Gleichverteilung vorrangig zu realisieren ist – es sei denn, es gibt allgemein rechtfertigbare Gründe für eine Ungleichverteilung –, stellt sich die Frage »Gleichheit wovon?«.[35] Sie bezieht sich nicht, wie man aufgrund der Fragestellung vermuten könnte, primär auf die Ermittlung eines Gegenstandes der Verteilung, sondern darauf, in welcher Hinsicht die zu verteilenden Güter verglichen werden sollen. Sofern sich Verteilungstheorien als egalitär verstehen, die angestrebte Verteilung also eine Gleichverteilung sein soll, ist zu klären, in welcher Hinsicht die Güteranteile, die Personen zustehen, als gleich bzw. ungleich bewertet werden sollen. Es geht damit um den *Maßstab des interpersonalen Vergleichs* der Verteilung bzw. um die *Parameter der Gleichverteilung.*

Verteilt werden können im wörtlichen Sinne zunächst nur Ressourcen. Deshalb bezieht sich die Vorrangsvermutung prima facie auch auf die Gleichheit von Güterbündeln. Wenn die Mutter aus dem obigen Beispiel den Kuchen verteilt, so sollen alle Kinder, die von dem Kuchen ein Stück begehren, ein gleich großes Stück erhalten, außer sie geben Gründe für eine Ungleichbehandlung an, die von niemandem unter Bedingungen von Wechselseitigkeit und Allgemeinheit zurückgewiesen werden können. Die Frage »Gleichheit wovon?« ist, wenn man die Präsumtion akzeptiert, schon beantwortet. Um unsere Präferenzen, das heißt unsere Lebenspläne, Konzeptionen des Guten und Wünsche zweiter Ordnung, erfüllen zu können, benötigen wir Ressourcen. Diese umfassen materielle Güter, aber auch all das, was unter die Bedingungen eines gelungenen

35 Diese Frage hat in der letzten Zeit einen Großteil der Diskussion um Gleichheit ausgemacht. Die gängigen Formulierungen dieser Frage stammen von zwei einschlägigen Artikeltiteln, nämlich A. Sen, »Equality of What?« und G. A. Cohen, »On the Currency of Egalitarian Justice«. Gute Überblicke geben darüber hinaus G. A. Cohen, »Equality of What? On Welfare, Goods, and Capabilities«; J. Roemer, *Theories of Distributive Justice.* Die Frage »Gleichheit wovon?« ist jedoch – wie ich etwas später im Text ausführen werde – unglücklich formuliert.

Lebens fällt. Der umfassende und anspruchsvolle Ressourcenbegriff deckt die Mittel für ein gutes Leben ab. Die präsumtive Egalisierung der Verteilungsgerechtigkeit zielt auf die Gleichheit der Ressourcen, die Individuen als Mittel für die Durchführung ihrer Interessen im Rahmen ihres Lebensplans präferieren.

Die gleiche Menge an Ressourcen kann jedoch bei ihren Empfängern zu einem unterschiedlichen Maß an Wohlergehen führen. Wenn die Mutter den Kuchen so teilt, daß sie einem afrikanischen und einem westeuropäischen Kind je ein gleich großes Stück Butterkuchen gibt, auf das sie beide Appetit haben, hat sie, so könnte man meinen, ihnen jeweils einen gleichen Anteil gegeben und sie somit in dieser Hinsicht gleich behandelt. Es stellt sich jedoch heraus, daß das afrikanische Kind unter einer Laktoseunverträglichkeit leidet, also die Milch nicht richtig verdauen kann. Das Kuchenstück hat für dieses Kind wegen der enthaltenen Butter objektiv keinen Nutzen, und subjektiv verspürt es aufgrund der Verdauungsprobleme Schmerzen. Die beiden Kinder sind also – wenn sonst keine relevanten Unterschiede oder Ansprüche bestehen – trotz der Gütergleichverteilung nicht als Gleiche behandelt worden. Um Problemen wie diesem gerecht zu werden, wird vorgeschlagen, sich eher auf die Ergebnisse zu konzentrieren, statt sich auf die bloßen Mittel, nämlich die Ressourcen, zu stützen. Es kommt dann auf die Gleichheit der Ergebnisse an, die – je nach Auffassung – als subjektives Wohlergehen, als die Erfüllung subjektiver aufgeklärter Präferenzen oder als objektive Liste subjektiver Fähigkeiten bestimmt werden. Die so angestrebte ›andere‹ Hinsicht der Gleichheit ist dabei eine *Gleichheit der Wohlfahrt*.

Sowohl im Kontext von Wohlfahrtsethiken als auch als Reaktion auf Einwände – wie den erwähnten – liegt es nahe, Wohlfahrt zum dominanten Vergleichsgesichtspunkt zu erklären. Das Abzielen auf *Gleichheit des Wohlergehens* oder der Wohlfahrt ist durch die Intuition motiviert, daß es das Wohlergehen der Individuen sei, von dem politische Moral letztlich handele. Ressourcen seien bloße Mittel, Wohlergehen hingegen das erstrebenswerte intrinsische Ziel. Das Wohlergehen der Menschen zu fördern scheint daher ein Leitgedanke des Moralischen zu sein. Das Wohlfahrtsniveau auszugleichen müsse daher das relevante Gerechtigkeitskriterium sein. Diese Überlegung würde dafür sprechen, Ressourcen als Gegenstand der Verteilung so zu verteilen, daß gleiches Wohlergehen das angestrebte

*Ergebnis* darstellt. Diese Auffassung ist jedoch mit erheblichen Schwierigkeiten verbunden, die denen des Utilitarismus ähneln, da beide Theorien Wohlfahrt zum einzigen Maßstab erheben.[36] Während frühere Wohlfahrtstheorien oft utilitaristisch waren, ihre moralischen Urteile also auf einer aggregativen Wohlfahrtsfunktion basierten, vermeiden dies viele aktuelle Wohlfahrtstheorien, indem sie eine faire Verteilung der Wohlfahrt nach einem deontologischen Standard anstreben.[37] Würde eine egalitaristische Gerechtigkeitstheorie also den Gleichheitsbegriff im Sinn der Wohlfahrtsgleichheit auslegen, so wäre eine Gesellschaft dann gerecht, wenn sie dafür sorgte, daß jede Person ungefähr das gleiche Maß an Glück, Wohlbefinden oder Erfolg in ihrem Leben genießt.

Was ist unter ›Wohlergehen‹ zu verstehen? Dazu gibt es drei klassische Antworten:[38] Man kann Wohlergehen erstens (i) als erfreulichen Bewußtseinszustand interpretieren oder zweitens (ii) als Erfüllung von Wünschen oder drittens (iii) als objektiv bestimmbar. Die ersten beiden Kriterien sind subjektiver Natur, wobei das erste eine Empfindungstheorie und das zweite eine Wunscherfüllungstheorie konstituiert, das dritte Kriterium hingegen eine objektive Theorie des Wohlergehens.

(i) Theorien, in denen der Bewußtseinszustand der Individuen, nämlich deren Zufriedenheitsgefühl, zum Maß der Gleichheit erhoben wird, scheinen generell ungeeignet. Zufriedenheit kann deshalb kein Maßstab sein, weil wir mehr wollen als bloße Glücksgefühle. Die hedonistische These, daß Vergnügen oder alles, was angenehm sei (also Vergnügen bereite), gut sei, ist schlicht falsch. Dies zeigt Nozicks Gedankenexperiment einer »Glücksmaschine«, die jeden, der sich anschließen läßt, permanent mit ausschließlich positiven Gefühlen versorgt.[39] Wer – so die rhetorische Frage – würde sich

36 Zur Kritik des Utilitarismus vgl. J. Rawls, *Eine Theorie der Gerechtigkeit*, S. 45, 50, 411, 611; R. Dworkin, *Bürgerrechte ernstgenommen*, S. 382-387, 443-447; B. Williams, »A Critique of Utilitarianism«, S. 108-118.

37 Vgl. z. B. A. Sen, *Collective Choice and Social Welfare*; H. Varian, »Distributive Justice, Welfare Economics and the Theory of Fairness«.

38 Vgl. R. Dworkin, »What is Equality? Part 1: Equality of Welfare«; A. Sen, »Well-Being, Agency, and Freedom«; J. Griffin, *Well-Being*; J. Elster, A. Hylland (Hg.), *The Foundations of Social Choice Theory*; J. Elster, J. Roemer (Hg.), *Interpersonal Comparisons of Well-Being*; G. A. Cohen, »On the Currency of Egalitarian Justice«; S. Gosepath, *Aufgeklärtes Eigeninteresse*, Kap. VII.

39 Vgl. R. Nozick, *Anarchy, State, and Utopia*, S. 42 ff.

dort freiwillig anschließen lassen? Wir wollen mehr und anderes als nur Glücksgefühle. Es ist nicht allein das Wissen um die Simulation, was uns skeptisch werden läßt; selbst wahre Glücksgefühle setzen in der Regel Wünsche, Streben und eventuell auch ein Bemühen voraus. Der Hedonismus stützt sich jedoch fälschlicherweise auf einen Lustbegriff, demzufolge Lust und Unlust Folgen von Sachverhalten sind, die eine Person wahrnimmt, unabhängig davon, ob und wie sehr sie diese Sachverhalte wünscht. Welche Freude oder Lust wir bei der Erfüllung einer unserer Wünsche verspüren, hängt u.a. auch davon ab, wie stark der Wunsch war. Das Vergnügen selbst ist zudem nur eine Komponente innerhalb einer ganzen Reihe von Wunschbefriedigungsarten und Konzeptionen des Guten, die letztendlich für das Wohlergehen eine Rolle spielen können. Positive Empfindungen sind allenfalls ein Kriterium für die Befriedigung, die man bei der Erfüllung eigener Wünsche erlebt.[40] Eine hedonistische Theorie des Wohlergehens sollte zugunsten einer Wunschtheorie aufgegeben werden, in der Glücksgefühle einen angemessenen Status erhalten.

(ii) Das Ausmaß der Erfüllung der Präferenzen, Ziele oder Wünsche[41] gilt heute allgemein, insbesondere in der sogenannten Wohlfahrtsökonomie, als Grundlage der Wohlfahrtsmessung. Das bedeutet, daß sich zwei Individuen dann auf demselben Wohlfahrtsniveau befinden, wenn ihre Präferenzen im gleichen Ausmaß erfüllt sind, unabhängig von der Art ihrer Präferenzen. Werden subjektive Wohlfahrt und Präferenzerfüllung gleichgesetzt, scheint es unplausibel, alle Präferenzen der betreffenden Personen (gleichermaßen) zu berücksichtigen, da einige Präferenzen aus Gerechtigkeitsgründen unzulässig sind. So dürfen solche politischen Präferenzen kein Gewicht haben, die eine bestimmte Einrichtung des politischen Gemeinwesens oder die Verteilung von Ressourcen in ihm betreffen, weil einer Person andernfalls schon dafür eine Kompensation durch die Gesellschaft zustünde, daß ihr politischer Wille nicht in Erfüllung gegangen ist. Dies kann offensichtlich nicht gemeint sein. Eine Gesellschaft müßte ansonsten auch Menschen mit nicht allgemein und wechselseitig annehmbaren Moral- oder Ethikvorstellungen,

40 Vgl. A. Kusser, *Dimensionen der Kritik von Wünschen*, S. 164ff., S. Gosepath, *Aufgeklärtes Eigeninteresse*, Kap. VII, S. 357f.

41 Sinnvollerweise können hier nur aufgeklärte ›wahre‹ Präferenzen gemeint sein. Vgl. dazu S. Gosepath, *Aufgeklärtes Eigeninteresse*, Kap. VII.3.ff., bes. S. 372, und die dort genannte Literatur sowie C. Fehige, U. Wessels (Hg.), *Preferences*.

wie beispielsweise Rassisten, kompensatorisch mit zusätzlichen Ressourcen ausstatten, nur weil deren unzulässige Wünsche nicht erfüllt werden dürfen. Dies ist das *Argument der verletzenden Präferenzen.*[42] Die Wohlergehensmetrik muß also eine Unterscheidung von Wünschen nach ihrem moralischen Status vornehmen. Aus moralischen Überlegungen verbietet es sich, Wünsche, die das Wohl anderer negativ betreffen, zuzulassen. Ein weiteres beträchtliches Problem jeder an Wohlfahrt ausgerichteten Konzeption von Gleichheit ist, daß Personen mit einem ›teuren Geschmack‹ dieser Konzeption zufolge mehr Ressourcen beanspruchen dürften als andere. Dies widerspricht eindeutig unseren moralischen Intuitionen. Es kommt uns ziemlich unfair vor, den erlesenen Geschmack oder die teuren Vorlieben anderer finanzieren zu müssen. Auf diese Weise würden bescheidene Menschen von unbescheidenen ausgebeutet. Dies ist das *Argument der teuren Vorlieben.* Als Maßstab für Wohlfahrtsvergleiche kann nur die Beurteilung des Erfolges bei der Erfüllung der Präferenzen fungieren. Ob eine Präferenz erfüllt wurde oder nicht, darf jedoch nicht nur auf einem subjektiven Urteil basierend festgestellt werden; denn einige Individuen setzen ihre Ziele extrem hoch, während andere leichter zufriedenzustellen sind. Relativ beurteilter Erfolg der Präferenzerfüllung ist deshalb ungeeignet, es bedarf eines objektiven Kriteriums. Für eine gerechtfertigte Beurteilung wird ein Standard benötigt, der angibt, was erreicht werden sollte oder konnte. Dies setzt wiederum Annahmen über eine gerechte Verteilung voraus; es liegt also kein unabhängiges Gerechtigkeitskriterium vor. Daß jedoch ein *unabhängiges Gerechtigkeitskriterium* vonnöten ist, darf nicht überraschen. Unserem wohlüberlegten Urteil über Gleichbehandlung zufolge kann keine Person von anderen erwarten, daß diese ihr Vorhaben auf Kosten ihrer eigenen unterstützen. Gleichbehandlung verlangt nach allgemein geteilter Überzeugung vielmehr einen Sockel an gleichen Rechten und Ressourcen, die einem unter keinen Umständen genommen werden dürfen, was immer die Wünsche der anderen sein mögen. Die Gleichbehandlung muß also darin bestehen, daß alle einen fairen Anteil beanspruchen können, und nicht darin, daß alle Interessen gleiches Gewicht bei der Verfügung über Anteile Einzelner haben. Nutzen-

42 Dieses Argument wird vor allem gegen den Utilitarismus gerichtet, so von J. Rawls in *Eine Theorie der Gerechtigkeit* (S. 49) und R. Dworkin in *Bürgerrechte ernstgenommen*, S. 379 ff.

berechnung ist nur dann moralisch legitim, wenn ihr eine Theorie der fairen Verteilung vorgeschaltet ist. Gleichheit der Wohlfahrt kann zudem für den Aspekt der persönlichen Verantwortung für das eigene Wohlergehen, sofern diese möglich und zumutbar ist, nicht aufkommen. Das *Kriterium persönlicher Verantwortung* ist jedoch wesentlich und wird im Ressourcenansatz ernst genommen, weil es dort der Zuschreibung und Achtung von Autonomie korrespondiert.[43] Eine Reihe von Ungleichheiten im Wohlergehen der Personen resultiert aus persönlichen Haltungen, Einstellungen, subjektiven Vorlieben und unterschiedlichem persönlichen Einsatz, die, sofern die betreffende Person die Möglichkeit hatte, anders zu handeln oder zu wünschen, in der Verantwortung der Person selbst liegt. Es erscheint jedoch intuitiv ungerecht, könnte eine Person auch dann einen Ausgleich ihres relativ schlechteren Wohlergehens verlangen, wenn sie die negativen Folgen ihrer freien Wahl nicht tragen will. Wenn die Ausgangsbasis gleich, das heißt die Ressourcen gleich verteilt sind, sollte jeder selbst für die Folgen seiner freien Entscheidungen aufkommen müssen. Der Fall liegt anders, wenn das schlechtere Wohlergehen nicht aus persönlicher Verantwortung resultiert. Dieser Einsicht kann eine Theorie der Gleichheit des Wohlergehens nicht gerecht werden.

(iii) Objektive Wohlergehenstheorien müssen einen objektiven Maßstab – unabhängig vom faktischen Wollen der Person – voraussetzen, da sie das Wohlergehen einer Person nicht über das subjektive Urteil dieser Person selbst bestimmen wollen; denn deren Glück oder Frustration ist teilweise endogen determiniert. Anhand dieses Maßstabs muß sich zeigen lassen, ob jemand zu Recht oder Unrecht glücklich oder unglücklich ist. Was könnte so ein Maßstab sein? Er muß sich auf äußere Aspekte des Wohlergehens statt auf gefühlte beziehen, da dieser Ansatz andernfalls mit den ersten beiden Ansätzen (i) oder (ii) zusammenfiele. (a) Ein äußerer Aspekt des Wohlergehens könnte im Vorhandensein eines Zugangs zu basalen Ressourcen als maßgeblicher Voraussetzung für jegliches Wohlergehen bestehen, wie ausreichender Nahrung, Erziehung und Gesundheit.[44] So verstanden unterscheidet sich der objektive Wohlergehensansatz nicht von einem Ressourcenansatz. Allenfalls werden mittels einer in einer pluralistischen Gesellschaft notwendigerweise

43 Siehe zum Verantwortungsprinzip ausführlicher Kap. V.1.2.

44 Vgl. R. Dworkin, »What is Equality? Part 1: Equality of Welfare«, S. 226.

strittig bleibenden objektiven Theorie des Guten bestimmte Ressourcen als wichtig ausgewählt und nicht alle subjektiv gewünschten Güter zur Verteilung zugelassen. (b) Ein anderer äußerer Aspekt des Wohlergehens identifiziert den Maßstab richtigen oder falschen Wohlergehens in gerechtfertigtem oder ungerechtfertigtem Bedauern, falls ein Wunsch nicht in Erfüllung geht. Wenn eine Mutter ihrem Kind sagt, es dürfe sich nicht lauthals beschweren, wenn es dem Nachbarsjungen im Sandkasten das von ihm entwendete Spielzeug zurückgeben soll, so handelt die Mutter gemäß eines Prinzips gerechtfertigter Ansprüche. So lassen sich verallgemeinert Frustration und Wohlergehen objektiv nur beurteilen, indem ein Maßstab gerechtfertigter, objektiver Ansprüche auf Ressourcen angelegt wird, der durch eine distributive Gerechtigkeitstheorie ermittelt und gerechtfertigt ist. Deshalb fällt auch diese objektive Wohlergehensvariante auf einen Ressourcenansatz zurück.

Wohlergehen läßt sich als Parameter der Gleichheit also nicht aufrechterhalten. Die vier Einwände der anstößigen Präferenzen, der teuren Vorlieben, der persönlichen Verantwortung und der vorauszusetzenden Theorie gerechter Anteile bzw. Erwartungen lassen einen wohlfahrtstheoretischen Ansatz, der auf eine gleiche Erfüllung von Präferenzen abzielt, scheitern. Sie verbieten dem liberalen Egalitaristen, distributive Gleichheit als Wohlfahrtsgleichheit zu explizieren.

Wegen der offenkundigen Unzulänglichkeiten einer Gleichheit der Wohlfahrt vertreten die Anhänger des Gedankens, daß es in der Moral letztlich um das Wohl der Personen gehe (verstanden als die Erfüllung ihrer aufgeklärten Wünsche), eine Modifikation der Wohlergehenstheorie, die eine Verlagerung von Gleichheit der Wohlfahrt zu *gleichen Chancen auf Wohlergehen* vornimmt. Viele Formen der Umverteilung (man denke etwa an die Kompensation, die behinderte Menschen für ihre Handicaps erhalten sollen) ziehen ihre Rechtfertigung scheinbar aus der Idee des Wohlergehens. Diese neue Konzeption soll sowohl den Nachteilen einer Gleichheit der Wohlfahrt als auch den oben erwähnten einer Theorie der reinen Gleichheit der Ressourcen entgehen.[45] Ressourcentheorien werden außerdem wegen ihrer Konzentration auf die bloßen Mittel als ungenügend kritisiert, weil auf diese Weise nicht beachtet werde, was

45 Vgl. Kap. V, S. 379, Fn. 42.

einzelne Individuen jeweils mit den Mitteln erreichen könnten.[46] Der Wert, den Güter für Personen haben, hänge von den objektiven Möglichkeiten, der natürlichen Umwelt und deren persönlichen Fähigkeiten ab. Deshalb gelte es, statt Ressourcengleichheit eine *Gleichheit der Fähigkeiten* anzustreben.[47] Diese Auffassung, *capability approach* genannt, vertritt Sen gegen die Ressourcenauffassung. Sen schlägt alternativ vor, sich an den Möglichkeiten, bestimmte Funktionen erreichen zu können (capabilities to achieve functionings), zu orientieren, also an dem, was eine Person in ihrem Lebensvollzug zu tun oder zu sein vermag. Die Beurteilung des individuellen Wohlergehens muß an die Möglichkeiten gebunden werden, verschiedene wertvolle Konditionen und Funktionsweisen zu erreichen und aufrechtzuerhalten, die für das Personsein wesentlich sind – wie angemessene Ernährung, Kleidung, die Fähigkeit, sich frei zu bewegen und in der Öffentlichkeit ohne Scham erscheinen zu können. Wichtig ist in diesem Zusammenhang auch die reale Freiheit, Wohlergehen zu erlangen – eine Freiheit, die sich in der Fähigkeit widerspiegelt, selbst sowohl die Art und Weise der Verwirklichung (achievement) als auch die Kombination der Funktionsweisen zu wählen. Für Sen sind die ›capabilities‹ so das Maß der *Gleichheit der Fähigkeiten* des Menschen, sein Leben zu führen.[48] Nussbaum hat den capability-Ansatz mit einer Aristotelischen, essentialistischen und ›dicken‹ Theorie des Guten verknüpft, die absichtlich ›vage‹, unvollständig und offen genug sein soll, um Platz für Individualität und kulturelle Variationen zu lassen.[49] Auf der Basis einer solchen Konzeption von

46 A. Sen, »Equality of What?«.

47 Vgl. A. Sen, *Inequality Reexamined.*

48 Ein Problem des capability-Ansatzes, das von Kritikern immer wieder angesprochen wird, ist die Gewichtung der ›capabilities‹, um zu einem Maß der Gleichheit zu gelangen. Das Problem verstärkt sich durch den Umstand, daß der Ansatz verschiedene moralische Gesichtspunkte im Begriff der Fähigkeiten vereint. Vgl. G. A. Cohen, »Equality of What? On Welfare, Goods, and Capabilities«, S. 17-26; B. Williams, »The Standard of Living: Interests and Capabilities«.

49 Vgl. M. Nussbaum, »Menschliches Tun und soziale Gerechtigkeit. Zur Verteidigung des aristotelischen Essentialismus« und dies., *Women and Human Development: The Capabilities Approach.* – Damit kann M. Nussbaum den Capability-Ansatz präzisieren, um einen Index des interpersonalen Vergleichs zu erhalten – dies jedoch um den Preis der Gefahr, nicht mehr ausreichend neutral zu sein gegenüber der Pluralität der individuellen Konzeptionen des Guten. Die Neutralität wird jedoch zu Recht von vielen modernen liberalen Ansätzen als wesentlich erachtet. Vgl. dazu vor allem J. Rawls, *Politischer Liberalismus.*

notwendigen und universellen Elementen des guten Lebens können bestimmte Möglichkeiten und Funktionsweisen als grundlegend bezeichnet werden.

Was auch immer von den Argumenten gegen die prima facie Gleichheit der Ressourcen *inhaltlich* zu halten ist – das will ich hier noch offen lassen –, zumindest *formal* betrachtet stellen sie an dieser Stelle der Argumentation einen Vorschlag für Ausnahmen von der Präsumtion dar. Statt Gleichverteilung der Ressourcen – so ist die obige Argumentation zu verstehen – soll eine Gleichverteilung in einer anderen Hinsicht hergestellt werden, um bestimmte Nachteile zu kompensieren. Damit werden die Parameter der herzustellenden Gleichheit komplex und heterogen. Diese heterogenen Komponenten der Bedeutung von Gleichbehandlung können nun unter einen Terminus der Gleichheit gefaßt werden oder auch nicht. Wesentlich ist lediglich: Sobald man die Orientierung an Endzuständen der Wohlfahrt aufgegeben hat, geht es um eine präsumtive Gleichverteilung von Ressourcen, deren mögliche Ausnahmen, die zu einer bereichsspezifischen Gleichheit in einer anderen Hinsicht führen, zu prüfen sind.

Die in der Literatur übliche Art, die Frage »Gleichheit wovon?« zu behandeln, ist, akzeptiert man die Präsumtion, aus mehreren Gründen ›schief‹. Zum einen wird Gleichheit als erstrebenswerte Verteilung ohne Begründung einfach vorausgesetzt. Zum zweiten ist die Frage selbst in den im Text genannten Hinsichten mehrdimensional. Zum dritten stellen Argumentationen für eine andere Hinsicht der Gleichheit als die der Ressourcen Gründe für ein Abweichen von der Gleichverteilung der Ressourcen dar. Dabei kann es sich um eine Argumentation für eine eventuell sehr generelle Ausnahme von der Präsumtion handeln, zum Beispiel gleiche Befriedigung basaler Bedürfnisse. Zum vierten vertreten die unter den Bezeichnungen »Gleichheit der Ressourcen« (Dworkin), »Gleichheit der Wohlfahrt«, »Gleichheit der Chancen auf Wohlfahrt« (Arneson), »Gleichheit der Chancen auf Vorteile« (Cohen) und »Gleichheit der Fähigkeiten« (Sen) diskutierten Ansätze nicht nur unterschiedliche Maßstäbe des interpersonalen Vergleichs, sondern auch damit verbundene Theorieansätze, die verschiedene Gerechtigkeitsprinzipien umfassen. Dies ist nicht verwunderlich, da Gründe für Ausnahmen von der Gleichverteilung inhaltlich mit allgemeinen Prinzipien gerechtfertigt oder zurückgewiesen werden müssen. Zunächst einmal sollten jedoch gemäß der Logik der Präsumtion die Frage nach dem Maßstab des Vergleichs und die nach den Prinzipien getrennt behandelt werden. Dadurch wird nämlich deutlich, daß Abweichungen vom Maßstab der Ressourcen begründungspflichtig sind. Zum fünften ist zu vermuten, daß die Vergleichsgesichtspunkte oder Hinsichten einerseits in unterschiedlichen Sphären und andererseits auch je nach Ausnahmen variieren werden. Deshalb sollten die Alternativen zur Ressourcenperspektive nicht allgemein diskutiert werden, sondern bereichsspezifisch. Denn auch Ausnahmen von der Gleichverteilung werden nur spezifisch für bestimmte Bereiche und aus bestimmten Gründen für Ungleichverteilung legitim sein. Deshalb ist in der Diskussion möglicher Gründe für eine Ungleichverteilung erst zu prüfen, in welchen Bereichen und bei der Anwendung welcher Prinzipien sich gegebenenfalls Gleichheit der Wohlfahrt, der Chancen auf Wohlfahrt oder der Fähigkeiten als Maßstäbe ergeben. Damit ist die Diskussion verschoben, nicht aufgehoben.

## 4. Adressat der Verteilung

1. Wer hat prima facie einen Anspruch auf einen fairen Anteil? Die Antwort des moralischen Universalismus muß lauten: prima facie alle. Gerechtigkeit ist primär auf individuelle Handlungen bezogen, individuelle Personen sind die primären Träger von Verantwortung und die Subjekte, denen Rechenschaft geschuldet wird. Das ist das grundlegende Prinzip des ethischen oder legitimatorischen Individualismus. Für alle diese Personen gilt das Prinzip moralischer Gleichheit. Hier spielt die fundamentale Gleichheit die basale Rolle. Wenn, wie oben behauptet, alle Ansprüche der Moral und Gerechtigkeit auf der Idee der moralischen Gleichheit der Personen beruhen, dann muß diese auch den Leitfaden abgeben bei der Bestimmung, an wen verteilt werden soll. Bestimmte Merkmale von Personen (ausgenommen diejenigen, die sie zu Trägern fundamentaler Gleichheit machen) dürfen höchstens eine zweitrangige Rolle bei der Berücksichtigung besonderer Ansprüche einnehmen, jedoch nicht die basale Struktur unseres moralischen Umgangs miteinander

und somit unsere grundlegenden Gerechtigkeitsprinzipien bestimmen. Jede Person muß mit gleicher Achtung und Rücksicht behandelt werden. Wir schulden Gerechtigkeit – die Behandlung als Gleiche – all jenen Wesen, die die Fähigkeit haben (oder zumindest das Potential dazu), ihre Behandlung als angemessen/unangemessen oder gerecht/ungerecht zu beurteilen. Diese Fähigkeit setzt ihrerseits voraus, daß die Wesen die Fähigkeit haben (oder das Potential dazu), einen Begriff von sich selbst und des eigenen moralischen Status zu entwickeln, und außerdem in der Lage sind, autonom entscheiden zu können, sowie den allgemeinen Wunsch haben, nach Maßstäben der Gerechtigkeit miteinander zu leben.[50] Der Kreis der gerechtigkeitstheoretisch zu Berücksichtigenden ist damit derjenige aller Personen. Dieser Kreis legt den Umfang der Wesen fest, denen Gerechtigkeit als Gleichen unter Gleichen geschuldet wird.

Diese These wirft drei in der gegenwärtigen Debatte strittige Probleme auf: Sind erstens Gruppen, zweitens Personen außerhalb der eigenen Produktionsgemeinschaft oder der eigenen politischen Gesellschaft und drittens zukünftige Generationen wirklich gleich zu berücksichtigen? Alle drei Probleme betreffen die Frage, ob und wie die Gruppe der Anspruchsberechtigten vor der Überprüfung konkreter Ansprüche schon eingeschränkt werden kann bzw. muß. Viele Theorien limitieren den Kreis der Anspruchsberechtigten auf eine allgemeine Weise, die vom Standpunkt einer universalen Gerechtigkeitstheorie aus unplausibel erscheint.

2. Man kann die Prinzipien der distributiven Gerechtigkeit auch auf *Gruppen* statt auf Individuen beziehen. Es sind oft Gruppen, die berechtigterweise die ungerechtfertigte Ungleichheit zwischen ihnen und dem Rest der Gesellschaft anklagen, zum Beispiel Frauen oder ethnische Minderheiten. Diese Menschen fühlen sich dann in einer für sie wichtigen Hinsicht nicht gleichberechtigt. Sollte ein Mann in jedem individuellen Fall die gleiche Chance bei gleicher Qualifikation auf eine Arbeitsstelle haben, oder sollten Frauen als Gruppe bevorzugt werden, weil sie insgesamt in ihren Berufs- und Aufstiegschancen benachteiligt sind? Hier stehen sich zwei Vergleichsgrößen gegenüber: zum einen alle Mitglieder einer Gesellschaft als Individuen und zum anderen alle Mitglieder des jeweiligen Geschlechts. Wenn man bereit ist, die fundamental Gleichen (also

50 Vgl. die entsprechenden Ausführungen in Kap. III.5.1., Seite 131ff.

alle Menschen) in Gruppen einzuteilen, X und non-X (wie Männer und Frauen), stellt sich die Frage, ob man Gleichheit innerhalb der Gruppe(n) oder zwischen den Gruppen verlangt. Wenn wir Gleichheit innerhalb der jeweiligen Gruppen verlangen, schaffen wir segmentierte Subjektstrukturen, andernfalls Blockstrukturen.[51] Einfache Gleichheit wie segmentale Gleichheit betrachtet Gleichheit zwischen Individuen, Blockgleichheit hingegen zwischen Gruppen. Gleichheit zwischen Gruppen ist nicht gleichbedeutend mit Gleichheit zwischen den einzelnen Mitgliedern der jeweiligen Gruppe. Diese beiden Formen von Gleichheit, unterschieden nach ihren Subjekten, sind vollständig unabhängig.[52]

Ungleichheiten zwischen Gruppen sind nicht als solche moralisch verwerflich. Vielmehr muß gemäß dem ethischen Individualismus die moralische Beurteilung der Lage der Individuen den entscheidenden Gesichtspunkt darstellen. Gruppenunterschiede sind ein Indikator für unterschiedliche Situationen oder Chancen der einzelnen Mitglieder der einen Gruppe im Vergleich zu denjenigen anderer Gruppen. Um Benachteiligungen feststellen und beseitigen zu können, kann die Notwendigkeit bestehen, eine Gesellschaft in ihrer Ganzheit analytisch zu zergliedern. Wird soziologisch festgestellt, daß eine Gesellschaft stratifiziert ist, muß folglich die Gleichheit etwa der Gruppen oder Klassen beurteilt und gegebenenfalls korrigiert werden. Damit bezieht sich die Frage »Gleichheit von wem?« nicht mehr ausschließlich auf die Gleichheit aller betroffenen Individuen, sondern gegebenenfalls auch auf die Gleichheit der Gruppen. Die Bestimmung, welche Klasse von Menschen wie und aus welchen Gründen in den Genuß von Ausgleichsleistungen kommt, ist selbst oft Anlaß zu Auseinandersetzungen. Ergeben solche Vergleiche, daß Individuen, gerade als Mitglieder einer bestimmten Gruppe, im Vergleich zu anderen Gesellschaftsmitgliedern unverdientermaßen schlechter gestellt sind, liegt eine direkte oder indirekte Diskriminierung der Mitglieder dieser Gruppe vor. Die sich aus dem Vergleich ergebende Feststellung von Gleichheit/Ungleichheit, Gerechtigkeit/Ungerechtigkeit oder Bevorzugung/Benachteiligung ist für jedes einzelne Individuum zu führen. Gruppenhaftung im positiven wie im negativen Sinn ist unfair.

Institutionen können wie Gruppen die Adressaten von Verteilun-

51 Vgl. D. Rae et al., *Equalities*, Kap. 2.: »The Subject of Equality«, bes. S. 29.

52 Vgl. für ein schönes, absurdes Beispiel ebd., S. 35, Tabelle 36.

gen sein, sofern sie die Individuen, die die primären Adressaten darstellen, auf angemessene, das heißt mit dem legitimatorischen Individualismus zu vereinbarende Weise, repräsentieren.

3. Gelten die Prinzipien der distributiven Gerechtigkeit (welche auch immer das sein mögen) für alle Individuen, egal, wo und wann sie leben? Oder gelten sie nur für die Mitglieder einer konkreten partikularen Gesellschaft oder eines entsprechenden Staates? In vielen Theorien wird letzteres behauptet. Wenn man wie Rawls Verteilungsgerechtigkeit mit fairer gesellschaftlicher Kooperation verknüpft, dürften solche Personen, die nichts zur Kooperation beitragen können (wie Behinderte, Kinder oder zukünftige Generationen), keinen Anspruch auf einen gerechten Anteil haben. Der Personenkreis, an den verteilt werden soll, würde somit von Anfang an eingeschränkt. Andere Theorien sind weniger restriktiv, indem sie die Verteilung nicht an die tatsächliche Koproduktion koppeln, jedoch auf eine politische Gemeinschaft beschränken, indem sie sie etwa an den Mitbürgerstatus binden. Danach bliebe die Verteilungsgerechtigkeit auf die Personen innerhalb einer Gesellschaft begrenzt. Personen außerhalb der Gemeinschaft würden keine Ansprüche besitzen. Ungleichverteilung zwischen Staaten und die soziale Lage von Personen außerhalb der betreffenden Gesellschaft wären demnach kein Problem sozialer Verteilungsgerechtigkeit. Bei den tatsächlich vorhandenen Ungleichheiten im globalen Maßstab hätte diese Einschränkung enorme Bedeutung. Diese Beschränkung läßt sich jedoch nicht begründen. Auch hier verlangen die universale Moral der gleichen Achtung und die darauf aufbauenden Prinzipien der Gerechtigkeit, daß wir den Anspruch einer jeden Person auf einen fairen Anteil an den zu verteilenden Gütern als gleichberechtigt ansehen. Jede Person hat gemäß der Präsumtion sogar einen prima facie Anspruch auf den gleich großen Anteil an Gütern, es sei denn, es gibt gute Gründe für eine ungleiche Verteilung. Im Prozeß der Rechtfertigung mögen sich Gründe ergeben, diejenigen, die an der Produktion der zu verteilenden Güter beteiligt waren, zu privilegieren. Da aber – wie auf Seite 77f. schon argumentiert wurde – die Bedingungen der Gerechtigkeit generell nicht mit den Verteilungsproblemen einer Produktionsgemeinschaft zusammenfallen, weil als Objekte der Distribution auch andere als produzierte Güter und als Kriterien der Distribution auch andere als die Produktionsleistung eine Rolle spielen, dürfen die Anwendungsbedingungen

der Gerechtigkeit nicht so begrenzt werden, wie dies bei der Verteilung von gemeinschaftlich Produziertem der Fall ist. Bei der Verteilung in einer Kooperationsgemeinschaft geht es um die Frage, wie innerhalb eines für alle zusammen vorteilhaften Kooperationssystems der Kooperationsmehrwert an die aktiv in die Kooperation eingebundenen Wirtschaftssubjekte zu verteilen ist, damit eine gerechte Verteilung erreicht wird. Daneben gibt es eine zweite, weitreichendere und grundsätzlichere Gerechtigkeitsproblematik: Wie sollen die (innerhalb einer Gesellschaft entstandenen) Güter und Lasten an diejenigen Mitglieder verteilt werden, die aufgrund einer nicht selbstverschuldeten und nicht selbst zu behebenden Unfähigkeit nicht in der Lage sind, für die eigene Daseinsvorsorge zu sorgen? Eine Beschränkung auf Kooperationsgerechtigkeit bedeutet einen vorangegangenen Ausschluß bestimmter Personen. Daß dies unberechtigt und diskriminierend ist, zeigt sich intuitiv vielleicht am einleuchtendsten im schon angeführten Fall natürlicher Ressourcen wie Erdöl oder Nahrungsmitteln, die jemand zufällig entdeckt. Warum sollten solche Ressourcen derjenigen Person gehören, die sie entdeckt, oder demjenigen, dem der Grund und Boden gehört? Die Frage stellt sich noch drastischer, wenn andere Not leiden, die durch die Ressourcen einfach zu lindern wäre. Haben dann die Notleidenden keinen gleichberechtigten Gerechtigkeitsanspruch auf diese Güter? Prima facie gibt es keinen guten Grund, vorab bestimmte Personen(-gruppen) von der Verteilung oder gar der Rechtfertigung auszuschließen. Das käme einer primären Diskriminierung gleich.[53]

4. In einer gerechten Verteilung gilt es zudem, ein Arrangement herzustellen, das die Zukünftigen nicht zugunsten der Gegenwärtigen benachteiligt. Die potentiellen Ansprüche zukünftiger Generationen müssen berücksichtigt werden. Dies ist das Problem der *intergenerationalen Gerechtigkeit.*[54] Die später Geborenen werden ohne ihr

53 Vgl. zur globalen Ausdehnung distributiver Gerechtigkeit ausführlicher S. Gosepath, »The Global Scope of Justice«; W. Hinsch, »Global Distributive Justice«; O. O'Neill, »Transnationale Gerechtigkeit«; T. Pogge, »Cosmopolitanism and Sovereignty«; B. Barry, »International Society from a Cosmopolitan Perspective«. Diese globale Ausdehnung verlangt nach Ansicht vieler Theoretiker zu viel von den Individuen und Staaten. Der bestreitbare Vorwurf lautet also »moralische Überforderung«. Vgl. dazu beispielsweise D. Miller, »The Limits of Cosmopolitan Justice«.

54 Damit berühre ich nur am Rande das Problem der Repräsentation jener leidensfähigen Wesen im Gerechtigkeitsdiskurs, die nicht in der Lage sind, mit eigener Stimme ihre Ansprüche zur Geltung zu bringen, als da sind: Föten, Kinder,

eigenes Zutun mit Verhältnissen konfrontiert, mit denen sie zurecht und auskommen müssen. Sofern wir diese Verhältnisse als Produkt unseres Handelns oder Unterlassens zu verantworten haben, kommen auch hier Prinzipien der Gerechtigkeit zur Anwendung. Dennoch gelten wegen der Offenheit der Zukunft besondere Prinzipien, die eine spezielle Form der Chancengleichheit anstelle von Gleichverteilung postulieren. Erstens existieren zukünftige Generationen noch nicht, und daher kommen ihnen nicht dieselben Rechte wie lebenden Personen zu. Zweitens haben wir keine moralische Verpflichtung, Kinder zu zeugen, und sie somit auch kein Recht, gezeugt zu werden. Dennoch haben wir gegenüber denjenigen, die tatsächlich geboren werden, bestimmte Verpflichtungen. Drittens ist unklar, was die Präferenzen der später Geborenen genau sein werden. Viertens ist zumindest teilweise offen, was sie brauchen werden. Insofern können späteren Generationen nur recht allgemein definierte Allzweckmittel zur Verfügung gestellt werden, mit deren Hilfe sie ihr Leben nach ihren Vorstellungen und mit den ihnen dann zur Verfügung stehenden Technologien einrichten können.[55] Hier gibt es also eine Asymmetrie in der Gleichberücksichtigung lebender und zukünftiger Personen. Um zukünftigen Generationen die gleichen Chancen nicht zu nehmen, sollte man einem *Prinzip gerechten Bewahrens* folgen:[56]

Jede Generation sollte die Errungenschaften der Kultur und Zivilisation, die natürlichen Grundlagen und die erreichten gerechten Institutionen bewahren sowie stets auch zumindest gleiche materielle Grundlagen sichern.

Damit soll eine hinreichend offene intergenerationale Chancengleichheit gewährleistet werden. Das Bewahren kann verschiedene

Demente und geistig Behinderte, zukünftige menschliche Generationen sowie die große Gruppe der leidensfähigen Tiere.

55 So könnte z. B. auch mit Ressourcen, die wir heute verknappen, etwas entwickelt werden, das dann späteren Generationen zur Verfügung steht, Technologien, die wir heute noch gar nicht kennen und die den Späteren andere Möglichkeiten und Interessen eröffnen. Es wäre beispielsweise unsinnig, Kohle zwischen den Generationen gleich zu verteilen, wenn man glaubt, daß in der Zukunft andere Rohstoffe wichtiger sein werden. Aber man weiß anderseits auch nicht, wofür die Späteren wiederum Kohle sonst noch verwenden könnten.

56 Dieser unterscheidet sich von J. Rawls' Spargrundsatz in *Eine Theorie der Gerechtigkeit* (§ 44), da es beim intergenerationalen Verteilungsproblem nicht darum geht, den Nachkommen mehr an Gutem zu hinterlassen als den Vorgängern, sondern darum, daß den Späteren nicht mehr an Schlechtem vererbt wird. Vgl. die Kritik an J. Rawls durch W. Kersting in *Theorien der sozialen Gerechtigkeit* (S. 13).

Formen annehmen. Umfang und Form der Weitergabe der natürlichen, materiellen, institutionellen und geistigen Grundlagen müssen wiederum nach den Kriterien von Allgemeinheit und Wechselseitigkeit ermittelt werden. Die Beteiligten müssen sich fragen, was, wieviel und in welcher Form sie in jedem Stadium zu bewahren bereit sind, falls alle anderen Generationen nach denselben Grundsätzen gehandelt haben und handeln werden. Dabei müssen sie einen über Generationen hinweg geltenden Plan aufstellen, der für unterschiedlich gut ausgestattete Stadien jeweils passende Formen festlegt. In armen Zeiten kann weniger bewahrt werden als in reichen. »Es läßt sich unmöglich viel Genaueres dazu sagen, [...] man kann von diesen intuitiven Betrachtungen höchstens hoffen, daß bestimmte Extreme ausgeschlossen werden.«[57] Um intergenerationale Chancengleichheit zu garantieren und vor allem keine Schulden zu hinterlassen, darf also nicht nur die heutige Verteilung Beachtung finden, sondern es bedarf verschiedener Anreize zur Mehrung (oder zumindest zur Sicherung) des Wohlstands, der an die nachkommenden Generationen weitergegeben werden kann, um ihnen gleiche Startchancen wie ihren Vorfahren zu verschaffen.

So läßt sich also zusammenfassen: Im Prinzip muß alles unter allen präsumtiv gleich verteilt werden.

## 5. Zeitraum der Verteilung

Eine Theorie distributiver Gerechtigkeit muß außerdem angeben, in welchem Zeitraum das angestrebte (gleiche) Verteilungsmuster realisiert sein soll. Eine egalitäre Gerechtigkeitstheorie, die diejenigen Personen als die primären ›Einheiten‹ ansieht, die Anspruch auf einen fairen Anteil der zu verteilenden Güter haben, gibt damit zumindest indirekt auch eine Zeitspanne an. Die zu verteilenden Güter sollen so verteilt werden, daß die Verteilung unter den Personen auf ihr ganzes Leben bezogen fair ist.[58] Der Anteil von Ressour-

57 J. Rawls, *Eine Theorie der Gerechtigkeit*, S. 324.

58 Vgl. J. Rawls, *Eine Theorie der Gerechtigkeit*, S. 98f., 204; R. Dworkin, »What is Equality? Part 2: Equality of Resources«, S. 304f. Kritisch gegen diese »complete

cen verschiedener Personen soll gerecht verteilt (bzw. gleich) sein, wobei hier die Gesamtsumme der Ressourcen, die sie über ihr ganzes Leben erhalten, betrachtet wird. Striktere Gleichheitsvorstellungen könnten Gleichheit innerhalb kürzerer Zeitabstände fordern. Das scheint jedoch die Verfügungsgewalt der Personen über ihren Anteil unzulässig einzuschränken. Außerdem sollten die Individuen ihr Leben – so weit dies möglich ist – selbstverantwortlich und rational planen können. Dazu müssen sie in die Lage versetzt werden, rationale Erwartungen über ihren gerechten Anteil sowie den ihnen damit zur Verfügung stehenden Freiheits- und Zeitraum ausbilden zu können. Eine Angleichung der Ressourcen oder Lebensverhältnisse in bestimmten Zeitabständen (egal welcher Länge) würde freie Entscheidungen über den Einsatz von Ressourcen (insbesondere in Form von Sparguthaben oder Investitionen) über Gebühr einschränken.

## 6. Das Subjekt der Verteilung

Wer soll oder darf verteilen? Die Antwort darauf ergibt sich aus dem kontraktualistischen Rechtfertigungsverfahren: wir alle zusammen. Personen, die ihr Zusammenleben mit den Mitteln der Moral regeln und diese Regelungen mit denen des juridischen Rechts garantieren wollen, rechtfertigen wechselseitig und allgemein die Prinzipien für ihr gerechtes Zusammenleben und verteilen so die Ressourcen. Man sollte vermeiden, bei distributiver Gerechtigkeit eine zentrale Verteilungsagentur zu unterstellen, die Anteile an Ressourcen an die Bürgerinnen und Bürger verteilt. Dieses Bild ist konzeptionell unangemessen und zieht normativ betrachtet die Vorwürfe auf sich, wie sie bekanntlich gegen den Wohlfahrtsstaat erhoben werden, nämlich zu Fremdbestimmung, Paternalismus, Abhängigkeit und Bürokratisierung zu führen. Es geht aber der Sache nach vielmehr darum, wie soziale Institutionen und Praxen zu schaffen und zu arrangieren sind, die den Personen Anteile an den Gütern zuweisen. Da diese

lives view« wendet sich D. McKerlie in »Equality and Time«, der für Gleichheit von Lebenssegmenten plädiert. Dagegen argumentiert wiederum R. Sikora in »Six Viewpoints for Assessing Egalitarian Distribution Schemes«.

Regelungen und Institutionen moralisch gerechtfertigt sind und mit den Mitteln des positiven Rechts umgesetzt werden, ist der Staat zweifellos die primäre und umfassende Institution, die Gerechtigkeit sicherstellen muß. Das bedeutet jedoch nicht, daß der Staat sie in allen Fällen selbst herstellen und verwalten muß. Das Unterfangen, ein gerechtes Gesamtergebnis herbeizuführen, setzt nicht notwendig *eine zentrale* Verteilungsinstanz voraus. Der Staat kann (und muß sogar) aus gerechtigkeitstheoretischen Gründen die Art und Weise der Verteilung subsidiär verschiedenen kleineren Organisationseinheiten überlassen. Die Prinzipien der Gerechtigkeit betreffen primär individuelles und erst dann kollektives Handeln, sofern Individuen nur durch Zusammenarbeit ihrer moralischen Verantwortung gerecht werden können (s. Kapitel I.4.3.). Die Stufung der Verantwortung hat dabei subsidiär zu erfolgen. Das Subsidiaritätsprinzip spielt also eine zentrale Rolle bei der Gefahrenabwehr gegen einen zentralistischen und deshalb gefährlichen sowie gegebenenfalls überforderten Staat. Die politische Konjunktur des Begriffs der Subsidiarität verdankt sich dem Zweifel an der Gestaltungskapazität und -kompetenz politischer Instanzen, insbesondere der des Sozialstaats sowie der eines zentralen, alles verwaltenden Staates. Deshalb ist hier eine Erläuterung des Subsidiaritätsprinzips hilfreich.

### Subsidiarität

Der Grundsatz der Subsidiarität ist ein staats- und sozialphilosophisches Prinzip, nach welchem im Verhältnis zwischen zwei Gemeinschaften, aber auch im Verhältnis zwischen dem Individuum und sämtlichen Formen menschlicher Gemeinschaft stets die kleinere Einheit den Vorrang haben soll (also z. B. der Mensch vor der Gemeinde, die Gemeinde vor dem Land, das Land vor dem Bund usw.). Dabei ist es eine, wenn nicht die wichtigste Aufgabe der größeren Einheit, die kleinere zur Erfüllung ihrer Aufgaben instand zu setzen und sie dabei zu unterstützen (subsidium).[59]

Der Sache nach gibt es weit in die Geschichte zurückreichende Einsichten und Aussagen, die heute dem Subsidiaritätsprinzip zugeordnet werden. Der Begriff selbst wurde 1931 klassisch von Pius XI. als Nr. 79 in die größtenteils von O. v. Nell-Breuning entworfene

59 Zu dieser Definition vgl. R. Herzog, »Subsidiaritätsprinzip«, S. 482.

Enzyklika »Quadragesimo Anno« (QA) eingeführt.[60] Seitdem gilt es als ein »Sozialprinzip« der Katholischen Soziallehre. Der Grundsatz findet auch in anderen Bereichen Beachtung, wobei das Objekt des Prinzips jeweils ein anderes ist, was zu einer gewissen Unschärfe des Prinzips beiträgt. So ist der Grundsatz in die säkulare Staats- und Verfassungslehre eingedrungen. Entsprechend seiner staatlichen Bedeutung findet das Prinzip auch in der neueren Gesellschaftstheorie Beachtung, namentlich in der Systemtheorie und im Kommunitarismus. Die Einfügung eines Subsidiaritätsprinzips als Gegenpol zu Zentralisierungstendenzen im Maastricht-Vertrag über die Europäische Union von 1992 markiert endgültig die politische Rehabilitierung des Subsidiaritätsgedankens. Da die genaue Bedeutung und Begründung des Grundsatzes umstritten ist, und zwar sowohl in der Gesellschafts- und Staatstheorie als auch in der aktuellen Politik, bleiben ihr Inhalt, ihre Begründung und ihr Status relativ unklar. Philosophisch wird dieses Thema in der gegenwärtigen Diskussion erstaunlicherweise wenig beachtet.[61]

Um Inhalt und Begründung des Grundsatzes der Subsidiarität näher zu klären, gilt es folgende Fragen zu beantworten, deren jeweilige Bedeutung erst mit der Entfaltung des je vorhergehenden Schritts so recht deutlich werden wird: 1. Was genau besagt der Grundsatz der Subsidiarität? 2. Wie ist er begründet? 3. Stellt Subsidiarität eine Vorrangregel dar? 4. Ist das Subsidiaritätsprinzip in der Lage, Kompetenzfragen zu lösen? 5. Wie paßt sich das Subsidiaritätsprinzip in den Kontext anderer Gerechtigkeitsprinzipien ein? In Beantwortung dieser Fragen möchte ich versuchen zu zeigen, *erstens*, daß Subsidiarität ein wesentliches und oft vernachlässigtes Prinzip der Gerechtigkeit ist, das in einer Gerechtigkeitstheorie vorkommen sollte; *zweitens*, daß Subsidiarität hingegen keineswegs ein so hoher Rang als Staatsidee zukommt, wie die katholische Soziallehre oder der Maastrichter Vertrag es uns glauben machen möchten. Der

60 Vgl. O. v. Nell-Breuning, »Subsidiaritätsprinzip«.

61 Eine entsprechende philosophische Einordnung und Begründung versucht vor allem O. Höffe, »Subsidiarität als staatsphilosophisches Prinzip?«; ders., *Vernunft und Recht*, Kap. 10; ders., »Subsidiarität als Gesellschafts- und Staatsprinzip« und ders., *Demokratie im Zeitalter der Demokratisierung*, Kap. 5.1-2; J. Isensee, »Subsidiarität. Das Prinzip und seine Prämissen«; A. Føllesdal in »Subsidiarity«. Einen historischen Überblick über Subsidiaritätsbegründungen bietet C. Millon-Delsol in *L'État Subsidiaire* und O. Höffe, »Subsidiarität als Gesellschafts- und Staatsprinzip«.

Grundsatz der Subsidiarität tritt vielmehr hinter allgemeine Prinzipien der Gerechtigkeit zurück. Dazu nun im einzelnen:

### *Rekonstruktion des Grundsatzes der Subsidiarität*

Subsidiarität ist ein *normatives* Prinzip der Gerechtigkeit, das sich sowohl auf Individuen als auch auf Institutionen bezieht. Gerade wegen seines normativen Charakters ist es für die praktische Philosophie von Interesse.

Das Subsidiaritätsprinzip hat in seiner klassischen Formulierung eine negative und eine positive Stoßrichtung, der drei Subprinzipien entsprechen, die zusammenhängen.

$SUB_1$ Die systematisch grundlegendere positive Version formuliert ein *Gebot zur Hilfeleistung*. Die größere soziale Einheit, letztlich die Gesellschaft bzw. der Staat, soll der kleineren Einheit zur Hilfe kommen, wo das Individuum oder die kleinere Einheit ihre Aufgabe selbst nicht erfüllen kann.

$SUB_2$ In der negativen Version verbietet das Subsidiaritätsprinzip Eingriffe der größeren sozialen Einheit in die Belange der kleineren Einheit der betroffenen Individuen bzw. des Individuums (*Ein- bzw. Übergriffsverbot*).

$SUB_3$ Dadurch sind die Art und der Umfang der Hilfeleistung sogleich auf die ›*Hilfe zur Selbsthilfe*‹ beschränkt.

Dies ist der Kern der Subsidiarität. Alle anderen Aspekte müssen sich aus ihm ergeben oder stellen Prämissen zu seiner Begründung dar. Subsidiarität *scheint* dabei eine *Vorrangregel* für die *politisch-moralische* Verteilung von Zuständigkeiten zu formulieren: Die kleinere Sozialeinheit hat prima facie Vorrang vor der größeren. Schon nach dieser knappen Definition und Interpretation (als Beantwortung der ersten Frage) stellen sich die vier weiteren Fragen bezüglich des Subsidiaritätsprinzips, die ich nun der Reihe nach erörtere.

### *Begründung des Subsidiaritätsprinzips für Individuen*

Die Philosophie muß nach einer Begründung der Subsidiarität suchen. Subsidiarität gesteht als *Vorrangregel* kleineren sozialen Einheiten nur einen argumentativ-formalen Vorrang zu. Aufgabentransfers an höhere Einheiten sind rechtfertigungsbedürftig, die Erledigung der Aufgaben durch die niedrigere Einheit dagegen nicht. Im Prinzip ist das mit jeder Form von hierarchischer gesellschaftlicher Ordnungsstruktur zu vereinbaren, sofern sie sich nur begründen läßt. Gleichwohl bewirkt die formale Auszeichnung einen Vorrang der kleineren Einheit durch eine Beweislastverschiebung, die es schwerer macht, Aufgabenverschiebungen an die höhere Einheit zu rechtfertigen. Wie läßt sich diese Beweislastverteilung begründen? Die übliche Begründung für Präsumtionen ist deren Plausibilität, das jedoch kann der Philosophie nicht ausreichen. Das Subsidiaritätsprinzip läßt sich meiner Auffassung nach wie folgt rechtfertigen. Dazu sei zunächst an einige Prämissen erinnert:

1. Ein Gerechtigkeitsurteil gehört analytisch in einen Begründungszusammenhang. Das Individuum (als kleinste Einheit) ist das Maß aller Rechtfertigung. Die gesamte moralische und politische Ordnung ist einem jeden einzelnen Betroffenen gegenüber zu begründen (normativer Individualismus).
2. Die Prädikate ›gerecht‹ oder ›ungerecht‹ finden nur da Anwendung, wo wir es mit freiwilligem und verantwortbarem Handeln zu tun haben. Verantwortlich sind Personen für alle Verhältnisse, bei denen menschliche Korrekturen, Eingriffe möglich sind; nicht verantwortlich hingegen können sie für Unglück oder Schicksal gemacht werden. Die Verantwortung obliegt dem jeweiligen Individuum primär für das, was es allein ändern kann. Weil es mit der Veränderung bzw. Verbesserung der ungerechten Zustände der Welt überfordert ist und die Vorteile und Lasten gerecht verteilt wissen muß, gründet es zusammen mit anderen eine gerecht eingerichtete Gesellschaft, die die Individuen durch die Mittel des positiven Rechts und staatlicher Sanktionsgewalt sichern. Damit liegt die Verantwortung für Gerechtigkeit sekundär beim Kollektiv.
3. Im Rahmen eines ›Regimes der Gerechtigkeit‹, das für alle Bürger und Bürgerinnen allgemeingültige, liberale und gleiche Rechte garantiert, hat jedes Individuum das Recht und die Pflicht, eigenverantwortlich und selbstbestimmt zu leben. Gerechtigkeit sichert u.a. die Bedingungen von persönlicher Autonomie, politischer Freiheit und demokratischer Selbstbestimmung.

Daraus kann man nun weiter folgern:

4. Das Individuum hat die Pflicht, sich selbst zu helfen. Eine Pflicht zur Hilfeleistung einer anderen Person gegenüber, die sich ohne große Opfer selbst helfen kann, läßt sich nicht begründen. Denn

solche weiterreichenden Ansprüche verlangen von anderen zuviel. Autonomie und Freiheit sind Recht und Pflicht zugleich. Die Folgen autonomer Handlungen muß die handelnde Person selbst tragen, sofern die Ausgangslage für alle fair ist. Für die Korrektur von ungerechten Verhältnissen, wie auch immer diese verursacht sein mögen, ist primär das Individuum verantwortlich, das die Dinge verändern kann. Darin begründet sich das Verbot der Ausnutzung anderer – dies allerdings mit einer wesentlichen Einschränkung, auf die ich später noch einmal eingehe: Diese Pflicht zur Selbsthilfe besteht nur im Rahmen ansonsten gerechter Verhältnisse. Es ist strittig, ob Individuen für ihre unverschuldeten Nachteile zunächst selbst aufkommen sollen oder nicht. Die eher egalitaristische Richtung des Liberalismus lehnt dies als ungerecht ab.

5. Es ist ungerecht, wenn eine Person schlechter als andere gestellt ist, es sei denn, dieser Umstand ist die Folge ihrer eigenen freien Entscheidung. Wer sich unverschuldet in einer Notlage befindet, hat moralischen Anspruch auf Ausgleich bzw. Hilfeleistung, sofern die Person sich nicht selbst helfen kann. Andernfalls litte eine Person aus moralisch zufälligen Ursachen und deshalb ungerechterweise an Nachteilen im Vergleich zu anderen. Ursachen, die moralisch arbiträr und deren Folgen veränderbar sind, sind von den Menschen auszugleichen. Darin begründet sich die gerechtigkeitsgebotene Hilfeleistung (im Unterschied zu darüber hinausgehender, verdienstlicher Hilfe).
6. Da Individuen ein grundlegendes Freiheitsrecht zukommt, so weit wie möglich im Rahmen der gleichen Freiheiten und allgemeinen Bürgerrechte eigenverantwortlich und selbstbestimmt ihr Leben zu leben, dürfen andere Individuen oder Sozialeinheiten nicht in ihre Angelegenheiten eingreifen (und sei es noch so gut gemeint). Das wäre schlechter Paternalismus. Wenn die Individuen keine Hilfe brauchen, darf ihnen auch nicht ›geholfen‹ werden. Damit begründet sich die negative Version des Subsidiaritätsprinzips, die Eingriffe der größeren sozialen Einheit in die Belange der kleineren bzw. des Individuums abwehrt. Das Ziel von Eingriffen ›von außen‹ oder ›von oben‹ muß, wenn diese gerechtfertigt sind, deshalb darin liegen, den Betroffenen wieder die Fähigkeit zu einem selbstbestimmten Leben zu ermöglichen. Hilfe muß deshalb ›Hilfe zur Selbsthilfe‹ sein.

Damit ist das Subsidiaritätsprinzip mit seinen drei Subprinzipien *für das Individuum* normativ geklärt. Hilfe in Notlagen ist Pflicht, Ausnutzung von Hilfsbereitschaft Pflichtverletzung; der Eingriff in fremde Angelegenheiten ist eine Autonomie- und Freiheitsverletzung. Das Subsidiaritätsprinzip für das Individuum folgt dem Motto: Im Zweifel für die individuelle Verantwortung und Freiheit. Freiheit und Verantwortung verhalten sich dabei zueinander wie zwei Seiten einer Medaille. Dabei sollte natürlich klar sein, daß dies alles sehr auslegungsbedürftig ist. Mit dem Grundsatz der Subsidiarität ist so noch nicht viel gewonnen, denn was Notlagen, Hilfe, fremde Angelegenheiten etc. im einzelnen bedeuten, läßt der Grundsatz der Subsidiarität selbst eben noch offen.

Was sich für die einzelnen Individuen gut begründen läßt, bereitet bei der Übertragung auf Gemeinschaften und politische Einheiten jedoch Probleme:

### *Begründung von intermediären Einheiten*

Das klassische Subsidiaritätsprinzip expliziert seine Anwendungsbedingungen klar: Es gilt nur dann, wenn das Individuum bzw. eine kleine soziale Einheit und die größere soziale Einheit zueinander im Verhältnis von Teil und Ganzem stehen. So verstanden, setzt das Subsidiaritätsprinzip eine hierarchisch gestufte Ordnung voraus und beschäftigt sich hauptsächlich mit der internen Kompetenzverteilung. Subsidiarität in seiner negativen Formulierung als Ein- und Übergriffsverbot ($SUB_2$) ist eine Kompetenzverteilungsregel oder ein Zuständigkeitsprinzip innerhalb einer als gegeben vorausgesetzten Struktur und überall dort anwendbar, wo diese Struktur ein Teil-Ganzes-Verhältnis erfüllt. Das Prinzip betrifft nicht nur Individuen, sondern vor allem verschieden große soziale Assoziationen (einschließlich Staaten) und globale politische Systeme. Damit stellt sich die Frage, wie im Rahmen des Grundsatzes der Subsidiarität überhaupt für die Existenz zwischengeschalteter, intermediärer Institutionen argumentiert wird. Warum sollte es sie überhaupt geben? Zwei alternative Begründungsstrategien sind hier anwendbar: Entweder setzt das Subsidiaritätsprinzip eine hierarchisch gestufte (politische und soziale) Ordnung voraus und regelt darin die interne Kompetenzverteilung, oder die Subsidiarität begründet außerdem eine hierarchische Ordnung von sozialen

Assoziationen, und zwar im doppelten Wortsinn von rechtfertigen und herstellen.

(a) Setzt Subsidiarität – so die erste Alternative – eine gestufte Hierarchie im Staat und der Staaten untereinander als historisch-faktische Tatsache voraus, so trägt sie keine Begründungslast in der Ablehnung beispielsweise eines Zentralstaats, sondern nur noch insofern die bestehende Hierarchie von sozialen Einheiten zu erodieren droht. Die ganze Strategie ändert sich, sofern von empirisch Vorgefundenem und einer gewissen ›Normativität des Faktischen‹ ausgegangen wird. Die Begründungslast könnte dann nur ein Eigenrecht der schon existierenden sozialen und politischen Institutionen tragen. Hier jedoch ist Skepsis gegenüber dem Recht von Kollektiven angebracht. Diesen ist lediglich eine abgeleitete Bedeutsamkeit einzuräumen. Jede substaatliche und staatliche Organisationseinheit ist subsidiär zu begründen und nicht Zweck an sich selbst. Sie muß ihre Existenz also im Rekurs auf das Wohl der Individuen begründen können. Andererseits ist hier keine strenge Begründungsanforderung notwendig. Die Institutionen der bürgerlichen Gesellschaft brauchen nicht am philosophischen Reißbrett neu entworfen zu werden. Sofern die Gemeinschaften freiwillig und gerechtigkeitskonform zustande kommen, stehen Form und Organisation der Zusammenschlüsse den Bürgern und Bürgerinnen völlig frei. Schwieriger ist aus der Perspektive der Gerechtigkeit die Beurteilung von Gemeinschaften, in denen man Zwangsmitglied ist. Statt diesen kommunitaristisch einen Eigenwert zuzusprechen und sie so gegen unparteiische Gerechtigkeitsansprüche in Schutz zu nehmen, kann solchen *historisch-faktischen*, *partikularen* Gemeinschaften auf folgende hegelianische Weise eine Bedeutung zuerkannt werden: Eine konkrete Gesellschaft bietet ein *nicht intentional* hervorrufbares Reservoir von Lebensformen (wie in Familien, Formen höflichen Umgangs und anderen gesellschaftlichen Institutionen), die für das eigene gute Leben benötigt werden.[62] In dem Maße, in dem gesell-

62 J. Raz scheint in *The Morality of Freedom* mit seiner perfektionistischen Theorie der Freiheit etwas Ähnliches anzustreben, wenn er verlangt, daß die Gesellschaft Optionen bereitstellen muß, damit ein Individuum substantiell frei wählen kann. Hier wird das Bereitstellen der Optionen jedoch intentional gedacht. Das Entscheidende der Hegelschen Analyse scheint mir jedoch zu sein, daß solche Gemeinschaften oftmals historisch kollektiv *nicht-intentional* zustande gekommen sind.

schaftliche Institutionen nicht individuell (und oft auch nicht kollektiv) zu schaffende Voraussetzungen für das eigene gute Leben sind, können zum einen Verpflichtungen zum Schutz bzw. zur Aufrechterhaltung und Weiterentwicklung dieser Institutionen erwachsen und zum anderen Verpflichtungen, die sich aus den bestehenden Institutionen ergeben. Diese Verpflichtungen muß man auch dann als Hintergrundbedingungen des eigenen guten Lebens akzeptieren, wenn man sie nicht konkret braucht oder schätzt. So muß man etwa entsprechend der gängigen kulturellen Konvention grüßen, selbst wenn man weiß, es ginge auch ohne und wäre so eventuell auch besser. Die Einsicht, daß gesellschaftliche Institutionen nicht individuell (und oft auch nicht kollektiv) zu schaffende Voraussetzungen für das eigene gute Leben sind, nötigt einen jeden zur ›Anerkennung‹ der Leistungsfähigkeit der faktischen Institutionen. Das soll keineswegs heißen, daß diese nicht geändert und damit auch verbessert werden könnten; sie können geändert werden, nur ist dieser Prozeß nicht allein durch bessere politisch-moralische Einsicht zu Wege zu bringen. Der gesellschaftlich-politische Prozeß ist unendlich viel komplexer. Revolutionen beispielsweise kann man fordern und anzetteln, ›machen‹ im Sinne ihres Gelingens kann man sie nicht. Insofern bestehende partikulare Institutionen also moralisch wertvolle Dienste zu leisten vermögen und nicht gegen allgemeine Gerechtigkeitsprinzipien verstoßen, haben sie einen abgeleiteten Wert. Sofern es sich um Organisationseinheiten handelt, können ihnen subsidiär Aufgaben und Verantwortlichkeiten zugeordnet werden.

(b) Wer statt empirischer Prämissen normative Grundlegungen sucht, dem muß die zweite Alternative richtig erscheinen. Demnach stellt das Subsidiaritätsprinzip (auch) ein Prinzip zur Genese von sozialen Assoziationen bereit. Seine prinzipielle Begründung in der Tradition der Gesellschaftsvertragstheorie ist so bekannt wie richtig. In der philosophisch abstrakten rationalen Rekonstruktion bilden sich Gemeinschaften gerade wegen der Hilfsbedürftigkeit der Individuen. Der rationale Mensch schafft sich zum Zwecke von Recht und Gerechtigkeit zusammen mit anderen das politische Gemeinwesen als eine künstliche Einheit. Dieses ist jedoch in Stufen aufgebaut, die von der privat-natürlichen Gemeinschaft, der Familie, über die privat-bürgerlichen Vereinigungen bis hin zu den öffentlichen, sub-staatlichen Institutionen bzw. dem Staat reichen. Es ist das Gebot der Zwischenschaltung intermediärer Einheiten, das für den Grundsatz der Subsidiarität einschlägig und rechtfertigungsbedürftig ist. Es bedarf einer auf die einzelnen autonomen Individuen zurückgehenden Begründung für den Zwischenschritt von intermediären Organisationsformen, wie Gemeinden, Ländern, Einzelstaaten und Staatenbünden, damit nicht direkt der Weltstaat gefordert ist. Hierfür möchte ich zwei Argumente nennen:

*Das Argument der Volkssouveränität*: Dem Rechtfertigungsprinzip zufolge können nur solche Regelungen moralische Legitimität beanspruchen, denen alle Betroffenen unter den Bedingungen von Autonomie, Freiheit und Gleichheit zustimmen können. Diese Regelungen sind gerechtfertigt, weil die davon betroffenen Individuen sie im Prinzip – man beachte die Qualifikation – selbst so bestimmt haben. Dieses prozedurale Rechtfertigungskriterium setzt sich in der politischen Realität jenseits des hypothetischen Konsenses als herrschaftslegitimierende Volkssouveränität fort, um den Beteiligten so viel Selbstbestimmung und gleichen politischen Einfluß wie möglich zu sichern.[63] Wichtig im Zusammenhang mit dem Subsidiaritätsprinzip ist, daß der Kreis der Adressaten einer kollektiven Regelung auch den Umfang ihrer Autoren bestimmt: Es sind die von der zu regelnden Materie Betroffenen und nur sie. Damit übernimmt das Argument der Volkssouveränität die negative Formulierung des Subsidiaritätsprinzips ($SUB_2$). Nur die in einem Kollektiv zusammengefaßten Betroffenen dürfen über ihre eigenen Angelegenheiten entscheiden, andere nicht. Dieses Argument der Volkssouveränität regelt, nach welchem Verfahren von wem in welcher Angelegenheit über die Zuordnung der Aufgaben zu entscheiden ist. Das Argument gibt dem Subsidiaritätsprinzip somit die Bedeutung einer Verfahrensgarantie.[64] Die Form der Organisation des sich in einer Angelegenheit selbst regierenden Kollektivs läßt das Argument offen. Zudem kann der Kreis der Betroffenen von Angelegenheit zu Angelegenheit variieren. Immerhin wird durch das Argument der Selbstregierung deutlich, daß die Einheit ein politisches Gemeinwesen sein muß, das legitime politische Macht über ihre Mitglieder zur Durchsetzung und Sicherung der Regelungen ausübt, die gemeinsam demokratisch beschlossen wurden. Wenn

63 Die Form der herrschaftsausübenden Demokratie und deren Rechtfertigung kann hier offen gelassen werden. Vgl. dazu Kap. IV.2.

64 Vgl. P. Pernthaler, »Subsidiaritätsprinzip und Ausgliederung öffentlicher Aufgaben«, S. 183 ff.

nur dieses Argument zugrunde gelegt würde, wären unfreiwillige und undemokratische Institutionen, wie zum Beispiel Familien, nicht gerechtfertigt.

Das Argument der Volkssouveränität hat zudem den Vorteil, zugleich zu klären, wer auf welche Weise entscheiden soll, ob das Subsidiaritätsprinzip in dem in Frage stehenden Fall anzuwenden ist und ob es, wenn es zu Recht angewandt wurde, auch auf die richtige Weise angewandt wurde. Die Antwort darauf ist nach dem Rechtfertigungsprinzip klar: Diese Fragen müssen im Prinzip durch das rationale Urteil der betroffenen Individuen selbst entschieden werden. In der Praxis ist dies durch eine demokratische Kontrolle durch die Betroffenen realisiert, weshalb das Prinzip der Subsidiarität an das der Demokratie gekoppelt ist.

Dieses Argument wird ergänzt durch das *funktionale Argument*: Das generative Subsidiaritätsprinzip schafft größere politische Einheiten, um kleinere Einheiten vor Überforderung zu bewahren, und intermediäre Einheiten, um größere Einheiten vor Überlastung, Bürokratisierung, Bürgerferne und Ineffektivitäten aller Art zu schützen. Gesucht wird die Assoziationsform, die am besten geeignet ist, die jeweiligen Aufgaben am gerechtesten, demokratischsten und effektivsten zu erledigen. Die jeweiligen Zwecke werden normativ durch die Interessen der betroffenen Individuen und deren diesbezügliche demokratische Übereinkünfte gesetzt. Die dazu nötigen und hilfreichen Assoziationsformen werden durch eine rationale Zweck-Mittel-Begründung bestimmt und variieren von Aufgabe zu Aufgabe. Die der jeweiligen Aufgabe angemessene Institutionsform wird im rechtlichen Rahmen empirisch-pragmatisch oder funktional festgelegt. So ließen sich eventuell auch soziale Gemeinschaften wie die Familie in Aristotelischer oder Hegelianischer Manier als der am besten geeignete Ort für die Entwicklung der moralischen Persönlichkeit insbesondere von Kindern rechtfertigen.[65]

Welche kleineren Einheiten mit politischer Autorität ausgestattet werden sollen, lassen funktionale Argumente prinzipiell offen. So ist weder vorentschieden, ob eine Einheit für mehrere Aufgaben geeignet ist, wie das bislang bei Staaten etatistisch unterstellt wird; noch ist klar, ob die nach Aufgaben spezifizierte Stufung entlang territo-

65 Vgl. Aristoteles, *Politik*, I.2, 1252a2 ff.; G.W.F. Hegel, *Grundlinien der Philosophie des Rechts*, Dritter Teil. Ein solches Argument ist oben schon angedeutet worden.

rialer oder rein funktionaler Grenzen erfolgen muß. Welche Organisationsformen am besten zu institutionalisieren sind, dürfen die Gesellschaftsmitglieder frei entscheiden, solange die gewählten Institutionen ihre Aufgabe zufriedenstellend und gerecht erfüllen. So dürfen die institutionellen Grenzen weder bloß nach Mitgliederzahl oder territorialem Zuständigkeitsbereich gezogen werden, wozu Juristen bisweilen neigen, noch dürfen sie an einem objektiv-perfektionistischen Ideal der Vervollkommnung des Menschen dienen, wie Theologen meinen, was nicht nur die Bevorzugung kirchlicher Organisationen vor weltlichen zur Folge haben würde, sondern auch zu einer vollständigen Impraktikabilität des Prinzips führen würde.[66] Der Subsidiaritätsgedanke muß, wenn er als staatliches und gesellschaftspolitisches Ordnungsprinzip neue Wirksamkeit entfalten soll, im Horizont einer nach funktionalen Gesichtspunkten differenzierten Gesellschaft neu gedacht werden. Einzelstaaten mit ihrem Gewaltmonopol auf einem festumrissenen Gebiet können unter Umständen für bestimmte Aufgaben funktional optimal sein, für andere Aufgaben werden sie es nicht sein. Das Subsidiaritätsprinzip ist durchaus damit vereinbar, daß die Bürgerinnen und Bürger einer Republik die politischen Aufgaben von einem Netzwerk arbeitsteiliger intermediärer Vereinigungen mit einer rein funktionalen Binnenstrukturierung subsidiär erledigen lassen.

Es lassen sich zudem eine ganze Bandbreite von Organisationsformen und Institutionen für kollektive Aufgaben denken, die sich nicht alle auf den Staat allein reduzieren lassen. Welche am besten zu institutionalisieren sind, liegt – wie eben bemerkt – in der freien demokratischen Entscheidung der Gesellschaftsmitglieder. Die gewählten Institutionen müssen natürlich ihre Aufgabe zufriedenstellend und gerecht erfüllen. So bietet – um das de facto wohl wichtigste Beispiel anzuführen – ein marktwirtschaftliches System vielfältige Möglichkeiten, die Verteilung ökonomischer Güter zu regeln. Die Allokation wirtschaftlicher Güter hängt wesentlich von zwei Faktoren ab: von der Anfangsausstattung der am Marktgeschehen beteiligten Individuen und von den Regeln des Tauschverkehrs. Da sich beide Faktoren im wesentlichen aus der rechtlichen Ordnung der Gesellschaft ergeben, ist es bis zu einem gewissen Grad durchaus möglich, durch entsprechende Festlegungen der Rahmen-

66 Vgl. R. Herzog, »Subsidiarität und Staatsverfassung«, S. 401ff.

bedingungen ökonomischen Handelns die Verteilungsergebnisse des Marktes entsprechend den Prinzipien der Gerechtigkeit zu steuern.[67]

## *Kein Vorrang*

Beide Begründungen, die funktionale Begründung sowie die aus der Volkssouveränität, bedrohen, wenn sie denn berechtigt sind, die Subsidiarität als Vorrangsregel. Wenn eine hierarchische Ordnung vorausgesetzt ist, handelt es sich bei den Gesichtspunkten der Beurteilung und Verteilung von Kompetenz und Zuständigkeit um ›Sachgerechtigkeit‹ für eine langfristig stabile, selbsttragende, gute und gerechte Erfüllung der jeweiligen konkreten Aufgaben. Die Maßstäbe entspringen also *nicht* der Subsidiarität selbst, sondern sind funktionale Maßstäbe zur Beurteilung der Notwendigkeit und Effektivität der jeweiligen Einheit für die jeweils anstehende konkrete Aufgabe. Subsidiarität ist dabei eher eine Heuristik zu deren Ermittlung als ein Kriterium.[68] Als Heuristik wird Subsidiarität dabei aus der induktiven Generalisierung negativer Erfahrungen mit Zentralisierungstendenzen gespeist. – Zugleich wird der Umfang der subsidiären Einheit durch den Kreis der Betroffenen als Adressaten und Autoren des sie betreffenden positiven Rechts limitiert und nicht durch einen Vorrang kleiner Einheiten.

Diese Einsichten müssen das Verständnis der Subsidiarität korrigieren. Es gilt nicht ›Im Zweifel für die kleinere Einheit‹, sondern ›Stets für die Einheit, die den betroffenen Individuen dient‹. Eine generelle Vermutung, daß die kleinere Einheit die funktionalere sei, halte ich für nicht begründbar. Muß man die Erfahrung nicht so interpretieren, daß größere Einheiten oft eine *bessere* Sicherung von

67 Vgl. P. Koller, »Soziale Güter und soziale Gerechtigkeit«, S. 89. Für die durch den Markt realisierte Verteilung hat sich der Begriff der »primären Verteilung« und für die durch den Staat realisierte Verteilung derselben Güter der Begriff der »sekundären Verteilung« herausgebildet. Damit wird markiert, daß die Verteilung durch den Markt der Verteilung durch den Staat vorgelagert ist. Die Verteilung durch den Staat impliziert eine Korrektur des marktwirtschaftlichen Verteilungsprinzips, und dies bedeutet letztlich eine indirekte De-Legitimierung des marktwirtschaftlichen Verteilungsprozesses. Vgl. R. Lane, »Market Justice, Political Justice«, S. 396.

68 Dies betonen K. Homann und C. Kirchner in »Das Subsidiaritätsprinzip in der Katholischen Soziallehre und in der Ökonomik«.

gesellschaftlichen Bedingungen zur Garantie der Gerechtigkeit, der Verhinderung von Tyrannei und der Unterdrückung von Minderheiten versprechen? Das Prinzip, nur diejenigen politischen Einheiten zu schaffen, aufrechtzuerhalten sowie funktional und demokratisch zu organisieren, die den betroffenen Individuen am besten dienen, ist ein grundlegendes Prinzip der demokratischen Selbstorganisation von Bürgern und Bürgerinnen. Es ist keine Vorrangsregel.

### *Zuweisung von Kompetenz?*

Mit dieser notwendigen Korrektur des üblichen Verständnisses von Subsidiarität wird auch schnell deutlich, daß das Subsidiaritätsprinzip nicht allein in der Lage ist, Kompetenzfragen zu lösen, also genau abzugrenzen, welche Kompetenzverteilung und -ausübung in der staatlichen Ordnung (z. B. der EU) erlaubt, welche geboten und welche verboten ist. Das Kompentenz*ausübungsrecht* wird durch das Prinzip der Volkssouveränität zugewiesen. Die Kompetenz*verteilung* muß nach funktionalen Gesichtspunkten erfolgen. Diese Einsicht sollte vor allem im nun noch kurz zu diskutierenden Bereich der sozialen Gerechtigkeit berücksichtigt werden.

### *Subsidiarität und soziale Gerechtigkeit*

Das Subsidiaritätsprinzip wird, da aus der katholischen Soziallehre erwachsen, besonders auf den Bereich sozialer Gerechtigkeit angewandt. In diesem Bereich regelt das Subsidiaritätsprinzip nicht die Kompentenzausübung, sondern die Beistandspflicht zur finanziellen Hilfe und kann sich damit auf die positive Formulierung des Subsidiaritätsprinzips ($SUB_1$) berufen. In sozialpolitischen Debatten wird der Grundsatz oft so verwendet, daß Subsidiarität einen marktliberalen Beigeschmack bekommt, da die Last unverschuldeter ökonomischer Nachteile auf die kleineren Einheiten verlagert werden soll.[69]

69 In dem oben präsentierten Argument für die Subsidiarität wurde jedoch lediglich zugelassen, daß das Individuum die Folgen seiner eigenen Entscheidungen tragen muß – und dies nur bei ansonsten fairen Hintergrundbedingungen und Startchancen. Unverschuldete Nachteile von Individuen bzw. deren Folgen sind hingegen von der Gemeinschaft auszugleichen. Dies ist J. Rawls' Argument der Chancengleichheit durch Ausgleich aller moralisch arbiträren Ursachen von Nachteilen, sozialer wie natürlicher Art.

Wenn eine Pflicht zur Hilfeleistung und entsprechende soziale Rechte gerechtfertigt sind, so stellt sich die Frage, welche Gemeinschaft von Individuen moralisch zu Hilfe und Ausgleich verpflichtet ist. Gerade hier ist eine Vorrangsregel, die besagt, daß die kleinere kollektive Einheit die primäre Aufgabe zur sozialen und ökonomischen Hilfeleistung hat, unplausibel. Meist werden in diesem Zusammenhang die ›natürlichen‹ Gemeinschaften, wie Familien und Verwandtschaftsverbände, oder lokale politische Institutionen wie Gemeinden bemüht. Warum jedoch sollten kleinere Einheiten die Last allein tragen, wenn ein Familien- oder Gemeindemitglied krank, arbeitslos oder hilfsbedürftig wird? Dies ist nicht nur dann intuitiv unplausibel, wenn die Mitglieder der kleineren Einheit eine solche Hilfe nicht zu leisten vermögen, sondern auch dann, wenn sie eine übergebührliche Härte für die betreffende kleinere Gemeinschaft darstellen würde. Zwar mag eine Mittelstandsfamilie zum Beispiel für die zwanzigjährige Intensivpflege des nach frühem Schlaganfall halbseitig gelähmten Großvaters aufkommen können; in der deutschen Gesellschaft hat sich jedoch mühsam die Einsicht durchgesetzt, daß eine solche Belastung, auch wenn sie von der Familie getragen werden kann, durch Leistungen der größeren Solidargemeinschaft zumindest unterstützt, wenn nicht zum größeren Teil übernommen werden sollte. Der Grund hierfür – so behaupte ich – ist nicht allein eine mögliche Überlastung der Familie, weshalb nach dem Subsidiaritätsprinzip die größere, leistungsfähigere Einheit einspringen müßte, sondern ein Gesichtspunkt distributiver Gerechtigkeit. In einer Gesellschaft sind nicht nur die natürlichen Vorteile (wie natürliche Bodenschätze und Land), sondern auch zumindest bestimmte natürliche Nachteile (wie Folgen von Krankheiten) fair zu verteilen. Dieses intuitive Beispiel soll zeigen, daß im Bereich des Sozialen, wo Prinzipien der distributiven Gerechtigkeit gelten, ein Vorrang zugunsten kleinerer Einheiten oder zugunsten vorstaatlicher Hilfe vor staatlicher Hilfe unbegründet ist. Das Subsidiaritätsprinzip gerät mit anderen distributiven Gerechtigkeitsprinzipien in Konflikt, wenn diese einen egalitären und universalistischen Zuschnitt haben und vorschreiben, die unverantworteten Nutzen und Lasten breiter und weiter zu verteilen als auf die Mitglieder der kleinsten sozialen Einheiten. Da sich das Subsidiaritätsprinzip nur für Individuen begründen läßt, Umfang und Hierarchisierung von sozialen Einheiten dagegen nur funktional und demokratietheoretisch begründet werden (nicht durch einen genuinen Vorrang der kleineren Einheit), muß der soziale Subsidiaritätsgedanke hinter allgemeine Prinzipien der distributiven Gerechtigkeit treten. Der Umfang der Solidargemeinschaft ist dann jeweils so zu bestimmen, daß mittels des Rechtfertigungsprinzips den Erfordernissen der distributiven Gerechtigkeit und des funktional und demokratietheoretischen Subsidiaritätsprinzips entsprochen wird. Bei allem Spielraum der funktionalen Umsetzungsmöglichkeiten wird schließlich eine moralisch und juristisch ›letzte Instanz‹ vorausgesetzt: die Vereinigung aller Personen in der Rechtfertigungssituation. So vielfältig die Formen der Umsetzung sein können, sie müssen gegenüber jeder einzelnen Person im Prinzip rechtfertigbar sein. Zur bestmöglichen Umsetzung des Rechtfertigungsprinzips in der Praxis müssen die zu ihrer Umsetzung eingerichteten Institutionen deshalb demokratisch kontrolliert werden.

So lautet die Antwort auf die Frage dieses Unterkapitels, wer verteilen darf und muß: im Prinzip zunächst einmal alle Mitglieder der relevanten Gesellschaft, die die Verteilungsregeln rechtfertigen und mit Mitteln des Rechts und staatlicher Sanktionen durchsetzen. Die Agenturen der Umsetzungen können und müssen aus gerechtigkeitstheoretischen Gründen dabei vielfältiger substaatlicher Art sein. Die Kontrolle dieser Institutionen unterliegt letztlich wieder der staatlichen Jurisdiktion und der demokratischen Selbstregierung der Gesellschaftsmitglieder. Dabei sollte dem Grundsatz der Subsidiarität – so sollte erstens deutlich geworden sein – eine wesentliche und oft vernachlässigte Rolle in einer Gerechtigkeitstheorie zukommen. Denn für Subsidiarität verstanden als Prinzip zur Limitierung von Herrschaft ließen sich Gründe, und zwar gerechtigkeitstheoretische der individuellen wie kollektiven Selbstbestimmung sowie funktionalistische, finden. Sie fassen m. E. den richtigen Kern der drei Subsidiaritätsprinzipien. Zweitens zeigte sich aber, daß Subsidiarität keineswegs ein so hoher Rang als Staatsidee zukommt, wie die katholische Soziallehre oder der Maastrichter Vertrag es uns glauben machen möchten, da sich für eine Beweislastverteilung bei der Subsidiarität keine Gründe finden ließen, nur Gründe dagegen. Der Grundsatz der Subsidiarität tritt hinter allgemeine Prinzipien der Gerechtigkeit zurück. Die drei Subsidiaritätsprinzipien sollten es erlauben, den Bedrohungen und Schwächen eines zentralen, alles verwaltenden, kontrollierenden, normierenden und durchsetzenden Staatsapparates eine demokratietheoretisch auf den jeweiligen Kreis der Betroffenen begrenzte und zudem funktional optimierte, gestufte Ordnung von sozialen und politischen Einheiten entgegenzusetzen, ohne diesen Einheiten einen historisch geronnenen Eigenwert unterstellen zu müssen und gleichwohl ihre moralfunktionale Rolle anzuerkennen.

## 7. Sphären der Gerechtigkeit

Grundlage der Verteilung sind Ressourcen als Allzweckmittel, die in unterschiedliche Kategorien oder Sphären unterteilt werden müssen. Implizit finden sich solche Einteilungen oft, explizit seltener. Eine solche Einteilung ist unentbehrlich, weil *erstens* die Analyse von Gründen ergibt, daß diejenigen Gründe, die für eine Ungleichbehandlung in einem Bereich sprechen mögen, keine Ungleichbehandlung in einem anderen Bereich rechtfertigen.[70] Gründe für Ungleichverteilung beziehen sich oft nur auf jeweils einen bestimmten Typ von Gütern in einer bestimmten Sphäre, selten aber auf mehrere oder gar alle Sphären. Wir unterscheiden *zweitens* fast immer verschiedene Sphären. Dies ist die jeweils (gesellschaftsrelativ) geltende soziale Konstruktion der Realität.[71] Jede Gesellschaft hat ihre Perspektive, die die Welt für ihre Mitglieder vorstrukturiert, so daß diese nicht permanent ihr fundamentales Verständnis ihrer Umwelt zu hinterfragen oder aufzubauen haben. Die Phänomene der sozialen Welt sind für jeden von uns in Mustern vorgeprägt, die von unserem eigenen Verständnis unabhängig zu sein scheinen und auf unser Weltverständnis Einfluß nehmen. Die Wohlfahrtsforschung hat sich mit der Frage beschäftigt, nach welchen Kriterien die Individuen ihre Lebenswelt einteilen (Wohnen, Arbeit, Schönheit etc.).

70 M. Walzer vertritt in *Sphären der Gerechtigkeit* am prominentesten eine explizite Unterteilung in Sphären. Gegen Walzer, der seinen Ansatz eine Theorie »komplexer Gleichheit« nennt, obwohl es nur um Sphärentrennung geht, will ich zeigen, daß Gleichheit sich am besten unter Berücksichtigung der Sphärentrennung rechtfertigen läßt. Zur Auseinandersetzung mit M. Walzers Ansatz siehe D. Miller, M. Walzer (Hg.), *Pluralism, Justice and Equality*.

71 Vgl. P. Berger, T. Luckmann, *The Social Construction of Reality*, S. 21-22.

Dabei hat sich gezeigt, daß die gängigen Bereichsvorstellungen, mit denen Sozialwissenschaftler arbeiten, von den Individuen tatsächlich angewendet werden. In diesem Sinne können einige bereichsspezifische Konzepte in den Sozialwissenschaften als validiert gelten.[72] Die Sphären unterliegen dabei *drittens* einer Eigenlogik, die sich aus der Natur der zu verteilenden Güter ergibt. In den Verteilungsstrukturen muß sich die Natur der zu verteilenden Güter spiegeln. Der Zusammenhang zwischen Gut und Distributionskriterium ist selten ein begrifflicher. Das gilt nur für Güter wie beispielsweise Liebe und Anerkennung – und diese sind nicht distributionsfähig. Unabhängig von der Art des Mechanismus werden Ressourcen an bestimmte Personen zu einem bestimmten Zweck verteilt. Der Zweck gibt (oftmals) die Verteilungsgesichtspunkte vor. So dienen zum Beispiel Medikamente der Wiederherstellung der Gesundheit, weshalb Gesunde keine benötigen. Arbeit wird dagegen in der Regel verteilt, damit sie effektiv erledigt wird, deshalb kann ihre Allokation nicht nach Bedürftigkeit erfolgen. Die einzelnen Distributionszonen haben ihre eigene Verteilungsraison, die eng mit der Beschaffenheit der in ihnen zur Verteilung anstehenden Güter verbunden ist.

Entgegen einer Theorie einfacher Gleichheit, die die Gleichverteilung dominanter Güter anstrebt und damit die Komplexität der in den jeweiligen Sphären relevanten Gründe unterschätzt, muß – so argumentiert M. Walzer überzeugend – die Dominanz einzelner Güter gebrochen werden. So sollte es – um ein einleuchtendes Beispiel zu geben – unmöglich sein, sich mit Mitteln aus der ökonomischen Sphäre (vor allem Geld) in der politischen Sphäre Ämter zu kaufen. Es besteht die alltägliche Bedrohung, daß die Verteilungsformen einer Sphäre andere Güterzonen kolonialisieren. So wird ein Gut dominant, wenn sein Besitzer durch den Besitz dieses Gutes eine Menge anderer Güter zur Verfügung hat, weil er dieses Gut in andere Güter aus anderen Sphären konvertieren kann. Wenn alles käuflich oder alles eine Frage der Macht ist, ist die Differenzierung aufgehoben und die bereichsspezifischen Verteilungsregeln haben ihre Zuständigkeit überschritten. Der Übergriff ist zu unterbinden, sonst wird besonders evident, daß Personen nicht als Gleiche geachtet werden.[73] Auch wenn die Distributionsgüter ihrem Wesen nach

72 Vgl. F. Andrews, S. Withey, *Social Indicators of Well-Being*.

73 Vgl. D. Miller, »Complex Equality« und »Equality«.

einer eigenen Verteilungsraison unterliegen, ist diese dennoch oft nicht eindeutig und unbestritten. Deshalb kann es vorkommen, daß das Kriterium für die Verteilung in einer Sphäre auf eine andere überspringt.[74] Die Bedeutung der Sphären und Kriterien wird ihrerseits durch gesellschaftliche Wertvorstellungen bestimmt, die als kulturelle Grammatik der Begehrlichkeit fungieren und den Wert eines Gutes festlegen. Durch eine soziologische Analyse der Distributionssphären ist jeweils neu zu unterscheiden, ob hier ein ›illegitimer‹ Übergriff vorliegt; dies ist dann der Fall, wenn ein anderes Distributionsgut bzw. ein anderer Distributionsgrund die ehemals den Bereich bestimmenden Güter und Gründe überlagert, obwohl sich die kulturell vorfindlichen Werthaltungen (noch) nicht geändert haben. Letztere können sich über die Zeit durchaus verändern, und was vormals als Eroberung daherkam, kann heute allgemein akzeptierte Selbstverständlichkeit sein; die Grenzen werden jedoch strittig bleiben. Die Differenzierung des zu Verteilenden in Sphären ist deshalb nötig. Sie ist jedoch nicht a priori, sondern nur a posteriori mittels eines hermeneutischen Konstruktivismus entsprechend der in dieser Untersuchung insgesamt zugrunde gelegten Rawlsschen Methode des Überlegungsgleichgewichts möglich. Gleichwohl ist zuzugeben, daß sich eine den sozialen Verhältnissen abgelesene Sphärenbestimmung in wesentlich größerem Umfang an den Überzeugungen der Menschen orientieren muß als dies bei abstrakten Gerechtigkeitstheorien der Fall ist. Die vorgefundenen Meinungen müssen rekonstruiert werden, also so konsistent wie möglich mit anderen normativen Überzeugungen in ein kohärentes Gleichgewicht gebracht werden. Deshalb kann die Bestimmung der Sphärentrennung für eine Theorie der Gerechtigkeit nicht auf eine rein soziologische Feststellung hinauslaufen.[75] Statt einfacher oder monistischer Gleichheit bedarf es deshalb einer Konzeption komplexerer Gleichheit, der es durch eine den allgemeinen wohlabgewogenen, erfahrungsgesättigten Überlegungen entsprechende Unterscheidung von verschiedenen Güterklassen und getrennten Sphären sowie durch die Entwicklung von je nach Sphären differenzierten Gerechtigkeits-

74 Deshalb behauptet R. Dworkin in »What Justice Isn't« gegen M. Walzers rein hermeneutischen Ansatz, daß Auseinandersetzungen über die richtige Art, Güter zu verteilen, nur durch abstraktere Prinzipien entschieden werden könnten.

75 Vgl. D. Miller, »Introduction«, S. 5-11, und M. Walzer, »Interpretation and Social Criticism«.

prinzipien gelingt, die Komplexität des menschlichen Lebens und die Pluralität der Gerechtigkeitskriterien zu berücksichtigen. Unterschiedliche Güter müssen an verschiedene Personen nach unterschiedlichen Kriterien, das heißt unter Berücksichtigung begründeter Ausnahmen von einer Gleichverteilung, in unterschiedlichen Verfahren verteilt werden.

Wollte man dieser Devise folgen, müßte man unsere gesamte soziale Welt in all ihren Sphären rekonstruieren. Das wäre weder sinnvoll noch durchführbar. Statt dessen konzentriert sich eine ideale Theorie der Gerechtigkeit auf der ersten Stufe auf die für die Regelung des Zusammenlebens wesentlichen Sphären. Um unser wohlabgewogenes Verständnis heutiger liberaler Demokratien zu rekonstruieren, sind vier Klassen oder Kategorien von Gütern zentral, denen entsprechende Sphären der Verteilung korrespondieren:[76]

1. die politische Sphäre, in der es um die Zuteilung von Rechten durch die Verteilung bürgerlicher Freiheiten geht;

2. die demokratische Sphäre, in der politische Macht und politische Partizipationsrechte geregelt werden;

3. die ökonomische Sphäre, in der Einkommen und Besitz verteilt werden;

4. die soziale Sphäre, die es mit der Distribution sozialer Positionen und Chancen zu tun hat.

Nachdem die Güter in Kategorien eingeteilt sind, ist zu fragen, welche Gründe in den jeweiligen Kategorien eine Ungleichbehandlung oder -verteilung rechtfertigen können. Die Prinzipien der Gerechtigkeit und Gleichheit müssen für jede Sphäre gesondert ermittelt werden. Dabei möchte ich zeigen, daß man die inzwischen

76 Vgl. für eine ähnliche Liste P. Koller, »Soziale Güter und soziale Gerechtigkeit«, S. 95. Koller listet allerdings als erste Kategorie allgemeine Rechte der Bürger auf, die ich zur politischen Sphäre zähle. T. Nagel unterscheidet in »Gleichheit« (S. 149) vier Typen von Gleichheit: politische, legale, soziale und ökonomische. A. Swift konfrontiert in »The Sociology of Complex Equality« Walzers philosophisch-politischen Ansatz mit vergleichbaren soziologischen Konzeptualisierungen von sozialen Stratifikationen. Von einer eher empirischen, sozialwissenschaftlichen Ausrichtung her unterscheiden J. Hochschild in *What's Fair?* und R. Lane in »Market Justice, Political Justice« Bereiche der Verteilung. Hochschild grenzt in *What's Fair?* (S. 81) drei Lebens- oder Aktivitätsbereiche gegeneinander ab. Danach wenden Individuen im ökonomischen Bereich in erster Linie Differenzprinzipien an, im sozialen und politischen Bereich sind es dagegen Gleichheitsprinzipien (S. 82).

allgemein akzeptierten, klassischen, liberalen Grundrechte auch und besser mittels der präsumtiven Gleichverteilung der für die jeweilige Sphäre wesentlichen Ressourcen rekonstruieren kann. Die Prinzipien, die sich für die Sphären der Freiheit, der Partizipation und der Chancen sowie zum Teil auch für Einkommen und Besitz ergeben werden, sind keineswegs neu. Im Gegenteil, sie sollen den wohlerwogenen Gerechtigkeitsurteilen entsprechen. Ihre Begründung (konsequenterweise mittels der Präsumtion der Gleichverteilung) ist jedoch eine andere, als dies in klassisch liberalen Ansätzen üblich ist. Die für die unterschiedenen Sphären ermittelten Prinzipien sind Anwendungen der schon begründeten Präsumtion der Gleichheit:[77]

Alle zur Distribution anstehenden Ressourcen sind in einer ursprünglichen Situation gleichmäßig zu verteilen, außer es lassen sich gute Gründe für eine Ungleichverteilung angeben.

Eine adäquate Theorie der Gerechtigkeit sollte von Verteilungsgleichheit ausgehen und nicht nur von gleicher Achtung, formaler rechtlicher Gleichbehandlung und/oder gleicher Freiheit. Dies ist die die nächsten Kapitel leitende These, die durch ihre Darstellung und skizzierte Durchführung erklärt und plausibilisiert werden soll. Eine in die Details gehende Klärung der einzelnen Rechte in den jeweiligen Sphären ist dafür nicht unbedingt nötig und hier auch nicht zu leisten. Die Darlegung, Erörterung und Begründung der Grundprinzipien kann für diesen Zweck genügen.[78]

Im nächsten Kapitel wird für die ersten zwei Sphären der Grundrechte und -freiheiten sowie der politischen Teilhaberechte gezeigt werden, daß es keine berechtigten Ausnahmen von der Gleichverteilung der in diesen Sphären relevanten Güter gibt. Für die beiden übrigen Sphären, die der ökonomischen Güter und die der sozialen

77 Dies ist meine Alternative zu J. Rawls' »allgemeiner Gerechtigkeitsvorstellung« in *Eine Theorie der Gerechtigkeit* (S. 83).

78 Denn wollte man dieses Abstraktionsniveau verlassen und die in der Anwendung der Grundprinzipien entstehenden Probleme ein oder gar zwei Stufen ›tiefer‹ diskutieren (was, um eine Anwendbarkeit in konkreten Situationen zu gewährleisten, sicherlich notwendig wäre), so müßten Zusatzerwägungen in einem hier nicht möglichen Umfang berücksichtigt werden. So werden Fragen, wie zum Beispiel die nach der Grenze der Meinungsfreiheit, der Ausgestaltung demokratischer Strukturen oder der Höhe des Sozialhilfesatzes, *notwendig* unbeantwortet bleiben müssen.

Positionen, verhält es sich anders. Im übernächsten Kapitel werden ein Hauptgrund und drei limitierende Einschränkungen für eine Ungleichverteilung materieller Ressourcen benannt.

Um eine verkürzte Auffassung der Distribution von Gütern zu vermeiden, sei nochmals daran erinnert, daß nicht der Staat oder die Gemeinschaft, sondern alle betroffenen Personen, die sich gegenseitig als autonom und gleichberechtigt anerkennen, sich als Bürgerinnen und Bürger eines politischen Gemeinwesens wechselseitig Rechte gewähren, indem sie die betreffenden Güter in einer wechselseitig und allgemein gerechtfertigten Weise verteilen. Die Personen sind somit zugleich Autoren und Adressaten der Rechte. Es gibt keine übergeordnete Instanz, die Rechte zuteilen kann. Rechte sind Ausdruck der Anerkennung von Personen als autonome und gleichberechtigte Wesen, die sich diese Rechte nicht reziprok und allgemein vorenthalten können.

# Kapitel IV
# Gleiche Rechte, Freiheiten und Mitbestimmung

> In der Gesellschaft sind alle gleich. Es kann keine Gesellschaft anders als auf den Begriff der Gleichheit gegründet sein, keineswegs aber auf den Begriff der Freiheit. Die Gleichheit will ich in der Gesellschaft finden; die Freiheit, nämlich die sittliche, daß ich mich subordinieren mag, bringe ich mit.
> Die Gesellschaft, in die ich trete, muß also zu mir sagen: »Du sollst allen uns anderen gleich sein.« Sie kann aber nur hinzufügen: »Wir wünschen, daß Du auch frei sein mögest«, das heißt: Wir wünschen, daß du dich mit Überzeugung, aus freiem vernünftigen Willen deiner Privilegien begibst.
>
> J. W. Goethe[1]

## 1. Grundrechte und Grundfreiheiten

Innerhalb einer staatlichen Ordnung, in der Personen ihr Zusammenleben mit den Mitteln moralischer Normen und juridischer Rechte regeln, ist die primäre gerechtigkeitstheoretische Aufgabe nach liberaler Auffassung die Gewährung und Sicherung von Grundrechten und Grundfreiheiten. Die politische Sphäre wird durch die Aufgabe bestimmt, Rechte durch die Verteilung politischer Grundrechte und -freiheiten zuzuteilen und zu sichern. Zunächst werde ich klassische Gründe dafür anführen, warum gerade politische Freiheiten Gegenstand von Grundrechten sind (1.1.). Dies darf jedoch nicht so verstanden werden, daß politische Freiheit einen höheren Wert als Gleichheit in einer liberalen Theorie der Gerechtigkeit einnimmt (1.2). Unter der Perspektive einer präsumtiven Gleichverteilung von politischen Freiheiten ist vielmehr zu klären, in welchem Sinne sich alle Personen politische Grundrechte

1 J. W. v. Goethe, *Maximen und Reflexionen,* Nr. 124 u. 125, S. 380f.

gegenseitig gewähren sollen. Die Ermöglichung und Sicherung von Autonomie erweist sich als Richtschnur zur Bestimmung der Grundrechte und -freiheiten. Dabei ist die Sicherung von Freiheit nur ein wenn auch zentraler Gesichtspunkt neben dem der persönlichen Integrität (1.3.). Die so zu bestimmenden Grundrechte und -freiheiten sind – von geringfügigen Ausnahmen abgesehen – gleich zu verteilen (1.4.). Die Idee der gleichen Ermöglichungsbedingungen von Autonomie verlangt auch die Gewährleistung eines fairen Wertes der Freiheiten. Dieser ist jedoch vor allem durch die gerechte Verteilung in den anderen Sphären zu verbürgen (1.5.). Die Grundrechte genießen einen noch näher zu spezifizierenden Vorrang vor den Rechten, die sich aus der Verteilung in den anderen Sphären ergeben, weil sie die Bedingungen der Möglichkeit von autonomer individueller Handlungsfähigkeit sicherstellen sollen. Dies begründet keinen absoluten Vorrang von Freiheiten als solchen. Wegen der Bedeutung und der von daher begründeten vorrangigen Sicherung der Grundrechte und -freiheiten übernimmt die hier vertretene Theorie der präsumtiven Gleichverteilung ein klassisch liberales Moment in modifizierter Form.

### *1.1. Rechte auf Freiheiten*

Welche Ansprüche sollten gerechterweise als Rechte geschützt werden? Liberale Theorien weisen den Rechten auf subjektive Freiheitsspielräume, die mit den gleichen Freiheiten für alle gleichermaßen vereinbar sind, eine Priorität zu. In der politischen Sphäre werden aus folgenden Erwägungen Rechte durch die Verteilung politischer Freiheiten zugeteilt:[2]

Normen sind dann legitim, wenn sie von allen unter Bedingungen von Freiheit und Gleichheit allgemein und wechselseitig akzeptiert werden können. Im Rechtfertigungsverfahren erkennen sich die Individuen wechselseitig als Autonome und Gleiche an. Sie unterstellen sich gegenseitig *moralische Freiheit.* Diese besteht in der

2 Unter politischer Freiheit sollen hier allgemein die äußerlichen Freiheiten verstanden werden, die Personen als Bürgerinnen und Bürger einer politischen Gemeinschaft besitzen. Manchmal versteht man darunter im engeren Sinn das Recht auf Teilhabe an der politischen Willensbildung. Dieses Recht diskutiere ich als Recht auf politische Partizipation (und nicht Freiheit) in Kap. IV.2.

Befugnis, nur solchen Normen und Gesetzen gehorchen zu müssen, die man sich zusammen mit allen anderen selbst gegeben hat. Da sich die Personen zu Bürgern und Bürgerinnen eines politischen Gemeinwesens zusammenschließen, müssen sie zugleich ihre ursprüngliche, vorvertragliche, *›natürliche‹ Freiheit* berücksichtigen.

Denn auch wenn der Gesellschafts-, Rechts- und Staatsvertrag für alle vernünftig ist, so gibt jede Person letztlich ihre Freiheit auf, ungehindert von öffentlicher Gewalt tun und lassen zu können, was sie will. Diese ›natürliche‹ Freiheit im Naturzustand ist jedoch um so mehr durch die private Gewalt anderer gefährdet, gerade weil eine öffentliche Gewalt fehlt. Im Naturzustand gibt es Freiheit nur als tatsächliche Hindernisfreiheit des Stärkeren, nicht als moralisches oder gar geschütztes *Recht* auf Freiheit. Ohne rechtlichen Schutz, das heißt im Naturzustand, können sich die Menschen gegenseitig Gewalt antun. Hier herrscht ausschließlich das Recht des Stärkeren. Indem die Gerechtigkeitsmoral diesen Zustand überwinden will, muß sie Gewaltfreiheit herzustellen suchen. Gewaltverzicht bedeutet einerseits einen allseitigen Verzicht darauf, Konflikte mit Gewalt auszutragen, andererseits erhält man dafür die Gewähr (oft als Freiheit bezeichnet), frei von Gewalt sein Leben mit anderen friedlich regeln zu können. Durch den Übergang in einen Zustand, der private Gewalt zugunsten unparteiischer friedlicher Regelungen überwindet, wird man frei von der Bedrohung durch die nötigende Willkür anderer.[3] Primär ist dabei der Gewaltverzicht, weil er die Grundlage für eine friedliche Lösung aller weiteren Konflikte darstellt. Um die Gewährleistung dieses ersten Grundrechts sicherstellen zu können, bedarf es der Übertragung aller legitimen Gewalt auf eine mit alleiniger Zwangsbefugnis ausgestattete rechtsschützende Institution.[4] Zum Schutz der Menschen sind also sanktionsbewehrte Rechte nötig. Das Recht in seinem inhärenten Drang zur Positivierung bedarf einer durch öffentliche Gewalt strukturierten (staatlichen) Herrschaftsordnung, die als solche in die ›natürliche‹ Freiheit ihrer Mitglieder eingreift und in genau dieser Hinsicht der Rechtfertigung bedarf. Da die ›natürliche‹ Freiheit nicht immer auf legitime Weise durch die Gesetze eingeschränkt wird, muß die Gerechtigkeit eine begründete Bestimmung der äußeren rechtlichen Freiheit der Personen durch legitime, gerechte Gesetze vornehmen.

3 Vgl. I. Kant, *Die Metaphysik der Sitten*, S. 237.

4 Vgl. Kap. III.2.3.

Zum Schutz der Personen voreinander braucht es also gerechter Normen, die auch und vor allem Gewaltfreiheit garantieren.

Diese Normen selbst müssen reziprok und allgemein gerechtfertigt sein. Die so mittels des moralischen Rechts auf Selbstgesetzgebung legitimierten Rechte und Gesetze bestimmen die Grenzen der äußeren, rechtlichen Freiheit eines jeden. Indem sich nun Bürgerinnen und Bürger wechselseitig politische Freiheitsrechte zugestehen, sichern sie sich gegenseitig in der politischen Realität den Status einer autonomen und gleichberechtigten Person. Die Aufgabe einer politischen Gesellschaft muß es sein, Personen Autonomie und autonomes Handeln zu ermöglichen. Politische Freiheit besteht zum Schutz und zur Ermöglichung von Autonomie.[5] Nur im Rahmen des egalitären, benachteiligungs- und zwangsfreien, alle einschließenden Rechtfertigungsverfahrens können soziale Regeln überhaupt – und damit Freiheitsrechte im besonderen – legitimiert werden. Der liberale, das heißt freiheitliche Charakter einer Gerechtigkeitstheorie fußt deshalb selbst auf einer Grundlage gleicher Achtung; einer Achtung vor der Freiheit und Gleichheit anderer als Personen. Die Freiheit der Personen darf deshalb nicht ohne allgemeine und wechselseitige Rechtfertigung eingeschränkt werden. Die politische Sphäre wird nun dadurch bestimmt, daß es in ihr um die Zuteilung von Rechten durch die Verteilung politischer Freiheiten an alle Bürgerinnen und Bürger geht.

Freiheiten sind zudem schon rein formal ein wesentlicher Teil dessen, was das Recht gewährt. Rechte werden als solche nur indirekt als Güter zweiter Ordnung verteilt:[6] Indem Güter erster Ordnung gerecht verteilt werden, teilt man auch moralische Rechte als Güter zweiter Ordnung zu. Die Herstellung und Verteilung von Rechten bringt die Verteilung von Gütern (und Lasten) mit sich. Dasselbe gilt für Pflichten, die sich aus der Verteilung von Lasten ergeben. Die allgemeinen Normen des Zusammenlebens regeln, wenn auch auf einer zweiten, indirekten Stufe, die Zuteilung von Rechten. Rechte erster Stufe bestehen einerseits in Ansprüchen (claims) und Freiheiten (liberties), andererseits aus dem Schutz von Ansprüchen oder Freiheiten gegen Angriffe anderer (immunities).[7]

5 Vgl. J. Habermas, *Faktizität und Geltung*, Kap. III; R. Forst, »Politische Freiheit«.

6 Vgl. die Argumentation dazu in Kap. III.2.2.: »Freiheiten und Rechte«.

7 Nach einer klassischen Einteilung von W. Hohfeld in *Fundamental Legal Conceptions* (S. 35 ff.) bestehen Rechte erster Stufe in Ansprüchen (claims) und Freiheiten

Die äußere Form des juridischen Rechts bedeutet inhaltlich stets zugleich eine Freiheitseinschränkung und eine Freiheitsgewähr. Dadurch, daß Bürgerinnen und Bürger bereit sind, sich wechselseitig Rechte zuzugestehen, gewähren sie bereits durch die formale Struktur des Rechts Freiheiten zu einem bestimmten Gebrauch der jeweiligen Ressourcen. Dadurch, daß sich juridische Rechte als staatlich erzwingbare Gesetze nur auf das äußere Verhalten von Rechtspersonen beziehen und von ihrer moralischen oder unmoralischen Handlungsmotivation absehen, wird den Rechtspersonen zudem ein Raum persönlicher Willkürfreiheit eröffnet, innerhalb dessen Personen nicht moralisch vernünftig zu sein brauchen.[8]

## *1.2. Freiheit in Gleichheit*

Welche Stellung nimmt Freiheit in dieser Auffassung egalitärer Verteilungsgerechtigkeit ein? Freiheit kann keinesfalls allein der höchste Wert sein, sondern ausschließlich in Zusammenhang mit Gerechtigkeit. Die ›natürliche‹ Freiheit wird im Namen von Gleichheit und Gerechtigkeit eingeschränkt; aufgeklärte politische Bürgerinnen und Bürger können dies freiwillig akzeptieren und solche Regelungen somit legitimieren, weil sie in ihrer Wertordnung Gerechtigkeit bzw. moralische Gleichheit (in bestimmten Maßen) als den höheren *politischen* Wert als Freiheit ansehen und institutionalisieren.[9]

(liberties). Sie sind die Grundlage für die darauf aufbauenden Rechte, die, sofern sie zusammengehören, ein Rechtsbündel ausmachen. Die Rechte zweiter Stufe werden teils aus Befugnissen (powers), mit deren Hilfe man Ansprüche und Freiheiten ändern kann, z.B. durch Schenkungen der Verkäufe, teils aus dem Schutz von Ansprüchen oder Freiheiten gegen Angriffe anderer (immunities) gebildet. Der Zusammenhang dieser Komponenten ist klar ersichtlich, auch wenn sie nicht immer alle bei einem Recht(sbündel) zusammen vorkommen müssen.

8 Vgl. A. Wellmer, »Freiheitsmodelle in der modernen Welt«, S. 39, 43.

9 D. h. aus der Perspektive des Individuums sind es Konkurrenzwerte; an ihnen macht sich die Entscheidung Egoismus vs. Unparteilichkeitsmoral fest. Liberalismus kann sinnvollerweise nur bedeuten, daß aus der moralischen Perspektive der gleichen Rechte für alle Freiheit das fundamentale Grundrecht eines jeden sein sollte. Die Konkurrenz ist damit in modernen liberalen demokratischen Verfassungen schon immer und zu Recht zugunsten der Gerechtigkeit bzw. Gleichheit entschieden. Insofern ist meines Erachtens der Begriff Liberalismus zumindest in dieser Weise erläuterungsbedürftig oder schlimmstenfalls irreführend. Für die gegenteilige Sicht vgl. G. Seebaß, »Der Wert der Freiheit«.

Distributive Gleichheit ist die zentrale Idee, die zu der gleichen Verteilung von Rechten überhaupt führt. Ein Recht auf adäquate subjektive Freiheitsspielräume kann nicht ohne *distributive* Gleichheit eingeführt werden, weil Freiheit bzw. Freiheitsrechte ein Anwendungsfall distributiver Gleichheit sind. So ist Rousseau zuzustimmen, wenn er feststellt:

> In der allgemeinen Freiheit hat keiner das Recht, das zu tun, was die Freiheit eines anderen ihm verbietet, und die wahre Freiheit zerstört niemals sich selbst. Die Freiheit ohne Gerechtigkeit ist also ein wahrer Widerspruch, denn man fange es an, wie man will, die Ausführung eines ordnungslosen Willens behindert alles. Es gibt also keine Freiheit ohne Gesetze, und auch dort gibt es keine, wo jemand über den Gesetzen ist.[10]

Man kann die Idee gleicher Rechte auf Freiheiten nicht erklären, ohne sie als eine Form der Gleichzuteilung von Gütern zu verstehen, die sich freie und gleiche Personen wechselseitig zubilligen. Die Zuweisung von Freiheitsspielräumen ist eines der möglichen Anwendungsgebiete von Gleichverteilung.[11] Freiheit ist ein Gut unter anderen, wenn auch ein wichtiges, das der Verteilungsgerechtigkeit und Gleichheit ›unterworfen‹ ist. Das Merkmal der Freiheit betrifft die Frage, *was* wertvoll ist. Ein (bestimmtes) Verständnis von Freiheit bildet so den (Teil-)Inhalt der Gleichheit; Gleichheit betrifft deren relationale Verteilung. Das Merkmal der Gleichheit beantwortet die Frage, *wer* in den Genuß gegebener Werte kommt.[12]

Egalitaristen fordern eine Gleichverteilung des Wertes ›Freiheit‹. Sie verknüpfen deshalb jedoch nicht den einen Wert, auf den sich die Verteilungsforderung bezieht, mit einem zweiten Wert, der in der richtigen Verteilung selbst besteht. Gleichheit ist etwas anderes als Freiheit. An Freiheit *erfreut* man sich. Am Grad ihrer Gleichverteilung hingegen *ermißt* man, wie gerecht oder ungerecht eine Ge-

10 J.-J. Rousseau, »Briefe vom Berge«, VIII, S. 189.

11 Dies gilt auch, obwohl Grundfreiheiten keine gemeinsam gesellschaftlich erzeugten Güter sind, sondern als Rechte erst im Akt der Zuerkennung konstituiert werden (vgl. Kap. III.2.2.: »Freiheiten und Rechte«). Aus diesen u. ä. Gründen bestreitet J. Habermas in *Faktizität und Geltung* (S. 505 f.), daß Rechte verteilt werden. Dabei darf die Zuweisung von Freiheitsspielräumen nicht bloß als ein Nullsummenspiel betrachtet werden, da sich alle Bürgerinnen und Bürger gleichermaßen neue Freiheitsspielräume zugestehen können, ohne daß irgendwer deshalb seinen Freiheitsspielraum einschränken müßte. Das gilt auch für einige andere soziale Güter, die neu ›entdeckt‹ oder kreiert werden können.

12 Vgl. G. Seebaß, »Der Wert der Freiheit«, S. 768.

sellschaft ist. Man genießt Gleichheit nicht als Gut; allenfalls genießt man das Gefühl, in einer mehr oder weniger gerechten Gesellschaft zu leben. Hierfür kann die Verteilungsrelation zentraler Güter wie der Freiheit als Kriterium dienen.

Das aber degradiert Freiheit genauso wenig zu einem Mittel für Verteilungsgleichheit, wie es letztere zu einem Mittel für Freiheit macht. Statt dessen sind Freiheit und Gleichheit komplementäre Aspekte eines einzigen humanistischen Ideals: des fundamentalen moralischen Gleichheitsprinzips, dessen Kernforderung es ist, Menschen als Gleiche zu behandeln.[13] Freiheit braucht Gleichheit zu ihrer inhaltlichen Bestimmung und prozeduralen Rechtfertigung. Gleichheit braucht Freiheit um der gleichen Achtung der Autonomie der Individuen willen. Freiheit und Gleichheit haben aber nicht den gleichen ›Stellenwert‹, weil Verteilungsgleichheit ein Grundbegriff der Gerechtigkeit ist und Freiheiten auf der Basis von Gleichheit und Gerechtigkeit gerechtfertigt werden.

Die geläufige Annahme eines Widerstreites von Freiheit und Gleichheit beruht folglich auf einer Ebenenverwechslung. Freiheit ist nicht ›wichtiger‹ als Gleichheit. Wenn man akzeptiert, daß die Präsumtion der Gleichheit die beste Konzeption von Verteilungsgleichheit ist, dann wird Freiheit zu einem Aspekt von Gleichheit und nicht ein unabhängiges politisches Ideal, das in potentiellem Konflikt zu Verteilungsgleichheit steht. Es handelt sich vielmehr um einen Kategorienfehler, wenn Freiheit und Gleichheit (in diesem Sinne – also ganz abstrakt) als Gegensätze betrachtet werden. Wenn Gerechtigkeit zumindest für das Gut der Freiheit Gleichverteilung verlangt, dann ist Gleichheit das distributive Prinzip und Freiheit das in dieser Hinsicht zu verteilende Gut. Was landläufig oft als Konflikt von Gleichheit und Freiheit angesehen wird, ist allenfalls die problematische Abstimmung von Sphären und deren Vorrang. Die Gleichverteilung eines bestimmten Gutes kann eventuell die gleichen Freiheiten einschränken. Wer zum Beispiel das Risiko, Opfer eines Verkehrsunfalls zu werden, für alle gleichermaßen mindern will, muß gegebenenfalls die Freiheit des Autofahrens weiter einschränken. Da es aber kein Recht auf Freiheit als solche und auch kein Recht auf möglichst große Freiheitsspielräume gibt, welches Priorität vor anderen Gütern hätte, handelt es sich in solchen Fällen

13 Vgl. R. Dworkin, »What is Equality? Part 3: The Place of Liberty«, S. 3, 12.

um Fragen der politischen Güterabwägung. Nur in solchen Fällen, in denen es um die Abwägung und Koordinierung eines Mehr oder Weniger einer bestimmten Freiheit versus dem Mehr oder Weniger eines anderen Guts geht, ist es überhaupt sinnvoll, von einem möglichen Konflikt zu sprechen. Sollte es tatsächlich zum Konflikt kommen, müssen konkrete Freiheitsansprüche diesen Widerstreit gegen die Präsumtion der Gleichheit verlieren. Denn die Rechte auf Freiheiten, die wir als grundlegend ansehen, sind ein Teil oder ein Aspekt der besten Konzeption von Verteilungsgleichheit. Es ist ein Mißverständnis einer rein freiheitsorientierten Auffassung von Gerechtigkeit, wenn sie glaubt, gegen distributive Gleichheit argumentieren zu müssen. Statt dessen ist die Begründung basaler Freiheitsrechte mit der Idee der gleichen Achtung und der Idee einer distributiven Gleichheit so eng verwoben, daß sie gleichursprünglich und untrennbar sind. Die Sicherung der Freiheit (und gegebenenfalls ihres gleichen Wertes) ergibt sich erst aus einer Interpretation der Idee distributiver Gleichheit. Denn bei distributiver Gleichheit ist immer die Frage zu stellen: Gleichheit wovon? Eine rein freiheitsorientierte Auffassung von Gerechtigkeit antwortet darauf: Es sollte auf jeden Fall und gegebenenfalls primär eine Gleichheit der Freiheit geben.[14] Das zeigt, daß die Vertreter dieser These Gleichheit in allen ihren Bedeutungen akzeptiert haben müssen. Damit sind noch nicht alle Kontroversen beigelegt, sondern jetzt erst richtig situiert. Es geht nun um die genauere Klärung der Fragen: Gleichheit von welchen Freiheiten muß hergestellt werden? Was muß wie verteilt werden, um gleiche Freiheiten zu sichern?

### *1.3. Freiheitsverständnis*

Strittig kann unter den Vorzeichen einer egalitären Moral nur noch sein, in welchem Sinne alle Personen die gleichen Freiheiten genießen sollen.[15] Welche Freiheiten sind warum zu schützen? Welches Verständnis von Freiheit ist in einer egalitären Verteilungstheorie angemessen? Eine Theorie gerechter Verteilung fragt nach der Art

14 Eine Antwort, die übrigens mit Sens Konzeption der »equality of capability« einiges gemeinsam hat.

15 Für den folgenden Abschnitt vgl. S. Gosepath, »Zu Begründungen sozialer Menschenrechte«, S. 159-166.

und dem Umfang individueller Handlungsfreiheiten im Rahmen des gesellschaftlichen Lebens. Freiheit ist zunächst begrifflich bestimmt als die Freiheit (i) eines Freiheitsträgers (zum Beispiel eines Handelnden) (ii) von etwas (dem Freiheitshindernis) und (iii) zu etwas (dem Freiheitsgegenstand).[16] Eine Person ist frei von bestimmten Beschränkungen ihres Handelns, oder sie hat die Freiheit zu bestimmten Handlungen. Ersteres, die Abwesenheit bestimmter Beschränkungen, wird *negative Freiheit* genannt. Letzteres, die Fähigkeit, bestimmte Dinge zu tun, die man tun will, heißt *positive Freiheit.*[17] Positive Freiheit impliziert negative, nicht aber umgekehrt. Bei der Abwesenheit aller Hindernisse liegt positive Freiheit vor. Es lassen sich verschiedene Arten von Beschränkungen des Handelns ausmachen. Diese lassen sich zum einen in interne und externe differenzieren, je nachdem, ob sie in Umständen der äußeren Umwelt oder der persönlichen Eigenschaften begründet sind; zum anderen in natürliche und soziale Beschränkungen, je nachdem, ob sie von Natur aus bestehen oder gesellschaftlich bedingt sind.[18] Bezieht man sich auf den Freiheitsbegriff zur Beschreibung und Bewertung von menschlichen Handlungen im Rahmen sozialer Verhältnisse, sieht man von den natürlichen Beschränkungen dieses Handelns weitgehend ab. Dabei unterstellt man, daß diese Personen zumindest in einem gewissen Umfang über die gewöhnlichen physischen und intellektuellen Fähigkeiten verfügen, die für den Gebrauch der Freiheit nötig sind. Man betrachtet vielmehr die externen sozialen Beschränkungen des individuellen Handelns.[19] Es besteht begriffliche Einigkeit darüber, daß zumindest die Abwesenheit von externen sozialen Beschränkungen, die einen daran hindern, bestimmte Dinge nach eigenem Willen zu tun oder zu unterlassen, eine notwendige Voraussetzung politischer Freiheit ist.

Es kann nicht darum gehen, Freiheiten als solche rechtlich zu sichern. Es kann kein allgemeines Recht auf Freiheit geben, wie Dworkin[20] gezeigt hat: Wenn man das Recht auf Freiheit nicht in

16 Zur Bedeutung des Freiheitsbegriffs vgl. G. MacCallum, »Negative and Positive Freedom«; T. Gray, *Freedom*, Kap. 1: »The Meaning of Freedom«; P. Koller, »Grundlinien einer Theorie gesellschaftlicher Freiheit«, Abschn. II, S. 479-483.

17 So vor allem I. Berlin, »Zwei Freiheitsbegriffe«.

18 Vgl. J. Feinberg, *Social Philosophy*, S. 12f.

19 Vgl. P. Koller, »Grundlinien einer Theorie gesellschaftlicher Freiheit«, S. 483.

20 Vgl. R. Dworkin, *Bürgerrechte ernstgenommen*, S. 433ff.

dem schwachen Sinn versteht, daß Personen ein solches Recht haben, weil sie jegliche Freiheit wünschen, sondern in dem starken Sinn, daß ein Recht zu haben bedeutet, daß die Regierung dieses Recht nicht einschränken darf, auch wenn es im allgemeinen öffentlichen Interesse läge, dann kann es kein allgemeines Recht auf Freiheit als solche geben. Denn ein solches Recht würde bedeuten, daß jede öffentliche Regelung, jedes Gesetz, eine Verletzung dieses Rechts auf Freiheit wäre. Aber alle Gesetze sind immer (auch) freiheitseinschränkend. Gleiche Freiheitsrechte können sich also politisch nur auf Grundfreiheiten bzw. -rechte beziehen.[21] Das, was nicht unter die Grundfreiheiten bzw. -rechte fällt, darf in unserem System legitimerweise utilitaristisch geregelt werden. Zur Sicherung der Grundfreiheiten müssen die Bürgerinnen und Bürger aus pragmatischen Gründen sogar ihre sonstigen Freiheiten einschränken. Es gibt, unter Sicherung der Grundrechte auf Freiheit, legitime Einschränkungen von Freiheiten um eines anderen Wertes willen (wie beispielsweise um willen des Wohls aller).

Politische Freiheit ist nicht an sich, intrinsisch, sondern (nur) konstitutiv wertvoll; und es gibt kein Recht auf Freiheit als solche. Freiheit scheint für uns wertvoll zu sein, weil wir glauben, daß sie Konsequenzen für die Menschen hat: Wir glauben, daß Leben, die unter Bedingungen der Freiheit gelebt werden, schon allein aufgrund dieser Tatsache bessere Leben sind. Daher beansprucht das Gleichheitsprinzip selbst den Schutz der Freiheiten. Personen wollen bestimmte Freiheiten gesichert wissen, weil die dadurch gesicherten Aktivitäten und Ziele für Menschen von wesentlicher Bedeutung sind, während andere weniger wichtig sind. Man will in der Regel bestimmte Freiheiten, um mit diesen bestimmte angestrebte Ziele realisieren zu können. Daneben haben aber auch Freiheitsspielräume, die man vielleicht nie nutzen wird, durchaus einen eigenen Wert. Jene Personen sind an Freiheiten interessiert, die ihr Leben inhaltlich selbstbestimmt führen wollen. Es handelt sich um ein Selbstmißverständnis der Liberalen, wenn sie Freiheit als höchsten Wert im Liberalismus ansehen. Die Freiheit, Ziele und Projekte zu wählen, zu verändern und zu verfolgen, kann nicht als Wert an

21 R. Dworkin diskutiert in *Bürgerrechte ernstgenommen* (S. 435 ff.) die These, daß das Recht auf Freiheit sich auf Grundfreiheiten beschränkt. Dagegen sprechen die nach Dworkin unüberwindlichen Schwierigkeiten, entweder qualitativ oder quantitativ wichtige von nicht so wichtigen Freiheiten zu unterscheiden.

sich angesehen werden. Die liberale Wertschätzung und Verteidigung der Freiheit beruht vielmehr auf der zentralen Bedeutung, die unsere Projekte für uns haben. Weil die jeweiligen Projekte im Leben der Menschen das Wichtigste sind, sollten sie die Freiheit haben, sie revidieren zu dürfen, wenn sie zu der Überzeugung gelangen sollten, daß es sich doch nicht lohnt, sie zu verfolgen. Unsere Projekte, das was wir für uns als wichtig ansehen, sind das Wichtigste für uns im Leben, deshalb sollten wir frei sein, unsere Projekte nach unseren eigenen Wertvorstellungen zu formen, zu revidieren und unsere Leben nach ihnen zu führen. Wahlfreiheit ist nicht das Wichtigste im Leben, sondern die Bedingung der Möglichkeit dafür, das Wichtigste, nämlich die eigenen Projekte, verfolgen zu können.[22]

An Freiheit werden aus verschiedenen Gründen folgende Dimensionen allgemein geschätzt: erstens soweit wie möglich die Kontrolle über sein eigenes Leben zu haben, das heißt sein Leben sozusagen von innen zu leben – nach seinen eigenen Meinungen, Wünschen und Zielen; zweitens die Möglichkeit zu haben, seine Meinungen, Wünsche und Ziele zu überprüfen und gegebenenfalls zu revidieren; drittens in der Lage zu sein, eine hinreichend große Anzahl von alternativen Wegen, Optionen, substantiellen oder genuinen Wahlmöglichkeiten verfolgen zu können, so daß man nicht gezwungen ist, ein bestimmtes Leben zu leben. Freiheit ist demnach die Bezeichnung für die Bedingungen des autonomen Lebens.[23] Sie umfassen zumindest die Abwesenheit von Zwang und Manipulation, die Verfügbarkeit adäquater Information, alternativer Ideen und Konzeptionen des Guten sowie das Fehlen von Einschränkungen einer signifikanten Bandbreite möglicher Handlungen.[24]

Diese Charakterisierung soll anzeigen, warum Freiheit und Autonomie für uns alle von zentraler Bedeutung sind. Es liegt daher im Interesse jeder Person, und ist deshalb moralisch gerechtfertigt, einen möglichst großen Spielraum an Freiheiten gesichert zu bekommen. Aus der Moral der gleichen Achtung folgt also die gleiche Berücksichtigung und der gleiche Schutz der Bedingungen der indi-

22 Vgl. W. Kymlicka, *Contemporary Political Philosophy*, 2. Aufl., S. 222 ff.

23 Weiter unten werde ich die einschränkende These vertreten, daß es nicht zwingend ist, daß zur Sicherung persönlicher Autonomie in erster Linie politische Freiheitsrechte gesichert werden müssen.

24 Vgl. S. Lukes, »Equality and Liberty«, S. 66 f.

viduellen Autonomie bzw. des autonomen Lebens. Autonomie stellt demnach das wichtigste moralisch gerechtfertigte Interesse dar, weil sie die Basis unserer Selbstbestimmung ist.[25] Der moralisch geschuldete wechselseitige Respekt hat der Autonomie der Einzelnen zu gelten. Unterbleibt diese Achtung, wird letztlich das Selbstwertgefühl (die Selbstachtung oder der Selbstrespekt) der Betroffenen verletzt.[26] Deshalb muß Autonomie die Richtschnur für die inhaltliche Festlegung von Grundrechten sein. Es ist falsch, äußere Freiheit als diese Leitidee zu betrachten; vielmehr leitet sich das Recht auf gleiche subjektive Handlungsfreiheiten selbst aus der angestrebten Sicherung gleicher individueller Autonomie als Kern der geschuldeten Achtung der anderen ab. Autonomie darf und braucht dabei nicht in einem essentiellen Bedürfnis fundiert zu werden. Statt dessen ist Autonomie der letzte moralisch anzuerkennende Wert, weil die individuelle Autonomie die letzte Instanz jeder möglichen Rechtfertigung ist. Aus der Moral der gleichen Achtung ergibt sich das Rechtfertigungsprinzip und mit ihm die Anerkennung von autonomen Entscheidungen.

Zur Sicherung der so verstandenen Autonomie bedarf es bestimmter politischer Grundrechte und Grundfreiheiten, die in Form einer Liste angegeben werden können. Wichtig unter ihnen ist erstens die Unverletzlichkeit der Person, das heißt der Schutz ihrer körperlichen Unversehrtheit vor körperlicher Mißhandlung, psychischer Unterdrückung, Leibeigenschaft und Sklaverei. Die Rechte auf Leib und Leben sowie körperliche Unversehrtheit sind grundlegend, weil sie die Grundlage der Handlungsfähigkeit überhaupt darstellen. Die damit zusammenhängenden Rechte werden oft als Recht(e) auf *persönliche* Freiheit bezeichnet. Zweitens gehört dazu das Recht auf Rechtssicherheit oder Rechtsstaatlichkeit, wie sie durch legitime Gesetzesherrschaft bestimmt wird. Dies schließt drittens die klassisch liberalen, bürgerlichen *Abwehrrechte* gegen den

25 Vgl. O. O'Neill, »The Most Extensive Liberty« und R. Forst, »Politische Freiheit« für Freiheitsauffassungen, die sich aus konkreten Autonomieerfordernissen ergeben.

26 Würden die Bedingungen für unsere Autonomie von anderen nicht anerkannt, wäre unser Selbstwertgefühl verletzt. Denn Freiheit und Autonomie bilden die (kausale) Basis unseres Selbstwertgefühls. Vgl. J. Rawls' Verteidigung der Priorität der basalen Freiheiten mit Bezug auf Selbstrespekt in *Eine Theorie der Gerechtigkeit* (S. 591), vgl. dazu H. Shue, »Liberty and Self-Respect«.

Staat ein, wie den Schutz vor willkürlicher Festnahme und Haft sowie habeas corpus, das Recht auf ein baldiges ordentliches Gerichtsverfahren. Viertens zählen dazu unbedingt die *bürgerlichen* Freiheiten, wie die Rede- und Versammlungsfreiheit, die Gewissens- und Gedankenfreiheit, Bewegungsfreiheit, Pressefreiheit, informationelle Selbstbestimmung usw. sowie bestimmte ökonomische Freiheiten.

Nicht alle klassischen Grundrechte sollten jedoch als Freiheitsrechte gedeutet werden. Die einseitige Orientierung an Freiheit ist sogar für die liberale Tradition falsch, weil das wohl wichtigste Recht, nämlich das auf Leben und körperliche Unversehrtheit, eben kein Freiheitsrecht ist.[27] Andernfalls nutzt man den Ausdruck ›Freiheit‹ in einem zu weiten Sinn. Über Begriffe läßt sich bekanntlich schlecht streiten, besonders über essentially contested concepts wie Freiheit.[28] Dennoch eine begriffliche Bemerkung: Natürlich kann man sinnvoll über Freiheit von allem möglichen Schlechten sprechen: Man kann frei sein von Zahnschmerzen, Furcht, Not, Bedrohung oder auch frei von Mücken, von Autos etc. Aber ist jede Abwesenheit von etwas auch gleich eine Freiheit? Freiheit von Mordanschlägen ist bzw. heißt eigentlich Sicherheit.[29] Deshalb ist es sinnvoller, von der Gewährung von Grundrechten und Grundfreiheiten zu sprechen, weil nicht alle klassisch liberalen Menschen- und Bürgerrechte Freiheitsrechte im engeren Sinne des Wortes sind.

27 Vgl. H. Shue, *Basic Rights*, S. 182 (Fn. 14); E. Tugendhat, *Vorlesungen über Ethik*, S. 358.

28 Vgl. die klare Übersicht zum Freiheitsbegriff von T. Gray, *Freedom*.

29 Um den begrifflichen Punkt noch etwas weiter zu führen: Angenommen, das Recht auf Nahrung (für jene, die sich nicht selbst versorgen können) soll als Recht auf Freiheit, hier Freiheit von Hunger, verteidigt werden, so mißachtet diese Strategie gerade einen von allen geschätzten Freiheitsgesichtspunkt: die Freiheit zu haben, bei allen Typen von Bedürfnisbefriedigung seinen eigenen Rhythmus wählen zu können. Es geht bei Bedürfnissen offenbar mehr um den Prozeß der Bedürfnisbefriedigung als um den Zustand des Befriedigtseins. Das ist bei sexueller Lust und kreativen Prozessen offensichtlich, aber auch Essen ist ein solches Bedürfnis, nicht bloß »Hungerfreiheit«, die man z. B. durch intravenöse Nahrungszufuhr im Schlaf garantieren könnte.

## *1.4. Gleiche Grundrechte und -freiheiten*

Grundrechte und Grundfreiheiten sind soziale Güter, die durch die soziale Ordnung sowohl geschaffen als auch verteilt werden und deswegen der Forderung distributiver Gerechtigkeit und der Präsumtion der Gleichheit unterworfen sind. Grundrechte und Grundfreiheiten sind gleich zu verteilen, weil sie den Personen den gleichen Status als Bürgerinnen und Bürger einer Gesellschaft garantieren. Personen, die sich in der Rechtfertigungssituation als moralisch motivierte Freie und Gleiche ansehen, müssen sich konsequenterweise wechselseitig diesen Status durch soziale Regelungen zusprechen und zu sichern versuchen. In der rechtlichen Sphäre gilt strikte Gleichheit, denn es lassen sich – von wenigen Ausnahmen abgesehen – keine guten Gründe für Ungleichverteilungen von Grundrechten und Grundfreiheiten begründen. Eine Einschränkung von Grundrechten und Grundfreiheiten ist allenfalls zulässig zum einen zum Zwecke der Strafe von Schwerverbrechern, die die Grundrechte anderer in gravierender Weise verletzen, und zum anderen bei Menschen, die zur Beachtung der Grundrechte und -freiheiten nicht fähig sind, wie Kleinstkinder und geistig Behinderte. Alle Bürger einer Gesellschaft müssen die gleichen allgemeinen Rechte und Pflichten besitzen, was aus dem Prinzip formaler Gleichheit folgt. Diese Rechte und Pflichten müssen daher auf allgemeinen Gesetzen beruhen, die für alle gelten. Dies ist das Prinzip *rechtlicher Gleichheit.* Hätten Personen ungleiche Grundrechte, würden sie nicht als Gleiche behandelt. Außerdem gilt das *Prinzip gleicher Grundrechte und -freiheiten.* Wenn Rechtssubjekte sich gegenseitig als frei und gleich anerkennen, gilt eine prima facie Gleichverteilung von jenen Rechten, die rechtliche Freiheiten und deren Schutz regeln.[30] Die bürgerlichen Grundfreiheiten sind Voraussetzungen dafür, daß Personen sich zum einen autonom entwickeln, überprüfen und verändern können, zum anderen ihre autonom gewählte Konzeption des Guten und ihre Lebenspläne frei leben können, soweit dies im Rahmen der gleichen Freiheiten für jeden möglich ist. Die Grundrechte und -freiheiten sichern die realen nötigen Bedingungen für ein autonomes Leben. Personen wären schlicht nicht gleichberechtigte Bürgerinnen und Bürger, wenn diese

30 Das Argument, daß Grundrechte und -freiheiten nicht als Grundgüter verstanden werden können, meine ich in Kap. III.2.2.: »Freiheiten und Rechte« entkräftet zu haben.

Grundgüter ungleich verteilt würden. Der grundlegende, autonomes Leben ermöglichende Charakter erzwingt eine Gleichverteilung, da Personen als Gleiche zu achten sind. Dies ließe sich vor dem normativen Selbstverständnis von Personen, in dem Autonomie den zentralen Platz einnimmt, nicht begründen. Gründe für Ausnahmen bestehen nur im Fall von Strafmaßnahmen gegen Personen, die genau diese Ordnung gleicher Rechte verletzen. Einschränkungen der Freiheit lassen sich nur zum Schutz dieses Systems von Grundrechten und -freiheiten legitimieren. Jeder Person sollen gleiche Grundfreiheiten zukommen, ihr Leben selbst entsprechend ihrer autonom gewählten Konzeption des Guten zu gestalten, und zwar in dem Umfang, den eine friedliche und zweckmäßige Ordnung ermöglicht. Daher gilt als *Prinzip gleicher Grundrechte und -freiheiten*:

Jede Person hat einen gleichen Anspruch auf ein völlig adäquates System gleicher Grundrechte und Grundfreiheiten, das mit dem entsprechenden System für alle vereinbar ist.[31]

Die Grundfreiheiten sind nur insgesamt als System zu beurteilen, denn der Wert einer Freiheit hängt gewöhnlich von der Bestimmung der übrigen Freiheiten ab. Der Umfang der Freiheiten ist abhängig davon, welche Möglichkeiten sie jeder Person bieten: Erstens die Bedingungen ihrer Autonomie zu gewährleisten, zweitens ihre anderen ›transzendentalen‹ Interessen zu befriedigen, also jene Interessen, deren Erfüllung die Bedingung der Möglichkeit dafür sind, überhaupt weitere Interessen haben zu können, und drittens ihr Leben nach der eigenen Konzeption des Guten und dem eigenen rationalen Lebensplan zu leben.[32] Ein Grundrechtepaket ist zudem erst dann völlig adäquat, wenn die Sicherheit eines jeden Grundrechts für jeden Bürger und jede Bürgerin eine bestimmte Schwelle nicht unterschreitet.[33] Jedes der geforderten Grundrechte muß für jeden Bürger und jede Bürgerin wohlgeschützt sein. Die Forderung nach einem völlig adäquaten Paket muß sich so präzisieren lassen, daß Kollisionen plausibler Grundrechtsansprüche a priori ausgeschlossen sind. Dies erfordert Beschränkungen der genannten Rechte und Freiheiten. Die Bündelung von Grundfreiheiten und

31 Dies ist J. Rawls' erstes Prinzip der Gerechtigkeit, dessen neueste Version sich in *Die Idee des politischen Liberalismus* (S. 160) findet, der allerdings nur Grundfreiheiten nennt.

32 Vgl. P. Koller, »Grundlinien einer Theorie gesellschaftlicher Freiheit«, S. 489 f.

33 Vgl. T. Pogge, *John Rawls*, S. 109.

Grundrechten vermeidet ebenso einen Anspruch auf ein ›größtmögliches Maß‹ von Freiheitsspielräumen.[34] Man muß gleichwohl von einer generellen Präsumtion zugunsten der Freiheit als Erlaubtheit ausgehen, wonach diejenigen, die etwas verbieten möchten, begründen müssen, warum dies zum Schutz oder für das Wohlergehen anderer Menschen erforderlich ist, nicht jedoch die vom Verbot Betroffenen, warum sie gegen eine Regel sind. Diese Beweislastverschiebung durch die Forderung, Verbote und den zur Durchsetzung nötigen Zwang hinreichend zu begründen, ergibt sich unmittelbarer aus der Moral der gleichen Achtung. Denn nur diejenigen sozialen Regelungen sind gerechtfertigt, denen jede betroffene Person unter Bedingungen von Gleichheit und Freiheit zustimmen würde. Damit ist die Beweislast geregelt. Jede (neue) Regel ist zu begründen. Wenn sie sich nicht begründen läßt, sind alle Individuen äußerlich frei, im Rahmen der übrigen gerechtfertigten Normen zu handeln. Die Grundrechte und -freiheiten sollten nur in dem Maße beschränkt werden, das nötig ist, um die gleichen Grundrechte und -freiheiten für jede Person im Rahmen einer friedlichen, zweckmäßigen und vor allem gerechten Ordnung zu gewährleisten.[35] Um zu bestimmen, in welchem Umfang das Handeln der Menschen begrenzt werden muß, um jeder Person weitgehende Freiheit einzuräumen, die mit den gleichen Grundrechten und -freiheiten aller anderen vereinbar ist, müssen die Nutzen und Kosten verschiedener Grade des allgemeinen Gebrauchs einer bestimmten Freiheit mit deren erwünschten und unerwünschten Folgen für die jeweiligen Betroffenen aus der unparteiischen Perspektive des Rechtfertigungsprinzips im Zusammenspiel mit allen anderen Grundrechten und -freiheiten abgewogen werden.[36] »Um den angemessenen Umfang gleicher Freiheiten festzulegen, ist nun zwischen den folgenden Größen abzuwägen:

34 Man beachte, daß das Prinzip jeglichen Maximierungsausdruck vermeidet. Es wird nicht die »größtmögliche Freiheit« – wie sonst häufig, auch beim frühen Rawls, zu finden – gefordert. Das würde zu dem Problem führen, wie die »größtmögliche Freiheit« von Individuen absolut bestimmt und realisiert werden kann. Vgl O. O'Neill, »The Most Extensive Liberty«, und H. L. A. Hart, »Rawls über Freiheit und ihren Vorrang«.

35 Vgl. I. Kant, *Über den Gemeinspruch: Das mag in der Theorie richtig sein, taugt aber nicht für die Praxis*, S. 289 f.

36 Hier folge ich der Bestimmung des Umfangs von Freiheiten durch P. Koller in »Grundlinien einer Theorie gesellschaftlicher Freiheit« (S. 496-502). Kants Kriterium der Nichtausschließung, wonach Freiheiten zusammenstimmen, wenn sie

den Nutzen und Kosten der Einschränkungen der Freiheit einerseits und den Nutzen und Kosten der Einschränkung dieser Freiheitsgrade andererseits.«[37] Im allgemeinen kann angenommen werden, daß die Kosten gleicher Freiheiten umso größer sind, je größer deren Umfang ist, weil ihr Gebrauch umso mehr negative Effekte auf andere Personen haben wird. Die zusätzlichen Kosten einer Freiheit größeren Umfangs gegenüber einer Freiheit geringeren Umfangs werden Grenzkosten genannt. Das System der Freiheiten aller Bürger ist dann adäquat, wenn die Grenzkosten einer jeden Freiheit, bestimmte Dinge nach Belieben zu tun, und die Grenzkosten einer weitgehenden Beschränkung der jeweiligen Freiheit unter Berücksichtigung eines kohärenten Zusammengehens aller Freiheiten und ihres vernünftigen Schutzes in einem System gleich hoch sind.[38]

### *1.5. Wert der Freiheit*

Wenn Freiheiten gleich verteilt werden sollen, weil Personen als Gleiche zu berücksichtigen sind, und alle ein berechtigtes essentielles Interesse an Freiheit zur Sicherung der Bedingungen der Autonomie haben, muß man nicht nur gleiche Freiheiten für alle sichern, sondern auch den *fairen Wert* der Freiheit gewährleisten.[39] Um wirk-

einander nicht am Gebrauch der Freiheit hindern, ist viel zu schwach, weil es die negativen Effekte von Handlungen, z. B. beim Rauchen, außer acht läßt. J. St. Mills Kriterium der Nichtschädigung in *Über die Freiheit* besagt, »daß der einzige Zweck, um dessentwillen man Zwang gegen den Willen eines Mitglieds einer zivilisierten Gemeinschaft rechtmäßig ausüben darf, der ist: die Schädigung anderer zu verhüten« (S. 16).

37 P. Koller, »Grundlinien einer Theorie gesellschaftlicher Freiheit«, S. 499.

38 Dies ist meine Adaptation von P. Kollers Kriterium der Kostenminimierung in »Grundlinien einer Theorie gesellschaftlicher Freiheit«, S. 500. Koller bestimmt den Umfang einer einzelnen Freiheit, nicht den eines Systems.

39 Vgl. bei J. Rawls die Unterscheidung (!) von Freiheit und dem »fairen Wert der Freiheit« und die These, daß politische Freiheiten nach ihrem fairen Wert verteilt werden müssen (*Eine Theorie der Gerechtigkeit*, S. 232; »Der Vorrang der Grundfreiheiten«, S. 197 ff.). Der faire Wert der Freiheit wird von Rawls nur für die politischen Grundrechte gefordert. Diese Forderung ergibt sich aus Gerechtigkeitsgründen, nicht aus begrifflichen. Gleich begabte und motivierte Bürger sollen ungefähr die gleiche Chance bekommen, politische Ämter zu erhalten und an politischen Entscheidungen mitzuwirken. Für die anderen Grundfreiheiten seines ersten Gerechtigkeitsprinzips gilt die Forderung des fairen Wertes dieser Freiheiten nicht.

lich gleiche Freiheiten zu haben, reicht es nicht, nur gleichen Schutz vor Freiheitshindernissen zu gewähren, statt dessen müssen auch die gleichen Möglichkeiten zum Erreichen des Freiheitsgegenstandes bestehen.[40] Wenn einige zwar die gleiche formale Freiheit besitzen, sie aber aus Unwissenheit, Armut oder Fehlen materieller Mittel nicht wahrnehmen oder keinen Nutzen daraus ziehen können, dann hat die ihnen zugestandene Freiheit nicht den gleichen Wert wie für andere. Auch wenn sie nicht äußerlich gehindert werden, also über negative Freiheit verfügen, so fehlt es ihnen doch an der äußeren Möglichkeit oder der inneren Fähigkeit, die negative Freiheit in dem gleichen Maße wie andere zu nutzen. Sie haben dann nicht die gleiche positive Freiheit. Diese Hindernisse stellen eine andere Form der Beschränkung der Freiheit dar, als wenn diese nicht rechtlich garantiert oder geschützt würde. Sie stellen Auswirkungen auf den Wert der Freiheit, das heißt auf den Nutzen der Freiheit für die jeweilige Person dar. Der Wert der Freiheit sollte statt dessen aus Gerechtigkeitsgründen für alle Bürgerinnen und Bürger ungeachtet ihrer sozialen und ökonomischen Position ungefähr oder zumindest in dem Sinne gleich sein, daß jeder die gleichen Chancen zur Realisierung seiner moralisch gerechtfertigten essentiellen Interessen hat. Rechtliche Freiheit, also die rechtliche Erlaubnis, etwas zu tun oder zu lassen, wäre ohne reale Freiheit, also die tatsächliche Möglichkeit, zwischen den erlaubten Alternativen zu wählen, wertlos.[41] Diese positive Freiheit besteht nur, wenn Personen neben den üblichen Eigenschaften zumindest in gewissem Umfang auch über die nötigen materiellen Substrate und sozialen Handlungsressourcen (wie Bildung, Chancengleichheit etc.) verfügen, die es ihnen ermöglichen, wenigstens einige Dinge nach ihrem Willen zu tun oder zu unterlassen.[42] Diese Mittel stehen aber nicht allen Bürgern und Bür-

40 Entscheidend ist die inhaltliche Fassung des Freiheitsbegriffs. Traditionell als freies Willkürhandeln verstanden, das sich im Eigentumsbesitz dokumentiert (Hobbes, Locke), wird es heute zu Recht als »Unabhängigkeit von der Willkür und der Herrschaft anderer« gefaßt (Rousseau). Erst von Freiheit als Unabhängigkeit kann man sagen, daß sie die soziale Gleichheit zur notwendigen Voraussetzung hat.

41 Vgl. C. Taylor, »Der Irrtum der negativen Freiheit«.

42 Dies ist eine konditionale Deutung des politischen Freiheitsbegriffs, weil sie gegen einen (rein) negativen Freiheitsbegriff anführt, daß es keinen Sinn macht, von jemandem zu sagen, er habe die Freiheit, nach seinem Willen zu handeln, wenn er der dazu notwendigen Mittel ermangelt und keine Aussichten hat, sie jemals zu erlangen. Andererseits macht es ein vollständig positiver Freiheitsbegriff unmög-

gerinnen in gleichem Maße zur Verfügung, sondern müssen durch staatliches Handeln zur Verfügung gestellt werden.

Allerdings wäre an dieser Stelle ein Prinzip gleicher positiver Freiheit fehl am Platz, das neben den gleichen klassischen bürgerlichen Grundrechten und -freiheiten auch soziale Rechte im Namen der Freiheit begründen will. Zwar ist der Grundgedanke plausibel, daß echte Freiheit effektive Möglichkeiten verlangt – und das bedeutet einerseits Fähigkeiten, das heißt die Abwesenheit von fehlenden Möglichkeiten, seine Fähigkeiten auszubilden, und andererseits Möglichkeiten, das heißt die Abwesenheit aller effektiven Hindernisse und aller Beschränkungen, die die Wahrnehmung einer Option mit untragbaren Opportunitätskosten belasten.[43] Dagegen kann jedoch eingewandt werden, daß dieses Prinzip positiver Freiheit grenzenlos ist und zu viel fordert, weil es keine Kriterien der Einschränkung durch das, was den anderen geschuldet wird, mehr kennt.[44] Eine Sicherung des gleichen Wertes der Freiheit für jeden steht zudem in der Gefahr, Freiheiten selbst einzuschränken und zu einer ineffizienten Gestaltung sozialer Zusammenarbeit zu führen.[45] Diese Einwände enthalten etwas Richtiges, auch wenn sie nicht zeigen, daß man auf die Sicherung des fairen Wertes der Freiheit ganz verzichten sollte. Die nötigen Mittel zur Herstellung eines fairen Wertes der Freiheiten müssen selbst unter verantwortungsethischen und egalitären Gesichtspunkten in ihrer eigenen Gütersphäre der wirtschaftlichen Güter (s. Kapitel V.1.) verteilt werden. Wenn dort eine gerechte Verteilung gewährleistet wird, sollte jede Person in einem ausreichenden und gerechten Maße über Ressourcen verfü-

lich, zwischen »Freiheit zu« und »Fähigkeit, von ihr Gebrauch zu machen« zu unterscheiden. Vgl. P. Koller, »Grundlinien einer Theorie gesellschaftlicher Freiheit«, S. 486.

43 Vgl. E. Tugendhat, »Liberalism, Liberty and the Issue of Economic Human Rights«.

44 Es wäre unfair, könnte jemand die gleichen materiellen Bedingungen wie Axel Cäsar Springer für sich fordern, nur um den gleiche Wert der Pressefreiheit zu genießen wie eben die Springer-Presse. Es ist dann klarerweise ungerecht, wenn diese Person ihren wie immer bestimmten fairen Anteil an materielle Mitteln für andere Unternehmungen ausgegeben hat und nun zusätzlich Mittel zum positiven Gebrauch der Pressefreiheit fordert.

45 Dies ist die liberale bis liberalistische Kritik am positiven Freiheitsbegriff, vgl. I. Berlin, »Zwei Freiheitsbegriffe«; F. A. Hayek, *Die Verfassung der Freiheit;* J. Feinberg, *Social Philosophy*, S. 12ff.

gen, um eine gleiche Chance zu haben, die wechselseitig gewährten Freiheiten zu nutzen. Ein gleicher Wert der Grundfreiheiten sollte nicht freiheitsfunktional garantiert werden, da andernfalls mit Bezug auf gleiche Freiheitsrechte alle Fragen materieller Güterverteilung (unbefriedigend) vorweg beantwortet werden würden. Damit würde die Sphärentrennung unterlaufen. Personen besitzen die gleiche Freiheit inklusive deren fairen Wertes, wenn ihnen erstens dieselben allgemeinen juridischen Rechte zukommen, wenn sie also gleiche negative Freiheiten haben, und wenn sie zweitens den ihnen gebührenden Anteil an den sozialen Handlungsressourcen besitzen; dies ist genau dann der Fall, wenn eine gerechte Verteilung dieser Ressourcen in den anderen sozialen Sphären, genauer in der demokratischen, ökonomischen und sozialen Sphäre besteht.[46] Eine gerechte soziale Ordnung garantiert ihren Mitgliedern folglich gleiche Freiheiten sowie deren fairen Wert, wenn sie neben der Sicherung gleicher negativer Freiheiten durch allgemeine Rechte auch für eine Verteilung aller relevanten Ressourcen in den jeweiligen Sphären sorgt. Da die ökonomischen Ressourcen – wie in Kapitel V.1. ausgeführt wird – nicht ausnahmslos gleich zu verteilen sind und die Individuen die Freiheit haben, über die persönliche Verwendung der ihnen zustehenden Ressourcen in eigener Verantwortung selbst zu verfügen, werden nicht jedem Individuum für die Ausübung jeder einzelnen Freiheit die gleichen Ressourcen, Fähigkeiten und Möglichkeiten zur Verfügung stehen. Die gerechte Verteilung der Ressourcen in allen Sphären sichert ihnen den *fairen* Wert der Freiheiten, nicht aber den *gleichen* Wert. Den gleichen Wert zu garantieren wäre ungerecht, weil es die Prinzipien der gerechten Verteilung der Ressourcen in den anderen, insbesondere der ökonomischen Sphäre konterkarieren würde. Der faire Wert sollte dort, wo dies auf diese Weise möglich ist, besonders durch Sphärentrennung gesichert werden, das heißt durch möglichst weitgehenden Ausschluß von ökonomischen Ressourcen – vor allem Geld – zur besseren Nutzung von Freiheiten.

Allerdings sollten wichtige Ausnahmen gemacht werden.[47] Bei

46 So auch P. Koller, »Grundlinien einer Theorie gesellschaftlicher Freiheit«, S. 495.

47 Hier weiche ich von J. Rawls ab. Obwohl das Argument bei ihm ähnlich aufgebaut ist, will er den fairen Wert als Ausnahme nur für die politischen Freiheiten gewährleistet wissen, um die gleichen Chancen dazu zu gewähren, an politischen Ämtern und Entscheidungen mitzuwirken. Diese ›Freiheiten‹ werden als Partizipations-

bestimmten Grundrechten – und nur bei ihnen – sollte der *gleiche* Wert der Freiheit gesichert sein. Dies sind Grundrechte, die mehr als andere die Gleichberechtigung aller Personen symbolisieren. In Fällen, in denen Personen trotz eines ursprünglich gleichen Anteils an wirtschaftlichen Gütern in eine finanzielle Krise gelangen, die ihnen nicht mehr erlaubt, diese Grundrechte effektiv wahrzunehmen, zum Beispiel in juristischen Dingen durch einen Anwalt vertreten zu werden[48] (Grundrecht auf Rechtssicherheit), muß die Gemeinschaft die notwendigen Maßnahmen zur Sicherung des fairen Wertes dieser Grundrechte ergreifen. In solchen Fällen drohen die Betroffenen ihre gleiche grundrechtliche Stellung zu verlieren. Diese Ungleichstellung wird dadurch verschärft, daß der Wert solcher Grundrechte und -freiheiten weitgehend relativ ist. Der größere etwa rechtliche Einfluß der Reicheren geht zwangsläufig mit einem geringeren Einfluß der Ärmeren einher. Wo der Wettbewerb um Güter, die grundrechtlich geschützt sind, weitgehend den Charakter eines Nullsummenspiels annimmt, besteht ein besonderer Grund, die Schlechtergestellten in der effektiven Wahrnehmung ihrer Grundrechte und -freiheiten zu schützen. Dies kann einerseits durch die Bereitstellung von zusätzlichen Ressourcen (Finanzhilfen) geschehen oder andererseits durch Beschränkungen finanzieller Einflußnahmen auf die Wahrnehmung von Grundrechten.

### *1.6. Vorrang der Freiheit*

Die Grundrechte und -freiheiten genießen Vorrang vor Rechten in den anderen Sphären. Diese Vorrangregel besagt, daß Grundrechtseinschränkungen zugunsten anderer Grundgüter immer unzulässig sind.[49] Grundrechte dürfen nur um anderer Grundrechte willen ein-

rechte in Kap. IV.2. behandelt. Abgesehen von dieser Ausnahme lehnt J. Rawls für alle Freiheiten Gewährleistungen ihres fairen oder gleichen Wertes ab.

48 Vgl. T. Pogge, *John Rawls*, S. 112.

49 Vgl. J. Rawls, *Eine Theorie der Gerechtigkeit*, S. 336f. Man beachte, daß Rawls die politischen Partizipationsrechte mit zu den Freiheiten, denen ein Vorrang gebührt, zählt. Rawls' lexikalischer Vorrang wird auf demokratische Gesellschaften unter »einigermaßen günstigen Bedingungen« beschränkt, d. h. unter Bedingungen, die, »vorausgesetzt der politische Wille besteht, die wirksame Durchsetzung und die vollständige Ausübung dieser [Grund-]Freiheiten erlauben«. J. Rawls, »Der Vorrang der Grundfreiheiten«, S. 166f.

geschränkt werden.[50] Dies kann in zwei Fällen geschehen: erstens, wenn die allgemeine Einschränkung eines oder gar mehrerer Grundrechte das Gesamtpaket der Grundrechte aller verbessert. So sind etwa Notstandsgesetze mit einer allgemeinen Einschränkung eines oder mehrerer Grundrechte zulässig, wenn dies der größeren Sicherheit der wichtigsten Grundrechte auf körperliche Unversehrtheit und der Aufrechterhaltung und Sicherung der gerechten Rechtsordnung dient. Der Schutz bestimmter Grundrechte kann de facto für die Personen ungleiches Gewicht haben, weil beispielsweise einige bedrohter sind als andere. Dieser Unterschied betrifft die Sicherheit (nicht den Wert) eines Grundrechts. Eine ungleiche Verteilung von Grundrechten ist nur dann gerechtfertigt, wenn sie denjenigen am meisten nützt, denen de facto die geringsten Grundrechte zukommen.

Liberale Theoretiker gehen allgemein davon aus, daß die Erfüllung der Freiheitsrechte wichtiger ist als die Erfüllung der Wohlfahrtsrechte. Der Grund scheint in der Behauptung zu liegen, daß für die autonome Selbstbestimmung die Wahrung der Freiheitsrechte von größerer Bedeutung ist als die Wahrung sozialer Rechte. Wohlfahrtsrechte werden nur als Mittel zur Realisierung der Freiheitsrechte verstanden, die deswegen im Zentrum stehen sollten. Diese Behauptung der Zentralität von Freiheit ist aber fragwürdig. Die Argumentation für den gleichen Wert der Freiheit betont gerade, daß individuelle Autonomie nicht nur durch Unfreiheit, das heißt äußeren Zwang, bedroht wird, sondern auch durch den Mangel an entsprechend günstigen Bedingungen.[51] Einfach ausgedrückt: Die Autonomie eines Individuums wird beispielsweise im Gefängnis, das heißt durch Freiheitsentzug, weniger eingeschränkt als durch starke Krankheit oder großen Hunger. Zur Sicherung privater Autonomie bedarf es primär des Schutzes von Leib und Leben, von dem einige Freiheitstheoretiker selten explizit sprechen. Für jemanden, der sich in einer Mangelsituation befindet, sind die Freiheitsrechte zwar keinesfalls wertlos, aber der Person wird die Beseitigung des Mangels wichtiger sein als die rechtlichen Freiheiten, die für sie aufgrund ihrer Mangelsituation nicht von Bedeutung sind. Auch wenn hier formal mittels der Bedingungen zur Ausübung recht-

50 Vgl. T. Pogge, *John Rawls*, S. 118ff.

51 Vgl. E. Tugendhat, »Liberalism, Liberty, and the Issue of Economic Human Rights«, S. 366.

licher Freiheit argumentiert wird, macht dieses Argument doch deutlich, daß die Freiheitstheoretiker selbst etwas anderes als Freiheit für den fundamentaleren zu schützenden Wert erachten (müssen), nämlich Schutz von Leib und Leben. Zur Sicherung gleicher Autonomie dürfen also nicht primär negative Freiheitsrechte garantiert werden. Die Rechte auf Sicherheit und auf Subsistenz sind deshalb nicht bloß von Freiheit abgeleitet. Diese Rechte sind nämlich basaler als jedes Recht auf Freiheit; basaler deshalb, weil ihre Erfüllung die notwendige Bedingung für die Nutzung von Freiheitsrechten überhaupt ist.[52] Kaum jemand wird bestreiten, daß Menschen ein Recht darauf haben, nicht Opfer von Mord, Folter, Vergewaltigung und anderen körperlichen Angriffen zu werden. Dieses Recht auf körperliche Unversehrtheit ist ein Grundrecht, weil seine (weitgehende) Erfüllung notwendig ist, um jedes andere Recht überhaupt wahrnehmen zu können. Ebenso verhält es sich mit dem Recht auf Lebensunterhalt, das heißt mit dem Recht einer Person, von anderen mit dem Lebensnotwendigsten versorgt zu werden – zumindest, wenn die Person nicht selbst dafür sorgen kann. Ein Mangel an Subsistenzmitteln kann ebenso tödlich, schmerzhaft oder verkrüppelnd sein wie Angriffe auf körperliche Unversehrtheit. Das Recht auf Subsistenz ist also aus den gleichen Gründen wie das Recht auf körperliche Unversehrtheit ein wirklich grundlegendes Recht in dem Sinn, daß kein weiteres Recht wahrgenommen werden kann, wenn dieses Grundrecht nicht gewährleistet ist.[53]

Einen absoluten lexikalischen Vorrang *aller Grundfreiheiten* kann es nicht geben. Vorrang genießen vielmehr all jene *Grundrechte*, die »transzendentale Interessen« schützen, deren Erfüllung die Bedingung der Möglichkeit individueller Handlungsfähigkeit überhaupt darstellt.[54] Deren wichtigstes ist der Schutz von Leib und Leben.

52 Vgl. für diese Argumentation H. Shue, *Basic Rights*, Kap. 1.

53 Das gesteht J. Rawls in *Politischer Liberalismus* (S. 71 f.) inzwischen auch zu: »Dem ersten, die gleichen Grundrechte und Grundfreiheiten abdeckenden Grundsatz kann leicht ein höherer Grundsatz vorangestellt werden, der verlangt, daß die Grundbedürfnisse der Bürger befriedigt sein müssen, jedenfalls soweit dies nötig ist, damit sie jene Rechte und Freiheiten verstehen und wirksam ausüben können.« Damit hat nicht die Verwirklichung von Grundrechten absoluten Vorrang vor der Befriedigung von Grundbedürfnissen, sondern umgekehrt.

54 Ich verstehe diesen Vorrang nicht als absolutes Primat, wie Rawls das zum Beispiel in seiner lexikalischen – eigentlich lexikographischen – Ordnung der Gerechtigkeitsgrundsätze festschreibt. Danach kommt ein Grundsatz erst dann zum Tragen,

Dazu gehören auch bestimmte Freiheiten wie – allen voran – die Meinungsfreiheit.[55]

Alle Freiheiten, nicht nur die basalen Rechte, genießen jedoch darüber hinaus in einer gerecht eingerichteten Gesellschaft Vorrang insofern, als weder Grundrechte noch -freiheiten veräußert werden dürfen. Kollektive oder individuelle Grundrechtseinschränkungen zugunsten eines höheren (kollektiven wie individuellen) Einkommens sind stets unzulässig. Solche Vorteile wären zu teuer erkauft. Grundrechte sind – im westlichen Rechtsverständnis unstrittig – nicht aufgebbar und unveräußerlich. Gleichzeitig geben die Grundrechte und -freiheiten die Grundlinie des jeweils zugelassenen Ressourceneinsatzes an. Innerhalb der so gesteckten Grenzen ist der freie Gebrauch, den die Individuen von ihren Mitteln und Möglichkeiten zur Realisierung ihrer Konzeption des Guten und ihrer Interessen machen wollen, geschützt. Die Grundrechte genießen auch insofern einen Vorrang, als sie die Nutzung von materiellen Ressourcen limitieren.

Wie aber läßt sich dieser Vorrang begründen?[56] Für einzelne Individuen mag es tatsächlich Situationen geben, in denen es für sie rational sein kann, Freiheiten gegen materielle Güter zu tauschen.[57] Warum sollten alle Bürger jederzeit ein höheres Interesse an Grundrechten und -freiheiten haben, unabhängig von den konkreten Wertvorstellungen und Lebenskonzeptionen, die sie verfolgen? Mit

wenn alle ihm vorgeordneten Grundsätze entweder uneingeschränkt oder unanwendbar sind. Ein lexikalisch vorrangiger Grundsatz kann nicht um eines nachgeordneten willen teilweise zurückgestellt oder relativiert werden. Vgl. J. Rawls, *Eine Theorie der Gerechtigkeit*, S. 62f. Gegen das absolute Primat eines Grundsatzes spricht jedoch, daß wir Grundrechte im Konfliktfall immer gegeneinander abwägen müssen. So ist es eine Abwägungsfrage, wie viele Freiheiten man beispielsweise aufgeben muß, um anderen zu helfen. Selbst wenn das Recht, nicht verhungern zu müssen, weil einem genügend vorhandene, notwendige Nahrungsmittel versagt werden, bzw. meine Verpflichtung, einem Hungerleidenden zu helfen, sofern ich kann, eine gewisse Priorität haben, so muß ich dafür doch nicht alle meine Freiheiten opfern.

55 Ein entsprechendes Argument findet sich in Kap. V.1.5. und entspricht der Vorrangliste in Kap. VI.

56 Vgl. dazu die Rekonstruktionen von Rawls' Begründung für den Vorrang der Grundfreiheiten bei T. Pogge in *John Rawls* (S. 126ff.) und bei W. Hinsch in *Gerechtfertigte Ungleichheiten*, Kap. 2.

57 So hat H. L. A. Hart in »Rawls über Freiheit und ihren Vorrang« Rawls' Begründung des Vorrangs der Freiheiten als unschlüssig kritisiert.

Bezug auf das rationale Eigeninteresse allein läßt sich der Vorrang der Grundfreiheiten kaum begründen. Vielmehr muß sich die besondere Bedeutung der Grundrechte und -freiheiten aus der Reflexion des Rechtfertigungsprinzips ergeben. Alle Personen, die sich wechselseitig als Freie und Gleiche ansehen und moralisch motiviert sind, ihr Zusammenleben mit den Mitteln moralischer und legaler Rechte zu regeln, die wechselseitig und allgemein gerechtfertigt werden können, brauchen für die Verwirklichung ihrer Konzeption des Guten und ihrer rationalen Lebenspläne ein System gleicher Grundfreiheiten dringender als andere Güter, die sie durch die Einschränkungen ihrer gleichen Grundfreiheiten erlangen könnten – vorausgesetzt ihre Grundbedürfnisse sind erfüllt.[58] Denn nur ein Paket von Grundrechten und -freiheiten sichert ihnen jene Eigenschaften in der politischen Realität, die sie sich hypothetisch-abstrakt in der Rechtfertigungsprozedur zuzugestehen bereit sind.

In der Rechtfertigung sind zwei Bedingungen zentral: Erstens erkennen wir uns wechselseitig als autonom an und deshalb als »selbstbeglaubigende Quellen gültiger Ansprüche [self-authenticating sources of valid claims]«.[59] Heteronome Stimmen verdienen keine Berücksichtigung, da die sich äußernde Person das Geäußerte nicht selbst aufgeklärt und autonom vertritt. Da Autonomie die Grundlage ernstzunehmender Ansprüche ist und nur diese in den Rechtfertigungsprozeß Eingang finden, müssen die Bedingungen der Autonomie in der politischen Realität so gut wie möglich gesichert werden. Es sind bestimmte Freiheitsrechte (vor allem die Meinungsfreiheit), die die Autonomie der Personen sichern. So führt die Garantie bürgerlicher Freiheiten zur Entwicklung, Ausbildung und Beibehaltung der Bereitschaft und Befähigung zum eigenständigen praktischen Überlegen und rationalen Handeln. Wir Menschen haben ein Interesse höherer Ordnung am Gelingen unseres eigenen Lebens. Wir orientieren uns dabei jeweils an konkreten Vorstellungen des Guten. Wesentlich aus der Perspektive moralischer Rechtfertigung ist, daß wir als Personen im Prinzip das Vermögen haben und entsprechend in der Realität sicherstellen müssen, uns zu diesen Vorstellungen frei und reflektiert zu verhalten, sie aus rationalen

58 Dies ist der Kern der Rawlsschen Neubegründung des Vorrangs der Grundfreiheiten in »Der Vorrang der Grundfreiheiten«. Vgl. *Politischer Liberalismus*, 1. & 8. Vorlesung.

59 J. Rawls, *Politischer Liberalismus*, S. 102.

Gründen zu revidieren, unser Handeln nach ihnen auszurichten und die selbstgewählten Lebensentwürfe zu verfolgen. Diese Freiheiten haben einen besonderen Wert hinsichtlich der Bedingungen der Möglichkeit von Rechtfertigung. Auch wenn ein Bürger nicht an weiteren Freiheiten für sich oder andere interessiert sein mag, so muß er als jemand, der sich als dem Rechtfertigungsprinzip aus höherer Einsicht unterworfen versteht, erkennen, daß aus der Perspektive der allgemeinen und reziproken Rechtfertigung alle Ermöglichungsbedingungen der Autonomie zu gewährleisten sind.

Zweitens müssen sich die Beteiligten als Gleiche anerkennen, da sich eine Ungleichheit in der grundsätzlichen Berücksichtigung von Ansprüchen nicht allen gegenüber rechtfertigen läßt. Diese Gleichstellung wird in der politischen Realität durch gleiche Grundrechte widergespiegelt. Wenn einzelne Bürgerinnen und Bürger auf bestimmte dieser Rechte verzichten und sie gegebenenfalls ›verkaufen‹ könnten, käme es zu einer ungleichen Grundrechtseinschränkung, die den Status als Gleiche unterminieren würde. Die Sicherung von gleichen Grundrechten und -freiheiten entspricht demnach dem normativen Selbstverständnis der Rechtfertigungspartner als Freie und Gleiche.

Neben diesen Hauptargumenten können der Rawlsschen Argumentation drei weitere Argumente für den Vorrang der Grundfreiheiten entnommen werden. Ein weiterer Grund besteht in dem großen Wert eines stabilen Gerechtigkeitskriteriums, das leicht nachvollziehbar und tatsächlich anwendbar ist. Ein Kriterium, das von den Betroffenen ein ständiges Abwägen der Güter fordert, könnte leicht mißbraucht werden. Deshalb scheint es gerechtigkeitstheoretisch ›klüger‹, sich für einen lexikalischen Vorrang der Grundrechte und -freiheiten zu entscheiden. Ein solcher Vorrang sichert die Stabilität der gerechten Gesellschaft. Gleiche Grundrechte und -freiheiten stellen für die jeweiligen Individuen zudem oft einen strategischen Wert für die Verfolgung ihrer rationalen Ziele dar. Denn sofern Freiheiten es ermöglichen, persönliche Ziele und Wünsche zu realisieren, sind sie ein Mittel zum Zweck, dessen Wert davon abhängt, wieviel der Person an der Realisierung jener Ziele liegt. Aus diesen Gründen wird jeder den Schutz von Leib und Leben schätzen und rationalerweise niemals bereit sein, die Grundrechte für andere Güter freiwillig zu opfern. Für bestimmte Personen stellen Freiheiten sogar einen intrinsischen Wert dar, weil sie die ihnen zur Verfügung stehenden Freiheitsspielräume an sich schätzen. Sofern sich Individuen als selbstverantwortliche Personen verstehen, die ihrem Leben durch eigene Entscheidungen Sinn verleihen und ihr Handeln danach ausrichten möchten, stellen Handlungsfreiheiten einen Eigenwert dar. Dieses Selbstverständnis führt dazu, möglichst große Handlungsspielräume anzustreben, innerhalb deren zwischen verschiedenen Handlungsoptionen gewählt werden kann.[60] Dies muß aber nicht für alle Personen unabhängig von der jeweiligen Konzeption des Guten gelten, weil nicht ersichtlich ist, warum eine Person mit einer bestimmten Konzeption des Guten die Freiheit anderer Konzeptionen, die sie ablehnt, wertschätzen sollte.

*Zusammenfassung*: Die Bedeutung der Grundrechte und -freiheiten ergibt sich im wesentlichen – so sollte in diesem Abschnitt deutlich geworden sein – aus der wechselseitigen moralischen Anerkennung der Personen als Freie und Gleiche. Autonomie bildet die Grundlage für wechselseitige Achtung. Gleiche Achtung erfordert, daß wir nur diejenigen Regelungen als legitim anerkennen, denen alle Betroffenen zustimmen können. Für die politische Sphäre bedeutet dies, daß die Bürgerinnen und Bürger als Autoren und Adressaten gleiche Grundrechte und -freiheiten für den Schutz und für die Verwirklichung ihrer Autonomie etablieren müssen. Es erscheint zudem sinnvoll, für diesen Zweck justitiable Rechte zu institutionalisieren. Die bürgerlichen Grundrechte und -freiheiten geben die Spielräume für die autonome Verwirklichung an, die allen Personen unter dem Gesichtspunkt gleicher Freiheit zustehen. Sie ermöglichen die gesicherte Freiheit zur ›privaten‹ Selbstbestimmung und zur selbstbestimmten Nutzung von Ressourcen. Um Autonomie im weiteren Sinne zu schützen, müssen primär das Leben und die körperliche Unversehrtheit der Individuen geschützt werden; außerdem sollte für jede Person ein adäquates Paket an Freiheiten gesichert werden, die mit den Freiheiten aller anderen vereinbar sind, und schließlich müssen die zu verteilenden Güter der übrigen Sphären, die Mittel und Möglichkeiten für die Ausführung autonom gewählter Pläne darstellen, fair verteilt werden. Negative Freiheitsrechte und die genannten Grundrechte können unter den Begriff der Autonomie subsumiert werden, da Autonomie gleichermaßen durch einen

60 J. Rawls, *Eine Theorie der Gerechtigkeit*, S. 229 ff.; ders., *Die Idee des politischen Liberalismus*, S. 159 ff.

Mangel an Freiheit wie durch einen Mangel an guten Lebensbedingungen gefährdet wird.[61] Allerdings stellt innerhalb einer angemessenen Rekonstruktion der Auffassung politischer Freiheit nicht Freiheit den obersten Wert dar, sondern distributive Gerechtigkeit und Autonomie; außerdem können einige klassische liberale Menschen- bzw. Bürgerrechte nicht plausibel als Freiheitsrechte im engeren Sinn beschrieben werden, wohl aber als Rechte zur Sicherung von Autonomie. Aus der grundlegenden Rolle des Autonomieprinzips allein folgt kein Vorrang politischer Freiheitsrechte. Um den substantiellen Gehalt dieser Grundrechte und -freiheiten zu explizieren, muß auf jenes Prinzip der präsumtiven Verteilungsgleichheit zurückgegriffen werden, das die Achtung der Autonomie und die Achtung aller als Gleiche in sich vereint und daraus den Vorrang einer Gleichverteilung der Ressourcen ableitet. In der hier vertretenen Konstruktion ergeben sich Freiheit und Gleichheit – im Sinne von Freiheitsrechten und der Präsumtion der Gleichverteilung von Gütern – gleichursprünglich aus dem moralischen Gleichheitsprinzip, daß Personen sich als Gleiche behandeln und ihre Autonomie gegenseitig achten sollen.

## 2. Politische Teilhabe

Juridische Rechte, die die Prinzipien der Gerechtigkeit umsetzen und schützen, können nur in solchen politischen Diskursen näher bestimmt und ausgeformt werden, deren Ziel es ist, die konkreten Rechte von Personen in konkreten Situationen zu bestimmen. Auch für diesen Zweck sind wesentliche Freiheitsrechte erforderlich[62] – ebenso ein allgemeines Prinzip von Verteilungsgleichheit. In der zweiten Sphäre werden die Möglichkeiten zur Teilhabe an den politischen Diskursen der juridischen Rechtssetzung geregelt. In dieser Sphäre sind also die politischen Partizipationsmöglichkeiten zu verteilen. Das Prinzip der Volkssouveränität sollte nicht gemeinsam mit den allgemeinen bürgerlichen Grundrechten und -freiheiten in

61 Vgl. E. Tugendhat, »Liberalism, Liberty, and the Issue of Human Rights«, besonders S. 366.

62 Wie die Freiheitstheoretiker betonen, vgl. J. Habermas, *Faktizität und Geltung*.

einer Sphäre behandelt werden, da es erstens eine eigenständige Begründung und zweitens eine besondere Bedeutung hat sowie drittens eine andere Art der Gleichverteilung erfordert.

Alle Bürgerinnen und Bürger haben den gleichen Anspruch auf Mitwirkung an der öffentlichen Meinungs- und Willensbildung bezüglich gemeinsamer Angelegenheiten sowie an der Verteilung, Kontrolle und Ausübung politischer Macht.

Dies ist das *Prinzip der gleichen politischen Teilhabe*, das Chancengleichheit fordert. Auch in der zweiten Sphäre sind die Güter dieser Sphäre, die politischen Partizipationsmöglichkeiten, ausnahmslos gleich zu verteilen, das heißt, allen Bürgern und Bürgerinnen kommt ein *Recht auf gleiche politische Teilhabe* zu. Darunter soll in erster Annäherung die Gleichbehandlung der Bürgerinnen und Bürger bei der Verteilung, Kontrolle und Ausübung politischer Macht verstanden werden. Demokratie ist dasjenige Verfahren, das eine Gleichverteilung der Rechte und Mittel bei der Partizipation an Entscheidungen über die Verteilung von Gütern und entsprechenden juridischen Rechten in der Gesellschaft garantiert.

Zur Begründung des gleichen Rechts auf politische Teilhabe möchte ich das Prinzip der Volkssouveränität sowie sein Spannungsverhältnis zum Vorrang der gleichen Grundrechte und -freiheiten erläutern (2.1).[63] Sodann diskutiere ich die beiden prinzipiellen Lösungsstrategien, mit denen in der politischen Theorie die Spannung zum Ausgleich gebracht werden soll, entweder als Vorrang der Demokratie vor den moralisch universalen Grundrechten oder umgekehrt als Primat der moralisch universalen Grundrechte (2.2). Dabei argumentiere ich für die These, daß nur der moralisch motivierte Vorrang der moralisch universalen Grundrechte vor der Demokratie plausibel ist. Diese Position ist jedoch mit Problemen behaftet, nach deren Lösung zu suchen ist (2.3.). Um den Einwand zu entkräften, diese Auffassung könne das Ideal der Demokratie nicht hinreichend erklären, präsentiere ich zwei normative Argumente für die Demokratie (2.4.). Während es mittels des Arguments der Selbstgesetzgebung nicht gelingt, das Demokratie- und Mehrheitsprinzip zu begründen, leistet dies das Argument der Gleichheit.

63 Die folgenden Ausführungen entstammen leicht verändert S. Gosepath, »Das Verhältnis von Demokratie und Menschenrecht«.

Volkssouveränität als Grundprinzip der Demokratie ist nicht lediglich ein Recht unter anderen, sondern eine grundlegende Ansicht über die Art und Weise, wie eine Gemeinschaft darüber entscheiden soll, welche weiteren Rechte außerdem zu achten sind. Sie stellt eine bestimmte Organisationsform der staatlichen Herrschaft dar, in der die Staatsgewalt als politische Entscheidungsmacht nicht nur auf das Volk als Bezugspunkt und Legitimationsspender zurückgeführt wird. Vielmehr wird ihre konkrete Ausübung von den Bürgern und Bürgerinnen konstituiert, legitimiert und kontrolliert und erscheint darin als Selbstbestimmung und Selbstgesetzgebung des Volkes. Das ist mehr als die Ausübung politischer Macht im Sinne des Volkes oder für das Volk. Statt dessen ist sie Herrschaft des Volkes *durch* das Volk für das Volk (Lincoln). Der intuitive Reiz der Demokratie besteht darin, daß sich das Volk seine Gesetze selbst gibt und nur durch selbst gesetzte Regelungen gebunden werden kann. Die Ausübung von Herrschaft und politischer Entscheidungsgewalt ist dabei konkret, institutionell und verfahrensmäßig abgesichert, so daß das Volk zum einen durch Wahlen, in denen jeder Bürger und jede Bürgerin eine Stimme hat, und zum anderen durch eine bestimmte Art der Mehrheitsregel in Wahlen und Abstimmungen regiert. Diese Prozeduren verlangen in der Regel einen stabilen und eventuell konstitutionell verankerten Rechtsstaat, das heißt organisatorische und personelle Gewaltenteilung mit gegenseitiger Machtkontrolle und unabhängigen Gerichten, gesetzlicher Bestimmtheit, dem Grundsatz der Gesetzmäßigkeit der Verwaltung und umfassenden Rechtsschutz der Bürgerinnen und Bürger. Das Rechtsstaatsprinzip ist begrifflich jedoch nicht notwendig an Demokratie gebunden und darf nicht fälschlicherweise mit dieser gleichgesetzt werden.[64]

Ein Vergleich mit zufälligen Verfahren der Unparteilichkeit wie Losverfahren zeigt jedoch, daß es Standards auch unabhängig vom demokratischen Verfahren gibt, die dem Resultat eine bestimmte Legitimität geben – dies trifft jedoch auf die Ergebnisse jener reinen Verfahren nicht zu.[65] Das heißt nicht jedes Resultat eines gleichen,

64 Vgl. dazu E. W. Böckenförde, »Ist Demokratie eine notwendige Forderung der Menschenrechte?«, Teil III.

65 Vgl. D. Estlund, »Beyond Fairness and Deliberation: The Epistemic Dimension of Democratic Authority«.

fairen, unparteiischen Verfahrens kann als legitim gelten. Rein prozedurale Vorstellungen von Demokratie reichen daher nicht aus. Damit ein durch demokratische Verfahren zustande gekommenes Ergebnis als legitim anzusehen ist, müssen die moralischen Rechtsprinzipien beachtet worden sein. Eine weitere Bedingung ist formaler Art: Die Bürgerinnen und Bürger müssen die Gelegenheit zu einer argumentativen Meinungsbildung gehabt haben, in der alle vorhandenen Gründe und Gegengründe Berücksichtigung gefunden haben. Die demokratischen Verfahren und Ergebnisse müssen für Gründe zugänglich sein. Dies kann ausschließlich in Debatten und Diskussionen gewährleistet werden. Der öffentliche Austausch von Gründen gibt den Bürgern und Bürgerinnen die Gewißheit, daß die ihr Abstimmungsverhalten bestimmenden Präferenzen und/oder Ansichten genuin ihre besten sind.[66] Jede substantiellere Idee der Demokratie wird dem gegenseitigen und öffentlichen Austausch von Gründen (darüber, was wir tun sollten) einen zentralen Stellenwert einräumen.[67] Diese über die reinen Verfahren der Abstimmung und des Mehrheitsprinzips hinausgehenden Anforderungen an das Demokratieideal werden heute meistens unter dem Stichwort ›deliberative Demokratie‹ diskutiert. Welches genau die Kriterien einer deliberativen Demokratie sind, muß an dieser Stelle nicht geklärt werden. Hier soll der Ausdruck lediglich sehr weit gefaßt für die bereits angesprochenen, normativ geforderten, über die Mehrheitsregel hinausgehenden organisatorischen, motivationalen, diskursiven und verfassungsrechtlichen Aspekte des Demokratieideals stehen, die nach unserem Urteil das Ergebnis eines solchen qualifizierten, demokratischen, legislativen Prozesses für alle davon Betroffenen legitimieren.[68]

66 Innerhalb der Demokratietheorie ist es kontrovers, ob demokratische Abstimmungen und Wahlen letztlich eine Methode der Aggregation von individuellen Präferenzen oder eine Methode des kollektiven Urteilens über soziale Bedingungen bzw. das gemeinsame Gute darstellen. – Ich nehme an, daß die Präferenzen nicht in jedem Fall bereits festliegen, sondern sich im Laufe der öffentlichen Debatte entwickeln und verändern können. Sollten sie jedoch schon festliegen und durch den politischen Prozeß unveränderlich sein, so wird die öffentliche Deliberation dennoch zu der Entscheidung beitragen können, welche der Präferenzen am besten und effektivsten verfolgt werden kann.

67 Vgl. J. Cohen, »Deliberation and Democratic Legitimacy«, und ders., »Procedure and Substance in Deliberative Democracy«.

68 Vgl. F. Michelman, »How Can the People Ever Make the Laws?«.

Moralische Personen – und, sofern wir uns als moralische Personen verstehen wollen, auch ›wir‹ als moderne Demokraten in unseren wohlüberlegten Urteilen – akzeptieren unter anderem zwei politisch-moralische Grundsätze: Zum einen beanspruchen in der politischen Sphäre moralisch und universalistisch begründete Grundrechte und -freiheiten eine moralisch allgemeine Gültigkeit, die von allen Menschen und Staaten akzeptiert werden muß. Diese Rechte haben insofern eine menschenrechtliche Dimension, die durch die Sicherung in Form juridischer Grund- und Bürgerrechte lediglich eine jeweils unterschiedliche konkrete staatliche Gestalt annimmt. Zum anderen fordert die Idee der Demokratie als bester Herrschaftsform die Herrschaft des Volkes für das Volk. Wir halten Demokratie und moralisch universale Grundrechte nach unseren politisch-moralischen Intuitionen nicht nur für erstrebenswerte Ideale einer guten politischen Ordnung, sondern für grundlegende moralische Standards, an die jede annähernd gerechte Gesellschaft gebunden sein sollte.

Wie verhalten sich Volkssouveränität und moralisch universale Grundrechte zueinander? Sollten sie als gleichberechtigt gelten, ergibt sich – je nachdem, wie man die beiden Ideale versteht – eine gewisse Spannung zwischen beiden, die nur durch den Vorrang eines der beiden Ideale aufzulösen ist. Es ist im folgenden zu klären, welchem der beiden ein Vorrang gebührt und des weiteren mit welcher Begründung dem ›nachgeordneten‹ Ideal ein unserer Intuition entsprechend gewichtiger Platz in der politischen Theorie des ›vorrangigen‹ Ideals zugewiesen werden kann. Wären Volkssouveränität und moralisch universale Grundrechte gleichwertig, stünden sie in einem Spannungsverhältnis zueinander. Das Spannungsverhältnis bestünde darin, daß moralisch universalistisch verstandene (Menschen-) Rechte den demokratischen Volkssouverän moralisch binden und somit die Freiheit der Gesetzgebung eingeschränkt wäre.[69] Moralische Rechte sind moralisch vorgängig begründete Rechte. Wer sie akzeptiert, erkennt damit einen moralisch begründeten Anspruch an, den Menschen als solche anderen Menschen und Institutionen gegenüber besitzen. In der oben erläuterten Weise binden sie

69 Zwei andere Arten von Spannungsverhältnissen werden kritisiert in P. van Parijs, »Justice and Democracy: Are They Incompatible?«.

auch die Rechtssetzung eines jeden politischen Gemeinwesens. In der Regel geschieht dies heute dadurch, daß das politische Gemeinwesen die moralisch begründeten (Menschen-)Rechte in Form juridisch einklagbarer Grund- und Bürgerrechte in einer Verfassung sichert, die alle weitere Gesetzgebung bindet. Die in Grund- und Verfassungsrechte eingeflossenen moralisch substantiellen (Menschen-)Rechte schränken die Macht oder das Recht des Volkes bzw. seiner Mehrheit ein, sich selbst qua demokratischem Verfahren Gesetze zu geben. Dies widerspricht dem als gleichwertig oder gleichgewichtig unterstellten Ideal der demokratischen Souveränität, welches die Regierungsbefugnis des Souveräns umfaßt und außerdem beinhaltet, daß nur demokratisch zustande gekommene Gesetze legitim seien. Statt dessen ist die demokratische Mehrheitspolitik jedoch nur in dem Rahmen der (verfassungsmäßig festgelegten) Beschränkungen – wie sie die politische Gerechtigkeit der Menschenrechte fordert – frei, Gesetze nach ihrem Willen zu beschließen. Die demokratisch zustande gekommenen Gesetze müssen gerechtigkeitskonform sein. Dieses Verhältnis zwischen Konstitutionalismus und Demokratie zeigt sich in vielen Ländern deutlich daran, daß ein nationales Verfassungsgericht befugt ist, die in nationalen Parlamenten mehrheitlich beschlossenen Gesetze für ungültig zu erklären. In solchen Fällen, zum Beispiel bei der gesetzlichen Regelung der Abtreibung, stellt sich die bekannte Frage: Ist eine gerichtliche Überprüfung der Verfassungsmäßigkeit von Gesetzen mit der Volkssouveränität vereinbar?[70] Wie verträgt sich die »Freiheit der Alten« mit der »Freiheit der Modernen«?[71] Gibt es ein ›übergesetzliches Recht‹ (etwa in Form von Menschenrechten), und wie kann es den Souverän binden?

Die Ideale der Demokratie und der moralisch universalen Rechte können scheinbar nicht auf der gleichen Ebene liegen, nicht von gleicher Wichtigkeit sein, sonst käme es zu einem Konflikt zwischen demokratischen Werten und moralischen und verfassungsrechtlichen Einschränkungen. Zumindest ergibt sich ein Widerstreit zwi-

70 Das Spannungsverhältnis zwischen Konstitutionalismus und Demokratieprinzip ist auf verschiedene Weise formulier- und damit auch auf unterschiedliche Weise diskutierbar: vgl. dazu z. B. S. Holmes, »Verfassungsförmige Vorentscheidungen und das Paradox der Demokratie«, und R. Dworkin, »Gleichheit, Demokratie und die Verfassung: Wir, das Volk, und die Richter«.

71 Vgl. B. Constant, *Über die Freiheit der Alten im Vergleich zu der der Heutigen.*

schen substantiellen Rechten und prozeduraler Demokratie als inkompatiblen Kandidaten für erste Prinzipien der gerechten politischen Ordnung. Dieses Spannungsverhältnis muß aufgelöst werden; denn eine politische Theorie, die das Verhältnis ihrer Ideale nicht erklären kann, sondern letztere unvermittelt und gegebenenfalls inkompatibel nebeneinander stehen läßt, ist philosophisch unbefriedigender als eine solche, die in der Lage ist, die verschiedenen von vielen intuitiv akzeptierten Ideale in ein kohärentes Verhältnis zu setzen.[72]

Zur Klärung des Verhältnisses zwischen dem Demokratieprinzip einerseits und den einer demokratischen Selbstbestimmung entzogenen Menschenrechten andererseits sind in der politischen Theorie zwei prinzipielle Lösungsstrategien entwickelt worden: ›Liberale‹ Auffassungen vertreten den Vorrang der Menschenrechte, wohingegen ›demokratisch-republikanische‹ Positionen den Vorrang der Volkssouveränität betonen. Für die ›liberale‹ Interpretation (klassisch von Locke vertreten, aktuell von Rawls) gehen liberale Grundrechte demokratischen Partizipationsrechten voraus. Diese Grundrechte werden moralisch legitimiert und begrenzen somit auch den Spielraum der demokratischen Selbstbestimmung. Moralisch universale Rechte sollen legitime Schranken für den souveränen Willen des Volkes bilden, um Übergriffe auf unantastbare subjektive Rechte oder Freiheitssphären zu verwehren. Die ›demokratisch-republikanische‹ Auffassung (als klassischer Vertreter ist Rousseau zu nennen, aktuell: Habermas) behauptet den Vorrang der öffentlichen kollektiven Selbstgesetzgebung der Staatsbürger. Die (Menschen-)Rechte sollen ihre legitime Geltung dem Ergebnis der souveränen Selbstbestimmung eines politischen Gemeinwesens verdanken. Die Grundrechte stellen demnach eine Funktion bzw. einen konstitutiven Bestandteil von demokratischen Partizipations- und Kommunikationsrechten dar.

72 Vgl. J. Rawls' Methode des Überlegungsgleichgewichts in *Eine Theorie der Gerechtigkeit*, § 9, und R. Dworkins Methode einer möglichst kohärenten Interpretation der Rechtsordnung als Ganzer in *Law's Empire*.

## 2.2. *Vorrang der Menschenrechte vor der Demokratie*

Die ›liberale‹ und die ›demokratische‹ Auffassung vertreten jeweils den Vorrang eines der Ideale, ohne das jeweils andere zu leugnen. Zwei Strategien der Rechtfertigung lassen sich dabei theoretisch unterscheiden: Gemäß der ersten begründet das vorrangige Prinzip das nachgeordnete Prinzip und kann so zugleich dessen nachgeordnete Stellung erklären. Gemäß der zweiten Strategie begründet ein beiden Idealen gemeinsames drittes, höheres Prinzip beide und weist ihnen so in der Architektur der politischen Prinzipien für eine gerechte politische Ordnung den richtigen Platz zu.

Eine prinzipielle Überlegung unterstützt meines Erachtens die zweite Strategie. Die Grundlage unserer politisch-moralischen Ideale, wie u. a. das Regime der Menschenrechte und das Prinzip der Demokratie, muß selbst eine moralische und darf keine funktionale oder skeptische sein. Als Grundlage der liberalen politischen Ideale sollte die allgemein geteilte Moral der gleichen Achtung fungieren. Diese Moralkonzeption enthält als einen wesentlichen Bestandteil die Idee der Unparteilichkeit, die für die essentiellen Interessen jeder Person gleiches Gewicht und gleiche Berücksichtigung fordert. Eine Diskriminierung zwischen Individuen oder Gruppen mit Bezug auf diese Interessen ist also moralisch unzulässig, da dies einer Verletzung des Selbstwertgefühls der Betroffenen gleich käme. Nur solche Regelungen können als legitim gelten, die im essentiellen Interesse eines jeden Betroffenen liegen, denen also alle Betroffenen prinzipiell frei zustimmen können. Durch die Qualifikation ›prinzipiell‹ soll verdeutlicht werden, daß das Kriterium für moralische Richtigkeit letztlich an ein hypothetisches Einverständnis gebunden ist.[73]

Sucht man nach einer gemeinsamen moralischen Grundlage für die politischen Ideale, so läßt sich die Unterscheidung zwischen den beiden Auffassungen folgendermaßen reformulieren: Die ›demokratisch-republikanische‹ Auffassung versucht, aus dem moralischen Kriterium der allgemeinen prinzipiellen Zustimmungsfähigkeit das Primat von Verfahren politischer Selbstgesetzgebung und demokratischer Legitimation von solchen Gesetzen abzuleiten, die Gerechtigkeit verbürgen sollen. Die ›liberale‹ Auffassung interpretiert hingegen Moral als einen Kanon von Grundprinzipien der Gerechtigkeit

73 Vgl. Kap. II.5.3.: »Rechtfertigung«.

und moralisch universaler Grundrechte, die die substantielle Basis einer jeden legitimen Gesetzgebung darstellen müssen. Von diesen Alternativen ist meines Erachtens nur die ›liberale‹ Auffassung plausibel. Wenn man nach den Grundlagen sowohl der moralisch universalen Grundrechte als auch der Demokratie sucht und davon überzeugt ist, daß diese Grundlagen, um moralisch universale Grundrechte und Demokratie wirklich begründen zu können, moralische Grundlagen sein müssen, dann kann meines Erachtens aus der Moral gleicher Achtung kein Primat der Demokratie abgeleitet werden. Die moralisch universalen Grundrechte müssen Vorrang haben. Im folgenden diskutiere ich zuerst kritisch den gegenwärtigen Hauptvertreter der ›demokratisch-republikanischen‹ Auffassung, und zwar Habermas' Diskurstheorie des Rechts. Dabei wird sich zeigen, daß diese Auffassung nicht umhinkommt, eine moralische Grundlage für beide politischen Ideale anzunehmen. Dies leitet zur ›liberalen‹ Auffassung über, die ich im Anschluß zu verteidigen versuche.

### *Exkurs zum vermeintlichen Vorrang der Demokratie*

Nach Habermas' Rechtstheorie[74] besteht ein Wechselbezug zwischen Grundrechten und Demokratie: Der demokratische Diskurs muß die Grundrechte als Ermöglichungsbedingungen voraussetzen; außerdem muß er die moralisch universalen Rechte als Grundrechte zugleich erst in ihrer konkreten rechtlichen und institutionellen Gestalt qua Volkssouveränität erschaffen. Die Idee der Menschenrechte (hier primär verstanden als Kants Fundamentalrecht der gleichen subjektiven Handlungsfreiheit) soll damit weder dem souveränen Gesetzgeber als äußere Schranke bloß auferlegt, noch als funktionales Requisit für dessen Zwecke instrumentalisiert werden. Den zugrundeliegenden Ausgangspunkt stellt bei Habermas die Idee der »öffentlichen Autonomie« dar, das heißt die Volkssouveränität. Die Ausgangsfrage soll lauten: Welche grundlegenden Rechte müssen sich freie und gleiche Bürger, wenn sie ihr Zusammenleben mit Mitteln des Rechts legitim regeln wollen, gegenseitig einräumen?

Der Status dieser Grundfrage ist in einer verfassungsgebenden Situation allerdings schillernd. Der einen Lesart nach handelt es sich um eine Frage der Moral, mit der nach der moralisch legitimen

74 Vgl. J. Habermas, *Faktizität und Geltung*, Kap. III; ders., »Über den internen Zusammenhang von Rechtsstaat und Demokratie«.

Grundrechtssetzung gefragt wird, das heißt nach den Menschen- und Grundrechten, denen alle möglicherweise Betroffenen (als Teilnehmer an rationalen Diskursen) konsensuell zustimmen können. Dies ist der Sache nach plausibel. Damit jedoch liefe diese Position auf jene ›liberale‹ Variante hinaus, die ich weiter unten verteidigen möchte. Ihr zufolge werden Grundrechte moralisch bestimmt, allerdings nicht ›von außen‹ – etwa als religiös oder metaphysisch begründetes Naturrecht –, wie es Habermas der ›liberalen‹ Tradition vorwirft, sondern als von den betroffenen Bürgern und Bürgerinnen selbst moralisch legitimierte Rechte, die sodann und deshalb von diesen als (u. U. abänderbare) Grundrechte positiv gesetzt werden. Der anderen Lesart zufolge ist die Grundfrage von demokratietheoretischer Natur, nämlich als Frage eines souveränen Volkes nach der Sicherung (s)einer diskursiven politischen Willensbildung. Diese Lesart scheint Habermas zu präferieren – ist doch sein Hauptanliegen gerade keine (rein) moralphilosophische Herangehensweise an politische Gerechtigkeit, sondern eine Diskurstheorie des (positiven) Rechts, weil allein das Recht in modernen Gesellschaften die Funktion der sozialen Integration zu erfüllen vermöge. Neben dem Aspekt der Faktizität des Rechts soll der Aspekt der Geltung, das heißt die politische Legitimität des Rechts, rechtsphilosophisch und demokratietheoretisch bestimmt werden. Versteht man die Ausgangsfrage jedoch demokratietheoretisch, werden dabei, so ist kritisch einzuwenden, die basalen moralischen Prinzipien bereits in Form der Annahme freier und gleicher Bürger unterstellt. Damit diese Frage sinnvoll ist, muß die Bürgerschaft also schon sowohl moralisch, zumindest durch wechselseitige Anerkennung als Freie und Gleiche, wie auch politisch, zum Beispiel als Staatsvolk, konstituiert sein. Es ist fraglich, ob diese Voraussetzungen so interpretiert werden können, daß diese Auffassung nicht doch letztlich auf einer moralischen Grundlage ruht.

Habermas sucht eine Antwort auf seine Ausgangsfrage, die durchaus normative Legitimitätskriterien an positives Recht anlegt, diese Kriterien jedoch nicht direkt aus moralischen Grundsätzen gewinnt. Zu dieser Antwort kommt er mittels der vorgegebenen Kategorien des Diskursprinzips und des modernen Mediums des Rechts (der Rechtskode). Aus der Verbindung zwischen beiden entsteht das »Demokratieprinzip«, das sich im Unterschied zum Moralprinzip auf die Schaffung legitimen positiven Rechts bezieht. Der gesuchte interne Zusammenhang zwischen Menschenrechten und Demokratie soll nun Habermas zufolge darin bestehen, daß Menschenrechte die Kommunikationsbedingungen für eine rationale politische Willensbildung sichern und institutionalisieren. Das System der Rechte enthalte genau diejenigen Grundrechte, die notwendig seien, um den demokratischen Diskurs, der zu legitimem Recht führen soll, rechtlich zu installieren. Die Menschenrechte sollen also nicht die Volkssouveränität beschränken, sondern wahre Demokratie erst ermöglichen.[75]

Konstitutionelle Beschränkungen seien also keineswegs grundsätzlich antidemokratisch, sondern demokratiesichernd. Es ist jedoch fraglich, ob sich alle Verfassungsbestimmungen, also auch die einschränkenden, als ›ermöglichende‹ (um)deuten lassen und ob nicht bestimmte Grundrechte auch einen intrinsischen Wert haben. Die meisten geschriebenen Verfassungen enthalten heute sowohl explizit ermöglichende als auch explizit einschränkende Bestimmungen.[76] Die ausschließlich ermöglichenden Bestimmungen konstituieren und definieren staatliche Gewalt, Instrumente des Regierens, Behörden und Verfahren. Diese Bestimmungen können selbst undemokratisch sein, wenn sie zum Beispiel Menschen Stimmrechte vorenthalten oder diese ungerecht verteilen. Schon die explizit ermöglichenden Bedingungen müssen sich also, um wahrhaft demokratisch zu sein, an Standards, und zwar mindestens den moralischen Standards der gleichen Rücksicht und Achtung, messen lassen können. Falls solche ermöglichenden Bedingungen jedoch den Standards entsprechen, stärken sie die Demokratie. Auch für die explizit einschränkenden Verfassungsbestimmungen wird die These vertreten, daß diese, obwohl einschränkend formuliert, funktional gesehen ebenfalls ermöglichend sein können. Dies mag für die politischen Bürgerrechte, also die Kommunikations- und Teilnahmerechte, unmittelbar einleuchten. Das Recht auf freie Meinungsäußerung ist demnach in funktionaler Hinsicht zugleich als ermöglichend als auch als einschränkend zu verstehen. Allerdings ist frag-

75 Diese Position wird im englischen Sprachraum im Rahmen der aktuellen juristischen Diskussion insbesondere von J. Ely in *Democracy and Distrust: A Theory of Judicial Review* mit Bezug auf die Verfassungsgerichtsbarkeit und Normenkontrollklage vertreten.

76 Vgl. für das folgende R. Dworkin, »Gleichheit, Demokratie und die Verfassung: Wir, das Volk, und die Richter«, S. 173.

lich, ob dies für alle explizit einschränkenden Verfassungsbestimmungen gilt. Es sollte unterschieden werden zwischen solchen, die in funktionaler Hinsicht als ermöglichend betrachtet werden können, und solchen, die diese Bedingung nicht erfüllen. Zu den letzteren zählen vor allem jene einschränkenden Verfassungsbestimmungen, die die klassischen bürgerlichen Freiheitsrechte sichern sollen, die jede noch so minimale Konzeption von Menschen- und Grundrechten zu den wichtigsten zählt. So ist etwa das klassische Recht auf Religionsfreiheit nicht als Ermöglichungsbedingung zu verstehen.

Habermas reagiert auf dieses von ihm zugestandene Problem, indem er den klassischen Freiheitsrechten durchaus einen intrinsischen Wert zugesteht. Diese einschränkenden (Freiheits-)Rechte versucht er daher durch ein anderes Argument ›einzufangen‹. Die klassischen Freiheitsrechte würden, so behauptet er, schon durch die Form des modernen Rechts, den Rechtskode, gesichert, der für moderne Volkssouveränität keine bloß frei annehmbare oder ablehnbare Voraussetzung darstelle. Mit der Einrichtung des Rechtskodes werde der Status von Rechtspersonen erzeugt und den Bürgern zugesprochen, die somit als Träger subjektiver Rechte private Autonomie erhielten. Auf diese Weise sollen sich private und öffentliche Autonomie wechselseitig voraussetzen, ohne daß die Menschenrechte vor der Volkssouveränität oder diese vor jener einen Primat beanspruchen könnten. Diese Argumentation steht in starker Abhängigkeit von der These, daß sich die demokratische Idee der Selbstgesetzgebung im Medium des modernen Rechts, verstanden als subjektives positives Recht im Unterschied und in Ergänzung zu moralischen Geboten, Geltung verschaffen muß. Das Medium der Selbstgesetzgebung sei nicht (mehr) frei wählbar, sondern in einer evolutionär-empirischen Weise ›unhintergehbar‹. Hier vertritt Habermas eine starke und nicht belegte These. Wie sie zu überprüfen wäre, ist außerdem unklar. Warum sollte es heutigen Bürgern und Bürgerinnen unmöglich sein, ihre Selbstgesetzgebung im Sinne der Kantischen Morallehre vorzunehmen statt im Sinne der Kantischen Rechtslehre (auf die sich Habermas hier für die Unterscheidung von Recht und Moral beruft)? Faktisch möglich scheint dies zu sein, obwohl man es vielleicht nicht gutheißen würde. Die Ablehnung der völligen Gleichsetzung von juridischem Recht (law) und Moral sollte sich nicht auf einen empirisch vorfindlichen Rechtsbegriff (right) stützen, sondern Gründe für seine überragende Bedeutung vorbringen können, die eine (erneute) Gleichsetzung von juridischem Recht und Moral in der Tat als einen, nun aber moralischen oder funktionalen Rückschritt erscheinen ließe. Solche Argumente für die Einführung bzw. Beibehaltung des positiven, gesetzten, juridischen Rechts primär zur Sicherung subjektiver Rechte ließen sich durchaus anführen.[77] Da es für die Benutzung des Rechtskodes, des Mediums subjektiver Freiheitsrechte, eines Argumentes bedarf und dieses – wie vermutet werden darf – ein funktionales *und moralisches* ist, zeigt sich, daß die von J. Habermas vertretene Auffassung in eine ›liberale‹ Variante mündet, ja münden muß.

Eine weitere Frage: Setzen sich ›private‹ und ›öffentliche Autonomie‹ (das heißt persönliche und kollektive Selbstgesetzgebung) dieser Argumentation zufolge tatsächlich wechselseitig voraus? Beginnt man mit der Frage nach den Voraussetzungen der demokratischen Selbstgesetzgebung und akzeptiert, daß als einziges Medium das Recht zur Verfügung steht, dann gelangt man zu subjektiven Rechten, die Freiheitsspielräume und private Autonomie eröffnen.[78] Damit ist jedoch noch nicht gezeigt, daß diese subjektiven Rechte den Menschenrechten entsprechen. Umgekehrt muß vom Status der Rechtsperson mit subjektiven Freiheitsrechten aus belegt werden, warum öffentliche Autonomie vonnöten ist. Das Argument zeichnet in diesem Fall den Diskurs als einziges Mittel aus, eine konsensfähige Regelung der privaten Autonomie der Bürgerinnen und Bürger zu erreichen. Eine wechselseitige Voraussetzung von privater und öffentlicher Autonomie ist demnach nur unter der Voraussetzung der Medien Recht und Diskurs gegeben. Die Medien Recht und Diskurs wiederum setzen beide die Moral voraus, wobei das Diskursprinzip bereits das Moralprinzip ist oder es enthält,[79] und für

77 Vgl. oben Kap. III.2.3., wo ich von einer notwendigen gerechtigkeitstheoretischen Einführung des Rechts gesprochen habe. Habermas scheint selbst durchaus moralische neben funktionalen Argumenten für den Status einer Rechtsperson mit subjektiven Freiheitsrechten anzuführen, etwa in »Über den internen Zusammenhang von Rechtsstaat und Demokratie«. Dagegen hat Habermas allerdings auch die These vertreten, das moderne Recht lasse sich weltweit rein funktional begründen (vgl. »Zur Legitimation durch Menschenrechte« und »Der interkulturelle Diskurs über Menschenrechte«).

78 Freiheitsspielräume und private Autonomie sind – pace Habermas – nicht das gleiche. Für diesen Einwand gegen Habermas vgl. auch S. Gosepath, »The Place of Equality in Habermas' and Dworkin's Theories of Justice«.

79 J. Habermas behauptet in *Faktizität und Geltung* (S. 138) daß das Diskursprinzip

den Rechtskode bedarf es einer normativen Begründung. Letztlich nähert sich Habermas' Theorie damit dem (wie mir scheint) plausiblen Modell an, das Menschenrechte und Demokratie aus einem dritten, höheren, nämlich dem Moralprinzip ableitet. Nach diesem Modell sind Menschenrechte und Demokratie (wie Habermas behauptet) gleichursprünglich,[80] allerdings in nur einer der beiden voneinander zu unterscheidenden Bedeutungen, nämlich in dem Sinn, daß beide ihren Ursprung im Moralprinzip haben. Gleichursprünglich im Sinne ihrer wechselseitigen Voraussetzung und Begründung sind Demokratie und Menschenrechte, wie ausgeführt wurde, nicht.

### *Vorrang der Menschenrechte*

Statt der Demokratie den Vorrang einzuräumen oder aber die moralisch universalen Grundrechte und das Demokratieprinzip als gleichrangig einzustufen, gebührt den moralisch universalen Grundrechten – vom moralischen Standpunkt aus betrachtet – der Vorrang. Da die Moral den Idealen der Demokratie und der moralisch universalen Grundrechte vorhergehen muß, haben moralische (Menschen-)Rechte Vorrang vor der Demokratie. Sie ergeben sich unmittelbar aus dem Moralprinzip; sie fassen das in Normen, was die prinzipielle Zustimmung aller Menschen finden kann. Das Demokratieprinzip kann und sollte eine dieser Normen sein. Demokratie als Verfahren der legitimen Gesetzgebung muß selbst moralisch gerechtfertigt werden. Gibt es eine Rechtfertigung auf einer entsprechend basalen Ebene, wird Demokratie zu einem moralischen Menschenrecht. Eine solche Begründung des Demokratieprinzips werde ich weiter unten darlegen. Wenn man zugibt, daß es moralisch universale Grundrechte gibt, so gilt auch die Forderung, diese nicht zu verletzen, was die Forderung einschließt, keine in diesem Sinn ungerechten Gesetze zu erlassen. So verstanden, haben subjektive moralische Rechte Vorrang vor der demokratischen Selbstbestimmung. Im (Grund-)Rechtssetzungsverfahren sind die moralisch universalen Grundrechte demnach unbedingt zu respek-

zwar einen normativen Gehalt habe, weil es den Sinn der Unparteilichkeit expliziere, es liege aber auf einer Abstraktionsebene, die trotz dieses normativen Gehaltes Moral und Recht gegenüber neutral sei.

80 Vgl. J. Habermas, *Faktizität und Geltung*, zusammenfassend auf S. 161.

tieren und zu institutionalisieren. Demokratie ist damit gerechtigkeitssubsidiär.

Inwiefern wird aber die politische Selbstbestimmung der Bürgerinnen und Bürger durch die vorgängig moralisch gerechtfertigten basalen Gerechtigkeitsprinzipien und moralisch universalen Grundrechte, zu deren rechtlicher Institutionalisierung eine moralische Pflicht besteht (etwa durch Verankerung in einer Verfassung), eingeschränkt? Diese Frage wird auch als Vorwurf an die ›liberale‹ Adresse gerichtet (so beispielsweise von Habermas an Rawls).[81] Die ›liberale‹ Position kann den hinter der Frage stehenden Einwand ein Stück weit zurückweisen. Man muß dazu drei Rollen von Personen (die *moralische*, *politische* und *rechtliche*) auf zwei Stufen (der *moralischen Autonomie* einerseits und der politischen Selbstgesetzgebung, das heißt *politischen Autonomie* andererseits) unterscheiden.[82] Als sich als moralisch begreifende Wesen wollen moralische Personen nur solche Handlungsnormen aufstellen (und müssen dies ihrem Selbstverständnis nach auch), die nach den strikten Kriterien der Allgemeinheit und Reziprozität allen Betroffenen gegenüber *prinzipiell* gerechtfertigt werden können. Dies ist die Stufe der moralischen Autonomie. Auf der Stufe der politischen bzw. öffentlichen Autonomie des Staates treten sich die Personen in der Rolle von Staatsbürgern

81 Dies ist einer der Streitpunkte in der Debatte zwischen Habermas und Rawls. Rawls vertritt und verteidigt eine ›liberale‹ Position gegen Habermas' ›demokratisch-republikanische‹ Kritik an Rawls' Politischem Liberalismus. Vgl. J. Rawls, *Politischer Liberalismus*, kritisch dazu J. Habermas, »Versöhnung durch öffentlichen Vernunftgebrauch«, dazu Rawls' »Erwiderung auf Habermas« und Habermas' Replik auf Rawls' Erwiderung in »›Vernünftig‹ versus ›Wahr‹ oder die Moral der Weltbilder«. Einen guten Überblick liefert R. Forst, »Die Rechtfertigung der Gerechtigkeit. Rawls' Politischer Liberalismus und Habermas' Diskurstheorie in der Diskussion«. Ein Argument von Habermas lautet, daß keine Gerechtigkeitstheorie, keine Menschenrechtserklärung und kein politischer Philosoph ohne realen Dialog mit den Betroffenen die Legitimität von politischen Regelungen, von Grundrechten und Gesetzen verläßlich einschätzen kann, d. h. die potentielle Zustimmung (oder Ablehnung) der Betroffenen korrekt antizipieren kann. Selbst der beste und sich als völlig unparteiisch begreifende Interpret kann noch mit Vorurteilen behaftet sein, die nur die Betroffenen selbst artikulieren, reklamieren und korrigieren können. Deshalb könne nur ein realer demokratischer Prozeß den Anfang einer Präsumtion eines fairen Verfahrens rechtfertigen.

82 R. Forst unterscheidet in *Kontexte der Gerechtigkeit* (V.2) je nach Rechtfertigungskontext zwischen ethischen und moralischen Personen, Rechtspersonen und Staatsbürgern. Die folgenden Ausführungen stützen sich auf R. Forst (ebd.).

gegenüber, die sich kollektiv als Autoren des Rechts in Akten politischer Selbstbestimmung Gesetze geben. Diesen demokratisch beschlossenen Gesetzen sind dieselben Personen dann in der Rolle von Rechtspersonen oder Adressaten des Rechts unterworfen. Sie müssen den selbstgegebenen Gesetzen zwar im Prinzip aus Einsicht folgen können, ihnen allerdings aufgrund zwangsbewehrter Sanktionen auch dann gehorchen, wenn ihnen unreflektiert die Einsicht oder die hinreichende Motivation fehlen. Rechte und insbesondere gar verfassungsmäßig verankerte Grundrechte können am besten als eine Form von Selbstbindung politisch autonomer Staatsbürger und Staatsbürgerinnen verstanden werden.

Da die Personen trotz ihrer verschiedenen Rollen mit sich selbst identisch sind, kann der Vorwurf zurückgewiesen werden, daß die moralisch vorrangig begründeten Grundrechte der politischen Selbstgesetzgebung gemäß der ›liberalen‹ Auffassung von außen vorgegeben seien. Zwar sind die Grundrechte moralisch bestimmt, sie müssen allerdings nicht erst (von außen) als religiös oder metaphysisch begründetes Naturrecht an die Bürgerinnen und Bürger herangetragen werden, sondern sollten und können – so ist zumindest zu hoffen – von den betroffenen Bürgern und Bürgerinnen in ihrer Rolle als Staatsbürger und Staatsbürgerinnen selbst als moralisch legitimierte Rechte anerkannt werden, die sodann und deshalb von diesen als positiv gesetzte Grundrechte zu instantiieren sind. Eine Verfassung entsteht weder von selbst, noch wird sie von Philosophen als vermeintlichen Gerechtigkeitsexperten verfaßt. Vielmehr sind jede Bürgerin und jeder Bürger selbst Gerechtigkeitsexperten, weil er oder sie zugleich eine moralische Person mit einem unabhängigen moralischen Urteilsvermögen ist. Indem die Bürgerinnen und Bürger sich als moralische Wesen begreifen, werden sie nicht umhinkönnen, moralische Ansprüche an das positive Recht anzuerkennen. Bürgerinnen und Bürger verlangen Gründe dafür, wenn sie ihre Handlungsmöglichkeiten durch bestimmte Rechte einschränken sollen. Wenn diese Gründe moralischer Natur sind, also prinzipielle, reziproke und allgemeine Zustimmung erfahren, dann ist der Rechtszwang auch in besonderer Weise legitimiert, er kann aus moralischer Einsicht akzeptiert und befolgt werden. Durch die Doppelrolle der Personen sind moralische Normen dergestalt im positiven Recht enthalten. Dies bedeutet keine Beschneidung der Selbstbestimmung der Bürgerinnen und Bürger von außen, wohl jedoch von innen. Ihr eigenes Selbstverständnis als moralische Personen legt ihnen Grenzen auf bzw. gibt ihnen moralische Kriterien für die Rechtssetzung vor. Erst indem sich die Bürgerinnen und Bürger als moralische Wesen die Gesetze ihres politischen Zusammenlebens selbst geben, kommen moralische und politische Autonomie zusammen. Nur durch eine solche interne Vermittlung von Recht und Moral durch die verschiedenen Rollen der Personen können die allgemeinen Gesetze dem moralischen Gesichtspunkt der Gerechtigkeit genügen, so daß die daraus resultierenden Gesetze ihnen als legitim gelten. Jedoch steht nicht die politische Selbstbestimmung im Zentrum der Schaffung einer gerechten Grund- und Rechtsstruktur, sondern die prinzipiengeleitete Beurteilung mittels eines prinzipiellen, das heißt kontrafaktischen Moral- oder Gerechtigkeitsprinzips, das den Bürgern und Bürgerinnen den Maßstab für die kritisch-reflexive Beurteilung von Gesetzesvorschlägen an die Hand gibt.

In der politischen Selbstbestimmung werden moralische Begründungen nachvollzogen und konkretisiert. Es ist Aufgabe des demokratischen Souveräns, die moralisch begründeten und somit vorgängigen Menschenrechte für eine konkrete politisch-soziale Grundstruktur zu interpretieren, zu konkretisieren und in Form einer Verfassung oder von Grundrechten festzuschreiben. Das bedeutet jedoch nicht, daß jegliche Rechtsgeltung zu einer ausschließlich moralischen wird. Nur für die Rechtfertigung basaler Rechtsprinzipien, das heißt für den abstrakten Kern, der rechtlich noch konkretisiert und institutionalisiert werden muß, bedarf es moralischer Argumente.[83] Diese moralisch universalen basalen Grundrechte gehen in modernen Verfassungen insbesondere als Grundrechte ein. Rechtsprinzipien bilden den Rahmen, der den Spielraum für legitime demokratische Entscheidungsmöglichkeiten markiert. Innerhalb dieses normativen Rahmens kann es demokratischen Prozessen obliegen, zum einen die notwendige rechtliche Interpretation[84] und

83 Vgl. R. Forst, *Kontexte der Gerechtigkeit*, S. 79.

84 Hier sei das Problem offen gelassen, wie die Trennlinie zwischen den Grundrechten, die moralisch festgelegt und mehr oder weniger unveränderbar sind einerseits, und den Interpretationen, die demokratisch ermittelt werden andererseits, zu bestimmen ist. Vgl. dazu A. Wellmer, »Demokratie und Menschenrechte«. Dieses Problem taucht vor allem (a) bei moralisch beeinflußten Regelungen wie für Abtreibungen etc. auf oder (b) bei Entscheidungen zwischen verschiedenen Rechtsprinzipien oder -gütern, z. B. bei einer Entscheidung zwischen Umweltregelungen oder Verteidigungsanstrengungen im Fall von Ressourcenknappheit.

Konkretisierung der Rechtsprinzipien vorzunehmen und zum anderen nach Maßgabe pragmatischer, ethischer und (über die Menschenrechte hinausgehender) moralischer Gründe eine politische Ordnung zu institutionalisieren und zu regeln. Die so als Rechtsprinzipien verstandenen Menschenrechte lassen absichtlich eine signifikante Spannbreite bei der Wahl der Verfassung sowie wirtschaftlicher oder gesellschaftlicher Regelungen. Die beiden Stufen der moralischen und politischen Rechtfertigung überlappen sich also, dies jedoch nur partiell.[85] Hierin besteht der mögliche Spielraum der Demokratie in einem Regime moralischer Menschenrechte. Gesetze und Programme sind gerecht im Sinne der Menschenrechte, wenn sie in den zulässigen Rahmen passen und gemäß einer gerechten Verfassung gesetzgeberisch in Kraft gesetzt worden sind.[86] Die politische Herrschaft ist somit durch die in der Verfassung verankerten Grundrechte, diese wiederum sind durch die moralischen Menschenrechte normativ beschränkt.

## *2.3. Begründungen der Demokratie*

### *Stellenwert der Demokratie im Regime der Grund- und Menschenrechte*

Diese »liberale« Auffassung setzt sich zumindest nach Ansicht ihrer Opponenten dem weiteren Einwand aus, daß sie nicht deutlich machen kann, ob, warum und in welchem Maße Demokratie ein Menschenrecht darstellen sollte. Bisher sei nur zugestanden worden, daß es einen legitimen Spielraum politischer Entscheidungen gäbe, die politische Moral also nicht jedes Detail universalistisch moralisch regele. Daraus ergebe sich jedoch noch keine Forderung nach Demokratie. Ein Regime der Menschenrechte ohne Demokratie sei

85 Vgl. R. Forst, »Die Rechtfertigung der Gerechtigkeit«, S. 44, S. 47, und ders., »Das grundlegende Recht auf Rechtfertigung«.

86 Nach J. Rawls (*Eine Theorie der Gerechtigkeit*, S. 229 u. 398f.) sind dies beinahe Bedingungen reiner Verfahrensgerechtigkeit, so daß es zwar ein unabhängiges Kriterium für die Richtigkeit der Entscheidung gibt, dieses aber nicht eindeutig genug ist, und somit dem Gesetzgebungsverfahren ausreichend Spielraum für die Auswahl einer der zulässigen Möglichkeiten bleibt. Es liegt keine reine Verfahrensgerechtigkeit vor, weil das Ergebnis nicht im wörtlichen Sinn als das richtige definiert ist.

damit – wie einige Vertreter der ›liberalen‹ Auffassung offen zugeben[87] – nicht ausgeschlossen. Die liberale Auffassung könne somit für eine der beiden in Frage stehenden politisch-moralischen Ideale nicht aufkommen. Dies wäre insofern ein Problem für die liberale Auffassung, als sie – wäre der Einwand stichhaltig – unsere überlegten Urteile und Ideale nicht in einen kohärenten Zusammenhang bringen, also keine einheitliche politische Theorie entwickeln könnte. Dieser Vorwurf scheint in der Tat berechtigt, da der Begriff der moralisch universalen Grund- und Menschenrechte und die deontologisch-liberale Moralauffassung in sich, das heißt begrifflich, keine Verpflichtung zur demokratischen Legitimation enthalten. Die als positive Grundrechte instantiierten moralisch universalen Grundrechte müssen durch keinen demokratischen Prozeß legitimiert werden. Moralisch universale Grundrechte haben einen abstrakten und allgemeinen normativen Inhalt, der logisch unabhängig von jedem aktuellen demokratischen Verfahren der inhaltlichen Festlegung ist. Daß etwas ein moralisches Grundrecht ist, hängt von keinem Verfahren oder Ergebnis einer demokratischen Prozedur ab. Die Kategorie der moralisch universalen Grundrechte hat aus begrifflichen Gründen einen demokratieunabhängigen Inhalt.[88] Moralisch universale Grund- und Menschenrechte müssen, um überhaupt Menschenrechte zu sein, einen a priori abstrakten, allgemeinen und moralischen Inhalt haben, der als solcher für seine Gültigkeit oder Legitimität keiner demokratischen ›Rechtfertigung‹ bedarf. Auch die Frage, ob bestimmte Rechte eines Staates den Menschenrechten entsprechen, ist eine substantielle moralisch-philosophische Frage, die nicht qua demokratischer Verfahren korrekt entschieden werden kann. Die Standards des moralisch Richtigen sind demokratieunabhängige gute Gründe. Es ist streng zwischen der Begründung moralischer Normen und der demokratischen Legitimation von Rechtsnormen zu unterscheiden. Als Kriterium für das moralisch Richtige gilt die Verallgemeinerungsfähigkeit der Norm, die je nach Moraltheorie in foro interno oder diskursiv geprüft werden muß. Die demokratische Legitimation von Rechtsnormen kann

87 Vgl. E. W. Böckenförde, »Ist Demokratie eine notwendige Forderung der Menschenrechte?«; Böckenförde verneint dort seine Titelfrage.

88 Dies betont zu Recht F. Michelman in »Bedürfen Menschenrechte demokratischer Legitimation?«, dem ich hierin folge. Vgl. auch ders., »How Can The People Ever Make The Laws?«.

hingegen nur mittels der auszeichnenden Struktur eines faktisch institutionalisierten demokratischen Gesetzgebungsverfahrens hergestellt werden. Grund- und Menschenrechte müssen allen gegenüber moralisch begründbar sein, bedürfen aber als moralische Rechte, die zu institutionalisieren wir verpflichtet sind, keiner demokratischen Legitimierung.

Die ›liberale‹ Auffassung, die den Menschenrechten als in der Verfassung zu verankernden Grundrechten Vorrang und damit einschränkende Kraft vor der faktischen Selbstgesetzgebung einräumt, muß sich zu der Kritik verhalten, das Ideal der Demokratie nicht angemessen zu berücksichtigen. Aus dem anfänglich explizierten politischen Ideal der Demokratie ergibt sich meines Erachtens die Vermutung eines intrinsischen Werts der Demokratie. Wie läßt sich ein intrinsischer Wert der Demokratie aus der Perspektive der ›liberalen‹ Auffassung begründen und bestimmen?

Als Lösungsstrategie bietet es sich wieder an, mit der Idee zu beginnen, daß sich moralisch universale Grundrechte und Demokratie aus ein und demselben Prinzip, der Moral der wechselseitig geschuldeten gleichen Rücksicht und Achtung, ableiten lassen. Das intuitiv geteilte Ideal der Demokratie muß so als moralisch begründetes in ein Regime moralischer (Menschen-)Rechte integriert werden. Dadurch wird der Demokratie – je nach Art der moralischen Begründung – auch ein spezifischer Ort in der ›Hierarchie‹ moralischer (Menschen-)Rechte zugewiesen.

Als Kriterium für die moralische Begründung von Regelungen gilt, daß nur solche Regelungen legitim sind, denen alle (potentiell) Betroffenen auch prinzipiell zustimmen können. Was aber folgt aus diesem Kriterium moralischer Legitimität für die Bedingungen politischer Legitimität? Es folgt zunächst nichts, da aus *prinzipieller* Zustimmungsfähigkeit als moralischem Rechtfertigungskriterium, wie es in den deontologisch-liberalen Moralansätzen gefordert wird, noch kein Argument für *aktuale* Zustimmung in Form demokratisch-prozeduraler Verfahren entsteht. Aus dem moralischen Rechtfertigungsverfahren in der moralisch universalen Dimension folgt ebensowenig die Notwendigkeit eines demokratischen Verfahrens in der politischen Dimension. Darin besteht ein oft übersehenes Problem.[89]

89 Dies übersieht auch R. Forsts direkte Ableitung des Demokratieprinzips aus seinem »Recht auf Rechtfertigung« in »The Rule of Reasons«, die ich entsprechend kritisiere in S. Gosepath, »Comment on ›The Rule of Reasons‹ by R. Forst«.

Es gibt eine konzeptuelle Lücke zwischen unserem geteilten demokratischen Ideal einer Prozedur, die allen gleiche und adäquate Partizipationsmöglichkeiten einräumt, und dem apriorischen, universalen, moralischen Ideal der Menschenrechte, das den Gesetzgebern aus moralischen Gründen einen Kanon von Grundrechten vorschreibt. Gesucht wird deshalb eine moralische Begründung für die Einführung bzw. Beibehaltung eines realen demokratischen Prozesses der Rechtssetzung. Wir wollen gerne wissen, ob und welche moralischen Gründe wir haben, demokratische Verfahren wie Wahlen, Mehrheitsregeln, Rechtsstaatsprinzipien, öffentliche Debatten etc. im Unterschied zu Losverfahren oder einer gerechten unparteiischen Herrschaft, die ebenfalls eine Art von Gleichheit und Unparteilichkeit sichern, zu etablieren. Im einzelnen bedarf es mindestens für zweierlei einer Begründung: (a) für das Demokratieprinzip im Sinne demokratisch kollektiver Entscheidungen – warum sollten alle gleichermaßen am Zustandekommen der Entscheidungen beteiligt sein? (b) für die Mehrheitsregel – warum sollte die bei einer Entscheidung unterlegene Minderheit sich der Mehrheit beugen, das heißt: was sind die Gründe dafür, die Mehrheitsregel zu akzeptieren?[90] Für die ›liberale‹ Auffassung ist es aus den genannten Gründen wichtig, zeigen zu können, warum demokratische Verfahren die prinzipielle Zustimmung eines jeden beanspruchen können.

Meines Erachtens spielen für die demokratische Herrschaftsform vor allem zwei unterschiedliche moralische Argumente eine Rolle. Dies ist zum einen das Argument der Selbstbestimmung und zum anderen das Argument der Gleichheit. Beide untersuche ich im folgenden.[91]

## *Argument der Selbstgesetzgebung*

Historisch gesehen basiert das einflußreichste Argument für die Demokratie auf dem Prinzip der Selbstbestimmung oder Selbstgesetzgebung. Dieser Argumentationstyp beginnt mit der Feststel-

90 Eventuell müßte drittens noch geklärt werden, ob und, wenn ja, warum politische Partizipationsrechte unverletzlich sein sollten. Warum darf es keinen trade-off zwischen politischen und anderen Rechten geben, d. h. warum darf man politische Rechte, vor allem die eigene Stimme, nicht verkaufen?

91 Für die Exposition dieser Argumente stütze ich mich weitgehend auf T. Christiano, *The Rule of the Many*, Kap. 1.

lung, daß unsere Moral der gleichen Rücksicht und Achtung bereits zwei wichtige Aspekte enthält, und zwar Autonomie und Konsens, mit deren Hilfe ein Argument für die Demokratie konstruiert werden kann. Gemäß unserer Moral sind praktische Normen nur dann moralisch gerechtfertigt, wenn sie begründet werden können mit Bezug auf die Interessen aller Betroffenen, das heißt wenn jeder Betroffene gute Gründe hat, die Norm zu akzeptieren, und niemand gute Gründe hat, sie abzulehnen.

Ausgehend von einer so gelagerten Auffassung unserer universalistischen und egalitären Moral der gleichen Achtung und Rücksicht wird für Demokratie wie folgt mittels der Idee der Selbstgesetzgebung in vier Schritten argumentiert:[92]

1. Letztlich können nur die betroffenen Parteien selbst ihre wahren und vernünftigen Interessen formulieren und vertreten. Der gleiche Respekt, den wir uns moralisch wechselseitig schulden, verlangt Respekt vor der autonomen Entscheidung einer jeden Person als unvertretbar einzelner.[93] Dieser prozedurale Ansatz der moralischen Legitimation betrachtet die Autonomie der einzelnen Person als den eigentlichen Standard der Rechtfertigung praktischer Normen. Da wir uns wechselseitig Respekt vor der autonomen Entscheidung des anderen schulden, beinhaltet diese Moralkonzeption das subjektive Recht auf reflektierte Selbstbestimmung oder Selbstgesetzgebung eines jeden autonomen Individuums.
2. Jedes Individuum hat ein gleiches Recht auf Selbstbestimmung. Dies ist im wesentlichen der Rechtsanspruch auf gleiche Freiheit für jeden einzelnen. Natürlich bedarf auch dieses Argument des Rückgriffs auf ein Prinzip der Gleichheit; ohne dieses wäre es unvollständig und entspräche nicht unserer Moralkonzeption.
3. Das Kriterium für politische Legitimität ist der Konsens. Wenn es eine Übereinstimmung hinsichtlich einer Frage gibt, zum Beispiel hinsichtlich institutioneller Beschränkungen oder eines Regelwerks, dann stimmt jede Person für sich selbst dieser Über-

92 Ich werde dabei notwendigerweise vereinfachen und vernachlässige verschiedene Versionen dieser Argumentation, hoffe jedoch, daß die Darstellung dadurch nicht unfair ausfällt. – Als ein positives Beispiel für eine zeitgenössische Version vgl. C. Gould, *Rethinking Democracy*.

93 Vgl. L. Wingert, *Gemeinsinn und Moral*, Kap. 6 a.: »Zwei Formen des moralischen Respekts«.

einkunft freiwillig zu. Somit folgt sie dabei ihrem eigenen Willen als Regel. Jede Person bestimmt und regiert sich selbst.

Daraus wird nun der folgende vierte Schritt geschlußfolgert:

4. Selbstgesetzgebung im politischen Bereich bedeutet die Teilnahme an demokratischen Diskussionen und Entscheidungsverfahren unter bestimmten Bedingungen. Ergebnisse sind dann demokratisch legitimiert, wenn sie das Ergebnis einer freien und vernünftigen Übereinkunft unter Gleichen sein könnten.[94] Dieses Prinzip gibt die Bedingungen an, unter denen demokratische Partizipation legitimierte Ergebnisse hervorbringt. Die Grundidee dabei ist, daß Individuen sich selbst bestimmen und regieren, wenn die Bedingungen ihres Zusammenlebens auf ihrer konsensuellen Übereinstimmung beruhen. Man mag dies die ›konstruktive Version‹ des Arguments nennen, da die Ergebnisse einer politischen Entscheidung dadurch legitimiert werden, daß sie das Resultat einer bestimmten Art von Prozedur darstellen, die sich aus Diskussionen, gemeinsamer Überlegung und Entscheidung zusammensetzt. Dieser Auffassung gemäß ist somit die Bedeutung von Demokratie und öffentlicher Überlegung als notwendige Bedingung legitimer politischer Ordnung gesichert. Ein wirklich freier und vernünftiger Konsens stellt dieser Auffassung nach sicher, daß jede Person die Bedingungen der Übereinkunft nur aufgrund der Übereinstimmung mit ihrem eigenen Willen akzeptiert.

Die Schwierigkeit dieses Argumentationsschemas ist offensichtlich: Seine wichtigste Stütze ist die Hoffnung auf einen Konsens. Es vernachlässigt das grundlegende Faktum der Nichtübereinstimmung oder des Dissenses. Dies ist kein Zufall. In dieser Demokratietheorie herrscht eine große Spannung zwischen der Idee, daß ein Individuum frei sein sollte, die soziale Welt, die es mit anderen zusammen bewohnt, selbst zu regieren, und dem Anspruch, daß alle die gleiche Freiheit besitzen sollten, dies zu tun. Demokratie scheint nicht mit der Selbstgesetzgebung eines jeden zusammenzupassen. Daher ist nicht zu erkennen, wie unter Zuhilfenahme der Prinzipien der Selbstbestimmung und Autonomie ein echtes Verständnis der Grundlagen demokratischer Entscheidungsverfahren möglich werden sollte. Dieser Mangel wird größtenteils durch die unrealistische

94 Vgl. J. Cohen, »Deliberation and Democratic Legitimacy«, bes. S. 22.

Annahme eines friedlichen und vernünftigen Konsenses in der Gesellschaft bedingt. Das skizzierte Argument vernachlässigt das Faktum häufiger Uneinigkeit sowie offensichtlicher Kontroversen und kann deshalb nicht für das wichtige demokratische Mehrheitsprinzip aufkommen, demgemäß jene Ansicht gewählt und ausgeführt werden sollte, die die Unterstützung der Mehrheit der Bürgerinnen und Bürger findet, wenn es nicht zu einer einhelligen Übereinkunft über die Form des Zusammenlebens kommt. Die Idee der Selbstgesetzgebung liefert somit keine Rechtfertigung für das Demokratieprinzip, wie wir es heute verstehen: als Mehrheitsregel. So verstanden, ist es in dieser Auffassung nicht nur gänzlich unerklärt, sondern steht auch in einer Spannung zu der Idee der Selbstgesetzgebung.

Verschiedene Lösungsmöglichkeiten stehen offen. Eine bestünde darin, den Konsens als Ideal zu verstehen – als hypothetisches Ergebnis einer freien und vernünftigen Übereinkunft. Wir könnten aktuale Entscheidungen danach beurteilen, ob sie Ergebnisse hervorgebracht haben, die das Ergebnis einer solchen idealen hypothetischen Prozedur hätten sein können. Eine solche Interpretation ist jedoch offensichtlich fatal für diese Argumentationsstrategie. Das ursprüngliche Problem würde sich erneut stellen: Wie kann man von dem Kriterium moralischer Legitimität, also von der prinzipiellen Zustimmungsfähigkeit einer Regelung durch alle Betroffenen, zu einer praktikablen Konzeption politischer Legitimität gelangen, das heißt zu demokratischer Entscheidungsfindung?

Eine weitere Möglichkeit könnte darin bestehen, das Kriterium der allgemeinen Zustimmung durch jeden Betroffenen so zu verstehen, daß Abweichungen vom Einstimmigkeitsprinzip möglich sind, allerdings der Rechtfertigung bedürfen. Wenn es klar bestätigt ist, daß ein Konsens zu einer bestimmten Frage nicht zu erreichen ist, könnte es gerechtfertigt sein, als zweitbeste Strategie weniger als hundertprozentige Zustimmung zuzulassen. Warum sollte sich jedoch die Minderheit, die nicht zustimmt, verpflichtet fühlen, einer Norm zu folgen, der die Mehrheit zugestimmt hat? In diesen Fällen folgt eine Minderheit nicht ihrem eigenen Willen.

Die sogenannte epistemische Konzeption der Demokratie behauptet, eine Begründung für das Mehrheitsprinzip zu haben.[95] Diese Konzeption versucht, die kritisierte Inkompatibilität von De-

95 Vgl. J. Cohen, »An Epistemic Conception of Democracy«; D. Estlund, »Beyond Fairness and Deliberation: The Epistemic Dimension of Democratic Authority«.

mokratie als Mehrheitsprinzip und Selbstgesetzgebung zu vermeiden, indem sie den politischen Willen einer jeden Person nicht lediglich nach dem Modell reflektierter Wahl versteht. Statt dessen wird unterstellt, daß sich eine rationale Person in ihrem politischen Willen grundsätzlich dem Gemeinwohl verpflichtet fühlt. Unter dieser Voraussetzung wird jeder in Ausübung seiner Selbstbestimmung die Förderung des Gemeinwohls befürworten. Die Teilnahme eines jeden Bürgers und einer jeden Bürgerin an demokratischer Deliberation und kollektiver Entscheidung ist essentiell für die Entdeckung und Förderung des Gemeinwohls. Die Bürgerinnen und Bürger nehmen an demokratischen Prozeduren idealerweise teil, indem sie konkurrierende Vorstellungen des Gemeinwohls vertreten und gleichzeitig versuchen, eine vernünftige Übereinkunft über diese unterschiedlichen Vorstellungen herzustellen. Diskussion und Überlegung sind dann keine Akzidenzien des Verfahrens, sondern tragen wesentlich zum besseren Verständnis des Gemeinwohls bei. Die Stimmabgabe der Bürgerinnen und Bürger nach ausführlicher Diskussion und gemeinsamer Überlegung soll als ein Urteil darüber verstanden werden, was die Bürgerinnen und Bürger für die richtige Konzeption des Gemeinwohls halten. Ihre Stimmen sind in demselben Sinn Urteile, wie die Stimmen einer Geschworenenjury die Beurteilung des juristischen Falls durch die Geschworenen zum Ausdruck bringen. Die Auffassung, die die Mehrheit der Stimmen auf sich vereinigen kann, gilt als die, für die die meisten Evidenzen vorliegen, daß sie der Förderung des Gemeinwohls dient. Dies ist der entscheidende Punkt bei dieser Rechtfertigung des Mehrheitsprinzips. Wenn die Bürgerinnen und Bürger ungefähr gleichermaßen kompetent bei der Beurteilung des Gemeinwohls oder dessen, was ihm dient, sind und jede(r) eine fünfzigprozentige Wahrscheinlichkeit in jedem Einzelfall hat, mit seinem (ihrem) Urteil richtig zu liegen, dann wird die Regelung mit den meisten Stimmen diejenige sein, die mit der höchsten Wahrscheinlichkeit dem Gemeinwohl dient.[96] Soweit in Kürze das Argument für das Mehrheitsprinzip.

96 Vgl. Marquis de Condorcet, *Essai sur l'application de l'analyse à la probabilité des décisions rendues à la pluralité des voix*. Ch. List und R. Goodin verallgemeinern in »Epistemic Democracy: Generalising the Condorcet Jury Theorem« dieses Theorem für den Fall vieler Optionen. Ihr Hauptergebnis lautet grob zusammengefaßt: Wenn jeder Wähler mit einer Wahrscheinlichkeit für die ›richtige‹ Option stimmt, die größer ist als die Wahrscheinlichkeit, daß er für irgendeine der anderen Optio-

Ich konzentriere mich auf zwei Hauptschwächen des Arguments. Zum ersten hängt sehr viel davon ab, ob es möglich ist, die erste Prämisse, daß die Selbstbestimmung eines jeden verlangt, daß das Gemeinwohl *aller* gefördert werde, zu stützen. Man könnte dazu versuchen zu demonstrieren, daß das Selbstwertgefühl einer jeden Person von der ganzen Gemeinschaft abhängt und nicht etwa nur vom Freundeskreis. Auf diese Ansätze kann ich hier nicht näher eingehen; allerdings bin ich skeptisch, ob man wirklich zeigen kann, daß alle anderen Mitbürger und Mitbürgerinnen eingeschlossen sein müssen. Statt dessen dürfte es an dieser Stelle genügen, auf die andere gewichtige Schwierigkeit hinzuweisen. Die beiden entscheidenden Annahmen des Arguments sind sehr wahrscheinlich falsch. Warum sollten Individuen ungefähr die gleiche Kompetenz für jeden einzelnen Fall haben? Ist es nicht vielmehr so, daß in bestimmten Fällen einige kompetenter sind als andere und in wieder anderen Fällen eine ganz andere Gruppe von Individuen gegebenenfalls kompetenter ist? Und warum sollten Individuen im Durchschnitt mit einer Wahrscheinlichkeit, die nicht schlechter ist als fünfzig Prozent, in bezug auf jedes beliebige Thema richtig urteilen, insbesondere wenn es zwischen mehr als zwei Alternativen auszuwählen gilt? Diese Fragen werfen genügend Zweifel bezüglich dieser zentralen Annahmen auf, um zu der Schlußfolgerung zu gelangen, daß nach einer anderen Rechtfertigung für die Prinzipien der Demokratie einschließlich des Mehrheitsprinzips gesucht werden sollte. Ich komme somit zum:

### *Argument der gleichen Ressourcen*

Die hier vertretene egalitäre distributive Gerechtigkeitstheorie rechtfertigt das Prinzip und die hier vorgeschlagene Konzeption der Demokratie auf der Grundlage unserer gemeinsam geteilten Moral der gleichen Achtung.[97] Sie erkennt dabei das Faktum des Pluralis-

nen stimmt, und es viele Wähler gibt, dann gewinnt die richtige Option die Wahl mit großer Sicherheit. Dafür ist es nicht nötig, daß jeder der Wähler mit einer Wahrscheinlichkeit größer 1/2 für die richtige Option stimmt.

97 Zu egalitären Begründungen der Demokratie vgl. T. Christiano, *The Rule of the Many*, Kap. 2, dem ich hier größtenteils folge; vgl. auch T. Christiano, »Freedom, Consensus, and Equality in Collective Decision Making«; H. Brighouse, »Egalitarianism and Equal Availability of Political Influence«.

mus an, das heißt die Verschiedenartigkeit von Konzeptionen des Guten und die daraus hervorgehenden tiefgreifenden Interessenkonflikte. Wegen dieses Mangels an Übereinstimmung und Konsens verlangt die egalitäre Theorie, daß jeder Person ein gleicher Anteil an politischer Herrschaft zusteht.

Dies folgt aus der zugrundeliegenden Konzeption der Moral gleicher Achtung, wonach jede Person als eine Gleiche, das heißt mit gleicher Achtung und Rücksicht, zu behandeln ist. Daraus ergeben sich – so wurde bereits argumentiert – zumindest zwei Kategorien von moralischen Ansprüchen prozeduraler und substantieller Gerechtigkeit einem politisch organisierten Gemeinwesen gegenüber: der Anspruch auf gleiche Anerkennung und Sicherung der individuellen Autonomie sowie der Anspruch auf eine bestimmte Art von Gleichbehandlung, die durch die Präsumtion der Gleichverteilung zum Ausdruck gebracht wird. Gemäß dieser Konzeption ist es moralisch erforderlich, daß die Bürgerinnen und Bürger gleiche Ressourcen erhalten, um ihre Interessen verfolgen zu können. Gleichheit der Ressourcen ist die beste Interpretation egalitärer Gerechtigkeit für die Bedingungen grundlegender Meinungsverschiedenheit und pluralistischer Auffassungen hinsichtlich des Wohlergehens und der Konzeptionen des guten Lebens. Diese Konzeption distributiver Gerechtigkeit und präsumtiver Ressourcengleichheit fungiert im folgenden Argument als Hintergrundprämisse.

Wie könnte nun im Rahmen einer solchen egalitären Theorie eine Verteidigung des Demokratieprinzips gestaltet werden? Das egalitäre Argument verläuft in vier Schritten:[98]

1. Die Moral der gleichen Achtung beruht auf der Präsumtion der gleichen Würde aller Menschen, denen gleiche Autonomie unterstellt wird. Daher betont diese Moralkonzeption auch das existentielle Primat des Individuums und den übergeordneten Wert der rationalen Fähigkeiten einer jeden Person. Objekt des gleichen wechselseitigen Respekts ist die Autonomie der je einzelnen Personen, die aufgrund ihrer Autonomie als »selbstbeglaubigende Quellen gültiger Ansprüche [self-authenticating sources of valid claims]«[99] verstanden werden. Das, worauf sich die gleiche Achtung und Rücksicht also beziehen muß, kann deshalb nur das reflektierte Interesse eines jeden autonomen Individuums sein.

98 Vgl. T. Christiano, *The Rule of the Many*, Kap. 2.
99 J. Rawls, *Politischer Liberalismus*, S. 102.

Nur die Individuen selbst können und dürfen entscheiden, was in ihrem eigenen ›besten‹, ›aufgeklärten‹, ›vernünftigen‹ oder ›wahren‹ Interesse ist.[100]

Personen sind aus moralischen bzw. gerechtigkeitstheoretischen Gründen bestrebt, ihr Zusammenleben mit den Mitteln moralisch begründeter sozialer Normen und juridischer Rechte zu regeln. Einer der Gründe ist ihr gemeinsames Interesse, friedlich, frei und gerecht in einer stabilen Ordnung zu leben, in der jede Person ihren Interessen nachgehen und ihre Konzeption des Guten leben kann, soweit dies mit den gleichen Rechten jeder anderen Person vereinbar ist. Ein weiterer Grund ist die Übernahme und Regelung kollektiver Verantwortung, das heißt solcher Verantwortung, der ein einzelnes Individuum nicht allein oder nur in unfairer Überlastung im Vergleich zu anderen, die die Verantwortung mit ihm teilen, nachkommen kann. Für diese bestimmte Kategorie von Interessen, die für jedes einzelne Individuum in spezieller Weise auf das Zusammenleben der Individuen insgesamt bezogen sind, gibt es einen Regelungsbedarf. Diese Interessen sind insofern stark miteinander verwoben, als das, was den einzelnen betrifft, notwendigerweise auch alle anderen betrifft, so zum Beispiel das Steuersystem, das Erziehungssystem, die Verteidigung, der Umweltschutz, die Einkommensverteilung, das Privateigentum und das System der Rechte. Eine Gesellschaft kommt nicht umhin, über diese Themen und Güter Entscheidungen zu fällen, bezüglich deren jeder Bürger und jede Bürgerin ein eigenes und gewichtiges Interesse haben. Ein Konsens ist jedoch, wie gesagt, nicht zu erwarten, Uneinigkeit eher unvermeidlich. Wer sollte in dieser Situation entscheiden dürfen?

Mit diesem ersten Schritt hat das egalitäre Argument die bereits genannte Herausforderung noch nicht gemeistert: Wenn die Moral nur die gleiche Achtung der Individuen und die gleiche Berücksichtigung ihrer Interessen verlangen würde, dann wäre es noch immer möglich, beispielsweise die politische Herrschaft eines einzelnen oder mehrerer unparteiischer Richter zu rechtfertigen, die sich darin bemühen, so zu urteilen, daß die Interessen aller Bürgerinnen und Bürger möglichst gleich berücksichtigt werden. Gleiche Rücksicht

100 Vgl. zu den Begriffen, Unterschieden und sinnvollen Interpretationen von ›besten‹, ›aufgeklärten‹, ›vernünftigen‹ und ›wahren‹ Interessen S. Gosepath, *Aufgeklärtes Eigeninteresse*, Kap. VII.4, 5.

scheint bisher mit nicht-demokratischen Entscheidungsprozeduren vereinbar. So muß also die Frage beantwortet werden: Warum folgt aus der moralisch geforderten gleichen Berücksichtigung der Interessen, die die Individuen bezüglich der sozialen Güter der Gesellschaft haben, daß sie gleiches Stimmrecht bei kollektiven Entscheidungen über die Wahl und Verteilung sozialer Güter besitzen sollten? Die nun folgenden Schritte des egalitären Arguments sollen eine plausible Antwort hierauf darstellen.

2. Die beste Interpretation von gleicher Achtung und Rücksicht verlangt einen gleichen Anteil an der Bestimmung des gemeinsamen Lebens. Das Problem wird so eines der gerechten Verteilung von Gütern und Lasten unter Bedingungen des Mangels. Da die Interessen der Individuen konfligieren und nicht alle befriedigt werden können, herrscht Mangel. Insofern jedes Individuum ein Interesse daran hat, über die Verteilung zu entscheiden, sollte die Konzeption der präsumtiven Gleichheit der Ressourcen auf diesen kollektiven Entscheidungsprozeß angewandt werden. (Für andere Arten von Gütern, zum Beispiel Güter, die für persönliche Projekte benötigt werden, verlangt dieselbe Gleichheitskonzeption jedoch etwas anderes, beispielsweise eine gleiche Anfangsausstattung mit ökonomischen Ressourcen. Deshalb ist es wichtig, auf welche Güter oder Klassen von Gütern sich die Verteilung bezieht. Je nach Kategorie kann Gleichbehandlung etwas anderes bedeuten.)

   Die Präsumtion der Gleichheit wird so auf die Prozesse der politischen Willensbildung über öffentliche Angelegenheiten angewendet, das heißt auf Belange, die kollektiv bindende Entscheidungen erfordern und die Interessen aller Mitglieder des Gemeinwesens berühren. Andere, zum Beispiel private Belange, sind hier aufgrund des Rechts auf Sicherung der Autonomie und der Garantie von Freiheitsrechten ausgeklammert bzw. nicht in dieser Weise betroffen. Die Präsumtion der Gleichheit hat für jede Kategorie unterschiedliche Implikationen.

3. Demokratie ist das Verfahren, bei dem die Mittel, mit denen man an den Entscheidungen über soziale Güter der Gesellschaft partizipieren kann, gleich (verteilt) sind. Grundsätzlich gilt, daß bei öffentlichen Wahlen jeder volljährige, zurechnungsfähige Bürger und jede ebensolche Bürgerin je eine Stimme für jedes abzustimmende Thema erhalten muß. Alles andere wäre eine nicht zu

rechtfertigende Ungleichbehandlung. Das Prinzip »pro Bürger eine Stimme« wird auch kaum noch bestritten. Damit sind die notwendigen Rechte der Volkssouveräne allerdings noch nicht hinreichend bestimmt. Ihnen muß außerdem Zugang zur politischen Arena gewährt werden. Es muß Möglichkeiten geben, sich politisch versammeln zu können, Parteien zu gründen usw. Mitbestimmungsmöglichkeiten bei gemeinsamen politischen Entscheidungen und die entsprechenden Rechte in ihrer ganzen Breite sind Gegenstand der präsumtiven Gleichverteilung. Stimmrecht, öffentliche finanzielle Unterstützung des Wahlkampfes, freier Zugang zu Informationen sowie Chancen auf die Besetzung öffentlicher Wahlämter sind wichtige Beispiele für die Ressourcen, die es im politischen Bereich gleich zu verteilen gilt. Damit ergibt sich ein *Recht auf gleiche politische Teilhabe*. Darunter soll in erster Annäherung die Gleichbehandlung der Bürgerinnen und Bürger bei der Verteilung, Kontrolle und Ausübung politischer Macht verstanden werden.[101] Demokratische Entscheidungsverfahren verkörpern in diesem Bereich eine Gleichheit der Ressourcen. Ziel ist es allerdings nicht, Macht als solche gleich zu verteilen. Wir können erstens Macht nicht quantitativ messen und so deren Gleichverteilung fest- oder herstellen. Gleichheit der ›politischen Macht‹ darf zweitens nicht als gleicher Endzustand mißverstanden werden. So ist beispielsweise gegen die größere Macht gewählter Amtsinhaber oder die des besseren Arguments nichts einzuwenden.[102] Gleiche Machtverteilung ist, wenn überhaupt, kein Ziel an sich, sondern – auf bestimmte Bereiche beschränkt – ein Mittel zu dem Ziel, Interessen gleich zu berücksichtigen. Gleiche politische Teilhabe muß deshalb als gleiche Verfügbarkeit politischen Einflusses konzipiert werden.[103] Dies bedeutet eine Gleichverteilung der politischen und materiellen Ressourcen, die nötig

101 Vgl. T. Christiano, »Freedom, Consensus, and Equality in Collective Decision Making«, bes. S. 175 ff., der eine rein egalitäre Begründung der Demokratie vertritt.

102 Vgl. kritisch zur Gleichheit der politischen Macht R. Dworkin, »Gleichheit, Demokratie und die Verfassung: Wir, das Volk, und die Richter«, S. 182 ff.

103 Vgl. H. Brighouse, »Egalitarianism and Equal Availability of Political Influence«, von dem ich das »Prinzip der gleichen Verfügbarkeit des politischen Einflusses« übernehme. Brighouse definiert das Maß des politischen Einflusses als die Wahrscheinlichkeit, die wir der Tatsache zuschreiben würden, daß eine Person ihren Willen durchsetzt, wenn sie sich wie alle anderen politisch engagieren würde und

sind, um das Ergebnis des Prozesses der politischen Willensbildung in gleicher Weise mitbestimmen zu können.[104] Politische Einfluß- und Partizipationsmöglichkeiten sollen allen in gleicher Weise offen stehen. So kann erklärt werden, warum es wichtig ist, daß alle Bürgerinnen und Bürger sowohl gleiches Stimmrecht als auch gleiche Zugangsmöglichkeiten zu Institutionen der Macht und zu Foren und Prozessen der Diskussion, öffentlicher Deliberation und Entscheidung haben. Andernfalls wären sie keine Gleichen bei der Festlegung der politischen und juridischen Ordnung. Dieses Argument begründet somit eine Version des Prinzips der Volkssouveränität. Die Implementierung von deliberativen demokratischen Prozeduren mit gleichem Partizipationsrecht für alle Bürgerinnen und Bürger ist ein unersetzliches Mittel zur Realisation der gemeinsamen Anerkennung des moralischen Status der Bürgerinnen und Bürger als Gleiche.

4. Innerhalb dieser egalitären Rechtfertigungsstrategie für das Demokratieprinzip kann aus pragmatischen Gründen für die Einführung des Mehrheitsprinzips argumentiert werden (während das, wie wir gesehen haben, so nicht für das Argument der Selbstgesetzgebung gilt). Es scheint so, als ob jedes Organisationsprinzip der Demokratie nur pragmatisch begründet werden kann. Zumindest ist schwer zu erkennen, wie ein intrinsisches oder direkt moralisches Argument aussehen könnte. Lockes Hinweis, daß es ohne Mehrheitsregel zur Paralyse komme, ist sicherlich ein zentraler Aspekt einer jeden Verteidigung des Mehrheitsprinzips. Da Konsens unwahrscheinlich ist, wäre jede demokratische Regierung ohne ein solches Durchführungsprinzip unmöglich. Um eine effektive demokratische Regierungsform zu ermöglichen, in der die kollektiven und individuellen Interessen aller so gut wie möglich berücksichtigt werden, ist es aus praktischen Gründen notwendig, eine Mehrheitsregel einzuführen. Die Ein-

wir nichts über die Ziele der anderen wüßten (S. 119). Meines Erachtens geht Brighouse jedoch in seiner Argumentation zu weit, da er dem Prinzip der gleichen Verfügbarkeit politischen Einflusses absolute Priorität vor anderen Gleichheitskonzeptionen und -prinzipien einräumt. Mir scheint es plausibler, daß aus der Idee der Gleichheit ein Netz von Prinzipien der Verteilung abzuleiten ist, je nachdem, was aus welchen Gründen wie verteilt werden soll.

104 Vgl. T. Christiano, »Freedom, Consensus, and Equality in Collective Decision Making«, S. 177.

führung des Mehrheitsprinzips widerspricht nicht der Gleichheit der politischen Ressourcen, sondern ist mit ihr kompatibel, da gleiche Ressourcen nur die gleichen Mittel und Chancen garantieren sollen, nicht aber Gleichheit des Ergebnisses. Natürlich müssen dabei die individuellen Grundrechte für alle und die politische Gleichheit aller garantiert sein, insbesondere für Minderheiten. Zusätzlich ist es erforderlich, daß Einschränkungen gemacht werden, um zu verhindern, daß es eine Gruppe gibt, die immer die Minderheit bildet – eine Gruppe von Menschen also, die in Abstimmungen permanent der Mehrheit unterliegt. Die Minderheit sollte in der Lage sein, die Mehrheitsentscheidung zu akzeptieren, insofern auch sie von der gerecht eingerichteten Grundstruktur der Gesellschaft insgesamt profitiert. Eine Demokratie mit Mehrheitsprinzip muß deshalb u.a. durch die Menschenrechte beschränkt werden, die die wesentlichen Prinzipien der Gerechtigkeit formulieren. Damit alle der Idee der Demokratie zustimmen können, muß den Grund- und Menschenrechten notwendig Priorität vor der Demokratie zukommen.[105] Die gleichen Grundrechte und -freiheiten stellen auch einen Schutz vor der gleichheitsfeindlichen Konsequenz der gleichheitsbegründeten Institution der Demokratie dar. Sie sind die Manifestationen der grundlegenden egalitaristisch-liberalen politischen Moral selbst.

Ich fasse die beanspruchte Begründung des Prinzips der Volkssouveränität und dessen Plazierung in der egalitären distributiven Gerechtigkeitstheorie zusammen: Demokratie und moralisch universale Rechte basieren gemeinsam auf der Moral der gleichen Achtung. Mit Rekurs auf das Rechtfertigungsprinzip lassen sich die Prinzipien für beide Sphären gleichursprünglich begründen sowie deren Verhältnis untereinander näher bestimmen. Moralisch universalen Grundrechten kommt dabei ein moralisch begründeter Vorrang vor der Demokratie zu. Moralische Legitimität *begrenzt* und *ermöglicht* demokratische Legitimität. Aus ersterer kann die letztere jedoch nicht direkt *abgeleitet* werden. Die durch das Kriterium der prinzi-

105 In einer ausführlicheren demokratietheoretischen Abhandlung müßte nun noch eine Menge darüber gesagt werden, wie breit oder beschränkt der Spielraum der Demokratie in dem Regime der moralisch universalen Rechte genau ist und wo die Grenzlinie zwischen universalen abstrakten Menschen- bzw. Grundrechten und der legitimen demokratischen Interpretation dieser Grundrechte verläuft.

piellen allgemeinen und reziproken Rechtfertigung bestimmbaren basalen moralischen Rechte sind zunächst freistehend und unabhängig von jeglichem realen demokratischen Prozeß. Dennoch kann die den Vorrang der Menschenrechte vertretende ›liberale‹ Auffassung für den moralischen Wert der Demokratie aufkommen. Innerhalb des Systems moralischer Rechte bedarf es einer moralischen Begründung für das Demokratieprinzip, so daß ein politisches System ohne diskursiv-demokratische Prozedur keine gültigen Gesetze produzieren kann und deshalb kein moralisch verteidigbares System darstellt. Zwei normative Argumentationen wurden diskutiert, eine mittels des Prinzips der Selbstregierung und eine mittels des Prinzips der Gleichheit. Von den beiden skizzierten Strategien vermag nur die Rechtfertigung der Demokratie aus dem Grundsatz der präsumtiven Gleichverteilung, die moralische Gründe der geforderten Gleichbehandlung mit pragmatischen Argumenten verbindet, das Demokratieprinzip inklusive des Mehrheitsprinzips als moralisch gefordert und gleichzeitig als mit den moralischen Rechten vereinbar zu begründen. Wegen des Vorrangs der politischen Gerechtigkeit und der daraus resultierenden moralischen Grundrechte ist das wesentliche Ziel nicht, ein freistehendes Ideal der Demokratie, das in sich sinnvoll und erstrebenswert erscheinen mag, zu konstruieren. Wichtiger ist es, eine Demokratietheorie aus der Perspektive der Gerechtigkeit zu erarbeiten, so daß die demokratischen Prozeduren und Organisationsprinzipien der Schaffung gerechterer Grundstrukturen dienen, in denen Bürgerinnen und Bürger sich als Gleiche, als Autoren und Adressaten des juridischen Rechts verstehen können. Die Grundlagen einer solchen Demokratietheorie sollten damit gelegt sein.

# Kapitel V
# Legitime materielle Ungleichheiten

Grundrechte und -freiheiten sowie politische Mitbestimmungsrechte müssen – so ergab das letzte Kapitel – ausnahmslos gleich verteilt werden. In diesem Kapitel geht es um die Frage, welche materielle Güterverteilung gerechtfertigt ist. An der materiellen Güterverteilung scheiden sich bekanntlich die Geister. So liegt der *politische* Streitpunkt seit dem 19. Jahrhundert neben der zunehmend gewährleisteten Sicherung gleicher Freiheitsrechte und gleicher politischer Partizipationsrechte verstärkt in der Auseinandersetzung um ökonomische und soziale Ungleichheit.[1] Strittig ist dabei, ob und in welchem Ausmaße der Staat durch politische Maßnahmen wie Umverteilung von Einkommen und Besitz, Steuern, Erziehungssystem, Sozialversicherung, positive Diskriminierung usw. weitergehende Gleichheit der sozialen Bedingungen für alle herstellen soll. *Philosophisch* sind unter der Perspektive der Präsumtion der Gleichverteilung mögliche Gründe für eine Ungleichverteilung materieller Ressourcen und Zugänge zu sozialen Positionen zu überprüfen, wie sie seit jeher in diesen Sphären geltend gemacht werden. Im folgenden werde ich zuerst in Kapitel V.1. für die ökonomische Sphäre und dann in Kapitel V.2. für die soziale Sphäre, also zuerst für den wirtschaftlichen Profit und sodann für den Wettbewerb um soziale Positionen, Gründe für eine Ungleichverteilung prüfen. Es wird sich zeigen, daß die in der ökonomischen und sozialen Sphäre erforderliche Gleichheit komplex ist. Sie muß mehrere Gründe berücksichtigen, die entsprechend der Präsumtion eine Abkehr von Gleichheit rechtfertigen.

1 Vgl. T. H. Marshall, »Staatsbürgerrechte und soziale Klassen«.

## 1. Einkommen und Besitz

Was sind die gerechtfertigten Ausnahmen von der Gleichverteilung von Gütern der ökonomischen Kategorie, das heißt für wirtschaftliches Einkommen und Besitz oder Vermögen? Folgende Arten von Gründen müssen ganz generell als Kandidaten für eine gerechtfertigte ungleiche Verteilung von Ressourcen in der ökonomischen und sozialen Sphäre ernst genommen und deshalb diskutiert werden: unterschiedliche natürliche Benachteiligungen (etwa bei Behinderten), bestehende Rechte oder Ansprüche (wie Privateigentum), unterschiedliches Verdienst im engeren Sinn von speziellen Leistungen (wie Anstrengung oder Opfer für die Gemeinschaft), Effizienz (wie in Rawls' Differenzprinzip) und Kompensation für indirekte oder strukturelle Diskriminierung (wie Quotierung). Welches die gerechtfertigten Ausnahmen von der Gleichverteilung von Gütern der ökonomischen Sphäre sind, ist dabei umstritten. Dies ist das Feld der Debatten um die adäquate Konzeption der distributiven Gleichheit ökonomischer Ressourcen und der Hinsicht ihrer Bemessung.

Im Gang der Untersuchung sind schon einige Gründe für Ungleichheiten ausgeschieden worden, die einen öffentlichen Anspruch auf Geltung erheben. Eine Begründung für Ungleichverteilung können vorgängige Rechte oder Ansprüche, insbesondere Eigentumsrechte, nicht liefern, da es für die grundsätzliche Klärung von Fragen der Verteilungsgerechtigkeit in einer idealen Theorie keine dieser Theorie vorhergehenden Rechte geben kann. Kurz: Vorgängige Rechte kann es nicht geben – sie werden erst durch gerechte Verteilung geschaffen. In der hypothetischen Situation einer ursprünglichen Verteilung, die sich u. a. dadurch auszeichnet, daß die Ressourcen noch nicht verteilt sind und somit noch niemand Rechte beanspruchen kann, gestehen sich Personen durch allgemeine und reziproke Rechtfertigung wechselseitig Ressourcen und Rechte zu. So kann niemand in diesem Prozeß der ursprünglichen Übereinkunft sich schon auf angeblich bestehende Rechte berufen. Erst wenn die Ressourcen und Rechte verteilt und institutionalisiert sind, können Personen sich auf ihre Rechte berufen, um sich so vor kollektiven oder individuellen Vereinnahmungen ihrer Ressourcen zu schützen. Dann – aber auch erst dann – stellen Rechte eine ganz wesentliche Einschränkung des Verteilungsspielraums dar. Um real existierende juridische Rechte sowie Besitzverhältnisse als legitim zu erweisen, muß sich zeigen lassen, daß sie sich nach den Kriterien der ursprünglichen gerechten Verteilung und den danach zulässigen gerechtfertigten Transaktionen begründen lassen. Daß die ökonomischen Ressourcen in der wirklichen Welt immer schon unter den Personen ungleich verteilt sind, ist ein Faktum, von dem abzusehen ist. Bestehende Verhältnisse kritisch zu hinterfragen, darf sich die ideale Gerechtigkeitstheorie nicht versagen, will sie normative Kriterien wirklich ernsthaft an die Welt herantragen. Auf der Ebene der nicht-idealen Theorie wird einem unter pragmatischen Gesichtspunkten der Umsetzung der Forderungen der idealen Theorie der Gerechtigkeit nichts anderes übrigbleiben, als bestehende Besitzverhältnisse und die damit einhergehenden Erwartungen so fair wie möglich bei der Transformation der Gesellschaft mitzuberücksichtigen. Auf der Ebene der idealen Theorie hingegen müssen jene Ansprüche unberücksichtigt bleiben, die sich bloß auf bestehende Rechts- und Eigentumsverhältnisse berufen.

Ein anderer Gesichtspunkt scheidet viele weitere konkretere Verteilungskriterien aus. Viele dieser Kriterien, die in konkreten Verteilungsfragen relevant sein mögen, sind abgeleiteter Art. Sie sitzen auf anderen, eigentlicheren Verteilungskriterien auf. Wenn gespendete Organe nach dem Kriterium der Gesundheit des möglichen Organempfängers verteilt werden sollen, so ist das letztlich ein Effizienzkriterium. Wenn sie nach dem Grad der Krankheit des möglichen Organempfängers verteilt werden sollen, so ist das letztlich ein Bedürfniskriterium. Kriterienkataloge für Organtransplantationen in Kliniken sind sehr differenzierte Kombinationen von grundsätzlichen Verteilungskriterien, angewandt und angepaßt an das spezifische zu verteilende Gut. Für die Untersuchung der Kriterien der Verteilungsgerechtigkeit ist es jedoch sinnvoller, ganz abstrakt und ideal zu beginnen und die Grundprinzipien der Verteilungsgerechtigkeit zu ermitteln. Die zu berücksichtigenden Spezifika der jeweils im einzelnen zu verteilenden Güter könnten sonst den Blick für das Wesentliche verstellen. In einem zweiten Schritt – der in der vorliegenden Untersuchung leider nicht mehr vorgenommen werden kann, weil das jeden sinnvollen Umfang gesprengt hätte – müßten die grundsätzlichen Verteilungskriterien auf spezifische ökonomische Ressourcen und spezielle Rollen und Funktionen von Personen angewandt werden, wobei die Kriterien den Besonderheiten des Gutes, den Rollen und Funktionen angepaßt sowie zusätzliche relevante Erwägungen mit einzubeziehen wären.

Da man in einer idealen und abstrakten Theorie distributiver Gerechtigkeit zur Vereinfachung von der Verteilung spezieller materieller Güter absehen sollte, konzentriere ich mich im folgenden ausschließlich auf das Problem einer gerechten Einkommensverteilung. Vermögen und Besitzstände werden insofern indirekt mitberücksichtigt, als es den Personen in einem von der Gerechtigkeit vorgegebenen Rahmen frei steht, was sie mit ihrem gerechten Einkommen anfangen. So können sie damit auch Besitz erwerben und Vermögen anlegen.[2]

Da man also von bestehenden Rechten oder Ansprüchen und von allen abgeleiteten Kriterien hier absehen kann, bleiben nur vier genuine Gründe für Ungleichheit übrig: Allein Bedürfnis, Verdienst, Verantwortung und Effizienz kommen als *ursprüngliche* Kandidaten für Grundsätze der Gerechtigkeit in Betracht. Die Kriterien der Verantwortung und die daraus abgeleiteten Ausgleiche für Begünstigungen und Benachteiligungen, letzteres mit Bezug auf objektive Bedürfnisse, werden sich im folgenden als die wichtigsten gerechtfertigten Ausnahmegründe von einer Gleichverteilung erweisen. Das Kriterium des Verdienstes wird zurückgewiesen. Effektivität ist ein zulässiger Nebengrund. Die argumentative Hauptlast trägt jedoch das Verantwortungsprinzip und die sich daraus ergebenden notwendigen Kompensationen für soziale und natürliche ungleiche Hintergrundbedingungen. Aus der folgenden Untersuchung ergeben sich vielleicht weniger Gründe für Ungleichheiten, als man in dieser Gesellschaft erwartet.

2 Eine Komplikation – von der ich hier der Einfachheit halber weitgehend absehe – ergibt sich daraus, daß man mit dem Vermögen selber wieder Einkommen erwirtschaften kann. Die Umverteilung dieser Einnahmen wird jedoch indirekt durch die im folgenden gerechtfertigte progressive Besteuerung reguliert. Um die Gleichheit der Startchancen zu sichern, muß aus Gründen der Gerechtigkeit das Bündel der Eigentumsrechte an gerechtfertigtem Besitz eingeschränkt sein. So muß der Besitz an Vermögen vor allem zeitlich auf die eigene Lebensspanne beschränkt bleiben und dessen Weitergabe durch Schenkung und Vererbung limitiert werden.

## 1.1. *Ursprüngliche Gleichverteilung*

Gesucht wird ein Verteilungssystem, das jede Person als Gleiche achtet und dies mit den Mitteln der präsumtiven Gleichverteilung an Ressourcen umsetzt. Wendet man – wie es der generellen Strategie dieser Untersuchung entspricht – die Präsumtion der Gleichverteilung auf die Sphäre ökonomisch relevanter Ressourcen an, gilt es zunächst zu klären, wie eine Gleichverteilung von ökonomischen Ressourcen herzustellen und die Gleichheit festzustellen ist, bevor sodann nach möglichen Gründen für eine Ungleichverteilung zu fragen ist. Dieses ideale Verteilungssystem ökonomischer Güter soll die Kriterien bereitstellen, anhand deren bestehende Systeme materieller Verteilung beurteilt und gegebenenfalls modifiziert werden müssen. Dabei muß es ein auf individuelle Lebensprojekte flexibel reagierendes System sein, denn Personen als Gleiche behandeln darf nicht heißen, sie strikt gleich zu behandeln, ihnen beispielsweise genau die gleiche Menge an genau den gleichen materiellen Gütern zu geben. Damit wären Individuen mit ihren unterschiedlichen autonomen Interessen, die es prinzipiell zu achten gilt, zu Recht unzufrieden. Gerechtigkeit wäre nicht hergestellt. Gesucht wird daher ein dezentrales, flexibles Verteilungssystem, in dem die Individuen sich gemäß ihrer Wünsche mit den für sie attraktiven Ressourcen versorgen sowie ihr Leben autonom nach ihren Lebensplänen leben können und zugleich stets als Gleiche behandelt werden. Ein solches System läßt sich als *idealer Markt mit gleichen Ausgangsvoraussetzungen* modellieren.

Zur Herstellung und Feststellung der Gleichheit der Ressourcen verhilft die folgende Idee einer Walrasschen Auktion in der Situation ursprünglicher Verteilung.[3] Erinnern wir uns dazu an das Beispiel für die Situation der ursprünglichen Verteilung.[4] Mit einem bei der Notlandung zerstörten Raumschiff landet eine größere Gruppe von Personen auf einer unbewohnten Insel. Die Gestrandeten müssen auf der Insel ein neues Leben beginnen und wollen – die einmalige Chance nutzend – ihr Zusammenleben von Beginn an gerecht

3 Diese Idee aus den Wirtschaftswissenschaften übernimmt R. Dworkins Auktionsmodell seines Ansatzes »Gleichheit der Ressourcen« in »What is Equality? Part 2: Equality of Resources«, dem ich hier mit Modifikationen folge, die in Fußnoten gekennzeichnet sind.

4 Vgl. Kap. III.1.

ordnen. In einem ersten ganz grundlegenden Schritt haben sich die neuen Inselbewohner auf die Bedingungen der Gerechtigkeit, das Rechtfertigungsverfahren unter Freien und Gleichen aus für alle einsichtigen Gründen einigen können. Auch von dem rechtfertigungstheoretischen Argument für die Präsumtion der Gleichheit sind sie überzeugt. So sind sie, nachdem sie sich auf die Prinzipien der Gerechtigkeit und Gleichheit geeinigt hatten, zu einer Verteilung der allgemeinen Ressourcen geschritten, die die Allzweckmittel des individuellen Lebens und des Zusammenlebens auf der Insel darstellen. Zunächst haben sie wegen ihres relativen Vorrangs die Grundrechte und -freiheiten sowie die politischen Mitbestimmungsrechte gleich verteilt, denn keiner konnte gute Gründe für eine Ungleichverteilung vorbringen. Im nun anstehenden nächsten Akt schreiten die Bewohner zu einer Verteilung der materiellen Ressourcen und Gegebenheiten der Insel, deren späterer Einsatz einem jeden und allen zusammen ein ökonomisches Wirtschaften und den Erwerb von Einkommen und Besitz ermöglichen werden. Der Ausgangspunkt ist dabei die Distribution einer fixen Menge an Ressourcen. Die neue Gesellschaft ist also zunächst eine Verteilungsgemeinschaft von Ressourcen, die noch keinem gehören und die gerecht zu distribuieren sind. Zugleich haben die neuen Gesellschaftsmitglieder rationalerweise auch ihre Zukunft im Kopf. Um auch weiterhin überleben und möglichst gut leben zu können, müssen die Ressourcen für wirtschaftliches Handeln eingesetzt werden dürfen, so daß Einkommen und Besitz erworben werden kann. So wissen die Gesellschaftsmitglieder, daß sich ihre neue Gesellschaft nach der ursprünglichen Verteilung auch in eine Kooperations- und Herstellungsgemeinschaft wandeln muß, die gerecht zu ordnen ist. Die neue Gesellschaft kann nicht nur Güter verteilen, sondern muß sie auch produzieren, und beides muß gerecht geordnet sein. Die Vor- und Nachteile des gemeinsamen Wirtschaftens müssen bei der ursprünglichen Verteilung mitberücksichtigt und ex ante gerecht koordiniert werden, so daß die Folgen gerecht verteilt sein werden. Erst wenn die ökonomischen Ressourcen und die Vor- und Nachteile des gemeinsamen Wirtschaftens nach Prinzipien gerechter Verteilung geregelt sind, werden (in Kapitel V.2.) die Gesellschaftsmitglieder den Zugang zu sozialen Positionen regeln.

Zur Verteilung ökonomischer Ressourcen müssen die Gesellschaftsmitglieder eine ex ante Gleichheit unter sich herstellen bzw.

unterstellen. *Nur auf der Folie einer ex ante Gleichheit an ökonomischen Ressourcen lassen sich gerechtfertigte Ausnahmen von der Gleichverteilung eruieren und begründete Ungleichheiten modellieren.* Die ökonomischen Ressourcen dürfen nicht strikt gleich verteilt werden. Das wäre unsinnig, weil nicht alle Beteiligten das Gleiche begehren. Verschiedene Güter werden von jeweils verschiedenen Personen unterschiedlich stark gewünscht. Für den Akt der Ressourcenwahl sollten zudem die Güter möglichst in abstrakter Form angeboten werden, weil es darum geht, die Verteilung so angemessen wie möglich auf die Präferenzen, Pläne und Projekte der Individuen abzustimmen. Die Verteilung muß demnach die Ressourcen in solch abstrakter Form anbieten, daß eine Gleichverteilung im Prinzip grundsätzlich möglich ist. Die Güter sollten deshalb in möglichst kleine Anteile unterteilt werden oder in Anteilsscheine, so daß man auch kleine Anteile erwerben kann. Um in einer solchen Situation eine Gleichverteilung herzustellen, werden alle Beteiligten mit gleicher Kaufkraft ausgestattet. Dazu müssen alle Beteiligten einen gleichen Anteil an Tauschmitteln erhalten, die außer ihrer Tauschfähigkeit keinen Wert für irgendeinen Beteiligten haben. Keiner darf sie um ihrer selbst willen anstreben, aber alle sollen mit ihrer Hilfe das erlangen können, von dem sie glauben, daß es für ein Leben nach ihren Vorstellungen nötig sei.[5] Die Gesellschaftsmitglieder sollen sich die Ressourcen nach ihren autonomen Vorstellungen, Konzeptionen des Guten und Lebensplänen frei zu einem Bündel zusammenstellen können. Damit dies möglich ist, muß für den Akt der Ressourcenwahl auch hypothetisch unterstellt werden, daß alle Beteiligten über die gleichen bzw. hinreichenden Voraussetzungen für Autonomie verfügen.[6] Da wir unterstellen, daß die Mitglieder ihr Zusammenleben gerecht einrichten wollen, muß ja ganz allgemein für alle notwendigen Rechtfertigungsverfahren gleiche bzw. hinreichend große Autonomie der Beteiligten hypothetisch unterstellt werden. Deshalb müssen auch bei der ursprünglichen Verteilung die Gesellschaftsmitglieder hypothetisch neben gleichen Tauschmitteln über hinreichende Gesundheit, Bildung, relevante Information sowie gleiche Macht und Einfluß verfügen. Die glei-

5 Dworkins Schiffbrüchige einigen sich auf Muscheln als ›Geldeinsätze‹ in der Auktion.

6 Für diese naheliegende Erweiterung des Dworkinschen Modells vgl. B. Ladwig, *Gerechtigkeit und Verantwortung*, S. 179 ff.

chen Grundrechte, Grundfreiheiten und politischen Partizipationsrechte haben sich die Gesellschaftsmitglieder wechselseitig schon mit einem gewissen Vorrang gewährt und juridisch zugesichert. Sie sichern den gleichen Rechtsstatus der Bürgerinnen und Bürger und stellen die Grenze der erlaubten Verwendungsmöglichkeiten der zu verteilenden ökonomischen Ressourcen dar. Nach der Verteilung sollen die Personen über die Ressourcen nach Belieben im Rahmen der gleichen Freiheiten für einen jeden und allgemeinen Sicherheit verfügen dürfen. Mit der Verteilung von Ressourcen wird zugleich ein Bündel von Rechten des Eigentums und der Freiheit zugeteilt. So sind ökonomische Ressourcen im Prinzip frei handelbar, damit die Individuen ihren Ressourcenbesitz ihren Präferenzen anpassen können. Da eine solche Konzeption von distribuierbaren ökonomischen Ressourcen zu konkreten Freiheiten und Eigentumsrechten führt, werden also mit dem Ressourcenbegriff Eigentum und Freiheit impliziert. Da Freiheiten vorgängig begründet worden sind, ist es legitim, diesen Ressourcenbegriff in der Verteilungssituation zu benutzen.[7]

Eine ex ante Gleichverteilung der Ressourcen liegt vor, wenn kein Individuum neidisch auf das Güterbündel eines anderen ist.[8] Ist der Neidtest erfüllt, kann davon ausgegangen werden, daß Gleichheit herrscht, weil ja keiner sein Bündel an Ressourcen mit dem Bündel eines anderen tauschen möchte. Würde einer tauschen wollen, sähe die betreffende Person ein anderes Bündel als besser als das eigene, also als ungleich an. Wenn niemand tauschen will, gibt es aus der Sicht aller Betroffenen keine besseren Güterbündel. Die Güter sind daher für eine ursprüngliche Gleichverteilung so aufzuteilen, daß Neidfreiheit herrscht. Neidfreiheit würde auch bei strikter Gleichverteilung aller ökonomischen Ressourcen herrschen, wäre aber

7 Bei Dworkins Begründungsstrategie von Freiheit in »What is Equality? Part 3: The Place of Liberty« (bes. S. 27ff.) herrscht hingegen Zweifel, ob seine m. E. funktionale Begründung von Freiheit als größtmögliche Wahlfreiheit in der Entscheidung für Ressourcen nicht zirkulär ist. Freiheit als Wahlfreiheit der Ressourcen scheint Freiheit in einem grundlegenderen Sinn von Autonomie einerseits und Grundrechten und -freiheiten andererseits voraussetzen zu müssen.

8 R. Dworkin, »What is Equality? Part 2: Equality of Resources«, S. 287. Das Kriterium einer neidfreien Allokation entnimmt Dworkin den Wirtschaftswissenschaften und kann darin durch deren Resultate bestärkt werden. Vgl. H. Varian, »Distributive Justice, Welfare Economics and the Theory of Fairness«; ders. »Equity, Envy, and Efficiency«; ders., »Dworkin on Equality of Resources«.

nicht pareto-effizient. Bei strikter Gleichverteilung beneidet zwar keiner einen anderen, Individuen können aber dem ihrigen ein anderes Güterbündel vorziehen, das sie unter einer anderen gerechten Verteilung der Anfangsressourcen bekommen hätten. Oder anders: Bei einer neidfreien Verteilung können sich die Individuen durch den Tausch von Gütern ein für sie passenderes Güterbündel zusammenstellen und so die neidfreie Verteilung pareto-verbessern. Denn nach einem solchen Tausch auf einem *idealen* Markt bei gleicher Anfangsausstattung mit Ressourcen für alle werden Individuen ihrer aufgeklärt rationalen Meinung nach nur Gleichwertiges tauschen, so daß sie mit jenen Ressourcen in ihrem Bündel enden, von denen sie rationalerweise überzeugt sind, daß sie ihnen für ihre Interessenverwirklichung dienlich sein werden. Die Gleichverteilung der Ressourcen muß für verschiedene Individuen äquivalent, jedoch nicht identisch sein, denn sie soll Gleichheit der Ressourcen zur autonomen Verwirklichung der je eigenen Lebenskonzeptionen gewährleisten.

Als Methode schlägt Dworkin eine hypothetische Auktion nach Walrasschem Muster vor.[9] In einer solchen Auktion (i) ›ersteigert‹ jedes Individuum, unabhängig von den Entscheidungen anderer Individuen, unter Ausschöpfung seiner Anfangsausstattung mit Tauschmitteln ein für ihn optimales Güterbündel oder realisiert es durch Tausch; (ii) jedes Individuum ist dabei ein Nutzenmaximierer; (iii) der Auktionator wiederholt die Auktion so lange, bis alle Märkte geräumt sind, (i) erfüllt ist und somit (iv) Pareto-Effizienz und Neidfreiheit der Allokation herrscht. Die Individuen entscheiden sich autonom, welches Leben sie führen wollen, vor dem Hintergrund an Informationen über die tatsächlichen Kosten, die dieses Leben bzw. die dafür nötigen Ressourcen für sie haben wird. Ihre Interessen und deren tatsächliche Kosten sind die relevante Grundlage für die Entscheidung der Individuen über ihre Lebenspläne. Tatsächliche Kosten sind der Preis, den ein spezifisches knappes Gut unter Bedingungen fairer Konkurrenz kostet. Die hypothetische Auktion symbolisiert einen solchen idealen Markt, auf dem sich alle

9 Vgl. R. Dworkin, »What is Equality? Part 2: Equality of Resources«, S. 286f., dazu J. Roemer, *Theories of Distributive Justice*, S. 48f. Die Auktion ist nach Léon Walras benannt, einem neoklassischen und marktsozialistischen Ökonomen, der die Figur des Auktionators eingeführt hat, um das Zustandekommen von Gleichgewichtspreisen zu veranschaulichen.

bei gleicher Ausgangslage in den relevanten Hinsichten, wie Tauschmittel, Information, Macht, Autonomie, um die von ihnen begehrten Ressourcen bemühen.[10] Die so entstehenden Preise informieren alle Beteiligten über die relative Begehrtheit der Güter. Sie zeigen ihnen die Opportunitätskosten, die ihre Wahl an Ressourcen für ihre favorisierte Lebenskonzeption oder ihre Interessen hat. Ohne solche Preise wüßten die Individuen nicht, welche Kosten und welche Vorteile ihre Entscheidungen für andere und für die Gesellschaft als Ganze hätten. Im Lichte dieser Opportunitätskosten können die Individuen ihre Entscheidungen überdenken und sich eher für Mehr vom Billigeren als für Weniger vom Teuren entscheiden. Ihnen wird also eine mögliche Korrektur ihrer Wünsche auf einer zweiten Ebene zugemutet. Zwar müssen sie nicht aufhören, das Teurere zu präferieren, aber auf der zweiten Ebene müssen sie abwägen, ob die mögliche Realisierung weniger teurer Präferenzen ihnen wirklich wichtiger ist – all things considered – als die Erfüllung vieler billigerer Präferenzen.[11] So müssen sie sich gegebenenfalls rationalerweise dafür entscheiden, lieber einige ihrer mit billigeren Mitteln zu realisierenden Präferenzen zu erfüllen.

Die Auktion ist erfolgreich beendet, wenn alle Güter versteigert und alle Tauschmittel ausgegeben sind und keiner ein anderes Güterbündel für die Verwirklichung seiner Interessen und seiner Lebenspläne für geeigneter hält, also gern tauschen würde. Ist dies

10 Die Allokation wird dem Mechanismus des freien Marktes überlassen. Man unterstellt, daß sich ein Markt mit wohldefinierten Preisen bildet. Jede handelnde Person im Marktgeschehen sieht diese Preise als außerhalb ihrer Kontrolle. Sie tut ihr Möglichstes unter diesen Rahmenbedingungen, d.h. jede versucht, das für sie beste Bündel an Ressourcen, das sie sich leisten kann gegeben ihre ursprüngliche Ausstattung mit Gütern, zu erreichen. Jeder Produzent versucht seine Profite bei den herrschenden Preisen zu maximieren. Wenn die Preise so sind, daß das Angebot der Nachfrage entspricht, bestimmt dieser Mechanismus eine wohldefinierte Allokation, die Markt-Equilibrium genannt wird. Die soeben beschriebene freie Marktwirtschaft wird im allgemeinen in einer effizienten Weise operieren. Das besagt der 1. Hauptsatz der Wohlfahrtsökonomik: Das Ergebnis eines Marktmechanismus, wie er gerade beschrieben wurde, wird – bei sehr allgemeinen Annahmen – eine pareto-effiziente Allokation hervorbringen. Dies gilt jedoch nur für vollständig freie, kompetitive Märkte, in denen alle Teilnehmer vollständige Information, keine Transaktionskosten und vollständige Rationalität haben. (Vgl S. 359, Fn. 15)

11 Zur Rationalität solcher praktischen Abwägungen vgl. S. Gosepath, *Aufgeklärtes Eigeninteresse*, Kap. V.2., S. 250ff.

gewährleistet, so herrscht Gleichheit der Ressourcen. Das Auktionsverfahren gibt eine Vergleichswährung der gleich zu verteilenden unterschiedlichen Güter ab. Die Währung besteht in dem Wert der Ressourcen für andere.[12] Dieses Kriterium des interpersonellen Nutzenvergleiches ist neidfrei und differenzfreundlich. Die Auktion läßt ungleiche Güter zu und sichert dennoch eine Gleichheit der Ressourcenbündel. Sie ist deshalb ein faires Verfahren zur gleichen Berücksichtigung aller in der ursprünglichen Verteilung, weil sie differenzierte Entscheidungen erlaubt und so sensibler ist gegenüber den Plänen und Präferenzen der Einzelpersonen. Das ganze Szenario der ursprünglichen Verteilung ist geprägt durch die Gleichheitsprinzipien: Die Individuen werden als Gleiche behandelt, indem ihre Autonomie geachtet, die Bedingungen für ihre Autonomie gesichert und eine gleiche Anfangsausstattung an Ressourcen jedem zugeteilt wird.

## *Marktökonomie*

Die Individuen beginnen, nachdem sie sich in einer hypothetischen Auktion gleiche Ressourcenbündel zugeteilt haben, ihr kooperatives Wirtschaftsleben in einer durch Prinzipien der Gerechtigkeit regulierten Marktökonomie. Die Form der Marktökonomie soll hier offen bleiben – vor allem die Alternative zwischen Markt-Sozialismus oder kapitalistischer Marktwirtschaft, und damit die Frage nach den Eigentumsverhältnissen an Produktionsmitteln. Denn dies betrifft die Frage nach der geeigneten Ein- und Umsetzung der Prinzipien der idealen Gerechtigkeitstheorie.[13] Nicht nur die konkrete Umsetzung in einer Wirtschafts- und Eigentumsordnung ist dabei von Bedeutung, sondern auch die rechtlichen Rahmenbedingungen für alle wirtschaftlichen Transaktionen, der Einfluß staat-

12 Vgl. R. Dworkin, »What is Equality? Part 2: Equality of Resources«, S. 289.

13 Mit Rawls teile ich die Ansicht, daß die Philosophie bescheiden und zurückhaltend sein sollte. Eine Theorie der distributiven Gerechtigkeit sollte keine ökonomische Theorie entwerfen. Es sollte im Sinne sinnvoller Arbeitsteilung den Wirtschaftswissenschaften und der Praxis überlassen bleiben, die gerechteste, effizienteste und nachhaltigste Möglichkeit der Umsetzung der Kriterien gerechter Verteilung in einem Wirtschaftssystem zu eruieren, bei Berücksichtigung der Folgen und Nebenfolgen der Implementierung des Systems. Alles, was die Philosophie bezüglich begründeter Prinzipien der Gerechtigkeit zeigen können muß, ist, daß diese im Prinzip unter realen Bedingungen anwendbar sind.

licher Institutionen im Rahmen der politischen Verfassung und Rechtsordnung durch Steuern, Geldpolitik, Subventionen und gesetzliche Regulierungen, die dadurch mittelbar die Einkommensverteilung beeinflussen.[14] In dieser Untersuchung sollen lediglich die Kriterien der Gerechtigkeit entwickelt werden, die als Folie zur normativen Beurteilung von Verteilungsmustern dienen können.

Der Rahmen des zu wählenden Wirtschaftssystems kann vorab durch zwei abstrakte Argumente eingeschränkt werden, die die Individuen bei der wie immer gearteten Einrichtung ihres Wirtschaftssystems berücksichtigen.

Ein *verantwortungsethisches Argument* lautet: Das ökonomische System sollte erstens so individualistisch, differenziert und dezentral wie möglich sein und auf den eigenen Entscheidungen und der Selbstverantwortlichkeit der Individuen basieren.[15] Dies deutet dar-

14 Vgl. zu dem, was philosophische Klärungen der Politischen Ökonomie gleichwohl zu leisten vermögen, exemplarisch F. Kambartel, »Bemerkungen zur Politischen Ökonomie«.

15 Nur der Markt stellt für Dworkin das gerechtigkeitstheoretisch wünschenswerte System dar, weil er Gleichheit der Ressourcen herzustellen und Autonomie zu gewähren vermag. Die Effizienz von Märkten und die Freiheit der Individuen in ihnen sind allerhöchstens zweitrangige Argumente. Ich folge Dworkin methodisch in diesem Schritt aus zwei Gründen nicht: Nur der *ideale* Markt kann als ideale Folie der Beurteilung der Gleichheit oder Ungleichheit der ökonomischen Anfangsausstattung mit Gütern fungieren. Unter *realen* Bedingungen kann der Markt oft ineffiziente und ungerechte Ergebnisse hervorbringen. So kommt es *zum einen* häufig zu *Marktversagen*, weil entweder nicht genügend Märkte existieren und damit kein Preis zustande kommt (wie es besonders bei öffentlichen Gütern der Fall ist), die Konsumenten und Produzenten nicht alle kompetetiv sind (z. B. wegen eines Monopols) oder kein Markt-Equilibrium existiert und deshalb die Konklusion des ersten Hauptsatzes der Wohlfahrtsökonomik falsch ist (s. S. 357, Fn. 10). Vgl. H. Gravelle, R. Rees, *Microeconomics*, Kap. 18, und A. Buchanan, *Ethics, Efficiency and the Market*, Kap. 2. Die Ergebnisse des freien Marktes werden *zum anderen ungerecht* sein, weil keine wirklich gleichen Ausgangsausstattungen an Fähigkeiten und Behinderungen vorliegen. Vgl. ebd., Kap. 3. Der ideale Markt ist eher dazu geeignet, eine faire Startposition zu simulieren, als eine faire Verteilung im Markt bei unterschiedlichen Talenten zu gewährleisten. Vgl. H. Varian, »Dworkin on Equality of Resources«. Aus beiden Gründen werden öffentliche Maßnahmen zur Korrektur oder zum Ersatz des Marktgeschehens als gerechtfertigt angesehen. Der Ressourcenegalitarismus strebt eigentlich eine gerechtigkeitstheoretische Korrektur der Verteilungsergebnisse des Marktes an. So entwickelt er eigene Kriterien distributiver Gerechtigkeit, der Markt stellt nur den idealen Hintergrund dazu dar. Diese Kriterien untersuche ich nun im Text als Gründe für Ungleichheiten.

auf hin, daß eine Gesellschaft sich in einem freien Markt zu einem Prinzip von Angebot und Nachfrage entschließen kann, um ihre Mitglieder zu ermuntern, bestimmte Leistungen anzubieten, um ihre Bedürfnisse besser zu befriedigen. Eine verantwortungssensitive Konzeption der Gerechtigkeit nimmt den Wunsch nach Eigeninitiative und Gewinnstreben ernst. Unter der Voraussetzung, daß nicht zurechenbare Umstände der Personen so weit wie möglich und normativ vertretbar ausgeglichen sind, darf Gewinnstreben nicht tabuisiert werden. Das wäre nicht nur unklug, sondern unmoralisch, weil es zu den legitimen Ambitionen zählt, sofern sie im Rahmen der Gerechtigkeit bleiben. Gewinnstreben darf dabei aber nicht den Grundlagen einer gerechten Gesellschaft und der Gleichheit der Lebensaussichten inklusive dem Ausgleich von nicht den Personen zuschreibbaren Nachteilen widersprechen. Das zugrundeliegende Verantwortungsprinzip, von dem auch schon in der ursprünglichen Verteilung Gebrauch gemacht wurde, wird im nächsten Abschnitt eingehender erläutert.

Ein *prudentielles Argument* lautet: Es ist aus prudentiellen Gründen ein effizienteres einem weniger effizienten Wirtschaftssystem vorzuziehen. Dieses prudentielle Argument stellt keinen prinzipiellen Verrat am Primat der Gerechtigkeit dar, sondern ist – unter den einschränkenden Gerechtigkeitsbedingungen – gut mit ihm zu vereinbaren.[16] Die Personen befinden sich nach der ursprünglichen Gleichverteilung in einem Zustand der Gleichheit ihrer Ressourcenbündel. Die Gesamtmenge der Ressourcen und, damit zusammenhängend, der gesellschaftliche Wohlstand sind keine feststehenden Konstanten. Man kann mehr oder weniger Güter produzieren, so daß der kollektive Wohlstand zunehmen oder abnehmen kann, je nachdem wie die gesellschaftliche und wirtschaftliche Kooperation eingerichtet ist. Die Wahl des besten Wirtschaftssystems ist dabei selbst eine Frage der Gerechtigkeit, insofern dessen Ergebnisse qua Verfahren als fair beurteilt gelten. Dies ist zwar nur eingeschränkt der Fall, da die Ergebnisse des Marktes durch bestimmte Beschränkungen und Umverteilungen erst zu gerechten werden. Dennoch ist

16 Zu dem entsprechenden Einwand, daß das ein der Gerechtigkeit fremder, zusätzlicher, utilitaristischer Gesichtspunkt sei, vgl. E. Tugendhat, *Vorlesungen über Ethik*, S. 386; D. Miller, *Social Justice*, S. 42f.; dagegen A. Wildt, »Gleichheit, Gerechtigkeit und Optimierung für jeden«, I., bes. S. 260f.; A. Okun, *Equality and Efficiency: The Big Tradeoff*, Kap. 2.

die Wahl des Wirtschaftssystems damit nicht gerechtigkeitsneutral, weil die Art und Weise seiner Einrichtung darüber entscheidet, was überhaupt verteilt werden *kann*. Nehmen wir der Einfachheit halber an, die Gesellschaftsmitglieder hätten die Wahl zwischen einem einfachen, primitiven Wirtschaftssystem und einem System, das der Gesellschaft die Möglichkeit bietet, das Sozialprodukt kräftig zu steigern, weil es sich um ein effizienteres ökonomisches System mit größerer beruflicher Arbeitsteilung, vermehrten Tauschbeziehungen, einem System von Angebot und Nachfrage sowie Leistungsanreizen, kurz: um ein marktwirtschaftliches System handelt. Bei dieser grob vereinfachten Alternative ist die zweite vorziehenswert. Der Grund ist einfach: Die zur Verteilung stehende Ressourcenmenge wird so vergrößert, es gibt also mehr zu verteilen. Der Gesichtspunkt der Wohlstandssteigerung zählt auch für Egalitaristen, weil distributive Regelungen von zwei Standpunkten aus beurteilt werden müssen: zum einen vom Standpunkt der Verteilenden, zum anderen aber auch von Standpunkt der Rezipienten. Aus der Perspektive der Verteilenden müssen wir uns fragen, welche Verteilung wir uns wechselseitig schulden. Die dargelegten Gründe sprechen dafür, diese Frage mit präsumtiver Gleichverteilung zu beantworten. Vom Standpunkt derjenigen, die die Ressourcen erhalten, sieht Gleichheit jedoch unattraktiv aus, wenn sie dabei weniger bekommen als sie bei Ungleichheit bekommen würden. Jeder hat einen Gerechtigkeitsanspruch auf einen möglichst großen Anteil an Ressourcen, sofern dies nicht dazu führt, daß andere weniger in der egalitären Verteilung bekommen. So ist das Vergeuden, Verschwenden oder Vernichten von Gütern, nach denen es Bedarf gibt, ungerecht, weil den Personen das Gut, das sie gerne gehabt hätten, unbegründet vorenthalten wird. Dieses Argument, daß jeder im Rahmen der Gerechtigkeit einen Anspruch auf ein Maximum an Gütern hat, führt dazu, daß eine wirtschaftliche Verteilung gefunden werden muß, die allen einen gerechten und möglichst großen Anteil an den sozio-ökonomischen Gütern zukommen läßt.

Auch der Wunsch, mehr von allgemein dienlichen Mitteln haben zu wollen, ist im Prinzip prima facie nicht unmoralisch oder verwerflich, wenn dieser Wunsch eingebettet ist in die Akzeptanz einer öffentlich durch Gerechtigkeitsgrundsätze regulierten Ordnung, die anderen als materiellen Gesichtspunkten, vor allem Freiheiten, eine wesentliche Stellung und einen großen Spielraum einräumt. Deshalb sind sozio-ökonomische Ressourcen auch keine verkürzten Maßstäbe, da sie weder die einzigen noch die wichtigsten sind.[17] Materielle Ressourcen verbürgen vielmehr den Personen, die sie besitzen, drei gerechtigkeitstheoretisch wertvolle Möglichkeiten, nämlich erstens ihre Lebenspläne verwirklichen zu können, zweitens die ihnen zustehenden Freiheitsspielräume auch wirklich nutzen zu können und somit ihre Freiheiten verwirklichen zu können sowie drittens ihre Präferenzen, Bedürfnisse, Fähigkeiten und Lebenspläne autonom im Lichte fairer materieller Bedingungen entwickeln zu können. Jenes Marktsystem, das mehr Güter und Wohlstand hervorzubringen verspricht als ein anderes, ist deshalb aus der Perspektive aller vorzuziehen.

Dabei dürfen die moralischen Kosten keineswegs übersehen werden. Ein wirtschaftliches System, das freie Handlungen in einem freien Markt erlaubt, wird viele sozio-ökonomische Ungleichheiten hervorbringen. Vom Standpunkt der Gerechtigkeit aus ist nach deren Berechtigung zu fragen. Denn diese marktverursachten Ungleichheiten können – wie betont – nur im Rahmen der Gerechtigkeit zulässig sein.[18] Welche sozio-ökonomischen Ungleichheiten in welchem Umfang gerechtfertigt sind, wird durch die nun zu untersuchenden Kriterien der begründeten Ausnahme von der präsumtiven Gleichverteilung beantwortet. Gegen eine Laissez-faire-Ökonomie wird im folgenden argumentiert werden, daß das soziale Umfeld und die natürliche Ausstattung der Teilnehmer und Teilnehmerinnen am gemeinsamen Wirtschaftsleben deren sozio-ökonomischen Erfolg oder Mißerfolg nicht beeinflussen darf und wie das Ausmaß der zulässigen marktwirtschaftliche Ungleichheiten zu begrenzen ist. So soll der Rechtsrahmen gerechtigkeitstheoretisch bestimmt werden, in dem ein freies Wirtschaftssystem operieren darf.

Welches Wirtschaftssystem als gerechtfertigt gelten kann und

17 Zu diesem Einwand vgl. A. Sen, »Equality of What?«, S. 213-216, M. Nussbaum, »Nature, Function, and Capability«, S. 150-153.

18 Dadurch unterscheidet sich die präsumtive Ressourcengleichheit von einer marktliberalen Theorie der gleichen Startchancen, die sich zwar zu egalitären Ausgangspositionen bekennt, dann aber einer Laissez-faire-Ökonomie ihren Lauf lassen will, ohne weitere Redistribution zu fordern. Eine Theorie gleicher Startchancen plus natürliche Freiheiten in einem freien Markt toleriert sozio-ökonomische Ungleichheiten, die sich unterschiedlichen Entscheidungen genauso wie unterschiedlichen natürlichen Ausstattungen und sozialen Bedingungen verdanken.

welche Korrekturen daran gegebenenfalls nötig sind, hängt davon ab, ob es begründeten Ausnahmen von einer Gleichverteilung der Ressourcen gibt und welche dies sind. Wenn es keine begründeten Ausnahmen gäbe, müßte man in regelmäßigen Abständen alle Ressourcen wieder neu gleichverteilen.[19] Da die Präsumtion der Gleichheit als gerechtfertigt gelten kann und deshalb eine ursprüngliche Gleichverteilung der Ressourcen notwendig ist, ist nun zu fragen, ob und, wenn ja, welche Gründe für Ungleichheit in der ökonomischen Sphäre gerechtfertigt sind. Dabei wird sich zeigen: Der aus der Perspektive der gleichen Achtung leitende normative Gesichtspunkt ist der der Autonomie. Dieser Gesichtspunkt geht auch schon in das Design der Auktion in der ursprünglichen Verteilung ein. Die Individuen müssen die Opportunitätskosten ihrer Präferenzen selbst tragen. Sie haben keinen Anspruch auf gleiche Erfüllung ihrer Präferenzen oder gleiche Zufriedenheit. Gleiche Achtung vor der Autonomie verlangt die individuelle Zurechnung der Folgen einer autonomen Handlung. Dies ist die erste, wesentliche Begründung für legitime sozio-ökonomische Ungleichheiten. Nicht verantwortlich sind die Individuen jedoch für ihre natürliche Ausstattung und ihre soziale Umwelt, die die Folgen ihrer eigenen Entscheidungen mit prägen. Damit wird ein positiver Ausgleich von natürlichen Benachteiligungen und ein negativer Ausgleich von Begünstigungen notwendig. Die Kompensationen von Begünstigungen und von Benachteiligungen stellen deshalb eine zweite begründete Ausnahme von der Gleichverteilung dar. Die Begrenzung der Folgen verantwortlichen Handelns im Markt verlangt drittens einen Ausgleich zugunsten der Schlechtergestellten. Für diese Ausnahmen von der Gleichverteilung sollen in den folgenden Abschnitten die Gründe genauer dargelegt werden.

19 Die Argumente gegen strikte Gleichheit sind in abstracto schon erwähnt worden und ließen sich hier auf ökonomische Ressourcen bezogen wiederholen. Vgl. Kap. II.7. Die im folgenden genannten Gründe für Abweichungen von Gleichverteilung geben die speziellen Gründe an, warum ökonomische Ressourcen nicht ständig strikt gleich verteilt werden sollen. Der wichtigste liegt im Respekt vor der Autonomie, wie sie im folgenden Verantwortungsprinzip mit Bezug auf ökonomische Güter konkretisiert wird, und der damit verbundenen Freiheit zur eigenen Lebensgestaltung begründet.

## *1.2. Zu verantwortende und nicht zu verantwortende Folgen*

Für eine angemessene egalitaristische Position ist ein Prinzip der Übernahme der Folgen zu verantwortender eigener Entscheidungen das ausschlaggebende normative Prinzip, das den zentralen normativen Gesichtspunkt für die Beantwortung der Frage liefert, welche Gründe für welche gerechtfertigte Ungleichheit sprechen.

Die Grundannahme ist dieselbe wie bei der Rechtfertigung der Präsumtion der Gleichverteilung: Jeglicher Vor- oder Nachteil bedarf der Begründung. Was sind nun die Kriterien für moralisch unzulässige und was sind die für moralisch zulässige Ungleichverteilung? Die Antwort der liberal-egalitären Gerechtigkeitstheoretiker darauf lautet: Wofür man nichts kann, wofür man nicht verantwortlich ist, was man nicht beeinflussen kann, kann kein Relevanzkriterium sein. Natürliche Ausstattung und soziale Stellung sind damit als irrelevante Ausnahmegründe ausgeschlossen.[20] Eine gerechte Verteilung muß ausstattungs-insensitiv und gleichzeitig absichtssensitiv sein.[21] Die natürliche und soziale Ausstattung darf nicht zählen, die persönlichen Absichten und freiwilligen Entscheidungen der Menschen jedoch schon. Der Kerngedanke ist dabei also:[22] Ungleiche Anteile an sozialen Gütern sind dann fair, wenn sie erarbeitet sind und in diesem Sinn ›verdientermaßen‹ zufließen, das heißt, wenn sie sich aus den Entscheidungen und absichtlichen

20 Rawls' Hauptintuition beruht auf der Unterscheidung zwischen Entscheidung und (Lebens-)Umständen. Diese Interpretation ist jedoch nicht eindeutig: Die Unterscheidung zwischen »choice« und »circumstances« spielt auf der einen Seite bei Rawls eine große Rolle (*Eine Theorie der Gerechtigkeit*, S. 23, 93, 116). Dafür spricht auch der von ihm eingeräumte Vorrang der fairen Chancengleichheit vor dem Differenzprinzip (s. u. Kap. VII.2.). Rawls kann dabei allerdings dafür kritisiert werden, daß das Differenzprinzip keinen ausreichenden Unterschied zwischen gewählten und moralisch zufälligen Ungleichheiten macht, vgl. dazu W. Kymlicka, *Politische Philosophie heute*, S. 81. Auf der anderen Seite widerspricht eine Unterscheidung von Entscheidung und Umständen Rawls' berühmter Ablehnung jeglicher meritokratischer Prinzipien oder Kriterien.

21 Das ist Dworkins bekannte Formulierung dieses Verteilungskriteriums in »What is Equality? Part 2: Equality of Resources« (S. 311).

22 Dieser Kerngedanke wird inzwischen von vielen liberalen Egalitaristen vertreten, vgl. z. B. R. Arneson, »Gleichheit und gleiche Chancen zur Erlangung von Wohlergehen«, S. 340; G. A. Cohen, »On the Currency of Egalitarian Justice«, S. 922; E. Rakowski, *Equal Justice*. Für kritische Einwände gegen diesen »Schicksals-Egalitarismus« vgl. z. B. E. Anderson, »What is the Point of Equality?«.

Handlungen der Betreffenden ergeben. Die Individuen müssen für die Kosten ihrer Entscheidungen deshalb aufkommen. Unfair ist die Bevorzugung oder Benachteiligung aufgrund willkürlicher und unverdienter Unterschiede in den sozialen Umständen oder der natürlichen Ausstattung. Jeder Vorteil, der nicht zu rechtfertigen ist, ist auszugleichen, so auch jeder Nachteil, der nicht selbst verschuldet ist. Gerecht ist eine Ordnung also dann, wenn sie alle unverschuldeten Nachteile von Personen so weit wie möglich und normativ vertretbar egalisiert und den Personen zugleich zumutet, die Folgen ihrer Entscheidungen und absichtlichen Handlungen nach Maßgabe ihrer Autonomiefähigkeit selbst zu tragen.[23]

Deshalb formuliere ich als *Prinzip liberal-egalitärer Verantwortung*:

GL-P5: Es ist ungerecht, wenn eine Person schlechter als andere gestellt ist (nach dem Maßstab ihrer Ressourcenanteile), außer dieser Umstand ist die Folge von Umständen, die sie selbst zu verantworten hat, also ihrer eigenen freiwilligen Entscheidung oder eines für sie vermeidbaren Fehlers.

Ungleichheiten sind also nur gerechtfertigt, wenn die betreffenden Schlechtergestellten diesen Umstand selbst zu verantworten haben. Andersherum bedeutet dieses Prinzip: Personen sind für gewisse Ungleichheiten, die sich aus ihren freiwilligen Entscheidungen ergeben, selbst verantwortlich und verdienen – abgesehen von einer Mindestversorgung im Notfall[24] – keine Entschädigung. Für Ungleichheiten, die nicht Resultat selbstgewählter Optionen sind, steht ihnen jedoch eine Kompensation zu.

23 Vgl. R. Arneson, »Gleichheit und gleiche Chancen zur Erlangung von Wohlergehen«, S. 340; G. A. Cohen, »On the Currency of Egalitarian Justice«, S. 922, B. Ladwig, »Gerechtigkeit und Gleichheit«. L. Temkin sieht in *Inequality* (S. 13) ein Prinzip wie GL-P5 als kanonische Formulierung des Egalitarismus an. Diese Definition wird von Arneson in »Egalitarianism and Responsibility« (S. 227-231) als nur unzureichend egalitär abgelehnt.

24 Das Recht auf Versorgung ergibt sich aus dem Recht auf Ausgleich besonderer Bedürftigkeit (s. u.). Damit wird E. Andersons Kritik in »What is the Point of Equality?« (S. 295-299) berücksichtigt, die das Prinzip liberal-egalitärer Verteilungsgerechtigkeit kritisiert, weil es in der Konsequenz dazu führe, daß Menschen in selbstverschuldeten Notsituationen nicht geholfen werde.

Das Prinzip der Verantwortung besteht aus zwei Teilen; einem positiven, der die Übernahme der Verantwortung für die Konsequenzen des eigenen Tuns und Wollens fordert, und einem negativen, der eine Verantwortung des Individuums für die es betreffenden Folgen, für die es nicht verantwortlich ist, ablehnt. Entsprechend muß die Begründung des Prinzips in zwei Schritten verfahren.

Hinter dem *positiven Verantwortungsprinzip* der Übernahme von Verantwortung steckt der vertraute legitimatorische Individualismus. Alle sozialen Regelungen sind gegenüber den betroffenen Individuen zu rechtfertigen. Diese tragen jeweils einzeln und subsidiär zusammen die Verantwortung sowohl für die Folgen ihres eigenen Handelns wie für die Verbesserung ungerechter Zustände. Dies entspricht unserem alltäglichen Umgang miteinander. Zum Prinzip der gleichen Achtung gehört, die Individuen als Autonome zu achten, das heißt als Selbstbestimmte. Der Grundsatz der Selbstbestimmung enthält das Verantwortungsprinzip. Das Recht auf Selbstbestimmung besagt: Jede Person hat das Recht selber zu bestimmen, was mit ihr selbst passiert. Aber deshalb hat sie auch die Verantwortung, die Folgen ihrer Selbstbestimmung zu übernehmen. Wir sprechen uns wechselseitig Verantwortung für unsere Handlungen und unser Leben zu und erlauben uns nicht, uns aus unserer Verantwortung für die Konsequenzen unserer Entscheidungen zu stehlen, die Kosten anderen aufzubürden oder sie den Umständen anzulasten. Ein selbstbestimmtes Leben scheint uns wertvoll und wegen der geforderten wechselseitigen Achtung vor unserer Autonomie räumen wir uns ein Recht auf ein selbstbestimmtes Leben allemal in Form der gleichen Grundrechte und -freiheiten ein. Als Gegenleistung können wir die Übernahme der Verantwortung durch die betreffende Person, in jenen Bereichen, die ihrer Kontrolle unterworfen sind, verlangen. Angenommen, es gäbe Zwillinge mit der gleichen natürlichen Ausstattung, den gleichen sozialen Ausgangsbedingungen und den gleichen anfänglichen Ressourcenbündeln aus der Auktion, die ihr Leben somit in allen ökonomisch relevanten Hinsichten mit gleichen Chancen ›starten‹. Wenn nun einer davon beschließt, sein Leben zu genießen, weil das seine größte Freude ist, der andere hingegen arbeitet, auch wenn ihm anderes mehr Freude machen würde, er aber dafür auf dem Markt mit seiner Arbeit Geld verdient, dann ist es nur fair, daß der Arbeitende von seinen Einnahmen nichts an den genießenden Zwillingsbruder abgeben muß, der weniger Einkommen und Besitz hat (aber vielleicht größeres Wohlergehen).[25] Die anfänglich mit gleichen Ressourcenbündeln ausgestatteten Akteure müssen, soweit ihnen dabei nicht unverschuldete Nachteile im Wege stehen, in einer Marktökonomie für ihr wirtschaftliches Einkommen selbst sorgen. Die Bürgerinnen und Bürger haben keine Pflicht zur Arbeit, wohl ein Recht auf Faulheit, aber auch keine Anrechte auf Unterstützung, wenn sie aus eigener Entscheidung nicht für ihren Unterhalt in welcher Form auch immer sorgen wollen, obwohl sie dazu in der Lage wären.[26] Verantwortung ist die Kehrseite der generalisierten Vermutung unserer Autonomie. Aus der Selbst- und Fremdzuschreibung des Personenstatus als autonome und damit verantwortliche Wesen folgt, daß gerechte Zustände den Menschen ihre eigene Lebensführung nicht abnehmen und deren Gelingen auch nicht garantieren können. Vielmehr kann eine verantwortungssensitive Konzeption der Gerechtigkeit nur *gleiche Chancen auf ein gelingendes Leben* zu garantieren versuchen.[27] Das positive Verantwortungsprinzip ist freilich nur vor dem Hinter-

25 Ein ähnliches Beispiel formuliert W. Kymlicka, um gegen Rawls' Differenzprinzip m. E. zu Recht zu zeigen, daß dieses nicht ›ambitionen-sensitiv‹ genug ist (*Politische Philosophie heute*, S. 79).

26 Dies betrifft die heute politisch wie philosophisch diskutierte Frage nach einem Grundeinkommen, unabhängig davon, ob jemand arbeitet oder nicht. Für ein solches unbedingtes Grundeinkommen plädiert aus Gerechtigkeitsgründen am bekanntesten P. van Parijs in *Real Freedom for All.* Der naheliegende moralische Einwand dagegen lautet, daß es nicht fair sein kann, wenn jemand ein garantiertes Einkommen bezieht, ohne dafür im Ausgleich einen Beitrag zumindest zu leisten zu versuchen, soweit er dazu in der Lage ist. Gegen den Ungerechtigkeitseinwand wird ein Grundeinkommen mit der Strategie verteidigt, daß ein nicht an Bedingungen geknüpftes Grundeinkommen zwar aus Gerechtigkeitsgründen nicht erforderlich sei, aber nichtsdestotrotz moralisch besser, weil es die erniedrigende und in die Privat- und Freiheitssphären eingreifende staatliche Kontrolle und Intervention vermeide, die für eine Einzelfallgerechtigkeit erforderlich sei. Eine andere Strategie besteht darin, das Grundeinkommen als Rente eines Gemeineigentums der Erde zu verstehen und zu verteidigen, wie dies etwa B. Ackerman und A. Alstott in *The Stakeholder Society* tun oder U. Steinvorth in *Gleiche Freiheit* mit Berufung auf H. Steiners *An Essay on Rights.* Zu dieser Kontroverse vgl. die Beiträge in P. van Parijs (Hg.), *Arguing for Basic Income*, ders. (Hg.), *What's Wrong with a Free Lunch?*, A. Krebs (Hg), *Basic Income?*

27 So interpretiert B. Ladwig Dworkins »Gleichheit der Ressourcen« in *Gerechtigkeit und Verantwortung*, Kap. VII.

grund einer Gleichheit der Ressourcen begründet. Auf der Grundlage ungleicher Bedingungen wäre es ungerecht, den Individuen alle Folgen des eigenen Entscheidens zur Last zu legen.

Für die Begründung und Bestimmung des *negativen Verantwortungsprinzips*, das nicht-verantwortete Nachteile als ungerecht ablehnt und dafür Ausgleich fordert, gibt es ein Argument in vier Schritten. Der jeweils nächste Schritt des Arguments stellt die Überwindung von Nachteilen des vorhergehenden dar, so daß das gesuchte Kriterium mit jedem Schritt fairer wird.[28] Ausgangspunkt sind die bisher eingeführten Gleichheitsprinzipien: formale, proportionale und moralische Gleichheit sowie die Gleichheitspräsumtion. Gefragt wird, welche Gründe eine Ausnahme von der Gleichheit allgemein und reziprok rechtfertigen können. Wenn es Ausnahmen gibt, dann müssen diese proportional gleich berücksichtigt werden. Wenn zwischen den zu behandelnden Personen *relevante* Unterschiede bestehen, die ungleiche Ansprüche rechtfertigen, dann müssen die Personen im Verhältnis zum Maß ihrer relevanten Unterschiede behandelt werden. Und dies bei allen ähnlichen Fällen in gleicher Weise. Gesucht wird ein fundamentales Verteilungsprinzip (von mehreren), das eine Ausnahme von der präsumtiven Gleichverteilung begründet und als allgemeines Kriterium der Behandlung und Verteilung im ökonomischen Bereich zugrunde liegen soll, ohne daß es einen Grund gibt, diese Kriterien als inakzeptabel zurückzuweisen. Die Zuschreibung von Verantwortung ist die ›default option‹: Man ist verantwortlich und zurechnungsfähig, außer es gibt eine angemessene Entschuldigung. Dies ist die »Vorschuß- und Anfechtungsstruktur« von Verantwortung.[29] In einem Ausschlußverfahren zeigt sich, welche individuellen Unterschiede gerechterweise nicht zählen dürfen, weil sie nicht persönlich zu verantworten sind.

($a_1$) Keine Theorie ist annehmbar, die als ihr fundamentales Verteilungsprinzip den Grundsatz aufstellt, ein Gut oder eine Last beliebiger Art sei im Verhältnis zu einer Qualität zu verteilen, die auf

28 Vgl. W. Frankena, »Gerechtigkeit als Chancengleichheit«, S. 162-165; H. Spiegelberg, »A Defense of Human Equality«; J. Rawls, *Eine Theorie der Gerechtigkeit*, §§ 12, 17.

29 Der Ausdruck und die Analyse finden sich bei R. Brandom in *Expressive Vernunft* (S. 265-269, orig. S. 176-178: »default and challenge structure«). Die Sicht von Verantwortung findet sich in J. Austins »A Plea for Excuses«.

einer primären Diskriminierung basiert oder darauf hinausläuft. Verteilungskriterien, die Personen ein ungleiches Gewicht bei der Rechtfertigung aufgrund von Merkmalen wie Herkunft, Geschlecht und Rasse zuweisen, sind nach dem Prinzip moralischer Gleichheit (GL-$P_3$) klarerweise ungerecht und unzulässig, da nicht allgemein rechtfertigbar. Offen ist an dieser Stelle noch, ob nach diesen Merkmalen mit allgemein annehmbaren Gründen (in bestimmten Fällen) sekundär diskriminiert werden darf.

($a_2$) Ebensowenig sind diejenigen Verteilungskriterien allgemein rechtfertigbar, die die Verteilung auf etwas basieren lassen, was mit den betreffenden Personen nichts zu tun hat. Solche Kriterien wären schlicht irrelevant. Das gesuchte Verteilungskriterium muß also mit denjenigen Eigenschaften von Personen zusammenhängen, die relevant und nicht primär diskriminierend sind.

Diese Minimalbedingung ist die *formaler Chancengleichheit*. Diese Chancengleichheit ist dann verwirklicht, wenn keine Person durch gesetzliche Regelungen an der Wahrnehmung ihrer Chancen, etwa eine Ausbildung zu erhalten, gehindert wird. Die Vorteile formaler Chancengleichheit sind offensichtlich. Es herrscht erstens ein unparteiliches Verfahren. Im Vergleich zu (oft historisch früheren Vorläufern) wirkt dieses Verfahren (auch heute noch) egalitär, weil nicht diskriminierend. Chancengleichheit ist zudem effizienzsteigernd, weil sie Anreize zur Entwicklung der Talente und zu größerer Anstrengung bietet. Sie steigert somit das gemeinsame Gute, also auch den ›Kuchen‹, der verteilt werden kann. Sie ist zudem meritokratisch. Formale Chancengleichheit reicht jedoch nicht aus. Individuelle Vorteile und Nachteile, wie etwa ein Mangel an intellektuellen Fähigkeiten, können Personen zwar in der Wahrnehmung von Chancen beeinträchtigen, aber in diesem formalen Sinn von Chancengleichheit haben sie auch gleiche Chancen wie die durch Intelligenz Privilegierten. Die Frage nach der Gleichheit der Startpositionen wird vom Prinzip formaler Chancengleichheit unberührt gelassen. Deshalb:

(b) Keine Theorie ist annehmbar, die als ihr fundamentales Verteilungsprinzip den Grundsatz aufstellt, ein Gut oder eine Last beliebiger Art sei im Verhältnis zu einer Qualität zu verteilen, deren Verteilung wiederum von sozialen Bedingungen abhängt, weil sonst aufgrund unterschiedlicher Hintergrundbedingungen von Personen, wie beispielsweise von Vermögen, Macht oder gesellschaftlichem Rang ihrer Angehörigen, unverdiente Ungleichheiten bestehen. Sozio-ökonomische Vor- und Nachteile, die Personen übernehmen müssen, weil sie in sie hineingeboren werden, für die sie deshalb auch nichts können, müssen ausgeschlossen werden. Dies ist ein Gesichtspunkt ›historischer‹ Gerechtigkeit. Die sozio-ökonomischen Startbedingungen, wie gerecht diese auch selbst zustande gekommen sein mögen, sollen für alle ›am Start‹ gleich sein. Andernfalls werden einige von Geburt an ohne ihr eigenes Zutun benachteiligt. Es sind weit geteilte Intuitionen dieser Art, die einen dazu veranlassen, faire Chancengleichheit zu fordern: Menschen mit gleichen natürlichen Fähigkeiten und gleicher Bereitschaft, sie einzusetzen, sollen gleiche Erfolgsaussichten haben, unabhängig von ihrer anfänglichen gesellschaftlichen Stellung.[30] *Faire Chancengleichheit*, statt rein formaler Chancengleichheit, soll die sozialen Bedingungen schaffen, in denen diejenigen mit gleichen Fähigkeiten und Talenten die gleichen Chancen auf ein gutes Leben haben, egal in welchen sozio-ökonomischen Verhältnissen sie geboren wurden.[31]

Will man das vermeiden, muß man eine nicht unmittelbar durch den Menschen oder die Gesellschaft zu bestimmende grundlegende Verteilungsbasis wählen, und dafür bietet sich nur die Natur bzw. die natürlichen menschlichen Eigenschaften an. Doch auch das scheint offenkundig moralisch verfehlt, denn:

(c) Keine Theorie ist annehmbar, die als ihr fundamentales Verteilungsprinzip den Grundsatz aufstellt, ein Gut beliebiger Art sei im Verhältnis zu einer Qualität zu verteilen, deren Vorhandensein auf die Natur zurückgeht, wie Abstammung, Geschlecht, Hautfarbe, Größe oder angeborene Intelligenz. Denn das Heranziehen dieser natürlichen Merkmale als fundamentale Verteilungsgrundlage ist in sich ungerecht. Der Hauptgrund dafür ist folgender: Wenn man eine Verteilung auf natürlichen Merkmalen wie Hautfarbe, Größe, Geschlecht oder Abstammung beruhen läßt, so gründet die Verteilung auf Attributen, die diskriminierend wirken, zu denen der einzelne aber nichts beigetragen hat und an denen er nichts

30 Vgl. J. Rawls, *Eine Theorie der Gerechtigkeit*, S. 93.

31 Ob faire Chancengleichheit in dieser Form erreichbar ist, solange Familien die Chance auf kompetitive Vor- und Nachteile durch Erziehung, Motivation und Verbindungen substantiell beeinflussen, ist zweifelhaft, weil öffentliche Bildungseinrichtungen diese Unterschiede nie vollständig auszugleichen vermögen.

ändern kann. Deshalb haben Betroffene guten, von allen einsehbaren Grund, diese Merkmale als allgemeine grundlegende Kriterien für eine gesellschaftliche Verteilung zurückzuweisen. Die Kriterien führen zu einer ungleichen Behandlung von Personen in einer Art und Weise, die ihr Leben zutiefst berührt, nur weil sie Unterschiede aufweisen, für die sie nicht verantwortlich sind. In bestimmten, nicht-fundamentalen Zusammenhängen ist es jedoch durchaus für alle akzeptabel, nach diesen Merkmalen zu differenzieren, zum Beispiel bei Geschlechtertrennung von Toiletten, Theaterrollen etc.

Natürliche Merkmale, wie die genannten, lassen sich nicht als grundlegende Verteilungskriterien rechtfertigen, es sei denn, sie dienen als verläßliche Zeichen einer anderen Eigenschaft – wie Fähigkeit oder Verdienst –, die mit mehr Grund als Kriterium für die Behandlung von Individuen herangezogen werden könnte. Fähigkeit oder Verdienst scheinen die einzig verbleibenden Kandidaten für eine fundamentale Verteilungsgrundlage, die weder sozial gemacht noch natürlich diskriminierend ist. Es handelt sich um Eigenschaften, die dem Individuum zukommen und die es selbst realisieren kann oder nicht. Aber ein Problem ist dabei noch unberücksichtigt geblieben:

(d) Keine Theorie ist annehmbar, die als ihr fundamentales Verteilungsprinzip den Grundsatz aufstellt, ein Gut beliebiger Art sei im Verhältnis zu einer Qualität zu verteilen, deren Vorhandensein und deren Realisierungspotential in ungleichem Maße natürlich oder sozial bedingt vorkommt. Verdienst kann für eine gerechte Verteilung deshalb nicht das grundlegende Kriterium sein, weil eine Anerkennung des Verdienstes als Verteilungsgrundlage nur dann gerechtfertigt ist, wenn jeder die gleiche Chance hat, das ganze Verdienst, dessen er fähig ist, auch zu erlangen. Die natürlich oder sozial bedingte Ungleichheit in der Verteilung der Chancen ist auch etwas, was die Individuen vorfinden und nicht selbst zu verantworten haben und auch allein nicht ändern können.

Die Gründe, die für den Ausschluß von Merkmalen wie Hautfarbe, Größe, Geschlecht oder Abstammung als primär diskriminierend sprechen, gelten genauso für andere natürliche menschliche Eigenschaften, die oft als Verteilungskriterium herangezogen werden, wie Intelligenz, Aussehen oder körperliche Kraft. Welche und wie viele natürliche Fähigkeiten man hat, beruht auf einer Lotterie der Natur. *Die Verteilung ist vom moralischen Standpunkt aus betrach-*

*tet rein zufällig.*[32] Natürliche Gaben und soziale Umstände sind beide von einem moralischen Standpunkt aus betrachtet Zufälle, und die moralischen Ansprüche der Personen sollten nicht davon abhängen. Sofern es sich um Ergebnisse einer ›Lotterie‹ der natürlichen oder sozialen Umgebung handelt, sind wir für diese Ergebnisse nicht verantwortlich, wir haben das Glück genauso wenig verdient wie das Pech, mit mehr oder weniger natürlicher Begabung oder Behinderung und schlechteren oder besseren sozialen Umständen ausgestattet zu sein. Alles dasjenige, wofür wir nicht verantwortlich sind, kann deshalb nicht als relevanter Grund für Ungleichverteilung gelten.

In der Argumentation werden drei Ursachen für Ungleichheit ausgeschlossen. Diese sind durchaus unterschiedlich: Diskriminierende Ausschlüsse von bestimmten Personen werden willentlich praktiziert. Die sozio-ökonomischen Bedingungen werden von der Gesellschaft zum Teil hervorgebracht, zum Teil als Folgen individueller Handlungen geduldet. Die natürlichen Talente sind biologisch. Alle drei Ursachen werden als nicht allgemein rechtfertigbar zurückgewiesen. Als allgemeiner Grund zeigt sich, daß alle diejenigen Mechanismen als Ursachen sozialer Ungleichheit, für die die von ihnen Betroffenen nicht verantwortlich sind, moralisch zufällig sind. Diese Ursachen haben zugleich eine interne Rangfolge unterschiedlicher Illegitimität, die sich in unserer intuitiven Verurteilung und in einer lexikalischen Ordnung ihrer Verbote in den meisten Gerechtigkeitstheorien niederschlägt. Die Rangordnung erklärt sich aus der Art der Verursachung selbst, nicht aus dem zugefügten Leid. Bei primärer Diskriminierung gibt es einen verantwortlichen Täter, der moralisch verurteilt wird. Für die sozio-ökonomischen Bedingungen ist die Gesellschaft in dem Sinne verantwortlich, daß sie als für alle über individuelle Verantwortung hinausgehenden Verantwortlichkeiten einspringender Akteur Verantwortung dafür übernehmen muß, als ungerecht erkannte und änderbare Zustände in gerechte zu überführen (s. S. 55 ff.). In diesem Fall sind die zu verändernden Zustände menschengemachte. Im Fall der Lotterie der Talente lassen sich die Folgen durch die Gesellschaft verändern, aber die Zustände selbst sind natürlich vorgegeben. Nicht nur die direkte

32 Die Verteilung der natürlichen Fähigkeiten ist für Rawls in seiner bekannten Formulierung »moralisch gesehen willkürlich« (*Eine Theorie der Gerechtigkeit*, S. 345 f., vgl. auch S. 124 f.)

Verantwortung der Personen als Verursacher nimmt ab. Sie haben statt dessen eine allgemeine Verantwortung zur Schadensvermeidung oder -behebung bei Ereignissen, bei denen das möglich ist. Wenn Verursacher existieren, ausgemacht und erreichbar sind, so sind diese primär zur Verantwortung zu ziehen. Gibt es keine Verursacher oder kann man ihrer nicht mehr habhaft werden, fällt die Verantwortung für die Schadensvermeidung oder -behebung auf die Gemeinschaft aller Individuen. Weil ein einzelnes Individuum diese Verantwortungen allein oft nicht schultern und dies zudem eine ungerechte Verteilung von Lasten darstellen könnte, können die Individuen ihrer Pflicht zur Kompensation natürlicher Vor- und Nachteile im Kollektiv, also im Rahmen von fairen gesellschaftlichen und politischen Institutionen gerecht werden. Ihre persönliche Verantwortung ist im Rahmen solcher Institutionen indirekter. Obwohl Personen Verantwortung sowohl für ihre Handlungen als auch die Zustände haben, gibt es eine moralische Differenz zwischen den beiden Anwendungsweisen und -gegenständen der Gerechtigkeit, als einer Ungerechtigkeit in Folge einer ungerechten individuellen oder gesellschaftlichen Behandlung und einer Ungerechtigkeit in Folge einer unterlassenen Korrektur ungerechter Verhältnisse (s. S. 58 ff.). Die persönlich direktere Verantwortung von Individuen, Personen und Gruppen, die von ihren Handlungen betroffen werden, in einer moralisch angemessenen Weise, im besonderen als Gleiche zu behandeln, hat daher einen gewissen Vorrang vor ihrer moralischen Pflicht, Verhältnisse gerecht zu gestalten, im besonderen natürliche Ungleichheit auszugleichen. Das erklärt die Abstufung der Dringlichkeit, persönliche, soziale und natürliche ungerechte Ungleichheiten zu beseitigen.

So erhalten wir als Ergebnis dieser vierstufigen Argumentation das negative Prinzip der egalitären Verantwortung (GL-P5). Individuen brauchen die Folgen sozialer Umstände und natürlicher Ausstattung nicht zu tragen. Die Folgen müssen kollektiv kompensiert und umverteilt werden. Daraus ergeben sich *gleiche Chancen auf ein gelingendes Leben*; die entsprechende Position wird *Gleichheit der Lebensaussichten* genannt.

Worauf bezieht sich das Prinzip der autonomen und egalitären Verantwortung (GL-P5) genau? Was zählt als unverantwortbares Widerfahrnis, was als zu verantwortendes Ergebnis einer autonomen Entscheidung? Menschen sind für ihr Handeln und somit zunächst einmal auch für ihr Leben selbst verantwortlich. Dies ist die andere Seite ihrer Autonomie. Autonomie bedeutet freie, rationale Wahl von Optionen. Diese Optionen sind dem Individuum zum einen vorgegeben, zum anderen können Quantität und Qualität einiger Wahlmöglichkeiten bewußt gesteuert werden. Personen können individuell und kollektiv den Handlungs- und Wahlspielraum verändern, und sofern sie das können, haben sie auch eine Verantwortung dafür, daß dies gerecht geschieht. Die relativ vorrangige Sicherung von Grundfreiheiten in der ersten Sphäre reflektiert die objektive Bedeutung dieser Wahlmöglichkeiten für autonome Individuen, denen möglichst viele, echte Alternativen zur Wahl stehen sollen.

Aber egal wie groß die Zahl der Alternativen und ihrer Unterschiede ist, es gibt notwendig Grenzen der autonomen Entscheidungsmöglichkeiten. Zum einen wäre eine grenzenlose, voraussetzungslose Wahl überhaupt nicht mehr als Wahl einer bestimmten Person erkennbar. »Nur wenn ein Mensch über seine Optionen im Rahmen von Beschränkungen befindet, die er nicht durch die bloße Entscheidung aufheben kann, sie aufzuheben, findet der Begriff der Selbstbestimmung oder Autonomie einen Halt. Ein Mensch, der von allen Begrenzungen frei ist, entbehrt so vollständig aller identifizierbaren Tendenzen und Einschränkungen des Willens, daß er keine Abwägung vornehmen kann: Er kann keine bewußten Entscheidungen treffen. Wenn er überhaupt zu wählen fähig ist, werden die Entscheidungen ganz und gar willkürlich sein. Sie können keine authentische personale Bedeutung besitzen, denn sein Wille ist unbestimmt.«[33] Zum anderen ist die Welt so verfaßt, daß sie sich nicht beliebig nach unseren Wünschen verändern läßt. Es gibt Vorgegebenheiten des Lebens und der Welt, an die wir uns anpassen müssen. Man kann nicht restlos über die Parameter seines Lebens verfügen. Auf diese Grenzen der Verfügbarkeit gilt es angemessen zu reagieren. Eine autonome Entscheidung ist die aus der eigenen Per-

33 H. Frankfurt, »Die Notwendigkeit von Idealen«, S. 110.

spektive richtige ›Antwort‹ auf die unverfügbaren Vorgaben der Entscheidung.[34] Autonomie und daraus erwachsende Verantwortung darf weder als freie Wahl noch als Kontrollfähigkeit mißverstanden werden. Das Bild der autonomen Entscheidung als Antwort auf Herausforderungen macht viel besser deutlich: Es gibt bei jeder Wahl eine Grenze, die zwischen den wählbaren Optionen und den fixen, unkontrollierbaren Rahmenbedingungen dieser Wahl verläuft.

Diese Grenze wird sowohl objektiv von der Welt der Tatsachen vorgegeben als auch subjektiv unbewußt festgesetzt, je nachdem, was man bei einer Entscheidung als vorgegeben ansieht. Personen identifizieren sich oft so stark mit einzelnen Projekten oder Wertbindungen, daß sie diese als nicht verhandelbaren Teil ihrer selbst ansehen. So wollen wir in der Regel nicht primär unsere Existenz und sekundär die Art und Weise des Lebens, sondern wir wollen unser Leben als ein soundso geartetes. Das Leben wollen wir nur, wenn es einen Sinn hat, wenn wir ihm Sinn geben können. Wenn ein Leben, so wie wir es führen möchten, unmöglich geworden ist, hat man Grund zum Freitod. Es scheint deshalb so, daß wir uns für das Weiterleben aufgrund bestimmter für unseren Lebensplan oder unser Projekt besonders zentraler Wünsche entscheiden.[35] Das, was das Leben uns bedeutet, und auch der Sinn, den wir ihm geben können, wird bestimmt durch diese basalen Wünsche. Sie sind so zentral, daß sie den Hintergrund von autonomen Entscheidungen abgeben, aber selbst nicht zur Entscheidung stehen. So steht die autonome Entscheidung in einem Rahmen von objektiv und subjektiv Unabänderlichem.

Nun könnte man fälschlicherweise denken, alles objektiv und subjektiv Unverfügbare sei nicht zu verantworten, sondern nur die Folge autonomen Entscheidens in diesem Rahmen des Vorgegebenen. Obwohl diese Grundunterscheidung näherungsweise richtig ist, stimmt sie doch nicht ganz. Auch wenn wir das subjektiv Vorgegebene nicht kontrollieren, abändern oder revidieren können, zählt es dennoch zu uns und zu dem von uns Verantwortbaren. Im Unterschied zu bloß vorgefundenen Faktoren sind handlungsbegleitende und erst recht handlungsleitende Parameter einer Lebensfüh-

34 Vgl. B. Ladwig, *Gerechtigkeit und Verantwortung*, Kap. III, »Autonomie als Antwortfähigkeit« und R. Dworkins ethisches »Modell der Herausforderung« in »Foundations of Liberal Equality«.

35 Vgl. B. Williams, »Personen, Charakter und Moralität«, bes. S. 19 f.

rung dadurch definiert, daß die Person sich mit ihnen und über sie identifiziert. Sie gehören nicht einfach zum Rahmen unserer Verantwortlichkeit; für sie übernehmen wir zudem freiwillig gern die Verantwortung. Wir zeichnen für den Umgang mit solchen Faktoren verantwortlich, die wir in unser normatives Selbstverständnis aufgenommen haben.[36] Die Konsequenzen der Verfolgung existenzieller Ziele als unverschuldete Nachteile anzusehen wäre absurd. Das hieße, das Selbstverständnis von Personen als etwas nicht zu ihnen Gehöriges zu betrachten. Das käme aus der Sicht der betreffenden Personen, wenn sie diese Sichtweise übernähmen, einem Selbstverlust gleich. Man lebte dann nicht nach den eigenen Wünschen und Vorstellungen, sondern würde von den Wünschen und Vorstellungen, die man zufällig zu haben scheint, getrieben. Diese Vorstellung ist mit unserem Selbstverständnis unvereinbar.

Die Frage, wie wir zu unseren Zielen gelangt sind, spielt in den meisten Fällen nicht die entscheidende Rolle; ausschlaggebend ist vielmehr, wie wir uns jetzt zu ihnen verhalten (können). Ein Ziel, an dem ich im Horizont meiner Möglichkeiten überlegt festhalte, wird mindestens dadurch zu meinem Ziel, auch wenn ich um seine kontingente Entstehung, die nicht meinen Entstehungspräferenzen entsprechen mag, weiß.[37] Die Raucherin, die von ihrer Clique verführt schon mit zehn Jahren anfing zu rauchen, von ihrem sozialen Umfeld und der massiven Werbung darin später weiterhin bestärkt wurde, hat als Erwachsene dennoch die Verantwortung für ihren andauernden Nikotinkonsum zu tragen, – sofern sie nicht im strengen Sinn süchtig und damit unfrei ist, also trotz besserer Einsicht nicht anders handeln kann. Rauchen wird üblicherweise nur als schwache Sucht beurteilt, der man sich durch bloße willentliche Anstrengung und Selbstbindungsstrategien entziehen kann. Deshalb gelten erwachsene Personen für ihr Rauchen als verantwortlich. Die persönlichen Präferenzen, egal wie und wann entstanden, stehen auch in der persönlichen Verantwortlichkeit, sofern man an ihnen festhält.

Autonome Personen sind zur eigenständigen Berücksichtigung neuer Erfahrungen und Einwände imstande und können und müs-

36 Vgl. R. Dworkin, »What is Equality? Part 2: Equality of Resources«, »Foundations of Liberal Equality« und T. Scanlon »Equality of Resources and Equality of Welfare: A Forced Marriage?«, bes. S. 117.

37 Vgl. S. Gosepath, *Aufgeklärtes Eigeninteresse*, S. 372-375.

sen gegebenenfalls rationalerweise ihre Präferenzen im Lichte neuer Bedingungen ändern. Deshalb dürfen wir solchen Personen auch grundsätzlich zumuten, ihre Ziele im Lichte ihrer Opportunitätskosten in der Auktion oder im freien Markt selbstverantwortlich zu vertreten oder, wenn ihnen der Preis zu hoch erscheint, von ihnen abzurücken. Die Kosten der Zielverfolgung nämlich zählen zu den Erfahrungen, in deren Angesicht sich ein Lebensentwurf vertreten lassen muß. Eine Zuerkennung von Kompensationen käme hier einer Aberkennung der Verantwortungsfähigkeit gleich. Personen sind für ihre Präferenzen verantwortlich, egal wie teuer oder schwer zu verwirklichen sie sind. Personen sind vorgängig verantwortlich für den Bereich ihrer eigenen Lebensführung im ganzen, also auch für den Bereich der ihren Charakter, ihre Einstellungen und Wünsche prägenden Einflüsse, über den sie nicht verfügen können. Nicht alle Parameter einer selbstverantwortlichen Lebensführung stehen aktuell oder prinzipiell in unserer Verfügung. Verantwortung kann gleichwohl auch im Angesicht von Unverfügbarem zugeschrieben werden, sofern die Person auf die jeweiligen Vorgaben eigenständig zu antworten vermag.

Das gilt sogar für solche Randbedingungen und Voraussetzungen einer Lebensführung, mit denen sich die Person nicht unbedingt identifiziert. Wenn eine Person ihre Eltern oder Kinder nicht leiden kann, die Stadt, in der sie berufsbedingt leben muß, nicht ausstehen kann, die Sitten ihres Landes, dem sie nicht entfliehen kann, barbarisch findet, kann sie dafür keine Kompensation beanspruchen. Wenn sie die Umstände nicht ändern kann, muß die Person ihre Einstellungen dazu ändern, wenn sie glücklicher leben will. Gefühle, Werturteile, Stimmungen, emotionale Einstellungen – dafür sind wir jeweils selbstverantwortlich, auch wenn sie uns gegenüber positiv gestimmten Mitmenschen benachteiligen, zumindest solange die Grenze zu psychischen Krankheiten wie klinischer Depression nicht überschritten wird. Das gilt auch für die eigene soziale und biologische Ausstattung, die man zwar nicht zu verantworten hat, für deren Folgen man aber im Wissen um seine Ausstattung Verantwortung übernehmen muß, sofern nicht die Folgen hätten verhindert oder verändert werden können.

Kontingenzen bestimmen nicht nur unser Leben, sie gehören unweigerlich und untrennbar zu unserem Leben. Ohne diese Kontingenz, bei vollständiger Beherrschbarkeit des Lebens sähe menschliches Leben für uns unvorstellbar anders aus. Ein Teil unseres Lebens, eine Lebensaufgabe ist, mit der Kontingenz umzugehen. Kontingenzbewältigung – das ist ein Großteil unserer Kultur.[38] Deshalb wäre es falsch, die vollständige Aufhebung der Kontingenz zum Ziel zu erklären. Auch Egalitaristen[39] sollten und wollen eine Grenze zwischen Kontingentem, das so bleiben soll, und kompensationsfähigem und zu kompensierendem Schicksal ziehen. Aufgeklärte, mündige Bürgerinnen und Bürger müssen ihre Wünsche auf ihre körperlichen Möglichkeiten und Voraussetzungen abstimmen, so wie sie sie auch auf die ihnen fairerweise zustehende materielle Ressourcenmenge abstimmen müssen. Unter der Voraussetzung einer gleichen Ausstattung mit Ressourcen müssen alle Personen die Folgen und Nebenwirkungen ihrer Handlungen und Entscheidungen selbst übernehmen, auch wenn sie für die Bedingungen ihrer Entscheidungen nicht die ganze Kette der Ursachen zurück verantwortlich zu machen sind. Mögliche Nachteile aus in einem unverschuldeten Rahmen gefällten autonomen Entscheidungen fallen in den Zuständigkeitsbereich der betreffenden Person und begründen keinen Kompensationsanspruch. Die Personen müssen deshalb auch für ein bewußt eingegangenes Risiko die Folgen selbst tragen, auch wenn diese von Glück abhängen mögen. Für jenes Glück oder Unglück jedoch, das als unvorhersehbares Schicksal immer wieder über Menschen hereinbricht, brauchen sie das nicht. Wer durch einen Schicksalsschlag sozio-ökonomisch benachteiligt wird, dem schulden die anderen, selbst davon nicht Betroffenen, Hilfe und Ausgleich (s. Kapitel V.1.5.). Für die ungleichheitswirksamen Folgen des unkalkulierbaren Schicksals und puren Zufalls trägt man keine Verantwortung, für die Konsequenzen des eingegangenen Risikos jedoch schon.[40]

Verlangt wird demnach keine Freiwilligkeit und Verantwortbarkeit bis zum Beginn der Kausalketten. Ein solches Verständnis des Verantwortungskriteriums würde Verantwortung gänzlich aufheben, denn niemals sind bei einer Entscheidung alle Determinanten dieser Entscheidung der Person zuzurechnen und von ihr zu verant-

38 Vgl. O. Marquard, *Apologie des Zufälligen*.

39 Deren Position wegen des von ihnen vertretenen Verantwortungsprinzips von ihren Kritikerinnen auch »luck egalitarianism« genannt wird.

40 Dies ist die Unterscheidung von »option luck« und »brute luck« bei R. Dworkin in »What is Equality? Part 2: Equality of Resources« (S. 293).

worten. Demnach wäre nie irgend jemand für irgend etwas verantwortlich. Damit kann das Verantwortungsprinzip im Prinzip auch in der Realität greifen. Vorausgesetzt werden dazu allerdings reale Bedingungen der Autonomie, wie sie durch die gleichen Grundrechte und -freiheiten, die gleichen Mitbestimmungsrechte und die gleiche Ausstattung mit Ressourcen gesichert sein sollen. Unter diesen unterstellten Bedingungen einer idealen Theorie der Gerechtigkeit läßt sich Verantwortung Personen persönlich zuschreiben. Bei der Umsetzung der idealen Theorie bedarf es der Begleitung durch eine Herrschafts- und Machtkritik, die die bestehenden Verhältnisse stets kritisch durchleuchtet und gegebenenfalls als unfreie bloßstellt, um so zu prüfen, ob wirklich die unterstellten Bedingungen für freie Verantwortung bestehen.[41]

Das Verantwortungsprinzip rechtfertigt damit nochmals den in Kapitel III.3. gewählten Parameter der Gleichverteilung, nämlich eine präsumtive *Gleichheit der Ressourcen*. Auch in der ökonomischen Sphäre sollten Ressourcen präsumtiv gleich verteilt werden – und nicht Wohlergehen. Die explizite Abgrenzung zu Wohlergehenstheorien ist für diesen Ansatz wegen des Verantwortungsprinzips konstitutiv. Gleichheit des Wohlergehens ist verfehlt, weil die Individuen für ihr Wohlergehen selbst verantwortlich sind. Deshalb ist auch die Konzeption von *Gleichheit der Chancen auf Wohlergehen*, sofern sie Präferenzen als unverschuldete Nachteile auffaßt, unplausibel.[42] Wenn dieser unplausible Gedanke fallen gelassen wird, kippt

41 Ob und wie das Verantwortungsprinzip unter nicht idealen Bedingungen partieller Unfreiheit bis hin zum universalen Verblendungszusammenhang anwendbar ist, ist Gegenstand der nicht-idealen Theorie und muß hier offen bleiben.

42 Die unter dem Titel *Gleichheit der Chancen auf Wohlergehen* zusammengefaßten Ansätze können als Verbesserungsvorschläge des Wohlfahrts- und des Ressourcenansatzes verstanden werden. Um die Nachteile des Wohlfahrtsansatzes zu vermeiden, werden die Ideen der Verantwortung und Wahl in verbesserte Versionen des Egalitarismus aufgenommen. Gemäß diesen Ansätzen sollen Ergebnisse gleich sein, sofern sie die Folge von Ursachen außerhalb der persönlichen Kontrolle der Individuen sind, können aber ungleich sein, wenn sie die Folge autonomer Entscheidungen sind. Vgl. R. Arneson, »Gleichheit und gleiche Chancen zur Erlangung von Wohlergehen« und »Liberalism, Distributive Subjectivism, and Equal Opportunity for Welfare«, G. A. Cohen, »On the Currency of Egalitarian Justice«, S. 916 f., J. Roemer, *Equality of Opportunity*. Wie *Gleichheit der Chancen zu Wohlergehen* Präferenzen oder früheres Verhalten als Handicap ansieht, dazu vgl. z. B. R. Arneson, »Liberalism, Distributive Subjectivism, and Equal Opportunity for Welfare«, bes. S. 179 zu Wünschen aus dem Kindesalter, S. 185, oder J. Roe-

der ›Chancen auf Wohlergehen‹-Ansatz in eine Modifikation der ›Gleichheit der Ressourcen‹ um. Diese Gleichheit sichert Personen die gleichen Chancen auf ein autonomes, selbstverantwortetes, gelingendes Leben, indem sie ihnen präsumtiv die gleichen Ressourcen (im umfassenden Sinne) zur Verfügung stellt.[43]

Personen müssen also die Verantwortung für die positiven wie negativen Folgen der eigenen Entscheidungen angesichts des uns Vorgegebenen übernehmen. Die angenehmen Früchte der eigenen Entscheidungen gehören deshalb prima facie der betreffenden Person, unabhängig davon, ob durch die Folgen subjektiver Entscheidungen und Anstrengungen sozio-ökonomische Ungleichheiten entstehen. Das Prinzip der Verantwortbarkeit stellt damit die erste und wesentlichste Einschränkung der Präsumtion der Gleichheit in der ökonomischen Sphäre dar. Sozio-ökonomische Ungleichheiten sind gerechtfertigt, wenn sie allein aus den selbst zu verantwortenden Entscheidungen der Individuen erwachsen. Dann darf keiner dem anderen die Früchte seiner Entscheidungen nehmen, keiner hat die Pflicht, diese zu teilen, auch wenn das sozio-ökonomische Ungleichheit zu reduzieren helfen würde. Die durch unterschiedliche autonome Entscheidungen, durch unterschiedliche autonome Präferenzen und Lebenspläne erzeugten sozialen und ökonomischen Ungleichheiten stehen im Einklang mit der Verteilungsgerechtigkeit – sofern sie wirklich ausschließlich auf den allein zu verantwortenden Aspekten der Personen beruhen.

Aber daran bestehen berechtigte Zweifel, weil die Individuen doch mit unterschiedlichen natürlichen Fähigkeiten und natürlichen Benachteiligungen ausgestattet sind, die ihren Erfolg oder Mißerfolg wesentlich mitbeeinflussen. Zumindest Talente und Handicaps müssen selbst ausgeglichen werden, um überhaupt von einer substantiellen Chancengleichheit für autonome Entscheidungen reden zu können. Die auf dem Verantwortungsprinzip basierende Ressourcengleichheit verlangt einen positiven Ausgleich von natürlichen Benachteiligungen und einen negativen Ausgleich von Begünstigungen. Das Prinzip der Verantwortung leitet dabei selbst die

mers vierstufiges Modell der Chancengleichheit in »The Mismarriage of Bargaining Theory and Distributive Justice«, bes. S. 277.

43 Sofern Präferenzen als generell verantwortbar eingestuft werden, scheint der Unterschied zu Gleichheit der Chancen auf Wohlergehen nur einer der Wortwahl zu sein.

Bestimmung der Kriterien für den Ausgleich von besonderen Benachteiligungen und Befähigungen.

Bevor auf diese beiden aus dem Verantwortungsprinzip ableitbaren Forderungen zum Ausgleich von Vor- und Nachteilen der natürlichen und sozialen Ausstattung eingegangen wird, soll zunächst die Stellung des Verdienstgedankens im Rahmen des Verantwortungsprinzips geklärt werden.

## *1.3. Verdienst*

Verdienst bzw. Leistung ist wohl das am häufigsten angeführte Prinzip, das eine Ungleichverteilung in der ökonomischen Sphäre, also von Einkommen und Besitz, rechtfertigen soll. Fast jeder in der westlichen Welt scheint an Verdienst- oder Leistungsgerechtigkeit zu glauben. Deshalb ist zu untersuchen, ob und in welchem Maße Verdienst im Rahmen des Verantwortungsprinzips ein Grund für eine Ungleichverteilung darstellt, so daß Individuen einen größeren als den ursprünglich gleichen Ressourcenanteil im Laufe ihres Wirtschaftslebens erwirtschaften dürfen. Die Frage stellt sich insbesondere, weil Verdienst in einem gewissen Spannungsverhältnis zwischen der nicht-zurechenbaren natürlichen Ausstattung mit Talenten und der Verantwortungsfähigkeit mündiger Personen für ihre Ambitionen steht. Erst nach einer einleitenden Klärung des Verdienstbegriffs wird die Erörterung der beiden einzig sinnvollen der vorgeschlagenen Kriterien für Verdienst, nämlich Anstrengung und Beiträge, allerdings zeigen, daß verdienst- bzw. leistungsbezogene Ansprüche auf einen größeren als gleichen Anteil nicht gerechtfertigt sind. Denn bei den jeweiligen Verdienstkriterien kann der Wert des individuellen Verdienstes nicht unparteilich bestimmt werden. Außerdem ist ein Verdienstkriterium mit dem Verantwortungsprinzip nicht vereinbar, da es verantwortbare nicht von nicht zu verantwortenden Verdienstgrundlagen zu unterscheiden vermag. Deshalb ließe sich Verdienst allenfalls als Folge freiwilliger Entscheidungen bei gleicher Ausgangslage reinterpretieren. Da natürliche Begabung und soziale Umstände nicht als moralisch relevante Gründe für eine Ungleichverteilung zählen dürfen, bedeutet dies konkret, daß ein Großteil der in dieser Gesellschaft üblicherweise vorgebrachten Rechtfertigungen von höheren Einkommen für Menschen, die ›bessere oder höhere oder besondere Leistungen‹ erbringen, näher besehen keine guten Gründe für Ungleichverteilung darstellen.

### *Der Begriff des Verdienstes*

›Verdienst‹ ist ein vager und notorisch mehrdeutiger Terminus. Es hilft, in einem ersten Schritt die mit diesem Terminus zusammenhängenden Ideen zu differenzieren. Das Deutsche unterscheidet zwischen *der* Verdienst im Sinne von durch Arbeit erworbenem Einkommen und *das* Verdienst im Sinne von einer Leistung, aufgrund deren jemandem etwas gerechterweise zusteht. Im Rahmen einer Theorie distributiver Gerechtigkeit kann es nur um letzteres gehen. Denn es gilt zu klären: Ist das, was jemand verdient, mit anderen Worten faktisch als Lohn erhält, auch wirklich verdient, also gerechtfertigterweise als Einkommen erhalten? Das Verdienst kommt dabei in zwei unterschiedlich weiten Bedeutungen vor. Da ist zum ersten der allgemeinere *Begriff des Verdienstes im weiten Sinn*, der die Grundlage der allgemeinen Gerechtigkeitsdefinition bildet: Gerecht ist eine Handlung, wenn sie jedem das gibt, was ihm zukommt bzw. was er verdient.[44] ›Verdienst‹ steht in dieser allgemeinen Bedeutung als Platzhalter für Standards der Gerechtigkeit.[45] Nach einem solchen Standard wird hier gefragt. Als solche Standards oder Prinzi-

44 S. S. 36ff.

45 Es besteht gerade bei Verdienst die psychologische und ideologische Gefahr einer Perversion des Leistungskriteriums. Statt dieses Kriterium, wie es einzig richtig wäre, als präskriptiv anzusehen, als Norm eben, an der die Wirklichkeit zu messen ist, wird der distributive status quo ex post als durch Leistung gerechtfertigt ausgegeben. Die bestehenden Verteilungen spiegeln in den Augen zumindest der Bessergestellten häufig entsprechende Leistungen wider. Wer reich ist, kann deshalb schon als ein sogenannter Leistungsträger gelten. Was erst zu zeigen wäre, wird fälschlicherweise im Umkehrschluß schon vorausgesetzt. Dem entspricht das ›Gerechte Welt Syndrom‹, der Glaube, daß Menschen stets das bekommen, was sie verdient haben. Nach dieser Auffassung müssen die Opfer von Unglücken und strukturellen Vorurteilen selbst schuld, böse oder dumm sein. Wer an eine gerechte Welt glaubt, kann zwar stabiler mit dieser umgehen, schiebt sich aber auch oft die Schuld selbst zu, auch wenn er dafür nichts kann. Dies wird psychologisch dadurch erklärt, daß wir offenbar Zufall und Unbeeinflußbares weniger gut ertragen können als Schuld oder Scham vis-à-vis einer verstehbaren Kausalität. Vgl. zur ›Gerechte Welt‹-Forschung in der Psychologie C. Dalbert, »Das Gerechtigkeitsmotiv und die seelische Gesundheit«.

pien gerechter Verteilung besonders von Einkommen, Besitz und Positionen wird *Verdienst im engeren Sinn von Leistung* vertreten. Es ist folglich nur der engere Sinn, der in diesem Kontext von Relevanz ist.

Urteile über Verdienst im engeren Sinn haben die Struktur, daß von einem Subjekt, sei es ein Individuum oder eine Gruppe, behauptet wird, es hätte etwas, ein Gut oder eine Last, verdient und zwar aufgrund einer Charakteristik oder Aktivität, die deshalb Verdienstgrundlage genannt wird.[46] Man unterscheidet zwischen moralischem und nicht-moralischem Verdienst: Die Verdienstgrundlage zur Verteilung von Vorteilen wird allgemein positiv, bei der Verteilung von Lasten oder Strafe negativ bewertet. Einige der Verdienstbasen werden moralisch geschätzt, beispielsweise aufopferndes Verhalten, und begründen so moralischen Verdienst; andere Tätigkeiten hingegen, wie beispielsweise im Sport, werden als besondere Leistungen geschätzt, ohne daß sie moralisch bewertet werden. Für eine allgemeine Untersuchung des Verdienstbegriffs müßte man verschiedene Fälle unterscheiden, je nachdem, was aufgrund von was verdient sein soll. An dieser Stelle interessieren jedoch nur verdienstabhängige Vergabe- bzw. Verteilungskriterien für ökonomische Güter, also vor allem für Einkommen und Besitz. Auch Verdienst im engeren Sinn ist – so wie der Ausdruck umgangssprachlich gebraucht wird – ein vieldeutiger Begriff. Man muß zwischen dem Gebrauch eines institutionellen und eines substantiellen Kriteriums unterscheiden. Ein institutionelles Verdienstprinzip gibt eine bestimmte Prozedur an, die definiert, was als Verdienst zählt. So geben beispielsweise Spielregeln an, was man tun muß, um in diesem Spiel zu gewinnen. Wenn nach diesen Regeln fair gespielt wird, hat die Gewinnerin den Gewinn des Spiels und eventuell dafür ausgesetzte Preise verdient. Dieses Kriterium ist abhängig von den vorgegebenen Institutionen und Prozeduren und bemißt nur deren interne faire Befolgung. Alle Wettbewerbe verfahren nach solchen ihnen eigenen Regeln, die angeben, was als Verdienst und Gewinn zählt. Auch ökonomische Vereinbarungen wie Bezahlung nach Tariflohn

46 Die beste Analyse des engeren Verdienstbegriffs findet sich in J. Feinbergs »Justice and Personal Desert«, vgl. auch J. Kleining, »The Concept of Desert«. Einen Überblick gibt die Textsammlung von L. Pojman und O. McLeod (Hg.), *What Do We Deserve?* Vgl. für eine schöne konkret-anschauliche Diskussion W. Pfannkuche, *Wer verdient schon, was er verdient?*

oder Gewinn nach den Mechanismen von Angebot und Nachfrage stellen Regeln dar, nach denen Einkommen verdient wird. Ob diese Regeln, Konventionen oder Institutionen selbst die den Umständen angemessenen und gerechtesten Verfahren sind, ist eine andere Frage. Erst deren positive Beantwortung macht das durch die Regel angegebene Verdienstkriterium zu einem substantiellen Verdienst. So kann man einen Wettbewerb, in dem Allgemeinwissen abgefragt wird, kritisieren, wenn die Regeln es ermöglichen, daß jemand eher durch Raten als Wissen gewinnt. Dann sagt man, der Sieger habe den Gewinn nicht verdient, auch wenn er nach den Regeln der rechtmäßige Sieger ist. Auch für ökonomische Vereinbarungen muß man zeigen, daß sie gerechte oder geeignete Verfahren der Allokation von ökonomischen Gütern und Lasten sind, wenn ihre Ergebnisse als moralisches Verdienst in Anspruch genommen werden können sollen. Oft wird betont, daß Verdienst allein von sozialen Konventionen abhängt, die wiederum von sozialen Interessen bestimmt werden, die sich auch ändern können.[47] Verdienst hieße dann nur, daß Personen nach den sozial geltenden Normen zu dem Gut (dem Gewinn, Einkommen oder ähnlichem) berechtigt wären. Verdienst ist aber begrifflich gesehen keine bloß soziale Konstruktion, die von institutionellen Regelungen abhängig sein muß. Unsere Beurteilung von Verdienst ist eine zweistufige: Zum einen wird das Verdienst nach den gesellschaftlichen Regeln beurteilt; dies ist die von Institutionen abgeleitete Konzeption von Verdienst. Zum anderen haben wir präinstitutionelle Verdienstvorstellungen. Anhand dieser können Konventionen selbst begutachtet werden. Institutionelle Verdienstkriterien können aber auch aus Effizienzgründen statt aus moralischen Gründen gerechtfertigt sein. Verdienst bezeichnet also begrifflich den Zusammenhang zwischen einem Individuum, seiner Handlung und seiner positiven oder negativen Behandlung.

Unter der Maßgabe der Präsumtion der Gleichheit, die zu einer ursprünglichen Gleichverteilung ökonomischer Ressourcen führt, müssen wir nun fragen, ob Verdienst präinstitutionelle moralische Ansprüche auf einen größeren als gleichen Ressourcenanteil für Individuen rechtfertigt oder nicht.

Die üblicherweise vorgeschlagenen moralisch relevanten Kriterien für Verdienst im Sinne von dem allgemeinen Wohlstand förder-

47 Vgl. I. Young, *Justice and the Politics of Difference*, darin: »The Myth of Merit«.

lichen Leistungen lassen sich grob in die Klassen der *Beiträge* oder *Anstrengungen* oder *Ergebnisse* oder *Fähigkeiten* oder eine Kombination von diesen einteilen.[48] Diese Liste läßt sich sogleich um die letzten beiden Einträge reduzieren. Eine Ungleichbehandlung im Einkommen allein aufgrund der Fähigkeiten oder Talente, die Individuen besitzen, ist oben schon als ungerechtfertigt zurückgewiesen worden, weil die natürliche Ausstattung vom moralischen Standpunkt aus als willkürlich zu beurteilen ist. Zudem ist eine Einkommensverteilung allein aufgrund der Tatsache, daß Individuen bestimmte Fähigkeiten besitzen, unabhängig davon, was die Individuen mit ihnen leisten, ökonomisch unsinnig. Diese Einsicht läßt sich generalisieren und führt dazu, daß Ergebnisse nicht als ein eigenständiges Kriterium für Verdienst angesehen werden können, sondern als eines, das alle sinnvollen Kriterien begleiten muß.

Alle sinnvollen Kriterien für Verdienst dürfen Leistung nicht von den Ergebnissen der in Frage kommenden Tätigkeiten und Fähigkeiten entkoppeln. Zwar hat es einerseits pädagogisch durchaus etwas für sich, nur auf die Seite der Anstrengung zu schauen. Sagen wir doch bei Sportveranstaltungen u. ä. »Dabeisein ist alles«, was soviel heißt, wie: Mitmachen, mitkämpfen, das ist es, worauf es eigentlich ankommt, nicht so sehr, ob man nun siegt oder verliert. Andererseits kann diese Devise wohl nicht bedeuten, daß es irrelevant wäre, wer nun siegt. Wir erziehen Kinder zu Recht so, daß es für sie wichtig ist, sich so gut sie jeweils können zu bemühen. Wenn wir ihnen das Leistungsprinzip beibringen wollen, dann doch in der Form, daß jeder für sich versuchen sollte, die Kluft zwischen der Person, die man ist, und der, die man – nach seinen eigenen Vorstellungen – sein könnte, so gering wie möglich zu machen. Und wenn sich jemand in diesem Sinn Mühe gibt, an seiner eigenen Verbesserung zu arbeiten, so loben und belohnen wir ihn eventuell dafür. Dies ist die erzieherische, fürsorgliche Perspektive, die wir einzeln oder kollektiv durch Erziehungssysteme u. ä. einnehmen, um die ›Perfektion‹ des einzelnen zu fördern. Als Gesellschaft haben wir jedoch auch im ökonomischen Bereich ausschließlich ein Interesse an Leistungen, Anstrengungen und Investitionen, die allen etwas bringen, und nicht nur der Perfektibilität der einzelnen. Eine Tätigkeit, soll

48 Unter der Annahme fundamentaler Gleichheit sind andere Arten ausgeschlossen, wie Verdienst nach persönlichen Merkmalen wie Familie, Herkunft, moralischer Charakter usw., die für Aristoteles wesentlich waren.

sie von der Gesellschaft belohnt werden, muß in einem eindeutigen Kausalzusammenhang zu einem Resultat stehen, das gesellschaftlich wünschenswert ist. Ein Verdienstkriterium, das nur auf den Handlungen, nicht aber auf deren Resultaten beruht, ist in der ökonomischen Sphäre unsinnig. Wer würde denn ernsthaft eine Bemühung belohnen, von der absehbar ist, daß sie zu nichts führt? Ein netter Versuch – das reicht nicht. Es bedarf zumindest aussichtsreicher und ausdauernder Bemühungen um ein wertvolles Ziel.[49] Um es überspitzt zu sagen: Nur weil ich mich sehr anstrenge, meinen inneren Schweinehund mühsam überwinde und Fitneß betreibe, indem ich Sand schaufele, rechtfertigt dies keineswegs den Anspruch auf Entlohnung, obwohl ich mich doch so wahnsinnig angestrengt habe. Aber in dem Moment, in dem bei Überschwemmungsgefahr eines Flusses größter Mangel an Sandsäcken besteht, und deshalb größter Bedarf auch an den von mir eingeschaufelten Sandsäcken besteht, wird meine Anstrengung be- und entlohnt. Dies ist das Kriterium der Ergebnisse. In diesem Fall habe ich eine Arbeitsinvestition und Anstrengung unternommen, die Menschen hilft, etwas zu bekommen, was sie wollen oder wonach sie Bedarf haben. Alle gegenwärtig vertretenen Verdienstauffassungen schlagen deshalb nur Kriterien vor, die zusätzlich das Ziel der Steigerung des kollektiven Lebensstandards, des Sozialprodukts verfolgen. Nach jedem der vorgeschlagenen Verdienstprinzipien zählen nur Faktoren, die dazu beitragen können, das Bruttosozialprodukt zu heben, als Basis für den Verdienst von Einkommen. Der Begriff des Verdienstes selbst enthält dieses Ziel des höheren Lebensstandards nicht; dies ist ein Ziel, das die Gesellschaft unabhängig vom Verdienstgesichtspunkt verfolgt. *Ökonomisches Verdienst* wird deshalb nur für sozial produktive Faktoren ausgesprochen, auch wenn dies keine Bedingung des Verdienstbegriffs allgemein ist. Ökonomisches Verdienst bezieht sich vor allem auf die persönlichen, beruflichen Tätigkeiten im Rahmen einer gesellschaftlichen Arbeitsteilung.

Als Kandidaten für Leistungskriterien kommen also nur *Anstrengungen* und *Beiträge* in Frage. Das erste Kriterium bezeichnet als Leistung die subjektiven Anstrengungen und Nachteile, die die Leistungen für das jeweilige Individuum bedeuten. Diese subjektiven Leistungen sollen ein Verdienst begründen, das den Charakter einer

49 Ganz nach dem Motto: »Winners never quit and quitters never win! Always strive to be a winner!«

Kompensation der mit der Tätigkeit verbundenen Einbußen annimmt. Verdienst gründet nach diesem Kriterium der subjektiven Anstrengung in ausgleichender Gerechtigkeit. Das zweite Kriterium bezeichnet als Leistung die erbrachten Beiträge der Individuen zur kollektiven Güterproduktion. Diese objektiven Leistungen sollen ein höheres Einkommen im Verhältnis zum Wert ihrer Beiträge zur gemeinsamen Güterproduktion gemessen relativ zu dem Wert der Beiträge aller anderen rechtfertigen. Verdienst gründet nach diesem Kriterium des objektiven Beitrages in proportionaler Gerechtigkeit.

So ist nun zu klären, ob ungleiche produktive Leistungen als Anstrengungen oder Beiträge allgemein und reziprok präinstitutionell begründete Ausnahmen von der Gleichverteilung rechtfertigen, die es moralisch erforderlich machen, kollektiv produzierte ökonomische Güter ungleich zu verteilen. Bei der folgenden Erörterung der beiden Verdienstkriterien wird sich zeigen, daß Verdienst keine präinstitutionelle Ausnahme von der Gleichverteilung begründen kann. Verdienst kommt nur im Rahmen eines Marktes, der aus Effizienzgründen gerechtfertigt ist, eine begründete, von dieser Institution abgeleitete Funktion zu. Die Vorstellung eines durch erbrachte Leistung ursprünglichen, von Institutionen unbeeinflußten Verdienstes im ökonomischen Bereich, der zu einer Ungleichheit der ökonomischen Ressourcen führt, läßt sich nicht verteidigen.[50]

### *Kompensation für Anstrengungen und Entbehrungen*

Diese Verdienstauffassung fordert: Mitglieder der Gemeinschaft verdienen Belohnungen im Verhältnis zu ihren subjektiven *Anstrengungen und Entbehrungen*, die sie für die gemeinschaftliche Güterproduktion erbracht haben. Die Anstrengungen und Entbehrungen bedürfen aus Gerechtigkeitsgründen eines Ausgleichs. Wer gleich viel Belastungen hat, soll gleich viel herausbekommen, sofern das Ergebnis der Handlungen etwas zum Sozialprodukt beigetragen hat. Hier soll also proportionale Gleichheit gelten. Als relevante Belastungen werden in der Regel der Einsatz von Zeit, die Intensität der Anstrengung sowie die erlittenen Entbehrungen sei es bei der Erziehung, der Ausbildung oder der Arbeit angeführt. Der Vorteil die-

50 Im folgenden stütze ich mich auf W. Hinsch, *Gerechtfertigte Ungleichheiten,* Kap. 8 und D. Miller, *Social Justice*, III.4.

ser Verdienstauffassung liegt darin, daß Verdienst nur von dem abhängt, was sich im Rahmen des von der betreffenden Person willentlich Beeinflußbaren befindet. Menschen verdienen danach nur Belohnung für das in ihrer Kontrolle Liegende. Wenn zwei Menschen gleich hart und gleich lang arbeiten, sollen sie das gleiche erhalten, selbst dann, wenn der eine aufgrund besserer natürlicher Ausstattung mehr Güter produziert als der andere. Die Fähigkeiten und Talente werden in diesem Kriterium nicht mitberücksichtigt, weil das ungerecht wäre.[51]

Dieses Kriterium stellt sich bei näherer Prüfung jedoch als ungeeignet heraus. Ein erstes Bedenken betrifft die Frage, ob es sich bei etwas, für das einem Kompensation zustehen soll, eigentlich im engeren Sinn um ein Verdienst handeln kann. Die Verdienstgrundlage muß positiv wertgeschätzt werden, um eine Belohnung zu begründen. Nach diesem Kriterium kann Arbeit danach beurteilt werden, wie hart, anstrengend, gesundheitsschädlich usw. sie ist und wieviel man etwa in der Ausbildung opfern mußte, um sie ausüben zu können. Daran kann man dann die Einkommensverteilung ausrichten. Entlohnung soll hier eine Kompensation für Deprivation darstellen. Viele der gesellschaftlich geltend gemachten Anstrengungen und Entbehrungen fallen in diese Kategorie. Aber hierbei handelt es sich dann nicht eigentlich um ein Verdienstkriterium, sondern um ein weiteres Kriterium, nach dem zusätzliche Faktoren bei der Einkommensverteilung berücksichtigt werden sollen. Dieses Kriterium kann dann zusammen mit Verdienstargumenten oder aber egalitären Prinzipien verwendet werden. So ist dieses Kompensationskriterium mit dem Egalitarismus vereinbar, weil es auf die materielle Gleichstellung abzielt.[52] Löhne müßten nach diesem Kriterium um so höher sein, je unattraktiver die Arbeit ist.[53] Die Nach-

51 Eine Schwierigkeit dieser Ausklammerung von Talenten besteht allerdings darin, daß diese zum Teil aufgrund eigener Anstrengungen, für die die Person verantwortlich ist, entwickelt wurden. Diese Anstrengungen müßten diese Verdienstauffassung folglich berücksichtigen und nicht nur Anstrengungen, sondern auch willentlich erworbene und entwickelte Fähigkeiten, nicht aber natürliche Talente zur Verdienstbasis zählen. Das daraus sich ergebende Kriterium wird allerdings unmöglich anwendbar sein.

52 Vgl. J. Feinberg, »Justice and Personal Desert«, S. 92ff., D. Miller, *Social Justice*, S. 110ff.

53 Dies fordern E. Tugendhat in seinen *Vorlesungen über Ethik* (S. 384) und M. Walzer in *Sphären der Gerechtigkeit* (S. 179).

teile, die eine bestimmte Arbeit mit sich bringt, müßten demnach allein an den Abneigungen, das heißt den negativen Präferenzen der Arbeitsuchenden gemessen werden, abgesehen von allen anderen Faktoren. Ein Job, der so unangenehm ist, daß keiner ihn haben will, muß so hoch entlohnt werden, bis einer dazu bereit ist, ihn für diesen Lohn auszuüben. Leider wird dieser Vorschlag in der Praxis schwer umzusetzen sein, da er von anderen Faktoren, wie der Knappheit der Angebote und Qualifikationen sowie der sozialen Anerkennung von Tätigkeiten, abhängig ist.

Der Haupteinwand gegen den Bezug auf Anstrengungen und Entbehrungen als Verdienstgrundlage besteht jedoch darin, daß unklar ist, wie subjektive Anstrengungen und Entbehrungen von einem unparteilichen Standpunkt aus für alle nachvollziehbar und akzeptierbar bewertet werden sollen. Anstrengungen und Entbehrungen sind subjektiv relativ. Sie sind zum einen relativ in der Art und Weise, wie sie empfunden werden. Ob jemand beispielsweise bei harter körperlicher Arbeit leidet, hängt auch ganz wesentlich davon ab, wie sensibel, fragil oder empfindlich er ist, was er gewöhnt ist und ob diese Tätigkeit seinen Präferenzen, Gefühlen und Lebensvorstellungen entspricht. Was als Anstrengung und Entbehrung gilt, hängt zum zweiten auch wesentlich ab von den Fähigkeiten der Person. Harte körperliche Arbeit wird einem gesunden, kräftigen, jungen Mann leichter fallen als einem alten und kranken. Zum dritten müssen Vor- und Nachteile gegeneinander aufgerechnet werden. Wie das allerdings gehen soll, ist ebenfalls unklar und strittig. So mag eine längere Ausbildung zwar auch einen gewissen Zeit- und Einnahmeverlust darstellen, aber andererseits bedeutet sie in der Regel auch ein ›Bildungserlebnis‹, das den Horizont erweitert und vielfältig geschätzte Qualifikationen vermittelt. Ob die Übernahme von Verantwortung bei hohen Entscheidungsträgern überhaupt psychologische Kosten verursacht und wie diese mit den psychologischen Gewinnen, die solche Machtpositionen normalerweise auch mit sich führen, zu verrechnen sind, ist kontrovers. Es wird ein objektives Kriterium zur Beurteilung und Messung subjektiver Entbehrung benötigt. Andernfalls lassen sich keine Gerechtigkeitsurteile fällen. Man müßte für alle gesellschaftlichen Güterproduktionen die subjektiven Anstrengungen und Entbehrungen der Produktionsbeiträge in eine intersubjektiv akzeptable Bewertungsskala einordnen können. Das scheint aber völlig unmöglich, weil die subjektiven Bewertungen so unterschiedlich und relativ sind, daß eine allgemeine Übereinkunft nicht zu erwarten ist.

Neben dieser Hauptschwierigkeit ergibt sich noch eine weitere Unannehmlichkeit, sollte dieses Verdienstkriterium angewandt werden (können). Eine Einkommensverteilung nach Anstrengung und Entbehrung führt zu kontraproduktiven Resultaten. Nach diesem Kriterium könnte die schwächste Person am unteren Ende der Leiter (von was auch immer) die größte Belohnung verdienen, weil sie sich am meisten bemüht und angestrengt hat. Manchmal sind wir geneigt, jenen Leuten besonderen Respekt zu zollen, die zum Erreichen einer bestimmten Position viel mehr Hindernisse überwinden mußten als andere. Nach dieser Sicht kommt es nicht so sehr auf das erreichte Ziel an, sondern darauf, wie viele und wie hohe Hürden zu überwinden waren, um es zu erreichen. Man kämpft in dieser Vorstellung nicht gegen andere oder gegen extern vorgegebene Standards, sondern gegen sich und seine inneren oder äußeren Hürden. Erfolg ist hier relativ, nicht absolut. Das aber vernachlässigt den oben schon betonten Punkt, daß nur Kriterien, die auch zur Steigerung des Sozialprodukts tatsächlich etwas beitragen, aus der Perspektive aller Gesellschaftsmitglieder sinnvoll als Verdienstkriterien zur Verteilung ökonomischer Güter angesehen werden können. Bei Anstrengung und Entbehrung hingegen ist dies nicht ausreichend der Fall, weil die Entlohnung nur proportional zur subjektiv empfundenen Anstrengung und Entbehrung, aber unabhängig von dem tatsächlich geleisteten Beitrag zur gemeinsamen Güterproduktion gemessen wird. Dies könnte zu dem perversen ökonomischen Anreiz führen, lieber einer unproduktiveren, anstrengenderen und entbehrungsreicheren Arbeit nachzugehen, für die man nach dieser Auffassung mehr verdient, als einer seinen Fähigkeiten optimal entsprechenden, einem subjektiv leicht fallenden und Freude bereitenden Tätigkeit, die einen großen Beitrag zur gemeinsamen Produktion zu leisten vermag, aber nach dieser Auffassung ein geringeres Verdienst darstellt.

### *Belohnung für produktive Beiträge*

Da Anstrengungen und Entbehrungen gerade wegen ihrer Subjektivität keine Verdienstgrundlage bilden können, bietet sich von daher das objektive Kriterium der geleisteten Beiträge zur gemeinsamen

Güterproduktion an. Die Mitglieder der Produktionsgemeinschaft verdienen Belohnungen im Verhältnis zu ihrer Produktivität oder ihrem Zutun zum Wohle der sozialen Gemeinschaft.[54] Nach diesem Kriterium messen die Menschen den Wert ihrer Beiträge relativ im Vergleich mit dem Wert der Beiträge der anderen, nicht jedoch im Vergleich zu den eigenen Potentialen.[55]

Statt als Belohnung für hilfreiche Beiträge zur gemeinsamen Produktion kann man das Prinzip auch als eines der kommutativen Gerechtigkeit verstehen, das die Rückzahlungen von Schulden, von geliehenen Gütern und auferlegten Lasten verlangt. Die Rückzahlung ist so verstanden keine Angelegenheit der Belohnung von Leistung, sondern der Rückgabe dessen, was jemand geschaffen hat. Aber das setzt – fälschlicherweise – voraus, daß die Beiträge der Individuen, die zurückzuerstatten wären, diesen auch ursprünglich gehören.[56]

Dieses Verdienstkriterium objektiver Leistungen scheitert an drei gewichtigen Einwänden.[57]

Die *erste* Schwierigkeit besteht in der Unmöglichkeit, ein unparteiliches für alle gleichermaßen einsehbares und akzeptables Urteil über die inhaltliche Bewertung der von den einzelnen Mitgliedern geleisteten Beiträge zur gesellschaftlichen Güterproduktion zu erlangen. Der Wert eines Beitrages wird von verschiedenen Personen unterschiedlich eingeschätzt, je nachdem, welche Konzeption des Guten sie verfolgen. Auch hier bräuchte man eine objektive Werteskala. Da wir im Liberalismus davon ausgehen, daß ein Pluralismus verschiedener gegeneinanderstehender Konzeptionen des Guten

54 So z. B. C. Taylor, »Wesen und Reichweite distributiver Gerechtigkeit«, S. 170 ff.

55 Vgl. M. Deutsch, »Equity, Equality, and Need«, S. 143.

56 Diese falsche Prämisse beruht auf der auf Locke zurückgehenden These, daß dem Arbeiter nicht nur sein Körper, sondern auch seine Arbeit und schließlich alles bis dato Unbesessene, mit dem er seine Arbeit vermischt, gehört. Aber diese Theorie ist aus Gründen zweifelhaft, die W. Kymlicka in *Politische Philosophie heute* (Kap. 4) überzeugend im Namen einer ganzen Reihe von Kritikern anführt. Es ist keineswegs gerecht, daß sich jeder durch Arbeit aneignen kann, was noch keinem gehört. Dies ist allenfalls dann zulässig, wenn besondere Bedingungen erfüllt sind, vor allem die, daß für die anderen genügend übrigbleibt. Diese Theorie ist aber auch anfällig für den im Text ausgeführten Einwand, daß dem Arbeiter die Arbeit insofern eigentlich nicht selbst gehört, als seine Fähigkeiten und Talente nicht von ihm erschaffen wurden.

57 Vgl. W. Hinsch, *Gerechtfertigte Ungleichheiten*, Kap. 8.

unvermeidlich ist, ist eine solche objektive Skala zur Beurteilung der Beiträge nicht zu erwarten.

Als klassische Alternative bietet sich hier der ideale freie Markt als jene Institution an, die einen Bewertungsmaßstab produktiver Leistungen abgibt. Im idealen Markt werden Güter und produktive Tätigkeiten nach Marktpreisen bewertet, die durch das freie Spiel von Angebot und Nachfrage auf dem Tauschmarkt zustande kommen. Jede beteiligte Person erhält für ihre angebotenen produktiven Beiträge das, was diese den anderen wert sind. Die Äquivalenzbeziehung zwischen den getauschten Gütern und Leistungen garantiert eine ›objektive Bewertung‹ auch dann, wenn die Beteiligten in ihren subjektiven Bewertungsmaßstäben nicht übereinstimmen.

Gegen den idealen Markt gibt es auch diesbezüglich Einwände. Er ist erstens ideal und somit in der Realität nicht herstellbar. Also bedarf es zusätzlicher Maßnahmen, um die Nachteile des nichtidealen Marktes zu kompensieren. Er läßt zweitens den Marktpreis von der Nachfrage abhängen. Damit wird der Wert der produktiven Leistungen durch Faktoren bestimmt, die moralisch zufällig sind, weil die Nachfrage nichts mit Gerechtigkeit zu tun hat. Also bedarf es einer zusätzlichen Rechtfertigung des Mechanismus von Angebot und Nachfrage. Läßt sich eine solche geben, dann kann man den Individuen auch zumuten, daß der Wert ihrer Beiträge zum gesellschaftlichen Nutzen gemessen an der Nachfrage bestimmt wird, so wie wir von ihnen verlangen können, daß sie die Opportunitätskosten für ihre Entscheidungen tragen müssen. Die Nachfrage wird drittens auch wesentlich durch das Einkommen anderer bestimmt. Einkommen und Besitz haben kumulative Effekte: Wer mehr hat, hat auch größere Chancen, mehr und bessere Resultate zu erzielen, und kann – was hier wesentlich ist – die Nachfrage stark bestimmen. Insofern wäre es zirkulär, ein moralisches Verdienstkriterium für die Höhe von Einkommen selbst wieder durch das Kaufverhalten anderer Marktteilnehmer, das selbst u.a. von der Kaufkraft ihres Einkommens stark abhängt, im Markt bestimmen zu lassen.

Diese Einwände zeigen, daß der ideale Markt mit seinem Mechanismus von Angebot und Nachfrage kein präinstitutionelles moralisches Kriterium für Verdienst abzugeben vermag. Diese Punkte verdienen auch deshalb betont zu werden, weil in unserer Gesellschaft oft Ergebnisse des freien Marktes, die sich aus den Mechanismen von Angebot und Nachfrage ergeben, mit moralischem Verdienst verwechselt werden.[58] Solange aber nicht gezeigt werden kann, daß der freie Markt das gerechteste oder effizienteste Verfahren der Allokation von ökonomischen Gütern und Lasten ist, kann für seine Ergebnisse kein *moralisches* Verdienst in Anspruch genommen werden. Leistungskriterien oder Leistungsgerechtigkeit, wie dies oft genannt wird, können im Spannungsverhältnis zu dem marktwirtschaftlichen Prinzip von Angebot und Nachfrage stehen. Voll kongruent mit dem Prinzip der Marktwirtschaft ist nur ein vom unabhängig gerechtfertigten Markt abgeleitetes, nicht-moralisches Kriterium, das Leistung als tatsächlichen Erfolg am freien Markt versteht. Die gewöhnlich vorgebrachten Leistungskriterien sind moralische Kriterien neben dem Prinzip der freien Marktwirtschaft und können mit diesem in Konflikt geraten.[59]

Die *zweite* Schwierigkeit besteht darin, daß sich die individuellen Beiträge zu kooperativer Arbeit nicht eindeutig identifizieren und quantitativ bestimmen lassen. Die Schwierigkeit ist nicht nur eine technische der Messung, sondern stellt die Idee eines individuellen Beitrags selbst in Zweifel. Das Problem wird durch folgendes Beispiel gut verdeutlicht.[60] Zwei Männer A und B schleppen Säcke von einem Laster in ein Lagerhaus. Für jeden Sack erhalten sie 1 €. A würde allein 6 Säcke in einer Stunde transportieren und damit 6 € verdienen. B kann in derselben Zeit 8 Säcke schleppen und würde 8 € erhalten. Zusammen ergeben ihre Einzelleistungen also 14 Säcke. Durch eine Zusammenarbeit sind sie in der Lage, 21 Säcke zu transportieren. Die Frage ist nun, wie diese 21 €, die sie zusammen für ihre Leistung erhalten, unter ihnen verteilt werden müssen, so daß

58 Pyschologisch betrachtet neigen Akteure in der Marktwirtschaft dazu, die Kriterien der Anstrengung und des Beitrags zu kombinieren, indem sie fälschlicherweise unterstellen, sowohl daß alle Ergebnisse immer belohnt werden, als auch daß Anstrengungen immer zu gewünschten Ergebnissen führen. Fälschlicherweise neigen sie dazu, den Faktor Glück zu übersehen, zu vernachlässigen oder als im Prinzip gleich verteilt anzusehen.

59 Deshalb ist es typisch, daß Manager u. a. Spitzenverdiener zwar einerseits stets in öffentlichen Diskussionen die Marktwirtschaft vertreten und verteidigen, aber andererseits darunter nie nur den freien Markt mit dem ›Gesetz‹ von Angebot und Nachfrage verstehen. Alle diese Verteidiger des freien Marktes als bestes Wirtschaftssystem rechtfertigen ihr eigenes Einkommen nämlich nicht durch Angebot und Nachfrage, weil ihnen das selbst zu willkürlich vorkommt, sondern durch ihre vermeintliche höhere Leistung.

60 Das Beispiel übernehme ich von D. Miller, *Social Justice*, S. 107 f., mit den geringfügigen Vereinfachungen von W. Hinsch, *Gerechtfertigte Ungleichheiten*, Kap. 8.

jeder gemäß seinem individuellen Beitrag entlohnt wird. Das vorgeschlagene Verdienstkriterium gibt keinen Anhaltspunkt, welche der folgenden drei Möglichkeiten der Aufteilung zu wählen ist. Die Möglichkeiten unterscheiden sich danach, wie sie die individuellen Leistungen identifizieren, aber sind alle mit der Vorstellung kompatibel, daß jeder nach seinem persönlichen produktiven Beitrag entlohnt werden soll.

(1) Die Summe von 21 € wird halbiert, und jeder bekommt 10,50 €. Für diese Verteilung spricht, daß sie beide fair kooperiert haben.

(2) Jeder erhält zunächst den Beitrag, den er ohne den anderen verdient hätte, den Rest halbieren sie. A erhält dann 9,50 € und B 11,50 €. Für diese Verteilung spricht, daß man die durch die Kooperation hinzugewonnene Differenz zu der Summe der Einzelergebnisse als zu verteilendes Kooperationsergebnis ansehen kann. Dabei wird allerdings unterstellt daß beide einen gleich großen Anteil an der Differenzsumme haben.

(3) Die 21 € werden im Verhältnis der von ihnen einzeln erbrachten Leistungen aufgeteilt. Dann erhielte A 9 € und B 12 €. Dafür spricht, daß die unterschiedlichen Einzelleistungen ein Indiz ihrer unterschiedlichen Leistungsfähigkeit sind.

Jede der drei Alternativen identifiziert Leistung unterschiedlich und kommt so auch zu einer anderen quantitativen Bestimmung der Leistung. Für eine begründete Entscheidung zwischen diesen Kriterien fehlen allerdings das Wissen und die Gründe. Gegen die zweite Interpretation spricht, daß man die ursprüngliche Leistungsfähigkeit einzeln arbeitender Individuen oft nicht kennt. Gegen die dritte Interpretation spricht, daß die Annahme, daß man zusammen so gut arbeitet wie einzeln, eine unzulässige Generalisierung ist. Manche arbeiten im Team besser, andere schlechter. Wie soll man herausfinden, für wen was gilt? So scheint nur die erste Interpretation übrig zu bleiben. Damit ist aber der Vorschlag eines Verdienstkriteriums, das gerade größere als gleiche Einkommen aufgrund von produktiven Leistungen erweisen wollte, gescheitert.

Die *dritte* Schwierigkeit besteht darin, daß die tatsächlich erbrachten produktiven Leistungen sich nicht eindeutig persönlichen Entscheidungen zuordnen lassen und damit gegen das Verantwortungsprinzip verstoßen. Das Beitragskriterium belohnt Anstrengung und Investitionen nur, insofern sie gewünschte Resultate hervorbringen. Aus purem Glück erreichte Beiträge werden nach dieser

Norm ebenso belohnt. Darin liegt die Crux: Das Kriterium des Beitrags belohnt all jene Folgen unterschiedlicher Eigenschaften von Menschen (wie Intellekt, Willenskraft, Motivation, Energie, Mut, Ehrgeiz, die Fähigkeit, etwas zu initiieren, zu schaffen und zu tun) genauso wie die ungleiche Begünstigung durch bloßes Glück (etwa durch unvorhersehbare oder nicht-intendierte Folgen und unvorhersehbare Veränderungen der Rahmenbedingungen). Verteidiger dieser Regel sehen darin die Freiheit und die Persönlichkeitsmerkmale respektiert, Kritiker hingegen eine moralisch arbiträre Verteilung von natürlichen Ausstattungen und sozialen Umständen, die in der Folge, falls sie nicht ausgeglichen werden, zu ungerechtfertigten weiteren Verteilungen von Gütern und Lasten führen. Eine produktive Leistung kann nur dann als geeignetes Kriterium für Verdienst gelten, wenn wir sicher sein können, daß Faktoren, für die die Person keine Verantwortung trägt, nicht wesentlich an dem Beitrag beteiligt sind. Da die Beiträge aber einerseits auch wesentlich durch die natürliche Ausstattung bestimmt werden und andererseits deren Wert wesentlich durch die gesellschaftliche Nachfrage und das übrige Angebot bestimmt ist, hängt der Beitrag wesentlich von Faktoren außerhalb der Verantwortung der betreffenden Person ab, der er als Verdienst doch zugerechnet werden soll. Deshalb rechtfertigen produktive Leistungen noch keine größere als gleiche Güterzuteilung.

Diese wäre nur dann moralisch gerechtfertigt, wenn *erstens* alle die gleichen persönlichen Fähigkeiten und *zweitens* alle die gleichen Möglichkeiten zum Einsatz ihrer Fähigkeiten im gesellschaftlichen Produktionsprozeß hätten. Sonst würde die moralisch zufällige bessere Ausstattung mit Talenten die ungleiche Ressourcenzuteilung begründen. Das aber ist aus den genannten Gerechtigkeitserwägungen auszuschließen. Nur unter hypothetischen Bedingungen gleicher natürlicher Ausstattung und gleicher sozialer Umgebung ließe sich das meritokratische Ideal der eigenverantwortlichen Folgenübernahme anwenden. Die Größe der produktiven Beiträge der Gesellschaftsmitglieder hinge dann ausschließlich von ihrer eigenverantwortlichen Entscheidung ab und begründete so einen Anspruch auf genau denjenigen Anteil an den gemeinsam produzierten Gütern, der ihren produktiven Beiträgen entspräche.

Verdienst kann erst dann ein Verteilungskriterium sein, wenn man zuvor die Bedingungen zur Erlangung von Verdienst gleich verteilt hat, zumindest soweit das in den Kräften der Gesellschaft steht.

Den konkurrierenden Individuen müssen die gleichen Möglichkeiten zur Erlangung allen Verdienstes, dessen sie fähig sind, gewährleistet werden. Die Gesellschaft muß also die Mittel und Chancen für ein selbstbestimmtes Leben gleich verteilen, in dem die Individuen nach ihren Konzeptionen des Guten leben können, soweit das mit der gleichen Möglichkeit für alle vereinbar ist, und nach ihren selbstgewählten Vorstellungen ihre Fähigkeiten entwickeln können, um mit anderen darin zu konkurrieren. Nur dann darf diese Konkurrenz nach Fähigkeit oder Verdienst entschieden werden. Nicht Verdienst also ist die Verteilungsgrundlage, sondern die Präsumtion der Gleichheit und die Übernahme der eigenen Verantwortung bei echter Chancengleichheit.

Diese hypothetische Situation macht deutlich, daß moralische Zurechnung produktiver Leistungen und Entscheidungen als Verdienst keineswegs voraussetzt, daß eine Person durch ihre eigene Entscheidung alle Faktoren beeinflussen und kontrollieren können muß, die für die faktische Güterverteilung bestimmend sind. Das Verantwortungskriterium verlangt nicht eine Kontrolle über die gesamten notwendigen Kausalbedingungen einer Entscheidung bzw. Leistung. Verantwortlich reagieren müssen Individuen nur auf jene Faktoren können, die die distributiv relevanten Unterschiede zwischen den Beiträgen der Beteiligten bestimmen.[61]

Eigenverantwortung ist nur im Rahmen der einer jeden Person tatsächlich zur Verfügung stehenden natürlichen und sozialen Möglichkeiten zuschreibbar. Die Abhängigkeit von der natürlichen Ausstattung kann man zu neutralisieren suchen, indem man nicht die tatsächliche effektive Leistung, sondern nur die produktive Leistung bemißt, die die betreffende Person im Rahmen ihrer natürlichen Ausstattung selbst zu verantworten hat. Der Lohn für einen Beitrag hängt dann von dem Durchschnitt der Leistungen ab, die diejenigen Personen, die ungefähr die gleichen Fähigkeiten haben, normalerweise in einer bestimmten Zeitspanne erbringen können.[62] Wer beansprucht, aufgrund persönlicher Leistungen eine größere Entlohnung als andere zu verdienen, muß zeigen können, daß diese zu einer vergleichbaren Leistung in der Lage gewesen wären, aber diese eigenverantwortlich nicht genutzt haben. Verdienst könnte nur

61 Vgl. G. Sher, *Desert*, S. 25f., und A. Zaitchik, »On Deserving to Deserve«, bes. S. 373.

62 Dies entspricht ungefähr dem Stundenlohntarif mit Akkordzulage.

unter diesen Bedingungen eine ungleiche Einkommensverteilung rechtfertigen. Das Verdienstkriterium fällt in dieser Interpretation mit dem Verantwortungsprinzip zusammen.

Gleichwohl bleibt das Problem, daß die Individuen aufgrund externer Faktoren ungleiche Möglichkeiten haben, produktiv zu sein. Deshalb ist ein negativer Ausgleich von natürlichen Begünstigungen und ein positiver Ausgleich von Benachteiligungen gerechtigkeitstheoretisch angezeigt.

### *1.4. Begünstigungen*

Aus Gerechtigkeitsgründen sind wir verpflichtet, in nun näher zu bestimmender Weise Vorteile auszugleichen, so daß die zulässige Einkommensverteilung nicht abhängig von der natürlichen Ausstattung und dem sozialen Umfeld ist, sondern nur von den individuellen Entscheidungen und Eigenaktivitäten erzeugt wird.

Der Ausgleich sozialer Einflüsse läßt sich in einer idealen Gerechtigkeitstheorie leichter konzipieren als der von natürlichen Vorteilen. Soziale Vorteile treten in einer gerechten Gesellschaft nur bedingt auf. Durch die ursprüngliche Gleichverteilung von Ressourcen gibt es kein ungleiches Startkapital oder ungleiche ökonomische Bedingungen. Realistisch gesehen können sich Ungleichheiten allerdings insofern ergeben, wie sich der Einfluß gerechtfertigterweise ungleicher Einkommen und Vermögen in der Sozialisation von Kindern (etwa durch Elternhaus, Klasse oder Schicht) und in der freiwilligen Teilhabe am Vermögen anderer (wie in Lebensgemeinschaften) nur um den Preis der Einschränkung von Freiheitsrechten ganz vermeiden ließe. Diese zu ungleichen Startchancen und Hintergrundbedingungen führenden Einflüsse sind durch öffentlich geförderte Maßnahmen für Kinder aus einkommensschwachen Familien, finanziert durch steuerliche Umverteilung, so gut es geht auszugleichen.

Da aber Talente und Begabungen unterschiedlich sind, die Individuen nicht nur Unterschiedliches können, sondern dies auch unterschiedlich gut können, sind sozio-ökonomische Ungleichheiten, die von solchen natürlichen Begünstigungen generiert werden, unvermeidlich – außer sie werden durch Gegenmaßnahmen unterbunden. Das Prinzip der egalitären Verantwortung verlangt daher die Kompensation von Vor- und Nachteilen, die als Folge natürlicher Ungleichheiten auftreten. Gefordert wird damit eine (Um-) Verteilung positiver oder negativer ökonomischer Güter, jedoch nicht der natürlichen Ausstattung selbst. Kurz: Eine allein verantwortungsabhängige Ressourcenverteilung fordert eine Neutralisierung der Natur.

Im Prinzip befinden sich natürliche Ausstattungen im Bereich der Gerechtigkeit und sind damit ausgleichspflichtig.[63] Man kann das Unternehmen der Moral überhaupt als Ausgleich der natürlichen Ungleichheiten von Vorteilen und Nachteilen betrachten.[64] Moral hat das Ziel und die Wirkung, zwischen den Individuen eine moralische und in dieser Hinsicht künstliche Gleichheit herzustellen, um die Ungleichheiten der Natur auszugleichen. Denn wenn eine moralische Regel verbietet, zu stehlen oder Gewalt anzuwenden, selbst wenn es die bessere Ausstattung mit Kraft, Geschicklichkeit und List einem erlauben würde, so zu verfahren, ohne dabei Nachteile zu erleiden, dann gleicht diese moralische Regel den Stärkeren dem Schwächeren an. Hier hat Nietzsche in gewisser Weise Recht: Moral ist für die Schwachen. Die Starken werden den Schwachen angeglichen. Das bedeutet echtes Herunternivellieren – und wir alle finden es moralisch vollkommen richtig. Die Starken, die moralische Regeln mißachten und sich auf die Vorteile ihrer Ausstattung berufen, um sich Vorteile zum Nachteil anderer zu verschaffen, sehen wir als Verletzer der moralischen Ordnung an, als Menschen, die das Gleichgewicht zwischen den Individuen zerstören, das wir selbst durch die Konstruktion der Moral hergestellt haben. Gerechtigkeit verlangt in solchen Fällen, daß wir das zerstörte Gleichgewicht so schnell und effektiv wie möglich wiederherstellen. Natürliche Ausstattung soll also moralisch nicht zählen, mit Bezug auf eine bestimmte natürliche Ausstattung können Normen also nicht moralisch gerechtfertigt werden.

Führt das Argument nicht zu der absurden Konsequenz, daß man Menschen ihre ›unverdienten‹ natürlichen Vorteile nehmen muß, also beispielsweise jemandes Schönheit, sofern sie nicht selbst hervorgebracht wurde, zerstören muß, solange man nicht in der Lage

63 Vgl. kritisch dazu z. B. T. Nagel, »Justice and Nature«, der seine früheren egalitaristischen Ansichten aus *Eine Abhandlung über Gleichheit und Parteilichkeit* diesbezüglich in Zweifel zieht.

64 Vgl. H. L. A. Hart, *The Concept of Law*, S. 165.

ist, alle anderen gleich schön zu machen?[65] Diese Konsequenz kann vermieden werden. Nur diejenigen ökonomischen Ungleichheiten, die sich aus Ungleichheiten der natürlichen Talente ergeben, müssen ausgeglichen werden, da sie zu der nicht zu verantwortenden Ausstattung zählen, nicht aber die Talente selbst.[66] *Ausgeglichen gehören nur die Folgen der unverdienten Vorteile an natürlichen Eigenschaften, nicht die Vorteile selbst.* Aus folgendem Grund:

Talente sind nicht-zurechenbare natürliche Umstände besonderer Art. Talente sind nicht als Ressourcen der Person anzusehen, sondern als ein wesentlicher Teil dessen, was sie als Subjekt ausmacht. Wesentliche Teile der Person sind keine Güter, die der betreffenden Person äußerlich sind, selbst wenn sie abtrennbar sein sollten, sondern gehören zur Person.[67] Ihre persönliche Integrität würde verletzt, wenn wir Personen ihre spezifischen Talente nehmen und diese umverteilen würden. Sie sind ein besonders schützenswertes Gut, weil sie gleichsam die Hülle, das Gefäß für unsere Selbstbestimmungsfähigkeit sind. Ohne Körper gibt es (bisher) keine autonome Selbstbestimmung. Die wesentlichen Teile des Körpers sind die Bedingung der Möglichkeit von autonomer Selbstbestimmung. Mit den Möglichkeiten der Gentechnik mag sich das Bild verändern, weil die Menschheit damit eine Technik zur Verfügung bekommt, die genetische Ungleichheiten schon vor der Geburt auszugleichen vermag. Die Gerechtigkeit wird dazu getrieben, die Natur mit zunehmenden technischen Möglichkeiten immer weiter zu kolonisieren. Genetische Intervention – sofern das einmal möglich sein wird – scheint besonders dann aus Gerechtigkeitsgründen angezeigt, wenn dadurch gravierende Ungleichheiten in der natürlichen Ausstattung verhindert werden können, die es den späteren Menschen unmöglich machen würden, ein minimal anständiges Leben zu führen.[68] Wenn wir aber damit beginnen, die Menschen auch aus Gerechtigkeitsmotiven heraus in so fundamentaler Weise zu verändern, daß sich *andere* Menschen daraus ergeben werden, wird kon-

65 Drastische literarische Beispiele liefern K. Vonnegut in »Harrison Bergeron« und L. Hartley in *Facial Justice*.

66 Die konkurrierende egalitärere Auffassung vertritt u. a. J. Roemer. Er möchte Talente mit allen anderen Ressourcen zusammenlegen und verteilen. Vgl. J. Roemer, »Equality of Talent«, und ders., »Equality of Resources Implies Equality of Welfare«.

67 Vgl. S. 236.

68 Vgl. A. Buchanan, »Equal Opportunity and Genetic Intervention«.

zeptionell unklar, was wir dann im Namen der Gerechtigkeit befördern. In dem Maße, in dem uns die Person/Sache-Unterscheidung unter den Pipetten der Gentechniker zerrinnt, wird fraglich, wem die Gerechtigkeit noch dient, denn die zukünftige Person, deren Wohl sie dienen soll, verschwindet selbst unter dem Eingriff, und statt dessen entsteht eine andere Person. Solange diese Fragen, die die Grundlage unseres Verständnisses personaler Identität und unserer Moral erschüttern, nicht hinreichend geklärt sind, sollte man die Gentechnik – soweit überhaupt möglich – nur dazu nutzen, bestimmte vorhersehbare Schäden zu verhindern oder zu reparieren, aber nicht für vermeintliche ›Verbesserungen‹ darüber hinaus.[69] Welches solche basalen Schäden sind, muß anhand einer Grundpalette zentraler menschlicher Funktionsweisen und Fähigkeiten bestimmt werden.[70] Dafür spricht moralisch auch das Faktum des Wertepluralismus: Menschen haben unterschiedliche Auffassungen darüber, was ein gutes Leben ausmacht und was die dafür hilfreichen Ausstattungen sind. Wenn wir – wie der Liberalismus das vorsieht – diese unterschiedlichen Konzeptionen des Guten unserer Mitbürgerinnen und Mitbürger respektieren, dann dürfen wir zukünftige Menschen nicht so planen, daß wir über die Möglichkeit unterschiedlicher Wertmaßstäbe, was ›gute‹ Menschen ausmacht, hinweggehen. Wir können deshalb nur auf eine Menge basaler menschlicher Fähigkeiten zurückgreifen, die für alle möglichen Lebenspläne als Voraussetzungen fungieren. Nur solche Fähigkeiten dürfen bis zu einem bestimmten Schwellenwert gentechnisch aus- bzw. angeglichen werden. Deshalb ist also eine radikalere Konzeption von Chancengleichheit nicht nur aus technischen, sondern auch aus moralischen Gründen nicht anwendbar. Talente sollten nicht als zu verteilende Ressourcen begriffen werden, auf die ihre ›ursprünglichen‹ Besitzer keine moralischen Anrechte haben, wie bei Vorteilen der Herkunft oder des Wohlstands. Alles was moralisch vertretbar

69 Vgl. A. Buchanan et al., *From Chance to Choice: Genetics and Justice.*

70 Hierin besteht einer der großen Vorzüge des von Martha Nussbaum weiterentwikkelten *capability approach*, den sie von Amartya Sen übernommen hat. Vgl. M. Nussbaum, »Menschliches Tun und soziale Gerechtigkeit. Zur Verteidigung des aristotelischen Essentialismus«; dies., *Women and Human Development: The Capabilities Approach*; M. Nussbaum, A. Sen (Hg.), *The Quality of Life*; A. Sen, *Inequality Reexamined*; A. Buchanan und seine Co-Autoren bestimmen in *From Chance to Choice* mit diesem Ansatz die gentechnisch auszugleichenden Schäden.

scheint, ist, eine schwächere Chancengleichheit herzustellen, die die sozialen und materialen Konsequenzen unterschiedlicher Talente fair ausgleicht. Dies verlangt unter Bedingungen einer Marktökonomie, in der Talente höheres Einkommen und Besitz generieren, eine Umverteilung von Einkommen und Besitz von den Begabteren zu den weniger Begabten. Die Talente selbst bleiben Teil der Personen und werden nicht wie äußere Ressourcen ausgeglichen.

Talente gehören zur Person – das bedeutet allerdings nicht, daß man einen Mangel an Talenten mit unverschuldet teuren Vorlieben analog setzen kann und sie deshalb gar nicht zu kompensieren braucht. Talente gehören in der Regel zum Hintergrund, vor dem persönliche Entscheidungen gefällt werden. Man setzt sich Ziele im Wissen um seine – vermuteten – Talente, und man verfolgt seine Ziele im Lichte seiner vermuteten Talente. Natürliche Talente kann man kaum verändern; deshalb ist man für sie nicht verantwortlich. Verantwortlich ist man jedoch dafür, daß das eigene Leben im Rahmen der einem gegebenen natürlichen Möglichkeiten einschließlich seiner Talente nach den eigenen, den Umständen angepaßten Vorstellungen gut läuft. Auch für seine teilweise beherrschbaren Charaktermerkmale zeichnet man verantwortlich. Man mag es ehrlich bedauern, daß man nicht gut aussieht, kein zweiter Einstein, keine Sportskanone, kein Actionhero und kein charming boy ist. Deshalb sollte man seine Lebensziele lieber woanders suchen, wenn man glücklich werden will. Vor allem aber hat man kein Recht, wegen seiner natürlichen Benachteiligungen Anstrengungen und Anpassungen zu unterlassen und nur Kompensationen einzuklagen. Man muß aus seinem Leben selber etwas für sich machen; die einem zustehenden Kompensationen können dabei nur eine Hilfe sein.

Die Freiheit und die Verpflichtung, das eigene Leben im Rahmen der natürlichen, mitgegebenen Möglichkeiten selbst zu gestalten, haben den wesentlichen Effekt, daß sich unterschiedliche Wertperspektiven herauskristallisieren, so daß der Besitz oder der Mangel bestimmter Anlagen, wie Schönheit, gesellschaftlich nicht eindeutig als Plus oder Minus gelten muß. Je vielfältiger die Lebensentwürfe, desto weniger zentral werden bestimmte Talente in einer Gesellschaft. Denn Ungleichheiten der Talente sind kein reines Phänomen der Natur, sondern ein Phänomen der Natur, das durch die menschliche Kultur vermittelt und verdinglicht wird. Die Natur schafft die unterschiedlichsten Fähigkeiten, die menschliche Kultur wählt einige davon heraus und behauptet von ihnen, sie seien relevant und wichtig. So ist etwa Intelligenz ein menschliches Konstrukt. Ungleichheit der Talente ist kein Faktum der Natur. Natürlich haben einige Menschen mehr Talent als andere. Aber Talente werden erst unterschiedlich wertgeschätzt, nachdem die Kultur Standards gesetzt hat, die mit der Natur zusammenspielen, um solche Unterschiede zu kreieren.[71] Als Beispiel mag hier dienen, daß alle Kinder früher in der Schule auf die gleiche Weise rechtshändig schreiben mußten oder durch mündlichen Frontalunterricht zu lernen hatten. Wer dem nicht so gut wie andere folgen konnte, galt als untalentiert. Nachdem es inzwischen den Schülern und Schülerinnen erlaubt ist, linkshändig zu schreiben, und ein spezielles Training für Linkshänder und eher visuell Lernende angeboten wird, ergeben sich ganz andere Ergebnisse und damit auch andere Wertungen der Talente.

Talente stellen das natürliche Rohmaterial dar. Sie kann man auch entwickeln, trainieren und pflegen oder aber schlummern oder verkümmern lassen. Diese Anstrengungen wiederum wirken auf Talente zurück und verwandeln diese in Fähigkeiten, die sich zum Teil den Bemühungen der Person verdanken. Dabei vermischen sich natürliche Anlagen und persönliche Anstrengungen und Ambitionen zu einem Konglomerat, das die realen Fähigkeiten einer Person ausmacht. Die Fähigkeit und Motivation, Anstrengungen zu unternehmen und gegen innere und äußere Widerstände durchzuhalten, sind selbst zum Teil wiederum das Produkt natürlicher Anlagen. Entwickelte Fähigkeiten sind darum eine komplexe Mischung aus natürlichen Anlagen und persönlichen Anstrengungen. Es ist deshalb ausgeschlossen, genau anzugeben, welcher Anteil einer Befähigung der Natur und welcher Anstrengungen geschuldet ist.

Wie ist es dann möglich, ökonomische Ungleichheiten, die sich aus unterschiedlichen Talenten ergeben, zu eliminieren, während solche, die sich aus verantwortbaren Entscheidungen ergeben, bestehen bleiben sollen? Die sozio-ökonomischen Folgen der eigenen Entscheidungen, sie mögen angenehm oder unangenehm sein, ›gehören‹ dem handelnden Subjekt – dies besagt das Verantwortungsprinzip. Deshalb müßten die positiven Früchte der eigenen Entscheidungen und des eigenen Ehrgeizes auch der betreffenden Person gehören. Davon muß aber noch der nicht selbstverantwor-

71 Vgl. D. Rae et al., *Equalities*, S. 70; R. Dahrendorf, *Über den Ursprung der Ungleichheit unter den Menschen*.

tete Einfluß der natürlichen Fähigkeiten subtrahiert werden. Der besondere und komplexe Charakter von natürlichen Befähigungen bringt ja das gerechtigkeitstheoretische Problem der unterschiedlichen natürlichen Ausstattung, die keine sozio-ökonomische Ungleichheit begründen darf, nicht zum Verschwinden. Jeder Lohn für die Bemühungen eines Menschen wird auch unweigerlich einen Anteil für den nicht zurechenbaren Umstand der Talentiertheit enthalten. Zieht man jedoch kontingente Einflüsse ganz ab, so scheint nichts davon Unberührtes übrigzubleiben.

Die radikale Variante, die Talente als Ressourcen im Pool der Güter mit versteigern zu müssen meint, haben wir als verfehlte Auffassung über das, was Fähigkeiten darstellen, zurückgewiesen.[72] Scheitern muß auch eine differenzierte Bestimmung der Talentanteile am Lebens- und Berufserfolg. Wir können die einzelnen Bestandteile von Talent und Ehrgeiz nicht zu jedem Zeitpunkt ihres sich wechselseitig beeinflussenden Entwicklungsprozesses analytisch fein säuberlich trennen und so die beiden Ursachen, die gerechtigkeitstheoretisch anders zu bewerten sind, in der Einschätzung des Erfolgs oder Mißerfolgs in relevanter Weise auseinanderhalten. Man könnte an eine einheitliche Fähigkeitssteuer denken, bei der jene, die aufgrund ihrer größeren Fähigkeiten höhere Einkünfte im Markt erzielen, eine bestimmte feste Summe an jene, die wenig verdienen, umverteilen. Das aber würde zu einer Versklavung der Talentierten führen.[73] Das Problem dabei ist nicht, daß Talentierte überhaupt zahlen müssen, sondern daß sie zahlen müssen, egal ob sie ihre Talente am Markt nutzen (wollen) oder nicht. Wer eine hervorragende Gehirnchirurgin werden könnte, müßte die Fähigkeitssteuer dafür zahlen, auch wenn sie lieber als wenig erfolgreiche Poetin in der Toskana leben würde. Letzteres könnte sie sich aber wegen der hohen Fähigkeitssteuer gar nicht leisten. Ihre Freiheiten, insbesondere die der Berufswahl, wären übergebührlich eingeschränkt.

72 Einer egalisierenden Kompensation von Talenten fehlt es an einem unparteilichen Beurteilungsmaßstab für die Talente, da deren Wert von dem gewählten Lebensplan abhängt. Man müßte hier also auch zum Kunstgriff der Auktion schreiten.

73 Vgl. R. Dworkin, »What is Equality? Part 2: Equality of Resources«, S. 312; R. Arneson, »Gleichheit und gleiche Chancen zur Erlangung von Wohlergehen«, S. 331f. Dasselbe Problem stellt sich übrigens auch bei einem Gemeinbesitz der Talente.

Deshalb könnte man eher auf eine gewöhnliche progressive Einkommenssteuer zurückgreifen, nach der die Besserverdienenden einen je nach Höhe des Einkommens höheren Steuersatz zahlen müssen, der den Schlechterverdienenden zukommt. Wollte man den Talentfaktor ganz zu neutralisieren suchen, wäre man zu einer Differenzierung gezwungen, die schon theoretisch schwierig (wenn nicht unmöglich), praktisch jedoch auf keinen Fall durchführbar ist. Gleichzeitig scheitert ein solcher Differenzierungsversuch an moralischen Problemen bei der Umsetzung. Eine völlig befriedigende Lösung dieses Dilemmas ist nicht in Sicht. Soweit wir imstande sind, die Verteilung der Einkommen von der Verteilung der Begabung zu entkoppeln, sollten wir eine solche Trennung prima facie auch vornehmen. Insoweit wir zu dieser Trennung aus den genannten Gründen nicht in der Lage sind, empfiehlt sich nach einer Daumen-Regel heuristisch zu verfahren. Eine dieser Daumen-Regeln mit Bezug auf Einkommen ist die Vermutung, daß der Anteil an nicht der jeweiligen Person selbst zuschreibbaren Faktoren desto größer ausfällt, je höher das Einkommen ist. Meines Erachtens sind Umverteilungen mittels progressiver Besteuerung hier das geeignete und gerechteste Mittel.[74] Man verzichtet auf eine detaillierte Differenzierung nach ›verdienten‹ und ›unverdienten‹ Einkommensanteilen und unterstellt, daß der Anteil des durch eigene Leistung verdienten Einkommens desto geringer ausfällt, je höher das Einkommen ist. So besteuert man Besserverdienende mit progressiv steigenden Steuersätzen. Dies ist eine Begründung für ein progressives Besteuerungssystem. Die Höhe und Progression der Steuer hängt zum einen von den anderen Gerechtigkeitskriterien ab, die damit erfüllt werden müssen, und von dem Begrenzungsprinzip sozio-ökonomischer Ungleichheit, sowie zum anderen – soweit die Kriterien der Gerechtigkeit ausreichend erfüllt sind – von pragmati-

74 R. Dworkin schlägt in »What is Equality? Part 2: Equality of Resources« (S. 315 ff.) ein Versicherungsmodell vor, in dem sich die Menschen hinter einem partiellen Schleier des Nichtwissens gegen ungleiche Talentausstattungen versichern können. Als Weg der institutionalisierten Umsetzung des hypothetischen Versicherungssystems schlägt Dworkin auch ein progressives Steuermodell vor (S. 326). Das Versicherungssystem soll eine Idee über die Höhe der Versicherung geben, an der sich der Steuersatz orientieren soll. Wie die privatwirtschaftlich angebotenen unterschiedlichen Prämienhöhen in einem zentralstaatlichen Steuersystem kopiert werden könnten, bleibt allerdings unklar. So ist der Vorteil eines komplizierten Umwegs über ein Versicherungssystem hier nicht ganz ersichtlich.

schen Gesichtspunkten. Im Vergleich zu einer feinkörnigen Suche nach individualisierenden Differenzen zwischen verantwortbaren und nicht zuschreibbaren Teilen der persönlichen Bemühungen mag eine weitgehende Generalisierung unserer politischen Urteile über die Lebensumstände von Personen und das Verhältnis von Natur und persönlichen Faktoren das kleinere Übel sein, selbst wenn in der Folge einige unverschuldete Nachteile den einzelnen und nicht ihren Umständen zugeschrieben werden. Zugleich werden dabei die verbleibenden ungleichen Einflüsse des sozialen Umfelds mit ausgeglichen. Auf diese Weise berücksichtigt man auch, daß politische Macht kein neutrales Medium ist und daher der Begrenzung ihrer Zuständigkeit auf verallgemeinerte Tatbestände bedarf.[75]

## *1.5. Benachteiligungen*

Unter realen Bedingungen wird ein freier Markt nicht neidfrei funktionieren und ungerechte Resultate erzeugen. Denn wenn Personen mit unterschiedlicher natürlicher Ausstattung, insbesondere mit natürlichen Benachteiligungen wie Behinderungen und Krankheiten, sowie Menschen in Notlagen daran teilnehmen, werden ihnen diese unverantworteten Handicaps zum Nachteil gereichen.[76] Diese Nachteile, die zu ungleichen Chancen auf ein autonomes, selbstverantwortetes und gelingendes Leben führen, sind von einem moralischen Standpunkt aus betrachtet arbiträr und bedürfen deshalb des Ausgleichs. Der Ausgleich unverantworteter Nachteile bildet den moralisch basalsten Grund für eine Ungleichverteilung von Ressourcen und wird weithin anerkannt. Obgleich der prinzipielle Anspruch Bedürftiger auf Ausgleich unverantworteter Nachteile im

75 Vgl. B. Ladwig, »Gerechtigkeit und Gleichheit«, S. 600, und W. Kersting, *Recht, Gerechtigkeit und demokratische Tugend*, S. 238.

76 Rawls meint, man solle, um eine ideale Theorie der Gerechtigkeit konstruieren zu können, zunächst das Problem, wie für die besonderen Bedürfnisse von Kranken und Behinderten zu sorgen ist, ausklammern. Vgl. *Politischer Liberalismus*, S. 86f., und »Social Unity and Primary Goods«, S. 168. Gegen diese Sichtweise spricht das Verantwortungsprinzip. Danach hat das Gerechtigkeitsproblem des Ausgleichs von unverschuldeten Nachteilen, insbesondere die Rechtfertigung von Unterstützungen für unverschuldet Hilfsbedürftige, Vorrang. Das Problem der Verteilung von Gütern unter unterschiedlich produzierenden Nicht-Hilfebedürftigen kann erst an zweiter Stelle kommen.

Bereich der Verteilung intuitiv am einleuchtendsten, am unumstrittendsten und am grundlegendsten ist, so lassen sich doch wegen der notwendigen Anerkennung des Faktums pluraler Konzeptionen des Guten Art und Umfang solcher Ansprüche abstrakt philosophisch kaum bestimmen. Konkrete Festlegungen müssen daher wegen der nur bedingten Übereinstimmung über anerkannte Ziele weitgehend den demokratischen Entscheidungsverfahren der jeweiligen Gesellschaft überlassen werden. Nur die moralisch relevanten Gesichtspunkte lassen sich philosophisch hinreichend klar angeben.

(a) Unter einer Benachteiligung soll eine relative Schlechterstellung verstanden werden, die, aus der unparteilichen Perspektive aller, Ansprüche auf soziale Unterstützung durch andere rechtfertigt. Eine solche Schlechterstellung muß eine Notlage darstellen, in die die betreffenden Personen in der Regel ohne eigene Schuld geraten sind und aus denen sie sich nicht ohne besondere Opfer selbst befreien können. Naturkatastrophen, Hungersnöte und Kriege sowie Behinderungen, Krankheiten und Arbeitslosigkeit sind eindrückliche Beispiele solcher Benachteiligungen. In solchen Notlagen begründet der Gesichtspunkt der besonderen Bedürftigkeit den moralisch berechtigten Anspruch der Opfer auf unsere Hilfe in Not. Zur Hilfe in Not sind wir nach allgemein geteilter Auffassung verpflichtet,[77] sofern folgende Bedingungen erfüllt sind, derentwegen bei einer relativen Schlechterstellung ein solcher Ausgleich geltend gemacht werden kann.

(b) Die Opfer dürfen für ihre Notlage nicht direkt verantwortlich sein. Die Notlage muß die Folge eines unerwarteten oder gesellschaftlich akzeptierten Zufalls außerhalb der eigenen Verantwortung sein. Zumindest mindert eine eigene Verantwortlichkeit den berechtigten Anspruch gegen andere. Wer sein Geld zum Fenster herauswirft, kann trotz seiner dadurch eingetretenen Armut kaum ein Anrecht auf finanzielle Unterstützung durch andere plausibel machen. Wer krank wird, der hat hingegen Anspruch auf medizinische und gegebenenfalls materielle Hilfe. Trifft einen das Schicksal zwar in Folge eines selbstverantwortlich gewählten Risikos, aber unkalkuliert hart, so handelt es sich auch um eine Notlage, die die Mitglieder der Gesellschaft bereit sein könnten auszugleichen, wenn sie das eingegangene Risiko im Prinzip zu akzeptieren bereit sind

77 Hilfe in Not ist eine von allen Moraltheorien anerkannte moralische Pflicht.

oder gar gutheißen.[78] So werden Unfallverletzungen bei Risikosportarten, Querschnittlähmungen durch Motorradunfall, Armut in Folge der Pleite einer Börsenspekulation und ähnliches weithin als Notlage anerkannt, obwohl sie die Folge eines bewußt eingegangenen Risikos sind. Die Notlage, in die diese Personen gekommen sind, gilt dann als ›Strafe genug‹. Die Idee, daß man die Folgen seiner freien Entscheidung selbst tragen muß, gilt nur oberhalb eines sozialen Mindeststandards unbedingt gebotener Hilfeleistungen, der unabhängig von der Eigenverantwortung gewährleistet werden sollte. Menschen aufgrund ihrer eigenen selbst zu verantwortenden Fehler wegen Hunger oder Krankheit sterben zu lassen, wäre inhuman und ungerecht. Ungerecht, weil die ›Strafe‹ unverhältnismäßig wäre. Gleichwohl mag ihr Anspruch schwächer als der derjenigen sein, die unverschuldet in Not geraten sind. Die Gewährleistung eines sozialen Mindeststandards für alle in Situationen der Not und Benachteiligung ist eine Forderung der Gerechtigkeit, um alle (wieder) in die Lage zu versetzen, allgemein als notwendig oder wichtig anerkannte Funktionsweisen und Fähigkeiten in einem hinreichenden Maß realisieren zu können.

(c) Die vorhandenen eigenen Möglichkeiten, sich ohne fremde Hilfe aus der eigenen Not zu befreien, führen ebenso zu Reduktionen der berechtigten Ansprüche. Das Individuum hat die Pflicht und als autonomes Wesen normalerweise auch ein essentielles Interesse, sich selbst zu helfen. Hineinregieren in fremde Angelegenheiten ist eine Autonomie- und Freiheitsverletzung.[79] Das Subsidiaritätsprinzip postuliert für das Individuum das Motto: Im Zweifel für die individuelle Verantwortung und Freiheit. Freiheit und Verantwortung verhalten sich dabei zueinander wie die zwei Seiten einer Medaille. Dabei muß vermieden werden, daß eine Person zwar eine Notlage (wie Arbeitslosigkeit) selbst zu überwinden vermag, dafür aber wiederum so große Opfer in anderen Bereichen hinnehmen

78 E. Anderson kritisiert in »What is the Point of Equality?« (S. 295-299) das Prinzip liberal-egalitärer Verantwortung, weil es in der Konsequenz dazu führe, daß Menschen in selbstverschuldeten Notsituationen nicht geholfen werde. Der Einwand sticht jedoch nicht, weil das Prinzip in solchen Notlagen an seine Grenze stößt.

79 Das Subsidiaritätsprinzip spielt deshalb eine zentrale Rolle bei der Gefahrenabwehr gegen einen zentralistischen und deshalb gefährlichen sowie gegebenenfalls überforderten Staat. Vgl. die entsprechenden Ausführungen zum Subsidiaritätsprinzip in Kap. III.6.

muß (beispielsweise von ihrem gleichen Ressourcenbündel zehren muß), daß sie gegenüber anderen in der Wahrnehmung ihrer Chancen auf ein gelingendes Leben übergebührlich benachteiligt ist. Mehr oder weniger verantwortete Notlagen, die die Menschen nicht ohne fremde Hilfe und ungebührliche Opfer meistern können, begründen einen besonderen Ausgleich abhängig von der Notlage und den persönlichen Lebensumständen.

(d) Die Forderung zur Hilfe für alle in Not Geratenen richtet sich an alle und verlangt eine kollektiv-institutionelle Lösung. Denn zum einen sind einzelne nicht immer in der Lage, die nötige Hilfe in ausreichendem Maß allein zu leisten. Zum anderen ist es mit Blick auf die Gesamtgesellschaft ungerecht, einzelne oder Gruppen, die den sich in Not befindenden Opfern räumlich oder zeitlich nahestehen, mit der Aufgabe der Hilfeleistung allein zu lassen und ihnen so unverschuldet einen größeren als gleichen Anteil an den sozialen Lasten der Unterstützung aufzubürden.[80] Nicht nur alle Güter, sondern auch alle Lasten sind gerecht, das heißt präsumtiv gleich zu verteilen. Deshalb muß ein System sozialer Unterstützung für Notlagen und Benachteiligungen schon aus Gerechtigkeitsgründen kollektiv-gesellschaftlich organisiert und müssen dessen Lasten fair verteilt werden. Sofern Nothilfe (noch) nicht gesellschaftlich organisiert ist, gibt es eine Pflicht der ›Nächststehenden‹ zur Hilfe, zumindest solange die Hilfeleistung den einzelnen Hilfeleistenden nicht mehr moralisch relevante Opfer zumutet, als sie auch in einem fairen arbeitsteiligen Nothilfeprogramm zu übernehmen verpflichtet wären.

(e) Moralische Ansprüche auf Hilfe in Notlagen müssen allgemein betrachtet werden, da sie als universalistische Ansprüche nur relational zu den sonstigen gesellschaftlichen Verpflichtungen beurteilt werden können. Einen Hilfeanspruch in einer bestimmten Situation als berechtigt anzuerkennen, bedeutet, daß alle anderen Ansprüche von Personen in ähnlichen Situationen auch berechtigt sind. Deshalb kann man aus der Perspektive der Gerechtigkeit nicht nur auf Einzelfälle schauen, sondern muß die Berechtigung sowie die Bestimmung von Art und Umfang sozialer Unterstützungen allgemein klären, das heißt mit Blick auf die Ressourcen, die insgesamt für soziale Unterstützungen überhaupt und in vergleichbaren Fällen

80 Deshalb führt das in diesem Bereich oft in Anschlag gebrachte Subsidiaritätsprinzip zu sozial ungerechten Resultaten, wie ich bei meiner Behandlung des Subsidiaritätsprinzips auf S. 278f. schon kritisiert habe.

zur Verfügung stehen. Art und Umfang sozialer Unterstützung sind durch die Knappheit der Ressourcen begrenzt und deshalb ist die Berechtigung von Ansprüchen nur allgemein und relational zu beurteilen.[81] Einzelne Benachteiligte haben nur einen so großen Anspruch auf soziale Unterstützung, wie zur Verfügung stünde, wenn ebenso auch die aus Notlagen resultierenden Ansprüche aller anderen ihrem jeweiligen Gewicht entsprechend berücksichtigt würden.

Offensichtlich hängt das Maß der gerechterweise möglichen Bedürfnisbefriedigung nicht nur davon ab, wie groß oder dringend oder fundamental die Not der betroffenen Person ist, sondern auch davon, wie groß die zur Verfügung stehende Masse an Ressourcen ist und wie viele andere Personen berechtigte Ansprüche auf diese Ressourcen geltend machen können. Art und Umfang moralischer Ansprüche auf Unterstützung in anerkannten Notlagen muß notwendig ziemlich unbestimmt bleiben, weil der Umfang, in dem der Staat die garantierten Ansprüche erfüllen kann, von der Leistungskraft der jeweiligen Volkswirtschaft abhängt und deshalb nicht konkret festgeschrieben werden kann.[82]

(f) Es müssen auch genügend Ressourcen zur persönlichen Lebensführung aller Gesellschaftsmitglieder zur Verfügung stehen. Angesichts extremer Benachteiligungen könnte ein vollständiger Ausgleich dieser Notlagen die Gesellschaft aller ihrer Ressourcen entäußern. Möglicherweise müßte der gesamte natürliche und gesellschaftliche Reichtum aufgewendet werden, um die Situation aller Benachteiligten mehr schlecht als recht der der anderen anzugleichen. Alle Ressourcen in den Ausgleich von Benachteiligungen zu stecken, würde zu dem paradoxen Resultat führen, daß in der ursprünglichen Verteilung keine Ressourcen mehr zur Gleichverteilung anstünden, da sie alle schon aufgebraucht sind. Das aber ist moralisch problematisch, weil so den Personen, die sich glücklicherweise nicht in einer Notlage wiederfinden, gar keine Mittel zur

81 Vgl. die entsprechende Kritik an nichtrelationalen Gerechtigkeitstheorien auf S. 180ff.

82 Vgl. R. Alexy, *Theorie der Grundrechte*, S. 461, und die dort in Fn. 245 angeführte juristische Literatur. Deshalb lehnen viele Juristen und Verfassungstheoretiker soziale Rechte als nicht oder nur in sehr geringem Maße justiziabel ab. Statt dessen sei die Entscheidung über den Inhalt und Umfang sozialer Rechte Sache der Politik, d. h. der Mehrheitsentscheidung des demokratischen Souveräns.

Gestaltung ihres eigenen Lebens zur Verfügung stehen.[83] Für eine verantwortliche autonome Lebensführung bliebe kein materieller Spielraum. Das Ziel einer ausstattungs-insensitiven Verteilung ließe sich nur zu Lasten der ebenso wichtigen absichts-sensitiven Verteilung verwirklichen. Die Nichtbehinderten würden zu Arbeitern für Behinderte, da sie nur für das System sozialer Unterstützung arbeiten müßten, um im Extremfall doch nie ausreichende Mittel zur Kompensation aller Benachteiligungen zur Verfügung zu stellen. Bei der Bestimmung von Art und Umfang sozialer Unterstützung muß folglich abgewogen werden zwischen einerseits dem Interesse an einer größtmöglichen Unterstützung in Notlagen, das jeder hat, der realisiert, daß auch er oder sie potentiell in Notlagen geraten könnte, und andererseits dem Interesse, daß auch jeder unabhängig von Notlagen, in die er oder sie kommen könnte, das eigene Leben nach den eigenen Plänen so leben kann, daß es aus eigener Perspektive ein möglichst gelungenes Leben wird, wofür eher mehr denn weniger Ressourcen als Allzweckmittel die notwendige Voraussetzung sind. Personen können sich deshalb nicht allgemein und reziprok ein solch großes Maß an sozialer Unterstützung in Notlagen zusagen, da das für einen jeden zur Bürde und unverhältnismäßigen Einschränkung der eigenen Chancen auf ein gelingendes Leben würde. Hilfe in Not ist zumindest in dem Maße moralisch gefordert, in dem das moralisch relevante Opfer, das die Helfenden mit ihrer Unterstützung auf sich nehmen, nicht die Verbesserung der Lage der Notleidenden überwiegt.

(g) Man darf den Ausgleich von Benachteiligungen grundsätzlich nicht im Sinne einer materialen Kompensationslösung verstehen. Eine solche Kompensationslösung von natürlichen Benachteiligungen würde schon in der Situation der ursprünglichen Verteilung aus dem Pool der allgemeinen Ressourcen vor der Gleichverteilung der Ressourcenbündel den Benachteiligten so viele Ressourcen zur Verfügung stellen, wie diese zum behinderungsspezifischen Ausgleich benötigen. Kompensation in diesem Sinne stellt die ursprüngliche Gleichverteilung gar nicht in Frage, sondern ist nur der berechtigte Ausgleich eines Minus aufgrund von Benachteiligung. Freilich ist solch ein Kompensationsverständnis viel zu simpel. Wenn man eine Benachteiligung in Form einer Behinderung nicht wirklich ausglei-

83 Vgl. R. Dworkin, »What is Equality? Part 2: Equality of Resources«, S. 300; C. Fried, *Right and Wrong*, S. 120-28.

chen kann, weil man die Behinderung oder Krankheit nicht heilen kann, so kann man versuchen, sie zu kompensieren. So will man Behinderten durch Prothesen und Hilfsmittel so weit wie möglich das Leben eines nichtbehinderten Menschen ermöglichen. In einer Entscheidung für direkt sachbezogene Formen einer Kompensation statt allgemeiner Ressourcen liegt schon ein Keim der Mißachtung. Notwendig ist ein Extraanteil an allgemein dienlichen Ressourcen, der Hilfe zur autonomen Selbsthilfe gewährt. Es gibt auch Benachteiligungen, Funktionsdefizite und Krankheiten, die sich nicht mit technischen Mitteln kompensieren lassen. Also bleibt keine andere Wahl als einen Ausgleich mit allgemein dienlichen Ressourcen, die die benachteiligten Personen mehr oder weniger frei oder zweckgebunden für die Verfolgung ihrer Lebenspläne einsetzen können. Damit ist aber keine Gleichverteilung der Ressourcen mehr gegeben. Das wäre nur dann der Fall, wenn man die körperliche Ausstattung als Teil des Ressourcenbündels ansähe, was wegen der grundlegenden Person/Sache Unterscheidung äußerst problematisch ist (s. S. 236f.). Sähe man es aber fälschlicherweise so und vergliche Bündel aus materiellen Ressourcen und solche aus persönlichen Ausstattungen miteinander, würde eine Behinderte höchstens dann nicht mit einem Nichtbehinderten tauschen wollen, wenn sie enorme Mengen an Ressourcen zur Kompensation ihrer natürlichen Ausstattung bekommen könnte. Das ist aber aus den gerade dargelegten Gründen problematisch, weil es den weniger oder gar nicht Benachteiligten zu wenig Ressourcen für deren Leben übrigließe. Sofern ein geringerer Umfang unvermeidlich ist, wird das Kriterium der Neidfreiheit verletzt. Eine kompensatorische Herstellung von Gleichheit der natürlichen Ausstattung von Personen vor der ursprünglichen Verteilung mit dem Ziel einer neidfreien Gleichverteilung der Ressourcen ist zudem verfehlt, weil viele Benachteiligungen erst im Laufe des Lebens auftreten oder ihre Effekte zeigen und selbst kompensierte Benachteiligungen im Wirtschaftsleben ihre sozio-ökonomischen Folgen zeitigen werden, sofern sie nicht vollständig kompensiert sein sollten, was unrealistisch und gerechtigkeitstheoretisch bedenklich ist. *Eine kompensatorische Herstellung von vollkommener Gleichheit der natürlichen Umstände ist unmöglich.* Der erforderliche Ausgleich von Benachteiligungen muß deshalb vielmehr als allgemein und reziprok *gerechtfertigte Ungleichverteilung* konzipiert werden.

(h) Eine Notlage kann nicht ausschließlich durch die subjektive

Wahrnehmung der Betroffenen als Benachteiligung bestimmt werden. Zwar mögen gerade die subjektiven Wahrnehmungen von Not in der Sicht der Betroffenen die Notlage ausmachen. Dennoch kann die subjektive Wahrnehmung einer Situation als Notlage keine hinreichende Bedingung für die anderen darstellen, die Situation als Benachteiligung anzuerkennen. Die subjektive Wahrnehmung hängt nämlich wesentlich von den persönlichen Bedürfnissen, Präferenzen und Erwartungen ab. Vor allem die Unerfülltheit subjektiver Wünsche stellt keinen Grund zur Kompensation dar.[84] Wünsche, die man selbst steuern kann, wie einen teuren Geschmack, müssen nicht von der Gesellschaft befriedigt werden. Wir müssen der Millionärsgattin das von ihr erworbene ›Bedürfnis‹ nach Kaviar und Champagner nicht finanzieren, wenn sie nach einer Scheidung oder dem Tod des Mannes ärmer werden sollte. Wer von seinem teuren Geschmack nicht lassen ›kann‹, auch wenn er es sich nicht leisten kann, dem gebührt dafür kein Ausgleich. Denn jeder ist für seine Wünsche weitgehend verantwortlich, weil er sie ändern kann.[85] Ebensowenig steht Personen für Benachteiligungen aufgrund ihrer eigenen Überzeugungen oder Präferenzen eine Kompensation zu, selbst wenn sie sich so mit ihren Überzeugungen oder Präferenzen identifizieren, daß sie meinen, sie nicht aufgeben zu können. Wenn beispielsweise die Zeugen Jehovas Bluttransfusionen ablehnen und ihnen dadurch Nachteile entstehen sollten, haben sie keinen berechtigten Anspruch auf Ausgleich. Personen tragen selbst die Verantwortung für ihre Überzeugungen und Präferenzen und können sich selber ›helfen‹, indem sie ihre Einstellungen ändern.

(i) Grundlage der Ansprüche auf soziale Unterstützung können nur Bedürfnisse sein, die objektiv in dem Sinn sind, daß das Subjekt sie nicht willentlich direkt beeinflussen kann. Objektive Bedürfnisse sollen solche genannt werden, die man nicht oder nur im irrelevanten Maße beeinflussen kann, wie dies beispielsweise bei Behinderungen der Fall ist. Zugleich haben Bedürfnisse eine subjektrelative Komponente in dem Sinn, daß sie Bedürfnisse des jeweiligen Sub-

84 E. Tugendhat in *Vorlesungen über Ethik* (S. 382 f.) und B. Ackerman in *Social Justice in the Liberal State* (§ 14) unterscheiden zwischen objektiven und subjektiven Bedürfnissen, wobei subjektive Bedürfnisse als durch das Subjekt beeinflußbar angesehen werden. Subjektive Bedürfnisse begründen danach keine ›Entschädigung‹, weil dann die anderen auch solche Bedürfnisse entwickeln könnten.

85 Bei Drogen, Faulheit, Depression liegt der Fall nicht mehr so klar.

jekts sind, ohne daß notwendig alle dieselben Bedürfnisse haben müßten. So benötigt ein Kranker Pflege und ein Behinderter Hilfeleistungen usw. Bedürfnisse sind im Gegensatz zu Wünschen nicht intentional, sie sind nicht von mentalen Vorgängen abhängig, sondern von Zuständen in der Welt.[86] Eine weitere subjektrelative Komponente ist insofern wesentlich, als die betreffende Person unter aufgeklärten autonomen Bedingungen ihre Situation selbst als Notlage ansehen muß. Es wäre Unsinn, einem Fakir oder Hungerkünstler Hilfe aufzuzwingen, nur weil wir ihre Situation als Elend ansehen mögen. Gleichwohl können Kinder, Süchtige, geistig Behinderte und andere ihre Lage oft nicht oder nicht richtig beurteilen, weshalb in diesen Fällen eine Notlage nach allgemeiner Meinung vorliegen kann, auch wenn die Betroffenen das selbst nicht so sehen. Wenn Personen nicht in der Lage sind, ihr aufgeklärtes Eigeninteresse zu verfolgen, kann ein schwacher Paternalismus gerechtfertigt sein, der bei seinen Fremdbestimmungen zum Wohle der Betroffenen immer mitbedenken muß, welchen Verlust die Möglichkeit der Selbstbestimmung für die Betroffenen bedeutet und welche Gefahren des Mißbrauchs paternalistischer Handlungen damit bestehen.

(j) Nur solche Notlagen können allgemein und reziprok als Benachteiligungen anerkannt werden, in denen eine Person objektiv daran gehindert wird, Aktivitäten und Ziele zu realisieren, die alle als wesentlich betrachten.[87] Als objektiv kann eine Einschränkung gelten, die eine Person durch vorgegebene, das heißt nicht zu verantwortende Einschränkungen in ihren wichtigen Lebensumständen oder ihren physischen, psychischen oder kognitiven Fähigkeiten behindert, die ihr zustehende gleiche Ressourcenmenge zu ihrem Wohle zu nutzen. Ob jemand tatsächlich in seiner Verfolgung bestimmter Aktivitäten und Ziele eingeschränkt ist, ist zum Teil eine empirische Frage, bezüglich der nach den üblichen Verfahren in der Gesellschaft ein begründeter Konsens hergestellt werden können muß. Strittiger dürfte der evaluative Teil des Problems sein, der die Frage betrifft, welche Aktivitäten und Ziele (und deren Verfolgung) allgemein vom unparteiischen Standpunkt eines jeden als wesentlich betrachtet werden können. Wesentlich ist – in einer ersten

86 Vgl. D. Wiggins, »Claims of Need«, S. 6.

87 Vgl. W. Hinsch, *Gerechtfertigte Ungleichheiten*, Kap. 6, auf den ich mich im folgenden stütze.

Näherung – die Verfolgung von Aktivitäten und Zielen, bei deren Nichterlangung ansonsten ein schwerwiegender Schaden einträte, wenn das objektive Bedürfnis nicht erfüllt wird.[88] Ob ein solcher Schaden eintritt und wie ernsthaft er ist, ist dabei relativ – und zwar zum einen relativ zu der betreffenden Person, von deren kontingenter Konstitution es abhängt, ob ihr überhaupt ein Schaden entsteht; zum zweiten relativ zu den kulturellen Vorstellungen darüber, worin ein Schaden besteht, und drittens relativ zu den Verhältnissen der jeweiligen Zeit, das heißt zu den ökonomischen, technischen sowie moralischen Möglichkeiten einer Gemeinschaft, die beeinflussen, was als Schaden erkannt und was zu welchen Kosten vermieden werden kann.

Als moralische Basis sozialer Anspruchsrechte fungiert die Vermeidung von moralisch relevantem Leid. Gleichwohl begründet nicht jedes objektive Bedürfnis, dessen Nichterfüllung zu einem objektiven Schaden führt, eine öffentliche soziale Unterstützung, wenn die Betreffende ihr so geartetes Bedürfnis nicht selbst befriedigen kann. Bedürfnisse haben die Struktur: A benötigt x, um y tun zu können.[89] Die Bedürfnisse müssen sich, um einen Anspruch auf Unterstützung begründen zu können, in der Um-zu-Relation auf eine grundlegende Funktionsweise oder Fähigkeit beziehen, die allgemein wertgeschätzt wird.[90] Eine Heroinsüchtige beispielsweise hat zwar ein – von ihr allenfalls indirekt und äußerst schwer beeinflußbares – objektives Bedürfnis, dessen Nichterfüllung zu einem nicht zu leugnenden subjektiven und objektiven Schaden für sie führt, aber deshalb noch nicht klarerweise einen berechtigten Anspruch auf Heroin, sondern eher einen auf Entzugstherapie. Denn den Funktionsweisen oder Fähigkeiten, an denen die Personen in Not gehindert werden, muß aus der Perspektive aller gleichermaßen

88 Vgl. D. Wiggins' Unterscheidung zwischen instrumentellen und absoluten Bedürfnissen in »Claims of Need«.

89 Vgl. zur Struktur von Bedürfnisansprüchen G. Thomson, *Needs*, sowie allgemein zu Bedürfnissen N. Fraser, »Der Kampf um die Bedürfnisse« und D. Braybrooke, *Meeting Needs*.

90 Daß sich die wesentlichen sozialen Ansprüche auf wertvolle, allgemein anerkannte Funktionsweisen (functionings) und Fähigkeiten (capabilities) beziehen, ist eine wesentliche Einsicht des *capability approach* von A. Sen (*Inequality Reexamined*) und M. Nussbaum (»Menschliches Tun und soziale Gerechtigkeit. Zur Verteidigung des aristotelischen Essentialismus«; M. Nussbaum, A. Sen (Hg.), *The Quality of Life*). Zur Charakterisierung dieses Ansatzes vgl. S. 257, Fn. 47.

ein positiver Wert zukommen. Einen solchen positiven Wert haben Funktionsweisen oder Fähigkeiten aus der Perspektive aller, wenn alle Personen rationalerweise bereit sind anzuerkennen, daß diese Funktionsweisen oder Fähigkeiten für andere wichtig sind, auch wenn nicht notwendig für sie selbst, und sie den Wert nicht vernünftigerweise im Rollentausch ablehnen können.

(k) Soziale Unterstützung in Notlagen ist als Schutz vor Verletzungen zu verstehen, deren Bedeutung durch objektive basale Bedürfnisse (kriteriell) bestimmt wird, deren Verfolgung wiederum von alle Menschen, unabhängig von ihren persönlichen Präferenzen, normalerweise ein großer Wert beigemessen wird. Benachteiligungen begründen moralische Ansprüche auf Unterstützung für etwas, das alle Menschen für das menschliche Leben überhaupt brauchen. Es scheint, als ob man plausiblerweise in einer ersten Näherung als allgemein anerkennbar eine offene gestufte Liste von objektiven, dennoch durchaus relativen Bedürfnissen angeben kann, deren Befriedigung alle Menschen unabhängig von ihren je eigenen Präferenzen und Konzeptionen des Guten normalerweise einen großen Wert zuschreiben. Den Opfern von Notlagen die Erfüllung dieser Bedürfnisse zu verweigern, wenn sie selbst durch die Benachteiligungen in Notlagen dazu nicht in der Lage sind, hieße ihnen ihren Status als Gleiche abzusprechen. Welche Bedürfnisse genau von den Mitgliedern einer Gesellschaft allgemein und reziprok als wertvoll anerkannt werden, um so soziale Unterstützung in Not zu rechtfertigen, muß dabei ein Stück weit offen und die Konkretisierung der demokratischen Selbstbestimmung überlassen bleiben. Zu diesen basalen Bedürfnissen gehören:[91] *Erstens* die elementaren Voraussetzungen für die Lebens- und Handlungsfähigkeit jedes Menschen, wie die Befriedigung der Grundbedürfnisse nach Nahrung, Kleidung, Behausung und Schutz der körperlichen, geistigen und seelischen Unversehrtheit. Unter sozialen Gesichtspunkten besonderer Unterstützung muß dabei vor allem die spezifische Versehrbarkeit solcher Wesen berücksichtigt werden, die zu einem selbstbestimmten Leben als integre Personen zwar in der Lage sind, in ihrer Notlage durch körperliche Gebrechen, seelisches Leid oder geistige Krankheit daran aber gehindert sein mögen. Denn diese Bedürfnisse sind insofern basal, als sie die Bedingung der Möglichkeit der Nutzung aller

91 Vgl. W. Hinsch, *Gerechtfertigte Ungleichheiten*, Kap. 6.

weiteren Rechte der Lebens- und Handlungsfähigkeit darstellen. Ein Körper kann nicht nur durch aktive Einwirkung von außen (Gewalt), sondern auch durch mangelnde Zufuhr (von lebensnotwendigen Ressourcen) versehrt werden. Ein Mangel an Subsistenzmitteln kann genauso tödlich, schmerzhaft oder verkrüppelnd sein wie Angriffe auf körperliche Unversehrtheit. Das Recht auf Subsistenz, das heißt das Recht einer Person, von anderen mit dem Lebensnotwendigsten versorgt zu werden, wenn die Person nicht selbst dafür zu sorgen in der Lage ist, ist also aus den gleichen Gründen wie das Recht auf körperliche Unversehrtheit ein »basic right« in dem Sinn, daß kein weiteres Recht wahrgenommen werden kann, wenn diese Grundrechte nicht erfüllt sind.[92] *Zweitens* die Notwendigkeit eines minimalen sozialen Austausches mit anderen und eine gewisse Inklusion in menschliche Gemeinschaften.[93] Daß das Fehlen dieser Bedingungen Notlagen begründet, die moralisch berechtigte Ansprüche auf soziale Unterstützung darstellen, dürfte unstrittig sein. *Drittens* bedarf jede Person eines Minimums sozialer Güter zur Befriedigung ihrer Grundbedürfnisse und eines gewissen Handlungsspielraums. Nur wenn diese sozio-ökonomischen Mindeststandards gesichert sind, kann man von Personen rationaler- und fairerweise erwarten, sowohl daß sie sich selbstbestimmt um die weiteren materialen Grundlagen ihres Lebens, so weit es geht, bemühen als auch daß sie sich an den Prinzipien der Gerechtigkeit in ihrem Verhalten orientieren.[94] *Viertens* bedarf jede Person einer Minimalausstattung an sozialen und kulturellen Gütern, so daß sie in ihrem jeweiligen sozialen Umfeld öffentlich auftreten und an öffentlichen Aktivitäten teilnehmen kann, ohne Scham empfinden zu müssen, nur weil sie in sozio-kultureller Hinsicht soviel schlechter gestellt ist. Dieses Bedürfnis ist klar kulturrelativ, dennoch ist offensichtlich, daß es zu den Voraussetzungen eines Zusammenlebens in sozialen Gemeinschaften zählt. Die Bestimmung der Art und des Umfangs kann deshalb nur in den jeweiligen Gesellschaf-

92 Vgl. für diese Argumentation H. Shue, *Basic Rights*, Kap. 1.

93 Vgl. dazu A. Margalits Ausführungen über Demütigung in Folge von Exklusionen in *Politik der Würde*.

94 Wem die lebensnotwendigen Nahrungsmittel fehlen, von dem kann in der realen Welt ungleicher Ressourcenverteilung kaum die Anerkennung ungleichen Eigentums verlangt werden. Das wird auch oft im legalen Recht als sogenannter ›Mundraub‹ zugestanden. Vgl. J. Waldron, »Welfare and the Image of Charity«, S. 243.

ten durch deren Mitglieder in demokratischen Verfahren erfolgen. *Fünftens* bedarf jede Person der sozialen Grundlagen der Selbstachtung und Selbstbestimmung. Dies sind eigentlich zwei Metagesichtspunkte, die die vorhergehenden Punkte leiten und eine Öffnungsklausel für Ergänzungen enthalten. Zu den ›Grundbedürfnissen‹ gehört es, die Fähigkeit zu haben, das Leben aus eigener Kraft und mit eigenen Mitteln zu meistern. Andernfalls droht ein Verlust der Selbstachtung. Das der Moral zugrundeliegende Rechtfertigungsprinzip gründet in der Achtung vor der Autonomie der Individuen, die den letzten und obersten moralischen Bezugspunkt darstellt. Selbstachtung sowie Autonomie und Selbstbestimmung bilden damit den zentralen Bezugspunkt der Distribution aller (auch der weiteren, nicht in der Liste genannten) Mittel zur Unterstützung in Notlagen. Vor allem an der Befriedigung des elementaren Bedürfnisses nach Selbstachtung – das heißt im politischen Kontext: am Schutz der sozialen Grundlagen – bemißt sich die Möglichkeit zu einer selbstverantwortlichen Übernahme der eigenen Lebensführung. Körperliche und geistige Benachteiligungen stellen dabei eine gerechtigkeitstheoretische Herausforderung dar, die mit den Mitteln materieller Kompensation nur allzu unzureichend beantwortet wird.

(l) Die knappen Ressourcen zur moralisch erforderlichen Unterstützung müssen nach der *Dringlichkeit* der allgemein anerkannten Notlage zwischen verschiedenen Personen und verschiedenen Notlagen zugeteilt werden.[95] Dazu bedarf es zum einen einer Hierarchisierung der verschiedenen Arten der Notlagen wie Krankheiten, Behinderungen und anderer sozialer Benachteiligungen nach ihrem ›Gewicht‹. Die Kriterien dafür ergeben sich aus der Art der Einschränkung der Lebens- und Handlungsfähigkeit der Person, die auf einer recht breit anerkannten sozialen Abstufung menschlicher Bedürfnisse fußen. Je grundlegender, stärker und langanhaltender die Einschränkung ist, desto dringlicher ist die Unterstützung. Besondere Dringlichkeit ist für die Erfüllung ›basaler Bedürfnisse‹ angezeigt, die die Voraussetzung für die Erfüllung aller weiteren, deshalb weniger dringlichen Bedürfnisse einer Person darstellen. Zum anderen benötigt man Kriterien, die angeben, wie in Konfliktfällen die Ansprüche verschiedener Personen zu gewichten sind. Dieses Abwägen von ver-

95 Für diese Frage am einschlägigsten ist T. Scanlons »Preference and Urgency«.

schiedenen, durchaus unterschiedlich gewichteten und dringlichen Bedürfnissen ist notorisch schwierig.[96] Die Priorität der Bedürfnisse bzw. der Unterstützung läßt sich durch einen paarweisen Vergleich aus der Perspektive einer Person, die der Möglichkeit, alle beiden Bedürfnisse zu erfüllen, beraubt ist, klären.[97] Bei der unvermeidlichen Knappheit der Ressourcen muß die Gesellschaft auf der Grundlage solcher Informationen beschließen, wie viele Ressourcen sie für welche Notlagen zur Verfügung stellt, wenn dabei andere weniger gravierende Notlagen nicht außer acht gelassen werden sollen.[98] Unter Bedingungen des Mangels, solange es sich nicht wirklich um ein aktuelles Verhungern handelt, gilt allgemein, daß alle gleichermaßen kürzer treten müssen. Bei Todesdrohung, wie in Fällen von Verhungern, Ertrinken oder ähnlichem, bemühen sich die meisten, zuerst Kinder, dann Ältere und Kranke zu sichern. Die basalsten und dringendsten Bedürfnisse müssen zuerst für jeden befriedigt werden, und die Bedürfnisse der am meisten Not Leidenden haben Vorrang selbst davor.[99] Dabei spielen also Faktoren eine Rolle, wie die, in welchem Maße die soziale Unterstützung die Notlage zu mindern in der Lage sein wird, wieviel Lebenszeit der Person noch aller Voraussicht nach verbleibt, wie verantwortlich die Betreffenden mit den Ressourcen umzugehen versprechen. So läßt sich in einer groben Annäherung folgendes *Prinzip der vorrangigen Unterstützung* formulieren:[100]

Gesellschaftliche Institutionen und Praktiken sollen so organisiert sein und individuelle Handlungen so gewählt werden, daß sie den moralischen Wert maximieren, und zwar so, daß der moralische Wert einen Vorteil zu errei-

96 Neben der hierarchischen Klassifikation von Bedürfnissen bedarf es dazu auch des Vergleichs zwischen verschiedenen Graden der Befriedigung unterschiedlicher Bedürfnisse.

97 S. M. Okin unterbreitet in »Liberty and Welfare« (S. 244) diesen Vorschlag.

98 Die Angleichung der Bedürfnisbefriedigung verlangt den interpersonalen Vergleich von Nutzen oder Wohlfahrt – ein notorisch schwieriges Problem. Vgl. dazu J. Elster, J. Roemer (Hg.), *Interpersonal Comparisons of Well-Being*; W. Hinsch, *Gerechtfertigte Ungleichheiten*, Kap. 7.

99 Vgl. für diese empirische Behauptung L. Hobhouse, *The Elements of Social Justice*, S. 118, und dagegen G. Vlastos' wohl auch empirisch gemeinte Behauptung in »Justice and Equality« (S. 42), daß Bedürfnisbefriedigung nur in wohlhabenden Gesellschaften anerkannt werde.

100 Vgl. T. Scanlon, »Preference and Urgency«; R. Arneson, »Egalitarianism and Responsibility«, S. 235 ff.

chen (oder einen Nachteil zu vermeiden) für eine Person desto größer ist, (i) je größer das Maß des Vorteils, (ii) je geringer die Lebenszeit-Erwartungen der Person auf einen Vorteil vor dieser Verteilung, (iii) je verantwortlicher die Person damit umgeht.

(m) Die moralisch gerechtfertigten Unterstützungsleistungen für Personen mit Benachteiligungen oder in Notlagen sind im Umfang begrenzt. Sie sollen nur die Benachteiligung für jene Personen im Laufe ihres Lebens ausgleichen helfen, die durch natürliche oder soziale Notlagen gegenüber anderen – in der Regel unverschuldet – schlechter gestellt sind, weshalb sie einen Anspruch auf Kompensation zur Gleichstellung haben. Mit dem Recht der Opfer von Notlagen auf soziale Unterstützung und der Pflicht der Nicht-Notleidenden zur Hilfe in Not wird keine Gleichheit der Bedürfnisbefriedigung begründet. Diese liefe letztlich auf eine Gleichheit der Wohlfahrt, nicht der Ressourcen, mit all ihren Nachteilen hinaus.

Hilfe in Notlagen impliziert keineswegs, daß *alle* Leute je nach ihren basalen Bedürfnissen und deren Befriedigungsgrad unterschiedlich behandelt werden sollen. Nicht allen sind unterschiedliche Ressourcenmengen zur Verfügung zu stellen, um sie als Gleiche zu behandeln, weil einige Leute mehr Ressourcen als andere brauchen, um gleich befriedigt zu sein. Diese Gleichheit kann keine Gleichheit der Chancen auf gleiche Wohlfahrt sein, die unter Berücksichtigung der jeweiligen physischen und psychischen Fähigkeiten der Personen einerseits und ihrer externen Ressourcen andererseits die Chancen aller Personen angleicht, im Rahmen des Systems der Rechte ihr persönliches Wohlergehen zu erreichen. Gegen diesen Vorschlag sprechen wiederum die Bestimmungsprobleme jedes Wohlfahrtansatzes sowie die mangelnde Berücksichtigung der Verantwortung eines jeden für sein eigenes Leben. Gleichheit der Wohlfahrt verträgt sich nicht mit dem autonomieethischen Bestreben, allen eine so weit wie möglich selbstverantwortete ambitionen-sensitive Lebensführung zu ermöglichen.

Ausgleiche von Benachteiligungen stellen statt dessen einen berechtigten Grund zur Ungleichverteilung der Ressourcen dar.[101] Um nur die selbstverantworteten Folgen tragen zu müssen, muß die Verteilung von Ressourcen unabhängig von der natürlichen Ausstattung und dem sozialen Umfeld sein. Deshalb bedürfen natürliche

101 Zum Ansatz der Gleichheit der Chancen auf Wohlergehen vgl. S. 379, Fn. 42.

Benachteiligungen und Schlechterstellungen durch Notlagen eines Ausgleichs durch alle anderen Nichtbenachteiligten. Dieser Ausgleich zielt nur auf eine (Wieder-) Herstellung einer bestimmten Gleichheit der Chancen auf ein gelingendes Leben. Durch Kompensation von Benachteiligungen dürfen nur diejenigen Chancen einer Person angeglichen werden, die auf die Realisation jener allgemein positiv gewerteten Funktionsweisen und Fähigkeiten abzielen, bei denen die Einschränkung dieser Handlungsmöglichkeiten allgemein von allen als schweres Leid anerkannt wird, das besondere Unterstützung moralisch erforderlich macht.[102] Nur die Einschränkung bzw. faktische Ungleichheit dieser als wertvoll und grundlegend anerkannten Handlungsoptionen stellt einen allgemein gerechtfertigten Grund zur Ungleichverteilung von Ressourcen dar. Ungleiche Güterverteilung hat als Ziel und Limit die Beseitigung ungleicher, unverantworteter Benachteiligungen und die Herstellung eines Zustands gleicher Chancen, anerkannte Funktionsweisen und Fähigkeiten zu realisieren. Es geht um faire Chancen und nicht um einen gleichen Endzustand. Damit die Benachteiligten mit Nichtbenachteiligten im Leben fair kooperieren und konkurrieren können, sollen sie gleiche Chancen bekommen, also de facto einen Vorsprung in der materiellen Hinsicht der Ressourcen zum Ausgleich ihrer Benachteiligungen. Der Ausgleich dieser Chancen betrifft das *moralische Minimum*, auf das alle Personen einen Anspruch haben. Es umfaßt diejenigen Güter, über die eine Person verfügen muß, um unter Berücksichtigung ihrer persönlichen Fähigkeiten und konkreten Lebensumstände *in der Lage zu sein*, alle allgemein als wertvoll anerkannten Funktionsweisen und Fähigkeiten *in hinreichendem Maße* zu realisieren.

(n) Der Gewährleistung der Erfüllung basaler Bedürfnisse auch mittels sozialer Unterstützung durch andere, sofern Individuen mit ihren gleichen Ressourcenanteilen dazu aufgrund einer Notlage oder Benachteiligung nicht in der Lage sein sollten, gebührt wegen ihrer grundlegenden Bedeutung für das autonome Leben der Personen und ihrer besonderen Dringlichkeit ein *Vorrang* auch noch vor den Freiheitsrechten.[103] Damit kommt die Theorie präsumtiver Gleichheit für die intuitiv plausible Ansicht auf, daß die Befriedigung

102 Vgl. W. Hinsch, *Gerechtfertigte Ungleichheiten*, Kap. 6.

103 Ich verstehe diesen Vorrang nicht als absolutes Primat, wie Rawls das zum Beispiel in seiner lexikalischen – eigentlich lexikographischen – Ordnung der Gerechtigkeitsgrundsätze festschreibt. Vgl. S. 310, Fn. 54. Rawls hat inzwischen

bestimmter Bedürfnisse zur Beseitigung bestimmter Notlagen, wie Hunger, Armut, Obdachlosigkeit, Kälte, Krankheit, Bedrohung oder Krieg, dringlicher ist als die Umverteilung von Ressourcen von Superreichen an nur Reiche. Bei präsumtiver Gleichverteilung wird ein Unterschied zwischen Umverteilung im relativ wohlhabenden Bereich und Beseitigung von (existentieller) Not gesehen. Bei der Herstellung eines Systems von Gleichverteilung und gerechtfertigten Ungleichheiten wird die dringliche Beseitigung von Not und Sicherung des Mindestniveaus vorrangig (mit-)erfüllt, denn der Ausgleich von Benachteiligung stellt einen vorrangigen Grund zur Ungleichverteilung dar. Deshalb formuliere ich als *Prinzip der vorrangigen Grundsicherung*:

Das Recht einer jeden Person auf basale Sicherheit und ein Existenzminimum muß gewährleistet werden, das heißt die physische Integrität ist in all ihren Dimensionen zu schützen und allen das Ausmaß an sozialer Unterstützung zu gewähren, das sie in Notlagen benötigen, um jene Benachteiligung zu vermeiden, die sie daran hindert, in der Lage zu sein, alle allgemein als wertvoll anerkannten Funktionsweisen und Fähigkeiten in hinreichendem Maße zu realisieren, die für das Leben eines jeden wesentlich sind, um weitgehend als Gleicher unter Gleichen an der Gesellschaft teilzunehmen und das eigene Leben selbstbestimmt leben zu können.

(o) Über die moralisch geforderte Sicherung der Befriedigung basaler Bedürfnisse zum Ausgleich von Benachteiligung hinaus, braucht es in einer idealen distributiven Gerechtigkeitstheorie präsumtiver Gleichheit keine sozialen Rechte zu geben, weil das, was üblicherweise durch soziale Rechte zur sozialen Mindestsicherung garantiert werden soll, durch die präsumtive Gleichverteilung übertroffen wird. Eine Gleichverteilung ökonomischer Güter, insbesondere von Einkommen und Besitz – mit den genannten drei Ausnahmen der basalen Bedürfnisse, der persönlichen Verantwortung und des Differenzprinzips –, genießt gegenüber allen Formen von sozialen Rechten, die als Mindestsicherung konzipiert werden, einen wesentlichen Vorteil: Die präsumtive Gleichverteilung ist normativ viel umfassender als alle Standards der Mindestsicherung. Damit entspricht die präsumtive Gleichverteilung der moralischen Forderung,

die Beschränkung seiner lexikalischen Vorrangregel auf Grundfreiheiten zugunsten von »basic needs« revidiert. Vgl. J. Rawls, *Politischer Liberalismus*, S. 71f. Damit folgt er einer von R. Peffer in *Marxism, Morality and Social Justice* vorgeschlagenen Modifikation.

daß die normativen Prinzipien distributiver Gerechtigkeit auch oberhalb eines wie immer hoch angesetzten sozialen Sicherungslevels greifen müssen.[104] Man braucht keinen Schwellenwert und vor allem keine Kriterien der Hinlänglichkeit für die gesamte Domäne der Verteilungsgerechtigkeit zu bestimmen. Man käme dann nämlich in die schon erwähnten Schwierigkeiten, einen nicht willkürlichen Schwellenwert für ein hinlängliches Wohlergehen angeben zu müssen, was wegen der Relativität der Bedeutung vieler Güter äußerst schwierig bis unmöglich erscheint. Damit hängen die Zweifel zusammen, ob solch ein Schwellenwert besondere Bedeutung für die Bestimmung all dessen hat, was wir uns wechselseitig schulden.

Die Unterstützung zur Erfüllung basaler Bedürfnisse stellt nur eine von drei Gründen für Ausnahmen von der allgemein gerechtfertigten präsumtiven Gleichverteilung dar, neben den Gründen der Verantwortung und der Effizienz. Damit ist ein Ausgleich der Bedürfnisse nicht nur im Umfang, sondern auch in der Zielsetzung beschränkt. Es wäre verfehlt, den Gesamtbereich distributiver Gerechtigkeit allein mittels eines Gesichtspunktes, wie »Jedem nach seinen Bedürfnissen«[105], oder der Sicherung von bestimmten Be-

104 Vgl. in Kap. II.7. die Kritik an humanitären nichtrelationalen Gerechtigkeitstheorien, die sich ausschließlich an Standards des Hinlänglichen orientieren.

105 Verstanden als ein Verteilungsgrundsatz ist der marxistische Grundsatz am einleuchtendsten als ein Grundsatz der gleichen Bedürfnisbefriedigung aufzufassen. Ist er empfehlenswert? Wenn nur die blanken materiellen Bedürfnisse betrachtet werden, ist er wenig attraktiv, denn ein Wohlfahrtsstaat leistet mehr. Doch Marxisten verstehen Bedürfnisse im weiten Sinn, sie umfassen auch, was Menschen als wertvoll empfinden, wichtige Wünsche und Ambitionen. Der Marxsche Bedürfnisgrundsatz ist so am ehesten als ein Grundsatz des gleichen Wohls zu verstehen. So verstanden liefert er allerdings wenig Anhaltspunkte für die Güterverteilung, weil nicht gesagt wird, wie welche Bedürfnisse bedient werden sollen. Die hauptsächliche Meinungsverschiedenheit betrifft hier wiederum das Verantwortungsprinzip, daß Menschen für die Folgen ihrer Entscheidung verantwortlich sind und demnach die Verteilung absichts-sensitiv sein sollte. Die Marxisten üben daran Kritik, weil Entscheidungen Ausfluß der materiellen und kulturellen Verhältnisse und Menschen somit nicht für sie verantwortlich seien. Vgl. J. Roemer, »Equality of Talent«, S. 178f.; ders, »The Mismarriage of Bargaining Theory and Distributive Justice«, S. 107, 109; ders., *Free to Loose: An Introduction to Marxist Economic Philosophy*, S. 62f. Wenn es um aufwendige Entscheidungen geht, braucht der Bedürfnisgrundsatz gewisse Richtlinien dafür, was ›vernünftige‹ Bedürfnisse sind, so daß man den Menschen schon früh bei der Bildung ihrer Präferenzen sagen kann, daß die Gesellschaft nicht alle aufwendigen Geschmäkker unterstützen wird.

dürfnissen zu bestimmen.[106]

(p) Um die Herausforderung der Benachteiligungen gerechtigkeitstheoretisch beantworten zu können, bedarf es neben der ursprünglichen Gleichverteilung von Ressourcen eines erweiterten Arrangements der Ressourcenumverteilung im Laufe des Wirtschaftslebens, das für einen angemessenen und praktikablen Ausgleich von Benachteiligungen in der Realisierung grundlegender Funktionsweisen und Fähigkeiten sorgt. Zu einer solchen praktisch realistischen Umsetzung gerechtfertigter bedarfsbezogener Ansprüche bietet sich unter realen Verhältnissen eine progressive Einkommenssteuer an, die im hier relevanten Teil als allgemeine Zwangsversicherung gegen Krankheit und Arbeitslosigkeit interpretiert wird.[107] Die Steuerquote wird dadurch bestimmt, daß man alle fragt, wie stark sie sich gegen verschiedene so geartete Risiken der Benachteiligung versichern würden. Das Risiko von Benachteiligungen, gegen das man sich versichert, besteht hier im wesentlichen darin, daß sich herausstellen kann, daß man aufgrund von Behinderungen, Krankheiten und mangelnden Talenten geringere Verdienstmöglichkeiten und gegebenenfalls besonderen Ressourcenbedarf hat. Die persönliche Wahl der Höhe der Versicherung soll unter der Annahme eines Schleiers des Nichtwissens getroffen werden, so daß die Personen nicht wissen, wie wahrscheinlich das Risiko bei ihnen eintreten wird. Bei allgemeiner Gleichheit der Ressourcenbündel für jedes Individuum und einer Unwissenheit bezüglich der Risikowahrscheinlichkeit ist es nicht unplausibel anzunehmen, daß sich Individuen nach reiflicher Überlegung nicht maximal versichern wollen. Eine perfekte Versicherung käme sie zu teuer, so daß sie viele ihrer Präferenzen und Lebenspläne gar nicht erfüllen könnten.[108]

106 Gegen A. Sens und M. Nussbaums ansonsten sehr aufschlußreichen capability-approach spricht auch, daß sie diesen Ansatz über die Sicherung freier Möglichkeiten zur Realisierung wesentlicher Funktionsweisen hinaus als komplette Konzeption sozialer Gerechtigkeit verstehen, nicht nur als eine Komponente davon. Aber zur Rekonstruktion des Gesamtumfangs unserer Gerechtigkeitsansprüche ist er unterbestimmt, außer man versteht Fähigkeiten bzw. Möglichkeiten (capabilities) als einen Begriff, in den man alles, was man normativ braucht, reininterpretieren kann. Dieses Verdachts kann man sich gelegentlich bei Sen nicht erwehren. Damit ist der Begriff aber nicht operabel.

107 Diese Idee stammt von R. Dworkin, »What is Equality? Part 2: Equality of Resources«.

108 R. Dworkin bringt in »Justice and the High Cost of Health« das plausible Bei-

Deshalb werden die Individuen rationalerweise einen Kompromiß zwischen ihren Interessen finden. Die Steuerrate soll nun so festgesetzt werden, daß sie sich am Durchschnitt der verschiedenen Versicherungshöhen orientiert, die Individuen hinter dem Schleier des Nichtwissens für sich kaufen würden. Diese hypothetisch festgesetzte Zwangsversicherung hat den Vorteil, alle gleichermaßen zu versichern, egal als wie hoch sich deren Risiko herausstellen wird. So sichern sich die Personen wechselseitig eine gewisse Gleichheit der Grundsicherung über die Zeit hinweg, unabhängig davon, wie die Individuen sich ansonsten frei entscheiden und entsprechend unterschiedlich verdienen werden. Die hypothetische Versicherung macht dazu – und das kann man als in Kauf genommenen Nachteil oder als humanitäre Sorge deuten – Zugeständnisse, was die Sensibilität gegenüber individuellen Präferenzen und Verantwortung angeht. Da eine Durchschnittshöhe zwangsweise versichert wird, spiegelt dieses Versicherungssystem nicht die unterschiedlichen Risikobereitschaften wider. Die Alternative einer privaten Versicherung mit selbstfestgelegter Höhe wird sich aber unter realen Bedingungen nicht fair praktizieren lassen. Zum einen werden private Versicherer das tatsächliche Risiko so gut wie möglich zu ermitteln versuchen und danach die Prämie festsetzen, so daß die unverantwortete Ausstattung ungerechterweise doch zählt. Zum anderen könnten sich risikobereite Individuen drastisch unterversichern, so daß die Gemeinschaft beim Eintritt des Risikos mit der humanitären Forderung konfrontiert ist, dem Opfer, obwohl es durch seine eigene Schuld in die schlimme Lage gekommen ist, zu helfen. Da diese humanitäre Hilfe als allgemeiner moralischer Anspruch anerkannt werden sollte, werden sich sofort Trittbrettfahrer einstellen, wenn die Gesellschaft diesem Anspruch nachkommend regelmäßig humanitäre Hilfe leistet. Das hypothetische Versicherungsmodell entspricht auch nicht vollständig der vom Verantwortungsprinzip eigentlich verlangten Übernahme persönlicher Verantwortung für freiwillig eingegangene Risiken, wie Rauchen oder Gefahrensport. Hier gäbe es die Möglichkeit, besondere selbsteingegangene Risiken

spiel, daß Personen sich nicht für die letzten Monate ihres Lebens für eine teure, intensive medizinische Betreuung versichern werden, denn sie können nicht rationalerweise auf einen signifikanten Teil ihres Einkommens während ihres ganzen Berufslebens verzichten, nur um am Ende des Lebens dieses ein wenig zu verlängern.

aus der allgemeinen Pflichtversicherung herauszunehmen und privaten Zusatzversicherungen zu überlassen. Oder alle beschließen, solche Risiken kollektiv mitzuversichern, weil man eine gewisse Risikobereitschaft von Individuen für deren Autonomie, Freiheit und Gesundheit für wichtig erachtet und weil man das Risiko einer partiellen Irrationalität im späteren Risikoverhalten lieber gleich kollektivieren will, um humanitäre Hilfseinsätze zu vermeiden.

Dieser konventionelle Vorschlag der praktischen Realisierung hat Vorteile. Das Bemühen der Gerechtigkeit um Leidvermeidung muß mit der Möglichkeit rechnen, Menschen nicht allein durch Verweigerung der sozialen Unterstützung, sondern auch durch rücksichtslose Implementierung und bürokratische Verwaltung von sozialen Rechten institutionell zu demütigen. Sozialtechnokratische Verwaltung von Armut ist deshalb moralisch unwürdig.[109] Mit einem solchen Modell, das von zu genauer Einzelfallprüfung absieht, ja absehen muß, vermeidet man zudem ein mögliches Mißverhältnis von Analyse und Therapie. Eine Fahndung nach Ursachen der Ungleichheit erreicht ihre Grenzen, wo sie zugleich einräumen muß, daß viele Ungleichheiten nicht zu beseitigen und schlecht zu kompensieren sind, so daß nur progressive Besteuerung und wohlfahrtsstaatliche Umverteilung als probates Mittel zu empfehlen ist. Wir erhalten damit eine Grundnorm von moralischen Standards der sozialen Unterstützung für Benachteiligte, die materiale Ungleichverteilung begründen, die der politischen Macht einen relativ klaren Maßstab der Legitimität vorgibt, die das Kriterium der Dringlichkeit erfüllt und deren Realisierung sich prinzipiell überprüfen läßt.

### *1.6. Grenzen der Ungleichheiten*

Auf der moralisch gerechtfertigten Grundlage einer allgemeinen Ressourcengleichverteilung und des Ausgleichs allgemein anerkannter Bedürfnisse in Notlagen sowie des Ausgleichs von Vorteilen in der natürlichen Ausstattung sind Ungleichheiten in der Ressourcenverteilung dann zulässig, wenn sie sich als marktwirtschaftliche Folgen selbstverantworteten Handelns der Individuen eingestellt haben. Es bedarf aus der Perspektive der Gerechtigkeit noch eines limitie-

109 Vgl. B. Ladwigs integritätstheoretisch erweiterten Begriff der Leidensvermeidung in Kap. VI von *Gerechtigkeit und Verantwortung*.

renden Prinzips, das angibt, welche sozio-ökonomischen Ungleichheiten in welchem Ausmaße zulässig sind. Ein solches Prinzip, an dem sich das zulässige Ausmaß und die Grenzen der Ungleichheiten bemessen sollen, findet sich in einer bestimmten Interpretation des berühmten Differenzprinzips von John Rawls. In seiner bekanntesten Fassung besagt dieses Unterschiedsprinzip, daß Ungleichheiten der sozialen Positionen und der ökonomischen Aussichten genau dann und insoweit zulässig sind, wenn sie den am schlechtesten gestellten Mitgliedern der Gesellschaft zum größtmöglichen Vorteil gereichen, das heißt deren soziale und ökonomische Lage soweit wie möglich verbessern.[110] Wenn man dieses Prinzip andersherum formuliert, wird es ein *Begrenzungsprinzip sozio-ökonomischer Ungleichheiten*:

> Soziale Ungleichheiten sind ungerecht, sie überschreiten also die zulässige Grenze, wenn es möglich ist, durch eine Umverteilung von den Bessergestellten zu den Schlechtergestellten die soziale oder ökonomische Lage der schlechtergestellten Personen längerfristig zu verbessern.[111]

Dabei sollte man dieses Prinzip als Leximin-Prinzip verstehen. Danach verlangt das Prinzip nicht nur die untersten, sondern alle sozialen Positionen zu berücksichtigen, wobei die jeweils schlechteren Vorrang vor den weniger schlechten haben.[112]

Das Differenzprinzip kombiniert bei Rawls das weithin anerkannte Effizienzkriterium der Pareto-Optimalität mit einem Prinzip, das man als Präsumtion der Gleichheit deuten kann.[113] Der erste Teil der positiven Version des Differenzprinzips beruht bei Rawls zunächst auf einer »allgemeinen Gerechtigkeitsvorstellung«,[114] die eine begründete Ausnahme von der Gleichverteilung formuliert: Alle sozialen Werte sind gleich zu verteilen, soweit nicht eine ungleiche Verteilung jedermann zum Vorteil gereicht. Soziale Ungleichheiten sind also dann gerecht für alle Mitglieder einer Gesellschaft,

110 Vgl. J. Rawls, *Eine Theorie der Gerechtigkeit*, S. 96, S. 104.

111 Vgl. P. Koller, »Die rationale Begründung sozialer Ungerechtigkeiten«, S. 696.

112 Vgl. J. Rawls, *Eine Theorie der Gerechtigkeit*, S. 103; A. Sen, *Collective Choice and Social Welfare*, S. 138; R. Peffer, *Marxism, Morality and Social Justice*, Kap. 9.

113 Rawls nennt dieses Prinzip nicht Präsumtion und versteht es auch nicht in diesem Sinn, die vorgeschlagene Deutung ist m. E. jedoch mit den Intentionen der Rawlsschen Theorie vereinbar. Eine auf der Präsumtion beruhende Begründung des Differenzprinzips gibt W. Hinsch in *Gerechtfertigte Ungleichheiten*, Kap. 9.

114 Vgl. J. Rawls, *Eine Theorie der Gerechtigkeit*, § 11, S. 81.

wenn sie zu jedermanns Vorteil sind. Diese allgemeinen Gerechtigkeitsvorstellung wird von Rawls näher ausgelegt. Die Deutung als reine Pareto-Optimalität scheidet aus, weil ein Zustand demnach dann pareto-optimal und damit vorziehenswert ist, wenn es von ihm aus keine Zustandsveränderung gibt, die mindestens einen besser stellt und keinen schlechter.[115] Pareto-Optimalität ist aber nur ein Effizienzkriterium, keines der Gerechtigkeit, denn der Ausgangs- bzw. Referenzpunkt, der Status quo ante, von dem aus der bessere Zustand der Vorteilsmehrung beurteilt wird, ist vollständig beliebig. Deshalb können pareto-optimale Situationen extrem ungerecht sein, solange ihre Veränderung nur eine Verschlechterung für einige mit sich bringt. Die Durchsetzung von Gerechtigkeit muß deshalb oft Pareto-Optimalität verletzen. Rawls ergänzt dieses Prinzip deshalb mit der von der Gerechtigkeit geforderten Gleichverteilung aller sozialen Güter. Von dieser Gleichverteilung gibt es nach Rawls eine einzige gerechtfertigte Ausnahme. Soziale Ungleichheiten sind dann und nur dann gerechtfertigt, wenn sie zu jedermanns Vorteil dienen, und zwar bezogen auf eine gleiche Güterverteilung.[116] Ungleichverteilungen von Ressourcen im ökonomischen Bereich sind gerechtfertigt, insofern sie mit der Realisierung sozialer Zustände verbunden sind, die allen Beteiligten zum Vorteil und niemandem zum Nachteil gereichen. Dies ist das prudentielle Argument der Effizienz, das mit einem gerechtigkeitstheoretischen der Beschränkung der Ungleichheit gekoppelt ist. In einem weiteren Schritt verschärft Rawls die Bedingung: »zu jedermanns Vorteil« zu der Forderung: »zum größtmöglichen Vorteil jener Personen [...], die die schlechtesten sozialen Positionen einnehmen«.[117]

Rawls geht also auch von einer gerechtfertigten Gleichverteilung ökonomischer Ressourcen aus, für die er Ausnahmen prüft und eine einzige im Differenzprinzip findet.[118] Eine Theorie der Gerechtigkeit, die nur auf dem Differenzprinzip basiert, ist jedoch nicht

115 Zur Pareto-Optimalität vgl. S. 193, dort auch Fn. 156.

116 Vgl. J. Rawls, *Eine Theorie der Gerechtigkeit*, S. 96.

117 Vgl. J. Rawls, *Eine Theorie der Gerechtigkeit*, S. 101 ff.

118 Die Rawlssche Begründung der Gleichverteilung ist eine andere als die in Kap. II vorgenommene. Unter der sehr umstrittenen und oft kritisierten Annahme einer gewissen Risikoaversion, die Rawls plausibel erscheint, weil man so wichtige Arrangements doch nicht auf der Basis von Wahrscheinlichkeitserwägungen wählen würde (Vgl. J. Rawls, *Eine Theorie der Gerechtigkeit*, 202 f.), werden sich nach Rawls die Personen im Urzustand hinter einem Schleier des Nichtwissens

ausstattungs-insensitiv und nicht absichts-sensitiv genug. Zum Ausgleich von natürlichen Benachteiligungen und Notlagen sind Kompensationen nötig, um der moralischen Einsicht Rechnung zu tragen, daß die natürliche Ausstattung und das soziale Umfeld als Faktoren, für die die betreffenden Personen nicht verantwortlich zu machen sind, die Verteilung unter Gerechtigkeitsgesichtspunkten nicht beeinflussen dürfen. Zugleich sind Ungleichheiten gerecht, wenn sie als Folge einer selbstverantwortlichen Wahl bei gleichen Hintergrundbedingungen eintreten. Die Rawlssche Theorie ist also so zu modifizieren, daß a) die Präsumtion der Gleichheit an den Platz seiner allgemeinen Gerechtigkeitsvorstellung tritt und b) berechtigte Abweichungen von der Gleichverteilung auf die Folgen verantwortlichen Entscheidens und die Kompensation von Benachteiligungen bezogen werden. Das Differenzprinzip regelt bei Rawls die Verteilung von Gütern, auf die keine anderen moralischen Ansprüche erhoben werden können. Da in Rawls' Theorie bedürfnisbezogene Ansprüche nicht ausreichend berücksichtigt und verdienstbezogene Ansprüche als unbegründet zurückgewiesen werden, regelt das Differenzprinzip bei Rawls die Verteilung aller sozioökonomischen Güter. Im Zusammenhang der Präsumtion der Gleichheit mit den verantwortungs- und benachteiligungsbezogenen gerechtfertigten Ungleichheiten ist jedoch fraglich, ob über die Verteilung gemäß begründeten Ansprüchen auf Ungleichheiten hinaus noch Ressourcen zur Verteilung übrigbleiben. Dies ist deshalb fraglich, weil für die verantwortungsethisch begründeten Ungleichheiten im Prinzip kein Maß angegeben werden kann, wohingegen die Benachteiligungen ausgleichenden Kompensationen durch den Ausgleichsgesichtspunkt im Prinzip ihr Maß vorgegeben bekommen. Welches die Folgen des selbstverantwortlichen Handelns sein werden, regeln allein die Individuen und der Markt. Deshalb brauchen wir ein Prinzip, das uns das Maß der im Markt durch selbstverantwortetes Handeln zulässigen Ungleichheiten angibt. Das Differenzprinzip in seiner umgekehrten Formulierung

unter Anwendung der Maximin-Strategie (Wähle die Situation, in der die schlecht möglichste Alternative noch am besten ist) für das Differenzprinzip statt für strikte und deshalb minimalere Gleichverteilung entscheiden. Die wichtigsten Kommentare zu diesem Ansatz finden sich gesammelt in N. Daniels (Hg.), *Reading Rawls* sowie in H. Richardson, P. Weithman (Hg.), *The Philosophy of Rawls*.

gibt uns – so möchte ich behaupten – das gesuchte Begrenzungsprinzip für sozio-ökonomische Ungleichheiten. In dieser Umdeutung kann das Differenzprinzip in die Argumentationsstrategie dieser Untersuchung nahtlos eingegliedert werden.

Die präsumtive Gleichverteilung stellt stets die Testmarke der erlaubten Ungleichheiten dar. Jede Ungleichverteilung muß vor dem Hintergrund einer Gleichverteilung gerechtfertigt werden. Man darf das Differenzprinzip nicht so mißverstehen, daß es den Bessergestellten von ihrer sowieso schon höheren Einkommenswarte aus erlaubt, höhere Einkommen zu rechtfertigen, insofern die Schlechtergestellten nur davon profitieren. Sollte es schon durch das Unterschiedsprinzip gerechtfertigte sozio-ökonomische Ungleichheiten zwischen den Gesellschaftsmitgliedern geben, so muß von diesem bei der Beurteilung der Frage, ob andere oder weitere Ungleichheiten gerechtfertigt sind, abgesehen werden. Berücksichtigt man dies, wird die Bandbreite der rechtfertigbaren Einkommensunterschiede nicht mehr so groß sein können.

In der üblichen und von Rawls' Begründung nahegelegten Interpretation bleibt jedoch das Problem, daß die Individuen nur ihre materiellen Zustände miteinander vergleichen, wenn sie gemeinsam prüfen, ob eine Ungleichverteilung nach dem Differenzprinzip gerechtfertigt ist. Das relative Verhältnis ihrer Erträge und Nutzenswerte bleibt dagegen unberücksichtigt. Das ist jedoch unplausibel, wie von Kritikern auch immer wieder betont worden ist. Denn Personen schauen in der Realität auf ihre relative Stellung in der Gesellschaft, und es wäre falsch, dies als Sozialneid oder als irrational in einer idealen Theorie ausschließen zu wollen. Neid kann durchaus rational und gerechtigkeitsorientierend sein, wenn er auf Gerechtigkeitsdefizite aufmerksam macht.[119] Die Beurteilung von Gerechtigkeit und Gleichheit ist stets relational. Es wäre merkwürdig, diese relationale Beurteilung den Personen selbst in einer durch solche Gerechtigkeitsprinzipien strukturierten Gesellschaft nicht zuzugestehen. Dieses Absehen von der relativen Stellung zueinander führt zudem dazu, daß die Schlechtergestellten in der Theorie ›gezwungen‹ werden, eine relational wesentlich größere Verbesserung der

119 Anders als J. Rawls in *Eine Theorie der Gerechtigkeit* (S. 167f., 575ff.) halte ich Neid nicht per se für gerechtigkeitstheoretisch irrelevant. Zu Neid vgl. F. Nullmeier, *Politische Theorie des Sozialstaats*.

Bessergestellten für jede noch so marginale Verbesserung ihrer Lage zu akzeptieren, wenn ihre Positionsverbesserung nur um diesen Preis zu haben ist. Sie müssen die Verbesserung nach Rawls akzeptieren, weil sie ansonsten irrationalerweise auf einen Vorteil verzichten würden. Andere Gerechtigkeitsüberlegungen, die gegen das Akzeptierenmüssen dieses minimalen Vorteils bei gleichzeitigen relationalen Nachteilen sprechen könnten, spielen nach Rawls bei der Anwendung des Differenzprinzips selbst kein Rolle mehr, weil das Differenzprinzip die einschlägigen Gerechtigkeitsgrundsätze vollständig angeben soll.[120]

Dieser Defekt läßt sich aber beheben, wenn man auf die dieser Untersuchung zugrundeliegende Begründung der Präsumtion der Gleichheit in einer Situation allgemeiner und reziproker Rechtfertigung zurückgreift.[121] Danach müssen Ungleichheiten gegenüber der Gleichverteilung begründet werden. Das onus probandi liegt bei denjenigen, die einen mehr als gleich großen Ressourcenanteil fordern, gegenüber jenen, die deshalb mit weniger als die Bessergestellten auskommen müssen. Für eine Ungleichverteilung zum möglichen Vorteil (gegebenenfalls auch Nachteil) der davon Betroffenen spricht das Verantwortungsprinzip, nach dem jeder Person die Folgen ihres eigenverantwortlichen Handelns unter Bedingungen der gleichen Anfangsausstattung mit Ressourcen und der Kompensation für Benachteiligungen in Notlagen zustehen. In einer allgemeinen und reziproken Rechtfertigung können alle Personen dieses Prinzip akzeptieren. Aber sie sind sich auch über die Nachteile der daraus erwachsenden Ungleichheiten im klaren.

Es bleiben aus der Perspektive der Beteiligten vor allem vier Nachteile,[122] wenn die Einflüsse ihrer ungleichen natürlichen Ausstattungen und sozialen Umstände schon weitgehend kompensiert werden. Sie können durch die weiterhin möglichen sozio-ökonomischen Ungleichheiten *moralisch* eine Beeinträchtigung ihrer Selbstachtung

120 Das fehlen von Gerechtigkeitsmotivationen besonders bei den Bessergestellten kritisiert vor allem G. A. Cohen in »Where the Action Is: On the Site of Distributive Justice« und in »The Pareto Argument for Inequality« sowie L. Crocker in »Equality, Solidarity, and Rawls' Maximin«.

121 Auch wenn die hier gegebene Begründung des Differenzprinzips von der Rawlsschen abweicht, so glaube ich doch, daß sie mit den Rawlsschen Grundgedanken übereinstimmt.

122 Vgl. P. Koller, »Die rationale Begründung sozialer Ungerechtigkeiten«, S. 699f.

erfahren.[123] Die Selbstachtung ist ein positionelles Gut, das in den relativen Verhältnissen der Personen untereinander liegt. Es ist moralisch grundlegend für das Selbstwertgefühl aller Personen, die nur mit einem ausreichenden Maß an Selbstachtung in der Lage sind, ein wirklich selbstbestimmtes Leben zu führen. Sozio-ökonomische Ungleichheiten führen *politisch*, wenn sie in größeren Ausmaßen auftreten, zu einem unfairen Wert der Grundrechte und -freiheiten. Stark ungleiche materielle Ressourcenverteilung untergräbt somit die gleichen Chancen auf ein autonomes Leben, den liberalen Kern dessen, was es politisch heißt, Personen als Gleiche zu behandeln. Ungleiche Ressourcenverteilung haben den *strategischen* Nachteil, sich tendenziell zu vervielfältigen. Kleine Ungleichheiten, die für sich genommen vollkommen akzeptabel scheinen, tendieren im Marktgeschehen dazu, sich zu vergrößern und auf andere Bereiche auszudehnen. Freie und effiziente Marktwirtschaft ist aus *verantwortungsethischen und prudentiellen* Gründen vorteilhaft, bedarf aber der Bändigung. Ansonsten drohen daraus entstehende sozioökonomische Ungleichheiten, bei denen die Schere zwischen Bessergestellten und Schlechtergestellten immer größer wird, die Basis der sozialen Kooperation und des fairen Miteinanders zu untergraben. Man muß dabei immer bedenken, daß die Einkommensunterschiede nicht im strengen moralischen Sinn verdient sind, sondern das Produkt eines auf allgemeinen Beschluß hin zwar eingeführten Marktmechanismus von Angebot und Nachfrage, für dessen Folgen aber niemand persönlich verantwortlich zeichnen kann und deshalb einen höheren als gleichen Anteil beanspruchen darf.

Vor dem Hintergrund dieser Überlegungen scheint es ziemlich plausibel, daß sich alle allgemein und reziprok darauf einigen werden, das Maß der akzeptablen Ungleichheiten durch das Begrenzungsprinzip sozio-ökonomischer Ungleichheiten zu beschränken. Ohne eine solche Beschränkung werden die zugelassenen Ungleichheiten für einige Beteiligte nicht allgemein und reziprok rechtfertigbar sein. Das Begrenzungsprinzip verlangt für die Vorteile, die Personen aus ihrem eigenverantwortlichen Handeln im Marktgeschehen gewinnen, einen Ausgleich für diejenigen, denen das nicht vergönnt war und die dadurch sogar Nachteile in Kauf nehmen mußten. Das Begrenzungsprinzip sozio-ökonomischer Ungleichheiten

123 Vgl. S. 227, Fn. 9.

spricht den Schlechtergestellten eine Kompensation zu, und zwar so, daß die Nachteile, die Personen durch ihre ökonomische Schlechterstellung erleiden, durch die Vorteile, die sie aus den Ungleichheiten ziehen, soweit wie möglich überwogen werden.[124]

Man kann sich das hypothetisch als eine Art Verhandlung zwischen den Gesellschaftsmitgliedern vorstellen, bei denen die Schlechtergestellten, die idealerweise wie alle anderen auch an gerechten und nützlichen sozio-ökonomischen Arrangements interessiert sind, eine Art Vetorecht erhalten. Die Schlechtergestellten entscheiden dann – entsprechend Leximin gestaffelt nach dem Grad ihrer Schlechterstellung –, ob sie bereit sind, das ›Angebot‹ der Bessergestellten auf einen höheren Beitrag zum Sozialprodukt, von dem auch die Schlechtergestellten profitieren, zu akzeptieren oder nicht. Die Schlechtergestellten entscheiden dann selbst, ob ihnen die materiellen Vorteile wertvoller erscheinen als die relative Schlechterstellung oder umgekehrt. Dabei berücksichtigen sie, daß ihre soziale Positionierung im Verhältnis zu den anderen für sie nicht nur ein Wert an sich darstellt, sondern ihnen auch Chancen auf weitere Vorteile eröffnen oder verschließen kann. Wenn sie das bedenken, werden sie die Bedingung dahingehend verschärfen, daß die Nachteile, die die Ungleichheiten den Schlechtergestellten bringen, durch entsprechende Vorteile *soweit wie möglich* überwogen werden müssen. Damit werden beliebig große Einkommensdifferenzen für minimale Vorteile der am wenigsten Begünstigten unwahrscheinlich. Die Schlechtergestellten werden, wenn es ihnen angezeigt scheint, von der ihnen eingeräumten Möglichkeit Gebrauch machen, mit Bezug auf das Grundgut der Selbstachtung auf bestimmte Effektivitäts- und Leistungssteigerungen zu verzichten, deren materielle Folgen auch ihnen zugute kommen würden, wenn dadurch die Spanne zwischen Besser- und Schlechterverdienenden ihrer Meinung nach zu groß werden sollte, so daß ihre relative soziale Stellung in der Gesellschaft zu schlecht wird.

Aus diesen Überlegungen begründet sich das Begrenzungsprinzip. Aus unparteiischer Perspektive sind alle Ungleichheiten nur annehmbar, wenn die daraus erwachsenen Nachteile der Schlechtergestellten durch Vorteile ausgeglichen werden, die diese Nachteile aus deren Sicht so weit wie möglich überwiegen. Deshalb müssen

124 Vgl. P. Koller, »Die rationale Begründung sozialer Ungerechtigkeiten«, S. 701.

die Ungleichheiten so beschaffen sein, daß sie – verglichen mit der Gleichverteilung – den Schlechtergestellten nach deren rationaler Meinung zum größtmöglichen Vorteil dienen. Ungleichheiten können damit auch dort ihre Grenze haben, wo sie den Schlechtergestellten auf längere Sicht nach deren Meinung keine relativen Vorteile mehr bringen, selbst wenn sie ihnen einen materiellen Zugewinn bescheren.

Das Begrenzungsprinzip formuliert somit einen realisierbaren Standard der Gerechtigkeit zur Bestimmung der Höhe und Progression des schon aus Gründen des Ausgleichs von Begünstigungen und Benachteiligungen vorgeschlagenen progressiven Steuersystems.

## 2. Soziale Positionen

Die soziale Sphäre regelt den Zugang zu den besseren sozialen Positionen, die um ihrer selbst willen begehrt sind, wie eine erfüllende Arbeit, oder die um anderer Güter willen, wie Macht, Geld oder Ansehen, erstrebt werden. Das Anwendungsfeld betrifft die gesamte institutionelle Grundstruktur einer Gesellschaft, einschließlich ihres Wirtschafts-, Sozial- und Bildungssystems mit all den durch sie bedingten Formen sozialer Stratifikation und Differenzierung. Solche Positionen sind in jeder Gesellschaft fast immer knapp, da es sich bei ihnen in der Regel um relationale Güter handelt, das heißt, ihr Wert hängt davon ab, was und wieviel davon andere haben. Dies bezieht sich auf alle sozialen Positionen in öffentlichen Einrichtungen, Firmen, Verbänden, Parteien und Bildungseinrichtungen und betrifft alle Personalentscheidungen, also die Auswahl von Mitarbeitern, Kunden, Lieferanten, Mitgliedern etc. Eine Gesellschaft muß deshalb aus Gründen der Gerechtigkeit ihre institutionelle Mechanismen bewerten, die den Zugang zu sozialen Positionen regeln. Unter sozialen Positionen versteht man die durch die soziale Ordnung gewährten Möglichkeiten von Personen, im sozialen Rahmen Macht, Einfluß und Herrschaft auszuüben. Soziale Chancen sind die Aussichten, in begehrte soziale Positionen zu gelangen.[125] Beides

125 »Chancen« stellen bei J. Rawls in *Eine Theorie der Gerechtigkeit* (S. 83, 112) ein

sind offensichtlich soziale Güter, die dementsprechend der Gleichverteilung unterliegen müssen, außer es gäbe begründete Ausnahmen. Das würde bedeuten, daß Positionen und Ämter strikt gleich verteilt werden müßten. Das erscheint allgemein als unakzeptabel und unpraktikabel. Unakzeptabel ist es vom normativen Standpunkt aus, weil die allgemeinen Freiheitsrechte jeder Person die freie Wahl von Tätigkeiten inklusive der freien Berufswahl garantieren. Personen dürfen also prima facie nicht zu einer bestimmten Tätigkeit oder Arbeit verpflichtet werden. Die Grund- und Freiheitsrechte enthalten auch das Recht jeder Person, ihre Talente und Fähigkeiten nach ihren Vorstellungen zu entwickeln. Das Verantwortungsprinzip gesteht Personen zudem unter der zu schaffenden Voraussetzung gleicher Startchancen und unter der Einschränkung des Begrenzungsprinzips die Früchte ihrer freien eigenverantwortlichen Tätigkeit zu. Unpraktikabel erscheint eine strikte Gleichverteilung von Positionen und Ämtern, weil dies jene effiziente Form von arbeitsteiliger Gesellschaft unterminieren würde, die darauf basiert, für die jeweils erforderliche oder erwünschte Tätigkeit die oder den besten Kandidaten zu gewinnen, der aufgrund seiner Fähigkeiten und seiner bisherigen Leistungen aller Voraussicht nach am besten geeignet ist, diese Tätigkeit auszuüben. Gesellschaftlich erforderliche oder auf dem Markt privatwirtschaftlich erwünschte Tätigkeiten nicht durch die Bestqualifizierten ausüben zu lassen wäre aus der Perspektive der von der Tätigkeit direkt oder indirekt Betroffenen ausgesprochen unklug. Eine Gesellschaft so einzurichten würde letztlich alle Gesellschaftsmitglieder schädigen. Denn zum einen würde in der Marktwirtschaft weniger effizient produziert und so quantitativ und qualitativ schlechtere Güter erzeugt, nach denen Bedarf besteht, und damit die Qualität und Quantität der Gesamtmenge dessen, was verteilt werden kann, erheblich reduziert. Diese Folge der Ineffizienz betrifft damit indirekt die Gerechtigkeit des Gesamtarrangements. Zum anderen würden alle Bürgerinnen und Bürger von einer schlechteren Verwaltung der öffentlichen Aufgaben betroffen. Die Folgen einer ineffizienten Ver-

Grundgut dar. Kritisch dazu äußert sich T. Pogge in *John Rawls* (S. 93f.). In Rawls' späteren Arbeiten ist dieses Gut von der offiziellen Liste der Grundgüter verschwunden, ersetzt durch Freizügigkeit und freie Berufswahl, die allerdings wohl ohnehin durch den ersten Gerechtigkeitsgrundsatz gleicher Grundfreiheiten abgedeckt sind.

waltung öffentlicher Angelegenheiten können die Gerechtigkeit direkt betreffen, beispielsweise durch falsche oder ungerechte Verwaltungsakte. Um diesen freiheitsrechtlichen und prudentiellen Argumenten Rechnung zu tragen, dürfen Positionen und Ämter nicht strikt gleichverteilt werden, sondern nur chancengleich.

In der sozialen Sphäre müssen soziale Positionen, Ämter und Chancen so verteilt werden, daß gleich begabte und motivierte Bürgerinnen und Bürger ungefähr gleiche Chancen haben, die Ämter oder Positionen zu erlangen – unabhängig von ihrer ökonomischen oder sozialen Klasse.

Dies ist das *Prinzip fairer sozialer Chancengleichheit.*[126] Eine Ungleichheit im Ergebnis (Ungleichheit ex post) ist also zulässig, wenn jede Person die gleichen Chancen (Gleichheit ex ante) hatte, die Position zu erlangen, also die Einflüsse ihres sozialen Umfeldes nicht zählen, sondern nur ihre eigene Qualifikation für die in Frage stehende Position.

Faire Chancengleichheit mit Bezug auf soziale Positionen ist ein in analytischer und moralischer Hinsicht komplexes Prinzip. Das prinzipielle Argument für Chancengleichheit wurde schon genannt, aber es sei hier noch einmal wegen seiner Bedeutung für diese Sphäre wiederholt (vgl. S. 365 ff.). Die begrifflichen Klärungen und Abgrenzungen gegen schwächere und stärkere Chancengleichheitsprinzipien sollen das Prinzip fairer Chancengleichheit klären, problematisieren und schließlich einigermaßen plausibilisieren helfen.

## *Chancengleichheit*

Gleichheit der Chancen ist wohl die von allen akzeptierte Form der Gleichheit. Doch diese anscheinend allgemeine Akzeptanz von Chancengleichheit täuscht. Zunächst einmal verstehen verschiedene Menschen darunter verschiedenes. Begriffliche Differenzierung tut also Not und läßt den vermeintlichen Konsens aufbrechen. Es ist hilfreich, unterschiedliche Bedeutungen der Chancengleichheit zur Kenntnis zu nehmen. So sollte man zuerst zwei prinzipielle Arten von Chancengleichheit unterscheiden: die Wahrscheinlichkeit, etwas zu bekommen oder zu erreichen einerseits, und die Mittel zur Erreichung von etwas andererseits.

126 Vgl. J. Rawls, *Eine Theorie der Gerechtigkeit*, S. 93 f.

(a) Bei der ersten Form haben zwei Personen die gleiche Chance auf X, wenn jeder dieselbe Wahrscheinlichkeit hat, X zu erhalten. Beispiele dafür wären die gleiche Chance beim Lotto, beim Los oder Werfen einer Münze. Bei dieser Form hat das Resultat gar nichts mit den betreffenden Personen, ihren Eigenschaften oder Leistungen zu tun. Zufallsprinzipien schließen aus, daß Verdienst, Leistung oder Talent Auswirkung auf das Ergebnis haben. Diese Form von Chancengleichheit ist gerechtigkeitstheoretisch besonders dann eine geeignete Lösung, wenn die knappen Güter nicht teilbar sind, das heißt wenn sie entweder wirklich unteilbar sind oder der Wertverlust beim Teilen dramatisch ist.[127] Dann ist eine gleiche Allokation von Gütern unmöglich. In diesen Umständen muß die Gesellschaft komplexere Verteilungsregeln entwerfen, um unteilbare Güter gerecht zu verteilen. Chancengleichheit ist eine in solchen Umständen naheliegende Verteilungsregel, die einen egalitären Ton hat.

(b) Bei der zweiten Form von Chancengleichheit darf jede sich bewerbende Person nach gleichen Regeln (mit einer bestimmten Ausstattung an Mitteln versehen) antreten, um unterschiedliche Talente aufzuzeigen, die dann zu ungleichen Wahrscheinlichkeiten auf Erfolg und ungleichen Ergebnissen führen. Beispiele wären IQ-Tests oder sportliche Wettkämpfe. Der Zweck der Chancengleichheit in diesem Sinn ist nicht gleiche Wahrscheinlichkeit auf Erfolg, sondern legitime ungleiche Wahrscheinlichkeit auf Erfolg. Sie kann sich auf Macht, Positionen, Rechte, Wohlstand usw. beziehen. Die Chancen, bestimmte Positionen, Rechte, Wohlstand usw. zu erreichen, sollen gleich sein, anderenfalls läge Ungerechtigkeit und Diskriminierung derjenigen mit schlechteren (Start-)Chancen vor. Die Chancen sollen gleich sein, nicht jedoch die Ergebnisse.[128] Während die Behauptung, Gleichheit von X sei erreicht, widerlegt ist, wenn X ungleich verteilt ist, ist die Gleichheit der Chancen auf X nicht durch die ungleiche Verteilung von X falsifiziert. Diese Chancengleichheit wird in der politischen Diskussion eingeführt,[129] wenn es um die Verteilung von Gütern geht, die erstens von vielen Menschen gewünscht werden, von denen es zweitens heißt, sie seien ›ver-

127 Vgl. D. Rae et al., *Equalities*, Kap. 4, S. 65.

128 Das Plädoyer für Chancengleichheit geht deshalb häufig einher mit einer Ablehnung von jeglicher stärkeren Form von Gleichverteilung, insbesondere Gleichheit des Ergebnisses.

129 Vgl. B. Williams, »Der Gleichheitsgedanke«.

dient‹ oder ›erarbeitet‹, und die drittens knapp sind, so daß nicht alle sie haben können, entweder aus deren Natur heraus (wie Prestige) oder aus kontingenten Gründen: Sie stehen jedem zur Verfügung, der bestimmte Bedingungen erfüllt – diese werden aber nicht von jedem erfüllt (vor allem persönliche Fähigkeiten, berufliche Qualifikationen und persönliche Motivationen).

Man ist sich uneins darüber, was zur Verwirklichung von Chancengleichheit im Sinne von (b) nötig ist. Man kann des weiteren mindestens fünf Stufen unterscheiden, wobei faire Chancengleichheit eine begründungspflichtige mittlere Position einnimmt:[130]

(i) »Jeder soll die gleichen gesetzlichen Rechte auf vorteilhafte soziale Positionen haben.« Chancengleichheit stellt ein Anti-Diskriminierungsgebot dar. Die Gesetze dürfen nicht selber diskriminieren, aber auch anderwärts erlassene diskriminierende Regeln sind gesetzlich zu verbieten. Dies ist das Verbot primärer Diskriminierung, wie es sich aus dem allgemein akzeptierten Prinzip der moralischen Gleichheit (GL-$P_3$) unmittelbar ableiten läßt (s. S. 168). Das Verbot primärer Diskriminierung schließt die Bevorzugung oder Benachteiligung aufgrund moralisch irrelevanter Kriterien wie Geschlecht, Aussehen oder sozialer und ethnischer Herkunft aus. Darum scheint die Ideologie der Chancengleichheit vielen Menschen in unserer Gesellschaft so fair. Die Regeln müssen neutral formuliert sein und dürfen bestimmte Bewerber nicht von vornherein aus moralisch unzulässigen Gründen ausschließen.[131] Chancengleichheit ist nach diesem minimalsten Verständnis schon erfüllt, wenn jeder die negative Freiheit hat, sich um soziale Positionen zu bemühen, das heißt wenn er nicht durch öffentliche, diskriminierende Regeln daran gehindert wird. Welche Regeln über die Vergabe von Positionen entscheiden, ist danach noch völlig offen. Es könnten etwa Losverfahren sein. Dieses rudimentäre Verständnis muß nach verbreiteter Überzeugung noch ergänzt werden um einen zweiten Gesichtspunkt:

(ii) »Laufbahnen sollen den Tüchtigen und Fähigen offenstehen.«

130 Vgl. J. Baker, *Arguing for Equality*, Kap. 5., J. Roemer, *Equality of Opportunity*.

131 Diese oft erhobene Anforderung wird in der Praxis eher für den öffentlichen als den privaten Sektor für gültig erachtet. So verbieten in viele Staaten Gesetze oder Verordnungen Diskriminierungen aufgrund von Geschlecht und Hautfarbe, aber nur im öffentlichen Dienst ist das Bevorzugen von Familienmitgliedern und Freunden (oder eine Kombination der beiden) verboten.

Dies ist das *Prinzip formaler Chancengleichheit.* Soziale Positionen werden oft durch einen Wettbewerb vergeben, und die Regeln solcher Wettbewerbe müssen nicht nur jedem erlauben teilzunehmen, sondern müssen auch die Befähigung für die zu besetzende Stelle zum alleinigen Vergabekriterium haben. Das Verdienst allein soll über die Vergabe von Stellen und Positionen entscheiden, nichts anderes.

Daß der Unterschied zwischen (i) und (ii) nicht künstlich ist, sieht man an der Debatte um Affirmative Action, also um die positive Unterstützung für Mitglieder von Gruppen, die in der Vergangenheit unter einer primären Diskriminierung litten, weshalb deren Mitglieder jetzt eine verbesserte Chance erhalten sollen, mit ihren Talenten im hoffentlich nun fairen Wettkampf zu gewinnen. Sofern Arbeitgeber Mitglieder solcher benachteiligten Gruppen nur unterstützen müssen, aber nach Verdienst allein entscheiden dürfen bzw. sollen, kann man das als besonders sorgfältige und sensible Anwendung von formaler Chancengleichheit verstehen. Werden jedoch ›umgekehrte‹, ›positive‹ oder ›kompensatorische‹ Diskriminierungen eventuell mittels einer ›Quote‹, die das Maß der Bevorzugung spezifiziert, das heißt eine Bevorzugung der Mitglieder früher oder bis heute benachteiligter Gruppen verlangt, so wird das Prinzip formaler Chancengleichheit zum Zwecke der Wiederherstellung eines nicht-diskrimierenden Zustandes absichtlich und begründet verletzt, denn die Wettbewerbsregeln können in diesen Fällen nicht als neutral angesehen werden. Solche Maßnahmen bzw. Sonderrechte können vorübergehend gerechtfertigt sein, sofern sie die Wirkung von noch nachwirkendem Unrecht auszugleichen versprechen.[132]

Formale Chancengleichheit reicht jedoch nicht aus, denn sie läßt die ungleichen Startbedingungen unberücksichtigt.

(iii) »Laufbahnen sollen den Tüchtigen und Fähigen unter gleichen Startbedingungen offenstehen.« Dies wird das *Prinzip fairer Chancengleichheit* genannt.[133] Der Wettbewerb um Positionen kann formal die gleichen Chancen bieten, nichtsdestotrotz haben einige

132 Vgl. als umfassenden Überblick Einleitung und Texte in B. Rössler (Hg.), *Quotierung und Gerechtigkeit.*

133 Unter diesem Titel vertritt J. Rawls dieses Prinzip in *Eine Theorie der Gerechtigkeit* (S. 93f.). Das Prinzip hat daneben noch andere Namen, wie z. B. reale, wirkliche oder substantielle Chancengleichheit.

durch ihr soziales Umfeld bessere Startchancen, und andere werden durch ihre soziale Umgebung oder Herkunft sogar daran gehindert, ihre Talente zu entwickeln. Deshalb sind ihre Chancen (im Sinn von (a)) sehr ungleich. Solche ungleichen Startchancen im Wettbewerb um Positionen sollen durch das Prinzip fairer Chancengleichheit ausgeschlossen werden. Es richtet sich gegen die reale Bevorzugung der sozial und material Bessergestellten, weil diese ihre Talente besser entwickeln können, so daß sie unter dem Prinzip »Laufbahnen sollen den Fähigen offenstehen« besser abschneiden, was unfair ist. Kinder armer Eltern sollen nicht durch Schulgeld oder Studiengebühren und Frauen nicht durch Vorurteile an einer adäquaten Ausbildung gehindert werden, insbesondere weil dies wiederum die Startbedingungen für einen Wettbewerb um gehobene Positionen darstellt.

Angewandt auf soziale Positionen und Ämter bedeutet faire Chancengleichheit, daß die Gesellschaft so einzurichten ist, daß jeder die gleichen Rechte auf vorteilhafte soziale Positionen hat, daß alle Laufbahnen den Fähigen offenstehen müssen und daß alle die gleichen sozialen Startchancen gewährt bekommen. Faire Chancengleichheit verlangt neben rechtlichen Rahmenbedingungen umfassende sozialpolitische Maßnahmen. Sie müssen darauf hinwirken, bestehende Formen sozialer Benachteiligung und Diskriminierung abzubauen. Zudem müssen sie die materiellen Bedingungen schaffen, daß alle bei gleichen Begabungen und Motivationen unabhängig von den zwischen ihnen bestehenden sozialen Ungleichheiten gleiche Chancen haben. Letzteres bedeutet, daß alle unabhängig von ihrem sozialen Hintergrund eine ihren Fähigkeiten adäquate Ausbildung, Weiterbildung und Förderung (etwa für Behinderte) erhalten können müssen, die ihnen falls nötig durch öffentlich finanzierte Bildungseinrichtungen zugänglich zu machen sind. Dies ist normativ um so wichtiger, als der Wert der Bildung und Qualifikationen dabei nicht nur unter wirtschaftlichen Gesichtspunkten gesehen werden darf. Bildung erschließt den Personen kulturelle Werte und befähigt sie, am gesellschaftlichen Leben verstärkt teilzunehmen, und verschafft ihnen dadurch ein sicheres Selbstwertgefühl.[134] Bildung vermag das persönliche und gesellschaftliche Leben zu bereichern und muß deshalb schon allen offen zugänglich sein.

134 Vgl. J. Rawls, *Eine Theorie der Gerechtigkeit*, S. 122.

Faire Chancengleichheit interpretiert den Ausschluß jeglicher Formen primärer Diskriminierung nun so, daß der Erfolg oder Mißerfolg von den jeweils eigenen Leistungen abhängen soll. Er soll ›erarbeitet‹ oder ›verdient‹ sein, nicht aber aufgrund von sozialer Stellung, Geschlecht oder Herkunft ›ererbt‹ oder verliehen werden. Gleichheit der Chancen soll dafür sorgen, daß das Schicksal der Menschen nur von ihnen, genauer von ihren Entscheidungen abhängt, nicht jedoch von dem, wofür sie nichts können, also von den von ihnen nicht zu verantwortenden Lebensumständen bestimmt wird. In einer Gesellschaft mit Chancengleichheit ist ungleiche Verteilung von Positionen und Ämtern fair, weil diese ›verdientermaßen‹ denen zufließen, denen sie aufgrund ihrer besseren Qualifikation ›gebühren‹. Der Kerngedanke der fairen Chancengleichheit lautet also: Ungleiche Anteile an den sozialen Positionen und Ämtern sind dann fair, wenn sie erarbeitet sind und nach Qualifikation zufließen. Unfair sind die Bevorzugungen und Benachteiligungen aufgrund willkürlicher und unverdienter Unterschiede der sozialen Umstände. – Soweit wird das Prinzip fairer Chancengleichheit heutzutage weithin anerkannt. Dabei gibt es moralische und praktische Schwierigkeiten.

(iv) Dieser Grundgedanke – so überzeugend er ist – greift jedoch noch zu kurz, wie schon argumentiert wurde. Die Idee der fairen Chancengleichheit ›übersieht‹ einen weiteren wesentlichen Bereich, in dem das menschliche Schicksal durch Faktoren beeinflußt wird, für die die betreffende Person nichts kann, die also ›unverdient‹ sind. Wenn soziale Umstände in der Tat unverdient sind und die daraus resultierenden Ungleichheiten deshalb unfair, dann muß dasselbe auch für die natürlichen Begabungen gelten. Akzeptiert man, daß auch diese Faktoren eine moralisch willkürliche Beeinflussung der Güterverteilung sind, dann bricht jedoch das gängige Konzept von Verdienst zusammen. Es wird dann nämlich deutlich, daß das, was als eigene Leistung angesehen wird, keineswegs vollständig auf Eigenem beruht, sondern auf Ausstattungen, mit denen man sich zufällig vorfindet. Die herrschende Auffassung von Chancengleichheit ist instabil[135] und betrügerisch[136]. Instabil ist sie, da man, wenn man einmal verstanden hat, warum der Einfluß von sozialen Umständen auf die gesellschaftliche Güterverteilung ungerecht ist, durch Nach-

135 Vgl. J. Rawls, *Eine Theorie der Gerechtigkeit*, S. 95.
136 Vgl. R. Dworkin, *A Matter of Principle*, S. 207.

denken dazu geführt wird, auch die natürliche Ausstattung als weitere Art des Zufalls ausschließen zu müssen. In dem Maße, in dem das Verdienstkriterium – wie in Kapitel V.1.3. erläutert – seine Plausibilität eingebüßt hat, wird die herrschende Auffassung der Chancengleichheit unhaltbar. Denn dieses Verständnis von Chancengleichheit ist ein Bestandteil der meritokratischen Gerechtigkeitsvorstellung. Wer für Chancengleichheit eintritt, tut dies, weil er die wahre Leistung oder das wahre Verdienst beurteilen will, um danach belohnen und verteilen zu können. Und umgekehrt, wer meritokratische Kriterien (zumindest in einem bestimmten Bereich) vollständig ablehnt, in dessen Konzeption von Verteilungsgerechtigkeit hat Chancengleichheit keinen sinnvollen Platz. Betrügerisch ist die herrschende Auffassung, weil sie ›gleiche Chancen‹ suggeriert, die sie mit ihrem meritokratischen Verdienstkriterium den von der Natur Benachteiligten gerade nicht gewährt. Chancengleichheit ist nur eine marginale Gleichheit. Sie läßt damit zusammenhängende, aber unabhängig davon bestehende Ungleichheiten unverändert, wie folgendes Beispiel verdeutlicht.[137] »Nehmen wir an, in einer bestimmten Gesellschaft sei großes Ansehen damit verbunden, einer Kriegerkaste anzugehören, deren Pflichten es erforderlich machen, daß man über große Körperkräfte verfügt. Diese Klasse hat in der Vergangenheit ihre Mitglieder nur aus bestimmten wohlhabenden Familien rekrutiert, doch am Gleichheitsgedanken orientierte Reformer setzen eine Änderung der Vorschriften, wonach Krieger je nach den Ergebnissen eines angemessenen Wettbewerbs aus allen Teilen der Gesellschaft rekrutiert werden. Dies hat jedoch nur die Wirkung, daß die wohlhabenden Familien immer noch praktisch alle Krieger stellen, weil der Rest der Bevölkerung aufgrund von Armut so unterernährt ist, daß ihre Körperkraft der der Wohlhabenden und gut Genährten unterlegen ist. Die Reformer beklagen sich darüber, daß man die Chancengleichheit in Wirklichkeit nicht erreicht habe. Hierauf erwidern die Wohlhabenden, man habe sie wohl erreicht und die Armen hätten jetzt die Gelegenheit, Krieger zu werden; es sei einfach Pech, daß sie solche Eigenschaften haben, die sie daran hindern, die Prüfung zu bestehen. Sie könnten sagen: ›Wir schließen niemanden aufgrund seiner Armut aus. Wir schließen Leute aufgrund ihrer Körperschwäche aus, und es ist Pech, daß

137 Vgl. D. Rae et al., *Equalities*, S. 74ff. Vgl. das folgende Beispiel der Kriegerkaste, das von B. Williams aus »Der Gleichheitsgedanke« (S. 390f.) stammt.

die Armen auch schwach sind.‹ Diese Erwiderung würde den meisten dürftig vorkommen, sogar zynisch.« Oft ähnelt das angeblich faire Rennen des Lebens eher einem Turnier als einem offenen Wettbewerb, dessen Selektionsregel lautet: Wer gewinnt, gewinnt nur das Recht, zur nächsten Runde weiterzukommen; wer verliert, hat für immer verloren. Das liegt eben daran, daß Chancengleichheit ungleiche Belohnungen produziert, die normalerweise in weitere Mittel zu weiterem noch größerem Erfolg in der Zukunft umgewandelt werden können.

(v) Die Schlußfolgerung aus dieser Einsicht lautete in der ökonomischen Sphäre: Individuen brauchen die Folgen sozialer Umstände und natürlicher Ausstattung nicht zu tragen. Die Folgen müssen kollektiv kompensiert und umverteilt werden. Daraus ergeben sich *gleiche Chancen auf ein gelingendes Leben*. Mit Bezug auf soziale Positionen und Ämter kann jedoch nicht dieselbe Konsequenz gezogen werden. Die Begründung dafür lautet wie folgt:

Personen unterscheiden sich in ihrem Zugang zu gehobenen Laufbahnen. Die Unterschiede gehen auf verschiedene Faktoren zurück: natürliche Faktoren (insbesondere Anlagen und Talente), soziale Faktoren (insbesondere Elternhaus und Klassenlage), persönliche Faktoren (Motivation, Leistungswille, Einsatzbereitschaft) und Glück. Für all diese Faktoren sind die Individuen nicht verantwortlich, können also auch aus ihnen keine berechtigten Ansprüche ableiten. Durch faire Chancengleichheit wird ein einziger dieser Faktoren durch die Einrichtung einer Sozialordnung ausgeschlossen, in der der Zugang zu Positionen so geregelt ist, daß soziale Faktoren faktisch keine Rolle mehr spielen können. Für die soziale Verteilung von Positionen und Ämtern scheinen die anderen Faktoren nicht *direkt* ausgeschlossen werden zu können. Aus den oben genannten prudentiellen Gründen wäre es unklug und hätte indirekt Folgen für die Gesamtgerechtigkeit des ganzen Gesellschaftssystems, Positionen an weniger befähigte oder motivierte Bewerberinnen oder Bewerber zu vergeben. Auch Glück oder Pech wird sich nicht direkt ausschließen lassen – wie auch.[138] Vollstän-

138 Die Tatsache, daß der beste Läufer, der aufgrund eines Muskelkrampfes das Pech hatte, das Rennen zu verlieren, es gewonnen hätte, wenn er kein solches Pech gehabt hätte, macht ihn noch nicht zum Sieger. Helmut Kohl gilt als großer Kanzler, weil er die ›Gunst der Stunde‹ zu nutzen wußte. Andere Kanzler hatten oder werden dies Glück nicht haben.

dige Chancengleichheit ist deshalb direkt nicht herstellbar. Die Einschränkung der Chancengleichheit ist gerechtfertigt, weil der Versuch der Beseitigung der Ungleichheiten das Gesellschafts- und Wirtschaftssystem so beeinträchtigen würde, daß jedenfalls auf lange Sicht die Möglichkeiten für die Benachteiligten noch schlechter würden.[139]

Es lassen sich allenfalls Kompensationen für die nicht direkt vermeidbaren Auswirkungen von unverschuldeten Faktoren institutionalisieren, die vom Standpunkt der Gerechtigkeit nicht zählen dürfen. Bei den prima facie gerechtigkeitstheoretisch gebotenen Kompensationen zur Verwirklichung von Chancengleichheit treten indes Ziel- und Normenkonflikte auf. Die kompensatorischen Maßnahmen treten dabei in moralischen Konflikt zum einen mit Freiheitsrechten, vor allem dem Recht auf freie Entfaltung der Persönlichkeit,[140] und zum anderen mit prudentiellen Funktionsanforderungen eines effizienten Wirtschafts- und Verwaltungssystems.

Praktisch schwierig zu klären ist zudem die umstrittene Frage, was es konkret bedeutet, faire Chancengleichheit für alle Personen zu realisieren und wie man Verletzungen dieses Prinzips feststellt.[141] Das Vorliegen fairer Chancengleichheit läßt sich nur hypothetisch feststellen: In einer gerechten Gesellschaft entspräche die Verteilung von sozialen Positionen mit Bezug auf die Gruppenangehörigkeit ungefähr dem jeweiligen Anteil der Gruppenangehörigen an der Gesamtbevölkerung. Bei annähernd gleicher Verteilung von Talenten und Motivationen müßten die wichtigsten sozialen Positionen zwischen den relevanten Gruppen annähernd gleich verteilt sein. Daraus ergibt sich dann als Kriterium, daß mit Bezug auf eine bestimmte begehrte Position zwischen zwei Gruppen faire Chancengleichheit besteht, wenn die Erfolgsraten (das sind Chancen im Sinne von (a)) beider Gruppen, die begehrte Position zu erlangen, gleich sind.[142] In dieser kontrafaktischen Situation kann eine statistische Korrelation – und damit eine Gleichheit oder Ungleichheit des

139 J. Rawls, *Eine Theorie der Gerechtigkeit*, S. 335.

140 In vielen Gesellschaften haben die Eltern ein als wesentlich angesehenes Recht auf die Erziehung ihrer eigenen Kinder. Wenn das Recht anerkannt wird, wird sich der besonders prägende Einfluß der Eltern auf die Entwicklung der Kindern nie durch öffentliche Schule u. a. ausgleichen lassen.

141 Vgl. dazu B. Rössler (Hg.), *Quotierung und Gerechtigkeit*.

142 Vgl. O. O'Neill, »Wie wissen wir, wann Chancen gleich sind?«, S. 149.

Ergebnisses (Gleichheit ex post) – als Indikator für Gleichheit ex ante zwischen Gruppen gelten. Bestehen solche Hinweise auf vorgängige Chancenungleichheiten oder lassen sich strukturelle Diskriminierungen durch die sozialen Bildungs-, Stratifikations- und Selektionsmuster plausibel machen, ist eine ausgleichende Bevorzugung der ansonsten Benachteiligten gerechtfertigt.

So stellt das Prinzip fairer sozialer Chancengleichheit einen *Kompromiß* dar. Alle sollen tatsächlich vergleichbare Chancen haben, ihre Lebenspläne zu verwirklichen, ihre Fähigkeiten und Talente zu entwickeln und sich um anspruchsvolle, ihren Fähigkeiten und Motivationen entsprechende, herausfordernde Stellungen zu bemühen. Ihre Chancen auf bestimmte Positionen werden aber entsprechend ihren natürlichen Talenten, ausgebildeten Fähigkeiten und gezeigten Motivationen differieren. Diese Chancen-Ungleichheit läßt sich nur durch eine Verbesserung der Lage oder der Chancen der Benachteiligten begründen.[143] Diese Ungleichheiten können von allen dann zum Nutzen der Steigerung des Sozialprodukts und der bestmöglichen Erledigung öffentlicher Aufgaben aus Klugheitsgründen akzeptiert werden, wenn sie mit einer wesentlichen einschränkenden Bedingung verknüpft werden. Die ökonomischen Konsequenzen der Positionen und Ämter, also im wesentlichen Einkommen und Vermögen, werden nach den Prinzipien der ökonomischen Gütersphäre verteilt. Während das Einkommen nach dem Verantwortungsprinzip bei ursprünglich gleicher Güterverteilung und Ausgleich für Begünstigungen und Benachteiligungen verteilt wird und durch das Begrenzungsprinzip limitiert wird, regelt das Begrenzungsprinzip im wesentlichen die Distribution der anderweitigen Effekte sozialer Positionen und Ämter wie höheres Ansehen und Bekanntheit sowie die Chance, durch einmal erklommene soziale Positionen noch höher auf der sozialen Leiter zu steigen.

Einen moralischen Anspruch auf höhere Positionen oder Ämter im Sinne eines persönlichen Verdienstes – daran sei nochmals erinnert – begründet das Prinzip der fairen Chancengleichheit nicht. Das Qualifikations- und Anforderungsprofil kann von der Gesellschaft nach deren pragmatischen Überlegungen frei festgesetzt werden. Dadurch werden keine Rechte von besonders Qualifizierten auf diese Stellen verletzt, denn solche bestehen so nicht. Das ›An-

143 J. Rawls, *Eine Theorie der Gerechtigkeit*, S. 337.

recht‹ von Personen auf Positionen ist keines des persönlichen Verdienstes.[144]

Da moralisch arbiträre Gesichtspunkte bei fairer Chancengleichheit einen großen Anteil haben und da dies mit dem Verantwortungsprinzip in Spannung steht, ist aus der Perspektive der Gerechtigkeit die Form und der Umfang der sozialen Stratifikation zu prüfen. Diese braucht nicht nur nach einem oder wenigen Kategorien zu klassifizieren. Eine Vervielfältigung der gesellschaftlich geschätzten Eigenschaften könnte eine gewisse Entlastung der bestehenbleibenden Ungerechtigkeit und zudem eine Bereicherung der Gesellschaft bedeuten. Nicht nur die Hierarchisierung ist jeweils kritisch zu prüfen, sondern auch die Definitionsmacht für die Bestimmung der relevanten Kategorien und deren soziale Bedeutung. Die Bessergestellten in einem System sind in der Regel auch diejenigen, die gesellschaftlich vorgeben, was die sozial geschätzten Eigenschaften sind und wie die Grenzen zwischen den gesellschaftlichen Gruppen gezogen werden.[145] Dieses Bestimmungs- und Deutungsmonopol ist zu brechen, um wirklich faire Chancengleichheit zu gewähren. So wie die Bestimmung der Personen von außen, in welche Gruppe(n) sie gehören sollen, ein Machtproblem darstellt, so stellt die Bestimmung von innen, zu welchen Gruppen man sich zugehörig fühlt, ein Identitätsproblem dar. Multiple Mitgliedschaften, Grenzgänger und Einzelgänger scheinen durch das gängige Raster fairer Chancengleichheit zu fallen. Jede Chancengleichheitspolitik, auch wenn sie aus heuristischen Gründen bei der Diskriminierung von Gruppen ansetzt, muß ihr primäres Augenmerk auf das je unvertretbar einzelne *Individuum* legen, dem das Seine zukommen soll. Im Prinzip ist die faire Chancengleichheit zwischen allen einzelnen Individuen in ihrer Verschiedenheit zu gewährleisten, um jedem die gleiche Chance auf ein gelingendes selbstbestimmtes Leben zu geben.

Auch die Stellung des Prinzips fairer Chancengleichheit ist komplex.[146] Das Prinzip formaler Chancengleichheit, das Diskriminierungen ausschließt und für rechtliche Gleichstellung sorgt, dient der

144 J. Rawls, *Eine Theorie der Gerechtigkeit*, S. 348.

145 Vgl. für diesen wichtigen Aspekt feministischer Kritik C. MacKinnon, »Reflections on Sex Equality under Law«.

146 J. Rawls räumt dem Prinzip fairer Chancengleichheit in *Eine Theorie der Gerechtigkeit* (S. 334 ff.) bekanntlich einen lexikographischen Vorrang vor dem Differenzprinzip ein. Kritisch dazu T. Pogge, *John Rawls*, S. 99 ff.; W. Hinsch, *Gerecht-*

Garantie von Grundfreiheiten. Weil und sofern Freiheiten berührt werden, gebührt diesem Teil der Chancengleichheit ein gewisser Vorrang vor materieller Güterverteilung. Ein entsprechender Vorrang für den zweiten Teil des Prinzips, der dem Ausschluß sozial bedingter Chancenungleichheit dient, bedeutet, daß die am wenigsten begünstigten Gesellschaftsmitglieder Einbußen in ihren Einkommen und Vermögen hinnehmen müssen, wenn nur so allen Personen gleiche faire Chancen geboten werden können. Das kann man außer durch die angegebenen prudentiellen Gründe auch noch dadurch rechtfertigen, daß die mit verantwortungsvollen Aufgaben betrauten sozialen Positionen selbst ein so wichtiges Gut darstellen, daß niemand von ihnen um anderer Vorteile willen ausgeschlossen werden darf.[147] Unklar ist hingegen, ob die Chance auf soziale Positionen nicht auch gelegentlich mit ökonomischen Ressourcen verrechnet werden darf. So scheint es unplausibel, zu verbieten, Fähigkeiten von Begabten und Eliten zu fördern, auch wenn es den Schlechtergestellten per Umverteilung von oben zu gute kommt. Verboten wäre das jedoch, wenn faire Chancengleichheit einen Vorrang vor den Verteilungsprinzipien des ökonomischen Bereichs hätte, weil solche Begabtenförderung sicherlich die soziale Ungleichheit befördert und die Chancen der Schlechtergestellten auf attraktive Positionen vermindern würde, auch wenn ihnen dadurch mehr Einkommen gewährt und bessere Dienstleistungen geboten würden. Hier scheint es plausibler, diese Frage der Abwägung den verhandelnden Interessensgruppen nach dem Begrenzungsprinzip zu überlassen. Dort können sie nach Fällen differenziert entscheiden, was sie vorziehen: Einkommen und Vermögen oder Chancen auf Positionen.

*fertigte Ungleichheiten*, Kap. 1.; R. Arneson, »Against Rawlsian Equality of Opportunity«.

147 Vgl. J. Rawls, *Eine Theorie der Gerechtigkeit*, S. 105f.

# Kapitel VI
# Konstitutiver Egalitarismus

## Der Stellenwert der Gleichheit

Abschließend möchte ich auf die Ausgangsfragen dieser Untersuchung zurückkommen: Hat Gleichheit einen wesentlichen Stellenwert in einer Theorie der Gerechtigkeit und wenn ja, welchen? Ist Gleichheit nach diesen Gleichheitspostulaten ein Wert an sich, oder welche Rolle spielt sie in der von mir vertretenen Konzeption von Verteilungsgerechtigkeit?

Zur Beantwortung dieser Fragen ist es hilfreich, noch einmal drei Unterscheidungen von Arten des Egalitarismus zu rekapitulieren, die en passant schon eingeführt wurden: 1. zwischen *formalen* und *substantiellen* egalitären Prinzipien, 2. zwischen intrinsischem, instrumentellem und konstitutivem Egalitarismus und 3. zwischen egalitaristischen Positionen auf der ersten und zweiten Ebene.

Die erste Unterscheidung differenziert zwischen *formalen* und *substantiellen* egalitären Prinzipien. Formal egalitäre Prinzipien beziehen sich auf Unparteilichkeit, Universalität und den Grundsatz, Gleiches gleich zu behandeln. Substantiell egalitäre Prinzipien beziehen sich darauf, wie es Menschen relativ zu anderen geht. Die formal egalitären Prinzipien sind relativ unkontrovers in ihrem materiell-ethischen Gehalt (wenn auch nicht in ihrer metaethischen Deutung). Eine egalitaristische Theorie wäre zu unspezifisch, würde sie sich nur auf die allgemein akzeptierten, formalen Gleichheiten berufen. Gleiches gilt für die heute allgemein akzeptierte fundamentale, moralische Gleichheit aller Menschen. Der Egalitarismus muß sich vielmehr auf mindestens ein weiteres substantielles Gleichheitsprinzip berufen. Ich habe versucht zu zeigen, daß man sich dabei plausiblerweise auf die *Präsumtion der Gleichheit* berufen kann und spezifischer auf die *Gleichheit der Lebensaussichten.*

Eine Konzeption von Gerechtigkeit ist *egalitaristisch,* wenn sie Gerechtigkeit wesentlich als *Gleichheit* versteht, Gleichheit also als ein *fundamentales Ziel der Gerechtigkeit* ansieht. Egalitaristisch ist jede Position, die *Gleichheit selbst* als ein aus moralischen Gründen zu verwirklichendes Ideal menschlichen Handelns behauptet. Gleichheit braucht dabei nicht der einzige, nicht einmal der oberste Wert zu sein. Egalitaristen sind der festen Überzeugung, daß es moralisch schlecht ist – ungerecht und unfair –, wenn es einigen unverschuldet schlechter geht als anderen.[1] Diese Ansicht teilen alle Vertreter des modernen Egalitarismus. Die Art und Hinsicht der Gleichheit, die unter Menschen zu verwirklichen ist, wird von ihnen gewöhnlich als die gleiche Möglichkeit, gut zu leben, das heißt als Gleichheit der Lebensaussichten, aufgefaßt. Was das wiederum genau bedeutet, ist allerdings Gegenstand der Diskussion im egalitären Lager und wird je nach der eingenommen Position in der ›Gleichheit-wovon?‹-Debatte anders interpretiert (vgl. u.a. S. 250ff.).

Um welche Art von Ziel handelt es sich dabei? Mit anderen Worten: Welchen Stellenwert nimmt Gleichheit als Idee und Ideal innerhalb der Moral, genauer der liberalen Gerechtigkeitstheorie, ein? Hier sind meines Erachtens drei Typen von Antworten möglich, und entsprechend schlage ich vor, zwischen drei Arten von Egalitarismus zu unterscheiden: einem intrinsischen, einem instrumentellen und einem konstitutiven Egalitarismus.[2] Meine Unterscheidung und Terminologie orientiert sich an einer entsprechenden Einteilung von Mitteln zur Erreichung von Zielen. Es gibt folgende Arten von Begründungen für Handlungen: a) Manche Handlungen sind an sich wertvoll und erstrebenswert; sie stellen intrinsische Ziele dar. b) Instrumentelle Handlungen sind gut zur Erreichung eines wertvollen Ziels. c) Handlungen können gut sein, weil sie in einer Teil-Ganzes-Relation zu wertvollen Zielen stehen. Ein Fall, in dem ein solches Teil-Ganzes-Verhältnis relevant ist, wäre der, in dem man etwa das Ziel hat, alle Nabokov-Romane zu lesen, und mit »Lolita« anfängt. d) Dieser Fall ist von demjenigen zu unterscheiden, in dem die gewählte Handlung konstitutiv ist für das Ziel: beispielsweise wenn man heute abend etwas Unterhaltsames unternehmen will

1 Vgl. L. Temkin, »Inequality«, S. 100, ders., *Inequality*, S. 7.

2 Für ähnliche, aber nicht gleiche Unterscheidungen vgl. D. Parfit, *Equality or Priority?* und ders., »Gleichheit und Vorrangigkeit«. Parfit unterscheidet teleologische von deontologischen Egalitaristen. Er hält den Unterschied u.a. deshalb für relevant, weil die Auswirkungen (scope) recht unterschiedlich sein können. Der teleologische Egalitarismus ist viel umfassender und weitergehender als der deontologische. Vgl. L. Temkin, *Inequality*, S. 11, und D. McKerlie, *Equality*, S. 275.

und sich für das Kino entscheidet, weil dies von der betreffenden Person als unterhaltsam empfunden wird.

Durch einen Blick auf die anderen beiden Auffassungen wird sich herausstellen, daß nur ein konstitutiver Egalitarismus das Ideal der Gleichheit adäquat interpretiert. Es ist diese Position, die in der vorliegenden Untersuchung entwickelt wurde und hiermit abschließend nochmals reflexiv als solche formuliert und postuliert wird.

Der *intrinsische* Egalitarismus hält Gleichheit für ein intrinsisches Gut an sich. Als reinen Egalitaristen geht es seinen Vertretern nur um Gleichheit der gesellschaftlichen Zustände, das heißt, es ist an sich schlecht, wenn es einigen Menschen (ohne ihr eigenes Verschulden) schlechter geht als anderen. Gegen das intrinsische Verständnis des Egalitarismus läßt sich folgendes einwenden:

Die intrinsische Position betrifft zum einen alle Zustände, obwohl Ungleichheiten, die sich nicht durch menschliches Handeln verhindern lassen, weder gerecht noch ungerecht sind.[3] In solchen Fällen, wie beispielsweise bei ungleichem Wetter, ist nichts moralisch falsch oder ungerecht.[4]

Zum anderen halten wir Ungleichheit nicht immer für ein moralisches Übel. Intrinsische Gleichheit müßte auch dann pro tanto etwas Erstrebenswertes sein, wenn die Gleichstellung keiner der betroffenen Personen nutzen würde. Dies wäre beispielsweise der Fall, wenn Gleichheit nur durch Herunternivellieren des besseren Zustands herzustellen wäre. Man kann Ungleichheit manchmal nur so beseitigen, daß man den Bessergestellten ihre extra Ressourcen nimmt, so daß es ihnen dann gleich schlecht geht wie allen anderen auch. Dies müßte nach der intrinsischen Auffassung ein akzeptabler Weg sein. Dagegen spricht aber folgendes Gegenbeispiel: Wäre es moralisch gut, wenn man in einer Gruppe von Blinden und Sehen-

3 Ein intrinsischer Egalitarist könnte jemand sein, der sich wünscht, daß Paul, der sonst immer nur 1-Cent-Stücke findet, während Peter dauernd das Glück hat, 2-Euro-Stücke zu finden, beim nächsten Mal ein 2-Euro-Stück findet. Bei diesem Wunsch geht es nicht um Gerechtigkeit, Verdienst oder Bedürfnis. Peter und Paul geht es ex hypothesis ansonsten in allen relevanten Hinsichten gleich gut.

4 Teleologische Egalitaristen könnten diesen Punkt bestreiten und auf die gelegentlich auftretende Rede von natürlicher Ungerechtigkeit verweisen. Sie finden, daß man das Ergebnis der natürlichen Lotterie (d.h. der natürlichen Ausstattung der Menschen) durchaus sinnvoll ungerecht oder gerecht nennen könne. Diese Redeweise gilt m. E. zu Recht als unsinnig. Das hängt von unserem Gerechtigkeitsverständnis ab. (Dies soll an anderer Stelle näher expliziert werden.)

den die Sehenden blind machen würde, weil man die Blinden nicht sehend machen kann? Das wäre doch moralisch pervers. Eine Beseitigung von Ungleichheit, indem man alle nach unten zieht, führt – so der Einwand – zu moralisch inakzeptablen Konsequenzen. Der Einwand des Herunternivellierens lautet also, daß die Beseitigung von Ungleichheit doch einen besseren Zustand hervorbringen müsse, da sonst unklar sei, warum Gleichheit ein Ziel sein sollte.[5] Ein solcher Levelling-Down-Einwand ist gleichwohl nur dann gültig, wenn in der Tat keine besseren oder gleich guten egalitären Alternativen denkbar und verfügbar wären. Fast immer jedoch lassen sich solche finden. So könnten und sollten die Sehenden etwa lieber den Blinden helfen, finanziell und auf andere Weise, statt sich zu verstümmeln. Es bleibt aber der Punkt, daß etwas nur dann einen intrinsischen Wert haben kann, wenn es für mindestens eine Person gut ist, wenn es ihr Leben also in irgendeiner Hinsicht besser macht. Es scheint unsinnig, Gleichheit als einer Relation zwischen Personen selbst einen intrinsischen Wert zuzuschreiben, obwohl sie doch gegebenenfalls keinem einzigen Menschen etwas nützt. Dies braucht deshalb nicht notwendig einen subjektiven Wert für die Person zu haben, die Verbesserung der Qualität des Lebens kann auch an sich gut sein.

In Fällen, in denen es keine Alternativen gibt, darf der Egalitarismus, um diesen Einwänden entgehen zu können, nicht strikt sein, sondern muß *pluralistisch* verstanden werden. Pluralistische Egalitaristen haben nicht nur Gleichheit als Ziel, sondern lassen noch andere Werte neben Gleichheit zu, vor allem das Prinzip der Wohlfahrt, wonach es besser ist, wenn es Menschen besser geht. So können pluralistische Egalitaristen darauf beharren, daß beim Herunternivellieren etwas Gutes erreicht wird, nämlich größere Gleichheit, obwohl sie gleichzeitig zugeben müssen, daß damit auch viel Schlechtes bewirkt wird. Der pluralistische Egalitarismus sollte zudem *moderat* genug sein, um im Konfliktfall von Gleichheit versus Wohlfahrt oder Effizienz nicht immer Gleichheit siegen zu lassen, sondern Abstriche an Gleichheit um einer höheren Lebensqualität für alle willen hinnehmen zu können.

5 Diese Art des Levelling-Down-Einwandes wird z. B. vorgebracht von R. Nozick, *Anarchy, State, and Utopia*, S. 229, J. Raz, *The Morality of Freedom*, S. 27, 235 und L. Temkin, *Inequality*, S. 247-248. Zur Diskussion dieses Einwands vgl. D. Parfit »Gleichheit und Vorrangigkeit«, S. 93 f., und D. McKerlie *Equality*. Ein schönes literarisches Beispiel liefert Kurt Vonneguts Science-fiction-Erzählung »Harrison Bergeron«.

Viele Egalitaristen sind heute bereit zuzugestehen, daß Gleichheit im Sinne von Gleichheit der Lebensumstände keinen starken Wert an sich hat, sondern ihre Bedeutung im Rahmen liberaler Gerechtigkeitskonzeptionen im Zuge der Verfolgung anderer Ideale erhält. Ungleiche Verhältnisse bedeuten für die Schlechtergestellten oft erhebliche relative Benachteiligungen und absolute Übel; und es sind in der Regel diese relativen Benachteiligungen und absoluten Übel, derentwegen wir die ungleichen Verhältnisse moralisch verurteilen. Dies zeigt aber nicht, daß Ungleichheit als solches ein Übel ist. Danach stehen hinter unserem Streben nach Gleichheit andere fundamentalere moralische Ideale als Gleichheit. Wenn wir aus diesen Gründen gegen Ungleichheit sind, so argumentieren und arbeiten wir für Gleichheit als Nebenprodukt und nicht für Gleichheit als Ziel oder intrinsischen Wert. Gleichheit hat dann nur einen abgeleiteten Wert, der entsprechende Egalitarismus (wenn der Titel überhaupt noch angemessen ist) ist ein *instrumenteller*. Gleichheit ergebe sich bzw. werde kontingenterweise als Mittel für die Verfolgung wertvoller Ideale benötigt.[6] Aber wie die vorliegende Untersuchung zeigt, bleibt der Wert der Gleichheit in der Verfolgung dieser in der Tat moralisch wichtigen Ziele unterbestimmt. Einige Beispiel mögen dies pars pro toto verdeutlichen.

– Klassische Liberale sehen in der Freiheit für alle den höchsten gesellschaftlichen Wert. Gleichheit spielt hier eine instrumentelle Rolle als Voraussetzung des größtmöglichen Maßes an Freiheit für jeden Bürger. Je nach der Konzeption von Freiheit fallen Art und Umfang der Gleichheit unterschiedlich weit aus. Wie ich zu zeigen versucht habe, handelt es sich bei dieser freiheitsfunktionalen Auffassung von Gerechtigkeit um ein Selbstmißverständnis der entsprechenden Theorien (vgl. Kapitel IV.1.). Das liberale Ideal der Freiheit läßt sich angemessen nur in einer Theorie der Gleichverteilung von Freiheitsrechten rekonstruieren, in der Gleichheit ein nicht bloß instrumenteller Stellenwert zukommt.
– Humanitäre Gesichtspunkte, insbesondere das Lindern von Leid, nötigen uns dazu, Schlechtgestellten zu helfen, ihre Lage zu verbessern. Diese humanitären Sorgen sind nicht eigentlich egalitär. Die Sorge gilt nicht dem Unterschied zwischen Besser- und Schlechtergestellten als solchem, sondern der Verbesserung der

6 Eine solche Auffassung vertritt T. Scanlon, *The Diversity of Objections to Inequality*.

Lage der am schlechtesten Gestellten. Ihre Not ist der moralische Grund. Daraus wird gefolgert: Der Reichtum der Bessergestellten gibt nur die Mittel ab, die zum Zwecke der Linderung der Not transferiert werden, solange dadurch nicht andere moralisch negative Folgen auftreten. Die Stärke der Gründe für mehr Gleichheit liegt in der Dringlichkeit der Ansprüche der Schlechtergestellten, nicht in der Größe der Ungleichheit. Der Verminderung von Leid kommt allemal Vorrang vor Gleichheit zu.[7] Eigentlich erschöpft sich humanitäre Sorge in der Garantie eines hinreichenden Standards für ein auskömmliches Leben für alle.[8] Indem sie diese humanitären Sorgen als nichtrelationale gegen relationale Gleichheitsgesichtspunkte auszuspielen versuchen, beziehen diese Theorien einen nicht-egalitären Standpunkt. Dagegen glaube ich jedoch gezeigt zu haben, daß man in Fragen der Gerechtigkeit nicht ohne relationale Überlegungen auskommt, wenn man die Berechtigung von Ansprüchen beurteilt (vgl. Kapitel II.6., S. 180ff.). Hinlänglichkeit und Vorrang reichen zudem als leitende Gesichtspunkte für Theorien der Gerechtigkeit nicht aus. Die Domäne der Verteilungsgerechtigkeit umfaßt den ganzen Bereich der verteilbaren Güter, auch oberhalb einer wie immer bestimmten Schwelle des angeblich Hinlänglichen. Solche Ansprüche, denen in der Tat wegen der Dringlichkeit der Not ein Vorrang gebührt, werden als besondere Benachteiligungen in der Theorie präsumtiver Gleichverteilung als vorrangiger Grund für eine Ungleichverteilung angesehen. Damit kann eine präsumtive Gleichverteilungstheorie für die intuitiv plausible Ansicht aufkommen, daß die Befriedigung bestimmter Bedürfnisse, das Beseitigen bestimmter Notlagen, wie Hunger, Armut, Obdachlosigkeit, Kälte, Krankheit, Bedrohung oder Krieg, dringlicher ist als die Umverteilung oberhalb einer Schwelle des Hinlänglichen.

7 D. Parfit vertritt deshalb in *Equality or Priority?* und in »Gleichheit und Vorrangigkeit« die Auffassung, daß es nicht auf Gleichheit, sondern auf Vorrang (priority) ankomme. Gemäß der »priority view« ist es nicht schlecht oder ungerecht, daß es einigen schlechter geht als anderen. Statt dessen kommt es nur darauf an, den Schlechtergestellten zu helfen. Und zwar muß man ihnen um so mehr helfen, je schlechter sie gestellt sind, auch wenn man ihnen damit weniger helfen kann als anderen.

8 Diese weitergehende Auffassung, es komme nicht auf Gleichheit, sondern auf Hinlänglichkeit (sufficiency) an, vertritt H. Frankfurt in »Equality as a Moral Ideal« (S. 21).

– Es ist ein moralisches Übel, wenn Personen als tieferstehend oder minderwertig behandelt werden oder so behandelt werden, daß sie sich so fühlen. Solche Stigmatisierungen bedrohen die Gleichheit des sozialen Status. Bestimmte Gerechtigkeitstheorien, besonders solche, die auf Einsichten von Differenztheorien, Kulturwissenschaften und Geschlechterstudien aufbauen, machen die Vermeidung von sozialen und kulturellen Stigmatisierungen zu ihrem Leitziel und sehen distributive Gleichheit allenfalls als Mittel oder als nachgeordnetes Ziel. Zufällige ökonomische Ungleichheiten sind viel leichter zu ertragen als systematische, motivierte Ungleichheiten. Ist es schon an sich unfair, wenn eine Arbeit willkürlich schlechter bezahlt wird als andere, so wiegt es moralisch und psychologisch viel schwerer, wenn es sich dabei etwa typischerweise um Frauenarbeit oder um die Arbeit niedriger Klassen handelt. Manche Ungleichheiten können das Überbleibsel früherer Praktiken expliziter Diskriminierung sein und ihre andauernde Fortführung symbolisiert eine jetzt diskreditierte soziale Einteilung. Solche Beispiele begründen die Einsicht, daß diejenigen Ungleichheiten, die am schwersten wiegen, nicht die sein müssen, die für sich genommen am ungerechtesten sind. Deshalb können Fälle moralischer Ungleichbehandlung ökonomische Maßnahmen rechtfertigen.[9] Die Beseitigung von primärer Diskriminierung und materielle Gleichstellung bedingen sich. Dabei zeigt sich nochmals, daß beide Ansätze nicht wirklich konkurrieren, sondern auf verschiedenen Ebenen liegen. Der auf Anerkennung und Differenz basierende Ansatz gibt eine gute Erklärung zum einen für die Verletzungen, die Personen bei ungerechter Behandlung erleiden und beklagen, und damit zum anderen dafür, was es heißt, jemanden mit gleicher Achtung und gleicher Rücksicht zu behandeln. Der Ansatz der Verteilungsgerechtigkeit hingegen bildet die beste Grundlage für die Rechtfertigung und Bestimmung derjenigen Maßnahmen, die notwendig sind, um jeden mit gleicher Achtung und gleicher Rücksicht zu behandeln, vor allem bei der Gewährung von Rechten oder der Verteilung von Gütern. Über Stigmatisierung und soziale Benachteiligung, über primäre und sekundäre Diskriminierung kann nur im Rahmen einer zusammenhängenden einheitlichen

9 So zeigt A. Phillips in ihrer Studie *Which Equalities Matter?*, daß die Politik der Differenz also doch Zähne hat.

Theorie der Gerechtigkeit geurteilt werden, in der Gleichheit nicht nur ein instrumenteller Wert zukommt.

– Der stabile Zusammenhalt moderner freiheitlich verfaßter Gesellschaften verlangt gegebenenfalls eine gewisse Gleichheit, um soziale Kohäsion zu fördern und Entsolidarisierung zu verhindern. Nur durch ein gewisses Maß an materieller Gleichheit der Bürgerinnen und Bürger lasse sich – so ist oft zu hören – der ›soziale Friede‹ im Lande aufrechterhalten. Aber Gleichheit nur strategisch einzusetzen scheint zynisch. Es sind vielmehr die Bürgerinnen und Bürger selbst, die sich fragen, was sie sich wechselseitig schulden, wenn sie ihr Zusammenleben gerecht regeln wollen. Stabilität ist dann dabei nur eines unter mehreren Kriterien der gerechten Gesellschaft und Gleichheit mehr als ein Instrument des sozialen Friedens.

Sicherlich ist distributive Gleichheit auch ein wichtiges Mittel, um gesellschaftlich wertvolle Ziele zu erreichen. Aber eine Reduktion auf das bloße Mittel wird der Rolle des Ideals der Gleichheit nicht gerecht. Sie verleitet vielmehr dazu, die Ziele, um derentwillen Gleichheit nötig sind, antiegalitär mißzuverstehen. Deshalb sollten wir ein anderes, adäquateres Verständnis vom Stellenwert des Gleichheitsideals entwickeln, jenseits der bloß instrumentellen oder intrinsischen Bedeutung.

Dieses angemessenere Verständnis des Gleichheitsideals nenne ich den *konstitutiven* Egalitarismus. Dieser Position zufolge streben wir nach Gleichheit aus anderen moralischen Gründen, nämlich weil bestimmte Ungleichheiten ungerecht sind. Gleichheit hat einen Wert, dieser ist jedoch extrinsisch, weil sie ihren Wert von einem anderen, höheren Prinzip der gleichen Achtung gewinnt; deshalb ist sie aber nicht instrumentell zu verstehen, wird also nicht nur wegen der fundamentalen Gleichheit geschätzt, sondern auch um ihrer selbst willen.[10] Die genannten Gleichheitsprinzipien stützen und befördern die soziale Gerechtigkeit, die zu verwirklichen wir moralisch verpflichtet sind. Gleichheit realisiert bzw. konstituiert erst soziale Gerechtigkeit.

Alle fünf Gleichheitsprinzipien (formale, proportionale, moralische Gleichheit, die Präsumtion und das Verantwortungsprinzip) sind genuine Prinzipien der Gleichheit. Sie sind Prinzipien im Be-

10 Für die Unterscheidung des Ursprungs des Werts von der Art des Werts vgl. C. Korsgaard, »Two Distinctions in Goodness«.

reich der komparativen Gerechtigkeit, und der Gleichheitsgesichtspunkt spielt in ihnen eine entscheidende Rolle. Gleichheit in ihren verschiedenen Bedeutungen hat bei diesen Postulaten also einen eigenständigen Wert, aber keinen von anderen höheren moralischen Idealen unabhängigen. Die fünf Gleichheitspostulate sind nur konstitutiv oder deontologisch egalitär. Sie stützen und befördern die soziale Gerechtigkeit. Gewiß ist Gleichheit nicht in dem selben Sinn ein Gut wie Freiheit oder Wohlbefinden. An Freiheit oder Wohlbefinden kann man sich erfreuen, und das teilweise um ihrer selbst willen, nicht jedoch an Gleichheit. Am Grad der Beachtung der Prinzipien der Gleichheit ermißt man vielmehr, wie gerecht oder ungerecht eine Gesellschaft eingerichtet ist. Deshalb nenne ich die hier vertretene Version einen *konstitutiven* Egalitarismus, weil man mit der Verwirklichung von Gleichheit im Sinne der fünf Gleichheitspostulate *Gerechtigkeit realisiert.* Ein *konstitutiver* Egalitarismus strebt nach Gleichheit aus moralischen Gründen, weil Gleichheit andere moralische Ideale befördert und weil bestimmte Ungleichheiten moralisch schlechte Konsequenzen haben. Wir haben eine Pflicht zur Gerechtigkeit; Ungleichheiten, die wir verändern können, aber nicht beseitigen, verletzten diese Pflicht. Gleichheit herzustellen ist eine moralische Pflicht,[11] und Gleichheit stellt deshalb einen konstitutiven Wert bezogen auf Gerechtigkeit dar. Das Argument für die Präsumtion als Kern der hier vertretenen egalitären Gerechtigkeitskonzeption führt weder zu einem intrinsischen noch zu einem instrumentellen Egalitarismus und damit auch nicht zu einem bloß instrumentellen Wert der Gleichheit. Es wird gar kein *eigenständiger* Wert der Gleichheit aufgezeigt. Nichtsdestotrotz spielt Gleichheit eine wesentliche Rolle, nämlich eine konstitutive für Gerechtigkeit. Diese Version scheint mir gegen viele der gegen Egalitaristen üblicherweise vorgebrachten Einwände gefeit zu sein.

Der von mir hier vertretene konstitutive Egalitarismus ist ein *Egalitarismus auf zwei Stufen.* Auf der ersten Stufe beansprucht er, daß Moral bzw. Gerechtigkeit mit Gleichheit begrifflich zusammenhängt (s. Kapitel II). Jede Explikation des moralischen Standpunktes ist unvollständig ohne Vokabeln wie ›gleich‹, ›gleichermaßen‹ oder ›in gleicher Weise‹. Es gibt einen *begrifflichen* Zusammenhang zwischen Gerechtigkeit und Gleichheit, weil eine vollständige Explika-

11 Deshalb wird diese Position auch deontologischer Egalitarismus genannt.

tion des Gerechtigkeitsbegriffs die Prinzipien der formalen und proportionalen Gleichheit mit einschließen muß. Diese beiden Gleichheitsprinzipien stellen als genuine Prinzipien der Gleichheit einen unauflöslichen Zusammenhang von Gerechtigkeit und Gleichheit her. Gerechtigkeit läßt sich überhaupt nur mittels dieser und weiterer Gleichheitsprinzipien explizieren. Gleichheit ist also in diesen Formen eine notwendige Bedingung für Gerechtigkeit. Ein Antiegalitarismus auf der ersten Stufe hält diese Vokabeln für fehlplaziert oder redundant. Ich habe zu zeigen versucht, daß die Gleichheitsprinzipien und damit die Gleichheitsterminologie keineswegs fehlplaziert und reduzibel sind. Insbesondere sind sie nicht redundant, denn das mit Gleichheit Gemeinte kann nicht – wie von dem Antiegalitarismus der ersten Stufe beansprucht – von einem anderen Begriff wie dem der nichtrelationalen Angemessenheit vollständig abgedeckt werden. Der relationale Begriff der Gleichheit erweist sich vielmehr als der im Kontext der Moralbestimmung fundamentalere gegenüber allen möglichen Alternativen.

Die hier vertretene Konzeption der Gerechtigkeit vertritt auch einen *Egalitarismus auf der zweiten Stufe*. Auf der zweiten Stufe, auf der es um die angemessene Auslegung des (auf der ersten Stufe begrifflich gerechtfertigten) Gesichtspunktes der Gleichheit und die Konstruktion einer entsprechenden Konzeption der Gerechtigkeit geht, gibt ein konstitutiver Egalitarist Gleichheit ein substantielles Gewicht.

Dieses liegt in einem *normativen* Zusammenhang zwischen Gerechtigkeit und Gleichheit begründet, der durch die (Richtigkeit der) Gleichheitsprinzipien der moralischen Gleichheit, der Präsumtion und durch das Verantwortungsprinzip hergestellt wird. Die konstitutive Rolle der Gleichheit in der distributiven Gerechtigkeit macht diese Konzeption auf der zweiten Stufe zu einer egalitären. Zur Erinnerung sei auf die Bedeutung dieser drei Gleichheitsprinzipien noch einmal hingewiesen.

Der normativ *fundamentale* Zusammenhang von Gerechtigkeit und Gleichheit gründet in unserer modernen Moralauffassung, nach der allen Menschen gleiche Achtung und Rücksicht gebührt. Daraus folgt, daß die *einzige* Aufgabe einer modernen Konzeption distributiver Gerechtigkeit die *angemessene* Interpretation moralischer Gleichheit ist. Damit ist noch keine bestimmte Güterverteilung vorgezeichnet, aber eine bestimmte Art der Rechtfertigung, nämlich die Präsumtion der Gleichheit, für die ich argumentiert habe:

> Alle Betroffenen sind ungeachtet ihrer deskriptiven Unterschiede numerisch oder strikt gleich zu behandeln, es sei denn bestimmte (Typen von) Unterschiede(n) sind in der anstehenden Hinsicht relevant und rechtfertigen durch allgemein annehmbare Gründe erfolgreich eine ungleiche Behandlung oder ungleiche Verteilung.

Wenn die Gültigkeit der Präsumtion anerkannt wird, ist somit der Vorrang der Gleichheit und das wesentliche Argument für eine egalitäre Verteilungstheorie etabliert. Damit habe ich eine direkt-moralische Verteidigung des konstitutiven Egalitarismus gewonnen, die weder einen Umweg über andere Werte wie Wohlergehen oder Freiheit beschreitet, noch Gleichheit einen teleologisch verstandenen Eigenwert zuschreiben muß.

Auf der Grundlage der Präsumtion der Gleichheit wurde eine umfassende egalitäre Theorie der distributiven Gerechtigkeit entwickelt. An ihrem Anfang steht die Konzeption des verantwortlichen und verantwortungsvollen Individuums, das sich – um seiner Verantwortung gerecht zu werden – mit anderen zusammentut, die es als autonome und gleichberechtigte Personen anerkennt. Zusammen haben sie die moralische Motivation, das gemeinsame Zusammenleben für alle vorteilhaft durch reziprok und allgemein begründete allgemeine Normen und Rechte zu regeln. Diese Regelung nimmt inhaltlich die Form einer ursprünglichen Verteilung von allen relevanten Gütern an, auf die noch keiner ein (Eigentums-) Recht hat. Bei der Verteilung begründen die Personen ein System von Regeln statt von konkreten Verteilungen. Sie beurteilen dazu die Verteilung, die sich aus dem System von Regeln ergibt, berücksichtigen aber auch die Art der Verursachung möglicher Ergebnisse. Diese Beurteilung findet nicht aus einer unpersönlichen, unparteiischen Perspektive statt, sondern unter demokratischer Beteiligung aller Betroffenen, die in der politischen Realität in einem fairen Verfahren an der Formulierung und Rechtfertigung der Regeln beteiligt sind. Mit diesen Komponenten im Blick wird ein verkürztes Verständnis des distributiven Paradigmas vermieden.

Was sich Personen wechselseitig schulden, wenn sie ihr Zusammenleben mittels Grundsätzen der Gerechtigkeit gestalten wollen und lediglich allgemein und reziprok gerechtfertigte Regelungen zulassen, ist eine präsumtive Gleichverteilung aller distribuierbaren Güter. Unter der Bedingung initialer Gleichverteilung dieser Güter lassen sich nur Ausnahmen von der Gleichverteilung rechtfertigen, die den moralisch relevanten Gesichtspunkten der persönlichen Verantwortung und des besonderen objektiven Bedarfs Benachteiligter entspringen. Damit gewinnt der Egalitarismus zweiter Stufe inhaltliche Konturen.

In einer Situation ursprünglicher Verteilung müssen die zur Verteilung anstehenden Güter in vier Gütersphären eingeteilt werden, um die Unabhängigkeit der Sphären und Güter zu gewährleisten. Ausgehend von der Präsumtion werden die Grundgüter der Grundrechte und -freiheiten in der politischen Sphäre ausnahmslos gleich verteilt. Da sie die Realisierungsbedingungen der Autonomie darstellen, wird ihrer gesetzlichen Garantie ein gewisser Vorrang vor der Sicherung der anderen Güter eingeräumt. So lassen sich mittels des Ansatzes distributiver präsumtiver Gleichverteilung die klassischen Grundrechte herleiten und angemessen deuten. Die Rechte auf politische Selbst- und Mitbestimmung in politischen Diskursen, die die Prinzipien der Gerechtigkeit umsetzen und schützen, werden in der zweiten Sphäre der politische Partizipationsmöglichkeiten auch ausnahmslos gleich verteilt, das heißt, alle Bürgerinnen und Bürger haben ein Recht auf gleiche politische Teilhabe. Die demokratischen Verfahren der Volkssouveränität lassen sich über den Modus der Gleichverteilung von Rechten angemessen begründen. Die materiellen Güter in der ökonomischen Sphäre, vor allem Einkommen und Vermögen, werden zunächst auf diese Weise hypothetisch verteilt, so daß jede Person ein gleiches Bündel an Ressourcen als Anfangsausstattung erhält, um das sie keine andere beneidet. Das System der Wirtschaft wird durch mehrere Gerechtigkeitsprinzipien reguliert, die eine weitgehende Gleichheit der Lebensaussichten herstellen sollen: durch ein Prinzip der Verantwortung, des Ausgleichs für Bevorzugung und Benachteiligung und durch ein Prinzip der Begrenzung zulässiger Ungleichheit.

Ein entscheidender Unterschied zwischen egalitären und nichtegalitären Gerechtigkeitskonzeptionen auf der zweiten Ebene[12] tut

12 Auf dieser zweiten Stufe ist es nicht so leicht zu sagen, wer Egalitarist und wer Antiegalitarist ist. Anders als auf der ersten Stufe ist hier die Unterscheidung *nicht binär codiert.* Wir können demnach zwischen mehr oder weniger (anti-)egalitaristischen Positionen unterscheiden, und die Grenzziehung wird wiederum von

sich bei der Frage auf, ob bloßes Glück oder Pech verteilungsrelevant sein sollen oder nicht. Egalitaristen müssen das Schicksal bis auf Ausnahmen als gerechtigkeitsrelevanten Anspruch ablehnen und ein Prinzip der Verantwortung akzeptieren, das sich aus dem moralisch zentralen Gesichtspunkt der Autonomie begründen läßt.

Es ist ungerecht, wenn eine Person schlechter als andere gestellt ist (nach dem Maßstab ihrer Ressourcenanteile), außer dieser Umstand ist die Folge von Umständen, die sie selbst zu verantworten hat, also ihrer eigenen freiwilligen Entscheidung oder eines für sie vermeidbaren Fehlers.

Die Übernahme der Folgen des eigenverantwortlichen Handelns begründet die wesentlichen Ausnahmen von der Gleichverteilung. Aber eigenverantwortliches Handeln würde selbst unter Bedingung einer initialen Gleichheit zu ungerechten Resultaten führen, weil die Individuen doch mit unterschiedlichen natürlichen Fähigkeiten und natürlichen Benachteiligungen ausgestattet sind, die ihren Erfolg oder Mißerfolg wesentlich mit beeinflussen. Zumindest Talente und Behinderungen müssen selbst ausgeglichen werden, um überhaupt von einer substantiellen Chancengleichheit für autonome Entscheidungen reden zu können. Die auf dem Verantwortungsprinzip basierende Ressourcengleichheit verlangt einen positiven Ausgleich von natürlichen Benachteiligungen und einen negativen Ausgleich von Begünstigungen. Dem Ausgleich von Benachteiligungen in Notlagen kommt dabei wegen der Dringlichkeit der Not ein Vorrang vor allen anderen Ansprüchen zu. Soziale Ungleichheiten sind darüber hinaus ungerecht, sie überschreiten also die zulässige Grenze, wenn es möglich ist, durch eine Umverteilung von den Bessergestellten zu den Schlechtergestellten die soziale oder ökonomische Lage der schlechtergestellten Personen längerfristig zu ver-

den jeweiligen Konzeptionen der Gerechtigkeit abhängen. Der Nonegalitarismus auf der zweiten Stufe vertritt hingegen eine nichtrelationale Moral- und Gerechtigkeitstheorie. – Das ist freilich nicht die Weise, in der diese Debatte von den Beteiligten zumeist repräsentiert wird. Diese gehen nicht selten davon aus, daß Gleichheit auch auf der konzeptionellen Stufe keine Frage des Grades ist. Alles, was sie beanspruchen, ist eine angemessene Auslegung des (auf der ersten Stufe von mir begrifflich gerechtfertigten) Gesichtspunktes der Gleichheit. Gelinge dies, so sei eine Theorie egalitaristisch, andernfalls nicht. Zumindest unter den nach dieser strikten Maßgabe nicht-egalitaristischen Theorien sind allerdings unzählige Abstufungen möglich, so daß wir wenigstens von mehr oder weniger antiegalitaristischen Konzeptionen sprechen können.

bessern. Diese Ausnahmen von der Gleichverteilung im ökonomischen Bereich führen zu einem komplexen System freien wirtschaftlichen Handelns im Rahmen eines Systems der kompensatorischen steuerlichen Umverteilung. In der sozialen Sphäre schließlich müssen soziale Positionen, Ämter und Chancen so verteilt werden, daß gleich begabte und motivierte Bürgerinnen und Bürger ungefähr gleiche Chancen haben, Ämter oder Positionen zu erlangen – unabhängig von ihrer ökonomischen oder sozialen Klasse. Dies ist ein aus freiheitsverbürgenden und prudentiellen Gründen zulässiger Kompromiß, der eine gewisse Abweichung von der Gleichheit akzeptabel macht.

Theorien der Verteilungsgerechtigkeit spalten sich in drei Komponenten bzw. Theorieebenen auf: (GGr) Moralische Grundsätze der Gerechtigkeit, (GP) Gerechtigkeitsprinzipien für die Grundstruktur der Gesellschaft und (GV) Rechtsprinzipien für eine spezielle Güterverteilung. Die Differenzierung zwischen den drei Ebenen ist für die Erläuterung der hier vertretenen Version des konstitutiven Egalitarismus der zweiten Stufe hilfreich. Die moralischen Grundsätze der Gerechtigkeit, die in dieser Arbeit benannt wurden, sind u. a. die fünf Gleichheitsprinzipien der formalen, proportionalen, moralischen Gleichheit, der Präsumtion und des Verantwortungsprinzips. Die Gerechtigkeitsprinzipien für die Grundstruktur der Gesellschaft lassen sich wie folgt rekapitulieren:

(1) das Prinzip einer gerechten, das heißt präsumtiv gleichen Verteilung von Ressourcen und Rechten in einer ursprünglichen Verteilungssituation;
(2) die ausnahmslose Gleichverteilung von Grundrechten, Grundfreiheiten und politischen Mitbestimmungsrechten;
(3) faire Chancengleichheit für soziale Positionen;
(4) das Prinzip der Verantwortung als einzige genuine, legitime Ausnahme von der Gleichverteilung im ökonomischen Bereich;
(5) drei kompensatorische Prinzipien zum Ausgleich der dadurch entstehenden Ungleichverteilung.

Alle heutigen Eigentumsverhältnisse, sollen sie als legitim gelten, müssen sich als Weitergabe nach fairen Prinzipien vom ersten bis zum jetzigen Besitzer rekonstruieren lassen. Für gerecht erworbene Besitztümer gilt sodann, daß jeder damit im Rahmen der allgemeinen Rechte tun und lassen kann, was er will.

Aus den fünf Gerechtigkeitsprinzipien der hier vertretenen egalitären distributiven Gerechtigkeitstheorie ergeben sich wiederum fünf Rechtsprinzipien, die regeln, wer derzeit Anspruch auf was hat. Sie werden hier zum ersten Mal nach ihrem jeweiligen lexikalischen, eingeschränkten Vorrang aufgelistet:[13]

1. Jede Person hat einen gleichen Anspruch auf basale Sicherheit und ein Existenzminimum. Die physische Integrität ist in all ihren Dimensionen zu schützen und allen ist das Ausmaß an sozialer Unterstützung zu gewähren, das sie in Notlagen benötigen, um jene Benachteiligung zu vermeiden, die sie daran hindert, in der Lage zu sein, alle allgemein als wertvoll anerkannten Funktionsweisen und Fähigkeiten in einem hinreichenden Maße zu realisieren, das für das Leben eines jeden wesentlich ist, um weitgehend als Gleicher unter Gleichen an der Gesellschaft teilnehmen und das eigene Leben selbstbestimmt leben zu können.
2. Jede Person hat einen gleichen Anspruch auf ein völlig adäquates Paket gleicher Grundrechte und Grundfreiheiten, das mit demselben Paket für alle vereinbar ist.
3. Jede Person hat einen gleichen Anspruch auf gleiche politische Teilhabe. Politische Einfluß- und Partizipationsmöglichkeiten bei der Verteilung, Kontrolle und Ausübung politischer Macht sollen allen in gleicher Weise offen stehen.
4. Soziale Positionen, Ämter und Chancen müssen so verteilt werden, daß gleich begabte und motivierte Bürgerinnen und Bürger ungefähr gleiche Chancen haben, die Ämter oder Positionen zu erlangen – unabhängig von ihrer ökonomischen oder sozialen Klasse.
5. Ökonomische Ressourcen sind so zu verteilen, daß jede Person die Folgen ihres eigenverantwortlichen Entscheidens zu tragen hat, wenn folgende Bedingungen erfüllt sind:
   (i) Jede Person hat Anspruch auf ein anfängliches, gleiches Bündel an Ressourcen.
   (ii) Die nicht persönlich zu verantwortenden Folgen von Bevorzugungen und Benachteiligungen sind angemessen auszugleichen, sofern dies nicht schon unter (i) geschehen ist.
   (iii) Soziale Ungleichheiten sind nur zulässig, wenn es nicht möglich ist, durch eine Umverteilung von den bessergestellten zu den

13 Der Vorrang ist nur ein eingeschränkter, kein absoluter, weil Abwägungen im Konflikt der Rechte nötig und möglich sind. Vgl. S. 310, Fn. 54.

schlechtergestellten Personen die soziale oder ökonomische Lage der schlechtergestellten Personen längerfristig zu verbessern.

Diese Prinzipien auf allen drei Ebenen machen zusammen das Ganze der distributiven Gerechtigkeit aus und begründen eine *Konzeption gleicher Gerechtigkeit*.

Diese Konzeption gleicher Gerechtigkeit kann aus mehreren Gründen beanspruchen, liberal und egalitär zu sein. Liberal kann sie aus drei Gründen genannt werden: (1) Autonomie und Verantwortung sind die relevanten Gesichtspunkte, die es bei jeder Person zu berücksichtigen gilt. (2) Zu ihrer Sicherung garantiert diese Konzeption allen Bürgern und Bürgerinnen gleiche Grundrechte, Freiheiten und Lebenschancen, wie sie im demokratischen Verfassungsstaat allgemein garantiert werden. Sie spricht den Grundrechten und -freiheiten einen Vorrang gegenüber dem Allgemeinwohl zu. (3) Sie sichert durch die ausreichende Gleichverteilung von ökonomischen Ressourcen im Rahmen der begründeten Ausnahmen allen einen angemessenen und ausreichenden Anteil an allgemein dienlichen Mitteln, damit sie ihre Freiheiten und Chancen effektiv nutzen können. Die Konzeption gleicher Gerechtigkeit ist zudem aus ebenfalls drei Gründen egalitär: (4) Personen sind moralisch als Gleiche in ihrer Autonomie zu achten. (5) Die Präsumtion der Gleichheit leitet und strukturiert als Grundprinzip die Konzeption distributiver Gerechtigkeit. (6) Nur im ökonomischen und sozialen Bereich lassen sich Ausnahmen von der präsumtiven Gleichverteilung begründen. Diese Ausnahmen rechtfertigen nur geringe Abweichungen von der materiellen Gleichverteilung. Ungleichheiten in Folge eigenverantwortlichen Handelns sind im Prinzip zulässig, weil sie zu den Bedingungen eines autonomen Lebens gehören. Die ungleichen unverschuldeten Folgen des eigenverantwortlichen freien Handelns der Individuen müssen aus dem selben Grund ausgeglichen werden. Dem dienen die drei anderen Prinzipien des Ausgleichs von Bevorzugung, Benachteiligung und Begrenzung von Ungleichheiten zum Wohle der Schlechtergestellten. Die daraus resultierende differenzierte, ungleiche Behandlung der Personen dient dem Zweck, Personen als Gleiche zu behandeln sowie die distributive Gleichheit unter den Mitgliedern zu erhöhen, indem sie jeder Person die Gleichheit der Lebensaussichten garantiert.

Distributiver Gleichheit, insbesondere der Gleichheit der Lebensbedingungen, gebührt somit eine fundamentale Rolle in einer adäquaten Theorie der Gerechtigkeit im besonderen und in der Moral im allgemeinen. So lautet das Fazit dieser Untersuchung: *Gleichheit ist der Inbegriff der Gerechtigkeit.*

> »Ich will dieses Kapitel sowie dieses Buch mit dem Hinweis beschließen, der die Grundlage für jedes soziale System sein muß: Statt die natürliche Gleichheit zu zerstören, setzt der Grundvertrag im Gegenteil an die Stelle der von der Natur aus physischen Ungleichheit der Menschen eine moralische und gesetzmäßige Gleichheit. Damit werden sie, wenn sie schon an körperlichen und geistigen Kräften ungleich sind, durch Übereinkunft und Recht einander gleich.«[14]

Finis

14 J.-J. Rousseau, *Vom Gesellschaftsvertrag*, I.9., S. 83.

# Literaturverzeichnis

In diesem Verzeichnis werden die Angaben für die verwendete, nicht nur die angeführte Literatur aufgelistet. Die erste Fundstelle, die hier für eine Schrift angegeben wird, ist die, nach der in dieser Arbeit zitiert wird, dahinter stehen gegebenenfalls Original- und Erstausgaben sowie Wiederabdrucke.


Ackerman, Bruce, Anne Alstott, *The Stakeholder Society*, New Haven: Yale University Press 1999.

Ackerman, Bruce, *Social Justice in the Liberal State*, New Haven: Yale University Press 1980.

Albernethy, Georg L. (Hg.), *The Idea of Equality: An Anthology*, Richmond: John Knox 1959.

Alexander, Larry, Maimon Schwarzschild, »Liberalism, Neutrality, and Equality of Welfare vs. Equality of Resources«, in: *Philosophy and Public Affairs*, 16 (1987), S. 85-110.

Alexy, Robert, *Theorie der Grundrechte*, Frankfurt/M.: Suhrkamp 1985.

Anderson, Elizabeth, »Warum eigentlich Gleichheit?«, in: A. Krebs (Hg.), *Gerechtigkeit oder Gleichheit. Texte der neuen Egalitarismuskritik*, Frankfurt/M.: Suhrkamp 2000, S. 117-172, stark gekürzte Fassung von: »What is the Point of Equality?«, in: *Ethics*, 109 (1999), S. 287-337.

Anderson, Elizabeth, »What is the Point of Equality?«, in: *Ethics*, 109 (1999), S. 287-337.

Andrews, Frank M., Stephen B. Withey, *Social Indicators of Well-Being. Americans' Perceptions of Life Quality*, New York, London: Plenum Press 1976.

Arendt, Hannah, »Es gibt nur ein einziges Menschenrecht«, in: *Die Wandlung*, 4 (1949), S. 754-770, wieder in: O. Höffe u. a. (Hg.), *Praktische Philosophie/Ethik*, Reader zum Funk-Kolleg, Bd. 2, Frankfurt/M.: Fischer 1981, S. 152-167.

Aristoteles, *Nikomachische Ethik*, München: dtv 1972.

Aristoteles, *Politik*, Reinbek: Rowohlt 1994.

Arneson, Richard J., »Against ›Complex‹ Equality«, in: D. Miller, M. Walzer (Hg.), *Pluralism, Justice, and Equality*, Oxford: Oxford University Press 1995, S. 226-252, orig. in: *Public Affairs Quarterly*, 4 (1990), S. 99-110.

Arneson, Richard J., »Against Rawlsian Equality of Opportunity«, in: *Philosophical Studies*, 96 (1999), S. 77-112.

Arneson, Richard J., »Egalitarianism and Responsibility«, in: *Journal of Ethics*, 3 (1999), S. 225-247.

Arneson, Richard J., »Equality«, in: R. E. Goodin, P. Pettit (Hg.), *A Companion to Contemporary Political Philosophy*, Oxford: Blackwell 1993, S. 489-507.

Arneson, Richard J., »Gleichheit und gleiche Chancen zur Erlangung von Wohlergehen«, in: A. Honneth (Hg.), *Pathologien des Sozialen*, Frankfurt/M.: Fischer 1994, orig. »Equality and Equal Opportunity for Welfare«, in: *Philosophical Studies*, 56 (1989), S. 77-93, wieder in: L. P. Pojman, R. Westmoreland (Hg.), *Equality: Selected Readings*, Oxford: Oxford University Press 1997, S. 229-241.

Arneson, Richard J., »Liberalism, Distributive Subjectivism, and Equal Opportunity for Welfare«, in: *Philosophy and Public Affairs*, 19 (1990), S. 158-194.

Arneson, Richard J., »Lockean Self-Ownership: Toward a Demolition«, in: *Political Studies*, 39 (1991), S. 36-54.

Arneson, Richard J., »Luck Egalitarianism and Prioritarianism«, in: *Ethics*, 110 (2000), S. 339- 349.

Austin, John L., »A Plea for Excuses«, in: ders., *Philosophical Papers*, Oxford: Oxford University Press 1979 (3. Aufl.), S. 175-204.

Babeuf, Gracchus, »Manifeste des Égaux«, in: *Histoire de Gracchus Babeuf et du Babouvisme*, Paris 1884, engl. in: L. P. Pojman, R. Westmoreland (Hg.), *Equality: Selected Readings*, Oxford: Oxford University Press 1997, S. 49-52 (Ersterscheinung 1796).

Bader, Veit-Michael, Albert Benschop, *Ungleichheiten. Protheorie sozialer Ungleichheit und kollektiven Handelns*, Bd. I, Opladen: Leske & Budrich 1989.

Baier, Kurt, *The Moral Point of View*, Ithaca: Cornell University Press 1958, 1964 (2. Aufl.).

Baker, John, *Arguing for Equality*, London, New York: Verso 1987, 1990 (2. Aufl.).

Barry, Brian, »International Society from a Cosmopolitan Perspective«, in: D. R. Mapel, T. Nardin (Hg.), *International Society: Diverse Ethical Perspectives*, Princeton: Princeton University Press 1998, S. 144-163.

Barry, Brian, *Justice as Impartialiy. A Treatise on Social Justice*, Bd. II, Oxford: Clarendon Press 1995.

Barry, Brian, *Theories of Justice. A Treatise on Social Justice*, Bd. I, Berkeley: University of California Press 1989.

Bedau, Hugo, »Egalitarianism and the Idea of Equality«, in: J. R. Pennock, J. Chapman (Hg.), *Equality* (Nomos IX), New York: Atherton 1967, S. 3-27.

Bedau, Hugo, »Social Justice and Social Institutions«, in: *Midwest Studies in Philosophy*, 3 (1978), S. 159-175.

Benhabib, Seyla (Hg.), *Democracy and Difference. Contesting the Boundaries of the Political*, Princeton: Princeton University Press 1996.

Benhabib, Seyla, »Der verallgemeinerte und der konkrete Andere. Die Kohlberg/Gilligan-Kontroverse aus der Sicht der Moraltheorie«, in: dies.,

*Selbst im Kontext. Kommunikative Ethik im Spannungsfeld von Feminismus, Kommunitarismus und Postmoderne*, Frankfurt/M.: Suhrkamp 1995, S. 161-192.

Benn, Stanley I., »Egalitarianism and the Equal Consideration of Interests«, in: J. R. Pennock, J. W. Chapman (Hg.): *Equality* (Nomos IX), New York: Atherton 1967, S. 61-78.

Benn, Stanley I., »Equality, Moral and Social«, in: P. Edwards (Hg.), *Encyclopedia of Philosophy*, New York: Macmillan 1967, Bd. 3/4, S. 38-42.

Benn, Stanley I., Richard S. Peters, *Social Principles and the Democratic State*, London: Allen Unwin 1959.

Berger, Peter L., Thomas Luckmann, *The Social Construction of Reality. A Treatise on the Sociology of Knowledge*, Garden City: Doubleday 1966, dt. *Die gesellschaftliche Konstruktion der Wirklichkeit*, Frankfurt/M.: Fischer 1980.

Berlin, Isaiah, »Equality as an Ideal«, *Proceedings of the Aristotelian Society*, 61 (1955-56), S. 301-326, wieder in: ders., *Concepts and Categories*, Princeton: Princeton University Press 1999.

Berlin, Isaiah, »Zwei Freiheitsbegriffe«, in: *Deutsche Zeitschrift für Philosophie*, 41 (1993), S. 741-775, wieder in: ders., *Freiheit. Vier Versuche*, Frankfurt/M.: Fischer 1993, S. 197-256, wieder in: J. Nida-Rümelin, W. Vossenkuhl (Hg.), *Ethische und politische Freiheit*, Berlin, New York: de Gruyter 1997, S. 129-179, wieder in: ders., *Four Essays on Liberty*, Oxford: Oxford University Press 1969, wieder in: R. E. Goodin, P. Pettit (Hg.), *Contemporary Political Philosophy: An Anthology*, Oxford: Blackwell 1997.

Boadway, Robin, Michael Keen, »Redistribution«, in: A. B. Atkinson, F. Bourguignon (Hg.), *Handbook of Income Distribution*, Bd. 1, Amsterdam: Elsevier 2000, S. 677-789.

Bock, Gisela, Susan James (Hg.), *Beyond Equality and Difference. Citizenship, Feminist Politics and Female Subjectivity*, London: Routledge 1992.

Böckenförde, Ernst-Wolfgang, »Ist Demokratie eine notwendige Forderung der Menschenrechte?«, in: S. Gosepath, G. Lohmann (Hg.), *Philosophie der Menschenrechte*, Frankfurt/M.: Suhrkamp 1998, S. 233-243.

Boshammer, Susanne, *Gruppen, Rechte, Gerechtigkeit. Die moralische Begründung der Rechte von Minderheiten*, Berlin, New York: de Gruyter 2003.

Brandom, Robert, *Expressive Vernunft. Begründung, Repräsentation und diskursive Festlegung*, Frankfurt/M.: Suhrkamp 2000, orig. *Making it Explicit. Reasoning, Representing, and Discursive Commitment*, Cambridge: Harvard University Press 1994.

Braybrooke, David, *Meeting Needs*, Princeton: Princeton University Press 1987.

Brighouse, Harry, »Egalitarianism and Equal Availability of Political Influence«, in: *Journal of Political Philosophy*, 4 (1996), S. 118-141.

Brown, Henry Phelps, *Egalitarianism and the Generation of Inequality*, Oxford: Clarendon 1988.

Browne, Derek E., »The Presumption of Equality«, in: *The Australian Journal of Philosophy*, 53 (1975), S. 46-53.

Buchanan, Allen, »Equal Opportunity and Genetic Intervention«, in: E. F. Paul, F. D. Miller, J. Paul (Hg.), *The Just Society*, Cambridge: Cambridge University Press 1995, auch in: *Social Philosophy and Policy*, 12 (1995).

Buchanan, Allen, »Justice as Reciprocity versus Subject-Centred Justice«, in: *Philosophy and Public Affairs*, 19 (1990), S. 227-252.

Buchanan, Allen, »Theories of Secession«, in: *Philosophy and Public Affairs*, 26 (1997), S. 31-61.

Buchanan, Allen, Dan W. Brock, Norman Daniels, Daniel Wikler, *From Chance to Choice: Genetics and Justice*, Cambridge: Cambridge University Press 2000.

Buchanan, Allen, *Ethics, Efficiency and the Market*, Totowa: Rowman & Allanheld 1985.

Calabresi, Giudo, Douglas Melamed, »Property Rules, Liability Rules, and Inalienability: One view of the Cathedral«, in: *Harvard Law Review*, 85 (1972), S. 1089-1128.

Cavanagh, Matt, *Against Equality of Opportunity*, Oxford: Clarendon 2002.

Chang, Ruth (Hg.), *Incommensurability, Incomparability, and Practical Reason*, Cambridge: Harvard University Press 1997.

Chisholm, Roderick M., *Erkenntsnistheorie*, München: dtv 1979, orig. *Theory of Knowledge*, Englewood Cliffs: Prentice-Hall 1977.

Christiano, Thomas, »Freedom, Consensus, and Equality in Collective Decision Making«, in: *Ethics*, 101 (1990), S. 151-181.

Christiano, Thomas, *The Rule of the Many: Fundamental Issues in Democratic Theory*, Boulder: Westview 1996.

Christman, John, »Can Ownership be Justified by Natural Rights?«, in: *Philosophy and Public Affairs*, 15 (1986), S. 156-177.

Christman, John, »Property Rights«, in: R. Chadwick (Hg.), *Encyclopedia of Applied Ethics*, San Diego: Academic Press 1998, Bd. 3, S. 683-692.

Christman, John, *The Myth of Property. Toward an Egalitarian Theory of Ownership*, Oxford: Oxford University Press 1994.

Cohen, Gerald A., »Back to Socialist Basics«, in: J. Franklin (Hg.), *Equality*, London: Institute for Public Policy Research 1997, S. 29-48.

Cohen, Gerald A., »Equality of What? On Welfare, Goods, and Capabilities«, in: M. Nussbaum, A. Sen (Hg.), *The Quality of Life*, Oxford: Oxford University Press 1993, S. 9-29.

Cohen, Gerald A., »Incentives, Inequality, and Community«, in: G. Peterson (Hg.), *The Tanner Lectures on Human Values*, XIII, Salt Lake City: University of Utah Press 1992, S. 263-329, wieder in: S. Darwall, *Equal*

*Freedom*, Ann Arbor: University of Michigan Press 1995, S. 331-397.
Cohen, Gerald A., »On the Currency of Egalitarian Justice«, in: *Ethics*, 99 (1989), S. 906-944.
Cohen, Gerald A., »Self-Ownership, World Ownership, and Equality: Part II«, in: *Social Philosophy and Policy*, 3 (1986), S. 77-96, verändert wieder als »Are Freedom and Equality Compatible?«, in: ders, *Self-Ownership, Freedom, and Equality*, Cambridge: Cambridge University Press 1995, S. 92-115.
Cohen, Gerald A., »Self-Ownership, World Ownership, and Equality«, orig. in: F. Lucash (Hg.), *Justice and Equality Here and Now*, Ithaca: Cornell University Press 1986, wieder in: ders., *Self-Ownership, Freedom, and Equality*, Cambridge: Cambridge University Press 1995, S. 67-91.
Cohen, Gerald A., »Self-Ownership: Assessing the Thesis«, in: ders., *Self-Ownership, Freedom, and Equality*, Cambridge: Cambridge University Press 1995, S. 229-244.
Cohen, Gerald A., »Self-Ownership: Delineating the Concept«, in: ders., *Self-Ownership, Freedom, and Equality*, Cambridge: Cambridge University Press 1995, S. 209-228.
Cohen, Gerald A., »The Pareto Argument for Inequality«, in: *Social Philosophy and Polity*, 12 (1995), S. 160-185.
Cohen, Gerald A., »Where the Action Is: On the Site of Distributive Justice«, in: *Philosophy and Public Affairs*, 26 (1997), S. 3-30.
Cohen, Gerald A., *Self-Ownership, Freedom, and Equality*, Cambridge: Cambridge University Press 1995.
Cohen, Joshua, »An Epistemic Conception of Democracy«, in: *Ethics*, 97 (1986), S. 26-38.
Cohen, Joshua, »Deliberation and Democratic Legitimacy«, in: A. Hamlin, P. Pettit (Hg.), *The Good Polity*, Oxford: Blackwell 1989, S. 17-34.
Cohen, Joshua, »Procedure and Substance in Deliberative Democracy«, in: S. Benhabib (Hg.), *Democracy and Difference: Contesting the Boundaries of the Political*, Princeton: Princeton University Press 1996, S. 95-119.
Condorcet, Marquis de, *Essai sur l'application de l'analyse à la probabilité des décisions rendues à la pluralité des voix*, Paris: L'Imprimerie Royale 1785.
Constant, Benjamin, *Über die Freiheit der Alten im Vergleich zu der der Heutigen*, in: ders., *Politische Schriften*, Werke, Bd. IV, Berlin: Propyläen 1972 (Ersterscheinung 1819).
Coons, John E., Patrick M. Brennan, *By Nature Equal: The Anatomy of a Western Insight*, Princeton: Princeton University Press 1999.
Crocker, Lawrence, »Equality, Solidarity, and Rawls' Maximin«, in: *Philosophy and Public Affairs*, 6 (1977), S. 262-266.
Cupit, Geoffrey, *Justice as Fittingness*, Oxford: Clarendon Press 1996.
Curtis, Dennis E., Judith Resnik, »Images of Justice«, in: *Yale Law Journal*, 96 (1987), S. 1727-1772.

Dahrendorf, Ralf, *Über den Ursprung der Ungleichheit unter den Menschen*, Tübingen: Mohr Siebeck 1961, 1966 (2. Aufl.), wieder in: ders., *Pfade aus Utopia. Arbeiten zur Theorie und Methode der Soziologie*, München: Piper 1974, S. 352-379, engl. »On the Origin of Social Inequality«, in: P. Laslett, W. G. Runciman (Hg.), *Philosophy, Politics, and Society*, Oxford: Blackwell 1962.

Dalbert, Claudia, »Das Gerechtigkeitsmotiv und die seelische Gesundheit«, in: B. Reichle, M. Schmitt (Hg.), *Verantwortung, Gerechtigkeit und Moral. Zum psychologischen Verständnis ethischer Aspekte im menschlichen Verhalten*, Weinheim, München: Juventa 1998, S. 19-31.

Daniels, Norman (Hg.), *Reading Rawls*, New York: Basic Books 1974, wieder Stanford: Stanford University Press 1989.

Daniels, Norman, »Wide Reflective Equilibrium and Theory Acceptance in Ethics«, in: *Journal of Philosophy*, 76 (1979), S. 256-282.

Dann, Otto, »Gleichheit«, in: O. Brunner, W. Conze, R. Koselleck (Hg.), *Geschichtliche Grundbegriffe*, Bd. II, Stuttgart: Klett-Cotta 1975, S. 995-1046.

Del Vecchio, Giorgio, *Die Gerechtigkeit*, Basel: Verlag für Recht und Gesellschaft 1950 (2. Aufl.), orig. *La Giustizia* (Ersterscheinung 1922).

Dreier, Ralf, »Recht und Gerechtigkeit«, in: D. Grimm (Hg.), *Einführung in das Recht*, Heidelberg: Müller 1985, S. 95-127.

Dworkin, Ronald, »Foundations of Liberal Equality«, in: ders., G. B. Peterson (Hg.), *The Tanner Lectures on Human Values*, XI, Salt Lake City: University of Utah Press 1990, S. 3-119, gekürzt als »Equality and the Good Life«, in: R. Dworkin, *Sovereign Virtue. The Theory and Practice of Equality*, Cambridge: Harvard University Press 2000, S. 237-284.

Dworkin, Ronald, »Gleichheit, Demokratie und die Verfassung: Wir, das Volk, und die Richter«, in: U. K. Preuß (Hg.), *Zum Begriff der Verfassung*, Frankfurt/M.: Fischer 1994, S. 171-209, orig. »Equality, Democracy, and Constitution: We the People in Court«, in: *Alberta Law Review*, 28 (1990), S. 324-346.

Dworkin, Ronald, »In Defense of Equality«, in: *Social Philosophy and Policy*, 1 (1983), S. 24-40.

Dworkin, Ronald, »Justice and the High Cost of Health«, in: ders., *Sovereign Virtue. The Theory and Practice of Equality*, Cambridge: Harvard University Press 2000, S. 307-319.

Dworkin, Ronald, »Justice for Hedgehogs«, Ms. 1998.

Dworkin, Ronald, »Liberalism«, in: ders., *A Matter of Principle*, Oxford: Clarendon Press 1986, S. 181-204.

Dworkin, Ronald, »The Roots of Justice«, in: S. Wesche, V. Zanetti (Hg.), *Dworkin in der Diskussion*, Paderborn: Mentis 1999, S. 15-126.

Dworkin, Ronald, »What is Equality? Part 1: Equality of Welfare«, in: *Philosophy and Public Affairs*, 10 (1981), S. 185-246, wieder in: ders., *Sovereign*

*Virtue. The Theory and Practice of Equality*, Cambridge: Harvard University Press 2000, S. 11-64.

Dworkin, Ronald, »What is Equality? Part 2: Equality of Resources«, in: *Philosophy and Public Affairs*, 10 (1981), S. 283-345, wieder in: ders., *Sovereign Virtue. The Theory and Practice of Equality*, Cambridge: Harvard University Press 2000, S. 65-119.

Dworkin, Ronald, »What is Equality? Part 3: The Place of Liberty«, in: *Iowa Law Review*, 73 (1987), S. 1-54, wieder in: ders., *Sovereign Virtue. The Theory and Practice of Equality*, Cambridge: Harvard University Press 2000, S. 120-183.

Dworkin, Ronald, »What is Equality? Part 4: Political Equality«, in: *San Francisco Law Review*, 22 (1987), S. 1-30, wieder in: ders., *Sovereign Virtue. The Theory and Practice of Equality*, Cambridge: Harvard University Press 2000, S. 184-210.

Dworkin, Ronald, »What Justice Isn't«, in: ders., *A Matter of Principle*, Oxford: Clarendon Press 1985, S. 214-220.

Dworkin, Ronald, »Why Liberals Should Care about Equality«, in: ders., *A Matter of Principle*, Oxford: Clarendon Press 1986, S. 205-213.

Dworkin, Ronald, *A Matter of Principle*, Oxford: Clarendon Press 1986.

Dworkin, Ronald, *Bürgerrechte ernstgenommen*, Frankfurt/M.: Suhrkamp 1990, orig. *Taking Rights Seriously*, London: Duckworth 1977.

Dworkin, Ronald, *Law's Empire*. Cambridge: Harvard University Press 1986.

Dworkin, Ronald, *Sovereign Virtue. The Theory and Practice of Equality*, Cambridge: Harvard University Press 2000.

Elster, Jon, Aanund Hylland (Hg.), *The Foundations of Social Choice Theory*, Cambridge: Cambridge University Press 1986.

Elster, Jon, John E. Roemer (Hg.), *Interpersonal Comparisons of Well-Being*, Cambridge: Cambridge University Press 1991.

Elster, Jon, *Ulysses and the Sirens. Studies in Rationality and Irrationality*, Cambridge: Cambridge University Press 1979.

Ely, J. Hart, *Democracy and Distrust: A Theory of Judicial Review*, Cambridge: Harvard University Press 1980.

Emcke, Carolin, *Kollektive Identitäten. Sozialphilosophische Grundlagen*, Frankfurt/M.: Campus 2000.

Engels, Friedrich, *Herrn Eugen Dühring's Umwälzung der Wissenschaft (Anti-Dühring)*, in: Marx-Engels-Werke (MEW), Bd. 20, Berlin: Dietz 1962 (Ersterscheinung 1878).

Estlund, David, »Beyond Fairness and Deliberation: The Epistemic Dimension of Democratic Authority«, in: J. F. Bohman, W. Rehg (Hg.), *Deliberative Democracy*, Cambridge: MIT Press 1997, S. 173-204.

Estlund, David, »Liberalism, Equality, Fraternity in Cohen's Critique of Rawls«, in: *Journal of Political Philosophy*, 6 (1998), S. 99-112.

Fehige, Christoph, Ulla Wessels (Hg.), *Preferences*, Berlin, New York: de Gruyter 1998.

Feinberg, Joel, »Justice and Personal Desert«, in: ders., *Doing and Deserving*, Princeton: Princeton University Press 1970, wieder in: L. P. Pojman, O. McLeod (Hg.), *What Do We Deserve? A Reader on Justice and Desert*, Oxford: Oxford University Press 1998, S. 70-83.

Feinberg, Joel, »Non-Comparative Justice«, in: *Philosophical Review*, 83 (1974), S. 297-358.

Feinberg, Joel, »The Problem of Personhood«, in: T. L. Beauchamp, L. Walters (Hg.), *Contemporary Issues in Bioethics*, Belmont: Wadsworth 1982 (2. Aufl.), Ausschnitt aus: ders., »Abortion«, in: T. Reagan (Hg.), *Matters of Life and Death*, New York: Random House 1980, S. 185-198, 201-202.

Feinberg, Joel, *Rights, Justice, and the Bounds of Liberty*, Princeton: Princeton University Press 1980.

Feinberg, Joel, *Social Philosophy*, Englewood Cliffs: Prentice-Hall 1973.

Finnis, John, *Natural Law and Natural Rights*, Oxford: Clarendon 1980.

Flew, Antony, *The Politics of Procrustes: Contradictions of Enforced Equality*, Buffalo: Prometheus Books 1981.

Føllesdal, Andreas, »Subsidiarity«, in: *The Journal of Political Philosophy*, 6 (1998), S. 231-59.

Forst, Rainer, »Das grundlegende Recht auf Rechtfertigung. Zu einer konstruktivistischen Konzeption von Menschenrechten«, in: H. Brunkhorst, W. R. Köhler, M. Lutz-Bachmann (Hg.), *Recht auf Menschenrechte. Menschenrechte, Demokratie und internationale Politik*, Frankfurt/M.: Suhrkamp 1999, S. 66-105.

Forst, Rainer, »Die Rechtfertigung der Gerechtigkeit. Rawls' Politischer Liberalismus und Habermas' Diskurstheorie in der Diskussion«, in: H. Brunkhorst, P. Niesen (Hg.), *Das Recht der Republik*, Frankfurt/M.: Suhrkamp 1999, S. 105-168.

Forst, Rainer, »Politische Freiheit«, in: *Deutsche Zeitschrift für Philosophie*, 44 (1996), S. 211-227.

Forst, Rainer, »The Rule of Reasons. The Theory of Deliberative Democracy as an Alternative to Liberalism and Communitarianism«, in: *Ratio Juris*, 14 (2001) (Sonderheft »Law and Deliberative Politics«), S. 345-378.

Forst, Rainer, *Kontexte der Gerechtigkeit*, Frankfurt/M.: Suhrkamp 1994.

Frankena, William K., »Gerechtigkeit als Chancengleichheit«, in: N. Hoerster (Hg.), *Recht und Moral. Texte zur Rechtsphilosophie*, Stuttgart: Reclam 1987, S. 154-177, orig. in: ders., *Some Beliefs about Justice*, The Lindley Lecture, Lawrence: University of Kansas 1966, S. 3-20, wieder in: K. E. Goodpastor (Hg.), *Perspectives on Morality: Essays by William K. Frankena*, Notre Dame: University of Notre Dame University Press 1976, S. 93-106.

Frankena, William, »The Concept of Social Justice«, in: R. Brandt (Hg.), *Social Justice*, Englewood Cliffs: Prentice-Hall 1962, S. 1-29.
Frankfurt, Harry, »Die Notwendigkeit von Idealen«, in: W. Edelstein u. a. (Hg.), *Moral und Person*, Frankfurt/M.: Suhrkamp 1993, S. 107-118.
Frankfurt, Harry, »Equality as a Moral Ideal«, in: *Ethics*, 98 (1987), S. 21-42, wieder in: ders., *The Importance of What We Care About*, Cambridge: Cambridge University Press 1988, wieder in: L. P. Pojman, R. Westmoreland (Hg.), *Equality: Selected Readings*, Oxford: Oxford University Press 1997, S. 261-273.
Frankfurt, Harry, »Gleichheit und Achtung«, in: A. Krebs (Hg.), *Gerechtigkeit oder Gleichheit. Texte der neuen Egalitarismuskritik*, Frankfurt/M.: Suhrkamp 2000, S. 38-49, aus: *Deutsche Zeitschrift für Philosophie*, 47 (1999), S. 3-11, orig. »Equality and Respect«, in: *Social Research*, 64 (1997), S. 3-15, wieder in: ders., *Necessity, Volition, and Love*, Cambridge: Cambridge University Press 1999, S. 146-154.
Frankfurt, Harry, »Willensfreiheit und der Begriff der Person«, in: P. Bieri (Hg.), *Analytische Philosophie des Geistes*, Königstein/Ts.: Hain 1981, S. 287-303, orig. »Freedom of the Will and the Concept of a Person«, in: *Journal of Philosophy*, 68 (1971), S. 205-220.
Franklin, Jane (Hg.), *Equality*, London: Institute for Public Policy Research 1997.
Fraser, Nancy, »Der Kampf um die Bedürfnisse: Entwurf für eine sozialistisch-feministische kritische Theorie der politischen Kultur im Spätkapitalismus«, in: dies., *Widerspenstige Praktiken. Macht, Diskurs, Geschlecht*, Frankfurt/M.: Suhrkamp 1994, S. 249-291, orig. *Unruly Practices: Power, Discourse and Gender in Contemporary Social Theory*, Minneapolis: University of Minnesota Press 1989.
Fraser, Nancy, »Von Umverteilung zur Anerkennung? Dilemmata der Gerechtigkeit in ›postsozialistischer‹ Zeit«, in: dies., *Die halbierte Gerechtigkeit*, Frankfurt/M.: Suhrkamp 2001, S. 23-66, orig. »From Redistribution to Recognition? Dilemmas of Justice in a ›Post-Socialist‹ Age«, in: *New Left Review*, 212 (1995), S. 68-93, wieder in: dies., *Justice Interruptus*, London, New York: Routledge 1997, S. 11-39.
Fraser, Nancy, Axel Honneth, *Umverteilung oder Anerkennung? Eine politisch-philosophische Kontroverse*, Frankfurt/M.: Suhrkamp 2003.
Fried, Charles, *Right and Wrong*, Cambridge: Harvard University Press 1978.

Gallie, William B., »Essentially Contested Concepts«, in: *Proceedings of the Aristotelian Society*, 56 (1955/56), S. 167-198.
Gauthier, David, *Morals by Agreement*, Oxford: Clarendon Press 1986.
Gert, Bernard, »Impartiality«, in: D. M. Borchert (Hg.), *Encyclopedia of Philosophy*, Supplement, New York: Simon & Schuster, Macmillan 1996, S. 256-257.

Gert, Bernard, »Impartiality«, in: L. C. Becker, Ch. Becker (Hg.), *Encyclopedia of Ethics*, New York, London: Routledge 2001 (2. Aufl.), S. 599-600.
Gert, Bernard, *Morality: Its Nature and Justification*, Oxford: Oxford University Press 1998.
Gilligan, Carol, »Moralische Orientierung und moralische Entwicklung«, in: G. Nunner-Winkler (Hg.), *Weibliche Moral*, München: dtv 1995, S. 79-100, orig. »Moral Orientation and Moral Development«, in: E. Kittay, D. Meyers (Hg.), *Women and Moral Theory*, Totowa: Rowman & Littlefield 1987, S. 19-33.
Gilligan, Carol, *Die andere Stimme. Lebenskonflikte und die Moral der Frau*, München: dtv 1988, orig. *In a Different Voice*, Cambridge: Harvard University Press 1982.
Goethe, Johann Wolfgang von, *Maximen und Reflexionen*, in: *Goethes Werke* (Hamburger Ausgabe), Bd. XII, München: Beck 1981 (11. Aufl.).
Goodin, Robert, »Egalitarianism, Fetishistic or Otherwise«, in: *Ethics*, 98 (1987), S. 44-49.
Goodin, Robert, *Political Theory and Public Policy*, Chicago: University of Chicago Press 1982.
Goodman, Michael F. (Hg.), *What is a Person?*, Clifton: Humana Press 1988.
Gosepath, Stefan, »Das Verhältnis von Demokratie und Menschenrecht«, in: H. Brunkhorst (Hg.), *Demokratischer Experimentalismus. Politik in der komplexen Gesellschaft*, Frankfurt/M.: Suhrkamp 1998, S. 201-241.
Gosepath, Stefan, »Democracy out of Reason? Comment on ›The Rule of Reasons‹ by R. Forst«, in: *Ratio Juris*, 14 (2001) (Sonderheft »Law and Deliberative Politics«), S. 379-389.
Gosepath, Stefan, »Die globale Ausdehnung der Gerechtigkeit«, in: R. Schmücker, U. Steinvorth (Hg.), *Gerechtigkeit und Politik. Philosophische Perspektiven*, Berlin: Akademie 2002, S. 197-214 (stark gekürzte, veränderte, deutsche Fassung von »The Global Scope of Justice«).
Gosepath, Stefan, »Equality«, in: *Stanford Encyclopedia of Philosophy*, http://plato.stanford.edu/equality (2001).
Gosepath, Stefan, »Gleichheit/Ungleichheit«, in: H. J. Sandkühler (Hg.), *Enzyklopädie der Philosophie*, Hamburg: Meiner 1999, S. 501-506.
Gosepath, Stefan, »Globale Gerechtigkeit und Subsidiarität. Zur internen Beschränkung einer subsidiären und föderalen Weltrepublik«, in: ders., J.-C. Merle (Hg.), *Föderale Weltrepublik. Über die Demokratie im Zeitalter der Globalisierung*, München: Beck 2002, S. 74-85.
Gosepath, Stefan, »Grundprinzipien einer gerechten Verteilung materieller Güter«, in: R. Geiger, J.-C. Merle, N. Scarano (Hg.), *Modelle politischer Philosophie*, Paderborn: Mentis 2003, S. 279-296.
Gosepath, Stefan, »Praktische Rationalität. Eine Problemübersicht«, in: ders. (Hg.), *Motive, Gründe, Zwecke. Theorien praktischer Rationalität*, Frankfurt/M.: Fischer 1999, S. 7-53.

Gosepath, Stefan, »Problem der Abgrenzung von Begriffsbestimmung und Begründung sozialer Gerechtigkeit«, in: *Erwägen, Wissen, Ethik* 14 (2003), S. 257-259.
Gosepath, Stefan, »The Global Scope of Justice«, in: *Metaphilosophy*, 31 (2001), S. 135-159, auch in: T. Pogge (Hg.), *Global Justice*, Oxford: Blackwell 2001, S. 145-168.
Gosepath, Stefan, »The Place of Equality in Habermas' and Dworkin's Theories of Justice«, in: *European Journal of Philosophy*, 3 (1995), S. 21-35.
Gosepath, Stefan, »Über den Zusammenhang von Gerechtigkeit und Gleichheit«, in: L. Wingert, K. Günther (Hg.), *Die Öffentlichkeit der Vernunft und die Vernunft der Öffentlichkeit. Festschrift für Jürgen Habermas*, Frankfurt/M.: Suhrkamp 2001, S. 403-433.
Gosepath, Stefan, »Verteidigung egalitärer Gerechtigkeit«, in: *Deutsche Zeitschrift für Philosophie*, 51 (2003), S. 275-297.
Gosepath, Stefan, »Zu Begründungen sozialer Menschenrechte«, in: ders., G. Lohmann (Hg.), *Philosophie der Menschenrechte*, Frankfurt/M.: Suhrkamp 1998, S. 146-187.
Gosepath, Stefan, *Aufgeklärtes Eigeninteresse. Eine Theorie theoretischer und praktischer Rationalität*, Frankfurt/M.: Suhrkamp 1992.
Gould, Carol, *Rethinking Democracy. Freedom and Social Cooperation in Politics, Economy, and Society*, Cambridge: Cambridge University Press 1988.
Gracia, Diego, »Ownership of the Human Body: Some Historical Remarks«, in: H. A. M. J. ten Have, J. V. M. Welie (Hg.), *Ownership of the Human Body. Philosophical Considerations on the Use of the Human Body and its Parts in Health Care*, Dordrecht: Kluwer 1998, S. 67-79.
Gravelle, Hugh, Ray Rees, *Microeconomics*, New York, London: Longman 1992 (2. Aufl.).
Gray, Tim, *Freedom*, London: MacMillan 1990.
Greenawalt, Kent, »How Empty Is the Idea of Equality?«, in: *Columbia Law Review*, 83 (1983), S. 1167-1185.
Greenawalt, Kent, »Treating Equals Equally«, Ms. 1998.
Griffin, James, *Well-Being. Its Meaning, Measurement and Moral Importance*, Oxford: Oxford University Press 1986.
Günther, Klaus, »Was heißt ›Jedem das Seine‹?«, in: G. Frankenberg (Hg.), *Auf der Suche nach der gerechten Gesellschaft*, Frankfurt/M.: Fischer 1994, S. 151-181.
Günther, Klaus, *Der Sinn für Angemessenheit*, Frankfurt/M.: Suhrkamp 1988.
Gutmann, Amy, *Liberal Equality*, Cambridge: Cambridge University Press 1980.

Habermas, Jürgen, »›Vernünftig‹ versus ›Wahr‹ oder die Moral der Weltbilder«, in: ders., *Die Einbeziehung des Anderen. Studien zur politischen Theorie*, Frankfurt/M.: Suhrkamp 1996, S. 95-128.

Habermas, Jürgen, »Der interkulturelle Diskurs über Menschenrechte«, in: *Frankfurter Rundschau* v. 4. 2. 1997.

Habermas, Jürgen, »Diskursethik – Notizen zu einem Begründungsprogramm«, in: ders., *Moralbewußtsein und kommunikatives Handeln*, Frankfurt/M.: Suhrkamp 1983, S. 53-126.

Habermas, Jürgen, »Über den internen Zusammenhang von Rechtsstaat und Demokratie«, in: U. K. Preuß (Hg.), *Zum Begriff der Verfassung*, Frankfurt/M.: Fischer 1994, S. 83-94.

Habermas, Jürgen, »Versöhnung durch öffentlichen Vernunftgebrauch«, in: Philosophische Gesellschaft Bad Homburg, W. Hinsch (Hg.), *Zur Idee des Politischen Liberalismus. John Rawls in der Diskussion*, Frankfurt/M.: Suhrkamp 1997, S. 169-195, wieder in: ders., *Die Einbeziehung des Anderen. Studien zur politischen Theorie.* Frankfurt/M.: Suhrkamp 1996, S. 65-94, orig. »Reconciliation Through the Public Use of Reason: Remarks on John Rawls' Political Liberalism«, in: *Journal of Philosophy*, 92 (1995), S. 109-131.

Habermas, Jürgen, »Zur Legitimation durch Menschenrechte«, in: ders., *Die postnationale Konstellation. Politische Essays*, Frankfurt/M.: Suhrkamp 1998, S. 170-195.

Habermas, Jürgen, *Die Einbeziehung des Anderen. Studien zur politischen Theorie*, Frankfurt/M.: Suhrkamp 1996.

Habermas, Jürgen, *Faktizität und Geltung. Beiträge zur Diskurstheorie des Rechts und des demokratischen Rechtsstaats*, Frankfurt/M.: Suhrkamp 1992.

Habermas, Jürgen, *Theorie des kommunikativen Handelns*, Frankfurt/M.: Suhrkamp 1981.

Haferkamp, B., »The Concept of Human Dignity: An Annotated Bibliography«, in: K. Bayertz (Hg.), *Sanctity of Life and Human Dignity*, Dordrecht: Reidel 1996, S. 275-291.

Hampton, Jean, »Contracts and Choices: Does Rawls have a Social Contract Theory?«, in: *Journal of Philosophy*, 77 (1980), S. 315-338.

Hare, Richard M., »Ethical Theory and Utilitarianism«, in: A. Sen, B. Williams (Hg.), *Utilitarianism and Beyond*, Cambridge: Cambridge University Press 1982, S. 23-39.

Hare, Richard M., »Justice and Equality«, in: J. Arthur, W. H. Shaw (Hg.), *Justice and Economic Distribution*, Englewood Cliffs: Prentice Hall 1978, S. 116-132, wieder in: L. P. Pojman, R. Westmoreland (Hg.), *Equality: Selected Readings*, Oxford: Oxford University Press 1997, S. 218-229.

Hare, Richard M., *Freedom and Reason*, Oxford: Clarendon Press 1963, dt. *Freiheit und Vernunft*, Frankfurt/M.: Suhrkamp 1983.

Hare, Richard M., *Moral Thinking. Its Levels, Method and Point*, Oxford: Oxford University Press 1981, dt. *Moralisches Denken. Seine Ebenen, seine Methoden, sein Witz*, Frankfurt/M.: Suhrkamp 1992.

Hare, Richard M., »Rights, Utility and Universalisation: Reply to J. L. Mackie«, in: R. G. Frey (Hg.), *Utilities and Rights*, Oxford: Blackwell 1985.

Hart, Herbert Lionel Adolphus, »Are There Any Natural Rights?«, in: *Philosophical Review*, 64 (1955), auch in: J. Waldron (Hg.), *Theories of Rights*, Oxford: Oxford University Press 1984, S. 77-90.

Hart, Herbert Lionel Adolphus, »Between Utility and Rights«, in: J. Nida-Rümelin, W. Vossenkuhl (Hg.), *Ethische und politische Freiheit*, Berlin, New York: de Gruyter 1997, S. 315-334.

Hart, Herbert Lionel Adolphus, »Rawls über Freiheit und ihren Vorrang«, in: O. Höffe (Hg.), *Über John Rawls' Theorie der Gerechtigkeit*, Frankfurt/M.: Suhrkamp 1977, S. 117-147, orig. »Rawls on Liberty and its Priority«, in: *The University of Chicago Law Review*, 40 (1973), S. 534-555, wieder in: N. Daniels (Hg.), *Reading Rawls*, Stanford: Stanford University Press 1989, S. 230-252.

Hart, Herbert Lionel Adolphus, *The Concept of Law*, Oxford 1961, 1994 (2. Aufl.), dt. *Der Begriff des Rechts*, Frankfurt/M.: Suhrkamp 1973.

Hartley, Leslie Poles, *Facial Justice*, London: Hamilton 1960, Oxford: Oxford University Press 1987.

Hayek, Friedrich A. von, *Die Verfasssung der Freiheit*, Tübingen: Mohr Siebeck 1971, orig. *The Constitution of Liberty*, London: Routledge 1960.

Hayek, Friedrich A. von, *Recht, Gesetzgebung und Freiheit*, Bd. 2: *Die Illusion der sozialen Gerechtigkeit*, Landsberg a. L.: Verlag Moderne Industrie 1981, orig. *Law, Legislation, Liberty*, Bd. 2: *The Mirage of Social Justice*, London: Routledge 1976.

Hegel, Georg Wilhelm Friedrich, *Grundlinien der Philosophie des Rechts*, Frankfurt/M.: Suhrkamp 2000 (Ersterscheinung 1820).

Herman, Barbara, »Integrity and Impartiality«, in: dies., *The Practice of Moral Judgement*, Cambridge: Harvard University Press 1993, S. 23-44.

Herzog, Roman, »Subsidiarität und Staatsverfassung«, in: *Der Staat*, 2 (1963), S. 399-423.

Herzog, Roman, »Subsidiaritätsprinzip«, in: *Historisches Wörterbuch der Philosophie*, Bd. 10, Basel: Schwabe 1998, S. 482-486.

Hiebaum, Christian, »Gleichheit als Eigenwert«, in: H. Nagl-Docekal, H. Pauer-Studer (Hg.), *Freiheit, Gleichheit und Autonomie*, Wien, München: Oldenbourg 2002, S. 21-48.

Hinsch, Wilfried, »Angemessene Gleichheit«, in: R. Geiger, J.-C. Merle, N. Scarano (Hg.), *Modelle politischer Philosophie*, Paderborn: Mentis 2003, S. 260-271.

Hinsch, Wilfried, »Global Distributive Justice«, in: *Metaphilosophy*, 32 (2001), S. 58-78, auch in: T. Pogge (Hg.), *Global Justice*, Oxford: Blackwell 2001, S. 53-75.

Hinsch, Wilfried, »Politischer Konsens in einer streitbaren Welt«, in: Philosophische Gesellschaft Bad Homburg, W. Hinsch (Hg.), *Zur Idee des*

*Politischen Liberalismus. John Rawls in der Diskussion*, Frankfurt/M.: Suhrkamp 1997, S. 9-38.

Hinsch, Wilfried, *Gerechtfertigte Ungleichheiten. Grundsätze sozialer Gerechtigkeit*, Berlin, New York: de Gruyter 2002.

Hobbes, Thomas, *Leviathan oder Stoff, Form und Gewalt eines kirchlichen und bürgerlichen Staates*, Frankfurt/M.: Suhrkamp 1991 (4. Aufl.), orig. *Leviathan* (Ersterscheinung 1651).

Hobhouse, Leonard, *The Elements of Social Justice*, New York: Henry Holt 1922.

Hochschild, Jennifer L., *What's Fair? American Beliefs about Distributive Justice*, Cambridge: Harvard University Press 1981.

Höffe, Otfried, »Subsidiarität als Gesellschafts- und Staatsprinzip«, in: *Schweizerische Zeitschrift für Politische Wissenschaft*, 3 (1997), S. 259-290.

Höffe, Otfried, »Subsidiarität als staatsphilosophisches Prinzip?« in: A. A. Riklin, G. Batling (Hg.), *Subsidiaritätsprinzip. Ein interdisziplinäres Symposium*, Baden-Baden: Nomos 1994, S. 21-46.

Höffe, Otfried, *Demokratie im Zeitalter der Globalisierung*, München: Beck 1999.

Höffe, Otfried, *Den Staat braucht selbst ein Volk von Teufeln. Philosophische Versuche zur Rechts- und Staatsethik*, Stuttgart: Reclam 1988.

Höffe, Otfried, *Gerechtigkeit. Eine philosophische Einführung*, München: Beck 2001.

Höffe, Otfried, *Politische Gerechtigkeit. Grundlegung einer kritischen Philosophie von Recht und Staat*, Frankfurt/M.: Suhrkamp 1987.

Höffe, Otfried, *Vernunft und Recht*, Frankfurt/M.: Suhrkamp 1996.

Hofmann, Hasso, *Bilder des Friedens oder Die vergessene Gerechtigkeit. Drei anschauliche Kapitel der Staatsphilosophie*, München: Siemens Stiftung 1993.

Hohfeld, Wesley Newcomb, *Fundamental Legal Conceptions*, New Haven: Yale University Press 1923.

Holmes, Stephen, »Verfassungsförmige Vorentscheidungen und das Paradox der Demokratie«, in: U. K. Preuß (Hg.), *Zum Begriff der Verfassung*, Frankfurt/M.: Fischer 1994, S. 133-170.

Homann, Karl, Christian Kirchner, »Das Subsidiaritätsprinzip in der Katholischen Soziallehre und in der Ökonomik«, in: L. Gerken (Hg.), *Europa zwischen Ordnungswettbewerb und Harmonisierung. Europäische Ordnungspolitik im Zeichen der Subsidiarität*, Berlin, Heidelberg: Springer 1995, S. 45-69.

Honneth, Axel, »Anerkennung und moralische Verpflichtung«, in: *Zeitschrift für philosophische Forschung*, 51 (1997), S. 25-41.

Honneth, Axel, »Das Andere der Gerechtigkeit. Habermas und die ethische Herausforderung der Postmoderne«, in: *Deutsche Zeitschrift für Philosophie*, 42 (1994), S. 195-220, wieder in: P. Fischer (Hg.), *Freiheit oder*

*Gerechtigkeit. Perspektiven politischer Philosophie*, Leipzig: Reclam 1995, S. 194-240, wieder in: ders., *Das Andere der Gerechtigkeit. Aufsätze zur praktischen Philosophie*, Frankfurt/M.: Suhrkamp 2000, S. 133-171.
Honneth, Axel, *Das Andere der Gerechtigkeit. Aufsätze zur praktischen Philosophie*, Frankfurt/M.: Suhrkamp 2000.
Honneth, Axel, *Kampf um Anerkennung. Zur moralischen Grammatik sozialer Konflikte*, Frankfurt/M.: Suhrkamp 1992.
Honoré, Anthony M., »Ownership«, in: A. G. Guest (Hg.), *Oxford Essays in Jurisprudence*, Oxford: Clarendon Press 1961, S. 107-147.
Horn, Christoph, Nico Scarano: »Einführung«, in: dies. (Hg.), *Philosophie der Gerechtigkeit*, Frankfurt/M.: Suhrkamp 2002, S. 9-13.
Huber, Wolfgang, »Menschenrechte/Menschenwürde«, in: *Theologische Realencyclopädie*, Bd. 22, Berlin, New York: de Gruyter 1992, S. 577-602.
Hubin, Donald C., »The Scope of Justice«, in: *Philosophy and Public Affairs*, 9 (1979), S. 3-24.
Hume, David, *Ein Traktat über die menschliche Natur*, 2 Bde., Hamburg: Meiner 1989, orig. *A Treatise of Human Nature*, Oxford: Clarendon Press 1978 (2. Aufl.) (Ersterscheinung 1739).
Hume, David, *Untersuchung über die Prinzipien der Moral*, Stuttgart: Reclam 1996 (2. Aufl.), orig. *An Enquiry Concerning the Principles of Morals*, Oxford: Clarendon 1975 (3. Aufl.) sowie Indianapolis: Hackett 1983 (Ersterscheinung 1751).

Isensee, Joseph, »Subsidiarität – Das Prinzip und seine Prämissen«, in: P. Blickle, T. O. Hügelin, D. Wyduckel (Hg.), *Subsidiarität als rechtliches und politisches Ordnungsprinzip in Kirche, Staat und Gesellschaft: Genese, Geltungsgrundlagen und Perspektiven an der Schwelle des dritten Jahrtausends*, Berlin: Duncker & Humblot 2002, S. 129-178.

Jaber, Dunja, *Über den mehrfachen Sinn von Menschenwürde-Garantien: Mit besonderer Berücksichtigung von Art. 1 Abs. 1 Grundgesetz*, Frankfurt/M.: Ontos 2003.
Jellinek, Georg, *System der subjektiven öffentlichen Rechte*, Tübingen: Mohr 1905 (2. Aufl.).

Kagan, Shelly, »Equality and Desert«, in: L. P. Pojman, O. McLeod (Hg.), *What Do We Deserve? A Reader on Justice and Desert*, Oxford: Oxford University Press 1998, S. 298-314.
Kaldor, Nicholas, »Welfare Propositions of Economics and Inter-Personal Comparison of Utility«, in: *The Economic Journal*, 49 (1939), S. 549-552.
Kambartel, Friedrich, »Bemerkungen zur Politischen Ökonomie«, in: ders., *Philosophie und Politische Ökonomie*, Göttingen: Wallstein Verlag 1999, S. 11-40.

Kant, Immanuel, *Grundlegung zur Metaphysik der Sitten*, in: Kants Gesammelte Schriften, hg. v. der Preußischen Akademie der Wissenschaften, Berlin 1902ff., Bd. 4, S. 385-464 (Ersterscheinung 1785 (1. Aufl.), 1786 (2. Aufl.)).

Kant, Immanuel, *Metaphysik der Sitten*, in: Kants Gesammelte Schriften, hg. v. der Preußischen Akademie der Wissenschaften, Berlin 1902ff., Bd. 6, S. 203-494 (Ersterscheinung 1797).

Kant, Immanuel, *Mutmaßlicher Anfang der Menschengeschichte*, in: Kants Gesammelte Schriften, hg. v. der Preußischen Akademie der Wissenschaften, Berlin 1902ff., Bd. 8, S. 107-124 (Ersterscheinung 1785).

Kant, Immanuel, *Über den Gemeinspruch: Das mag in der Theorie richtig sein, taugt aber nicht für die Praxis*, in: Kants Gesammelte Schriften, hg. v. der Preußischen Akademie der Wissenschaften, Berlin 1902ff., Bd. 8, S. 273-314 (Ersterscheinung 1793).

Kant, Immanuel, *Zum ewigen Frieden. Ein philosophischer Entwurf*, in: Kants Gesammelte Schriften, hg. v. der Preußischen Akademie der Wissenschaften, Berlin 1902ff., Bd. 8, S. 341-386 (Ersterscheinung 1795).

Kant, Immanuel, *Eine Vorlesung Kants über Ethik*, hg. v. Paul Menzer, Berlin: Pan Verlag Rolf Heise 1924, wieder als »Moralphilosophie Collins« in: Kants Gesammelte Schriften, hg. v. der Preußischen Akademie der Wissenschaften, Berlin 1902ff., Bd. 27.1, S. 237-473.

Katzner, Louis I., »Presumptions of Reason and Presumptions of Justice«, in: *Journal of Philosophy*, 70 (1973), S. 89-100.

Katzner, Louis I., »Presumptivist and Nonpresumptivist Principles of Formal Justice«, in: *Ethics*, 81 (1971), S. 253-58.

Kelsen, Hans, *Was ist Gerechtigkeit?*, Wien: Deuticke 1953, Nachdruck Stuttgart: Reclam 2000.

Kersting, Wolfgang, *Die politische Philosophie des Gesellschaftsvertrags. Von Hobbes bis zur Gegenwart*, Darmstadt: WBG 1994.

Kersting, Wolfgang, *Kritik der Gleichheit. Über die Grenzen der Gerechtigkeit und der Moral*, Weilerswist: Velbrück 2002.

Kersting, Wolfgang, *Recht, Gerechtigkeit und demokratische Tugend. Abhandlungen zur praktischen Philosophie der Gegenwart*, Frankfurt/M.: Suhrkamp 1997.

Kersting, Wolfgang, *Theorien der sozialen Gerechtigkeit*, Stuttgart: Metzler 2000.

Kissel, Otto, *Die Justitia. Reflexionen über ein Symbol und seine Darstellung in der bildenden Kunst*, München: Beck 1997.

Kleining, John, »The Concept of Desert«, in: *American Philosophical Quarterly*, 8 (1971), wieder in: L. P. Pojman, O. McLeod (Hg.), *What Do We Deserve? A Reader on Justice and Desert*, Oxford: Oxford University Press 1998, S. 84-92.

Koller, Peter, »Die rationale Begründung sozialer Ungerechtigkeiten. Eine kritische Revision von Rawls' Differenzprinzip«, in: J. Nida-Rümelin (Hg.), *Rationalität, Realismus, Revision*, Berlin, New York: de Gruyter 1999, S. 695-702.

Koller, Peter, »Grundlinien einer Theorie gesellschaftlicher Freiheit«, in: J. Nida-Rümelin, W. Vossenkuhl (Hg.), *Ethische und politische Freiheit*, Berlin, New York: de Gruyter 1997, S. 476-508.

Koller, Peter, »Replik. Zum Diskurs über soziale Gerechtigkeit«, in: *Erwägen, Wissen, Ethik*, (vormals *Ethik und Sozialwissenschaften*), 14 (2003), S. 307-321.

Koller, Peter, »Soziale Gerechtigkeit – Begriff und Begründung«, in: *Erwägen, Wissen, Ethik*, (vormals *Ethik und Sozialwissenschaften*), 14 (2003), S. 237-250.

Koller, Peter, »Soziale Gleichheit und Gerechtigkeit«, in: H.-P. Müller, B. Wegener (Hg.), *Soziale Ungleichheit und soziale Gerechtigkeit*, Opladen: Leske & Budrich 1995, S. 53-79.

Koller, Peter, »Soziale Güter und soziale Gerechtigkeit«, in: H.-J. Koch, M. Köhler, K. Seelmann (Hg.), *Theorien der Gerechtigkeit*, ARSP Beiheft 56, Stuttgart: Steiner 1994, S. 79-104.

Korsgaard, Christine, »Two Distinctions in Goodness«, in: dies., *Creating the Kingdom of Ends*, Cambridge: Cambridge University Press 1996, S. 249-53.

Korsgaard, Christine, *The Sources of Normativity*, Cambridge: Cambridge University Press 1996.

Krebs, Angelika (Hg.), *Basic Income? A Symposium on Van Parijs*, in: *Analyse & Kritik*, 2000, S. 153-269.

Krebs, Angelika (Hg.), *Gerechtigkeit oder Gleichheit. Texte der neuen Egalitarismuskritik*, Frankfurt/M.: Suhrkamp 2000.

Krebs, Angelika, »Einleitung: Die neue Egalitarismuskritik im Überblick«, in: dies. (Hg.), *Gerechtigkeit oder Gleichheit. Texte der neuen Egalitarismuskritik*, Frankfurt/M.: Suhrkamp 2000, S. 7-37.

Krebs, Angelika, »Gleichheit oder Gerechtigkeit. Die Kritik am Egalitarismus«, in: H. Nagl-Docekal, H. Pauer-Studer (Hg.), *Freiheit, Gleichheit und Autonomie*, Wien, München: Oldenbourg 2002, S. 49-93.

Krebs, Angelika, »Warum Gerechtigkeit nicht als Gleichheit zu begreifen ist«, in: *Deutsche Zeitschrift für Philosophie*, 51 (2003), S. 235-253.

Krebs, Angelika, *Arbeit und Liebe. Die philosophischen Grundlagen sozialer Gerechtigkeit*, Frankfurt/M.: Suhrkamp 2002.

Kusser, Anna, *Dimensionen der Kritik von Wünschen*, Frankfurt/M.: Athenäum 1989.

Kymlicka, Will, *Liberalism, Community, and Culture*, Oxford: Clarendon 1989.

Kymlicka, Will, *Politische Philosophie heute. Eine Einführung*, Frankfurt/M.: Campus 1996, orig. *Contemporary Political Philosophy*, Oxford: Oxford

University Press 1990.

Kymlicka, Will, *Contemporary Political Philosophy*, Oxford: Oxford University Press 2001 (2. überarbeitete und erweiterte Ausgabe).

Ladwig, Bernd, »Gerechtigkeit und Gleichheit«, in: *Prokla*, 121 (2001), S. 585-610.

Ladwig, Bernd, *Gerechtigkeit und Verantwortung. Eine Studie zum Gleichheitsverständnis des ethischen Liberalismus*, Berlin: Akademie 2000.

Lakoff, Sandford A., *Equality in Political Philosophy*, Cambridge: Harvard University Press 1964.

Lane, Robert, »Market Justice, Political Justice«, in: *American Political Science Review*, 80 (1986), S. 383-402.

Larmore, Charles, »Politischer Liberalismus«, in: A. Honneth (Hg.), *Kommunitarismus*, Frankfurt/M.: Campus 1993, S. 131-156.

Larmore, Charles, *Strukturen moralischer Komplexität*, Stuttgart: Metzler 1995, orig. *Patterns of Moral Complexity*, Cambridge: Cambridge University Press 1987.

Leibniz, Gottfried Wilhelm, »Dissertatio promae codicis gentium diplomatici parti praefixa«, in: ders., *Opera*, Genf: Tournes 1768, wieder Hildesheim: Olms 1989, Bd. IV, Teil III.

Leist, Anton (Hg.), *Um Leben und Tod*, Frankfurt/M.: Suhrkamp 1990.

Lerner, Melvin J., »The Just Motive: Some Hypotheses as to its Origins and Forms«, in: *Journal of Personality*, 45 (1977), S. 1-52.

Lerner, Melvin J., Sally C. Lerner (Hg.), *The Justice Motive in Social Behavior. Adapting to Times of Scarcity and Change*, New York: Plenum Press 1981.

Letwin, William (Hg.), *Against Equality: Readings on Economic and Social Policy*, London: Macmillan 1983.

Letwin, William, »The Case against Equality«, in: ders. (Hg.), *Against Equality: Readings on Economic and Social Policy*, London: Macmillan 1983, S. 1-70.

Levine, Andrew, *Rethinking Liberal Equality: From a ›Utopian‹ Point of View*, Ithaca: Cornell University Press 1998.

Leyden, Wolfgang von, »On Justifying Inequality«, in: *Political Studies*, 11 (1963), S. 56-70.

Locke, John, *Zwei Abhandlungen über die Regierung*, Frankfurt/M.: Suhrkamp 1998 (7. Aufl.), orig. *The Second Treatise of Government* (Ersterscheinung 1690).

Lohmann, Georg, »Unparteilichkeit in der Moral«, in: K. Günther, L. Wingert (Hg.), *Die Öffentlichkeit der Vernunft und die Vernunft der Öffentlichkeit. Festschrift für Jürgen Habermas*, Frankfurt/M.: Suhrkamp 2001, S. 434-455.

Lucas, John R., »Against Equality Again«, in: *Philosophy*, 52 (1977),

S. 255-280, wieder in: W. Letwin (Hg.), *Against Equality*, London: Macmillan 1983, S. 73-105.

Lucas, John R., »Against Equality«, in: L. P. Pojman, R. Westmoreland (Hg.), *Equality. Selected Readings*, Oxford: Oxford University Press 1997, S. 104-112, orig. in: *Philosophy*, 40 (1965), S. 296-307, auch in: H. Bedau (Hg.), *Justice and Equality*, Englewood Cliffs: Prentice Hall 1971.

Lukes, Steven, »Equality and Liberty: Must They Conflict?«, in: D. Held (Hg.), *Political Theory Today*, Oxford: Blackwell 1991, S. 48-66, wieder in: S. Lukes (Hg.), *Moral Conflict and Politics*, Oxford: Clarendon 1991, S. 50-70.

Lukes, Steven, »Socialism and Equality«, in: ders., *Essays in Social Theory*, London: Macmillan 1977, S. 96-121.

MacCallum, Gerald C., »Negative and Positive Freedom«, in: *Philosophical Review*, 76 (1967), S. 312-334.

Mackie, John Leslie, »Can there Be a Right-based Moral Theory?«, in: *Midwest Studies in Philosophy*, 3 (1978), S. 350-359, wieder in: J. Waldron (Hg.), *Theories of Rights*, Oxford: Oxford University Press 1984, S. 168-181.

Mackie, John Leslie, *Ethik. Auf der Suche nach dem Richtigen und Falschen*, Stuttgart: Reclam 1981, orig. *Ethics. Inventing Right and Wrong*, Harmondsworth: Penguin 1977.

Mackie, John Leslie, »Rights, Utility and Universalisation«, in: R. G. Frey (Hg.), *Utilities and Rights*, Oxford: Blackwell 1985.

MacKinnon, Catharine A., »Reflections on Sex Equality under Law«, in: *The Yale Law Journal*, 100 (1991), S. 1281-1328.

MacKinnon, Catharine A., *Towards a Feminist Theory of the State*, Cambridge: Harvard University Press 1989.

Mapel, David, *Social Justice Reconsidered*, Urbana: University of Illinois Press 1989.

Margalit, Avishai, »Menschenwürdige Gleichheit«, in: A. Krebs (Hg.), *Gerechtigkeit oder Gleichheit. Texte der neuen Egalitarismuskritik*, Frankfurt/M.: Suhrkamp 2000, S. 107-116, gekürzte Fassung von: »Decent Equality and Freedom«, in: *Social Research*, 64 (1997), S. 147-160.

Margalit, Avishai, Joseph Raz, »National Self-Determination«, in: *Journal of Philosophy*, 87 (1990), S. 439-461, wieder in: J. Raz, *Ethics in the Public Domain*, Oxford: Oxford University Press 1994, S. 110-131.

Margalit, Avishai, *Politik der Würde. Über Achtung und Verachtung*, Frankfurt/M.: Fest 1997, orig. *A Decent Society*, Cambridge: Harvard University Press 1996.

Margolis, Joseph, »That All Men Are Created Equal«, in: *Journal of Philosophy*, 52 (1955), S. 337 ff.

Marquard, Odo, *Apologie des Zufälligen*, Stuttgart: Reclam 1981.

Marshall, Thomas Humphrey, »Staatsbürgerrechte und soziale Klassen«, in: ders., *Bürgerrechte und soziale Klassen. Zur Soziologie des Wohlfahrtsstaates*, Frankfurt/M.: Campus 1992, S. 33-94, orig. »Citizenship and Social Class«, in: ders., *Citizenship and Social Class and Other Essays*, Cambridge: Cambridge University Press 1950, wieder London: Pluto 1981, 1992 (Ersterscheinung 1949).

Marx, Karl, *Die Deutsche Ideologie*, in: Marx-Engels-Werke (MEW), Bd. 3, Berlin: Dietz 1969 (Ersterscheinung 1845/6).

Marx, Karl, *Kritik des Gothaer Programms*, in: Marx-Engels-Werke (MEW), Bd. 19, Berlin: Dietz 1962 (Ersterscheinung 1875).

Marx, Karl, *Zur Kritik der politischen Ökonomie*, in: Marx-Engels-Werke (MEW), Bd. 13, Berlin: Dietz 1972 (Ersterscheinung 1859).

McCarthy, Thomas, »Kantianischer Konstruktivismus und Rekonstruktivismus: Rawls und Habermas im Dialog«, in: *Deutsche Zeitschrift für Philosophie*, 44 (1996), S. 931-950, orig. »Kantian Constructivism and Reconstructivism: Rawls and Habermas in Dialogue«, in: *Ethics*, 105 (1994), S. 44-63.

McDowell, John, »Non-Cognitivism and Rule-Following«, in: S. Holtzman, Ch. Leich (Hg.), *Wittgenstein: To Follow a Rule*, London: Routledge 1981, S. 141-162.

McKerlie, Dennis, »Equality and Time«, in: *Ethics*, 99 (1989), S. 274-296, wieder in: L. P. Pojman, R. Westmoreland (Hg.), *Equality: Selected Readings*, Oxford: Oxford University Press 1997, S. 65-75.

McKerlie, Dennis, »Equality«, in: *Ethics*, 106 (1996), S. 274-296.

Menke, Christoph, *Spiegelungen der Gleichheit*, Berlin: Akademie 2000.

Menne, Alfred, »Identität, Gleichheit, Ähnlichkeit«, in: *Ratio*, 4 (1962), S. 44ff.

Michelman, Frank, »Bedürfen Menschenrechte demokratischer Legitimation?«, in: H. Brunkhorst, W. R. Köhler, M. Lutz-Bachmann (Hg.), *Recht auf Menschenrechte. Menschenrechte, Demokratie und internationale Politik*, Frankfurt/M.: Suhrkamp 1999, S. 52-65.

Michelman, Frank, »How Can the People Ever Make the Laws? A Critique of Deliberative Democracy«, in: J. Bohman, W. Rehg (Hg.), *Deliberative Democracy*, Cambridge: MIT Press 1997, S. 145-171.

Mill, John Stuart, *Über die Freiheit*, Stuttgart: Reclam 1974, orig. *On Liberty*, Harmondsworth: Penguin 1985 (Ersterscheinung 1859).

Mill, John Stuart, *Utilitarismus*, Stuttgart: Reclam 1976, orig. *Utilitarianism*, Indiana: Hackett 1979 (Ersterscheinung 1861).

Miller, David, »Arguments for Equality«, in: *Midwest Studies in Philosophy*, 7 (1982), S. 73-87.

Miller, David, »Complex Equality«, in: D. Miller, M. Walzer (Hg.), *Pluralism, Justice and Equality*, Oxford: Oxford University Press 1995, S. 197-225.

Miller, David, »Equality after Raz«, in: S. Caney, A. Williams (Hg.), *Joseph Raz's Political Philosophy* (im Erscheinen).
Miller, David, »Equality«, in G. Hunt (Hg.), *Philosophy and Politics*, Cambridge: Cambridge University Press 1990, S. 77-98.
Miller, David, »Introduction«, in: D. Miller, M. Walzer (Hg.), *Pluralism, Justice and Equality*, Oxford: Oxford University Press 1995, S. 1-16.
Miller, David, »The Limits of Cosmopolitan Justice«, in: D. R. Mapel, T. Nardin (Hg.), *International Society: Diverse Ethical Perspectives*, Princeton: Princeton University Press 1998, S. 164-181.
Miller, David, Michael Walzer (Hg.), *Pluralism, Justice, and Equality*, Oxford: Oxford University Press 1995.
Miller, David, *Principles of Social Justice*, Cambridge: Harvard University Press 1999.
Miller, David, *Social Justice*, Oxford: Oxford University Press 1976, 1986 (2. Aufl.).
Millon-Delsol, Chantal, *L'État Subsidiaire*, Paris: Presses Universitaires de France 1992.
Mocny, Felicitas, *Besitzstandswahrung – ein Rechtsprinzip?*, Zentrum für Gerechtigkeitsforschung an der Universität Potsdam, Bericht Nr. 5 (1998).
Moore, George Edward, *Principia Ethica*, Stuttgart: Reclam 1970, orig. Cambridge: Cambridge University Press 1903.
Münkler, Herfried, *Politische Bilder, Politik der Metaphern*, Frankfurt/M.: Fischer 1994.
Munzer, Stephen, »Property«, in: E. Craig (Hg.), *Routledge Encyclopedia of Philosophy*, London: Routledge 1998, Bd. 7, S. 757-761.
Munzer, Stephen, *A Theory of Property*, Cambridge: Cambridge University Press 1990.
Murphy, Liam B., »Institutions and the Demands of Justice«, in: *Philosophy and Public Affairs*, 27 (1998), S. 251-291.
Murphy, Liam B., Thomas Nagel, *The Myth of Ownership. Taxes and Justice*, Oxford: Oxford University Press 2002.

Nagel, Thomas, »Gleichheit«, in: ders., *Letzte Fragen*, erw. dt. Neuausgabe Bodenheim: Philo 1996, S. 149-179, orig. »Equality«, in: ders., *Mortal Questions*, Cambridge: Cambridge University Press 1979, S. 106-127.
Nagel, Thomas, »Justice and Nature«, in: *Oxford Journal of Legal Studies*, 17 (1997), S. 303-321.
Nagel, Thomas, »Moral Conflict and Political Legitimacy«, in: *Philosophy and Public Affairs*, 16 (1987), S. 215-240.
Nagel, Thomas, »Moralische Kontingenz«, in: ders., *Letzte Fragen*, erw. dt. Neuausgabe, Frankfurt/M.: Philo 1996, S. 45-65, orig. »Moral Luck«, in: ders., *Mortal Questions*, Cambridge: Cambridge University Press 1979, S. 24-38

Nagel, Thomas, *Eine Abhandlung über Gleichheit und Parteilichkeit und andere Schriften zur politischen Philosophie*, Paderborn: Schöningh 1994, orig. *Equality and Partiality*, Oxford: Oxford University Press 1991.

Nagl-Docekal, Herta, Herlinde Pauer-Studer (Hg.), *Jenseits der Geschlechtermoral*, Frankfurt/M.: Fischer 1993.

Nagl-Docekal, Herta, Herlinde Pauer-Studer (Hg.), *Politische Theorie. Differenz und Lebensqualität*, Frankfurt/M.: Suhrkamp 1996.

Nell-Breuning, Oswald von, »Subsidiaritätsprinzip«, in: Görres-Gesellschaft (Hg.), *Staatslexikon*, Bd. 7, Freiburg: Herder 1962 (6. Aufl.), S. 826-833.

Nelson, William N., »Special Rights, General Rights, and Social Justice«, in: *Philosophy and Public Affairs*, 3 (1974), S. 410-430.

Nicholson, Linda, »To Be or Not to Be: Charles Taylor and the Politics of Recognition«, in: *Constellation*, 3 (1996), S. 1-16.

Nielsen, Kai, »On Not Needing to Justify Equality«, in: *International Studies in Philosophy*, 20 (1988), S. 55-71.

Nielsen, Kai, *Equality and Liberty: A Defence of Radical Egalitarianism*, Totowa: Rowman & Allanheld 1985.

Nozick, Robert, *Anarchy, State, and Utopia*, New York: Basic Books 1974, dt. *Anarchie, Staat, Utopia*, München: Moderne Verlagsgesellschaft o.J.

Nullmeier, Frank, *Politische Theorie des Sozialstaats*, Frankfurt/M.: Campus 2000.

Nunner-Winkler, Gertrud (Hg.), *Weibliche Moral*, München: dtv 1995.

Nussbaum, Martha, »Menschliches Tun und soziale Gerechtigkeit. Zur Verteidigung des aristotelischen Essentialismus«, in: M. Brumlik, H. Brunkhorst (Hg.), *Gemeinschaft und Gerechtigkeit*, Frankfurt/M.: Fischer 1993, S. 323-361, orig. »Human Functioning and Social Justice. In Defense of Aristotelian Essentialism«, *Political Theory*, 20 (1992), S. 202-246.

Nussbaum, Martha, Amartya Sen (Hg.), *The Quality of Life*, Oxford: Oxford University Press 1993.

Nussbaum, Martha, *Women and Human Development: The Capabilities Approach*, Cambridge: Cambridge University Press 2000.

O'Neill, Onora, »Agents of Justice«, in: *Metaphilosophy*, 31 (2001), S. 180-195, auch in: T. Pogge (Hg.), *Global Justice*, Oxford: Blackwell 2001.

O'Neill, Onora, »Kommunikative Rationalität und praktische Vernunft«, in: *Deutsche Zeitschrift für Philosophie*, 43 (1993), S. 329-332.

O'Neill, Onora, »The Most Extensive Liberty«, in: *Proceedings of the Aristotelian Society*, 80 (1979/80), S. 45-59.

O'Neill, Onora, »Transnationale Gerechtigkeit«, in: S. Gosepath, G. Lohmann (Hg.), *Philosophie der Menschenrechte*, Frankfurt/M.: Suhrkamp 1998, S. 188-232, orig. »Transnational Justice«, in: D. Held (Hg.), *Political Theory Today*, Oxford: Blackwell 1991, S. 276-304.

O'Neill, Onora, »Wie wissen wir, wann Chancen gleich sind?«, in: B. Rössler (Hg.), *Quotierung und Gerechtigkeit*, Frankfurt/M.: Campus 1993, S. 144-157, orig. »How Do we Know When Opportunities are Equal?«, in: C. Gould, M. Wartofsky (Hg.), *Women and Philosophy. Toward a Theory of Liberation*, New York: Putnams 1976.

O'Neill, Onora, *Tugend und Gerechtigkeit. Eine konstruktive Darstellung des praktischen Denkens*, Berlin: Akademie 1996, orig. *Towards Justice and Virtue. A Constructive Account of Practical Reasoning*, Cambridge: Cambridge University Press 1996.

Okin, Susan Moller, »Liberty and Welfare«, in: J. R. Pennock, J. W. Chapman (Hg.), *Human Rights* (Nomos XXIII), New York: Atherton 1981, S. 230-256.

Okun, Arthur M., *Equality and Efficiency: The Big Tradeoff*, Washington: The Brookings Institution 1975.

Oppenheim, Felix, »Egalitarianism as a Descriptive Concept«, in: *American Philosophical Quarterly*, 7 (1970), S. 143-152, wieder in: L. P. Pojman, R. Westmoreland (Hg.), *Equality: Selected Readings*, Oxford: Oxford University Press 1997, S. 55-65.

Parfit, Derek, »Gleichheit und Vorrangigkeit«, in: A. Krebs (Hg.), *Gerechtigkeit oder Gleichheit. Texte der neuen Egalitarismuskritik*, Frankfurt/M.: Suhrkamp 2000, S. 81-106, orig. »Equality and Priority«, *Ratio*, 10 (1997), S. 202-221, wieder in: A. Mason (Hg), *Ideals of Equality*, Oxford: Blackwell 1998, S. 1-20 (gekürzte Fassung der Lindley Lecture).

Parfit, Derek, *Equality or Priority?*, The Lindley Lecture, Lawrence: University of Kansas 1995.

Parfit, Derek, *Reasons and Persons*, Oxford: Clarendon Press 1984.

Patzig, Günther, »Moral und Recht«, in: ders., *Gesammelte Schriften*, Bd. 1: *Grundlagen der Ethik*, Göttingen: Wallstein 1994, S. 140-163.

Patzig, Günther, *Ethik ohne Metaphysik*, Göttingen: Vandenhoeck und Ruprecht 1983 (2. Aufl.).

Patzig, Günther, *Tatsachen, Normen, Sätze*, Stuttgart: Reclam 1980.

Pauer-Studer, Herlinde, *Autonom leben. Reflexionen über Freiheit und Gleichheit*, Frankfurt/M.: Suhrkamp 2000.

Peffer, Rodney, *Marxism, Morality and Social Justice*, Princeton: Princeton University Press 1990.

Perelman, Chaim, »Eine Studie über Gerechtigkeit«, in: ders., *Über die Gerechtigkeit*, München: Beck 1967, orig. *De la Justice*, Bruxelles: Office de Publicité 1945, wieder in: ders., *Justice et Raison*, Bruxelles: Presses Universitaires de Bruxelles 1963, S. 9-80.

Pernthaler, Peter, »Subsidiaritätsprinzip und Ausgliederung öffentlicher Aufgaben«, in: P. Blickle, T. O. Hügelin, D. Wyduckel, (Hg.), *Subsidiarität als rechtliches und politisches Ordnungsprinzip in Kirche, Staat und*

*Gesellschaft: Genese, Geltungsgrundlagen und Perspektiven an der Schwelle des dritten Jahrtausends*, Berlin: Duncker & Humblot 2002, S. 179-198.
Perry, John (Hg.), *Personal Identity*, Berkeley: University of California Press 1975.
Pfannkuche, Walter, *Wer verdient schon, was er verdient?*, Berlin: Rotbuch 1994.
Phillips, Anne, *Which Equalities Matter?*, Cambridge: Polity Press 1999.
Philosophische Gesellschaft Bad Homburg, W. Hinsch (Hg.), *Zur Idee des Politischen Liberalismus. John Rawls in der Diskussion*, Frankfurt/M.: Suhrkamp 1997.
Platon, *Der Staat (Politeia)*, in: ders., Sämtliche Werke, Bd. 3, Hamburg: Rowohlt 1958.
Platon, *Die Gesetze (Nomoi)*, in: ders., Sämtliche Werke, Bd. 6, Hamburg: Rowohlt 1958.
Platon, *Gorgias*, in: ders., Sämtliche Werke, Bd. 1, Hamburg: Rowohlt 1958.
Pogge, Thomas W., »›Just Are the Social Institutions That Are Best for Their Participants‹: A Critical Examination«, in: *Vienna Circle Institute Yearbook* 1994, S. 57-72.
Pogge, Thomas W., »Commentary to Greenawalt's Paper ›Treating Equals Equally‹«, Ms. 1998.
Pogge, Thomas W., »Cosmopolitanism and Sovereignty«, in: *Ethics*, 103 (1993), S. 48-75, wieder in: ders., *World Poverty and Human Rights*, Cambridge: Polity Press 2002, dt. »Kosmopolitanismus und Souveränität«, in: M. Lutz-Bachmann, J. Bohman (Hg.), *Weltstaat oder Staatenwelt?*, Frankfurt/M.: Suhrkamp 2000, S. 125-171.
Pogge, Thomas W., »Lebensstandards im Kontext der Gerechtigkeitslehre«, in: *Zeitschrift für philosophische Forschung*, 51 (1997), S. 2-24, überarbeitet engl. als: »Human Flourishing and Universal Justice«, in: *Social Philosophy and Policy*, 16 (1999) und in: E. F. Paul, F. D. Miller, J. Paul (Hg.): *Human Flourishing*, Cambridge: Cambridge University Press 1999, S. 333-361, wieder in T. Pogge, *World Poverty and Human Rights*, Cambridge: Polity Press 2002.
Pogge, Thomas W., »On the Site of Distributive Justice: Reflections on Cohen and Murphy«, in: *Philosophy and Public Affairs*, 29 (2000), S. 139-169.
Pogge, Thomas W., »Three Problems with Contractarian-Consequentialist Ways of Assessing Social Institutions«, in: *Social Philosophy and Policy*, 12 (1995) und in: E. F. Paul, F. D. Miller, J. Paul (Hg.), *The Just Society*, Cambridge: Cambridge University Press 1995, S. 241-266.
Pogge, Thomas W., *John Rawls*, München: Beck 1994.
Pogge, Thomas W., *World Poverty and Human Rights. Cosmopolitan Responsibilities and Reforms*, Cambridge: Polity Press 2002.
Pojman, Louis P., »Are Human Rights Based on Equal Human Worth?«, in:

*Philosophy and Phenomenological Research*, 52 (1992), S. 605-622, wieder als »On Equal Human Worth: A Critique of Contemporary Egalitarianism«, in: ders., R. Westmoreland (Hg.), *Equality: Selected Readings*, Oxford: Oxford University Press 1997, S. 282-299.

Pojman, Louis P., Owen McLeod (Hg.), *What Do We Deserve? A Reader on Justice and Desert*, Oxford: Oxford University Press 1998.

Pojman, Louis P., Robert Westmoreland (Hg.), *Equality. Selected Readings*, Oxford: Oxford University Press 1996.

Popper, Karl, *Die offene Gesellschaft und ihre Feinde*, 2 Bde., München: Francke 1977 (5. Aufl.), orig. *The Open Society and its Enemies*, London: Routledge & Kegan Paul 1957 (3. Aufl.).

Postema, Gerald J., »Liberty in Equality's Empire«, in: *Iowa Law Review*, 73 (1987), S. 55-93.

Pufendorf, Samuel, *De Jure naturae et gentium*, in: ders., *Gesammelte Werke*, Berlin: Akademie 1998, Bd. 4 (Ersterscheinung 1672).

Quante, Michael (Hg.), *Personale Identität*, Paderborn: Schöningh, UTB 1999.

Quante, Michael, »Meine Organe und Ich. Personale Identität als ethisches Prinzip im Kontext der Transplantationsmedizin«, in: *Zeitschrift für medizinische Ethik*, 42 (1996), S. 103-118.

Rae, Douglas et al., *Equalities*, Cambridge: Harvard University Press 1981.

Rakowski, Eric, *Equal Justice*, Oxford: Oxford University Press 1991.

Raphael, David Daiches, *Problems of Political Philosophy*, London: Pall Mall Press 1970, erw. Aufl. Macmillan 1976.

Rawls, John, »Der Bereich des Politischen und der Gedanke eines übergreifenden Konsenses«, in: ders., *Die Idee des politischen Liberalismus*, Frankfurt/M.: Suhrkamp 1992, S. 333-363, orig. »The Domain of the Political and Overlapping Consensus«, in: *New York University Law Review*, 64 (1989), S. 233-255, wieder in: ders., *Collected Papers*, Cambridge: Harvard University Press 1999, S. 473-496.

Rawls, John, »Der Vorrang der Grundfreiheiten«, in: ders., *Die Idee des politischen Liberalismus*, Frankfurt/M.: Suhrkamp 1992, S. 159-254, orig. »The Basic Liberties and Their Priority«, in: S. M. Murrin (Hg.), *The Tanner Lectures on Human Values*, Salt Lake City: The University of Utah Press, Cambridge: Cambridge University Press 1983, S. 3-87.

Rawls, John, »Die Grundstruktur als Gegenstand«, in: ders., *Die Idee des politischen Liberalismus*, Frankfurt/M.: Suhrkamp 1992, S. 45-79, wieder in: ders., *Politischer Liberalismus*, Frankfurt/M.: Suhrkamp 1998, 7. Vorlesung, orig. »The Basic Structure as Subject«, in: *American Philosophical Quarterly*, 14 (1977), S. 159-165.

Rawls, John, »Erwiderung auf Habermas«, in: Philosophische Gesellschaft

Bad Homburg, W. Hinsch (Hg.), *Zur Idee des Politischen Liberalismus. John Rawls in der Diskussion*, Frankfurt/M.: Suhrkamp 1997, S. 196-262, orig. »Reply to Habermas«, in: *Journal of Philosophy*, 92 (1995), S. 132-180, wieder in: ders., *Political Liberalism*, New York: Columbia University Press 1995 (2. Aufl.).

Rawls, John, »Kantischer Konstruktivismus in der Moraltheorie«, in: ders., *Die Idee des politischen Liberalismus*, Frankfurt/M.: Suhrkamp 1992, S. 80-158, orig. »Kantian Constructivism in Moral Theory«, in: *Journal of Philosophy*, 77 (1980), S. 515-572, wieder in: ders., *Collected Papers*, Cambridge: Harvard University Press 1999, S. 303-358.

Rawls, John, »Social Unity and Primary Goods«, in: A. Sen, B. Williams (Hg.), *Utilitarianism and Beyond*, Cambridge: Cambridge University Press 1982, S. 159-186, wieder in: ders., *Collected Papers*, Cambridge: Harvard University Press 1999, S. 359-387.

Rawls, John, *Das Recht der Völker*, Berlin, New York: de Gruyter 2002, orig. *The Law of Peoples*, Cambridge: Harvard University Press 1999.

Rawls, John, *Die Idee des politischen Liberalismus*, Frankfurt/M.: Suhrkamp 1992.

Rawls, John, *Eine Theorie der Gerechtigkeit*, Frankfurt/M.: Suhrkamp 1975, orig. *A Theory of Justice*, Cambridge: Harvard University Press 1971, 2. überarb. Aufl. 1999.

Rawls, John, *Politischer Liberalismus*, Frankfurt/M.: Suhrkamp 1998, orig. *Political Liberalism*, New York: Columbia University Press 1995 (2. Aufl.).

Rawls, John: *Gerechtigkeit als Fairneß. Ein Neuentwurf*, Frankfurt/M.: Suhrkamp 2003, orig. *Justice as Fairness. A Restatement*, Cambridge: Harvard University Press 2001.

Raz, Joseph, »Strenger und rhetorischer Egalitarismus«, in: A. Krebs (Hg.), *Gerechtigkeit oder Gleichheit. Texte der neuen Egalitarismuskritik*, Frankfurt/M.: Suhrkamp 2000, S. 50-80, leicht veränderte Fassung aus: ders., *The Morality of Freedom*, Oxford: Oxford University Press 1996, Kap. 9, S. 217-244.

Raz, Joseph, *The Morality of Freedom*, Oxford: Oxford University Press 1986.

Richardson, Henry S., Paul Weithman (Hg.), *The Philosophy of Rawls. A Collection of Essays*, 5 Bde., New York: Garland 2000.

Ritchie, David G., »Aristotle's Subdivision of Particular Justice«, in: *Classical Review*, 8 (1894), S. 185-192.

Roemer, John E., »Equality of Resources Implies Equality of Welfare«, in: *Quarterly Journal of Economics*, 101 (1986), S. 751-784.

Roemer, John E., »Equality of Talent«, in: *Economics and Philosophy*, 1 (1985), S. 151-87, wieder in: ders., *Egalitarian Perspectives. Essays in Philosophical Economics*, Cambridge: Cambridge University Press 1994.

Roemer, John E., »The Mismarriage of Bargaining Theory and Distributive

Justice«, in: *Ethics*, 97 (1986), S. 88-110.
Roemer, John E., *Egalitarian Perspectives. Essays in Philosophical Economics*, Cambridge: Cambridge University Press 1996.
Roemer, John E., *Equality of Opportunity*, Cambridge: Harvard University Press 1998.
Roemer, John E., *Free to Loose: An Introduction to Marxist Economic Philosophy*, Cambridge: Harvard University Press 1988.
Roemer, John E., *Theories of Distributive Justice*, Cambridge: Harvard University Press 1996.
Rorty, Richard, »Der Vorrang der Demokratie vor der Philosophie«, in: ders., *Solidarität oder Objektivität*, Stuttgart: Reclam 1988, S. 82-125.
Rosenberg, Alexander, »Equality, Sufficiency, and Opportunity in the Just Society«, in: E. F. Paul, F. D. Miller, J. Paul (Hg.), *The Just Society*, Cambridge University Press 1995, auch in: *Social Philosophy and Policy*, 12 (1995), S. 54-71.
Rössler, Beate (Hg.), *Quotierung und Gerechtigkeit*, Frankfurt/M.: Campus 1993.
Rössler, Beate, »Feministische Theorien der Politik«, in: K. von Beyme, C. Offe (Hg.), *Politische Theorien in der Ära der Transformation*, Opladen: Westdeutscher Verlag 1996.
Rössler, Beate, »Unglück und Unrecht. Grenzen von Gerechtigkeit im liberaldemokratischen Rechtsstaat«, in: H. Münkler, M. Llanque (Hg.), *Konzeptionen der Gerechtigkeit*, Baden-Baden: Nomos 1999, S. 347-364.
Rössler, Beate, *Der Wert der Privatheit*, Frankfurt/M.: Suhrkamp 2001.
Rousseau, Jean-Jacques, »Briefe vom Berge«, in: *Schriften*, Bd. 2, Frankfurt/M.: Fischer 1988, S. 7-252, orig. »Lettres écrites de la Montagne«, in: *Œuvres complètes*, Bd. III, Paris: Gallimard 1964.
Rousseau, Jean-Jacques, *Emil oder Über die Erziehung*, Paderborn: Schöningh 1998 (13. Aufl.) (Ersterscheinung 1762).
Rousseau, Jean-Jacques, *Über den Ursprung der Ungleichheit unter den Menschen*, in: ders., *Schriften zur Kulturkritik*, Hamburg: Meiner 1971 (Ersterscheinung 1755).
Rousseau, Jean-Jacques, *Vom Gesellschaftsvertrag oder Prinzipien des Staatsrechts*, in: ders., *Politische Schriften*, Bd. 1, Paderborn: Schöningh 1977, S. 59-208 (Ersterscheinung 1762).
Ryan, Alan, »Self-Ownership, Autonomy and Property Rights«, in: *Social Philosophy and Policy*, 11 (1994), S. 241-258.

Sandel, Michael, *Liberalism and the Limits of Justice*, Cambridge: Cambridge University Press 1982.
Scanlon, Thomas, »Contractualism and Utilitarianism«, in: A. Sen, B. Williams (Hg.), *Utilitarianism and Beyond*, Cambridge: Cambridge University Press 1982, S. 103-128.

Scanlon, Thomas, »Equality of Resources and Equality of Welfare: A Forced Marriage?«, in: *Ethics*, 97 (1986), S. 111-118.
Scanlon, Thomas, »Preference and Urgency«, in: *Journal of Philosophy*, 72 (1975), S. 655-669.
Scanlon, Thomas, *The Diversity of Objections to Inequality*, The Lindley Lecture, Lawrence: University of Kansas 1996.
Scanlon, Thomas, *What We Owe to Each Other*, Cambridge: Harvard University Press 1998.
Schaar, John H., »Some Ways of Thinking about Equality«, in: *Journal of Politics*, 26 (1964), S. 867-895.
Scherer, Christiane, »Das menschliche und das gute Leben«, in: *Deutsche Zeitschrift für Philosophie*, 41 (1993), S. 905-920.
Scherer, Klaus, »Issues in the Studies of Justice«, in: ders. (Hg.), *Justice. Interdisciplinary Perspectives*, Cambridge: Cambridge University Press 1992, S. 1-14.
Schlothfeldt, Stephan, »Verantwortung für kollektiv zu behebende Mißstände«, Ms. 2003.
Schopenhauer, Arthur, *Preisschrift über die Grundlagen der Moral*, in: Werke, Bd. III, Zürich 1988 (Ersterscheinung 1840).
Schramme, Thomas, »Die Anmaßung der Gleichheitsvoraussetzung«, in: *Deutsche Zeitschrift für Philosophie*, 51 (2003), S. 255-275.
Schramme, Thomas, »Verteilungsgerechtigkeit ohne Verteilungsgleichheit«, *Analyse & Kritik*, 21 (1999), S. 171-191.
Seebaß, Gottfried, »Der Wert der Freiheit«, in: *Deutsche Zeitschrift für Philosophie*, 44 (1996), S. 759-775.
Sen, Amartya et al. (Hg.), *The Standard of Living*, Cambridge: Cambridge University Press 1987.
Sen, Amartya, »Equality of What?«, in: S. M. McMurrin (Hg.), *The Tanner Lectures on Human Values*, I, Cambridge: Cambridge University Press 1980, S. 197-220, wieder in: A. Sen, *Choice, Welfare and Measurement*, Oxford: Blackwell 1982, Cambridge: Harvard University Press 1997, auch in: S. Darwall (Hg.), *Equal Freedom*, Ann Arbor: University of Michigan Press 1995.
Sen, Amartya, »Open and Closed Impartiality«, in: *Journal of Philosophy*, 99 (2002), S. 445-469.
Sen, Amartya, »Well-Being, Agency, and Freedom: The Dewey Lectures 1984«, in: *Journal of Philosophy*, 82 (1985), S. 169-224
Sen, Amartya, *Collective Choice and Social Welfare*, San Francisco: Holden-Day 1970, wieder Amsterdam: North Holland 1979.
Sen, Amartya, *Inequality Reexamined*, Oxford: Clarendon Press 1992.
Sen, Amartya, *Ökonomie für den Menschen. Wege zu Gerechtigkeit und Solidarität in der Marktwirtschaft*, München: Hanser 2000, orig. *Development as Freedom*, Oxford: Oxford University Press 1999.

Sen, Amartya, *On Economic Inequality*, Oxford: Clarendon Press 1973, erweitert um den Anhang »On Economic Inequality after a Quarter Century«, Oxford: Clarendon Press 1997.

Sher, George, *Desert*, Princeton: Princeton University Press 1987.

Shklar, Judith, »The Liberalism of Fear«, in: dies., *Political Thought and Political Thinkers*, Chicago: University of Chicago Press 1998, S. 3-20.

Shklar, Judith, *Über Ungerechtigkeit. Erkundungen zu einem moralischen Gefühl*, Frankfurt/M.: Fischer 1997, orig. *The Faces of Injustice*, New Haven: Yale University Press 1990.

Shue, Henry, »Liberty and Self-Respect«, in: *Ethics*, 85 (1975), S. 195-203.

Shue, Henry, »Mediating Duties«, in: *Ethics*, 98 (1988), S. 687-704.

Shue, Henry, *Basic Rights. Subsistence, Affluence, and U.S. Foreign Policy*, Princeton: Princeton University Press 1980, 1996 (2. Aufl.).

Sigdwick, Henry, *The Methods of Ethics*, London: Macmillan 1874.

Sikora, R. I., »Six Viewpoints for Assessing Egalitarian Distribution Schemes«, in: *Ethics*, 99 (1989), S. 492-502.

Simmel, Georg, *Einleitung in die Moralwissenschaft*, in: ders., *Gesamtausgabe*, Bd. 3-4, Frankfurt/M.: Suhrkamp 1989-91.

Simpson, Evan, »The Subjects of Justice«, in: *Ethics*, 90 (1980), S. 490-501.

Singer, Marcus G., *Verallgemeinerung in der Ethik. Zur Logik moralischen Argumentierens*, Frankfurt/M.: Suhrkamp 1975, orig. *Generalization in Ethics*, New York: Atheneum 1961.

Singer, Peter, *Praktische Ethik*, Stuttgart: Reclam 1984, 1994 (2. Aufl.), orig. *Practical Ethics*, Cambridge: Cambridge University Press 1979, 1993 (2. Aufl.).

Smith, Adam, *The Theory of Moral Sentiments*, New York: Oxford University Press 1976 (Ersterscheinung 1759).

Spaemann, Robert, »Über den Begriff der Menschenwürde«, in: ders., E.-W. Böckenförde (Hg.), *Menschenrechte und Menschenwürde*, Stuttgart: Klett Cotta 1987, S. 295-313.

Spaemann, Robert, *Personen. Versuche über den Unterschied zwischen »etwas« und »jemand«*, Stuttgart: Klett Cotta 1996.

Spiegelberg, Herbert, »A Defense of Human Equality«, in: *Philosophical Review*, 52 (1944), S. 101-124, als Auszug »An Argument for Equality from Compensatory Desert«, in: L. P. Pojman, O. McLeod (Hg.), *What Do We Deserve? A Reader on Justice and Desert*, Oxford: Oxford University Press 1998, S. 149-156.

Steiner, Hillel, *An Essay on Rights*, Oxford: Blackwell 1994.

Steinvorth, Ulrich, »Gründe von Gleichheitsforderungen«, in: H. Nagl-Docekal, H. Pauer-Studer (Hg.), *Freiheit, Gleichheit und Autonomie*, Wien, München: Oldenbourg 2002, S. 165-199.

Steinvorth, Ulrich, *Gleiche Freiheit. Politische Philosophie und Verteilungsgerechtigkeit*, Berlin: Akademie 1999.

Stoecker, Ralf (Hg.), *Menschenwürde – Annäherung an einen Begriff*, Wien: ÖPV & HPT 2003.

Swift, Adam, »The Sociology of Complex Equality«, in: D. Miller, M. Walzer (Hg.), *Pluralism, Justice and Equality*, Oxford: Oxford University Press 1995, S. 253-280.

Tawney, Richard H., *Equality*, London: Allen & Unwin 1931.

Taylor, Charles, »Atomism«, in: *Philosophy and the Human Sciences. Philosophical Papers II*, Cambridge: Cambridge University Press 1985, S. 187-210.

Taylor, Charles, »Der Irrtum der negativen Freiheit«, in: ders.: *Negative Freiheit*, Frankfurt/M.: Suhrkamp 1988, S. 118-144, orig. »What's Wrong with Negative Liberty?«, in: A. Ryan (Hg.), *The Idea of Freedom*, Oxford: Oxford University Press 1979, S. 175-93, wieder in: D. Miller (Hg.), *Liberty*, Oxford: Oxford University Press 1991, S. 141-162, wieder in: R. E. Goodin, P. Pettit (Hg.), *Contemporary Political Philosophy: An Anthology*, Oxford: Blackwell 1997, S. 418-428.

Taylor, Charles, »Wesen und Reichweite distributiver Gerechtigkeit«, in: ders., *Negative Freiheit?*, Frankfurt/M.: Suhrkamp 1988, S. 145-187, orig. »The Nature and Scope of Distributive Justice«, in: ders., *Philosophy and the Human Sciences. Philosophical Papers II*, Cambridge: Cambridge University Press 1985, wieder in: F. S. Lucash (Hg.), *Justice and Equality Here and Now*, Ithaca: Cornell University Press 1986, S. 34-67.

Taylor, Charles, *Multikulturalismus und die Politik der Anerkennung*, Frankfurt/M.: Fischer 1993, orig. *Multiculturalism and »The Politics of Recognition«*, Princeton: Princeton University Press 1992.

Taylor, Charles, *Quellen des Selbst. Die Entstehung der neuzeitlichen Identität*, Frankfurt/M.: Suhrkamp 1996, orig. *Sources of the Self*, Cambridge: Cambridge University Press 1989.

Temkin, Larry, »Inequality«, in: *Philosophy and Public Affairs*, 15 (1986), S. 99-121, wieder in: L. P. Pojman, R. Westmoreland (Hg.), *Equality: Selected Readings*, Oxford: Oxford University Press 1997, S. 75-88.

Temkin, Larry, *Inequality*, Oxford: Oxford University Press 1993.

Thomas von Aquin, *Summa Theologiae*, lat.-engl. New York, London: Blackfriars 1975, dt.-lat. Graz: Styria 1993, Erstveröffentlichung 1266-73.

Thomas, D. A. Lloyd, »Equality Within The Limits of Reason Alone«, in: *Mind*, 88 (1979), S. 388-404.

Thomson, David, *Equality*, Cambridge: Cambridge University Press 1949.

Thomson, Garrett, *Needs*, London: Routledge 1987.

Tronto, Joan, »Beyond Gender Difference to a Theory of Care«, in: *Signs*, 12 (1987), S. 644-663.

Tugendhat, Ernst, »Liberalism, Liberty, and the Issue of Human Rights«, in: ders., *Philosophische Aufsätze*, Frankfurt/M.: Suhrkamp 1992, S. 352-370.

Tugendhat, Ernst, »Gibt es eine moderne Moral?«, in: *Zeitschrift für philosophische Forschung*, 50 (1996), S. 323-338.

Tugendhat, Ernst, »Gleichheit und Universalität in der Moral«, in: ders., *Moralbegründung und Gerechtigkeit*, Münster: Lit 1997, S. 3-28.

Tugendhat, Ernst, »Wie sollen wir Moral verstehen?«, in: ders., *Aufsätze* 1992-2000, Frankfurt/M.: Suhrkamp 2001, S. 163-184.

Tugendhat, Ernst, Celso López, Ana María Vicuna, *Wie sollen wir handeln? Schülergespräche über Moral*, Stuttgart: Reclam 2000.

Tugendhat, Ernst, *Dialog in Leticia*, Frankfurt/M.: Suhrkamp 1997.

Tugendhat, Ernst, *Moralbegründung und Gerechtigkeit*, Münster: Lit 1997, S. 3-28.

Tugendhat, Ernst, Ursula Wolf, *Logisch-semantische Propädeutik*, Stuttgart: Reclam 1983.

Tugendhat, Ernst, *Vorlesungen über Ethik*, Frankfurt/M.: Suhrkamp 1993.

Ullmann-Margalit, Edna, »On Presumption«, in: *Journal of Philosophy*, 80 (1983), S. 143-162.

Ulpian, *Digesten*, 2 Bde., Heidelberg: Carl Winter 1995, 2000.

Ulpian, *Institutionen*, Heidelberg: UTB 1999 (2. Aufl.).

Van Parijs, Philippe (Hg.), *Arguing for Basic Income*, New York: Verso 1992.

Van Parijs, Philippe (Hg.), *What's Wrong with a Free Lunch?*, Boston: Beacon Press 2001, orig. J. Cohen, J. Rogers (Hg.), *Delivering Basic Incomes*, in: *Boston Review*, 25 (2000).

Van Parijs, Philippe, »Justice and Democracy: Are They Incompatible?«, in: *Journal of Political Philosophy*, 4 (1996), S. 101-117.

Van Parijs, Philippe, *Real Freedom for All. What (if Anything) Can Justify Capitalism?*, Oxford: Oxford University Press 1995.

Varian, Hal R., »Distributive Justice, Welfare Economics and the Theory of Fairness«, in: *Philosophy and Public Affairs*, 4 (1974/75), S. 223-247.

Varian, Hal R., »Dworkin on Equality of Resources«, in: *Economics and Philosophy*, 1 (1985), S. 110-125.

Varian, Hal R., »Equity, Envy, and Efficiency«, in: *Journal of Economic Theory*, 9 (1974), S. 63-91.

Vlastos, Gregory, »Justice and Equality«, in: J. Waldron (Hg.), *Theories of Rights*, Oxford: Oxford University Press 1984, S. 41-76, wieder in: L. P. Pojman, R. Westmoreland (Hg.), *Equality: Selected Readings*, Oxford: Oxford University Press 1997, S. 120-133, orig. in: R. Brandt (Hg.) *Social Justice*, Englewood Cliffs: Prentice-Hall 1962.

Vonnegut, Kurt, »Harrison Bergeron«, in: ders., *Welcome to the Monkey House*, New York: Delacort Press 1950, S. 7-13, wieder in: L. P. Pojman, R. Westmoreland (Hg.), *Equality: Selected Readings*, Oxford: Oxford

University Press 1997, S. 311-315, dt. in: ders., *Geh zurück zu Deiner lieben Frau und Deinem Sohn*, Hamburg: Rowohlt 1974, S. 10-16.

Waldron, Jeremy, (Hg.), *Nonsense Upon Stilts. Bentham, Burke, and Marx on the Rights of Man*, London: Menthuen 1987.

Waldron, Jeremy, »Homelessness and the Issue of Freedom«, in: ders., *Liberal Rights: Collected Papers* 1981-1991, Cambridge: Cambridge University Press 1993, S. 309-338, orig. in: *UCLA Law Review*, 39 (1991).

Waldron, Jeremy, »John Rawls and the Social Minimum«, in: ders., *Liberal Rights: Collected Papers* 1981-1991, Cambridge: Cambridge University Press 1993, S. 250-270.

Waldron, Jeremy, »Theoretical Foundations of Liberalism«, in: *Philosophical Quarterly*, 37 (1987), S. 127-150, wieder in: ders., *Liberal Rights: Collected Papers* 1981-1991, Cambridge: Cambridge University Press 1993, wieder in: J. Nida-Rümelin, W. Vossenkuhl (Hg.), *Ethische und politische Freiheit*, Berlin, New York: de Gruyter 1997, S. 226-248, dt. in: B. van den Brink, W. van Reijen (Hg.), *Bürgergesellschaft, Recht und Demokratie*, Frankfurt/M.: Suhrkamp 1995, S. 107-140.

Waldron, Jeremy, »Three Essays on Basic Equality«, Ms. 1999.

Waldron, Jeremy, »Welfare and the Image of Charity«, in: ders., *Liberal Rights: Collected Papers* 1981-1991, Cambridge: Cambridge University Press 1993, S. 225-248.

Waldron, Jeremy, *The Right to Private Property*, Oxford: Clarendon 1990.

Walzer, Michael, »Interpretation and Social Criticism«, in: S. M. McMurrin (Hg.), *The Tanner Lectures on Human Values*, VIII, New York: Basic Books 1989.

Walzer, Michael, »Komplexe Gleichheit«, Kap. 1 aus *Sphären der Gerechtigkeit*, Frankfurt/M.: Campus, S. 26-64, orig. *Spheres of Justice. A Defence of Pluralism and Equality*, Oxford: Blackwell 1983, S. 3-30, wieder in: A. Krebs (Hg.), *Gerechtigkeit oder Gleichheit. Texte der neuen Egalitarismuskritik*, Frankfurt/M.: Suhrkamp 2000, S. 172-214.

Walzer, Michael, *Sphären der Gerechtigkeit*, Frankfurt/M.: Campus 1992, orig. *Spheres of Justice. A Defence of Pluralism and Equality*. New York: Basic Books 1983.

Wasserstrom, Richard, »Rights, Human Rights, and Racial Discrimination«, in: *Journal of Philosophy*, 61 (1964), S. 628-641.

Wellmer, Albrecht, »Demokratie und Menschenrechte«, in: S. Gosepath, G. Lohmann (Hg.), *Philosophie der Menschenrechte*, Frankfurt/M.: Suhrkamp 1998, S. 265-292.

Wellmer, Albrecht, »Freiheitsmodelle in der modernen Welt«, in: ders., *Endspiele. Die unversöhnliche Moderne*, Frankfurt/M.: Suhrkamp 1993, S. 15-53.

Wellmer, Albrecht, *Ethik und Dialog*, Frankfurt/M.: Suhrkamp 1986.

Westen, Peter, *Speaking of Equality*, Princeton: Princeton University Press 1990.

Wiggins, David, »Claims of Need«, in: ders., *Needs, Value, Truth*, Oxford: Blackwell 1987, Oxford University Press 2002 (3. Aufl.), S. 1-57.

Wildt, Andreas, »Gleichheit, Gerechtigkeit und Optimierung für jeden. Zur Begründung von Rawls' Differenzprinzip«, in: K. Bayertz (Hg.), *Politik und Ethik*, Stuttgart: Reclam 1996, S. 249-276.

Williams, Andrew, »Incentives, Inequality, and Publicity«, in: *Philosophy and Public Affairs*, 27 (1998), S. 225-247.

Williams, Bernard, »A Critique of Utilitarianism«, in: J. J. C. Smart, B. Williams, *Utilitarianism – For and Against*, Cambridge: Cambridge University Press 1973, S. 75-150.

Williams, Bernard, »Der Gleichheitsgedanke«, in: ders., *Probleme des Selbst*, Stuttgart: Reclam 1978, S. 366-397, orig. »The Idea of Equality«, in: ders., *Problems of the Self*, Cambridge: Cambridge University Press 1973, S. 230-249, wieder in: L. P. Pojman, R. Westmoreland (Hg.), *Equality: Selected Readings*, Oxford: Oxford University Press 1997, S. 91-102 (Ersterscheinung 1962).

Williams, Bernard, »Interne und externe Gründe«, in: ders., *Moralischer Zufall. Philosophische Aufsätze* 1973-1980, Königsstein/Ts.: Hain 1984, wieder in: S. Gosepath (Hg.), *Motive, Gründe, Zwecke. Theorien praktischer Rationalität*, Frankfurt/M.: Fischer 1999, S. 105-121, orig. »Internal and External Reasons«, in: R. Harrison (Hg.), *Rational Action*, Cambridge: Cambridge University Press 1979, wieder in: ders., *Moral Luck*, Cambridge: Cambridge University Press 1981, S. 101-113, wieder in: S. Darwall, A. Gibbard, P. Railton (Hg.), *Moral Discourse and Practice. Some Philosophical Approaches*, Oxford: Oxford University Press 1997.

Williams, Bernard, »Konflikte von Werten«, in: ders., *Moralischer Zufall. Philosophische Aufsätze* 1973-1980, Königsstein/Ts.: Hain 1984, S. 82-93, orig. »Conflict of Values«, in: ders., *Moral Luck*, Cambridge: Cambridge University Press 1981, S. 71-83.

Williams, Bernard, »Moralischer Zufall«, in: ders., *Moralischer Zufall. Philosophische Aufsätze* 1973-1980, Königstein/Ts.: Hain 1984, S. 30-49, orig. »Moral Luck« in: ders., *Moral Luck*, Cambridge: Cambridge University Press 1981, S. 20-40.

Williams, Bernard, »Personen, Charakter und Moralität«, in: ders., *Moralischer Zufall*, Königstein/Ts.: Hain 1984, S. 11-29, orig. »Persons, Character and Morality«, in: A. Oksenberg Rorty (Hg.), *The Identities of Persons*, Berkeley: University of California Press 1976, S. 197-216, wieder in: B. Williams, *Moral Luck*, Cambridge: Cambridge University Press 1981, S. 1-20.

Williams, Bernard, »Realism and Moralism in Political Philosophy«, Ms. 1997.

Williams, Bernard, »The Standard of Living: Interests and Capabilities«, in: A. Sen (Hg.), *The Standard of Living*, Cambridge: Cambridge University Press 1987.

Wilson, John, *Equality*, London: Hutchinson, New York: Harcourt, Brace and World 1966.

Wingert, Lutz, »Gott naturalisieren? Anscombes Problem und Tugendhats Lösung«, in: *Deutsche Zeitschrift für Philososophie*, 45 (1997), S. 501-528.

Wingert, Lutz, »Türöffner zu geschlossenen Gesellschaften. Bemerkungen zum Begriff der Menschenrechte«, Ms., gekürzt in: *Franfurter Rundschau* v. 6. 8. 1996, überarbeitete Fassung 2001.

Wingert, Lutz, *Gemeinsinn und Moral*, Frankfurt/M.: Suhrkamp 1993.

Young, Iris Marion, »Weder Gleichheit noch Vielfalt sind Patentrezepte. Der Prozeß in demokratischen Gesellschaften muß zwei Strategien gleichzeitig verfolgen«, in: *Frankfurter Rundschau* v. 27. 5. 1997.

Young, Iris Marion, *Justice and the Politics of Difference*, Princeton: Princeton University Press 1990.

Young, Iris Marion, »Impartiality and the Civic Republic«, in: S. Benhabib, D. Cornell (Hg.), *Feminism as Critique*, Minneapolis: University of Minnesota Press 1987, S. 57-76.

Zaitchik, Alan, »On Deserving to Deserve«, in: *Philosophy and Public Affairs*, 6 (1977), S. 370-388.

# Register

Suhrkamp Verlag GmbH
Torstraße 44, 10119 Berlin
info@suhrkamp.de
www.suhrkamp.de